위진현학사【하】

魏晉玄學史(下)

위진현학사 【하】 魏晉玄學史 (下)

許抗生, 李中華, 陳戰國, 那薇 저 ▌ 김백희 역

세창출판사

위진현학사 【하】 魏晉玄學史(下)

1판 1쇄 인쇄 2013년 8월 5일
1판 1쇄 발행 2013년 8월 16일

저   자 | 許抗生, 李中華, 陳戰國, 那薇
역   자 | 김백희
발행인 | 이방원
발행처 | 세창출판사
　　　　신고번호 | 제300-1990-63호
　　　　주소 | 서울 서대문구 경기대로 88 냉천빌딩 4층
　　　　전화 | (02) 723-8660   팩스 | (02) 720-4579
　　　　http://www.sechangpub.co.kr
　　　　e-mail: sc1992@empal.com
ISBN 978-89-8411-425-8 94150
　　　　978-89-8411-423-4 (세트)

이 책은 한국연구재단의 지원으로 세창출판사가 출판, 유통합니다.

잘못된 책은 구입하신 서점에서 바꾸어 드립니다.
책값은 뒤표지에 있습니다.

이 도서의 국립중앙도서관 출판시도서목록(CIP)은 서지정보유통지원시스템 홈페이지(http://
seoji.nl.go.kr)와 국가자료공동목록시스템(http://www.nl.go.kr/kolisnet)에서 이용하실 수 있
습니다.(CIP제어번호: CIP2013013608)

차 례

제4장 서진원강현학西晉元康玄學

제1절 원강현학 형성의 시대적 배경 및 사상개황 ·················· 3

제2절 배외의 「숭유론」 사상 ······························· 11

  1. 배외의 생애와 저작_11

  2. 배외의 「숭유론」 철학사상 및 현학의 귀무사상에 대한 비판_33

  3. 중국철학사에서 배외 「숭유론」의 지위_47

제3절 구양건과 "언의지변" ······························· 55

제4절 곽상의 현학사상 ······························· 70

  1. 곽상의 생애와 저작_70

  2. "조물자무주造物者無主"와 "물각자조物各自造"의 자연관_99

  3. "변화일신變化日新"의 발전관_147

  4. "무심순유無心順有"에서 "부지위종不知爲宗"에 이르는 인식론_175

  5. 곽상의 인생관과 사회정치사상_202

제5장 서진과 동진 사이의 현학

제1절 서진과 동진 사이의 현학 방달파 사상 조류 ·················· 245

제2절 『열자』의 현학사상 ································· 252

  1. 『열자』라는 책의 위작_252

  2. 『열자』의 사상_257

제6장 동진의 현학

❀

제1절 동진 시기의 사상 분위기 ····················· 286

  1. 방달 기풍의 만연_286

  2. 현학흥성에 대한 예법학자들의 비판_288

  3. 불교사상과 현학의 결합_291

  4. 청담사상의 빈곤_292

제2절 장담의 사상 ································· 296

  1. 원기설과 귀무론 ― 장담의 자연관_296

  2. 이치의 추리理推와 현묘한 관조玄照 ― 장담의 인식론_309

  3. 무위론과 순성론 ― 장담의 사회정치관_318

  4. 운명론運命論과 종욕론縱欲論―장담의 인생관_328

제7장 위진현학과 불교

❀

제1절 반야학의 현학화 ····························· 349

제2절 요진 시대 삼론학과 현학의 결합 ·················· 390

제3절 남조 불교에 대한 현학의 영향 ··················· 408

제8장 위진현학과 도교

제9장 위진현학과 문학예술

- 참고문헌 ·· 486
- 색인 ·· 492

【상권 차례】

서 장

제1장 위진현학의 발생과 사상의 연원

제1절 현학의 발생

제2절 현학의 사상 연원

  1. 현학은 "허정虛靜을 근본으로 삼는 것"을 숭상한 도가사상이 한대漢代
    에 변화 발전한 산물
  2. 현학은 한漢과 위魏의 교체기에 유가와 도가를 종합한 사상이 발전한
    산물
  3. 현학은 한과 위의 교체기에 청담淸談 사상이 발전한 산물

제2장 정시현학正始玄學

제1절 정시현학 발생의 시대배경

  1. 조씨 위魏나라 시대 중앙정권과 호족문벌지주계급의 모순이 통치계
    급의 주요모순
  2. 정시현학은 조씨의 위나라 정권 통치 전기의 경험과 교훈의 총결산

제2절 정시현학개론

제3절 하안何晏의 현학사상

  1. 하안의 생애와 저작
  2. 하안의 "새로운 것과 옛 것을 혼합한新舊雜之" 경학사상
  3. 하안의 현학철학사상
  4. 하안의 정치사상

제4절 왕필王弼의 현학사상

  1. 왕필의 생애와 저술
  2. 왕필의 "거본통말擧本統末"의 현학체계
  3. 왕필 현학의 추상적 사유방법
  4. "본성으로 감정을 통괄한다"는 왕필의 인성론 학설

5. 왕필의 정치사상

제3장 죽림현학竹林玄學

제1절 죽림현학 형성의 시대 배경

제2절 죽림칠현

  1. 혜 강嵇康   2. 완 적阮籍
  3. 산 도山濤   4. 상 수向秀
  5. 유 령劉伶   6. 완 함阮咸
  7. 왕 융王戎

제3절 칠현의 풍도風度

  1. 속세를 벗어나 초월하는 정신
  2. "자기 자신을 스승으로 삼는 마음자세"와 "자신의 감정에 따라 일을
     처리"하는 풍격
  3. 세속에 구애받지 않는 자유로운 행위
  4. "명예를 초월하고 마음 가는 대로 내맡기는" 성격

제4절 혜강의 사상

  1. 혜강의 자연관   2. 혜강의 인식론
  3. 혜강의 도덕관   4. 혜강의 "양생론"
  5. 혜강의 "언부진의言不盡意" 이론
  6. 혜강의 "성무애락聲無哀樂" 이론

제5절 완적의 사상

  1. 완적의 자연관   2. 완적의 사회역사관
  3. 완적의 명교관

제6절 상수의 사상

  1. 상수의 "소요逍遙 의미"
  2. 상수의 "만물자생설"
  3. 상수「난양생론」속의 철학사상
  4. 상수의「사구부」에 반영된 사상의 모순

차 례 v

제4장

서진원강현학

西晉元康玄學

원강현학 형성의 시대적 배경 및 사상개황

서기 265년 사마염(司馬炎)이 황제의 지위를 접수하고, 위나라를 진(晉)나라로 바꾸었는데, 이때부터 사마씨가 정식으로 서진(西晉) 왕조를 건립한다. 서진 태희(太熙) 1년(서기 290) 4월 진무제 사마염이 죽고 사마충(司馬衷)이 제위를 계승하고, 연호를 영희(永熙)로 바꾸었는데, 이 사람이 혜제(惠帝)이다. 2년이 되는 해(291)에 연호를 영평(永平)으로 바꾸었다. 같은 해 3월 다시 연호를 원강(元康)으로 바꾼다.

진혜제 원강 시기 사마씨 정권이 수십 년간 통치하면서 조성한 각종의 위기는 오랫동안 쌓인 인습과 풍속이 되어 버려서 고치기 어렵게 되었고, 결국은 서진 왕조가 전면적인 붕괴의 길로 나아가게 만들었다.

서진 왕조는 문벌 세족의 통치사회였다. 문벌 지주의 경제는 진일보한 발전에 이르게 되었다. 서진 정권은 경제적으로 안관품점전법(按官品占田法)[1]과 음친제(蔭親制)를 추진하여 시행하였다. "그 관품은 1등급

---

1 역주 이 점전법(占田法)은 중국 서진(西晉)의 무제(武帝)가 시행한 토지 제도로서, 귀족의 토지 소유를 제한하고 농민에게 일정한 토지를 소유하게 한 것으로, 균전법의 선구가 되었다.

에서 9등급까지 있는데, 각각 귀천의 신분 지위에 따라 전답을 차지하게 하였는데, 제1품은 전답 50경(頃), 제2품은 전답 45경, 제3품은 40경, … 제9품은 10경이었다."[2] "또 각각 관품의 높고 낮음을 기준으로 친족의 권속(眷屬)에게 음직(蔭職)을 주었는데, 많게는 9족에까지 이르고, 적게는 아버지와 아들 손자의 3대에 미쳤다."[3] 이것을 바꾸어 말하자면, 문벌세족과 그들 중의 크고 작은 관리는 단지 관품의 지위에 따라 토지를 분배하였을 뿐 아니라 그 친족의 권속들까지도 토지에 종속된 농민을 점유할 수 있었다. 이와 같이 법률 조문으로 규정하여 시행된 점전법과 음친제는 원강 연간의 시기에 이르러 빠르게 팽창하였고, 억제할 수 없는 정도로 토지를 빼앗고 겸병하는 풍조를 형성하였다. 일찍이 죽림칠현의 세족 지주였던 왕융은 그 중의 한 사례이다. 그는 "온 사방에 동산과 전답 그리고 물레방아를 널리 끌어 모아서 천하에 두루 퍼져 있었다."[4]

안관품점전법과 음친제는 서로 짝을 이루어 시행되는 것인데, 서진왕조는 황족자제의 분봉제(分封制)와 직관(職官) 제도를 시행하였고, 동시에 구품관인법(九品官人法) 등도 더욱 강화시켰다. 중앙에서 지방에 이르기까지 국가 경영의 기구(機構)가 많고 복잡하여 관리 들이 무수히 번잡하게 많았는데, 봉토를 분할받은 여러 왕들 이외에도 조정에는 8공(八公)・구경(九卿)・35조(三十五曹)를 설치하였고 아울러 각각 예하의 속관(屬官)과 하급관리를 두었다. 지방에는 도독(都督)・자사(刺史)・군속(軍屬)・태보(台輔)・숙위(宿衛)를 설치하였다. "서울과 지방 고을에서 사람들이 구름처럼 몰려들어, 모인 사류들이 대단히 많았고, 사방에서 신속히 모여 들어 권세 있는 대문에 운집하고, 관직을 사고팔았는데, 어

---

2 『晉書』「食貨志」. "其官品第一至於第九, 各以貴賤占田, 品第一者占五十頃, 第二品四十五頃, 第三品四十頃, … 第九品十頃."
3 『晉書』「食貨志」. "又各以品之高卑蔭其親屬, 多者及九族, 少者三世."
4 『晉書』「王戎傳」. "廣收八方園田水碓, 周遍天下."

린아이들이 몰려 그들의 수레들을 엿보니, 문지기들이 그들의 차림새를 거들면서, 친밀한 빈객들은 좋은 방으로 은밀히 들이고, 소원한 손님들은 문 옆에 서성이며 기다리게 하였다."[5] 간보(干寶)[6]의 『진기총론(晉紀總論)』에서도 다음과 같이 말했다. "나아가 벼슬을 하는 자들은 구차하게 얻는 것을 귀하게 여기고, 정도(正道)를 지키는 것을 비루하게 여겼으며, 관직을 맡은 자들은 헛된 망상을 고상하다고 여겼으며 부지런함과 근신함을 비웃었다. … 유송(劉頌)[7]이 여러 번 나라 다스리는 법을 말하고, 부함(傅鹹)[8]이 매번 간사함과 바름을 규찰(糾察)하여 드러내었지만, 모두 이들을 속된 관리라고 하였다. 헛된 논변만 장황하게 일삼는 자들과 아첨하고 주관이 없는 자들은 모두 명성이 온 세상에 묵직하였다. … 이로 말미암아 비방과 칭찬이 선악의 본질을 어지럽혔다. 사람의 성정(性情)이 재물 욕심의 길로 사특하게 치달아, 선발(選拔)하는 자가 제 사람을 위해서 관직을 고르고, 관리(官吏)는 제 몸을 위해서 이익을 가렸다. … 자욱하게 먼지가 일도록 모두 분주하게 이익을 다투어 챙기는 사류들이 관직을 수천 개씩 늘어세우고도 어진 선비에게 벼슬자리를 천거하여 주는 미덕이 없었다."[9] 왕침과 간보의 말은 확실히 서진 시기

---

5 王沈「釋時論」『晉書』「本傳」. "京邑翼翼, 群士千億, 奔集勢門, 求官買職, 童僕窺其車乘, 閽寺相其服飾, 親客陰參於靖室, 疏賓徙倚於門側."

6 **역주** 간보(干寶)는 진(晉)나라 신채(新蔡) 사람이며, 역사·음양·산수를 연구하고, 원제(元帝) 때 저작랑(著作郞) 벼슬을 하면서 역사찬집(歷史撰集)에 종사하였다. 『진기(晉記)』·『춘추좌자의외전(春秋左子義外傳)』·『수신기(搜神記)』 등을 저술하였다. 그리고 『수신기』는 괴이전설(怪異傳說)을 집대성한 것으로 육조(六朝) 소설의 우수한 작품이며, 당(唐)·송(宋) 시기 전기물(傳奇物)의 선구가 된다.

7 **역주** 유송(劉頌)은 진 무제(武帝) 사마염 당시에 정위(廷尉)라는 벼슬을 하고 있었다.

8 **역주** 부함(傅鹹)은 부현(傅玄)의 아들이며, 아버지의 작위를 계승하였다. 그리고 진 무제(武帝) 사마염 시기에 상서우승(尙書右丞)의 벼슬을 하였다.

9 干寶『晉紀總論』. "進仕者以苟得爲貴, 而鄙居正; 當官者以望空爲高, 而笑勤恪. … 劉頌屢言治道, 傅鹹每糾邪正, 皆謂之俗吏; 其倚杖虛曠, 依阿無心者, 皆名重海內. … 由是毁譽亂於善惡之實. 情慝奔於貨欲之塗, 選者爲人擇官, 官者爲身擇利. …

더욱이 원강 연간 시기의 현실을 잘 드러내고 있다. 사람 때문에 관직을 만들어 세우고 치마끈으로 관리를 선발하여, 관료 사회가 부패하였고, 일에 비해 사람이 많았으며, 국가의 기구가 감당할 수 없는 혹처럼 비대하게 변해갔다. 특히 진(晉) 무제(武帝) 시기에 대규모로 시행한 분봉(分封) 때문에 생긴 화근은 원강 연간의 시기에 이르러 남김없이 폭발하여 나타나게 된다. 황족 자제들 사이에서 황제의 자리를 둘러싼 쟁탈투쟁이 여기저기서 일어나고 또 쓰러졌으며, 사마씨 집단이 조씨의 정권을 찬탈할 때보다 더 심각하게 충돌하였고 살육쟁탈이 이루어졌다. 진의 혜제가 즉위하고서 1년 안에만 세 차례의 연호를 바꾸는 일이 생겼지만, 이 백치(白痴) 황제로 인하여 나타나는 것은 그가 환상으로 그렸던 태평성세가 아니고 "나라 안의 반란이 여러 차례 일어나고, 밖으로 가해지는 외적의 우환이 끊임없는 것[內亂屢興, 外患不已]"이었는데, 최후를 장식하는 것은 중국의 역사상 아주 드문 "팔왕의 난[八王之亂]"이라는 말썽을 피운 것이다.

"혼인으로 무리를 짓고 서로 부추겨서, 칭찬과 비방이 어지러이 오고 갔으며",[10] "아침에 영화를 누리다가 저녁에 소멸하고, 아침에 비상(飛上)하다가 저녁에 추락하는 것"[11]이 일상이었던 원강 연간에 있었던 정치적 환란과 암흑의 상황은 당시의 지식인들에게 심리적으로 아주 큰 자극을 제공하였다. 그들의 분화(分化) 과정은 가속화되었다. 어떤 사람은 문벌 세족의 부패에 불만을 지녀서 "물러나 궁벽한 곳에 거처하고, 끝내 마을 어귀에서 생을 마감하여"[12] 세상과 관계를 끊은 채 은둔(隱遁)의 길로 치달았다. 더 많은 사람들은 "죽은 듯이 있다가 녹봉이나 받아먹고 윗사람 총애나 탐하고, 벼슬에 나아가도 일에 힘쓰지 않았으며"[13] 하는 일 없이

悠悠風塵, 皆奔競之士, 列官千百, 無讓賢之擧."
10 『晉書』「王沈傳」. "姻黨相扇, 毀譽交紛."
11 『晉書』「王沈傳」. "朝榮夕滅, 且飛暮沈."
12 『晉書』「王沈傳」. "退而窮處, 遂終於里閭."

이리저리 배회하며 한 해를 보내고, 세월과 함께 뜬 구름처럼 떠돌았다. 더욱 심한 사람들은 "멋대로 술을 마시며 방탕하게 살았고",[14] "옷을 벗어 던지고 벌거숭이로 지내며"[15] 종욕주의의 길로 치달았다.

『세설신어』「덕행」편의 유효표 주에 인용된 왕은의 『진서』에서 다음과 같이 말했다. "위나라 말년에 완적은 술을 좋아하고 행동이 방자하여, 모자를 벗은 채 머리를 드러내놓고 머리카락을 풀어헤치거나 어깨를 열어젖히고 다리를 쭉 뻗고 앉아있거나 하였다. 그 뒤에 귀족의 자제 중에서 완첨·왕징·사곤·호무보지의 무리들이 모두 완적을 받들어 모시고, 그가 대도의 근본을 깨달았다고 여겼다. 그들은 일부러 모자를 쓰지 않고 의복을 벗어던지면서 추태를 드러내어 짐승과 같았다. 가장 심한 자를 이름 붙여 '통(通)'이라 하였고, 그 다음 가는 자를 이름 붙여 '달(達)'이라고 하였다."[16] 그러므로 당시에는 "사우(四友)"·"팔달(八達)" 등의 호칭이 있었는데, 모두 이런 부류를 말한다.

『세설신어』「임탄」편에서는 다음과 같이 말했다. "완씨 집안사람들은 모두 술을 잘 마셨다. 완함이 자기 일족의 한 거처로 가서 함께 모일 때는 보통 술잔으로 술을 따르지 않고 커다란 옹기에 술을 담아 놓고 빙 둘러 앉아서 서로 맞대고서 크게 마셨다. 그 때 돼지들이 술을 마시려고 달려들었는데, 완함이 그 사이를 곧장 파고들어 돼지들과 함께 술을 마셨다."[17] 또 다음과 같이 말했다. "산간(山簡)이 형주자사로 있을 때, 이따금 외출하여 마음껏 술을 마셨다. 사람들이 그를 두고 노래하며 말하

---

13 『晉書』「裴頠傳」. "屍祿耽寵, 仕不事事."
14 『晉書』「裴頠傳」. "縱酒荒放."
15 『晉書』「裴頠傳」. "脫衣裸裎."
16 『世說新語』「德行」 주에 인용된 『晉書』. "魏末阮籍, 嗜酒荒放, 露頭散髮, 裸裎箕踞. 其后貴游子弟阮瞻王澄謝鯤胡毋輔之徒, 皆祖述於籍, 謂得大道之本. 故去巾幘, 脫衣服, 露醜惡, 同禽獸. 甚者名之爲通, 次者名之爲達也."
17 『世說新語』「任誕」. "諸阮皆能飮酒. 仲容至宗人閒共集, 不復用常杯斟酌, 以大甕盛酒, 圍坐, 相向大酌. 時有羣猪來飮, 直接去上, 便共飮之."

길, '산간은 이따금 취했다 하면 곧장 고양지[18]로 간다네. 날이 저물어서
야 거꾸로 누운 채 실려 돌아오는데 흐리멍덩하여 아무것도 분간하지
못한다네.'"[19] 『진서』「필탁전」에는 다음과 같이 말했다. "필탁이 일찍이
사람들에게 말하길, '술을 얻어 수 백곡을 배에 싣고, 사시사철 감칠맛
나는 음식을 양 옆에 두며, 오른손으로 술잔을 들고, 왼손으로 게의 집
게발처럼 굽혀 안주를 잡아, 술 놀이 배를 띄우고 노는 것이야말로 일생
의 만족이로다.'라고 하였다."[20]

　만약 완적·혜강이 대표적인 죽림 시기의 현학으로 그 격정을 발현하
면서도 그들의 철학적 창조의 담론을 잃지 않았다고 말한다면, 원강 시
기에 이르러서 이런 학파의 현학 기풍은 더욱 극단적으로 발전하여 술
로써 자기를 마취시키는 것이 다반사였으며, 철학사상의 창의력을 완전
히 상실하였고, 이 때문에 죽림 시기의 방달(放達)로부터 한 걸을 더 나
아가 "광기에 이른 방달(狂放)"이 되었고, ("멋대로 하기만 하되 방달에 이
르지는 못하고")[21] 사상의 정서(情緖)도 죽림 시기의 고상하고 뛰어남에서
한 걸음 더 변질되어 너절하고 품격이 낮았다. 이와 같이 "방탕하고 생
기 없는 형체"[22]를 오로지 추구하고 취한 눈으로 세계를 보는 이른바 명
사들은 실제로 객관적 세계에 대하여 이미 깨어 있는 인식이 없었고, 이
때문에 그들은 사상적으로 위진 현학의 발전에서 이루어 놓은 것이 없
었을 뿐만 아니라, 오히려 상반되게 귀무론 사조에 대하여 그 몰락의 과
정을 가속화시켰다. 그들의 사상은 술과 안주 속에서 깊이 만취해 있었

18 　역주　고양지(高陽池)는 지금의 湖北省 襄陽縣에 있는 습씨(習氏) 집안의 연못
　　이다. 산간이 역이기(酈食其)의 고양주당(高陽酒黨) 고사에 따라 '고양지'라고
　　이름을 붙였다고 한다. '고양'은 '주당'의 대명사로 쓰일 정도로 유명하다.
19 『世說新語』「任誕」. "山季倫爲荊州, 時出酣暢. 人爲之歌曰: '山公時一醉, 徑造高
　　陽池; 日莫倒載歸, 茗艼無所知.'"
20 『晉書』「畢卓傳」. "卓嘗謂人曰: '得酒滿數百斛船, 四時甘味置兩頭, 右手持酒杯,
　　左手持蟹螯, 拍浮酒船中, 便足了一生.'"
21 　저자주　"放而不達."
22 　저자주　"放蕩形骸."

고, 그들의 안목과 시각도 지극히 협소한 범위 속에 봉쇄되어 있었으며, 그들은 다시는 어떠한 사상의 창의성도 요구하지 못했는데, 이런 것이 바로 그들이 스스로 다음과 같이 말하는 것이다. "명사는 반드시 특별한 재능이 필요한 것은 아니고, 다만 늘 일이 없고 통쾌하게 술을 마시며 『이소(離騷)』를 숙독하기만 하면 바로 명사라고 할 만하다."[23]

원강 시기 명사의 방탕한 행위와 종욕주의는 정치적으로 나중의 결과를 이끌어 내는데, 바로 문벌세족의 통치가 조성되는 잠재적 위협과 파괴력에 대한 것으로서, 이것은 "팔왕의 난"이라는 직접적 파괴와 서로 표리(表裏)의 관계를 이루고, 서진 왕조의 멸망이라는 조종(弔鐘)의 소리를 울리게 된다.

바로 이와 같이 원강 연간의 시기에 일군의 사상가들이 등장하여 다양한 시각을 열었는데, 귀무론 사조에 대하여 비판적인 총결과 결산을 진행한다. 이 시기에 구양건(歐陽建)의 「언진의론(言盡意論)」·배외의 「숭유론(崇有論)」과 곽상의 『장자주』는 주된 사상적 대표작이다. 구양건과 배외는 비록 노장의 학문을 따라서 연구한 것은 결코 아니지만, 그들이 연구한 문제는 모두 현학의 중심 논의주제이다. 예컨대 구양건이 논의한 언어와 뜻에 관한 논변과 배외가 논의한 유(有)와 무(無)의 관계문제는 모두 현학 속에서 중대한 문제이다. 구양건이 저술한 「언진의론」은 현학가들의 "언어는 뜻을 다 표현할 수 없다[言不盡意]."는 불가지론을 비판한 것이다. 배외의 「숭유론」은 현학의 귀무론이 지닌 유심주의 사상을 맹렬하게 비판하고 자신의 유물주의 숭유론 학설을 발휘한 것이다. 곽상은 "지향(志向)을 노장에 둔[托志老莊]" 서진 시기의 저명한 현학가였으며, 당시 사람들은 그를 "왕필에 버금가는 사람[王弼之亞]"이라고 모두 칭송하였다. 그러나 그의 현학 사상은 왕필과 크게 다르며, 그는 하안과 왕필의 귀무론 사상을 버리고 숭유론 사상을 견지하였으며, 현

---

23 『世說新語』「任誕」. "名士不必須奇才, 但使常得無事, 痛飲酒, 孰讀離騷, 便可稱名士." 이는 왕공(王恭: 자 孝伯)의 말이다.

학 내부에서 현학에 대한 변화를 시도하여 결국 위진 현학을 새로운 단계로 발전시켰는데, 즉 현학 귀무론에서 발전하여 현학의 숭유론 단계로 나아가게 된 것이다.

제2절

배외의 「숭유론」 사상

1 배외의 생애와 저작

배외(裴頠)는 자가 일민(逸民)이며, 하동(河東)의 문희(聞喜: 지금의 산서성 絳縣) 사람이다. 서진 무제 시기 태시(泰始) 3년(267)에 태어나서 서진 혜제 영강(永康) 1년(300)에 피살되었는데, 죽을 때의 나이가 겨우 34세였다. 배외는 명성이 높은 거대 세족(世族) 출신이었으며, 그의 조부인 배잠(裴潛)은 관직이 위나라 상서령(尙書令)에 이르렀고, 그의 아버지 배수(裴秀)는 관직이 진나라 사공(司空)에 이르렀으며 진나라 개국의 으뜸 공훈으로 거록군공(巨鹿郡公)에 봉작되었고 식읍이 3,000호였다. 배외는 배수의 둘째 아들이었고, 그의 형 배준(裴浚)은 일찍 죽었다. 아버지 배수가 세상을 떠난 뒤에 배외는 아버지의 작위를 계승하였다. 진 무제(사마염) 태강(太康) 2년(281)에 태자중서자(太子中庶子)로 동궁(東宮)에 불려갔고, 산기상시(散騎常侍)로 자리를 옮겼다. 혜제가 즉위(291)하자 관직이 국자좨주(國子祭酒) 겸 우군장군(右軍將軍)으로 전직되었으며, 뒤에 시중(侍中)·상서좌복야(尙書左僕射)로 옮겼으니, 조정의 중신이었다.

배외는 어려서부터 저명하여, "아름다운 명성이 멀리까지 미쳤다."[1] 당시에 어사중승(御史中丞)이었던 주필(周弼)이 그를 칭송하여 다음과 같이 말했다. "배외는 군사(軍事)의 보고(寶庫)와 같아서 다섯 가지 병법에 두루 통달하였으니, 한 시기의 영걸(英傑)이다."[2] 가충(賈充: 가황후인 가남풍의 아버지이며, 배외의 이모부)은 배외를 칭송하여 "재주와 덕성이 뛰어나고 넘쳐서 국가의 미래를 중흥시킬 만하다."[3]고 하였다. 배외는 비록 가황후(賈皇后)의 친척이며 신분이 높은 지위에 있었지만, "온 세상 사람들이 친척의 힘으로 벼슬에 나아갔다고 말하지 않았으며",[4] "오직 그가 관직의 지위에 머물지 않을까 걱정하였다."[5] 그가 당시에 세상 사람들에게 매우 존중을 받았다는 것을 알 수 있다. 배외 스스로도 외척의 세력을 지나치게 존숭하는 것을 반대하였기 때문에 다음과 같이 말했다.

"외척의 무리가 존숭되어서, 치우치게 사사로운 천거(薦擧)를 널리하니, 황후의 일족이 어찌 항상 능력이 있어 자신을 보중(保重)하겠는가? 모두 친족을 중시하여 허물을 벗지 못함을 알겠노라."[6]

아울러 한나라 시기의 24황제를 나열하면서 한나라 문제(文帝)·광무제(光武帝)·명제(明帝)가 있어서 외척을 중시하지 않아서, 모두 황실의 종실을 보존할 수 있었다고 하였다. 동시에 배외는 표문(表文)을 올려서 다음과 같이 말했다.

---

1 『晉書』「裴頠傳」. "雅有遠識."
2 『晉書』「裴頠傳」. "頠若武庫, 五兵縱橫, 一時之傑也."
3 『晉書』「裴頠傳」. "才德英茂, 足以興隆國嗣."
4 『晉書』「裴頠傳」. "四海不謂之以親戚進也."
5 『晉書』「裴頠傳」. "惟恐其不居位."
6 『晉書』「裴頠傳」. "崇外戚之望, 彰偏私之擧. 後族何常有能自保, 皆知重親無脫者也."

"구요(즉 고요)는 순임금을 도와 계책을 내고, 이윤(伊尹)은 은나라 탕임금을 도와 다스렸으며, 강태공 여망(呂望)은 주나라 무왕을 도와 천하를 평정하였고, 소하(蕭何)와 장량(張良)은 한나라 고조를 보좌하였으니, 공적과 감화를 널리 베풀어 밝은 빛으로 사방의 천하를 바로잡았다. 의연히 이런 모습을 이어서 구단(咎單: 탕임금 때의 사공 벼슬을 함)·부열(傅說: 은나라 고종의 어진 재상)·조기(祖己: 또한 은나라 고종의 어진 재상)·번중(樊仲: 주나라 선왕의 어진 재상)도 또한 나라를 중흥시켰다. 어떤 이는 미천하고 누추함에서 밝은 지혜로 등용되고, 어떤 이는 대대로 내려오는 서민 집안에서 덕성으로 뽑혀 나왔으니, 어찌 덕성의 숭상을 근거로 천거하여 이렇게 훌륭한 공적에 이른 것이 아니겠는가! 가까운 세대를 두로 살펴보면 심원한 재능을 우러러 받들지 못하고, 친근한 사람 상이의 감정에 빠져서, 많은 직임을 주고 나서 친애하여 안정되지 못하는 상황에 이르게 된다."[7]

이것을 바꾸어 말하자면, 관리를 선발하는 것은 친척이나 황후의 일족 여부(與否)에 착안해서는 안 되는 것이며, 마땅히 개인에게 현명한 덕성이 있는지 없는지의 여부를 보아야 하는 것이다. 역사적으로 현명한 신하와 저명한 재상은 "미천하고 누추함에서 밝은 지혜로 등용되는 것"이 아니면, 바로 "대대로 내려오는 서민 집안에서 덕성으로 뽑혀 나오는 것"이지, 결코 황후의 일족이나 황제의 친족에서 나오는 것이 아니다. 이것을 바꾸어 말하자면, 관리의 임용은 반드시 임용할 사람이 지닌 현명한 덕성의 따라서 채용하는 것인데, 이 때문에 그는 여러 차례 작위와 관직을 사직하여 그가 조정에서 황후의 친족을 오로지 존중하는 시

---

7 『晉書』「裴頠傳」. "咎繇(則皐陶)謨虞, 伊尹相商, 呂望翊周, 蕭(蕭何)張(張良)佐漢, 鹹播功化, 光格四極. 暨于繼體, 咎單(湯之司空), 傅說(殷高宗賢相), 祖己(亦爲殷高宗賢相), 樊仲(周宣王賢臣), 亦隆中興. 或明揚側陋, 或起自庶族, 豈非尙德之擧, 以臻斯美哉! 曆觀近世, 不能慕遠, 溺於近情, 多任後親, 以致不靜."

각에 반대하고 있음을 표시하였으며, 하층의 서민 일족에서 선발되어 현명한 재능을 지닌 관리를 지지하였다. 당시에 서민 일족의 출신으로 뽑힌 사류로서 장화(張華)가 있었는데, "학업이 매우 넓었으며",[8] "지식이 많아 속으로 깨닫고 있는 것이 있어 사방의 온 지역을 손바닥 보듯 하였고",[9] 국가를 다스리는 재능이 매우 뛰어났는데, 당시의 사람들이 그를 춘추시대의 정(鄭)나라 자산(子産)에 비교하였다. 가남풍(賈南風) 황후는 여러 왕들의 역량을 억제하기 위하여 장화를 임용하여 "조정의 기강을 맡아서 유지시키려고"[10] 준비를 할 때 배외의 협조를 깊이 받았다. 『진서』 36권 「장화전」 속에 다음과 같은 일단의 일화가 기록되어 있다.

> "가밀(賈謐: 가충의 손자)과 황후(가남풍 황후를 가리킨다)가 공모하여, 장화가 서민 일족이면서 학문이 깊고 태도가 의젓하며 책략을 잘 세워서, 나아감에 윗사람을 핍박하는 혐의(嫌疑)가 없고, 물러남에 뭇 사람들의 소망을 한 몸에 받는 바가 있으니, 조정의 기강을 세우는 일을 맡겨서 정치의 일을 의논할 만하였다. 그러나 의심스러운 바가 있어서 결단을 내리지 못하고 배외에게 자문을 구하였는데, 배외는 평소에 장화를 존중하였으므로 그에 관한 일을 깊이 칭송하였다. 장화가 드디어 충심을 다하여 보좌하고 조력하여 모자라고 부족한 곳을 보수(補修)하고 바로 세웠다."[11]

바로 조정에서 장화를 중용하였으므로, 장화는 배외의 지지를 받으면

---

8 『晉書』 「張華傳」. "學業優博."
9 『晉書』 「張華傳」. "强記默識, 四海之內若指諸掌."
10 『晉書』 「張華傳」. "主持朝綱."
11 『晉書』 「張華傳」. "賈謐(賈充之孫)與后(指賈后賈南風)共謀, 以華庶族, 儒雅有籌略, 進無逼上之嫌, 退爲衆望所依, 欲倚以朝綱, 訪以政事. 疑而未決, 以問裴頠, 頠素重華, 深贊其事. 華遂盡忠匡輔, 彌縫補闕."

서, 충심을 다하여 보좌하고 조력하여 모자라고 부족한 곳을 보수(補修)하면서 조정의 일을 도왔다. 이 때문에 "어리석은 군주[혜제]와 모진 황후[가남풍 황후]의 조정" 치하에 있으면서도 천하는 한때 안정과 평화를 누릴 수 있었다. 이로써 배외가 관리를 선발하고 천거할 때 식견이 매우 높았음을 알 수 있다.

배외의 정치활동 시기는 주로 혜제와 가황후 정권의 시기이다. 당시에 서진이 비록 이미 중국을 통일하였지만(진 무제 함령 6년, 서기 280년 최후로 오나라를 멸망시키고, 전국의 분열 국면이 결속되었다), 진 무제는 또한 대대적으로 종실의 사람들을 왕으로 봉하였으며, 아울러 왕이 다스리는 나라에 군대를 설치할 수 있도록 허락하여 "각각 지역의 주군의 군사 업무를 통할하였는데",[12] 이런 것은 형식적인 통일을 이룬 것이었지만, 실제로는 여러 왕국의 군사가 분할되어 있는 형태에 처한 것이다. 서기 290년 무제가 죽고 황제의 자리를 계승한 혜제는 혼암(昏闇)하고 유약한 군주였으므로 정치의 대권은 가황후 가남풍의 수중으로 떨어졌다. 가남풍은 가충(賈充)의 후처인 곽괴(郭槐)의 소생이었고, 본래 황태자비였는데, 태자가 즉위한 뒤에 양황후(양준의 딸)를 황태후로 삼았고, 비(妃)인 가남풍을 황후로 세운 것이다. 가남풍은 성품이 포악하고 질투가 심하였는데, "일찍이 손을 써서 여러 사람을 죽였으며, 어떤 때는 임신 상태인 신첩(臣妾)에게 창을 던져서 아이가 창날에 찍혀 땅으로 쏟아지기도 하였으니",[13] 이 사람의 마음은 이리와 같았고 수단이 표독스러웠다. 가황후와 양황태후는 사이가 좋지 않았으며, 또한 태부(太傅)인 양준(楊駿)이 정권을 맡아서 일을 보는 것을 미워하였기 때문에 서기 291년 가황후는 "양준이 반란을 꾀한다고 무고(誣告)하여 몰아내고자, 초왕(楚王) 사마위(司馬瑋)와 동안왕(東安王) 사마요(司馬繇)를 시켜서 조

---

12 저자주 "各統方州軍事."
13 『晉書』「賈皇后傳」. "嘗手殺數人. 或以戟擲孕妾, 子隨刃墮地."

칙을 내려 양준을 주살하였고",[14] 아울러 "황태후를 폐하여 서인(庶人)으로 삼는다는 위조한 조칙을 내렸고",[15] 최후로는 또한 "황태후를 금용성에서 시해하였다."[16] 그 뒤에 가황후는 또한 초왕 사마위에게 태재(太宰)인 여남왕 사마량(司馬亮)을 살해하게 한 뒤에 또한 초왕 사마위와 민회태자(愍懷太子) 사마휼(司馬遹)을 살해하였다. 서기 300년 조왕(趙王) 사마륜(司馬倫)과 양왕(梁王) 사마동(司馬肜)이 일어나 정권을 찬탈하고 가황후를 죽여 버렸는데, 정권 쟁탈의 싸움이 더욱 첨예하게 치달았으며, 이로부터 연속된 16년간 이른바 "팔왕의 난"이 폭발하게 된다. 사공(司空)의 벼슬을 하던 장화와 상서복야 벼슬을 하던 배외 등은 혜제와 가황후 시기 조정의 중신(重臣)이었기 때문에 또한 조왕 사마륜에게 살해되었다. 배외는 통치 계급의 내홍(內訌) 속에서 이와 같이 죽어갔다.

배외와 장화는 가황후가 정권을 멋대로 주무를 시기에 비록 통치 계급의 내부 투쟁에 참여하였지만, 오로지 정권과 이익을 다투며 싸움만을 알던 제후 왕들과는 달랐는데, 그들은 한마음으로 서진의 정권을 더 좋은 나라로 만들고자 생각하였기 때문에 당시에 비교적 개명(開明)한 몇몇 인물이었다. 그들은 비록 가황후의 중신이었지만 가황후의 권력 농단에 불만을 품고 있었다. 장화는 "황후 일족의 흥성을 근심하여"[17] 일찍이 「여사잠(女士箴)」을 지어 가황후를 완곡한 표현으로 잘못을 고치도록 말하였는데, 이로부터 질시와 투기로 성품이 배인 가황후도 장화를 존경할 줄 알게 되었으며, 아울러 더 나아가 장화를 장무군공(壯武郡公)에 봉하였다. 배외는 가황후의 친척이었지만 황후의 일족이라는 것을 가지고 벼슬에 나아가기를 추구하지 않았고, 가황후에게 아첨하는 짓을 결코 하지 않았으며, 더욱이 "가황후가 정치를 어지럽히는 것을 깊

---

14 『晉書』「武悼楊皇后傳」. "遂誣駿爲亂, 使楚王瑋與東安王繇, 稱詔誅駿."
15 『晉書』「武悼楊皇后傳」. "矯詔廢皇太后爲庶人."
16 『晉書』「惠帝紀」. "弑皇太后于金墉城."
17 『文選』卷 56. "懼后族之盛."

이 걱정하였다[深患賈后亂政]." 가황후가 황태자[민회태자]를 폐출(廢黜)하여 버리고자 할 때, 배외는 일찍이 장화·가모(賈模) 등의 인물들과 함께 가황후를 폐출하고 사숙비(謝淑妃: 황태자의 어머니)를 황후로 세우고자 상의하였다. 그러나 장화와 가모 두 사람은 "황제가 스스로 폐출하려는 뜻이 없는데, 만약 우리들이 독단적으로 이 일을 시행한다면 황제가 마음속으로 옳다고 여기지 않을 것이며, 또한 여러 왕들이 바야흐로 강력한 힘을 지니고 있고 붕당을 이룬 무리들이 서로 의견이 다른 터라서, 아마도 재앙의 실마리는 건드려 푸는 것 같아서 우리 몸은 죽게 되고 나라는 위태로워져서 종묘사직에 아무런 도움이 되지 않을 것이다."[18]라고 말하여, 그 일은 결국 포기하였다. 여기서 그들이 고려한 문제는 모두 국가와 사직(社稷)을 소중하게 여기고 있음을 알 수 있다. 그들은 당시의 형세하에서 오직 "부지런히 옆에서 재앙과 복락이 되는 일을 가리는 경계(警戒)를 진술하고, 크게 정사를 그르치는 일이 없기를 바라며, 천하가 오래도록 안정되기를 기원하고, 유유자적하며 세상을 마칠 수 있기를 바랐는데",[19] 이 때문에 일설에 따르면 배외는 일찍이 "어머니 광성군[가황후의 어머니]의 말씀을 따르라 권면하여, 가황후를 경계하고 일깨워 가르쳐서 태자를 친히 모시게 하였다."[20] 당연히 이와 같은 권면의 말은 역시 실제의 일에 아무런 도움이 되지 않았고, 최후에는 태자가 가황후에게 폐출되고 또 살해되었다. 장화와 배외는 당시의 제후 왕들이 중앙의 권력과 이익을 탈취하고자 망령되게 도모하는 것에 대하여 역시 반대하는 태도를 견지하였다. 예를 들면, 조왕 사마륜이 "가황후에게 아첨하여 섬기면서 녹상서사(錄尙書事) 벼슬자리를 구하였으며, 가황후도 상서령(尙書令) 벼슬을 주고자 하였지만, 장화와 배외가 모두 옳지 않은

---

18 『晉書』「裴頠傳」. "帝自無廢黜之意, 若吾等專行之, 上心不以爲是. 且諸王方剛, 朋黨異議, 恐禍如發機, 身死國危, 無益社稷."

19 『晉書』「裴頠傳」. "勤爲左右陳禍福之戒, 冀無大悖. 幸天下尙安, 庶可優遊卒歲."

20 『晉書』「裴頠傳」. "且夕勤說從母廣城君, 令戒諭賈后, 親待太子."

일이라고 고집을 부려 무산되었는데, 이 때문에 원한을 사게 되었다."[21] 그러므로 조왕 사마륜이 중앙의 정치적 대권을 찬탈하여 장악한 뒤에 가황후를 폐출해 버린 것 이외에도 동시에 또한 장화와 배외를 살해하고자 했는데, 그 사이의 사정이 바로 여기에 있는 것이다.

배외는 정사에 관여한 기간에도 자기의 정치적 견해를 발표하였는데, 귀결해 보면, 그의 정치 주장은 주로 아래와 같은 두 가지 특징이 있다.

(1) 현명하고 선한 사람을 선발하는 것[選賢舉善].　배외는 나라를 다스리고자 할 때에 오직 군주에 의존해서 성공할 수 있는 것이 결코 아니라고 보았다. 그러므로 그는 다음과 같이 말했다.

> "제가 옛 성현과 철인들에 관해 들어보니, 나라를 다스리는 도를 깊이 탐구하여 여러 가지 업무를 바르게 경영하여 처리하니, 한 사람의 소임으로 되는 것이 아니다. 온갖 나라의 업무를 두루 살펴서 숙달되게 처리하는 것도 한 사람의 지혜로 이를 수 있는 것이 아니다."[22]

이 때문에 군주는 바로 "관직을 설치하여, 일에 따라 따로 설치한 부분들을 통제하는 것이며, … 현명하고 선한 사람을 선발하여 그 지위를 맡겨야 하며",[23] 현명한 능력과 덕성을 지닌 사람에게 위임하여 각각의 등급별로 관리를 뽑아 일을 맡겨야 한다. 그리고 관리를 선발하는 핵심은 인재를 얻는 것에 있는데, 일단 인재를 찾아야만 바로 직책을 맡길 수 있는 것이다. 그러나 직무를 감당하지 못하는 관리에 대해서는 마땅히 수시로 해직시켜야 한다. 이 때문에 배외는 다음과 같이 말했다. "사

---

21 『晉書』「張華傳」. "諸事賈后, 因求錄尚書事, 后又求尚書令, 華與裴頠皆固執不可, 由是致怨."
22 『群書治要』권29. "臣聞古之聖哲, 深原治道, 以爲經理群務, 非一才之任; 照練萬機, 非一智所達."
23 『群書治要』권29. "設官建職, 制其分局, … 先賢舉善, 以守其位."

인(士人)을 뽑는 것은 이미 그 사람을 얻는 것인데, 다만 마땅히 책무를 맡기되 그 일에 걸맞게 책무를 수행하지 못함이 있으면 그 죄를 물어 죽임으로써 여러 사람에게 본을 보여야 한다."[24] 배외는 군주가 이런 원칙을 잘 살펴서 시행한다면 바로 "나라를 다스리는 도가 넉넉하고 두터워져서, 태평한 세상을 노래하는 소리가 울려퍼지는 상태"[25]에 도달하게 되어서, 무위(無爲)의 다스림을 실행할 수 있다고 보았다. 이를 위해서 그는 고대의 성현인 요임금과 순임금을 숭상하면서 다음과 같이 말한다.

> "그러므로 요임금과 순임금을 칭송하며 현능한 사람을 구하는 데 노력하고, 능력 있는 사람에게 일을 맡기어 편안하며, 업무를 나누어 맡김에 이미 구별이 있고, 인재를 얻어서 소임을 줄 때에, 무위로써 다스림이 이루어진 것이니, 어찌 마땅하지 않음이 있겠는가?"[26]

바로 배외가 "현명하고 선한 사람을 선발하는 것"이라는 사상을 주장했기 때문에 그는 비록 황후의 일족이었지만 오히려 가황후가 황후 일당을 중용하는 방침에 대하여 극력으로 반대한 것이며, 당시에 유행하던 황후의 치마끈에 줄을 대어 관직을 얻는 풍조를 반대한 것이다. 당시의 사회적 기풍을 볼 때, 이것은 확실히 하기 어려운 일을 해낸 중요한 점이다.

(2) "형벌과 포상을 고르게 하고, 가벼운 일과 중요한 일을 가려서 함께 처리할 것[刑賞相稱, 輕重無二]." 배외는 "혜제가 다스리던 세상에서, 정치에 관한 일들이 여러 아랫사람으로부터 나오고, 매번 의심스러운 옥사가 생기며, 각자 사사로운 감정을 내세우고, 형법이 안정되지 못하

---

24 『群書治要』 권29. "選士旣得其人, 但當委責, 若有不稱, 便加顯戮."
25 『群書治要』 권29. "治道可隆, 頌聲能擧."
26 『群書治要』 권29. "故稱堯舜, 勞於求賢, 逸於使能, 分業旣辨, 居任得人, 無爲而治, 豈不宜哉?"

며, 형법에 기대는 송사가 번잡하게 일어나는"[27] 정황을 정확하게 겨냥하여, "형벌과 포상을 고르게 하고, 가벼운 일과 중요한 일을 가려서 함께 처리할 것."을 제기한 것인데, 상벌(賞罰)을 분명하게 실행하라는 주장이며, 아울러 이런 실행에 이르고자 할 때는 우선적인 것이 법률을 제정하여 "항상성 있는 제도[恒制]"가 있어야 한다고 보았다. 배외는 다음과 같이 말했다.

> "무릇 천하의 일은 여러 가지 길이 있으니, 담당자 한 사람의 관장(管掌)으로 다 되는 것이 아니다. 중간 등급의 재능을 지닌 사람은 쉽게 흔들리므로 항상성 있는 제도에 의지한 뒤에 안정을 찾는데, 옛 선왕들은 그 까닭을 알았다. 그러므로 일의 규모를 구분하여 직무를 나누고, 담당할 관직을 만들었고, 담당 관직이 이미 세워졌으니, 각각 그 직무를 관장하며, 형벌과 포상을 고르게 하고, 가벼운 일과 중요한 일을 가려서 함께 처리하는 것이다. 그러므로 아래로 백성들이 상도(常道)가 있음을 듣고, 여러 관리들은 직분의 업무에서 안정을 찾는 것이다."[28]

이것은 바꾸어 말하자면, 법률에 "항상성 있는 제도"가 있어야만, 그 뒤에 관직을 나누어 세우고, 관리들이 이미 안정된 법률에 살펴서 구별해야만 비로소 "형벌과 포상을 고르게 하고, 가벼운 일과 중요한 일을 가려서 함께 처리할 수" 있다는 것이다. 만약 "법률이 여러 가지로 늘어져서, 지시하는 명령이 일정하지 않으면[法多門, 令不一]" 바로 아래와 같은 상황이 발생한다.

---

27 저자 주 "惠帝之世, 政出群下, 每有疑獄, 各立私情, 刑法不定, 獄訟繁滋."
28 『晉書』「刑法志」. "夫天下之事多塗, 非一司之所管; 中才之情易擾, 賴恒制而後定, 先王知其所以然也. 是以辨方分職, 爲之准局, 准局旣立, 各掌其務, 刑賞相稱, 輕重無二, 故下聽有常, 群吏安業也."

"관리가 맡아서 지킬 일을 알지 못하고, 아래 백성들은 피할 곳을 알지 못하며, 간사한 거짓을 일삼는 자는 법률이 여러 가지로 늘어진 것을 이용하여 그 사사로운 속셈을 채울 것이니, 하고자 하는 것이 천박함과 심후함이 있어도 진실로 절대 한결같지 않을 것이다. 그러므로 윗자리에 있는 사람이 아랫사람을 검속(檢束)하기 어렵다. 이에 일은 같은데도 의론이 상이하고, 옥사(獄事)를 평결함이 공평하지 못하여, 법률에 의해서 해를 당함이 있게 된다."[29]

이와 같이 형벌과 포상이 어지러워지면 바로 형벌이 간악한 행위를 막을 수 없고, 포상이 선행을 권면할 수 없게 되며, 법률도 즉시 바른 작용을 잃는다. 이 때문에 그는 법률을 시행할 때에는 반드시 "신뢰가 사계절의 운행처럼 확고해야 하며(信如四時)", 법을 집행할 때에는 반드시 "견고함이 쇠와 돌처럼 굳건해야(堅如金石)"만 어떤 사람도 제멋대로 법전(法典)을 바꿀 수 없다고 주장하였다. 그는 다음과 같이 말했다.

"사람을 다스리는 군주가 천하를 더불어 공유(共有)하는 것은 법(法) 때문이니, 이미 온 세상에 법령을 내렸으면 신뢰가 없을 수 없는 것이다."[30]

군주와 백성이 법을 함께 공유하는 것이며, 법이 이미 반포되었으면 반드시 공동으로 굳건하게 법을 집행해야 한다. 만약 법률에 "미진한 곳이 있다면 마땅히 그것을 고쳐야 하는 것(未盡當處, 則宜改之)"이며, 법률을 바꾸어 수정해야 하는 것이지만, 각급의 관리들이 제멋대로 고쳐서는 안 된다. 옛 사람들이 말하는 "사람을 보고 가르침을 세우는 것(看人設敎)"과 "때의 마땅함을 따르는 것(隨時之宜)"에 대해서, 배외는 이것이

---

29 『晉書』「刑法志」. "吏不知所守, 下不知所避. 奸僞者因法之多門, 以售其情, 所欲淺深, 苟斷不一, 則居上者難以檢下, 於是事同議異, 獄犴不平, 有傷於法."
30 『晉書』「刑法志」. "人君所與天下共者, 法也. 已令四海, 不可以不信."

오로지 법률을 제정할 당시를 지칭하여 말한 것이며 법률을 제정할 때에 사람과 시기(時期)의 마땅함에 주의를 기울여야만 한다고 보았다. 일단 법률이 반포되면 임의로 바꿀 수 없는 것이다.

배외는 학술적으로 "박학다식하였고 옛날의 도를 자세히 살펴 공부하였는데(博學稽古)", 더욱이 유학에 정통하였으므로 유학자였다. 혜제가 처음 즉위하였을 때 "천하가 잠시 안정을 유지하였는데(天下暫定)", 배외는 일찍이 "국학을 모아서 수찬(修撰)하였고, 금석에 글을 새기거나 경전의 글을 베껴 써서"[31] 당시의 황태자[민회태자]까지도 "공자를 모시고 석전(釋奠)의 제를 올리고, 대사례(大射禮)에 음식을 내어, 매우 두터운 예의 질서가 있었다."[32] 유교의 학업을 특히 중시한 것 이외에도 배외는 또한 "널리 통하여 박식하고 견문이 많았고",[33] "겸하여 의술에도 밝았다."[34] 당시에 순욱(荀勖)이 도량형(度量衡)의 법도(法度)를 수정하는데, "옛날의 척도(尺度) 법을 살펴보니 길이가 오늘날 세상에서 사용하는 사푼(四分)이 조금 넘는다."[35]고 했는데, 이를 두고 배외는 상소를 올려서 다음과 같이 말했다.

"마땅히 도량형을 개정해야 하지만, 모두 다 개혁할 수 없다면 먼저 황실 의원의 도량형을 개혁해야 한다. 이것이 만약 조금이라도 차이가 있으면 결국 신농씨와 기백(岐伯)[36]이 정한 정도(正度)를 잃게 되며, 약물(藥

---

31 『晉書』「裴頠傳」. "奏修國學, 刻石寫經."
32 『晉書』「裴頠傳」. "奠祀孔子, 飮饗射侯, 甚有儀序."
33 『晉書』「裴秀傳」. "通博多聞."
34 『晉書』「裴秀傳」. "兼明醫術."
35 『晉書』「裴頠傳」. "檢得古尺, 短世所用四分有餘."
36 [역주] 기백(岐伯)은 전설로 전해지는 황제(黃帝) 시기의 명의이다. 『漢書』「藝文志」. "太古有岐伯, 俞拊, 中世有扁鵲, 秦, 和, 蓋論病以及國, 原診以知政(아주 오랜 옛날 기백·유부가 있었고, 중간 시기의 세상에는 편작·진·화 등의 인물이 있었는데, 대체로 질병을 논하여 나라에 두루 미쳤고, 질병의 진단을 살펴서 나라의 정사를 알았다)."

物)의 무겁고 가벼움에서 조금의 분량(分量)이라도 어그러지면, 건강을 해쳐서 일찍 죽을 수 있듯이, 해로움이 더욱 심해진다. 옛날에 장수(長壽)하다가 오늘날 단명(短命)하는 것은 반드시 이런 것에 연유하지 않는다고 할 수는 없는 것이다."[37]

배외는 현재의 도량형은 개혁해야 하지만, 만약 도량형 전체를 모두 개혁할 수 없다면 마땅히 황실의 의약 체계의 도량형을 먼저 개혁해야 한다고 보았다. 의약의 재료를 가늠하는 가벼움과 무거움은 조금이라도 착오가 있을 수 없는 것인데, 그렇지 않을 경우에는 바로 바른 척도를 잃게 되어서 해로움이 헤아릴 수 없는 지경에 이르게 된다. 배외는 고대 사람들이 장수를 하고 당시의 사람들이 단명하는 까닭에는 의약의 재료가 "조금의 분량(分量)이라도 어그러지는 것"과 반드시 관련이 없다고 할 수는 없는 것이라고 보았다. 비록 이와 같이 상소를 올린 논의가 채용된 것은 아니지만, 우리는 여기에서 오히려 배외가 과학성을 매우 중시했다는 것을 볼 수 있다. 과학(주로 의학을 가리킨다)을 대하는 그의 인식은 조금의 소홀함도 있을 수 없었다. 그리고 이와 같이 과학을 중시하는 정신은 또한 그의 집안 전통과 관련이 있다. 배외의 아버지 배수(裴秀)는 바로 과학정신을 지닌 사람이었다. 그는 당시의 지역적 혼란을 정확히 겨냥하여 「지역도(地域圖)」 18편을 다시 새롭게 그렸다. 이 일에 관해서 역사서에는 다음과 같이 기록하고 있다.

"(배수는) 「우공」편[38]의 산과 내 그리고 땅의 이름은 유래(由來)가 오래

---

37 『晉書』「裴頠傳」. "宜改諸度量, 若未能悉革, 可先改太醫權衡. 此若差違, 遂失神農岐伯之正, 藥物輕重, 分兩乖互, 所可傷夭, 爲害尤深. 古壽考而今短折者, 未必不由此也."

38 역주 『서경(書經)』 「하서(夏書)」, <우공(禹貢)>편을 말한다. 『서경집전』의 해당 부분에는 다음과 같이 설명하였다. "위에서 취하는 것을 부(賦)라 하고 아래에서 바치는 것을 공(貢)이라 한다. 이 편(篇)은 공(貢)이 있고 부(賦)가 있는데, 유

되어서 많은 변화가 있으므로 후세에 말하는 사람들이 혹은 억지로 끌어다 대니 점점 애매하게 불확실해졌다. 그래서 옛글을 뽑아서 기록하되 의심나는 것은 빼어 두고, 예전에 이름이 있다가 지금은 없는 것은 모두 시간이 나는 대로 설명을 달아 놓았다가『우공지역도』18권을 지었다. 이를 황제에게 바치니, 궁중에서 중요한 문서나 물건을 보관하는 곳에 넣어 간직하였다."[39]

　그가 지도를 그린 원칙은 주로 실제와 부합하는 것을 강조하고, 정밀한 척도의 숫자와 방위·거리 등을 넣은 것이다.[40] 배수가「지역도」를 그린 것이 비교적 과학적이었음을 알 수 있다. 배씨 가문의 전통 속에는 이와 같은 과학적 전통이 있었고, 배외의 철학에서 유물주의 경향을 지니는 데 일정한 영향을 미치고 있다. 서진 시기의 사상은 거의 전체적으로 현학의 청담이 뒤덮었으며, 위나라 정시 연간 이래로 본래 높은 명성을 지닌 하안과 완적 등의 사람이 현학의 기풍을 일으킨 이후에, "마음이 들뜨고 허황(虛荒)하여 예법을 따르지 않았고",[41] "하는 일 없이",[42] "봉록만 받아먹으며 정권의 총애만 탐하는 것"[43]이 사대부들의 일상적

독 공(貢)이라고 편(篇)을 이름한 것은 맹자(孟子)가 말씀하기를 '하후씨(夏后氏)는 50무(畝)에 공법(貢法)을 썼으니, 공(貢)이란 몇 년의 중간치를 비교하여 일정함을 삼는 것이다.'고 하였으니, 공(貢)은 또 하후씨(夏后氏) 전부(田賦)의 총칭인 것이다."

39 『晉書』「裴秀傳」. "(裴秀)以禹貢山川地名, 從來久遠, 多有變易, 後世說者, 或强牽引, 漸以暗昧. 於是甄摘舊文, 疑者則闕, 古有名而今無者, 皆隨事注列, 作禹貢地域圖十八篇, 奏之, 藏於秘府."

40 저자주 배수가 지도를 제작한 원칙에는 6가지가 있다. 1. 분율(分率: 거리와 방위를 재고 기록하는 것), 2. 준망(准望: 정방의 위치를 판별하는 것), 3. 도리(道里: 거리), 4. 고하(高下: 땅 모양의 높고 낮음), 5. 방사(方邪: 방은 도로가 곱자처럼 직각으로 굽은 것, 사는 도로가 활처럼 둥글게 휜 것), 6. 우도(迂道: 도로의 굽은 모습과 곧은 모습이 서로 다른 것).

41 『晉書』「裴頠傳」. "口談浮虛, 不遵禮法."
42 『晉書』「裴頠傳」. "仕不事事."
43 『晉書』「裴頠傳」. "尸祿耽寵."

풍조가 되었다. 서진 시기에 이르러 현학의 기풍은 더욱 흥성하였는데, 현학가인 "왕연(王衍)의 무리들은 명성이 크고 융성하며, 지위가 높고 세력이 컸으며, 사무(事務)에 스스로 힘쓰지 않았고, 드디어는 서로 하는 짓을 모방하여",[44] "풍속의 교화가 쇠약해지는"[45] 결과를 낳아서 유학이 진흥하지 못했다.

왕연은 왕융의 종제(從弟)이다. 왕융은 오(吳)나라를 평정하는 데 공훈이 있어서 안풍현후(安豊縣候)의 작위를 받았고, 식읍 6천호를 늘려 받았으며, 상서좌복야·태자태부와 사도(司徒) 등의 관직을 역임하여, 신분이 삼공(三公)의 지위에 올랐다. 왕연은 관직이 상서랑과 황문시랑에 이르렀고, 후에 사공(司空)·사도의 관직으로 자리를 옮겼으며, 황제를 보좌하는 소임을 맡아서, 왕융과 함께 모두 아주 높은 명성을 누렸다. 그러나 왕융과 왕연은 모두 청담의 중심인물이었으며, 왕융은 일찍이 죽림의 교유에 참여하였고, 담론이 "장량과 계찰의 사이에 있으며, 우뚝한 모습이 매우 뛰어난"[46] 수준에 머물렀다. 왕연은 "현리(玄理)에 관한 언변이 지극히 뛰어났고, 오직 노자와 장자를 이야기하여"[47] 서진 시기 현학 청담의 영수 인물이 되었다. 역사서에는 그의 신분이 매우 높았지만, "입으로는 세속의 일을 논의하지 않았고, 오직 현묘하고 심오한 이야기를 읊조렸을 뿐이다."[48]라고 기록하였다. 왕연은 더욱이 하안과 왕필의 현학 귀무론 학설에 대하여 전적으로 숭상하였다. 『진서』에는 다음과 같이 기록하였다.

"위나라 정시연간 중에 하안과 왕필이 『노자』·『장자』를 조술(祖述)하

---

44 『晉書』「裵頠傳」. "王衍之徒, 聲譽太盛, 位高勢重, 不以物務自嬰, 遂相放效."
45 『晉書』「裵頠傳」. "風敎陵遲."
46 『晉書』「王戎傳」. "子房, 季扎之間, 超然玄著."
47 『晉書』「王衍傳」. "苗善玄言, 唯談老莊."
48 『晉書』「王衍傳」. "口不論世事, 唯雅詠玄虛而已."

여 논의를 세워 말했다. 천지만물이 모두 무(無)를 근본으로 삼는다. 무(無)라는 것은 온갖 사물을 열어서 존재의 본질을 성취하게 하니 어디를 가도 없는 곳이 없다. 음양이 그것에 의지하여 사물을 변화 생성하고, 온갖 사물은 그것에 의지하여 형체를 이룬다. 현능한 사람은 그것에 의지하여 덕을 이루고, 못난 사람은 그것에 의지하여 몸의 잘못을 면한다. 그러므로 무의 쓰임은 뚜렷한 벼슬이 없어도 귀한 것이다. 왕연은 이 말을 매우 중시하였다."[49]

왕연은 단지 하안과 왕필의 현묘하고 심오한 학문을 숭상하였을 뿐만 아니라 논변에도 매우 능하였는데, 논변을 하는 중에 일단 "뜻의 이치에 불안한 것이 있으면",[50] "즉시 고쳐서 세상 사람들이 부르길 '입속에 자황(雌黃) 물감이 든 것처럼 잘 변한다.'고 하였다."[51] 이 때문에 사람들은 그를 "한 세상을 통틀어 뛰어난 사람"[52]이라고 하였다. 그는 "여러 번에 걸쳐 높은 관직을 역임하였기 때문에"[53] "뒤에 오는 사류들이 그를 경모하여 모방하지 않음이 없었고, 선발되어 조정에 등용될 때 모두 제일(第一)이라고 여겨서",[54] 당시에 "허망하고 황당한 이야기를 높이 받들고, 드디어 이것이 풍속을 이루게 되는"[55] 결과를 낳았다. 최후로 왕연은 석륵(石勒)[56]에게 "흙 담장을 무너뜨려 압살(壓殺)하는 죽임을 당했다."[57]

---

49 『三國志』「晉書: 王衍傳」. "魏正始中, 何晏王弼等祖述, 『老』『莊』立論, 以爲; 天地萬物皆以無爲本. 無也者, 開物成務, 無往而不存者也. 陰陽恃以化生, 萬物恃以成形, 賢者恃以成德, 不肖恃以免身. 故無之爲用, 無爵而貴矣. 衍甚重之."

50 『晉書』「王衍傳」. "義理有所不安."

51 『晉書』「王衍傳」. "隨卽改更, 世號: '口中雌黃'."

52 『晉書』「王衍傳」. "一世龍門."

53 『晉書』「王衍傳」. "累居顯職."

54 『晉書』「王衍傳」. "後進之士, 莫不景慕放效, 選擧登朝, 皆以爲稱首."

55 『晉書』「王衍傳」. "矜高浮誕, 遂成風俗焉."

56 역주 석륵(石勒)은 후조(後趙)의 건국자이다. 흉노족의 하위 부족인 갈족(羯族) 출신으로 원래 전조(前趙)의 장수로 활약하다가 독립하여 후조를 건국하였다. 묘호는 고조(高祖), 시호는 명제(明帝)이다.

죽음 직전에 왕연은 탄식하여 말하길, "오호라! 우리가 비록 옛 사람들만 못하지만, 한때 만약 허망하고 황당한 이야기를 높이 받들지 않고, 힘을 다해 함께 천하를 광정(匡正)하였다면, 오히려 오늘날의 이 지경에 이르지는 않았을 것이다."[58]라고 하였는데, 이런 각성은 이미 시기를 놓친 탄식이었으며, 마지막에는 나라를 망치고 자신의 몸을 죽게 만드는 결과에 이른 것이다.

현학의 청담 속에서 왕연에 비하여 더욱 심각한 사실은 단지 입으로 현묘하고 심오한 이야기만 지껄이면서 세상의 일을 가까이 돌보지 않은 것뿐만 아니라, 또한 본성대로 내어 맡겨 방탕하게 살면서 술과 놀이에 탐닉하고 심지어 나체로 지내면서 쾌락을 일삼은 것이다. 우리가 앞 절에서 말한 호무보지·왕징[왕연의 동생] 등과 같은 사람들은 이른바 원강 연간의 방달파였는데,『진서』에는 그들을 "모두 또한 무엇에도 구애됨이 없음을 활달함이라 여겼으며, 어떤 때는 나체로 지내는 지경에 이르렀다."[59]라고 말하는 것들이 바로 이와 같은 모습이다.

이와 같은 학파처럼 현학의 청담(淸談)과 방달(放達)에 심취한 사상계를 대할 때에, 배외는 과감하게 공개적인 도전을 제기하였다. 그는 유가의 예교 입장에 서서 시대 풍속이 방탕해짐과 "예법을 준수하지 않는 것"과 입으로 현묘하고 심오한 이야기만 지껄이면서 세상의 일을 가까이 돌보지 않는 것을 깊이 근심하였으며, 의연하게 하안과 왕필의 유심주의 현학 귀무론 사상을 비판하면서, 자기의 유물주의적 숭유론 학설을 제기하였다. 아울러 앞서거니 뒤서거니 하면서 현학의 영수 역할을 하던 왕연과 악광 등의 사람들과 함께 논변을 전개하였다.『진서』에는 다음과 같이 기록하였다.

57『晉書』「王衍傳」. "排牆塡殺之."

58『晉書』「王衍傳」. "嗚呼! 吾曹雖不如古人, 向若不祖尙浮虛, 戮力以匡天下, 猶可不至今日."

59『晉書』권43「樂廣傳」. "皆亦任放爲達, 或至裸體者."

"배외는 시대 풍속이 방탕해짐과 예법을 준수하지 않는 것을 깊이 근심하였는데, … 이에 「숭유론」을 저술하여 그 폐단을 해설하였다. … 왕연의 무리가 일제히 공격하여 비난하였지만 결코 굴복시키지 못하였다."[60]

배외와 왕연의 논변에 관해서는 『세설신어』 「문학편」에서도 똑같은 기록이 있다.

"배외(호는 成公이다)가 「숭유론」을 지었을 때 당시 사람들이 그를 논박했으나 아무도 그를 꺾을 수가 없었다. 오직 왕연이 왔을 때만 조금 굽히는 듯했다. 그래서 당시 사람들은 왕연(자는 夷甫이다)의 논리를 가지고 그를 논박하였으나, 배외의 논리는 오히려 더욱 새롭게 발전했다."[61]

이것은 바꾸어 말하자면, 당시 사람들(사회적으로 일반적인 현학가들을 의미함)은 배외를 굴복시킬 수 없었고 오직 교묘한 논변에 능하여 "한 세상을 통틀어 뛰어난 사람"[62]이라는 칭송을 받던 왕연과 같은 현학의 영수 인물이 있어서, 직접 나서서 논변을 진행해야만 비로소 거의 배외를 조금이나마 굴복시킬 수 있었지만, 역시 진정으로 배외를 논박하지는 못하였는데, 그의 철학적 이치가 오히려 논변을 "반복할 만한 것[復申]"이 있었다. 그러므로 『진제공찬(晉諸公贊)』에서 말하길, "배외는 철리(哲理)를 담론하였는데, 왕연과는 서로 우열을 가리지 못했다."[63]라고 하였다. 또 다른 현학가인 악광은 왕연과 같이 세상에 이름을 날리고 있었다. 역사서에서는 다음과 같이 말하고 있다.

---

60 『晉書』「裴頠傳」. "頠深患時俗放蕩, 不尊儒術 … 乃著崇有之論, 以釋其蔽. … 王衍之徒, 攻難交至, 並莫能屈."
61 『世說新語』「文學」. "裴成公(裴頠)作崇有論, 時人攻難之, 莫能折. 唯王夷甫(王衍)來, 如小屈. 時人卽以王理難裴, 理還復申."
62 『晉書』「王衍傳」. "一世龍門."
63 『世說新語』「文學」 주 인용. "裴頠談理, 與王夷甫不相上下."

"악광과 왕연은 함께 구체적 현실 밖의 일에 마음을 두었으며, 당시에 명성이 높았다. 그러므로 천하에서 탈속 방달한 풍류(風流)를 논하는 자는 왕연과 악광을 우두머리로 쳤다."[64]

배외와 악광도 일찍이 논변을 거쳤다.

"악광은 일찍이 배외와 청담의 논의를 하였는데, 이치를 가지고 그를 굴복시키고자 하였으나, 배외가 하는 논변의 말이 풍부하고 박식하여 악광은 그저 웃기만 할뿐 말이 없었다."[65]

악광과 같은 유명한 청담가가 배외와 논변을 하면서도 이치에 굴복하여 할 말을 잃게 되는 지경에 빠진 것이다. 이것은 배외가 단지 참된 이치에 능수능란할 뿐만 아니라 또한 풍부한 논변의 재주를 지니고 있다는 것을 설명한다. 그러므로 "당시 사람들은 배외를 담론의 무성한 숲이라고 말하였으며",[66] 이것은 배외가 결코 도리가 없다는 것이 아니다.

배외의 저작은 현존하는 것이 겨우 『숭유론』 한 편이며, 『진서』 「배외전」 속에 보존되어 있다. 그 밖에 또한 「변재(辯才)」라는 한 편의 글이 있어서, "예와 지금의 깊은 이치를 말하여, 모두 변별하여 밝히고 있지만",[67] 이 글은 "완성되기 전에 화를 당하였다."[68] 그리고 『삼국지』 『위지』 「배외전」 주에 인용된 육기(陸機)의 「혜제기거주」에는 다음과 같이 말했다.

---

64 『晉書』「樂廣傳」. "廣與王衍俱宅心事外, 名重于時. 故天下言風流者, 謂王, 樂爲稱首焉."
65 『晉書』「裴頠傳」. "樂廣嘗與頠淸言, 欲以理服之, 而頠辭論豐博, 廣笑而不言."
66 『晉書』「裴頠傳」. "時人謂頠爲言談之林藪."
67 『晉書』「裴頠傳」. 謂古今精義, 皆辯釋焉."
68 『晉書』「裴頠傳」. "未成而遇禍."

"배외는 고상하며 심원한 도량을 지닌 당대 조정의 명사이다. 또 백성이 그를 선망하였다고도 하였다. 배외는 이치를 심원하고 박식하게 갖추었으며, 어려운 논변을 잘 간파하고, 「숭유론」·「귀무론」 두 편의 글을 지어서, 허황하고 황당한 논쟁의 폐단을 바로잡았는데, 문장의 말이 정밀하고 풍부하여 세상의 명성 있는 논의가 되었다."[69]

육기의 「기거주」,[70]에 비추어 보면, 배외는 단지『숭유론』을 지었을 뿐만 아니라 또한 「귀무론」도 저술하였다. 그러나『진서』「배외전」 속에는 오히려 이 논저가 언급되지 않았는데, 궁극적으로 배외가 「귀무론」 한 편을 지었는지의 여부는 현재 고증하여 확정하기가 매우 어렵다. 그러나 여기에서 우리는 두 가지 점에서 이 문제에 대해 실마리를 제공할 수 있다.

(1) 배외가 「숭유론」·「귀무론」 두 편의 글을 저술했다는 기록은 단지 육기의 「기거주」에 있을 뿐만 아니라, 진(晉)나라 사람 손성이 지은『노담비대성론』 속에도 말하고 있다.

"옛날에 배외(자는 일민)는 「숭유론」·「귀무론」 두 편의 글을 지었다."[71]

『진제공찬』에는 다음과 같이 말했다.

"배외는 세간에서 허무의 이치를 숭상하는 것을 싫어하였기 때문에 「숭유론」(과 「귀무론」) 두 편을 지어서 그것을 논박하였다."[72]

---

69 『三國志』「魏志」「裴潛傳」 주 인용 「惠帝起居注」. "頠雅有遠量, 當朝名士也. 又曰民之望也. 頠理具淵博, 瞻於論難, 著崇有貴無二論, 以矯虛誕之弊, 文辭精富, 爲世名論."

70 역주 "기거주(起居注)"란 황제의 일상 언행을 기록한 서류나 글을 뜻하며, 황제의 일상 언행을 기록하는 사관(史官)을 의미하기도 한다.

71 『廣弘明集』 권5. "昔裴逸民(卽裴頠)作崇有貴無二論."

위에 있는 설명은 「귀무론」을 지었다는 것을 긍정하고 있으며, 아래에 있는 설명은 비록 「귀무론」이 있음을 분명하게 지적하고 있지는 않지만, 배외가 두 편의 글을 지어서 세간에서 허무의 이치를 숭상하는 것을 비판하였다는 점을 긍정하고 있다. 이와 같은 몇 가지 서적의 기록에 의거해서 볼 때, 배외가 「귀무론」 한 편을 지었다는 것은 매우 가능한 일이다.

(2) 현존하는 「숭유론」 한 편의 글을 의거해서 볼 때, 배외는 노자의 귀무(貴無) 사상에 대해 결코 전면적인 부정의 태도를 지니고 있지 않으며, 긍정적인 것이 있다. 그는 다음과 같이 생각했다.

"(노자)는 혼탁하고 난잡한 것을 명백히 가려내고, 고요한 하나의 대도를 밝혀 드러내어, 사람들이 환하고 개운하게 저절로 그러함을 따르게 하였으니, 『역경』의 '손(損)'·'겸(謙)'·'간(艮)'·'절(節)'괘의 의미와 부합한다."[73]

이것은 바꾸어 말하자면, 노자는 번잡한 병폐를 반대하고자 고요함을 지키고 하나의 대도를 품는 것(靜一)이라는 사상을 제기하였는데, 이런 사상은 유가의 경전인 『역경』 속의 손괘(減省: 덜고 줄이는 것)·겸괘(遜讓: 겸손하고 양보하는 것)·간괘(靜止: 고요하게 제자리에 머무는 것)·절괘(節制: 절제가 있는 것) 등의 의미와 부합하는 것이다. 배외는 또 말하였다.

"사람이 이미 태어남에 생명을 온전하게 보존하게 되는데, 생명을 온전히 하는 데는 단계가 있으니, 자연의 순리를 따르는 정감으로 힘쓰는 것

---

72 『世說新語』「文學」주 인용. "顧疾世俗尙虛無之理, 故著崇有二論以折之."

73 『晉書』「裴頠傳」. "(老子)表擿穢雜之弊, 甄擧靜一之義, 有以令人釋然自夷, 合于易之損謙艮節之旨."

이다. 만약 비근(卑近)한 것을 음미하고 본래의 일을 손상시키면 나쁜 길에 빠져 해로움이 일어난다. 말단을 가슴에 담고 근본을 잊으면 자연스런 이치가 모두 소멸한다. 그러므로 행동하면서 교류하는 모든 일은 살고 죽는 요체이다. 무릇 유(有)에는 유가 아닌 것이 있으며, 무(無)에는 무가 아닌 것이 있다. 또 무에는 무가 아닌 것이 있으며, 유에는 유가 아닌 것이 있다.[74] 이 때문에 (노자는) 제멋대로 늘어놓는 욕망의 해로움을 밝히고 무(無)를 귀하게 여기는 글을 지어서, 장차 그릇된 것을 가득 채우는 잘못을 끊고, 가장 좋은 상태의 알맞음을 보존하며, 이미 그릇되게 극단적으로 흘러간 욕망과 금욕을 거두어 들여서, 맑고 바른 도를 가슴 속에 되돌린 것이다. 마땅히 무(無)를 가지고 말을 한 것이나, 참된 뜻은 유(有)를 온전히 하는 것에 있다."[75]

이것은 바꾸어 말하자면, 한 사람이 이미 이 세상에 태어났으면, 그는 마땅히 자기의 생명을 보존해야만 한다. 자기의 생명을 보존하려면, 오직 사람이 외계의 사물 존재들과 서로 감응하는 것을 순리대로 따라야 한다. 만약 자기가 아끼고 좋아하는 물욕(物慾)에서만 쾌락을 느끼고 자기의 본분(자기의 생명을 온전히 보존하는 것을 의미함)을 해친다면 물욕에 빠져서 환난을 당하게 되는 일이 발생하게 되는데, 이런 모습은 말단의 이익만을 좇아 본분을 잃어버리는 것이므로 개인이 타고난 자연스런 본성도 손상을 입어 파괴된다. 그러므로 외부의 사물 대상들과 서로 접촉

---

74 역주 이 네 구절은 글자 수가 적어서 의미를 파악하기 어렵다. 풀어서 설명하자면, "於有非有"는 욕망을 멋대로 좇아 생명을 추구하면 도리어 지기의 생명이 손상되는 결과를 낳는다는 의미이며, "於無非無"는 물욕(物慾)을 줄여 가면 결국 자기의 생명을 소멸시키지 않게 된다는 의미이다.

75 『晉書』「裴頠傳」. "人之旣生, 以保生爲全, 全之所階, 以順感爲務. 若味近以虧業, 則沈溺之釁興; 懷末以忘本, 則天理之眞滅. 故動之所交, 存亡之會也. 夫有非有, 於無非無; 於無非無, 於有非有. 是以(老子)申縱播之累, 而著貴無之文, 將以絕所非之盈謬, 存大善之中節, 收流遁於旣過, 反澄正於胸懷. 宜其以無爲辭, 而旨在全有."

하며 교류하는 것은 생명을 보존하거나 사망하게 하는 관건이 된다. 탐욕을 멋대로 좇는 것은 결국 생명을 상하게 하며["무릇 유(有)에는 유가 아닌 것이 있으며"], 욕망을 절제하는 것은 결국 더 좋은 결과로 생명을 온전하게 보존하게 만든다["무(無)에는 무가 아닌 것이 있다"]. 이 때문에 배외는 노자가 제멋대로 욕심을 좇아 행동하는 것의 해롭고 위태로움을 분명하게 밝히기 위하여 "무(無)를 귀하게 여기는 글을 지은 것"이라고 한 것이며, 그 실제의 목적은 "무(無)를 가지고 말을 한 것이나, 참된 뜻은 유(有)를 온전히 하는 것에 있으며", 생명을 온전히 보존하기 위해서 욕망의 절제를 주장하고 욕망을 채우는 것을 반대한 것이라고 여긴 것이다. 이것으로 알 수 있는 것은, 배외는 노자가 주장한 고요함을 지키며 하나의 대도를 가슴에 품는 귀무(貴無) 사상에 대하여 확실히 긍정했다는 것이다. 이 때문에 우리는 배외가 「귀무론」 한 편을 지어서 이와 같은 측면에서 그의 사상을 분명하게 밝혔을 가능성이 아주 많다고 본다.

2 배외의 「숭유론」 철학사상 및 현학의 귀무사상에 대한 비판

배외의 「숭유론」은 당시 사회에서 하안과 왕필의 현학적 귀무사상을 숭상하는 바를 겨냥하여 발표된 것이며, 문장의 칼끝이 아주 강렬한 비판성을 담아 드러나고 있다. 아래의 지면에서 우리는 그의 숭유론 사상과 현학의 귀무론에 대한 그의 비판을 분석한다.

(1) 유물주의적 숭유론 학설

「숭유론」의 기본 사상은 하안과 왕필의 현학에서 주장하는 "무를 본체로 삼는다[以無爲體]."는 우주·본체론 사상을 직접 겨냥한 것이며, 제시된 세계의 모든 사물은 다 "유를 본체로 삼는다[以有爲體]."는 학설이다. 이것은 배외 철학의 핵심이며, 「숭유론」의 내용 전부가 이런 사상을 논의하고 있다.

1. 이 글의 처음 시작은 전체 세계가 만물 자체로부터 조직된 것이며, 현실 세계의 만물 밖에서 세계의 본체를 결코 찾을 필요가 없다는 것이다. 배외는 "무릇 총체적으로 분별없이 혼돈되어 있는 뭇 사물의 근본이 종극(宗極)의 도이다."[76]라고 하였다. 여기에서 말하는 뭇 사물의 근본이란 만물 자체를 의미하는 것이며, 만물 자체는 바로 세계의 근본이고, 우주는 온갖 사물 전체의 존재를 포괄하는 것인데, 이것이 바로 최고로 높은 궁극의 "도(道)"이다. 이 때문에 만물의 존재를 떠나서 이른바 "도"는 없다. 이것은 현학가인 왕필이 소리 높여 주장한 "유를 온전히 하고 싶으면 반드시 무로 돌아가야 한다."[77]는 사상을 부정하는 것이다. 왕필은 세계의 만물이 "무"(또는 "도"라고 칭함)에 의존해서 존재하는 것이며, 만물 자체는 결코 독자적으로 존재할 수 없는 것이라고 보았는데, 이 때문에 "유를 온전히 하고 싶으면 반드시 무로 돌아가야 한다."는 것이다. 왕필은 세계의 만물 밖에서 "무" 또는 "도"라는 것을 찾아서 세계 존재의 근거로 삼는 것인데, 이것은 분명하게 일종의 유심주의 사상이다. 그러나 배외는 세계 만물 자체가 바로 자기 존재의 원인이라는 유물주의 학설을 견지한다.

2. 이 글은 "형상이 구분을 드러내는 것이 생명을 지닌 것의 형체"[78]라는 사상을 제기하였다. 배외는 각종의 형상을 지닌 구체적 사물이 바로 각자 생명을 지닌 사물 자체이며, 그것은 결코 "무"를 본체로 삼을 필요가 없다고 생각했다. 바로 각자 스스로 자기의 본체를 지니게 되는 것이며 각자 서로 다른 자기만의 성질을 지니기 때문에 그것들은 각자 자기 족류(族類)의 차이에 비추어서 구별되는 것이다("사방의 사물 특성이 족류

---

76 『晉書』「崇有論傳」에 인용된 「崇有論」. "夫總混群本, 宗極之道也."
77 『老子道德經』40章 注. "將欲全有, 必反於無."
78 『晉書』「崇有論傳」에 인용된 「崇有論」. "形象著分, 有生之體也."

에 따라 달라지는 것이 모든 종류의 품별이다").[79]

3. 배외는 "이치가 형체로 드러나는 것이 이른바 유(有)이다."[80]라는 명제를 제기하여 이치(즉 법칙)과 만물의 관계를 논의하였는데, 이치가 바로 사물 자체의 이치라고 여겼다. 그러나 현학가인 왕필의 시각에서 볼 때, 이치는 사물의 궁극적인 법칙이며, 그것은 사물을 통솔(統率)하며, 최고의 이치는 바로 "일(一)", 즉 "무(無)"이다. 이것은 분명히 유심주의적 설명방식이다. 배외는 이렇게 잘못된 이론을 바로 겨냥하여 "변화와 감응의 교직은 이치가 드러나는 근원이다."[81]와 "이치가 형체로 드러나는 것이 이른바 유이다."라는 명제를 제기하였다. 배외의 입장에서 보면, 이치는 결코 사물 위에 독립적으로 존재하는 것이 아니며, 사물의 변화와 사물의 사이에서 복잡하게 얽혀서 상호작용하고 서로 감응하면서 표현되는 현상인데, 이와 같은 모습은 탐구할 수 있고, 또 이것을 바로 이치라 부르는 것이다. 이 때문에 이치는 사물이 운동 · 변화하는 결과이며, 이치의 본바탕은 바로 "만물" 자체이다. 만물을 뛰어넘어 그 위에 존재하는 이치는 결코 없다는 것이다. 이것은 바로 이치와 만물의 관계 문제에서 유물주의 학설을 견지하는 것이다.

4. 배외는 개별적인 구체적 존재로서의 사물들 사이의 관계를 탐구하여, 그는 각각의 사물이 서로 관계없이 고립하여 독립적으로 존재하는 것이 결코 아니라, 그것들 사이에 서로 의존하는 관계가 있다는 것을 인식하였다. 배외는 다음과 같이 말했다.

"무릇 개체 사물로 나뉘어 족류를 이루면 받은 것에 치우침이 있으니, 치우치면 자족할 수 없다. 그러므로 외적 조건에 의지해야 한다."[82]

---

79 『晉書』「崇有論傳」에 인용된 「崇有論」. "方以族異, 庶類之品也."
80 『晉書』「裴頠傳」에 인용된 「崇有論」. "理之所體, 所謂有也."
81 『晉書』「裴頠傳」에 인용된 「崇有論」. "化感錯綜, 理迹之原也."
82 『晉書』「裴頠傳」에 인용된 「崇有論」. "夫品而爲族, 則所稟者偏; 偏無自足, 故凭

또 다음과 같이 말했다.

"유가 의지하는 것이 이른바 조건이다. 조건에는 합치하는 것이 있으니 이른바 마땅함이다. 그 마땅함을 선택하려는 것이 이른바 감정이다."[83]

이것을 다시 말하자면, 이미 만물은 서로 다른 개체 사물로 나뉘어 족류를 이루고 있으며, 각각의 족류에 속하는 사물은 모두 각자의 특성을 지니는데, 이 때문에 각각의 족류에 속하는 사물도 역시 모든 사물의 성질에 포괄될 수 없고, 모든 사물은 각각 한 가지씩 치우친 특수한 성질을 갖추고 있는 것이다. 이미 만물이 각각 한 가지씩 치우친 특수한 성질을 갖추고 있기 때문에 역시 각각의 사물은 오직 자기 자신만 의존해서 존재할 수는 없는 것이다. (예를 들면, 나무가 생장할 때에는 물과 햇빛과 자양분이 필요하며, 사람이 살아갈 때에는 공기와 물과 음식과 햇빛 등이 필요한 것이다.) 이것은 외부에 존재하는 물질적 조건에 의존할 필요가 있다는 것이다("외적 조건에 의지해야 한다"). 그러므로 모든 구체적 사물의 존재는 기타 사물 존재에 의존하는 것이며("유를 구제할 수 있는 것은 모두 유이다"),[84] 만물들 사이에는 서로 도움을 주고받으며 이루어진다. 그러나 밖에 존재하는 물질의 조건은 자기의 생존의 필요에 부합해야 하며, 부합하는 재질이 적절하고 마땅하기 때문에, 외부에 존재하는 물질적 조건은 취사선택(取捨選擇)이 있어야 하는데, 이것이 바로 사람의 감정·욕망이다. 그러므로 사람의 정당한 감정·욕망은 마땅히 긍정되는 것이며, 그것은 인류생존에 필수적인 것이다. 이것은 객관적 사물 세계 자체 속에서 온갖 일과 온갖 사물이 존재할 수 있는 원인을 제시하는

乎外資."
83 『晉書』「裴頠傳」에 인용된 「崇有論」. "有之所須, 所謂資也; 資有收合, 所謂宜也; 擇乎所宜, 所謂情也."
84 『晉書』「裴頠傳」에 인용 「崇有論」. "濟有者, 皆有也."

것인데, 이런 것은 역시 하안과 왕필이 주장하는 "만물은 무에 의존해서 생겨난다."는 유심주의와 대립하는 것이다.

5. 배외는 "무는 유를 생성할 수 없다[無不能生有]."와 "유는 저절로 생겨나는 것이다[有之自生]."의 학설을 제기하여 "유"의 생성 문제를 논의하였다. 만물은 궁극적으로 어떻게 생성되어 나오는 것인가? 노자는 "유는 무에서 생긴다[有生於無]."라고 하여, 만물은 "무"에서 생성되어 나온다고 하였다. 하안·왕필은 "무(無)라는 것은 온갖 사물을 열어서 존재의 본질을 성취하게 하니 어디를 가도 없는 곳이 없다. 음양이 그것에 의지하여 사물을 변화 생성하고, 온갖 사물은 그것에 의지하여 형체를 이룬다."[85]라고 하였다. 다시 말하자면, 만물은 무에 의존해서 생성되는 것이지만, "무"는 어떻게 "유"를 생성할 수 있으며, 유는 어떻게 무에 의존하여 생성되는 것인가? 물론 노자의 이야기는 좋다. 그리고 하안과 왕필의 이야기대로라도 좋다. 그러나 그들 자신 누구도 분명하게 말하지 않았다. 이에 대하여 배외는 "지극한 무는 생명을 낳을 수 없으므로 처음 생성하는 것은 스스로 생겨나는 것이다."[86]라는 사상을 제기하였다. "지극한 무[至無]"는 바로 절대적인 "무"이며, 이미 절대적인 무는 어떻게라도 없는 것이니, 당연히 이런 "무"가 역시 어떻게라도 생성할 수 없는 것이라면, 만물은 어떻게 생성되어 나오는 것인가? 배외의 대답은 "처음 생성하는 것은 스스로 생겨나는 것이다."라는 것이다. 만물의 생성은 모두 자기가 스스로 생성하는 것이며, 결코 어떤 초월적인 물질적 존재가 그 사물을 생성하는 것이 아니라는 말인데, 이것은 바로 조물주를 내세우는 모든 신학의 잠꼬대를 부정하는 것이다. 이와 같은 입장은 자체로 유물주의 이론을 견지하는 것이다. 이런 "자생"의 학설은 위진 시기 상수의 "생성은 스스로 생성하는 것일 뿐이다. 생성을 생성시키는 것이 어

---

85 『晉書』「王衍傳」. "無也者, 開物成務, 無往不存者也. 陰陽恃以化生, 萬物恃以成形."

86 『晉書』「裴頠傳」에 인용「崇有論」. "夫至無者無以能生, 故始生者自生也."

찌 사물의 성질을 지니겠는가?"[87]라는 사상의 영향을 많이 받은 것이다. 상수도 사물은 스스로 생성하는 것으로서 어떤 조물주가 있다는 것을 부정하였다. "지극한 무는 생명을 낳을 수 없으므로 처음 생성하는 것은 스스로 생겨나는 것이다."라는 사상은 동시에 또는 조금 뒤의 시기에 나온 곽상의 주장인 "무는 사물을 생성할 수 없을 수 없으며[無不能生物]", "사물은 스스로 생성하는 것[物自生]"이라는 사상과 서로 가까우며, 그들은 모두 "지극한 무"가 바로 어떻게라도 없는 것이며 생성을 할 수 없을 것이라는 점을 인식하였다. 곽상은 상수의 사상을 발전시켜 드러낸 것이지만, 배외의 사상에서 영향을 받은 것은 부정하는 것인가? 사료의 부족 때문에 우리는 알 수 없다.

6. 배외는 "유"와 "무"의 관계 문제를 논의하면서, "허무(虛無)"는 "유가 없어진 것."이라는 명제를 제기하였다. 윗글에서 "지극한 무"는 절대적인 "무"이며 또 존재하지 않는 것이라고 주장했는데, 그렇다면 사람들이 일반적으로 말하는 "무"가 의미하는 것은 무슨 의미인가? 배외는 이른바 "허무"가 "유"에 대하여 말하는 것이며, 이것은 바로 "유"에 대한 부정이라고 여겼다. 윗글에서 배외가 주장하는 것은 만물이 모두 스스로 생성한다는 것이며, 이미 만물이 스스로 생성하고 무(無)를 따라서 생성되어 나는 것이 아니라는 것인데, 그렇다면 만물은 반드시 유(有)를 본체로 삼고(즉 자기 자신을 자기의 존재 근거로 삼는 것), 무를 본체로 삼을 수 없다("저절로 생겨남에 반드시 유를 형체로 삼는다").[88] 만약 만물이 "유"의 본체를 잃어버리고 "유"를 버린다면, 생명도 끝나는 것이며, 더 이상 존재하지 않는다. 그러므로 배외는 다음과 같이 말했다.

"생명은 유로써 자기의 몫을 삼고 있으니, 허무는 유가 없어진 것이다."[89]

---

87 『列子』「天瑞」張湛의 주 인용. "生自生耳. 生生者豈有物哉?"
88 『晉書』「裴頠傳」에 인용 「崇有論」. "自生而必體有."
89 『晉書』「裴頠傳」에 인용 「崇有論」. "生以有爲已分, 則虛無是有之所謂遺者也."

이 때문에 무는 유에 대한 부정이며, 유에 대해 말할 때는 결코 유를 떠나서 독립적으로 존재하는 절대적인 무는 없다는 것이다. 이것은 이론적으로 노자에서 왕필에 이르기까지 모두 "무"를 일종의 객관적 실체 존재로 삼는 착오를 논박한 것이다.

7. 「숭유론」의 최후 결론은 "유를 구제할 수 있는 것은 모두 유이니, 허무가 어찌 이미 존재하는 여러 생명들을 이롭게 하겠는가!"[90]라는 것이다. 배외의 입장에서 본다면, 유는 각종 사물의 실제적 존재를 의미하는 것이며, 무는 유의 부정을 의미하는 것으로서 존재하지 않는 것이다. 구체적 사물의 존재는 모두 외부의 물질적 조건["外資"]에 의존해야만 하고, 또 실제적 존재인 사물이기 때문에 사물을 구제하는 것은 모두 "유"이지 무(無)가 될 수 없는 것이다. 이 때문에 배외는 다음과 같이 말했다.

> "그러므로 이미 변화하여 나온 유는 무를 쓰임으로 하여 온전해질 수 있는 것이 아니다. 이미 존재하는 많은 개별자들을 다스리는 것은 무를 따라서 할 수 있는 것이 아니다. 마음은 일이 아니지만 일을 통제하는 것은 반드시 마음에서 비롯된다. 그러나 일을 통제하는 것이 일이 아니라고 하여 마음이 없다고 말할 수는 없다. 장인(匠人)이 기구(器具)는 아니지만, 기구를 제어하는 것은 반드시 장인을 필요로 한다. 하지만 기구를 제어하는 것이 기구가 아니라고 하여 장인이 없다고 말할 수는 없다. 때문에 깊은 물속에 사는 물고기를 잡고자 한다면 드러누워 놀면서 잡을 수는 없다. 높은 담장 위에 있는 새를 떨어뜨리고자 한다면, 가만히 팔짱을 끼고서 잡을 수는 없다. 활과 미끼의 쓰임새를 살피고자 한다면, 아는 것이 없이는 살펴볼 수 없다. 이를 통해 보건대, 유를 구제할 수 있는 것은 모두 유이니, 허무가 어찌 이미 존재하는 여러 생명들을 이롭게 하겠는가!"[91]

---

90 『晉書』「裴頠傳」에 인용 「崇有論」. "濟有者皆有也, 虛無奚益於已有之群生哉!"
91 『晉書』「裴頠傳」에 인용 「崇有論」. "故養旣化之有, 非無用之所能全也, 理旣有

이것을 바꾸어 말하자면, 세계에서 사물을 온전하게 이루는 것은 모두 "유"에 의존하는 것이지, 허무에 의존할 수는 없는 것이다. 일을 하고자 하는 것은 마음의 사고를 쓰는 것인데, 비록 마음은 결코 어떤 일이 아니지만, 마음이 무(無)라고 말할 수는 없는 것이다. 기구(器具)를 만들 때에 장인이 만드는 것인데, 비록 장인은 결코 기구 자체는 아니지만, 장인이 곧 무라고 말할 수는 없는 것이다. 낚시의 미끼를 던지지 않으면 깊은 물속의 고기를 낚을 수 없고, 활시위를 당겨서 쏘지 않으면 높은 곳의 새를 맞혀서 떨어뜨리지 못한다. 편하게 누워서 아무 일도 하지 않고 손을 개고 앉아서는 어떤 일도 처리할 수 없는 것이다. 이 때문에 결론은 오직 한 가지가 있을 뿐이다. 즉 "유를 구제할 수 있는 것은 모두 유이니, 허무가 어찌 이미 존재하는 여러 생명들을 이롭게 하겠는가!"라고 하는 것이다. 확실히 뭇 생명에 대해 허무(虛無)와 무위(無爲)를 소리 높여 주장하는 말은 해롭기만 하고 이로운 것이 없다는 것이다. 이것은 현학의 청담가들이 하는 현허(玄虛)함의 담론과 실제의 일에 힘쓰지 않는 것에 대한 강력한 비판이며 논박이다.

(2) 현학의 귀무론에 대한 착오의 근원과 사회적 해로움의 폭로와 비판

「숭유론」속에서 배외는 자신의 유물주의적 숭유론 학설을 정면으로 천명하고 현학의 귀무론 사상과 대립하였을 뿐만 아니라 현학의 귀무론에 대하여 비교적 심각한 폭로와 비판을 진행하였다.

첫째, 배외는 양생론의 시각에서 현학의 귀무론 사상이 지닌 이론적 착오를 폭로하였다.

之衆, 非無爲之所能循也. 心非事也, 而制事必由于心, 然不可以制事以非事, 謂心爲無也; 匠非器也, 而制器必須于匠, 然不可以制器以非器, 謂匠非有也. 是以欲收重泉之鱗, 非偃息之所能獲也; 隕高墉之禽, 非靜拱之所能捷也; 審授弦餌之用, 非無知之所能覽也. 由此而觀, 濟有者, 皆有也, 虛無奚益于已有之群生哉?"

양생의 문제는 위진 시기에서 사류들에게 일상적인 토론의 문제였고, 일찍이 혜강과 상수 두 사람은 양생의 문제를 둘러싸고 논변을 전개하였다. 그러므로 배외는 여기에서 양생론의 시각을 좇아 문제를 논의한 것이다. 배외의 시각에서 본다면, 이미 만물은 각자 자기의 본성과 특징을 지니고 있으며, 모두 자기의 한계를 지니고 있으면서, 결코 원만하게 자족하는 것은 아닌데, 이 때문에 그들의 생존은 모두 외부의 사물에 의존할 필요가 있는 것이며, 외부의 사물을 찾으려는 욕망은 살아 있는 생의 일반적인 감정이다. 이것은 본래 나무랄 곳이 없는 일이다. 그러나 한 개인의 길흉(吉凶)·화복(禍福)·득실(得失)·성패(成敗)는 모두 외부 사물과의 접촉 중에서 발생하는 것이다. 과도하게 물질적 욕망을 추구하는 것은 도리어 생존을 방해할 수 있으며 사람들에게 재앙을 가져다주지만, 적당한 물질적 욕망은 필수적인 것이다. 그러므로 배외는 다음과 같이 말했다.

"현명한 사람이나 군자라고 할지라도 욕망은 없앨 수 없고 사물과 접촉함에 합치점이 있음을 안다. 사물이 왕복·변화하는 것을 관찰하고, 알맞은 원칙을 고찰하여 행동의 방향을 확정하는 것이다. 오직 저 하늘의 도를 쓰고, 땅의 이로움을 나누며, 주어진 역량을 몸소 발휘하여, 수고로이 노력한 뒤에 누리는 것이다. 인(仁)과 순응으로써 관직에 임하고, 공손함과 검약함으로써 직임을 지키며, 충심과 신의로써 모범을 보이고, 뜻에는 과분한 욕심이 없게 하며, 생명을 기르는 일에는 지나친 남용이 없게 하면, 생명을 구제할 수 있는 것이리라! 그러므로 최고의 원칙을 크게 세우고, 모든 생명을 편안케 하여 다스리며, 사물을 교화하여 모범을 세우는 것이 여기에 있는 것이니, 이것이 바로 성인이 정치를 시행하는 길이다."[92]

---

92 『晉書』「裴頠傳」에 인용 「崇有論」. "賢人君子, 知欲不可絶, 而交物有會, 觀乎往復, 稽中定務. 惟夫用天之道, 分地之利, 躬其力任, 勞而後饗, 居以仁順, 守以恭儉,

이것은 바꾸어 말하자면, 모든 욕망을 버리는 것은 불가능한 일이며, 중요한 것은 사물과 서로 교접하는 중에 길흉(吉凶)과 존망(存亡)의 관건이 되는 곳을 장악하는 것인데, 이것은 바로 반드시 그 사물이 왕복 변화하는 모습을 관찰하고 나서 적당한 법칙을 고증하고 수정하는 것이며, 자기의 노력 방향을 결정하는 것이다. 자연계에서 천도(天道)를 운행하고, 지리(地理)를 향유하면서, 스스로 직접 적극적인 행위를 하고, 수고롭게 노력한 뒤에 보답을 누리는 것이다. 사회 속에서는 어진 마음으로 순종하고, 공손하면 검약하고, 충심과 신의와 공경심과 사양하는 마음 등의 도덕 원칙을 지녀야 하는데, 이것은 바로 과도한 행위가 아니어야만 일을 성공시킬 수 있는 것이다. 이것이 바로 나라를 다스리는 최고의 준칙이며, 성인이 정치를 하는 근본적 근거이다. 그러나 하안과 왕필 같은 현학적 귀무론자들은 이런 도리를 이해하지 못하였으며, 그들은 오직 단편적으로만 음학(淫虐)한 정욕의 해로움을 알고 있었을 뿐이라서, "만약 욕망을 지나치게 부려 함부로 행동하면 위태로움과 해로움이 싹튼다. 그러므로 과도하게 욕심을 부리면 근심이 빠르게 이르고, 안일한 감정을 품으면 원망이 많게 되며, 함부로 방자하게 굴면 남의 공격을 끌어들이며, 이익을 독점하려 들면 도적을 불러들이게 되는 것이다. 이는 생명을 소중하게 여기다가 도리어 생명을 잃게 되는 것이라고 말할 수 있다."[93]라는 인식에 이른 것이다. 이 때문에 그들은 음란한 욕망의 이와 같은 해로움을 걱정하여, "저 치우친 바탕에 폐단이 있음을 살피고, 욕망의 간략함과 덜어냄의 장점을 보고서, 마침내 무를 존귀하게 여기는 논의를 밝혀 설명하고 유를 업신여기는 논의를 세운 것"[94]이라

率以忠信, 行以敬讓, 志無盈求, 事無過用, 乃可濟乎! 故大建厥極, 餕理群生, 訓物垂范, 于是乎在, 斯則聖人爲政之由也."

93 『晉書』「裴頠傳」에 인용「崇有論」. "若乃淫抗陵肆, 危害萌矣. 故欲衍則速患, 情佚則怨博, 擅恣則興攻, 專利則延寇, 可謂以厚生而失生者也."

94 『晉書』「裴頠傳」에 인용「崇有論」. "察夫偏質有弊, 而睹簡損之善, 遂闡貴無之議, 而建賤有之論."

는 이론적 착오에까지 빠지게 된 것이다. 이 때문에 배외는 다음과 같이 지적하고 있다.

"무릇 가득 찬 욕망은 줄일 수는 있지만, 있는 것을 끊어 없앨 수는 없다. 지나치게 허비하는 것은 절제할 수는 있지만, 욕망이 없는 것을 귀하게 여기라고 말할 수는 없는 것이다."[95]

다시 말하자면, 욕망은 덜어낼 수는 있지만 끊어 버릴 수는 없으며, 쓰임새는 절약할 수 있지만 쓰임이 전혀 없는 것을 귀하게 여길 수는 없는 것인데, 이것은 바로 비교적 정확하게 욕망의 절제 또는 욕망의 단절, 그리고 쓰임의 절제 또는 쓰임을 없애는 것에 관한 문제를 해결하고 있다. 동시에 왕필 등의 현학 귀무론자들의 문제를 폭로하고 있는데, 바로 욕망의 절제를 과대(過大)하게 포장하여 욕망의 단절과 무욕으로 삼고, 쓰임의 절제를 쓰임이 없는 것의 숭상으로 삼는 것으로 설명하는 것이니, "허무"를 고취하는 철학의 착오를 폭로하는 것이다. 동시에 이론적으로 당시의 방달파들이 고취했던 종욕(縱欲) 사상과 분명하게 경계를 긋고 있다.

둘째, 배외는 현학의 귀무론 사상이 사회·정치적으로 끼치는 위태로움과 해로움을 폭로하고 있다.

배외는 유가의 명교를 옹호하는 것에서 출발하여, 현학가들이 "무를 숭상하는 논의[貴無之議]"를 고취하는 것은 바로 반드시 "유를 천시하는 논의[賤有之論]"라는 것을 지적하고 있다. 다시 말하자면, 그들은 이미 모든 존재가 다 무를 근본으로 삼고 세계의 본체가 무라고 여긴다면, 필연적으로 유가의 예교(禮敎)를 "말단으로서의 유[末有]"의 일로 삼아서 소홀하게 여기게 된다. 그러므로 배외는 다음과 같이 말했다.

---

95 『晉書』「裴頠傳」에 인용 「崇有論」. "夫盈欲可損而未可絶有也, 過用可節而未可謂無貴也."

"마침내 무를 존귀하게 여기는 논의를 천명(闡明)하고, 유를 업신여기는 논의를 세웠다. 유(有)를 천시하면 반드시 형체를 도외시하고, 형체를 도외시하면 반드시 제도를 버리며, 제도를 버리면 반드시 방비(防備)를 가볍게 여기며, 방비를 가볍게 여기면 예의를 잊어버린다. 예의와 제도가 존재하지 않으면 정치를 시행할 수 없다."[96]

이것은 바꾸어 말하자면, 오직 이른바 근본적인 "무"로서의 본체만 추구하여 각종 구체적 존재로서의 사물을 부차적인 것으로 삼게 되면, 이런 것은 필연적으로 자기의 형체를 도외시하게 되고 나아가 사회적 예법 제도를 중시하지 않게 된다는 것이다. 우선 사람들이 명교의 각종 예법 제도의 규범을 넘어서는 참람한 짓을 방비해야 한다는 점을 소홀히 하게 되면, 지주계급의 정치적 통치도 유지할 방법이 없게 되는데, 이런 모습은 지주계급의 국가에 대하여 심각한 위험과 해로움을 조성하게 된다. 확실히 위진 시기에 귀무론 현학이 성행한 결과는 바로 배외가 말한 바와 같이, 예교에 대하여 방비(防備)를 잘못한 위험을 제공하였다. 그 시기의 현학가들이 소리 높여 주장한 것은 바로 다음과 같다.

"논지를 세울 때에 허무에 의지하면서도 현묘하다고 이르고, 벼슬아치가 맡은 일을 직접 처리하지 않는 것을 우아하고 고원하다고 이르며, 제멋대로 몸을 놀려 청렴과 지조를 버리는 것을 널리 호방하게 통달하였다고 말한다."[97]

그 결과로 조성된 것은 다음과 같다.

---

96 『晉書』「裴頠傳」에 인용「崇有論」. "遂闡貴無之議, 而建賤有之論. 賤有則必外形, 外形則必遺制, 遺制則必忘防, 忽防則必忘禮; 禮制弗存, 則無以爲政矣."
97 『晉書』「裴頠傳」에 인용「崇有論」. "立言藉于虛無, 謂之玄妙; 處官不親所司, 謂之雅遠; 奉身散其廉操, 謂之曠達."

"그러므로 갈고 닦아 마련된 풍속이 점차 쇠퇴하여 사라지게 되었다. 방탕한 사람은 이로 인하여 길례(吉禮)와 흉례(凶禮)를 어그러뜨리기도 하고, 용모와 행동거지의 겉모습을 소홀하게 여기며, 늙은이와 젊은이의 차례를 업신여겨 내버리고, 귀함과 천함의 등급을 어지럽히고 무너뜨린다."[98]

그 보다 더욱 심한 것은 다음과 같다.

"옷을 발가벗는 데까지 이르며, 말하고 웃을 때 마땅한 중용을 잊어버리고, 거리낌 없는 행위를 넓은 도량으로 여겨서, 사대부의 덕행이 또한 무너지게 되었다."[99]

이렇게 예법을 준수하지 않고 널리 호방하게 통달한 것만 추구하는 것은 직접적으로 욕망에 멋대로 내맡겨 방자하게 구는 방법에 이르게 하고, 본래 하안과 왕필의 학문이 희망하던 것과 반대의 방향으로 치닫게 되었으며, 이는 확실히 봉건 사회의 신분질서의 옹호에 손해를 끼치게 되었다. 배외는 지주계급의 근본적 이익에서 출발하여, 이와 같은 불량한 현학의 청담 기풍을 억제한 것이며, 서진(西晉) 정권이 굳건하던 당시에는 현실적으로 적극적 의미가 있었다.

셋째, 배외는 노자의 사상이 지닌 착오에 대하여 일단의 분석을 한 뒤에, 당시에 유행하던 사상의 번잡함과 욕망을 극단적으로 추구하는 결점을 비판하기 위하여 노자가 오천 자의 저술을 지어서 고요한 하나의 대도를 품어서 지키는[守靜抱一] 귀무의 학설을 제기하였다고 말했

---

98 『晉書』「裴頠傳」에 인용「崇有論」. "砥礪之風, 彌以陵遲. 放者因斯, 或悖吉凶之禮, 而忽容止之表, 瀆棄長幼之序, 混漫貴賤之級."
99 『晉書』「裴頠傳」에 인용「崇有論」. "至于裸裎, 言笑忘宜, 以不惜爲弘, 士行又虧矣."

다. 이것은 본래 한 부분의 권위자로서 체계를 갖춘 학설이나 저술이 될 수 있었지만, 노자도 역시 "유는 무에서 생성한다.", "무를 종주로 삼는다."는 것을 소리 높여 주장했으며, 이것은 바로 단편적이고 부정확하다는 것이다["만약 최고의 도리가 진실로 무(無)를 근본으로 삼는다고 말한다면, 편벽되므로 해로움이 있는 것이 당연하다"].[100] 배외는 이미 지나간 "뛰어난 식견을 지닌 선대의 현인들[先賢達識]"이 노자의 사상이 지닌 착오에 대하여 모두 주의를 기울인 연구를 하지 못하였기 때문에 심도 있는 논의를 할 수 없었다고 보았다. 다만 한대의 반고(班固)가 『난장론』한 편을 지어서 노자 사상을 비판하였지만, 사람들을 설득시킬 수 없었다. 순자·양웅 두 사람은 비록 대체적으로는 모두 노자를 부정하였지만, 어떤 방면에서는 역시 찬성한 부분이 있다. (예를 들면, 순자는 「천론」에서 "굽힘에 대해서는 본 것이 있으나, 폄에 대해서는 본 것이 없다"[101]라고 말했다. 양웅은 『법언』「문도」에서 "노자가 도덕을 말한 것은 내가 취하여 받아들인 것이 있다."[102]라고 말했다.) 이어서 노자가 말하는 "허무"의 말이 이로써 "나날이 확산되는 것[日以廣衍]"은 뒷날 다음과 같은 결과를 낳는다.

> "여러 학파들이 부추기며 일어나 제각기 그 학설을 떠벌렸다. 그래서 위로는 조화(造化)에서부터 아래로는 모든 일에 이르기까지 무(無)를 귀하게 여기지 않음이 없었다."[103]

이것은 바꾸어 말하자면, 세계의 만물 일체가 모두 무를 근본으로 삼는다고 말하는 것이다. 이것은 바로 위진 시기의 현학 귀무 사상의 범람

---

100 『晉書』「裴頠傳」에 인용 「崇有論」. "若謂至理信以無爲宗, 則偏而害當矣."
101 『荀子』「天論」. "老子有見於屈, 無見於信."
102 『法言』「問道」. "老子之言道德, 吾有取焉耳."
103 『晉書』「裴頠傳」에 인용 「崇有論」. "衆家扇起, 各列其說, 上及造化, 下被萬物, 莫不貴無."

분위기를 조성한 것이다. 여기에서 배외의 논의는 역사적 실제 사실과 부합한다. 확실히 노장의 허무 철학은 과거의 역사 속에서 이론적인 청산을 결코 이루지 못했다. 선진 시기의 유물주의 집대성자인 순자는 주로 전통적 천명론을 비판하였으며, 한 대의 위대한 유물주의자인 왕충(王充)은 비록 유물주의 입장에 따라서 노자의 천도(天道) 무위(無爲) 사상을 개조(改造)하였지만, 그는 또한 황로(黃老) 사상을 계승하였는데, 이 때문에 역시 노자가 말하는 무에서 유가 생성한다는 학설에 대하여 공개적인 비판을 가할 수 없었다. 지속적으로 서진 시기의 배외에 이르러 당시의 현학 귀무 사상의 범람을 정확히 겨냥하여 착오에 빠진 사상의 근원을 들추어내고서야 비로소 노자가 말한 무에서 유가 생성한다는 학설에 대한 이론적 비판이 시작된 것이며, 이것은 충분히 필요한 것이었다.

3 중국철학사에서 배외 「숭유론」의 지위

배외의 저작은 비록 많지 않지만, 그는 중국철학사 속에서 오히려 중요한 지위를 점유한다. 위진 시기에 현학 귀무론의 유심주의가 전체 철학 사상계의 논단을 뒤덮어서 "입으로는 공허하고 심오한 이야기만 말하여, 풍속이나 유행이 방탕하였는데",[104] 배외는 이와 같은 오염되고 혼탁한 분위기 속에서 홀로 기발하고 새로운 주장을 내세워 자기의 뛰어난 면을 과시하였으니, 유물주의 입장에 서서 현학의 유심론에 대한 도전을 시작한 것인데, 이것은 위진 시기의 철학사 속에서 마땅히 비교적 높은 평가를 부여해야 한다.

---

104 『晉書』「裴頠傳」. "口稱玄虛, 時俗放蕩."

「숭유론」한 편의 사상은 심도(深度) 있으며, 비판은 첨예해서 하안과 왕필의 현학 귀무 사상의 해로움을 적실하게 지적하였고, 당시의 사상계에 끼친 영향이 확실히 매우 컸다. 예를 들면, 진(晉)나라 사람인 육기는 다음과 같이 말했다.

"배외는 고상하며 심원한 도량을 지닌 당대 조정의 명사이다. 또 백성의 선망이라고도 하였다. 배외는 이치를 심원하고 박식하게 갖추었으며, 어려운 논변을 잘 간파하고, 「숭유론」·「귀무론」두 편의 글은 지어서, 허황하고 황당한 논쟁의 폐단을 바로잡았는데, 문장의 말이 정밀하고 풍부하여 세상의 명성 있는 논의가 되었다."[105]

『진제공찬』에서도 다음과 같이 말했다.

"배외는 「숭유론」과 「귀무론」두 편의 논문을 지어서 허망하고 황당함의 폐단을 바로잡고자 하였는데, 그 문장의 말이 정밀하고 풍부하여 세상의 명론(名論)이 되었다."[106]

이로써 알 수 있는 것은 「숭유론」이 당시에 매우 큰 명성을 얻고 있었다는 것이다.

양(梁)나라 사람인 유협(劉勰)의 『문심조룡』「논설」속에서 위진 시대의 논저를 평론하면서 다음과 같이 말했다.

"부하(傅嘏: 자는 蘭石)의 「재성론」, 왕찬(王粲: 자는 仲宣)의 「거벌론」,

---

105 『三國志』「裴頠傳」주에 인용된 陸機의 「惠帝起居注」. "頠雅有遠量, 當朝名士也. 又曰民之望也. 頠理具淵博, 瞻于論難, 著崇儒貴無二論, 以矯虛誕之弊, 文辭精富, 爲世名論."
106 『世說新語』「文學」주에 인용. "頠著二論以規虛誕之弊, 文詞精富, 爲世名論."

혜강의 「성무애락론」, 하후현의 「본무론」, 왕필의 두 가지 『약례』,[107] 하안의 『도덕론』 두 권은 모두 자기 자신을 스승으로 삼아서 나온 탁월한 식견이며, 예리한 논지는 정밀하여, 아마도 논의들 중의 뛰어난 작품이다. 이강(李康: 위나라 명제 때의 사람)의 『운명론』은 왕충의 『논형』과 같은 부류이면서도 그것을 능가했다. 육기의 『변망론』은 가의(賈誼)의 『과진론』을 모방하였지만 그것에 미치지는 못했으면서도 역시 뛰어난 작품이었다. 송대(宋岱)와 곽상의 경우에는 매우 신묘한 영역에서 사유를 연마였다. 왕연(王衍: 자는 夷甫)과 배외는 유(有)와 무(無)의 영역에서 논변을 나누었다. 이들 모두 당시에 독보적인 업적을 이루어서 명성이 후대에까지 날렸다."[108]

여기에서 유협은 위진 시기의 중요한 논저 몇 가지를 하나하나 모두한 번씩 언급하면서, 마지막에 왕연과 배외의 유·무 논변을 긍정하면서 또한 "이들 모두 당시에 독보적인 업적을 이루어서 명성이 후대에까지 날렸다."라고 하였다. 그러나 유협은 이어서 계속 다음과 같이 말했다. "그러나 유(有)의 입장에 구애된 사람은 형상(形象)의 쓰임에만 오로지 얽매이고, 무(無)를 귀하게 여기는 사람은, 일체 형상을 부정하여 고요한 정적(靜寂)에만 매달린다. 그래서 모두 편협한 해석에는 예리하나 바른 이치에 이르지는 못했다."[109] 숭유(崇有)와 귀무(貴無) 두 가지는 이론적으로 모두 일면성을 지니고 있으며, 모두 "바른 이치[正理]"에 이르

---

107 역주 왕필의 『周易略例』와 『老子指略(老子微指略例)』 두 편의 저술을 의미한다.
108 『文心雕龍』「論說」. "詳觀蘭石(傅嘏)之才性, 仲宣(王粲)之去代(疑爲去伐), 叔夜(嵇康)之辨聲, 太初(夏侯玄)之本无, 輔嗣之兩例, 平叔之二論, 並師心獨見, 鋒穎精密, 蓋論之英也. 至如李康(魏明帝時人)運命, 同論衡而過之; 陸機辨亡, 效過秦而不及, 然亦其美矣. 及宋岱郭象, 銳思於幾神之區; 夷甫(王衍)裴頠, 交辨於有無之域; 並獨步當時, 流聲後代."
109 『文心雕龍』「論說」. "然滯有者, 全繫於形用; 貴無者, 專守于寂寥; 徒銳偏解, 莫詣正理."

지는 못한 것이다. 이 점에 대하여 진나라 사람인 손성(孫盛)도 똑같은 시각을 지니고 있는데, 그는 다음과 같이 말했다.

"옛날에 배외는 「숭유론」과 「귀무론」 두 편을 지었다. 당시에 청담을 하는 사람은 혹 정미(精微)한 도에 이르지 못했고, 혹은 시속(時俗)을 어기면서 방탕하게 탐닉하는 자가 되었다. 나는 무(無)를 숭상하는 것은 이미 상실함이 있는 것이고, 유(有)를 숭상하는 것도 얻을 것이 없다고 본다."[110]

이것은 바꾸어 말하자면, 배외의 숭유론과 현학가들의 귀무론은 모두 각각 한편으로 편중된 것이며, "각자 한쪽 방면만 깊이 고려한 것[各矜一方]"으로서 모두 정확한 것이 아니라는 것이다. 우리는 숭유(崇有)와 귀무(貴無)의 논쟁에 대해 이런 평가를 내리는 것은 공평타당하지 않다고 본다. 하안과 왕필 그리고 왕연 등과 같은 사람들의 현학 귀무론은 비록 "자기 자신을 스승으로 삼아서 나온 탁월한 식견이며, 예리한 논지는 정밀하지만", 그들의 이론은 기본적으로 잘못된 유심주의이며, 배외의 숭유론 학설은 이론적으로 볼 때 기본적으로 정확한 유물주의이다. 이런 두 가지 유심·유물주의 사이에는 오류와 진리가 각각 있는 것이며, 유심(唯心)과 유물(唯物)의 두 갈래 철학 노선상에서 근본적인 대립이 있다. 이 점에 대하여 고대의 평론가들은 당연히 바르게 볼 수 없었는데, 그들이 공정한 평가를 하고자 하여도 실제로 불가능한 것이었다. 당연히 현학 귀무론에도 일면적인 진리가 있는데, 그것은 사물 속에 있는 "무"의 작용을 간파한 것으로서, 예를 들면 다음과 같이 노자가 말한 것과 같다. "진흙을 이겨서 그릇을 만드는데, 당연히 그 안이 텅 비어 있어야, 그릇으로 쓸 수 있다."[111] 여기에 대하여 왕필은 또 다음과 같이 말

---

110 『廣弘明集』 권5 「老聃非大聖論」. "昔裴逸民作崇有貴無二論. 時談者或以爲不達虛勝之道也, 或以爲矯時流遁者. 余以爲尙無旣失之矣, 崇有亦未爲得也."

했다. "나무·진흙·벽돌을 가지고 그릇이 이루어지는 것인데, 이 세 가지는 모두 무를 쓰임으로 삼는다."[112] 그러나 그들은 "무"의 작용을 지나치게 크게 생각하여, 그것을 객관적 세계 통일성의 기초로 만들게 되는데, 이것은 바로 유심론으로 빠지는 것이다. 그러나 배외는 객관적 세계의 물질적 존재를 긍정하여 세계 속의 수많은 일과 사물 자체가 바로 자기의 본체라고 보았으며, 그것들은 자신 이외의 이른바 "무"를 자기 존재의 기초로 삼을 필요가 없었는데, 이것이 바로 유물주의 노선을 견지하는 것이다.

그러나 당시에 직면한 학술세계에서도 아주 극소수의 사람이 있었는데, 그들은 배외의 숭유론이 비록 현학의 귀무론을 반대한 것이지만, 그 철학의 성격은 여전히 유심론에 속해 있다고 보았다. 그 이유는 배외는 여전히 "도"를 세계의 본원으로 삼았고, 우주의 전체는 바로 "도"이며 결코 자연계의 물질 존재가 아니라고 여긴 점이다. 이것은 주로 배외의 「숭유론」 첫머리에 있는 "무릇 총체적으로 분별없이 혼돈되어 있는 뭇 사물의 근본이 종극(宗極)의 도이다."[113]라는 한 구절의 이해 위에서, 우리들의 시각과 차이가 생긴다. 우리의 견해에서 볼 때, 배외의 이 구절이 갖는 의미는 단지 일체의 만물을 포괄하는 우주는 바로 최고의 도라고 말하는 것이다. 여기에서 그는 만물을 세계 최후의 근원으로 보는 것이다. 당연히 우리는 배외의 이런 철학 명제가 표현해 내는 것이 확실하지 않고 또 개념의 사용이 혼란스러움을 지적해야 한다. "도"가 철학사 속에서 일반적으로 의미하는 것은 사물의 법칙이거나 또는 만물의 총체적 법칙이다. 이 때문에 "총체적으로 분별없이 혼돈되어 있는 뭇 사물[總混群本]"은 바로 만물을 포괄하는 우주이지, 결코 최고의 도라고 설명될 수는 없는 것이다. 이와 같은 개념 운용상의 혼란은 저절로 우리 같

---

111 『老子注』11장. "埏埴以爲器, 當其無, 有其之用."
112 『老子注』11장. 王弼의 注. "木埴壁所以成, 三者皆以無爲用也."
113 『晉書』「裴頠傳」에 인용 「崇有論」. "夫總混群本, 宗極之道也."

은 후대 사람들에게 이해의 어려움을 주며, 이 때문에 어떤 사람들은 이 명제에 대하여 잘못된 이해를 하기도 하는데, 이는 이상한 일이 아니다.

「숭유론」의 철학 이론은 기본적으로 정확하며 유물론적이지만, 어떤 점에서 말하자면, 그것은 또한 이왕의 철학적 유물주의가 지닌 어떤 결함을 극복하고 있다. 예를 들면, 이왕의 유물주의가 세계의 통일성을 토론할 때 모두 다 세계의 최후 근원을 하나 혹은 몇 개의 구체적 물질형태(예컨대, 음양오행설, 원기설 등)로 귀결시키는데, 배외는 이런 구체적 물질형태를 더 이상 강조하지 않으면서 개괄성이 비교적 강한 "유"의 개념을 제기하였으며, "유"를 가지고 각종의 구체적 존재인 물질 현상을 개괄하고, 세계가 바로 이 "유"(즉 물질존재) 위에서 통일된다고 보았다. 이것은 중고(中古) 시대에 중국의 유물주의 이론의 사유 수준을 대대적으로 제고시키는 것이다. 배외가 이론적으로 이런 성취를 이룬 근거는 역시 하안과 왕필 현학의 흥기와 불가분의 관계가 있다. 하안과 왕필은 "유는 말단이고, 무가 근본이다[以有爲末, 以無爲本]."이라는 현학 본체론 철학을 제기하였고, 양한 이래의 철학과 달리 천(天)·인(人)·음양(陰陽)·기(氣) 등의 구체적 문제를 둘러싸고 토론하면서 더욱 추상적인 현학 본체론의 연구에 깊이 파고들었는데, 이로 인해 하안과 왕필의 현학 이론 수준은 앞 사람들을 크게 초월하였다. 배외의 철학은 하안과 왕필 현학이 흥기한 뒤에 자리하며, 현학 귀무론과의 투쟁 속에서 발생하는 것이다. 이 때문에 배외는 역시 추상성이 비교적 높은 "유무"의 문제에 대한 토론에 직면하였던 것이다. 동시에 이런 투쟁 속에서 배외는 또한 하안과 왕필의 현학이 제기한 본말(本末)·체용(體用)과 같은 철학 개념을 비판적으로 흡수하였다. 본말과 체용의 이론을 가지고 유물주의적 숭유론 학설을 천명하였고, "형상이 구분을 드러내는 것이 생명을 지닌 것의 형체이며[形象著分, 有生之體]", "이치가 형체로 드러나는 것이 이른 바 유(有)이다[理之所體, 所謂有也]."라는 사상을 제기하였는데, 이로 인해 자기의 이론 수준을 높이게 되는 것이다. 이것은 역사적으로 또 한 차례 유물주의와 유심주의 사이에서 이미 투쟁의 일면이 있었고, 또 서로 삼투작용을 일으키며, 서로 흡수하면서 통일성의 한 측면을 지니게 되는 것을 설명한다.

그러나 우리는 마땅히 그가 주장하는 "유" 개념과 우리가 말하는 철학적 물질개념이 또한 질적으로 다르다는 것을 간파해야 한다. 그가 주장하는 "유"는 결코 소박한 유물주의적 직관성을 벗어나지 않으며, 그가 강조하는 "유"는 주로 형상과 모양을 지닌 구체적 존재물이지, 결코 우리가 주장하는 "물질"이 우리의 의식에 의존하지 않는 존재로서 객관적 실재라는 철학 범주를 표시하는 것은 아니다. 이 외에도 배외의 철학사상에는 아래와 같은 몇 가지 결함이 있다.

첫째, 배외는 오직 사물 사이의 상호 의존성을 강조하였지만, 사물 사이에는 상호 의존관계가 있을 뿐만 아니라 또한 더 중요한 것은 상호 전화(轉化)의 관계가 있는 것이다. 질(質)과 양(量)이 서로 변화하는 법칙은 물질 운동의 가장 보편적인 법칙의 하나이다. 바로 사물들 사이에 서로 전화하고 질적 변화가 발생하기 때문에 비로소 세계의 물질적 무한한 다양성이 조성된다. 배외는 사물들 사이에서 상호 전화하는 변증법적 관계를 이해하지 못했기 때문에, 그는 사물의 생성 문제를 해결할 때에 비록 유물주의를 견지하여 현학의 유심주의에서 나오는 무에서 유가 생성한다는 학설을 반대하였지만 그가 제기한 "유는 스스로 생성한다[有之自生]."는 학설은 오히려 형이상학적 성질을 지니게 되었다. 그는 각종 구체적 물질 존재가 모두 자기 스스로 자신을 생성하는 것("처음 생성하는 것은 스스로 생겨나는 것이다")[114]이라고 여겼다. 이것은 실제로 생물의 종이 불변한다는 학설이며, 그것은 사물들 사이의 질적 전화를 부정하는 것인데, 이로 인해 또한 생물의 종 자체가 가장 최초로 어떻게 생성되는지의 문제를 설명하지 못한다.

---

114 『晉書』「裴頠傳」에 인용된 「崇有論」. "始生者自生也."

둘째, 배외는 숭유론 학설을 가지고 봉건 사회의 빈부(貧富)·귀천(貴賤)이라는 차별의 질서가 지닌 합리성을 설명하였는데, 이것은 분명히 잘못된 이론이며, 봉건 지주계급의 계급적 본질에 대한 그의 표현이다. 봉건 사회의 차별 질서는 봉건 사회의 경제적 기초가 정치영역 속에서 반영된 것이며, 이 때문에 그것은 결코 자연적 존재물이 아니다. 배외는 봉건 질서의 영속성(永續性)·합리성을 논증하기 위하여 그것을 자연계 속의 물질현상과 같이 모두 자연적 존재물이라고 말하고 있으며, 심지어 봉건사회의 예교와 같은 부류의 것을 각종 구체적 물질 존재를 표시하는 "유"라는 개념으로 귀결시키고 있는데, 이것은 바로 자연계와 인류 사회의 질적 구별을 뒤섞어 놓는 것이다. 이른바 "모든 이치가 나란히 함께하여 해치지 않으므로 귀함과 천함이 여기에서 드러난다."[115]는 봉건적 차별 질서의 영속성을 논증하고자 하므로, 이것은 이론적으로 매우 잘못된 것이다. 이것은 역시 분명하게 배외의 지주 계급적 한계성을 드러내 주는 것이다.

셋째, 배외의 숭유론 학설은 비록 만물의 객관적 실재성을 강조하고 있지만, "유"(객관적 사물) 자체에 대해서는 깊은 인식을 결여하고 있어서 왕필의 현학이 사물의 본성·본질에 깊이 천착해 들어가고, 본질과 현상의 모순 등을 드러낸 것만 못하게 되었는데, 이 때문에 어떤 의미에서 말하자면, 그의 이론적 사유 수준은 역시 하안과 왕필의 현학에 조금 못 미친다.

---

115 『晉書』「裴頠傳」에 인용된 「崇有論」. "衆理並而無害, 故貴賤形焉."

구양건과 "언의지변"

"언의지변(言意之辯)"은 위진 현학 속의 중요한 과제이다. 언(言)은 언어[말]를 의미하고, 의(意)는 사상(思想: 뜻, 의사, 생각)을 의미한다. 언의지변은 바로 언어와 사상 양자 사이의 관계문제를 논의하는 것이다. 언과 의라는 이 철학 개념은 가장 빠르게는 선진철학 속에서 출현한다. 위진 시기의 사람들에게 "삼현(三玄)"의 하나라고 칭해지는 『주역』 속에서 다음과 같이 말했다. "공자가 말했다. 글로는 언어를 다 표현하지 못하고 언어로는 뜻을 다 표현하지 못하니, 그렇다면 성인의 뜻을 볼수 없단 말인가. 성인이 상(象)을 세워 뜻을 다하며, 괘(卦)를 베풀어 정위(情僞)를 다하며, 말을 달아 그 말을 다하며, 변통(變通)해서 이로움을 다하며, 고무(鼓舞)하여 신묘(神妙)함을 다하였다."[1] 「계사전」의 이 말을 살펴보면, 언어["言"]는 성인의 사상["意"]을 다 표현할 수 없으며, 성인의 뜻은 오직 『주역』의 괘상을 통해서 표현되는 것이다. 『주역』 이외에도 『장자』 「외물편」에 역시 언어와 뜻의 관계 문제를 논의하고 있다.

---

1 『周易』 「繫辭」 上 12. "子曰: 書不盡言, 言不盡意.' 然則聖人之意其不可見乎? 子曰: '聖人立象以盡意, 設卦以盡情僞', 繫辭焉以盡其言, 變而通之以盡利, 鼓之舞之以盡神."

그 책은 다음과 같이 말했다. "통발은 물고기를 잡기 위해 있는 것이고, 물고기를 잡았으면 통발은 잊는다. 올가미는 토끼를 잡기 위해 있는 것이고, 토끼를 잡았으면 올가미를 잊는다. 언어는 뜻을 표현하기 위해 있는 것이고, 뜻을 얻었으면 언어는 잊는다."[2] 통발과 올가미는 물고기와 토끼를 잡는 도구이다. 여기에 인용된 『장자』에서는 언어와 뜻의 관계를 통발·올가미와 토끼·물고기의 관계와 같은 것으로 설명하고 있으며, 그것들 사이에는 결코 내재적 필연의 관계가 없고, 서로 나뉠 수 있는 것이다. 이것은 바꾸어 말하자면, 언어는 단지 뜻에 이르는 길의 다리와 같은 것일 뿐이므로 물을 건너면 비로 다리를 버릴 수 있고, 뜻을 얻으면 언어를 잊을 수 있는 것이다. 사상[뜻]이 언어와 떨어질 수 없는 것이고 또 양자는 모순적 통일체이며 이미 모순의 차이가 있으면서 또 통일성의 부분도 있다는 것을 전혀 생각하지 못한 것이다. 그 통일성은 언어가 없다면 사상도 없고, 사상[뜻]이 없다면 언어로 이야기할 필요가 없다는 사실을 표현한다. 이것은 바꾸어 말하자면, 언어와 뜻의 사이에 내재적 필연의 관계가 없다는 것인데, 이것은 바로 「계사전」에서 "언어로는 뜻을 다 표현하지 못한다."는 설명방법과 서로 통하는 곳이 있다. "언어는 뜻을 다 표현하지 못한다."는 학설은 언어와 뜻 양자 사이의 통일성을 부정하는 것이다. 언어와 뜻의 문제는 비록 선진 시기 『주역』과 『장자』 속에서 이미 제기되었지만, 당시에는 결코 사상계에서 광범위하게 중시되지 못했고, 진정으로 "언의지변이 전개되는 것은 위진 현학이 흥성하던 시대였다.

위진 현학의 "언의지변"은 한나라 말기의 명리학(名理學)에서 비롯되어 나온다. 한나라 말기에서 위나라 초기에 이르는 사회 속에서는 청담의 기풍이 출현하는데, 그 시기의 청담은 늘 인물을 품평하는 것이 중심이었고, 인물의 품평은 종종 한 사람의 언어·외모와 그 사람의 마음 속

---

2 『莊子』「外物」. "筌者所以在魚, 得魚而忘筌; 蹄者所以在兎, 得兎而忘蹄; 言者所以在意, 得意而忘言."

정신의 모순 관계 문제와 마주친다. 마치 탕용통(湯用彤) 선생이 말한 바와 같은데, "한나라 말기의 명가(名家)는 '언의지변'을 드러내었는데, 사람을 아는 것으로 세상을 논하면서, 사람을 관찰한다고 할 때는 그의 말과 골상을 단순히 보는 것이 아니라 그 전모를 반드시 관찰해야만 하였다. 사람을 아는 것은 늘 언어로 할 수 있는 것이 아니라 오직 마음속으로 깨달을 수 있어야 했다."[3] 이런 것은 바로 명칭과 실질의 문제와 관련된 언어와 뜻의 관계 문제를 발생시켰다. 언어는 궁극적으로 뜻을 표현할 수 있는 것인가? 아니면 뜻을 표현할 수 없는 것인가? 이 문제를 둘러싸고, 사상계가 논쟁을 펼친다. 그 귀결은 주로 두 학파의 의견이 있다. 하나는 언부진의론(言不盡意論: 언어가 뜻을 다 표현하지 못한다는 이론)이다. 이것은 일반적인 현학 청담가들이 주장하는 것이며, 주요 대표 인물은 순찬·장제·혜강·장한(張韓) 등이다. 또 하나는 언진의론(言盡意論: 언어가 뜻을 다 표현한다는 이론)인데, 주요 대표 인물은 구양건(歐陽建)인데, 그는 언부진의론의 반대파이다.

언어가 뜻을 다 표현하지 못한다는 이론에 대하여 구양건의 기록은 다음과 같다.

"세상의 논변하는 자들은 언어가 뜻을 다 표현하지 못한다고 말하는데, 그 유래가 오래되었다. 여러 가지 재능을 겸비한 사람과 뛰어난 식견을 지닌 사람들도 모두 그것을 옳다고 여긴다. 장공[장제]이 눈동자에 관해 논변한 것, 종회와 부하가 재성(才性)을 말한 것과 같은 내용은 바로 이것을 가지고 증명한 담론이다."[4]

이것은 "언어가 뜻을 다 표현하지 못한다."는 이론의 발생이 매우 이

---

3 湯用彤, 「魏晉玄學和文學理論」 『中國哲學史研究』 創刊號第37頁.
4 『全晉文』 「言盡意論」. "世之論者, 以爲言不盡意, 由來尙矣. 至于通才達識, 咸以爲然. 若夫蔣公之論眸子鍾傳之言才性, 莫不以此爲談證."

르며, 사상계에 큰 영향을 미쳤다는 사실을 설명하는 것이다. 여기에서 말하는 장공(蔣公)은 장제를 의미하는 것이며, 그는 눈[눈동자]을 관찰하면 바로 사람을 알 수 있다고 하였다(즉 눈동자가 정신을 반영한다고 여긴 것이다). 종(鍾)과 부(傅)는 종회와 부하를 의미하는데, 그들은 모두 청담의 명사였으며 또한 재성(才性)의 문제에 대하여 토론하였다.[5] 장제·종회·부하 세 사람은 자기의 이론을 설명할 때, 모두 언어가 뜻을 다 표현하지 못한다는 학설을 원용하였다. 그러나 그들이 궁극적으로 이런 학설을 가지고 자기의 이론을 논증한 것은 사료의 결핍 때문에 지금으로서는 이미 알 길이 없다. 그렇다면 위진 시기는 도대체 누가 먼저 이 문제를 논의한 것인가? 구양건이 말한 것에 의거하자면, 장제·종회·부하 세 사람 이전에 "언어가 뜻을 다 표현하지 못한다."는 학설이 어느 정도 있었던 것 같다. 또 『삼국지』「위서」〈순욱전〉의 기록에 의거하자면, 순찬은 이미 이런 관점을 제기하고 있으며, 아마도 순찬이 비교적 이른 시기에 이런 사상을 제기한 사람이라는 것이 가능하다.

순찬(筍粲)은 자가 봉천(奉倩)이며, 순욱(筍彧)의 아들인데, 위나라 시대 청담가들 중의 한 명사이다. 하소의 「순찬전」에는 다음과 같이 말했다.

"순찬이 여러 형들(즉 순훈, 순후, 순열, 순의 네 명의 형들)과 더불어 유가의 학술을 가지고 논의를 하였는데, 순찬은 홀로 도(道)를 즐겨 말하였고, 늘 '자공이 공자께서 성(性)과 천도(天道)에 대하여 말하는 것은 들어보지 못했다'는 부분을 이야기 하면서, 그렇다면 여섯 가지 경전이 비록 존재하지만, 진실로 그것은 성인이 한 생각의 쭉정이와 겨일 뿐이라고 보았다. 그러자 순찬의 형[筍侯]이 힐난하여 말했다. '『주역』「계사전」에서 말하길, 성인이 상(象)을 세워 뜻을 다 표현하며, 말[辭]을 달아 그 언

---

5 [저자주] 종회와 부하가 재성의 문제를 논의한 것은 이 책의 제2장을 참고할 것.

어를 다 표현하였다고 했는데, 은미한 말이 어찌 보고 들을 수 없는 것인가?' 순찬이 대답하였다. '대체로 이치가 은미한 것은 사물의 형상을 가지고 드러낼 수 있는 것이 아니다. 이제 상을 세워 뜻을 다 표현한다고 하였는데, 이것은 성인이 드러낸 뜻 이외의 것에도 통하는 것이 아니다. 또 말[辭]을 달아 그 언어를 다 표현한다고 했는데, 이것은 성인이 말[辭]로 한 것 이외의 것을 말하는 것은 아니다. 이는 상(象) 밖에 있는 뜻과 말[辭] 이외의 언어는 본래 뜻을 온축하고 있을 뿐이지 밖으로 드러내지 않는다. 그러나 당시에 언어에 능한 자는 굽히지 않았던 것이다."[6]

이상의 견해를 종합해 보면, 순찬의 입장에 비추어 볼 때 "이치가 은미한 것"은 "성과 천도" 같은 부류이며, "언어"·"사물의 형상"을 가지고 표현할 수 없는 것이다. 그리고 『주역』 속에서 말하고 있는 "상(象)을 세워 뜻을 다 표현한다."는 것은 상(象)으로써 다 표현한 것 이외의 뜻을 말하는 것은 아니다. "말[辭]을 달아 그 언어를 다 표현한다."는 것은 역시 말[辭]로써 다 표현한 것 이외의 언어를 말하는 것이 아니다. 순찬의 입장에서 볼 때, "상(象) 밖에 있는 뜻"과 "말[辭] 이외의 언어"는 모두 "이치의 은미한 것"을 가리키는 것이지, 언어와 형상으로써 표현해 낼 수 있는 것이 아니며, 언어와 형상이 표현해 낼 수 있는 것은 단지 조잡한 흔적으로서의 "쭉정이와 겨" 같은 것일 뿐이다. 그러므로 "여섯 가지 경전이 비록 존재하지만, 진실로 그것은 성인이 한 생각의 쭉정이와 겨일 뿐이다."라고 한 것이다. 순찬이 말하는 은미한 이치는 말로 설명할 수 없는 것이고, 실제로 이후에 등장하는 정시현학의 하안과 왕필이 제기

---

6 『三國志』 「魏書」 「荀彧傳」 주 인용 何邵의 『荀粲傳』. "粲諸兄(卽指惲侯說顗四兄)并以儒述論議, 而粲獨好言道, 常以爲'子貢稱夫子之言性與天道, 不可得聞', 然則六籍雖存, 固聖人之糠秕. 粲兄侯難曰: 易亦云'聖人立象以盡意, 繫辭焉以盡言', 則微言胡爲不可得而聞見哉? 粲答曰: 盖理之微者, 非物象之所擧也. 今稱立象以盡意, 此非通于意外者也; 繫辭焉以盡言, 此非言乎繫表者也. 斯則象外之意, 繫表之言, 固蘊而不出矣. 及當時能言者不能屈也."

하는 "말로 하고자 해도 마땅한 말이 없고, 이름을 붙이고자 해도 마땅한 이름이 없다[道之無語, 名之無名]."는 사상과 서로 유사한 점이 있다. "순찬이 홀로 도(道)를 즐겨 말하였다."는 것은 실제로 이미 하안과 왕필 현학의 선구적 인물이라는 것이다. 하소 「순찬전」에는 또 다음과 같이 말했다. "태화 1년(서기 227년, 위나라 명제 태화 1년이며, 제왕 조방 시기 정시 연간과 시간적으로 10여 년의 거리가 있다)에 (순찬이) 수도인 낙양에 와서 부하와 담론을 하였다. 부하는 명리(名理)에 능했으며, 순찬은 현묘하고 심원한 것을 숭상하여 말하기 좋아하였는데, 궁극적으로 도달한 점은 다르지만 미처 어찌할 수 없이 매우 급작스러운 사이에 혹은 간격이 있어서 서로 뜻을 얻지 못하였다. 배휘(裴徽)가 두 사람의 속뜻을 소통시켜서, 두 사람의 입장을 주고받게 하였는데, 얼마 지나지 않아서 순찬과 부하가 우호를 지녔고, 하후현도 역시 친하게 지냈다."[7] 『세설신어』「문학편」에도 유사한 기록이 있다.[8] 이로써 알 수 있는 것은, "현묘하고 심원한 것을 숭상하여 말하기 좋아하였고", 그가 부하와 담론을 나눈 것은 바로 그의 언부진의론(言不盡意論)일 가능성이 매우 많다. 그와 "하후현도 역시 친하게 지냈는데", 그의 사상이 이미 현학의 인물들 속에서 서로 왕래하고 있음을 볼 수 있다.

언부진의론은 진나라 시대에 이르러서는 장한(張韓)이 이어서 발휘하게 된다. 장한은 어느 지역 사람인지 현재 상고(詳考)할 수 없다.[9] 장한

---

7 『荀粲傳』. "太和初, 到京邑與傅嘏談. 嘏善名理而粲尙玄遠, 宗致雖同, 倉卒時或有格而不相得意. 裴徽通彼我之懷, 爲二家騎驛, 頃之, 粲與嘏善. 夏侯玄亦親."

8 저자주 『세설신어』「문학편」. "부하는 현허한 명리를 논의하는 데 뛰어났으며, 순찬은 현원한 이치를 숭상했다. 매번 함께 담론을 나눌 때마다 서로의 논리를 이해하지 못해서 논쟁이 붙었다. 그래서 배휘가 두 사람의 논지를 해석하고 서로의 생각을 소통시켜서 항상 두 사람의 감정을 만족스럽게 해 주었는데, 두 사람 모두 함께 즐거워하였다"(傅嘏善言虛勝, 荀粲談尙玄遠; 每至共語, 有爭而不相喩. 裴冀州釋二家之義, 通彼我之懷, 常使兩情皆得, 彼此俱暢).

9 저자주 엄가균(嚴可均)은 그가 장한(張翰)이라고 하였는데, 확실한 것은 모르겠다.

은『불용설론(不用舌論)』한 편의 글을 지어서 언어가 뜻을 다 표현하지 못한다는 학설을 발휘하였다. 그 글 속에서 다음과 같이 말했다.

"'공자의 문장(文章)은 들을 수 있으나, 공자가 성(性)과 천도(天道)를 말한 것은 들을 수 없다.'[10]고 하였는데, 이것은 지극히 정미(精微)하여 더욱 들을 수 없다는 것을 말한 것이다."[11]

이것은 순찬의 사상을 이어서 주장한 것이며, 지극히 정미한 이치["성과 천도"]는 들을 수 없다는 것이고, 말할 수 없다는 것이다. 장한은 언어가 이치를 온전히 소통시킬 수 없다고 여긴 것이다. 다만 마음의 뜻을 써야만 비로소 서로 소통할 수 있다는 것이다. 그러므로 그는 다음과 같이 말했다.

"논변을 하는 사람은 마음의 기분에 따라 서로 담론을 몰아가며, 혀가 움직이는 대로 말을 한다. 혀에 맞는 대로 지껄이면서 기분에 부합하기만 하니, 어찌 이치를 드러낼 수 있겠는가? 나는 언어에 뜻을 두는 것이 언어로 표현되지 않은 것에 뜻을 두는 것만 못하다고 보며, 단지 혀로 말하지 않는 것이 마음에 통하는 것임을 아는 것이지, 혀로 말하는 것이 마음에 반드시 통한다는 것은 아직 아니다."[12]

일반 사람들은 모두 마음의 생각이 서로 치달아 혀가 가는 대로 말을 하면서, 언어로써 이치를 드러낼 수 있다고 여긴다. 장한은 오히려, 언

---

10 역주 원문은『논어』「공야장」12장이다.

11 『全晉文』「不用舌論」. "夫子之文章, 可得而聞也; 夫子之言性與天道, 不可得而聞. 是謂至精, 愈不可聞."

12 『全晉文』「不用舌論」. "論者以爲心氣相馳(馳同驅), 因舌而言. 卷舌翕氣, 安得暢理? 余以留意于言, 不如留意于不言, 徒知無舌之通心, 未盡有舌之必通心也."

어에 뜻을 두는 것은 언어로 표현하지 않는 것에 뜻을 두는 것만 못하고, 언어는 이치를 드러낼 수 없으며, 이치는 단지 마음의 뜻으로써 서로 소통하는 것이고, 단지 혀로 말할 수 없는 것은 설명할 수도 없다는 사실을 아는 것만 가지고서는 마음의 뜻이 서로 소통할 수 없으며, 마땅히 혀로 말할 수 있는 것에서도 반드시 마음의 뜻을 가지고서만 서로 소통할 수 있다고 생각한 것이다. 확실히 이치를 소통하는 것은 마음에 의존하는 것이지만, 사상의 교류를 실현하는 도구인 언어가 없다면, 역시 마음의 뜻이 서로 소통하는 것도 어렵게 된다. 만약 사람들이 모두 혀를 사용하지 않고 언어도 쓰지 않는다면 또한 어떻게 사회적으로 사상의 교류를 할 수 있겠는가? 그러므로 장한의 사상 속에는 비록 일종의 합리적 요소(예를 들어, 혀가 있으면 반드시 마음의 뜻이 서로 소통한다는 것)가 포함되어 있지만, 전체적 이론은 정확하지 않다.

현학가인 왕필은 위진 시대의 현학 거장(巨匠)이었는데, 그는 "언의지변" 속에서 새로운 시각을 제기하였다. 순찬은 이치의 은미한 것이 언어와 형상을 가지고 표현될 수 없다고 여겼는데, 이른바 "상(象) 밖에 있는 뜻과 말[辭] 이외의 언어는 본래 뜻을 온축하고 있을 뿐이지 밖으로 드러내지 않는 것이며", 언어와 형상으로 표현해 낼 수 있는 것은 단지 "쭉정이와 겨" 같은 것일 뿐이라고 보았다. 왕필의 시각은 차이가 있다. 왕필은 장자의 통발과 올가미 비유를 가지고 『주역』「계사」속의 언의(言意) 사상을 해석하였다. 이 책의 제2장 속에서 우리가 이미 논의했듯이, 그는 상(象)이 뜻에서 나오며, 언어는 상(象)을 밝히는 것으로서, "뜻을 표현하는 데에는 상(象)만한 것이 없고, 상을 표현하는 데에는 언어만한 것이 없다."[13]고 한 것인데, 뜻은 상(象)에 의존하여 표현되어 나오는 것이며, 상(象)은 언어에 의존하여 표현되는 것이다. 그러나 그는 또한 상(象)과 언어가 모두 통발과 올가미 같은 도구와 같은 것이며, 단지 상(象)을

---

13 『周易略例』「明象」. "盡意莫若象, 盡象莫若言."

얻었으면 언어는 잊어버릴 수 있는 것이며, 뜻을 얻었으면 상(象)을 잊을 수 있는 것이라고 보았다. 그러므로 왕필은 다음과 같이 말했다.

"언어는 상(象)을 밝히는 근거이니, 상을 얻으면 언어를 잊는다. 상이란 뜻을 보존하는 근거이니 뜻을 얻었으면 상을 잊는다. 이것은 올가미가 토끼를 잡는 데 쓰이는 도구이니 토끼를 얻으면 올가미를 잊고, 통발이 고기를 잡는 데 쓰이는 도구이니 고기를 얻으면 통발을 잊는 것과 같다."[14]

그의 최후 결론은 "뜻을 얻는 것은 상을 잊는 것에 있고, 상을 얻는 것은 언어를 잊는 것에 있다."[15]는 것이다. 이것은 바꾸어 말하자면, 최후에 얻는 뜻은 언어를 초월하며 상(象)도 초월하는데, 오직 상과 언어를 잊어야만 비로소 뜻을 얻을 수 있다는 것이다. 여기에서 왕필이 주장하는 "상(象)"은 단지 괘상(卦象)을 의미할 뿐만 아니라 모든 감성의 현상을 의미하는 것이니, 즉 이른바 감촉할 수 있는 종류가 다 상이 될 수 있는 것이다. 여기에서 주장하는 "뜻[意]"은 가장 일반적인 원칙·원리를 의미하는 것이며, 세계 만물의 본체로서의 "도(道)"를 의미하는 말이다. 왕필의 입장에서 본다면, 뜻은 이미 추상적으로 가장 일반적인 것이며, 상(象)은 단지 구체적 개별 사물인데, 이 때문에 추상적인 뜻[意]은 개별적인 상(象)에 머물 수 있는 것이 아니고, 뜻을 얻으면 마땅히 상(象)을 잊어야 하는 것이다. 진실로 추상적인 것은 그 상대적인 독립성을 지니고 있지만, 뜻과 상의 관계는 결코 통발·올가미와 물고기·토끼의 관계가 아니며, 거기에는 내재적 필연의 관계가 있는데, 일반적 추상이라는 것은 구체적 사물 속에서 개괄되는 것이며, 또한 그것은 구체적 사물

---

14 『周易略例』「明象」. "言者所以明象, 得象而忘言; 象者所以存意, 得意而忘象. 猶蹄者所以在兎, 得兎而忘蹄; 筌者所以在魚, 得魚而忘筌也."
15 『周易略例』「明象」. "得意在忘象, 得象在忘言."

의 속으로 돌아가야만 비로소 검증·확산·발전될 수 있는 것이므로 결코 상(象)을 잊어버릴 수는 없는 것이다. "뜻"을 언어를 초월하는 것으로 설명하는 경우는 분명히 정확하지 않은 것이다. 사람들의 사상은 단지 언어 재료의 기초 위에서 수립되는 것이라야만 가능한 것이지, 결코 어떠한 언어도 없이 순수한 사상이 존재할 수는 없는 것이다.

죽림칠현의 한 사람인 혜강도 "언어와 뜻"의 문제에 대한 토론에 참여하였고, 또 「언부진의론」을 저술하였지만, 그 글은 이미 유실되었기 때문에 구체적 내용을 알 수가 없다. 그가 저술한 「성무애락론」이라는 글에서 오히려 그가 이 방면의 사상을 표현한 것을 볼 수 있다.[16] 위의 장에서 우리가 논의했던 혜강의 "언부진의" 사상 이외에도, 「성무애락론」에는 음악이 자연계의 소리와 같이 모두 사람의 내적 감정을 표현해 낼 수 없으며, 음악은 오직 조화와 부조화의 구분이 있을 뿐이고, 슬픔과 즐거움의 구별은 없다고 하였다. 그러므로 "음악 소리가 본래 그 자체의 좋음과 나쁨[조화와 부조화]을 위주로 삼는다면 슬픔과 즐거움에 관련이 없는 것이다. 그리고 슬픔과 즐거움이 본래 그 자체의 정감에 따르는 것이라면 음악 소리 자체와는 관련이 없는 것이다."[17]라고 말했다. 이것이 바로 "소리와 마음은 가는 길이 다른 두 개의 것"[18]이라고 말하는 것이다. 이 말의 의미는 바로 음악은 결코 사람의 속마음의 감정을 표현해내지 못한다는 것이다. 이것과 언부진의 학설은 서로 유사한 곳이 매우 많다. 하나의 주장은 언어가 사람의 사상을 다 표현하지 못한다는 것이며, 다른 하나의 주장은 음악이 사람의 감정을 표현해 낼 수 없다는 것이다. 그 사상은 실제로 매우 유사하며, 혜강의 「성무애락론」 사상은 언부진의 학설 사상의 영향을 받아들여서 나온 결과라고 할 수 있다.

---

16 저자 주 혜강의 "언부진의" 사상은 이 책의 제3장 4절에서 자세히 보인다.

17 『嵇中散集』「聲無哀樂論」. "聲音自當以善惡(和諧與不和諧)爲主, 則無關於哀樂, 哀樂自當以情感而後發, 則無係於聲音名."

18 『嵇中散集』「聲無哀樂論」. "聲之與心, 殊途異軌, 不相經緯."

당시의 사회 속에서 유행한 현학 청담가의 풍조인 "언부진의" 학설을
정확하게 겨냥하여, 진(晉)나라 사람인 구양건은 이와 상반되는 "언진의
론"을 제기하면서, "언의지변" 속에서 두 학파의 철학적 대립을 형성하
게 된다.

구양건은 진나라 사람이며, 자는 견석(堅石)이고, 발해(渤海) 남피(南
皮: 지금의 하북성 남피 북쪽) 사람이며, 가문 대대로의 전통은 "중국에서
명문거족이었다[冀方右族]." 구양건은 "고상한 이상을 지니고 있었고,
재기와 문재가 뛰어나 볼 만하였으며, 명망이 북방 일대에 두루 떨쳤는
데",[19] 당시 사람들은 그를 칭송하여 말하길, "산동의 발해지역 일대에
뚜렷하게 빛나는 견석 구양건이로다."[20]라고 하였다. 산양(山陽)의 수
령·상서랑·풍익태수 등등의 직위를 역임하였다. 당시 조왕 사마륜이
전권을 휘두를 때, "구양건은 사마륜과 사이가 좋지 않았다."[21] 구양건
은 석숭(石崇)의 사위였는데, 그 때 석숭에게 한 명의 기생이 있었고 이
름이 녹주였으며, "아름답고 농염하며 피리를 잘 불었다."[22] "손수(孫秀)
가 사람을 시켜서 그를 달라고 요구하자 석숭이 거절하였는데"[23] 이 때
문에 손수가 조왕 사마륜에게 석숭과 구양건을 죽이라고 권하였다. 그
래서 조왕 사마륜이 영강 1년(300)에 억지로 조서를 내려서 석숭·반악
(潘岳)·구양건 등의 사람을 주살하였다(『晉書』「石崇傳」에 보인다). 당시
에 구양건은 나이가 겨우 30세였다. "죽음에 이르러 시를 지었는데, 문
장이 매우 슬프고 처량하였다."[24] 구양건은 「언진의론」 한 편의 글을 지
어서 당시의 청담가들이 주장한 "언부진의" 학설을 논박하였는데, 중국
철학사 속에서 어느 정도 영향을 지니고 있다.

19 『晉書』「歐陽建傳」. "雅有理想, 才藻美瞻, 擅名北州."
20 『晉書』「歐陽建傳」. "渤海赫赫, 歐陽堅石."
21 『晉書』「歐陽建傳」. "歐陽建與倫有隙."
22 『晉書』「石崇傳」. "美而艶, 善吹笛."
23 『晉書』「石崇傳」. "孫秀使人求之, … 崇不許."
24 『晉書』「石崇傳」. "臨命作詩, 文甚哀楚."

「언지의론」에서 다음과 같이 말하고 있다.

"무릇 하늘은 말을 하지 않아도 사계절이 운행한다.²⁵ 성인이 말을 하지 않아도 (사물의 진위나 가치 따위를) 식별하여 알아내는 능력이 존재한다. 형체는 이름[명칭]에 의존하지 않고도 네모나고 둥근 모습이 스스로 드러난다. 색깔은 명칭에 의존하지 않고도 검은색 흰색이 스스로 드러난다. 그러므로 명칭은 사물에 대해 베푸는 것이 없다. 언어는 이치에 대하여 하는 것이 없다. 예나 지금이나 바른 이름[명칭]에 힘을 쓰는 것이며, 성현은 언어를 버릴 수 없는 것이니, 무슨 까닭인가? 진실로 마음에서 이치를 얻는 것은 언어가 아니면 드러날 수 없다. 사물이 저것으로 정해지면, 이름이 아니고서는 구별할 수가 없다. 언어가 뜻을 드러내지 않으면 서로 의사소통을 할 수 없다. 이름이 사물을 구별해 주지 못하면 식별하여 아는 것이 드러날 수 없다. 언어의 명칭이 소통해서 감정의 뜻이 드러나는 것이다. 그 근거에 근원을 두고, 그 원인에 근본을 두는 것이지, 사물에 저절로 그러한 이름이 있으며 또 이치에 반드시 고정된 명칭이 있는 것은 아니다. 그 실제의 본질을 구별하려면 그 이름을 구별해야 한다. 그 뜻을 드러내고자 하면 그 명칭을 바로 세워야 한다. 이름은 대상 사물을 좇아서 변하는 것이며, 언어는 이치를 따라서 변하는 것이다. 이것은 마치 소리가 나면 메아리가 대응하는 것 그리고 형체가 있으면 그림자가 따르는 것과 같은데, 서로 다른 두 가지가 되는 것이 아니다. 만약 그것이 둘이 아니라면 말로 다할 수 없는 것이 없다."²⁶

---

25 **역주** 이 구절은 『논어』「양화(陽貨)」 19장의 말과 맥락이 같다. "予欲無言. 子貢曰, 子如不言, 則小子何述焉? 子曰, 天何言哉? 四時行焉, 百物生焉, 天何言哉?"(공자 말했다. '나는 말을 하지 않으려고 한다.' 자공이 말하였다. '선생님께서 만일 말씀하지 않으시면 저희들이 어떻게 도(道)를 전하겠습니까?' 공자가 말했다. '하늘이 무슨 말씀을 하시는가? 사시(四時)가 운행(運行)되고 온갖 만물이 생장(生長)하는 데, 하늘이 무슨 말씀을 하시는가?').

26 『全晉文』「言盡意論」. "夫天不言, 而四時行焉; 聖人不言, 而鑑識存焉. 形不待名,

이 편의 글은 비록 매우 짧지만, 이치는 매우 투철하고 명백하게 주장하고 있다. 결론을 말하자면, 그의 사상은 아래의 몇 가지 특징이 있다.

(1) "명칭은 사물에 대해 베푸는 것이 없다. 언어는 이치에 대하여 하는 것이 없다[名之於物, 無施者也; 言之於理, 無爲者也]"

사물에 대한 이름[명칭]을 말하자면, 결코 늘려서 부가하는 것이 없다. 이치에 대한 언어를 말하자면, 결코 억지로 하는 것이 없다. 이것을 바꾸어 말하자면, 사물과 이치는 모두 객관적 존재이지, 결코 사람들의 주관적 의지로 바뀌는 것이 아니며, 이 때문에 그것들의 존재는 언어와 명칭과는 관계가 없는 것이며, 그래서 이를테면 "형체는 이름[명칭]에 의존하지 않고도 네모나고 둥근 모습이 스스로 드러난다. 색깔은 명칭에 의존하지 않고도 검은색 흰색이 스스로 드러난다."는 것이다. 이것은 매우 명백한 소박한 유물주의적 관점이다.

(2) "마음에서 이치를 얻는 것은 언어가 아니면 드러날 수 없다. 사물이 저것으로 정해지면, 이름이 아니고서는 구별할 수가 없다[理得於心, 非言不暢; 物定於彼, 非名不辯]"

참으로 언어와 이름은 또한 자기의 작용을 지닌다. "마음에서 이치를 얻는 것이지만", 언어가 없다면 표현해 낼 수 없고, 사람들과 사상을 교류할 수도 없는 것이다("언어가 뜻을 드러내지 않으면 서로 의사소통을 할 수 없다"). 바꾸어 말하자면, 이것은 언어가 사회적 교류의 도구이며, 사회적 필요의 산물이라고 말하는 것이며, 이 때문에 결코 언어를 폐기하

而方圓已著; 色不俟稱, 而黑白以彰. 然則名之於物, 無施者也; 言之於理, 無爲者也. 而古今務於正名, 聖賢不能去言, 其何故也? 誠以理得於心, 非言不暢; 物定於彼, 非名不辯. 言不暢志, 則無以相接. 名不辯物, 則鑒識不顯. 鑒識顯而名品殊, 言稱接而情志暢. 原其所以, 本其所由, 非物有自然之名, 理有必定之稱也. 欲辯其實, 則殊其名; 欲宣其志, 則立其稱. 名逐物而遷, 言因理而變. 此猶聲發響應, 形存影附, 不得相與爲二矣. 苟其不二, 則言無不盡矣."

거나 언어를 잊을 수는 없다는 것이다. 명칭은 외계의 사물을 구별하는 것이므로 명칭이 없으면 역시 사물을 구별할 수도 없는 것이다("이름이 사물을 구별해 주지 못하면 식별하여 아는 것이 드러날 수 없다"). 이 때문에 이름도 폐기할 수 없는 것이다.

(3) "이름은 대상 사물을 좇아서 변하는 것이며, 언어는 이치를 따라서 변하는 것이다[名逐物而遷, 言因理而變]"

이미 명칭이 사물을 분석하는 데 쓰이는 것이며, 언어가 사상을 표현하는 데 쓰이는 것이라면, 사물과 사상은 변화하고 이름과 언어도 마땅히 따라서 변화해야 하는 것이다. 여기에서 양자의 관계는 바로 "소리가 나면 메아리가 대응하는 것 그리고 형체가 있으면 그림자가 따르는 것"과 같은 것이며, 결코 쪼개져서 "서로 다른 두 가지가 되는 것"이 아니다. 여기에서 구양건은 또한 객관적 사물이 주관적 개념과 명칭을 변화시키며, 변화를 따라서 지속적으로 모든 것이 다 변화해 간다는 소박한 변증법적 사상을 견지하고 있다.

(4) "만약 그것이 둘이 아니라면 언어로 다할 수 없는 것이 없다[苟其不二, 則言無不盡]"

이미 두 가지가 분할될 수 없는 것은 마치 소리와 메아리, 형체와 그림자와 같은 것이며, 이 때문에 "언어는 뜻을 다 표현하지 않을 수 없는 것이다[言無不盡意]." 언어는 사상을 표현하는 것이며, 언어의 내용은 사상과 완전히 일치하는 것이다. 구양건의 이런 결론은 종합해서 말할 때, 비교적 정확하다. 그러나 언어와 사상은 이미 일치하는 측면이 있고, 또 서로 모순되는 측면도 있거니와, 사람들은 늘 자기의 사상이 어떤 경우에 정확하게 표현할 수 있는 말을 찾을 수 없는 상황을 만나게 되는데, 이것은 바로 우리의 언어를 끊임없이 발전시키게 하여 이런 모순을 극복하는 것이다. 언부진의론자는 양자 사이의 모순과 차이를 간파한 것인데, 이 점을 착안하여 말하자면, 그의 사상은 비교적 깊이 본질을 파악한 것이다. 그러나 이것 때문에 언어와 사상 사이의 통일성을 부정하고, 언어가 뜻을 다 표현할 수 없다고 하여 마땅히 언어를 잊고 폐기해야만 한다는 것은 잘못된 것이다.

요약하자면, 구양건의 언진의론은 위진 시기의 "언의(言意)" 논변에 대한 하나의 비판적 총결이다. 그는 유물주의 입장에서서 비교적 정확하게 "언어와 뜻" 양자의 관계문제를 해결하였고, 이어서 언부진의론자가 인식론적으로 착오를 범하고 있다는 것을 유력하게 논박하고 있다. 이 이후로 중국의 철학사 속에서 "언의지변"의 문제에 관한 토론은 기본적으로 종결된다.

제4절

곽상의 현학사상

곽상은 서진 시기의 중요한 현학가이다. 그의 주요 활동은 서진 왕조 후기이다. 철학적으로 곽상은 배외를 계승한 뒤에 숭유론의 학설을 전면적으로 밝혀 드러내고 있다. 그는 상수의 『장자은해(莊子隱解)』의 기초 위에서 "그것을 계승하여 확장시켰고[述而廣之]", 『장자주(莊子注)』를 지었다. 실제로는 장자의 본래 의미와는 많은 곳에서 부합하지 않으며, 『장자』의 주석 형식을 가지고 자기의 철학사상을 천명하면서 자기의 이론체계를 수립하였는데, 이 때문에 정시 연간과 죽림 시기의 현학과는 다른 풍격과 특징을 이루고 있으며, 위진 현학의 발전 속에서 중요한 단계를 이루었고, 현학을 높은 봉우리의 경지로 격상시켰다.

1 곽상의 생애와 저작

곽상은 자가 자현(子玄)이다. 대략 위나라 가평 4년(252)에 태어나서, 영가 6년(312)에 죽었다. 그의 생애에 관해서는 겨우 『세설신어』·

『진서』및『세설신어』에 대한 유효표(劉孝標)의 주석 등의 역사 서적 속에 소략한 기록으로 남아 있다.『세설신어』의 주에 인용된「문사전(文士傳)」에서 다음과 같이 말했다.

> "곽상은 자가 자현이며 하남 사람이다. 젊어서부터 재능이 있었고 도(道)를 흠모하여 배우기를 좋아했고, 뜻을 노자와 장자에 두었다. 당시 사람들이 모두 그를 왕필에 버금간다고 생각했다. 사공현과 함께 태부 사마월의 주부 벼슬에 초빙되었다."[1]

> "곽상은『장자주(莊子注)』를 지었는데 가장 분명한 문장의 말과 시원한 주지(主旨)가 있었다."[2]

『세설신어』「문학」주에 인용된「명사전(名士傳)」에서는 다음과 같이 말했다.

> "곽상은 자가 자현이며, 황문시랑부터 태부 사마월(司馬越)의 주부까지 되었고, 일을 맡아 처리하는 데 위세를 떨쳐서 온 태부부(太傅府)를 움직일 정도였다. 유애가 곽상에게 말하길, '그대는 본래 현재 세상의 큰 인재이니, 내가 예전에 생각하고 있던 것은 모두 이미 바닥이 나버렸소.'라고 말하였다. 그가 곽상의 논리에 감복하여 진정으로 탄복한 것이 모두 이와 같았다."[3]

---

1 『世說新語』「文學」주에 인용된「文士傳」. "象字子玄, 河南人, 少有才理, 慕道好學, 記志老莊. 時人咸以爲王弼之亞. 辟司空掾太傅主簿."

2 『世說新語』「文學」주에 인용된「名士傳」. "象作莊子注最有淸辭遒旨."

3 『世說新語』「賞譽」주 인용「名士傳」. "郭象字子玄, 自黃門郎爲太傅主簿, 任事用勢, 傾動一府. 毗謂象曰: '卿自是當世大才, 我疇昔之意, 都已盡矣!' 其伏理推心. 皆此類也."

"곽상은 젊어서부터 재능이 있었고, 노자와 장자에 관하여 말하는 것이 능했다."[4]

위에서 기술한 기록 이외에, 『세설신어』 속에는 곽상의 생애에 관한 자료를 언급한 것이 또한 아래와 같은 네 곳이 있다.

"곽상은 사람됨이 경박했으나 뛰어난 재능을 지녔다. 그는 상수의 『장자해의』가 세상에 전하지 않는 것을 보고 마침내 그것을 표절하여 자기의 주석으로 삼았다."[5]

"배하(裴遐)가 왕연(王衍)의 딸을 아내로 맞았는데, 혼인한 지 3일 뒤에 왕씨의 집안 여러 사위들이 성대한 모임을 열자, 당시의 명사들과 왕씨·배씨 집안의 자제들이 모두 모였다. 곽상도 그 자리에 참석했다가 배하에게 청담을 논하자고 도전하였다. 곽상은 재능과 학문이 매우 풍부했기 때문에 처음 몇 차례의 교담(交談)에서는 판가름이 나지 않았다. 다시 곽상이 매우 성대하게 의론을 전개하자, 배하는 조금 전의 의론을 침착하게 분석하였는데 그 논지가 매우 정밀하였다. 그래서 온 좌중의 사람들이 감탄하면서 대단하다고 칭찬하였다. 왕연도 배하를 훌륭하다고 여겨서 여러 사람들에게 자랑삼아 말하길, '여러분들은 이렇게 하지 말게. 그렇게 한다면 나의 사위에게 큰 코를 다칠 것이로다.'라고 하였다."[6]

---

4 『世說新語』「賞譽」주 인용「名士傳」. "子玄有儁才, 能言老莊."
5 『世說新語』「文學」. "郭象者, 爲人薄行有儁才. 見秀義不傳於世, 遂竊以爲己注."
6 『世說新語』「文學」. "裴散騎娶王太尉女, 婚後三日, 諸壻大會, 當時名士, 王·裴子弟悉集. 郭子玄在坐, 挑與裴談. 子玄才甚豊贍, 始數交, 未快. 郭陳張甚盛. 裴徐理前語, 理致甚微, 四坐咨嗟稱快. 王亦以爲奇. 謂諸人曰: '君輩勿爲爾, 將受困寡人女壻!'"

"곽상은 뛰어난 재능을 지녀서, 노자와 장자를 논하는 데 뛰어났다. 유애(庾敳)가 그를 칭찬하여 매번 말하길, '곽상이 어찌 반드시 나 유자승보다 못하겠는가?'라고 하였다."[7]

"태위 왕연(王衍)이 말하길, '곽상의 담론은 마치 폭포에서 물이 쏟아져 내리듯 하여, 아무리 내리 부어도 고갈되지 않는다.'고 하였다."[8]

『진서(晉書)』 속에는 네 가지가 있다.

"곽상은 자가 자현이며, 어려서부터 재주와 현리가 있었고, 노자와 장자를 좋아하였으며, 청담을 잘하였다. 태위 왕연이 매번 말하길, '곽상의 말을 들으면 마치 폭포에서 물이 쏟아져 내리듯 하여, 아무리 내리 부어도 고갈되지 않는다.'라고 하였다. 주(州)와 군(郡)에서 임관(任官)하기 위해 불러내었으나, 나가지 않았다. 늘 한가롭게 거처하면서 글을 쓰는 것으로 스스로 즐거움을 찾았다. 후에 사도연(司徒掾)의 관직에 나아갔다가 조금 지나서 황문시랑 관직에 이르렀다. 동해왕 사마월이 불러서 태부주부가 되었는데, 깊이 믿고 신뢰할 만함을 보고서 마침내 권력의 핵심을 맡겨서, 나라 안 전체에 기세가 등등하였고, 이로부터 세상의 여론이 떠났으며, 영가 연간 말에 병으로 죽었다."[9]

"곽상은 사람됨이 비열하게 행동하여, 상수의 『장자의』가 세상에 전해

---

7 『世說新語』「賞譽」. "郭子玄有儁才, 能言老莊. 庾敳嘗稱之, 每曰: '郭子玄何必減庾子嵩!'"
8 『世說新語』「賞譽」. 王太尉云: "郭子玄語議如懸河瀉水, 注而不竭."
9 『晉書』「郭象傳」. "郭象字子玄, 少有才理, 好老莊, 能淸言. 太尉王衍每云: '聽象語, 如懸河瀉水, 注而不竭.' 州郡辟召, 不就. 常閒居, 以文論自娛. 後辟司徒掾, 稍至黃門侍郎. 東海王越引爲太傅主簿, 甚見親委, 遂任職當權, 熏灼內外, 由是素論去之. 永嘉末病卒."

지지 않게 되자, 마침내 훔쳐 자기의 주석으로 삼았고, 스스로 「추수(秋水)」·「지락(至樂)」 두 편에 주석을 붙이고, 또 「마제(馬蹄)」 한 편을 바꿔치기 하였고, 그 나머지 여러 편은 문장이나 글자를 고쳤을 뿐이었다. 그 뒤에 상수의 『장자의』라는 별도의 판본이 나왔는데, 이 때문에 현재에는 상수와 곽상의 두 가지 『장자의』가 있지만, 그 요지는 같다."[10]

"예주목장사(豫州牧長史)인 하남의 곽상은 노자와 장자를 잘 알았는데, 당시 사람들은 왕필의 다음 가는 수준이라고 여겼다. 유애(庾顗)가 그를 잘 알아서 매번 말하길, '곽상이 어찌 나 유자숭(庾子嵩)만 못하겠는가!' 라고 하였다. 곽상은 뒤에 태부주부가 되었고, 일을 맡아서 권세를 전횡하였다. 유애가 곽상에게 말하길, '그대는 말 그대로 당대의 위대한 재사(才士)이니, 나는 옛날의 뜻이 모두 이미 다했다.'라고 하였다."[11]

"동해왕 사마월이 종신(宗臣)으로서 마침내 조정의 정권을 장악하여, 간사한 자에게 관직을 맡기니, 간사한 무리들이 총애를 받아 부식(扶植)하였으니, 전 장사 반도(潘滔)·종사중랑 필막(畢邈)·주부 곽상 등이 황제의 권력을 가지고 놀게 되는 꼴이 되어서, 형벌과 포상이 그들 자신에게서 나오게 되었다."[12]

이상의 『진서』에 나오는 몇 가지 자료는 기본적으로 『세설신어』 및

---

10 『晉書』「向秀傳」. "象爲人行薄, 以秀義不傳於世, 遂竊以爲己注, 乃自注秋水至樂二篇, 又易馬蹄一篇, 其餘衆篇或點定文句而已. 其後秀義別本出, 故今有向郭二莊, 其義一也."

11 『晉書』「庾顗傳」. "豫州牧長史河南郭象善老莊, 時人以爲王弼之亞. 顗甚知之, 每曰: '郭子玄何必減庾子嵩'. 象後爲太傅主簿, 任事專勢. 顗謂象曰: '卿自是當世大才, 我疇昔之意都已盡矣.'"

12 『晉書』「苟晞傳」. "東海王越得以宗臣, 遂執朝政, 委任邪佞, 寵樹奸黨, 至使前長史潘滔從事中郎畢邈主簿郭象等操弄天權, 刑賞由己."

『세설신어』의 유효표 주석에서 발췌된 것이며,『세설신어』와 그 주석의 자료는 또한 원굉(袁宏)의 『명사전』과 장즐(張騭) 『문사전(文士傳)』에서 발췌된 것이다. 여기서 알 수 있는 것은, 남조의 유송(劉宋)과 양(梁)나라 시기에 곽상의 생애와 저작에 관한 자료가 이미 많이 유실되었으며, 이 때문에 당나라 시기 사람들이 『진서』를 편찬할 때 「곽상전」에서 "영가 연간 말에 병으로 죽었다."는 것 이외에 어떤 새로운 내용을 첨가한 것이 없다는 것이다. 그리고『진서』의 편찬은 한 사람에 의해 지어진 것이 아니고, 더욱이 정치적 금기(禁忌)와 자료 선정에서의 누락이 있어서 곽상에 대한 기록의 전후(前後)가 일치하지 않게 되었기 때문에 후세의 연구에 모순과 어려움을 남기게 되었다.

위에서 서술한 몇 안 되는 자료들을 종합해보면, 곽상의 생애에 대하여 몇 가지 특징을 도출할 수 있다. (1) 곽상은 영가 연간의 말에 죽었다. 영가는 진나라 혜제의 연호이며, 혜제는 거의 6년을 재위하였으니, 따라서 곽상은 진 혜제 영가 6년 즉 서기 312년에 죽었다. 그의 생년에 대해서는 위에서 서술한 자료에 모두 기록이 없으며, 현재 유행하는 각종 판본의 철학사에 관한 저작에서는 모두 곽상이 서기 252년에 태어났다고 하지만, 어떤 전거에 근거한 것인지 알 수 없거나 또는 하나의 추측일 뿐이다. 그의 본적(本籍)에 대해서도 「문사전」에는 하남(河南)이라고 하였으며, 남조의 사람인 황간(黃侃)은 그의 『논어집해의소(論語集解義疏)』에서 오히려 곽상이 영천(潁川) 사람이라고 하였다. 당나라 시기 육덕명(陸德明)은 그의 『경전석문(經典釋文)』 「서록(序錄)」에서 곽상이 하내(河內) 사람이라고 하였다. 이 때문에 곽상의 본적도 자세히 고찰할 수 없다. 그러나 영천이든지 또는 하내이든지를 막론하고 모두 현재의 하남 땅이다. 그의 고향을 자세히 추정하는 것도 알 수 없다. (2) 위진 현학가 속에서 곽상의 재능과 학문 그리고 명성은 매우 높았다. "젊어서부터 재능이 있었고 도(道)를 흠모하여 배우기를 좋아했다." "청담을 잘 하였으며", "말하는 논의가 마치 폭포에서 물이 쏟아져 내리듯 하여" 흐

르는 물처럼 끊이지 않았다. "노자와 장자에 뜻을 두었고", 더욱이 그의
『장자주』는 "가장 분명한 문장의 말과 시원한 주지(主旨)가 있었다." 이
때문에 당시 사람들은 그를 "왕필의 다음 가는 수준이라고 여겼다." (3)
한가하게 거처하는 삶에서 벼슬살이로 나아갔고, 사도연·황문시랑·
예주목장사·태부주부 등의 관직을 역임하였다. 그의 일생은 벼슬살이
를 하면서 여러 번에 걸쳐 승진하였고, "일을 맡아 처리하는데 위세를
떨쳐서 온 태부부(太傅府)를 움직일 정도였다." 그의 사람됨은 재능과
역량을 잘 드러냈고, 아울러 일을 맡아 하면서 전권을 휘둘러서 일부의
사람들에게 죄를 지었다.

　　이상에서 서술한 자료에 따르면, 대체로 곽상의 일생 경력을 두 단계
로 나눌 수 있다. 제1단계, 출생에서 37세(서기 252-290년)까지는 곽상의
어린 시절과 청장년 시기이다. 이 시기의 전단계는 마침 사마씨 집단이
조씨의 위나라 집단과 정치적으로 각축을 벌이는 것이 격화되어 가는
추세였다. 사마씨 집단은 시간의 선후로 조상·하안·조표·조모·하
후현 등 조씨의 위나라 집단에 속한 중요한 구성원을 죽였다. 이 시기에
이르러 조씨 집단을 옹호했던 고위 사족(士族)들은 기본적으로 멸문되
어 소멸되었고, 최후로 사마씨는 조씨의 위나라를 찬탈하여 서진 정권
의 확립을 밝혔는데, 이 때가 곽상의 나이 13세였다. 두 개의 정치집단
이 사납게 투쟁하는 것은 곽상의 이후 사상에 의심할 바 없이 중요한 영
향을 끼친다. 사마씨는 정권을 찬탈한 뒤에 중국을 통일하고자 노력하
였다. 통일을 실현하기 위하여 사마씨 정권은 한 편으로 대내의 통치를
강화하였다. 다른 한 편으로는 역량의 축적에 주의를 기울여 백성의 생
활을 어느 정도 안정시키는 정치적·경제적 조치를 채택하여 시행했다.
예컨대, 주군의 군대를 혁파하고, 조씨의 위나라가 시행했던 둔전제를
폐지하였으며, 호구(戶口)를 회복시키며, 법령을 개정하는 등의 조치를
시행하였다. 이런 조치는 오랫동안 전란을 겪어 온 피곤한 백성의 삶을
안정시키고, 사회경제를 회복하는 데 일정한 의의가 있었다. 서기 280

년에 오나라를 멸망시키면서 전국의 통일을 실현하였으며, 동한 말기 이래로 지속되던 전란에 비하여 태강 연간(서기 281-290년)에는 일단 비교적 번영과 안정의 국면이 나타나게 된다. 이때에 곽상의 나이가 37세였다. 출신이 한미(寒微)하여 관가의 작업장에서 호구지책으로 품팔이를 하면서도, "주(州)와 군(郡)에서 임관(任官)하기 위해 불러내었으나 나아가지 않았고, 늘 한가롭게 거처하면서 글을 쓰는 것으로 스스로 즐거움을 찾았는데", 대체로 이 시기를 말한다.

제2단계, 37세 즈음에서 병들어 죽을 때까지(서기 290-312년)는 곽상이 『장자』에 주석을 내고 벼슬살이를 하던 시기이다. 이 시기는 혜제가 정권을 맡고 있던 때이다. 진 혜제는 중국 역사상 보기 드문 혼암(昏闇)한 군주였으며, 더욱이 수단이 사납고 거친 여자였던 가남풍 황후가 정권을 농단하였는데, 혜제 정권의 15년 동안 전체 중국을 깊은 수렁으로 빠져들게 하였다. 진 혜제 시기에 분봉(分封) 제도가 회복되어서 제후국이 500여 개에 이르러 제후 왕이 숲을 이루는 형세가 되었으며, 쓸모없는 관직이 번잡하게 많아졌고, 당쟁(黨爭)도 가혹하고 극렬해졌으며, 정권의 부침(浮沈)도 변화가 무상(無常)하여 사마씨가 조씨의 위나라를 찬탈할 때의 규모보다 훨씬 더 심하게 알력과 투쟁이 일어나서, 결국 "팔왕의 난"을 발생시키게 되었다. 서진 종실(宗室)의 여러 왕들 사이에서 서로 죽이는 싸움을 일삼으니, 그 위태로움과 해악이 전체 사회에 두루 퍼지게 되었다. 나라의 전답이 황폐해지고, 백성은 유랑하며 떠돌아서, 경제적 생산력이 심각하게 파괴되었다. 병사와 백성은 아무 죄도 없이 도륙을 당하여 죽거나 다친 사람들이 끊임없이 나왔다. 장사왕 사마예(司馬乂)는 제왕 사마경(司馬冏)을 싸워서 패퇴시켰는데, "그의 패거리 2,000여 명을 죽였으며",[13] 시간을 앞 뒤로 하여 성도왕 사마영(司馬穎)을 부수어서 "6, 7만 명을 목을 베거나 사로잡았고",[14] 조왕 사마륜은 황

---

13 『晉書』「長沙王乂傳」. "誅黨羽二千餘人."
14 『晉書』「長沙王乂傳」. "斬獲六七萬人."

교(黃橋)에서 군대를 일으켜 성도왕 사마영을 무너뜨렸는데, "죽은 자가 8,000여 명이었다."[15] 동해왕 사마월은 하간왕 사마옹(司馬顒)을 공격하였는데, "장안을 크게 약탈하면서 20,000여 명을 죽였다."[16] 조왕 사마륜의 전란에서는 "군사를 일으킨지 60여 일 동안 전쟁에서 죽은 자와 살해당한 자가 거의 10만 명이었다."[17]

이와 같은 전란은 "수도 낙양의 인구와 역량을 감소시켰고, 교활한 도둑들이 세력을 믿고 침범하여, 마침내 황제의 자리가 핍박을 받아 옮겨가게 되었으며, 종묘사직이 뒤집어졌다. 수십만의 백성들이 더불어 승냥이와 이리 같은 무자비한 자들의 먹이로 전락하였고, 서른여섯 명의 왕이 창칼의 날에 모두 죽었으니, 재앙과 환난의 지극함이 예부터 듣지 못한 것이었다."[18] 이것이 서진 왕조의 멸망을 직접 이끌게 된다.

곽상의 주요 활동은 서진 왕조의 중기와 후기이며, 또한 진 혜제가 정권을 맡고 있던 시기이다. 그는 "일을 맡아서 권세를 전횡하였기 때문에", 사람들에게 조롱과 비웃음 그리고 공격을 받았다. 이러한 정황은 위에서 서술한 유애의 탄식을 제외하고도, 『진서』「순희전(荀晞傳)」의 기록이 있다.

"동해왕 사마월이 종신(宗臣)으로써 마침내 조정의 정권을 장악하여, 간사한 자에게 관직을 맡기니, 간사한 무리들이 총애를 받아 부식(扶植)하였으니, 전 장사 반도(潘滔)·종사중랑 필막(畢邈)·주부 곽상 등이 황제의 권력을 가지고 놀게 되는 꼴이 되어서, 형벌과 포상이 그들 자신에게서 나오게 되었다."[19]

---

15 『晉書』「成都王穎傳」. "死者八千餘人."
16 『晉書』「惠帝記」. "大掠長安, 殺二萬餘人."
17 『太平御覽』권95「趙王倫」. "自興兵六十餘日, 戰死及殺害近十萬人."
18 『晉書』권59「傳論」. "帝京寡弱, 狡寇憑陵, 遂令神器劫遷, 宗社顚覆. 數十萬衆並垂餌於豺狼, 三十六王咸隕身於鋒刃, 禍難之極, 振古未聞."
19 『晉書』「荀晞傳」. "東海王越得以宗臣, 遂執朝政, 委任邪佞, 寵樹奸黨, 至使前長

이 자료는 곽상이 간사한 자들의 무리이며 아울러 "황제의 권력을 가지고 놀게 되는 꼴이 되어서, 형벌과 포상이 그들 자신에게서 나오게 되었다."고 말하는 것이다. 위에서 서술한 논의는 순희가 영가 5년에 진혜제 조칙을 받들어서 동해왕 사마월을 토벌하는 구실로 삼은 것인데, 실제로 통치계급 내부의 당파 투쟁의 산물에 속하는 것이다. 곽상의 출신은 대대로 내려오는 평민 집안이었으며, 평상시의 담론은 또한 자신의 예기와 재주를 뽐내며 모두 드러내 보여서, 철학사 속에서 첨가하여 귀무에 반대하고 숭유를 주장하였는데, 이 때문에 대대로 내려오는 명문세족에게 차별 대우를 받았고 아울러 명문세족의 공격 대상이 되었다. 앞에서 인용한 『세설신어』「문학편」의 자료에서 "곽상이 그 자리에 있다가 배외에게 청담을 논하고자 도전하였고",[20] "곽상이 매우 성대하게 논의를 전개하였다."[21]는 것 등은 모두 곽상이 자신의 예기와 재주를 뽐내며 모두 드러내 보인 사례의 표현이다. 이 외에도 『태평어람』 445권에 왕은의 『진서』를 인용한 자료가 있는데, 역시 이 문제를 설명할 수 있다. 이 문단의 자료는 역사적으로 사람들에게 매우 적게 인용된 것이다. 이 문단의 자료에서 다음과 같이 말했다.

"하남의 곽상이 글을 지어서 '혜소(嵇紹) 아버지[22]는 죄가 아닌 것으로 죽임을 당하였는데, 일찍이 강직함이 없어서 지위를 탐하다가 혼암한 군주에게 죽었으니, 의로움이 많았다고 할 수도 없다.'라고 하였다. 하증이 이를 두고 치감(郗鑒)에게 물어 말하길, '왕부(王裒)의 아버지도 역시 죄가 아닌 것으로 죽었는데, 왕부는 더욱 조정의 부름을 사양하였고, 혜소는 조정의 등용을 사양하지 않았는데, 누가 더 나은 것인가?'라고 하였

史潘滔, 從事中郎畢邈, 主簿郭象等操弄天權, 刑賞由己."
20 『世說新語』「文學篇」. "郭子玄在坐, 挑與裴談."
21 『世說新語』「文學篇」. "郭陳張甚盛."
22 역주 혜소(嵇紹)의 아버지는 혜강(嵇康)이다.

다. 치감이 대답하길, '왕부가 혜소보다 뛰어난 것이다.'라고 하였다. 어떤 사람이 말하길, '위진 시기에 살육이 벌어지는데 그대는 모두 벼슬을 하였으니, 어찌 죄가 없겠는가?'라고 물었다. 대답하길, '우왕의 아버지인 곤(鯀)을 죽이고도 우(禹)를 일으켜 관직을 주는데, 우임금이 관직의 수여를 사양하지 않았는데, 이는 곤이 죄를 지었기 때문이다. 만약 당시의 군주가 사형을 시행한 것이 마땅하였다면 우임금과 같은 것이며, 마땅하지 않았다면 혜소와 같은 것이다.'라고 하였다."[23]

왕은의 『진서』에 있는 이 일부의 글은 우리가 곽상의 생애와 성격을 연구하는 데에 새로운 자료를 제공해준다. 기존의 곽상 연구자는 예로부터 지금까지 모두 여러 가지 정사(正史)를 탐구하였는데, 이 때문에 정사의 영향을 받아서 곽상에 대해 모두 질책을 하였다. 이것은 공평하지 않으며 객관적이지도 않다. 위에서 서술한 왕은의 『진서』의 잔편의 글이 『진서』에 채록되어 들어가지 못한 까닭은 곽상이 글 속에서 혜소에 대해 가한 비판이 봉건 통치자가 쉽게 받아들이지 못할 것이기 때문일 가능성이 아주 많다. 첫째, 혜소가 그의 아버지의 죽음이 죄 없이 죽임을 당한 것임을 잊고서 위나라 왕실에 충성한 것을 비판한 것이다. 둘째, 혜소가 주인을 가려서 따르지 않고 혼암한 군주를 위해 죽은 것을 비판한 것이다. 이 두 가지 특징은 모두 봉건 통치계급이 소리 높여 외친 한 마음을 다하는 충성과 어긋나는 것이다. 글 속에서 제기된 왕부는 대략 혜소와 같은 시기이거나 조금 늦은 시기의 사람이다. 그의 아버지 왕의(王儀)는 진실의 이야기를 과감하게 한 것 때문에 사마소에게 피살된 것이다. 왕부는 아버지가 비명(非命)에 죽은 것을 애통해 했으며, "왕

---

23 『太平御覽』 권445. "河南郭象著文, 稱'嵇紹父死在非罪, 曾無耿介, 貪位死暗主, 義不足多.' 曾以問郗公曰: '王裒之父, 亦非罪死, 裒尤辭徵, 紹不辭用, 誰爲多少?' 郗公曰: '王勝於嵇' 或曰: '魏晉所殺, 子皆仕宦, 何以無罪也?' 答曰: '殛鯀而興禹, 禹不辭興者, 以鯀犯罪也. 若以時君所殺爲當耶, 則同於禹; 以不當也, 則同於嵇'"

궁이 있는 서쪽을 향해 앉지도 않았고, 조정의 신하를 돌아보지도 않았고, 여러 번 조정의 부름을 받았으나 벼슬에 나아가지 않았다."[24] 왕의와 혜강은 모두 사마씨에게 피살되었지만 그들의 자식들이 위나라 왕실을 대하는 태도는 오히려 크게 달랐다. 혜소는 그의 아버지가 죽고서 20년 후에 산도의 추천을 받아서 조정에 등용되어 나아갔으며, 여러 차례 요직을 거쳤다. 영홍 1년에 진 왕족이 서로 전란에 얽혔는데, 진 혜제가 탕음(蕩陰) 지역에서 크게 패하여 "화살이 황제의 수레에까지 이르고, 여러 관리들은 뿔뿔이 흩어졌는데[矢及乘輿, 百官分散]" 오직 혜소만이 자신의 몸으로 혜제를 보호하였으나, 결국은 전란의 군중(群衆)에서 죽었다. 혜소와 왕부의 서로 다른 삶의 모습은 사람들의 상이한 평가를 불러일으켰다. 치감(郗鑒)(글 속에서는 "치공"이라고 칭한 사람)은 당시에 곽상과 같은 부서에 근무하였으며, 그는 왕은이 제기한 문제에 대하여 대답할 때에 곽상과 같이 단도직입적으로 진 혜제가 혼암한 군주라고 하지 않았으며, 당시의 정치적 기휘(忌諱)를 원만하게 피해가고 있다. 청나라 말기 장태염(章太炎)은 이에 대하여 한 편의 짧은 글을 지었는데, 「독곽상논혜소문(讀郭象論嵇紹文)」이라고 하며, 『태염문록(太炎文錄)』에 실려 있다. 그는 이 짧은 글 속에서 구설(舊說)에 반대하면서 곽상에 대하여 적절한 평가를 내리고 있다. 그는 다음과 같이 말했다.

"내가 곽상에 관한 이 논의를 살펴보니, 고염무(顧炎武)의 엄격한 평가가 너무 심하다. 혜소의 죽음에 대해 동해왕 사마월이 그 무덤을 지날 때, 곡(哭)을 하면서 애통해 하였으며 비석을 세우고 작위를 내렸는데, 곽상은 당시 동해왕의 주부 벼슬을 하면서, 분연히 붓을 휘둘러서 거리낌이 없었다. 또 온 세상이 그 혜소를 칭송하여, 군주의 명(命)을 지켜 욕되지 않게 하다가 죽어서 나라를 위해 죽은 영웅이라고 여기니, 그를

---

24 『晉書』. "未嘗西向而坐, 示不臣朝廷 … 三征七辟皆不就."

배척하는 자는 세속에서 매우 미움을 받았지만 (곽상은) 돌아보지 않았다. 곽상은 진나라의 청담을 말한 사람이며, 엄숙하게 정도를 지켰고, 유학을 초월하였는데, 산도(山濤) 같은 사람의 허물이 어찌 청담의 말에 있겠는가?"[25]

　　장태염의 이 논의는 고염무를 정확하게 겨냥하여 말한 것이다. 고염무는 『일지록(日知錄)』의 정시 연간 조목에서 혜소가 "그 아버지의 죽음을 잊고 그 옳지 않은 군주를 섬긴 것[忘其父而事其非君]"을 비판한 것 이외에도, 주로 책임을 산도(山濤)의 신상으로 밀고 나가서 산도가 혜소를 진나라 조정에 추천한 것은 "의로움을 저버리고 예교를 상하게 한 것[敗義傷敎]"이라고 여겼다. 장태염은 고염무의 우활(迂闊)한 비판이 곽상의 가혹한 현실보다 못하다고 보았는데, 왜냐하면 곽상이 처한 환경이 마침 사마씨가 정권을 장악한 서진 왕조였기 때문이었다. 혜소가 죽은 뒤에 하간왕 사마옹은 혜소에게 사공(司空)의 관직을 추증하고 작위를 공(公)으로 높여 주었다. 동해왕 사마월은 혜소의 무덤을 지나는 길에 "곡(哭)을 하면서 애통해 하였으며 비석을 세우고 작위를 내려 주었다." 그래서 조정에서 사자(使者)를 보내 시중·광록대부의 관직을 추증하고, 금장자수(金章紫綬)를 더해서 제후의 작위를 내리고, 제물용 양과 돼지를 내려 제사를 지낸 것이다. 이 때 사마예(司馬睿)[26]가 좌승상이었는데, 태위의 관직을 추증하고 태뢰(太牢)[27]로써 제사지내게 하였다. 그가 즉위하고 나서 또한 충목(忠穆)이라는 시호를 내렸으며, 다시 태뢰의 제사

---

25 「讀郭象論嵆紹文」,『太炎文錄』. "余觀郭象是議, 乃嚴于顧君遠甚. 紹之死, 東海王越道經其墓, 哭之悲慟, 樹碑表爵, 象爲東海王主簿, 獨奪筆無所忌. 且擧世而譽之, 以爲握節以死, 國殤之雄, 牴之者則爲流俗甚疾, 亦不恤焉. 象則晉之淸言者也, 置厲守正, 違遠于儒, 山濤之咎豈在淸言也."

26 역주 사마예(司馬睿)는 후에 동진(東晉)의 초대 황제인 원제(元帝)가 된다.

27 역주 태뢰(太牢)는 나라의 제사에서 소를 통째로 제물로 바치는 것으로서, 제후(諸侯)의 제사에만 쓴다.

를 부가하였다. 성제(成帝) 사마연(司馬衍) 시기에는 또 혜소의 충절을 추가로 기술하여 그의 손자 혜한(嵇翰)이 작위를 계승하게 하였다. 태원 (太元) 연간에는 효무제 사마요(司馬曜)는 또 조칙을 내려서 혜소의 높은 덕망과 명교의 장려를 표창하고 작위를 세습하여 제사를 지내도록 하였다. 봉건 통치 계급이 각종의 명목을 키워서 혜소를 표장한 "충절(忠節)" 은 단지 사람들을 무조건적으로 봉건 왕조에 충성하도록 만들어서 그들 이 백성을 확고하게 통치하려는 것이었다. 바로 사마씨 정권이 대대적 으로 혜소의 충의(忠義)를 표창할 때에 신분이 동해왕 사마월의 주부였 던 곽상은 세속의 질시를 돌아보지 않고 분연히 붓을 휘두르는 데 거리 낌이 없었고, 혜소의 아버지가 죄 없이 죽었다는 것을 널리 알린 것이 고, 혜소가 "지위를 탐하다가 혼암한 군주에게 죽었으니, 의로움이 많았 다고 할 수도 없다."고 여긴 것인데, 이것은 당시에 확실히 대단히 용기 있고 자신의 예기와 재주를 모두 드러내 보인 비판이다. 그러므로 장태 염이 곽상을 "엄숙하게 정도를 지켰고, 유학을 초월하였다."고 말한 것 이다. 이러한 평가는 합당한 것이다. 충절을 대대적으로 제창한 봉건시 대는 "혼암한 군주를 위해서 죽어도 의로움이 많았다고 할 수 없는" 것 으로 배척되었으며, 당연히 봉건 통치자가 환영하는 것이 될 수 없었기 때문에 곽상의 「논혜소문(論嵇紹文)」도 세상에 전해질 수 없게 된 것이 다. 다행히 『태평어람』에 왕은의 『진서』 일문(逸文)이 수록되어 있는 것 은 우리들에게 그 속에 담긴 한 부분을 살필 수 있게 하므로, 곽상을 연 구하는 데 전통적인 자료와 조금 상이한 기록을 제공하고 있는데, 이것 은 곽상을 전면적이고 객관적으로 평가하는 데 유익한 보충이 된다.

곽상의 저작에 관해서 역사서의 기록에 근거해 보면, 아래와 같은 몇 종이 있다.

(1) 『장자주』
현재의 판본인 『장자주』의 저작권 문제에 관해서 학술계에는 줄곧 상이한 시각이 있었다. 실제로 이 문제는 일찍이 유송 시대 유의경(劉義慶)의 『세설신어』 속에 제기된 것이 있다. 『세설신어』 「문학편」에서 다음과 같이 말했다.

"처음에 『장자』에 주석을 단 사람이 수십 명이나 있었지만 그 요지를 완전히 궁구해 낸 사람은 없었다. 상수는 옛 주석에 별도로 해의(解義)를 지었는데, 그 오묘한 해석이 참신하고 치밀하여 현묘한 학풍을 크게 창달시켰다. 그러나 상수는 단지 「추수」와 「지락」 두 편을 다 완성하지 못하고 죽었다. 당시 상수의 아들이 어렸기 때문에 그 해의가 마침내 거의 잊혀졌으나 부본(副本)이 남아 있었다. 곽상은 사람됨이 경박했지만 뛰어난 재능의 소유자였다. 그는 상수의 해의가 세상에 전하지 않는 것을 보고 마침내 그것을 표절하여 자기의 주석으로 삼았다. 그리고 「추수」와 「지락」 두 편에 자신의 주석을 달고 또 「마제」 한 편의 주석을 바꾸었으며, 그 나머지 여러 편에 대해서는 간혹 문구만 수정했을 뿐이었다. 뒤에 상수 해의의 부본이 세상에 다시 나왔기 때문에 오늘날에 상수와 곽상의 『장자주』 두 가지가 있게 되었고, 그 내용은 똑 같다."[28]

『세설신어』의 이 기록은 『장자주』의 저작권 문제에 관한 가장 이른 시기의 시각이다. 당나라 시기 사람들이 『진서』를 편찬할 때에 이 시각을 답습하였고, 아울러 그것을 『진서』 「곽상전」 속에 그대로 옮겨 써서 정론(定論)이 되었다.

그러나 남조의 양(梁)나라 시기 유효표가 『세설신어』에 주석을 달 때,

---

28 『世說新語』 「文學」. "初, 注莊子者數十家, 莫能究其旨要. 向秀於舊注外爲解義, 妙析奇致, 大暢玄風; 唯秋水·至樂二篇未竟而秀卒. 秀子幼, 義遂零落, 然猶有別本. 郭象者, 爲人薄行有儁才; 見秀義不傳於世, 遂竊以爲己注; 乃自注秋水·至樂二篇, 又易馬蹄一篇, 其餘衆篇, 或定點文句而已. 後秀義別本出, 故今有向郭二莊, 其義一也."

이 문단의 주석 속에서 「상수별전」을 인용하여 다음과 같이 말했다.

"상수는 혜강·여안(呂安)과 친구 사이였지만, 그의 취사선택은 친구들과 달랐다. 혜강은 오만하고 세속에 얽매이지 않았으며, 여안은 마음대로 거리낌 없이 놀았으나, 상수는 늘 책읽기를 좋아하였다. 그래서 혜강과 여안은 이를 두고 상수를 자못 조롱하였다. 뒤에 상수가 장차 『장자』에 주석을 붙이고자 하여 먼저 혜강과 여안에게 그 사실을 말했는데, 두 사람이 모두 말하길, '이 책에 무슨 주석이 더 필요하겠는가? 단지 남들이 즐거움으로 삼는 일을 버리게 할 뿐이지.'라고 하였다. 상수는 주석을 완성하고 나서 두 사람에게 보여주었는데, 혜강이 여안에게 말하길, '그대는 진실로 뛰어나다고 보는가?'라고 하자, 여안이 경탄하여 말하길, '장주(莊周)가 아직 죽지 않았구나!'라고 하였다."[29]

이것은 바꾸어 말하자면, 유효표가 『세설신어』를 주석할 때, 역시 『세설신어』의 시각에 동의하는 것이 없었다는 것이며, 『세설신어』의 기록에 대해서 분명한 정정(訂正)과 보충이 있었다는 것이다. 즉 "주석을 완성하고 나서 (혜강과 여안) 두 사람에게 보여 주었다."는 것으로 "상수는 단지 「추수」와 「지락」 두 편을 다 완성하지 못하고 죽었다."는 설명을 정정하고, 상수가 죽기 이전에 이미 『장자주』의 주석 작업을 완성했다고 설명하는 것이며, 아울러 상수가 『장자』에 주석을 다는 전후(前後)의 사상과 과정에 대하여 필요한 보충을 가한 것이다. 다시 말하자면, 상수가 『장자』에 주석을 달 때에 일찍이 혜강·여안에게 의견을 구하였고, 주석이 완성되자 다시 두 사람에게 보여 주었다는 것이다. 여기서 『세

---

29 『世說新語』「文學」주 인용 「向秀別傳」. "秀與嵇康呂安爲友, 趣舍不同. 嵇康傲世不羈, 安放逸邁俗, 而秀雅好讀書. 二子頗以此嗤之. 后秀將注莊子. 先以告康安, 安咸曰: '此書詎復須注? 徒棄人作樂事耳!' 及成, 以示二子. 康曰: '你故復勝不?' 安乃驚曰: '莊周不死矣!'"

설신어』에서 말한 "상수는 단지 「추수」와 「지락」 두 편을 다 완성하지 못하고 죽었다."라는 설명이 그렇게 정확하지 않다는 것을 알 수 있다. 『진서』「상수전」이 『세설신어』의 설명을 답습한 것은 상수가 『장자』에 주석을 달 때에 일찍이 혜강과 여안에게 그 사실을 말하였으므로 "상수는 단지 「추수」와 「지락」 두 편을 다 완성하지 못하고 죽었다."는 설명을 분명하게 부정한 것이며, 아울러 "혜제가 다스리던 시기에 곽상은 또 그것을 계승하여 확장시켰는데, 유가와 묵가의 유풍(遺風)이 천하게 여겨지고 도가의 말이 드디어 홍성하게 되었다."[30]라고 여긴 것이다. 이것은 바꾸어 말하자면, 같은 『진서』에서도 앞과 뒤의 설명이 서로 모순되는 것이 있으며, 결국 후세의 학자들이 각자 필요한 것을 취하여 오랜 세월 동안 서로 다른 시각이 형성되게 하였다.

하나의 시각은 곽상의 『장자주』가 상수의 것을 표절했다고 보는 것이다. 이런 시각을 지닌 사람은 모두 『세설신어』「문학편」과 『진서』「곽상전」의 설명을 답습하는 사람들이다. 예컨대, 송(宋)나라 때 고사손(高似孫) 『자략(子略)』 2권, 왕응린(王應麟) 『곤학기문(困學紀聞)』 10권, 명(明)나라 때 초횡(焦竑) 『필승(筆乘)』 2권, 호응린(胡應麟) 『사부정위(四部正僞): 소실산방필총(少室山房筆叢)』 30권, 사조연(謝肇淵) 『문해피사(文海披沙)』 2권, 진계유(陳繼儒) 『광부지언(狂夫之言)』 4권, 왕창춘(王昶春) 『융당집(融堂集)』 43권, 원수정(袁守定) 『고화총담(古華叢談)』 5권, 육이첨(陸以湉) 『냉려잡식(冷廬雜識)』 4권 등이다. 곽상이 상수의 학설을 표절했다는 것에 대하여 송명 시대 학자들은 의심하지 않았으며, 거의 정설로 굳어졌다.

그러나 청(淸)나라 시기에 들어와서 또한 송명 시대 학자들의 의견에 많은 의문을 제기하였는데, 예컨대 전증(錢曾)의 『독서민기(讀書敏記)』, 왕선겸(王先謙)의 『장자집해(莊子集解)』, 오승사(吳承仕)의 『경전석문서

---

30 『晉書』「向秀傳」. "惠帝之世, 郭象又述而廣之, 儒墨之迹見鄙, 道家之言遂盛焉."

록소증(經典釋文序錄疏證)』등이다. 그들은 위에서 서술한 시각에 대하여 동의하지 않았고, 아울러 상수와 곽상의 차이점에 주의를 기울였는데, 이 때문에 곽상이 상수의 학설을 표절했다는 것이 성립할 수 없음을 증명하였다.

이 문제의 토론은 근대의 사람들에 이르면 더욱 치열해지는데, 위진 시대의 학술을 섭렵(涉獵)한 사람들은 이 문제에 대하여 대다수가 모두 언급을 하였다. 예컨대 류판수이(劉盼遂)의 『세설신어교전(世說新語校箋)』 및 「신곽상주장자부도상수의(申郭象注莊子不盜向秀義)」, 양밍짜오(楊明照)의 「곽상〈장자주〉시불수자상수검토(郭象〈莊子注〉是否需自向秀檢討)」, 왕수민(王叔岷)의 「장자상곽주이동고(莊子向郭注異同考)」, 일본학자 후꾸나가 미쯔지(福永光司)의 「곽상의 장자주와 상수의 장자주」, 다케우치 요시오(武內義雄)의 「장자고(莊子考)」, 호우와이루(侯外廬)의 『중국사상통사(中國思想通史)』3권 6장 2절, 평요우란(馮友蘭)의 2권 판본『중국철학사』 및 『중국철학사사료학초고(中國哲學史史料學草稿)』, 탕용통(湯用彤)의『위진현학논고(魏晉玄學論考)』, 장따니엔(張岱年)의『중국철학사사료학(中國哲學史史料學)』·렌지유(任繼愈)의 『중국철학사』, 류지안궈(劉建國)의 『중국철학사사료학개요(中國哲學史史料學概要)』그리고 대만·홍콩의 학자인 첸무(錢穆)·모우종산(牟宗三)·루사이광(盧思光)이다. 허치민(何啓民)·수신우(蘇新鋈) 등과 같은 사람의 저작도 이 문제에 대하여 모두 언급하고 있다. 이상의 여러 학자들의 글은 "서로 모순이 되는 명제가 동시에 참이 될 수 없다는 방법[모순법: 矛盾法]", "대조하여 서로 비교하는 방법[대험법: 對驗法]"을 차용하여 논의를 세우고 있는데, 이른바 "모순법"은 옛 전적 속에 있는 상수와 곽상에 대한 상이한 기록을 통하여 서로 모순되는 점을 지적하고 어떤 학설의 성립 여부를 증명하는 것이다. 이른바 "대험법"은 옛 주석과 각종 서적 속에 인용된 상수의 주석을 찾아 모은 뒤에 곽상의 주와 대조하여 서로 같은 점, 서로 비슷한 점, 서로 다른 점 그리고 상수의 주에는 있지만 곽상의 주에는 없는 것이라는 네 가지 정황을 분류하여 상세하게 논증하여 서술함으로써 곽상이 상수의 주를 답습하거나 덜고 보탠 것의 실제 진상을 보여주는 것이다. 이런 방법은 상수와 곽상의 『장자주』 의문점을 심사하여 가리는 데 모두 중요한 작용을 하지만, 오히려 일치된 결론을 도출할 수는 없었다. 근래에 탕이지에(湯一介) 선생은 「상수·곽상의 〈장자주〉로 본 위진현학의 발전」이라는 논문을 발표하고, 아울러 『곽상과 위진현학(郭象與魏晉玄學)』이라는 책을 지어서 이 문제에 관한 연구를 새롭게 진전시켰다. 그는 위에서 서술한 두 가지 방법 이외에 또 한 가지 "사상비교법(思想比較法)"을 추가하였다. 즉 현재 수집할 수 있는 상수의 자료와 곽상을 비교하여 그 중에서 중요한 사상적 관점의 차이를 발견하고, 이어서 곽상의 『장자주』와 상수의 『장자주』에 중대한 차이가 있다는 것을 밝힘으로써 한 걸음 더 진보된 증명을 하였다.

위에서 서술한 세 가지 방법을 종합해보면, 우리는 몇 가지 특징을 추려낼 수 있고 아울러 아래와 같은 결론을 내릴 수 있다.

첫째, "상수가 장차 『장자』에 주석을 붙이고자 하여 먼저 혜강과 여안에게 그 사실을 말했고, … 주석을 완성하고 나서 두 사람에게 보여 주었다." 이것은 상수가 『장자』에 주석을 단 것은 완성본이며 결코 "상수는 단지 「추수」와 「지락」 두 편을 다 완성하지 못하고 죽었다."는 것이 아니라는 말이며, 그러므로 곽상은 단지 "「추수」와 「지략」 두 편에 자신의 주석을 달았다."는 말은 성립할 수 없다는 것이다. 동시에 『세설신어』의 기록에도 어느 정도 오류가 있다는 설명이다.

둘째, 『문사전』·『세설신어주』·『열자주』·『갱생론(更生論)』·『양생연명록(養生延命錄)』·『경전석문』 및 『문선주』 등에 나뉘어 인용된 상수와 곽상의 주석문장에 의거해 보면, 동진에서 수(隋)·당(唐)에 이르기까지 상수와 곽상의 두 가지 주석은 나란히 통행되었고, 내용을 담은 문자도 서로 완전히 같지가 않다. 그렇지 않았다면 상수를 홀로 인용하거나 곽상을 홀로 인용할 필요가 없는 것이니, 바로 두 가지 주석이 서로 같지 않았기 때문에 인용하는 사람이 약간의 선택을 한 것일 가능성이 있다. 예를 들면 동진 장담(張湛)의 『열자주』에 인용된 상수의 주석 36조·곽상의 주석 25조가 있고, 남조의 양(梁)나라 도홍경(陶弘景)『양생연명록』에 인용된 상수의 주석 4조·곽상의 주석 1조가 있으며, 당(唐)나라 육덕명의 『경전석문』에는 『음의(音義)』 속에 상수의 주석 145조, 곽상의 주석 52조를 포함하고 있는 것 등이다.

셋째, 이상에서 서술한 전적이 인용한 상수의 주석과 곽상의 주석을 비교하면 다음과 같다. 1. 상수의 주석에는 있고 곽상의 주석에는 없는 것이 합해서 48조인데, 이것은 곽상이 상수의 주석을 표절한 것도 선택적인 것이지, 결코 "전부를 표절하여 자기의 주석으로 삼은 것"이 아니라는 점을 설명한다. 2. 상수와 곽상의 두 가지 주석이 완전히 일치하는 것은 모두 28조인데, 곽상의 주석이 확실하게 상수의 주석을 답습한 것이 있음을 증명하는 것이다. 3. 두 가지 주석의 말뜻이 서로 비슷한 것이 37조인데, 곽상이 상수의 주석에 증감(增減)하거나 보태고 줄인 것이 있고, 동시에 곽상의 주석이 단지 "간혹 문구만 수정했을 뿐이었다."는 것이 아니라는 점을 증명한다. 4. 두 가지 주석의 말뜻이 완전히 다른 것은 31조이다. 이 31조가 완전히 다른 것은 곽상의 주가 상수의 주석을 표절한 것이 결코 아니고 곽상의 자기 주석임을 설명할 수 있는 것이며, 이 부분의 자기 주석은 『장자』라는 책의 십여 편에 분포되어 있고, 단지 「추수」와 「지락」 두 편에 국한되는 것이 결코 아니기 때문에, 이는 『세설신어』와 『진서』「곽상전」의 착오를 충분히 설명해 준다.

넷째, 현재 수집할 수 있는 상수의 주석과 상수의 기타 저작에 반영된 사상을 현재의 판본인 『장자주』의 사상과 비교하면, 두 가지 사이에는 분명한 구별이 있다. 상수는 귀무론의 영향을 아직 벗어나지 못했으며, 여전히 생성하지도 않고 변화하지도 않는 "사물을 생성시키는 근본[生物之本]"의 관점이 있음을 인정하고 있다. 먼저 곽상은 상수의 이 문단 주석에 대하여 받아들이지 않는다. 『장자』「대종사」의 "생성을 생성시키는 것은 스스로 생성하지 않는다[生生者不生]."는 구절의 아래에서 상수의 주석을 제거하고 자기의 관점을 바꿔 넣었다. 곽상은 천지 만물이 모두 스스로 생성하고 스스로 짓는 것이지 생성을 생성시키는 것이 만물의 근본이 된다는 것은 없는데, 이런 사상은 『장자주』 전체에 관통하고 있다. 이렇게 상수와 곽상의 사상 속에서 단지 두 가지 상이한 관점을 볼 수 있을 뿐만 아니라 더 중요한 것은 그들의 분명한 차별점을 볼 수 있으며 아울러 이런 차별에서 상수와 곽상의 두 가지 주석의 차이를 증명할 수 있다.

다섯째, 철학사 속에서 어떤 철학사조가 흥기하거나 철학체계가 발생하고 발전하는 것은 모두 역사와 논리의 통일을 구체적으로 드러낸다. 상수·곽상의 두 가지 주석의 차이는 바로 위진 현학 발전에서 역사적 과정을 설명할 수 있다. 그 "같은 점[同]"은 앞 뒤의 계승관계를 나타내고, 그 "차이 점[異]"은 앞의 것에 대한 뒤의 것의 발전과 지양(止揚)을 나타낸다. 하나의 위조품은 진품을 대신하여 세상에 널리 퍼질 수 있는 것이 결코 아니다. 현재의 학술계는 현재의 판본인 『장자주』 속에 있는 "무"가 "유"를 생성할 수 없다는 사상이 배외의 「숭유론」 영향을 받은 것이라는 점을 모두 인정하고 있는데, 그렇다면 역사와 논리의 통일이라는 점에서 볼 때 상수의 『장자주』는 혜강이 피살되기 이전(혜강은 서기 262년에 죽는다)에 성립된 것이 되는데, 이때에 배외는 아직 출생하지 않았고(배외는 서기 267년에 태어났다), 곽상은 많아야 겨우 10세였다.

이상의 다섯 가지 특징으로 보면, 우리는 하나의 결론을 도출할 수 있다. 즉 곽상 『장자주』의 저작권을 박탈할 수는 없다는 것이다. 현재의 판본 『장자주』는 곽상이 상수의 『장자주』 기초 위에서 더 발전시켜 이룬 것이다.

(2) 『논어체략論語體略』

『수서』 「경적지」, 『구당서』 「경적지」, 『당서』 「예문지」에 의거하면 모두『논어체략』2권을 저술 목록에 넣고 있지만, 송(宋)대에 이르면 저술 목록이 보이지 않는다. 곽상의『논어체략』2권은 송나라 시기에 이르러 망실(亡失)되었음을 알 수 있다. 현존하는 곽상 저술의 부분적 일문(佚文)은 황간의『논어의소』와 마국한(馬國翰)의『옥함산방집일서(玉函山房輯佚書)』속에서 모은 것이다. 지금 현재의 학술계는 곽상이『논어체략』을 지은 것에 대해서는 거의 의심하지 않으며, 탕이지에(湯一介)선생은 아울러『논어체략』의 일문(佚文)에 반영되어 있는 사상과 현재의 판본『장자주』사상을 대조하여『장자주』가 곽상의 저작임을 증명하였다.

(3)『논어은論語隱』

『수서』「경적지」의 저술 목록에 근거하면, 곽상은 또한『논어은』1권을 지었지만, 이미 망실되었다.『논어은』과『논어체략』은 같은 책인가 아닌가? 현재 학술계에는 역시 서로 다른 시각이 있다.『수서』「경적지」에서 동시에『논어체략』과『논어은』을 저술 목록에 넣은 정황을 보자면, 두 가지 저술의 서적으로 보는 것이 거의 맞는 것 같다.

(4)『노자주』

청나라 시기의 문정식(文正式)의『보진서(補晉書)』「예문지」에 곽상의『노자주』한 권의 저술 목록이 있다. 이 책은 다른 역사서의 저술 목록에는 보이지 않지만, 문정식은 "당나라 시기 장군상(張君相)[31]의 30가의『노자주』에 곽상·유인회(劉仁會) 두 명의 것이 있다."라고 하였다. 몽문통(蒙文通)의 「『노자』에 성현영이 소를 달게 된 연유에 대한 정리」라는 글 속에서『삼십가노자주(三十家老子注)』가 바로『도덕진경소(道德眞經疏)』라고 보았고, 이 책은 남조 시기 제(齊)나라 사람인 고환(顧歡)이

---

31 역주 장군상(張君相)은 당나라 시기 도사이다.

지은 것이 아니며, 당나라 시기 사람인 장군상의 저술도 아니지만, 당나라 사람의 "주소(注疏)라는 것은 긍정하였다. 그런데 이 『주소』 앞에 유승간(劉承干)의 발문이 있다. 그 발문에 다음과 같이 말했다.

> "『도덕경소』 6권은 앞머리에 고환의 찬술이라고 하였다. … 완문달(阮文達)이 『조씨독서지』에 근거하여 이 책이 장군상의 『삼십가도덕경집해』임을 상고하였다. 첫째는 하상공이며, 둘째는 엄준이고, 셋째는 왕필이며, 넷째는 하안이고, 다섯째는 곽상이며, … 스물아홉째는 차혜필이다. … 현재 전하는 판본은 다만 왕필, 채자황, 노유, 양호, 구마라집, 두필, 진영, 차혜필, 손등, 송영선, 엄준, 장사, 곽상, 배처은, 성현영 등 15가이다. 또한 결손 된 일문(佚文)이 있다. 그러나 『도덕진경소』의 글 속에 채집하여 수록한 것이 가장 많기 때문에 고환에게 그 것들을 귀속시켰으나, 궁극적으로는 육조(六朝) 초기와 당나라 사람들의 일문에 속하는 것이며, 그것을 보존한 것에서 또한 현학과 선학(禪學)이 서로 통하는 이치를 볼 수 있으니, 단지 구마라집 등에서만 나오는 것이 아니다. 기미년 한 여름 오흥의 유승간이 발문을 쓰다."[32]

『도덕진경주소』를 조사해보면, 확실히 곽상의 『노자』 주석 문장을 인용하고 있는데, 그 속에 『노자』 3장 "그 마음을 비우고, 그 배를 채운다."[33]라는 구절 아래에서 『주소』는 곽상의 주석을 인용하여 다음과 같이 말했다. "악을 모두 다 고치면 모든 선이 저절로 생겨나며, 하나인

---

32 『道德眞經疏』「跋」. "『道德眞經疏』六卷, 原題齊顧歡撰, … 阮文達据『晁氏讀書志』考此書爲張君相『三十家道德經集解』: 一河上公, 二嚴遵, 三王弼, 四何晏, 五郭象, … 二十九車惠弼. … 今本止有王弼, 蔡子晃, 盧裕, 羊祜, 羅什, 杜弼, 陳榮, 車惠弼, 孫登, 松靈仙, 嚴遵, 張嗣, 郭象, 裴處恩, 成玄英十五家. 又有缺佚矣. 然內疏文採取最多, 故歸之顧氏, 究系六朝初唐人佚文, 存之亦見玄學與禪學相通之理, 不僅出羅什等也. 己未仲夏吳興劉承干跋."
33 『老子』3장. "虛其心, 實其腹."

도를 품에 안으면 순박하고 온화해져서, 그 배가 알차게 된다."[34] 또『노자』51장 "생성은 하되 소유하지 않는다."[35]라는 구절 아래에서 곽상의 주석을 인용하여 다음과 같이 말했다. "천지의 기운이 서로 화합하여 뭇 사물이 생성되어 나오며, 인(仁)을 드러내고 선(善)을 활용하니, 바로 유위의 흔적이되 공적을 자기에게 돌리지 않으므로 소유하지 않는다고 말한다."[36]

당나라 두광정(杜光庭)『도덕진경광성의서(道德眞經廣聖義序)』속에는 『노자』에 관한 전(詮)·소(疏)·전(箋)·주(注)를 붙인 60여 학자를 나열하고 있는데, 그 속에 여덟 번째 학자가 바로 곽상이다. 그「서문(序)」에서 다음과 같이 말했다.

"이『도덕경』은 함곡관에서 건네받은 것으로서 오랜 세대를 거쳐 받들어 유행되었고, 현명한 군주와 밝은 임금, 뛰어난 유학자 큰 석학들이 있어서 전(詮)·소(疏)·전(箋)·주(注)가 60여 명에 이른다. 즉『절해』상하는 노자가 유희에게 풀이해 준 것이다.『내해』상하는 윤희가 마음을 수양하는 요지로 주해를 한 것이다.『상이』2권은 삼천법사 장도릉이 지은 것이다. 하상공『장구』는 한나라 문제 시기에 섬주(陝州)의 물가에 내려와 살면서 지은 것인데, 현재 사당에 보존되어 있어서 볼 수 있다. 엄군평의『지귀』14권은 한나라 성제 시기에 촉(蜀) 땅의 사람인 엄준[군평]이 지은 것이다. 산양 지역의 왕필이 주(注)를 달았는데 자는 보사이고 위나라 시기 상서랑을 지냈다. 남양 지역의 하안은 자가 평숙이며 위나라 부마도위였다. 하남의 곽상은 자가 자현이며, 상수의 제자이고 위나라 시기 사람이다. …"[37]

---

34 『道德眞經注疏』3장. "其惡盡改, 諸善自生, 懷道抱一, 淳和內足, 實其腹也."
35 『老子』51장. "生而不有."
36 『道德眞經注疏』52장. "氤氳化合, 庶物從生, 顯仁藏用, 卽有爲迹, 功不歸己, 故曰不有."

송나라 시기 이림(李霖)의 『도덕진경취선기(道德眞經取善記)』도 여러 학자의 학설을 널리 인용하였는데, 그 속에서 곽상의 『노자』 주석 문장 3조를 인용하였다. 첫째, 『노자』 4장 "깊이 숨어 있으나, 영원히 있는 듯하다."[38] 구절에 주석을 달면서 "곽상이 말하길, '존(存)은 있다는 말이다. 도(道)는 깊이 숨어 있는 모습이라서 편안하고 고요하며, 예부터 지금까지 변화하지 않고 처음부터 끝까지 항상 한결같다. 그러므로 존(存)이라고 한 것이다. 있으면서도 개별 사물의 모습이 없기 때문에 사(似)라.'고 했다."[39]라고 하였다. 둘째, 『노자』 24장 "스스로 우쭐해 하는 자는 오래가지 못한다."[40] 구절에 주석을 달면서 "곽상이 말하길, '뽐내고 자랑하며 스스로 우쭐해 하면서 공적을 잊지 못하면 여러 사람들이 함께 더불어 하고자 하지 않으므로 오래가지 못한다.'고 했다."[41]라고 하였다. 셋째, 『노자』 39장 "골짜기는 하나의 도를 얻어서 가득 찬다."[42] 구절에 주석을 달면서 "곽상이 말하길, '곡(谷)은 골짜기이다. 골짜기가 하나의 도를 얻었으므로 물의 근원이 윤택해지고 계곡이 가득 차게 되는 것이다.'라고 했다."[43]라고 하였다.

위에서 제시한 것은 모두 곽상이 『노자주』를 인용한 3조[44]이다. 이 3

---

37 『道德眞經廣聖義』「序」. "此『道德經』自函關所授, 累代尊行, 哲后明君, 鴻儒碩學, 詮疏箋注六十餘家, 則有: 『節解』上下, 老君與尹喜解; 『內解』上下, 尹喜以內修之旨解注; 『想爾』二卷, 三天法師張道陵所著; 河上公『章句』, 漢文帝時, 降居陝州河濱, 今有廟見存; 嚴君平『指歸』十四卷, 漢成帝時蜀人名遵; 山陽王弼注, 字輔嗣, 魏時爲尙書郎, 南陽何晏, 字平叔, 魏駙馬都尉; 河南郭象, 字子玄, 向秀弟子, 魏晉時人, …."

38 『老子』4장. "湛兮似或存."

39 『道德眞經取善記』4장. "郭象曰: 存, 在也. 道湛兮安靜, 古今不變, 終始常一, 故曰存. 存而無物故日似也."

40 『老子』24장. "自矜者不長."

41 『道德眞經取善記』24장. "郭象曰: 矜誇自恃, 不能忘功, 衆所不與, 故不長也."

42 『老子』39장. "谷得一以盈."

43 『道德眞經取善記』39장. "郭象曰: 谷, 川谷也. 谷川得一, 故能泉源流潤, 溪壑盈滿."

조의 일문(佚文)에서 반영된 사상에 의거해 보면, 곽상의 『장자주』속에 있는 사상과 매우 유사하다. 문정식의 『보진서』 「예문지」 저술 목록에 있는 곽상의 『노자주』는 위에서 서술한 자료에 의거한 것일 수 있다.

(5) 『논혜소論嵇紹』

『태평어람』 455권에 인용된 왕은의 『진서』에서는 하남의 곽상 저술에 대하여 "혜소(嵇紹) 아버지는 죄가 아닌 것으로 죽임을 당하였는데, 일찍이 강직함이 없어서 지위를 탐하다가 혼암한 군주에게 죽었으니, 의로움이 많았다고 할 수도 없다."[45]라고 하였다(앞에서 인용한 것을 보라. 여기서는 자세한 것을 생략함).

『책부원구』 권827 「총록부」 「품조」 2에도 유사한 설명이 기록되어 있다. "곽상은 하남 사람이며, 동해태부주부 벼슬을 했으며, 혜소(嵇紹)의 아버지는 죄가 아닌 것으로 죽임을 당하였는데, 일찍이 강직함이 없어서 지위를 탐하다가 혼암한 군주에게 죽었으니, 의로움이 많았다고 할 수도 없다. 곽상이 치공(郗公: 치감)에게 묻기를, '왕부(王裒)의 아버지도 역시 죄가 아닌 것으로 죽었는데, 왕부는 더욱 조정의 부름을 사양하였고, 혜소는 조정의 등용을 사양하지 않았는데, 누가 더 나은 것인가?'라고 하였다. 치감이 대답하길, '왕부가 혜소보다 뛰어난 것이다.'라고 하였다. 어떤 사람이 말하길, '위진 시기에 살육이 벌어지는데 그대는 모두 벼슬을 하였으니, 어찌 죄가 없겠는가?'라고 물었다. 대답하길, '우왕의 아버지인 곤(鯀)을 죽이고도 우(禹)를 일으켜 관직을 주는데, 우임금이 관직의 수여를 사양하지 않았는데, 이는 곤이 죄를 지었기 때문이다. 만약 당시의 군주가 사형을 시행한 것이 마땅하였다면 우임금과 같은

---

44 역주 이 책의 원문에는 5조로 되어 있지만, 앞 뒤 문맥을 고려해서 3조로 고쳤다.

45 『太平御覽』 455권에 인용 『晉書』. "嵇紹父死在非罪, 曾無耿介, 貪位死暗主, 義不足多."

것이며, 마땅하지 않았다면 혜소와 같은 것이다.'라고 하였다. 또 말하길, '세상 사람들이 모두 혜소는 국가의 위난(危難)을 보면 목숨을 바친다.'라고 하였다. 대답하길, '기신(紀信)[46]은 한 고조의 죽음을 대신하여 죽었으니 국가의 위난을 보면 목숨을 바친다고 말할 만하지만, 혜소는 그 중의 한 가지만 치우치게 잘 한 것일 뿐이므로 대체를 갖추어 논의하자면 온전함을 얻지 못한 것이다.'라고 하였다."[47]

『책부원구』와 『태평어람』은 책으로 이루어진 시기가 서로 멀지 않는데, (『책부원구』가 『태평어람』보다 약 30년 빠르다) 두 책의 기록은 기본적으로 일치하며, 또한 왕은의 『진서』에서 자료를 취한 것이고, 이 때문에 곽상이 이 글을 지었다는 것은 믿을 만하다.

(6) 『치명유기록致命由己錄』

『문선(文選)』54권에는 유효표의 「변명론(辨命論)」에 붙인 이선(李善)의 주에는 "이강(李康: 자는 소원)[48]은 그 근본을 논하면서 그 말류는 드

---

46 [역주] 기신(紀信, ?-기원전 204)은 전한의 장군이다. 평범한 농군으로 살다가, 한 고조 유방(劉邦)이 궐기한 후에 유방의 부장으로 활약하였다. 기원전 205년, 유방은 팽성(彭城)에서 항우(項羽)에게 패하고 형양성으로 도망가게 되었다. 수개월에 걸친 포위로 성내에 군량이 거의 떨어지자 기신은 유방의 차림을 하고 거짓으로 항복하여 유방이 도망갈 수 있는 활로를 열어주었다. 이를 계기로 전세는 역전되고 오히려 항우가 궁지에 몰리게 되었다. 이로 인해 기신은 충절(忠節)의 표상으로 후세에 길이 남는다.

47 『冊府元龜』권827 「總錄部」 「品藻」 2. "郭象河南人, 爲東海太傅主簿, 嵇紹父死在非罪, 曾無耿介, 貪位死暗主, 義不足多. 象以問郗公曰: '王裒之父, 亦非罪死, 裒尤辭徵, 紹不辭用, 誰爲多少?' 郗公曰: '王勝於嵇' 或曰: '魏晉所殺, 子皆仕宦, 何以無罪也?' 答曰: '殛鯀而興禹, 禹不辭興者, 以鯀犯罪也. 若以時君所殺爲當耶, 則同於禹; 以不當也, 則同於嵇' 又曰: '世皆以嵇見危授命.' 答曰: '紀信代漢高之死, 可謂見危授命, 如嵇偏善其一可也, 以略體論之, 則未得也.'"

48 [역주] 이강(李康)은 자는 소원(蕭遠)이며, 삼국시대 위(魏)나라 중산(中山) 사람이다. 성품이 굳세어서 세속 사람들과 잘 어울리지 못했다. 일찍이 「유산구음(游山九吟)」을 지었는데 위나라 명제가 이 글을 보고 대단히 칭찬하여 마침내 심양(尋陽)의 수령으로 삼았지만, 병으로 일찍 죽었다. 치적을 쌓아 습양후(濕陽侯)

러내지 않았다. 곽상은 그 말류를 말하면서 그 근본을 상세히 논의하지 않았다."⁴⁹라고 기록하였다. 이선의 『문선주(文選注)』에는 다음과 같이 말했다.

"이강은 「운명론」을 지어서 국가의 다스림과 혼란함이 하늘에 있다고 말하였으므로 그 근본에 대하여 말한 것이다. 곽상은 『치명유기론(致命 由己論)』을 지어서 길함과 흉함이 자기 자신에게서 나온다고 말했으므로 그 말류를 말한 것이다."⁵⁰

곽상의 이 글은 이미 유실되었으나, 위에서 서술한 유효표의 「변명론」과 이선(李善)의 주석에 의거하여 이 글의 대략적인 내용을 알 수 있는데, 바로 곽상이 길함과 흉함이 자기 자신에게서 나온다고 주장한 것이다. 그러므로 「치명유기론」을 지어서 그 논변을 상세하게 밝힌 것이다. 유효표는 「변명론」에서 "담론을 하면서 명(命)을 부정하는 것"⁵¹에는 "여섯 가지 가려짐이 있는데"⁵² 그 중에 "홀로 사람으로부터 말미암는 것이 그 가려짐의 하나이다."⁵³ "신명(神明)의 이치를 헤아리지 못하는 것이 그 가려짐의 두 번째이다."⁵⁴ "쇠퇴와 흥성이 나에게 있는 것이지 하늘에 달린 것이 아니라고 방자하게 말하는 것이 그 가려짐의 다섯

에 봉해졌다. 원래 문집 2권이 있었지만, 지금은 전해지지 않는다. 「운명론(運命論)」 1편이 현재 전하고 있다. 이선(李善), 『문선주(文選注)』 「운명론(運命論)」 1 수.

49 『文選注』 권54 「辯命論」의 注. "蕭遠論其本, 而不暢其流; 子玄語其流, 而未詳其本."

50 『文選注』 권54 「辯命論」의 注. "李蕭遠作運命論, 言治亂在天, 故曰於其本. 郭子玄作致命由己論, 言吉凶由己, 故曰於其流."

51 『文選注』 권54 「辯命論」. "言而非命者, 有六蔽."

52 『文選注』 권54 「辯命論」. "有六蔽."

53 『文選注』 권54 「辯命論」. "獨曰由人, 其蔽一也."

54 『文選注』 권54 「辯命論」. "未測神明之數, 其蔽二也."

째이다."[55] "착한 사람에게는 복이 오고 악한 사람에게는 재앙이 오는 것이 다만 헛소리인가! 어찌 막힘과 통함이 서로 기대어 있고 남음과 모자람이 교대로 바뀌어서 사람을 어지럽게 하는 것이 아니겠는가? 라고 하는 것이 그 가려짐의 여섯째이다."[56] 유효표는 "삶과 죽음은 명(命)이 있고, 부유함과 가난함은 하늘에 달린 것"[57]이라고 주장하였는데, 그가 말하는 여섯 가지 가려짐은 운명이 하늘에 달린 것이 아니라 사람에게 있는 것이라는 관점을 반대하는 입장을 의미하며, 이것은 모두 "그 말류를 말하면서 그 근본을 상세히 논의하지 않은 것"이라고 여긴 것이다. 유효표의 「변명론」은 바로 곽상·범진(範縝)의 자연독화설(自然獨化說)을 겨냥하여 말한 것임을 알 수 있다.

(7) 비론碑論 12편

『진서』「곽상전」의 기록에 의거하면, 곽상은 "비론 12편을 지었다."[58] 이것은 『곽상집』 속에 실려 있을 가능성이 있다. 일찍이 유실되었기 때문에 비론 12편의 내용은 알 수가 없다. 위에서 서술한 「논혜소」·「치명유기론」은 비론 12편 속에 있는 두 편일 가능성이 있다.

(8)『곽상집』

『진서』「경적지」의 저술 목록에는 "『진태부주부곽상집(晉太傅主簿郭象集)』 2권"[59]이 있다[본래는 "주부(主簿)"라는 두 글자가 빠져 있다]. 주(注)에 "량(梁) 5권, 록(錄) 1권이 있다."[60]고 하였다. 『구당서』「경적지」, 『당서』

---

55 『文選注』권54 「辯命論」. "橫謂廢興在我, 無繫於天, 其蔽五也."
56 『文選注』권54 「辯命論」. "福善禍淫, 徒虛言耳! 豈非否泰相傾, 盈縮遞運, 而汨之以人? 其蔽六也."
57 『文選注』권54 「辯命論」의 注. "死生有命, 富貴在天."
58 『晉書』「郭象傳」. "著碑論十一篇."
59 『隋書』「經籍志」. "晉太傅主簿郭象集二卷."
60 『隋書』「經籍志」注. "梁五卷, 錄一卷."

「예문지」, 『명사』「예문지」에는 모두 5권의 저술이 기록되어 있다. 『곽상집』이 어느 때 유실되었는지 알 수 없다.

이상이 곽상 저작의 종류이다. 현재『장자주』이외에, 그 나머지는 모두 유실되었다. 『논어체략』·『노자주』는 다만 부분적인 단편의 문장이 수집되어 있다.

2 **"조물자무주**造物者無主**"와 "물각자조**物各自造**"의 자연관**

위진현학은 유와 무의 관계를 중심으로 삼아서 숭유(崇儒)과 귀무(貴無)의 두 학파를 형성하였다. 곽상은 배외를 계승한 뒤에 전면적으로 숭유론 학설을 수립하였으며, 한 걸음 더 나아가 "무(無)는 이미 아무 것도 없는 것이므로 유(有)를 생성할 수 없으며",[61] "사물을 생성하는 것은 주재자가 없고, 사물이 각자 저절로 생성하는 것이고,"[62] "지극한 도는 공을 내세움이 없으며[至道無功]", "도는 사물에서 떨어져 있는 것이 아니고[道不逃物]", "다양한 기가 언제나 있는 것이며[殊氣常有]", "삶과 죽음은 기의 변화이다[生死氣化]."라는 등 일련의 숭유론 명제를 제기하였고, 만물은 "자생(自生: 스스로 생성함)", "자화(自化: 스스로 변화함)", "자건(自建: 스스로 세움)", "자성(自成: 스스로 이룸)"하는 것이라고 하였고, 이 때문에 "무" 또는 "도"를 우주의 본체 또는 만물의 본원으로 삼는 귀무론 이론에 반대하였다. 구체적으로 표현하자면 "무"에 대하여 노자·장자·하안·왕필 등과 다른 새로운 해석을 하였고 "무"의 실체성을 부정하였으며, "무를 근본으로 삼는" 귀무론의 학설과 선명하게 대립하였다. 그는 어떤 형식적 "조물주(造物主: 사물을 생성하는 배타적 주체)"에도 반대하였고 어

---

61 『莊子注』「齊物論」. "無旣無矣, 則不能生有."
62 『莊子注』「齊物論」. "造物者無主, 而物各自造."

느 정도 무신론의 경향을 지니고 있다.

(1) "무는 유를 생성할 수 없고", "유도 변화하여 무가 될 수 없다"

배외의 숭유론 사상을 이어서 곽상은 유무(有無)관계에 대하여 전면적인 사상을 펼쳤다. 그의 입각점은 배외와 같으며, 왕필 학파의 본체론을 직접 겨냥하였다. 왜냐하면 왕필 학파의 본체론 학설은 무를 근본으로 삼는 것을 논증하고 있기 때문이다. 그는 다음과 같이 말했다. "무릇 유는 모두 무에서 시작한다. 그러므로 아직 형체가 드러나지 않은 무명의 때가 만물의 시작이 되는 것이다. 형체를 지니는 유명의 때는 그것을 자라게 하고 길러주고 형체를 드러나게 하고 완성시켜 주니 그 어미가 되는 것이다."[63] 왕필은 유와 무의 관계를 어머니와 자식의 관계로 해석하여, 무를 어머니로 삼은 것인데, 이는 바로 무를 독립적으로 스스로 존재하는 실체로 여긴 것이며, 유는 무에서 파생되어 나온다는 것이다.

곽상은 이런 본체론의 설명을 반대하여 "무는 유를 생성할 수 없다."는 것과 "무는 유가 될 수 없다."는 명제를 제기하였다. 그는 다음과 같이 말했다.

"무(無)는 이미 아무것도 없는 것이므로 유(有)를 생성할 수 없다."[64]

또 말했다.

"이것은 유(무)는 유가 될 수 없고 유는 스스로 존재할 뿐이라는 것을 밝힌 것이지, 무가 유로 될 수 있다는 것을 말함이 아니다. 만약 무가 유로 될 수 있다면 무를 어떻게 말할 것인가? 한 번 유가 없으면 결국 아무것

---

63 王弼 『老子』 1章注. "凡有皆始於無, 故未形無名之時, 則爲萬物之始. 及其有形有名之時, 則長之, 育之, 亭之, 毒之, 爲其母也."
64 『莊子注』 「齊物論」注. "無旣無矣, 則不能生有."

도 없는 것이니, 무는 결국 무이며, 유는 저절로 문득 생성하는 것이 분명하다."[65]

　　곽상의 입장에서 볼 때, 이른바 "무"는 바로 유(有)가 하나도 없는 것이니, "한 번 유가 없으면 결국 아무것도 없는 것이다." 여기에서 곽상의 "무"에 대한 해석과 배외의 입장은 본질적으로 서로 같다. "무"에 대해 내리는 배외의 정의는 "허무란 이른바 유(有)가 없어진 것이다."[66]라는 것이다. 이것은 무를 유로 여기는 입장이 사라진 것이며, 곽상은 "한 번 유가 없으면 결국 아무것도 없는 것"이라고 명백히 밝힌 것이다. "한 번 유가 없다."는 것은 유(有)라는 것이 하나도 없는 것이니, 무를 영(零)으로 여긴 것이다. 무를 영으로 여기는 것은 바로 존재가 아닌 것으로 보는 것이다. 이런 것은 바로 "무"의 실체성을 부정하는 것이다. 무에 대한 이런 곽상의 해석은 왕필이 "무"에 대해 규정한 신비적 의미를 흩어버린 것이며, 만물을 생성변화시키는 숭고한 본체를 영(零)으로 소멸시킨 것인데, 이것은 귀무론에 대한 엄중한 도전이다.

　　"유"라는 이 개념에 대해서 곽상은 전통적인 용법을 계속 사용하였는데, 유가 의미하는 것은 개체로서의 구체적 존재물이다. 바꾸어 말하자면, 그것은 이미 보편일반 존재로서의 "유"(또는 "유"의 보편적 일반)가 아니고, 또 추상적인 "무"도 아니다. 그는 다음과 같이 말했다.

　　"무릇 유가 스스로 생성하지 않는다면 무엇으로 생성하겠는가? 그러므로 반드시 스스로 유가 되는 것이다. 어찌 유가 유를 생성할 수 있겠는가?"[67]

---

65 『莊子注』「庚桑楚」注. "此所以明有(無)之不能爲有而自有耳, 非謂無能爲有也. 若無能爲有, 何謂無乎! 一無有則遂無矣. 無者遂無, 則有自欸生明矣."
66 『晉書』「裴頠傳」. "虛無是有之所謂遺者也."
67 『莊子注』「齊物論」注. "夫有之未生, 以何爲生乎? 故必自有耳. 豈有之所能有

이것은 다른 말로 하자면, "유"[개별적 사물]는 무엇에 의존하여 생성하는 것인가? 라는 것이다. 그것은 반드시 "스스로 유가 되는 것"인데, 왜냐하면 스스로 있는 것은 어떤 구체적인 것이 생성할 수 있는 것이 아니기 때문이다. 이것에 의거해서 보자면, 곽상의 철학 속에서 "유"와 노자·장자·하안·왕필·배외 등이 말하는 "유"는 같은 함의(含意)를 갖는다. 자연관에서 볼 때에 개별적으로 존재하는 것을 표시하는데, 이 때문에 곽상은 또한 그것을 "사물(物)"이라고 불렀다. 그는 다음과 같이 말했다.

"누가 사물보다 앞서는 것인가? 나는 음양이 사물보다 앞선다고 보는데, 음양이라는 것은 이른바 사물이다. 누가 또 음양보다 앞서는가? 나는 자연이 그 음양보다 앞선다고 보는데, 자연은 바로 사물이 저절로 그러한 것이다. 나는 지극한 도가 그 자연보다 앞선다고 보는데, 지극한 도라는 것은 지극한 무이다. 이미 무인데, 또 어찌 앞서겠는가?"[68]

곽상의 입장에서 볼 때, 음양은 두 기(氣)이며 바로 구체적 존재로 있는 것이고, 자연은 단지 일종의 만물 존재의 상태인데, 그것은 총체적으로 사물의 자연이다. 이 때문에 그것들은 모두 유(有)이며, 모두 "사물에 앞서는 것"이 될 수 없으며, 온갖 존재의 총체적 근원이 될 수 없는 것이다. 마찬가지로 "지극한 도" 또는 "지극한 무"는 또한 존재하지 않는 것이며 영(零)이다. 이 때문에 결코 온갖 존재의 근원이 될 수 없는 것이다. "유"와 "무"에 대한 이런 구체적 규정은 그가 유무관계를 한 걸음 더 진보된 방식으로 해결하기 위해 논리적·이론적 기초를 다진 것이다.

乎?"

68 『莊子注』「知北游」注. "誰得先物者乎哉? 吾以陰陽爲先物, 而陰陽者卽所謂物耳. 誰又先陰陽者乎? 吾以自然爲先之, 而自然卽物之自爾耳. 吾以至道爲先之矣, 而至道者乃至無也. 旣以無矣, 又奚爲先?"

그는 무가 유를 생성할 수 없다는 학설을 논증하였다.

> "무는 사물을 생성할 수 없으며, 사물은 스스로 생성하는 것이니, 사물의 생성을 저절로 그러함이라는 것을 밝힌 것이다. 그 사물이 저절로 그러함에 내어 맡기니, 이것을 덕이라 말할 수 있다."[69]

> "태초의 일(一)은 유의 처음 상태로서 지극히 미묘한 것이며, 지극히 미묘하기 때문에 아직 사물의 갈래가 나뉜 형상이 없는 것이다. 무릇 태초의 일이 생성을 일으키는 것은 지극한 태초의 일에서 생성을 일으키는 것이지, 무에서 생성을 일으키는 것이 아니다."[70]

곽상의 입장에서 볼 때, "무"는 이미 공간적으로나 시간적으로 모두 영(零)과 같으며, 결코 하나의 실체가 아니기 때문에 그것은 "유"를 생성할 수 없는 것이고, 가장 최초의 미묘한 "일(一)"도 "무"에서 생성되는 것이 아니다. 이른바 "태초의 일(一)은 유의 처음 상태"는 온갖 존재의 최초 단계이며, 이때에도 아직 사물의 갈래가 나뉜 형상이 없는 것이지만, 형상을 지닌 것이나 형상이 아직 없는 것들 모두 "무"로부터 생성되는 것이라고 말할 수 없는 것이다. 이 때문에 그를 『노자』·『장자』가 말한 "유는 무에서 생성한다[有生於無]."는 명제에 대하여 새로운 해석을 한다. 그는 다음과 같이 말했다.

> "그윽하고 아득하여 어둡고 고요한 것은 모두 아무것도 없는 것이다. 무릇 『장자』·『노자』가 여러 차례 말한 무(無)라는 것은 무엇인가? 사물을

---

69 『莊子注』「天地」注. "無不能生物, 而云物得以生, 乃所以明物生之自得, 任其自得, 斯可謂德也."

70 『莊子注』「天地」注. "一者, 有之初, 至妙者也, 至妙, 故未有物理之形耳. 夫一之所起, 起於至一, 非起於無也."

생성하는 것은 사물 형상이 없을 때에 사물이 저절로 생성되는 것임을 밝힌 것이다."[71]

"무릇 무가 어떻게 유의 형상을 세울 수 있겠는가? 늘 구체적 유가 없는 상태에서 세우는 것이니, 사물의 구체적 형상을 지닌 유가 저절로 세우는 것임을 밝힌 것이다."[72]

곽상은 "그윽하고 아득하여 어둡고 고요한 것"을 불가사의하게 생기를 불어넣을 수는 없는 것이며, 실제로 그것들은 단지 "아무것도 없는 것"일 뿐이고, 어떤 것도 일절 없는 것이라서, 사물을 세우거나 창조할 수 있는 것이 아님을 강조하였다. 곽상의 입장에서 볼 때, 『장자』·『노자』는 "무"를 빌려서 "유"를 밝히는 것이며, "무가 유를 생성할 수 있다고 말하는 것이 아니고", 사물은 스스로 생성하는 것이고, 사물이 스스로 형상을 세우는 것을 의미하였다. 이것은 곽상이 노장철학에 대한 근본적 변화를 시도하고 또 다른 문제를 빌려서 자신의 뜻을 드러내고 있는 것이다. 그러므로 그는 또 "음양은 서로 비추며 서로 도움을 주고 서로 잘 되게 하며, 사계절을 서로 교대하며 서로 살리면서 서로 죽인다."[73]는 것은 결코 "무"의 작용을 말한 것이 아니며, "모두 다 사물이 유(有)로 존재하는 것은 저절로 그렇게 되는 것이지 무(無)가 그 사물들을 유로 존재하도록 만드는 것이 아니다."[74] "무"에 대한 곽상의 해석을 통해서, 그가 "무"를 실체로 삼는 견해를 반대하고, 무는 유를 생성할 수 없고 유가 될 수도 없다고 여기며, 온갖 존재 사물들은 스스로 생성하고 스스로 형체

---

71 『莊子注』「在宥」注. "窈冥昏默, 皆了無也. 夫莊老之所以屢稱無者, 何哉? 明生物者無物而物自生耳."
72 『莊子注』「天下」注. "夫無有何所能建? 建之以常無有, 則明有物之自建也."
73 『莊子注』「則陽」注. "陰陽相照相益相治, 四時上代相生相殺."
74 『莊子注』「則陽」注. "皆物之所有, 自然而然耳, 非無能有之也."

를 수립하는 것으로 귀결짓는 것을 알 수 있다. 이것은 숭유론의 기본 관점이다.

유와 무의 관계에 대하여 곽상은 온갖 사물 존재가 "무"에서 생기는 것이 아니며 또한 허무(虛無)로 귀속될 수도 없다고 보았다. 그는 다음과 같이 말했다.

"무릇 유는 변해서 무가 될 수 없으므로 한번 받아 형체를 이루면 변화의 극진함이 무궁하다."[75]

또 말했다.

"오직 무가 변해서 유가 될 수 없는 것뿐만 아니라, 유도 변화하여 무가 되는 것이 아니다. 이 때문에 유가 사물이 되는 것이다. 비록 끝없이 변화하지만 일(一)을 얻어서 무가 되는 것이 아니다. 일을 얻어서 무가 되는 것이 아니므로 먼 옛날부터 유가 없었던 때는 없이 항상 존재하는 것이다."[76]

앞에서 인용한 초횡(焦竑) 판본에 의거하면, 곽상은 「지북유」 주 속에서 "천지자연은 무(無)보다 앞설 수 없는 것으로서 지금까지 있는 것이다."[77]라는 구절과 "먼 옛날부터 유가 없었던 때는 없이 항상 존재하는 것이다."[78]라는 것은 모두 우주가 허무 속에서 발생하는 것이 아니며, 세계의 본원도 허무가 아니라고 강조한 말이다. 이 때문에 "유(有)가 변화

---

75 『莊子注』「田子方」注. "夫有不得變而爲無, 故一受成形, 則化盡無期也."
76 『莊子注』「知北游」注. "非唯無不得化而爲有也, 有亦不得化而爲無矣. 是以夫有之爲物, 雖千變萬化, 而不得一爲無也. 不得一爲無, 故自古無未有之時而常存也."
77 『莊子注』「知北游」注. "天地不得先無而今有."
78 『莊子注』「知北游」注. "自古無未有之時而常存也."

하여 무(無)가 되는 것이 아니다."라는 명제에는 두 가지 함의가 있다.
1. 어떤 개별적 존재 사물의 입장에서 말할 때, 우선 형체가 이루어진 뒤에 바로 변화가 진행되어 끊임없이 지속되는데, 이것이 이른바 "한번 변화하여 형체를 이루면 변화의 극진함이 무궁하다."[79]라는 말이다.

이것은 바꾸어 말하자면, 이번 변화에도 불구하고 개별적인 존재 사물도 역시 변화하며, 어떤 변화도 변화하여 허무가 될 수 있는 것이 아니다. 2. 온갖 존재들의 총체라는 측면에서 말할 때 영원한 존재이며, 물질세계는 장구하게 존재하며 소멸하지 않는데, 이는 바로 "먼 옛날부터 유가 없었던 때가 없이 항상 존재하는 것이다."라는 말이며, 아무것도 없었던 때는 없는 것이므로 "천지자연은 무보다 앞설 수 없는 것으로서 지금까지 있는 것이다."라고 한 것이다. 이것은 다르게 말하자면, 천지자연의 온갖 사물은 창조되는 것이 아니고 또 소멸될 수 있는 것도 아니라는 말이다. 이런 첫 번째 특징은 물질세계가 소멸하지 않는다는 사상의 맹아를 포함하는 것이다[장따니엔 선생의 『중국유물주의사상사(中國唯物主義思想史)』를 참고할 것]. 두 번째 특징은 물질세계[즉 전체 우주]가 시간적으로나 공간적으로 무한하다는 사상이다.

우주가 무한하다는 사상에 관해서 곽상은 진일보된 발전을 이루고 있다. 그는 다음과 같이 말했다.

"우(宇)라는 것은 위와 아래 그리고 동서남북의 모든 방향을 가리키는 것이며, 동서남북과 위와 아래 모든 방향에서 끝이 없는 공간이다. 주(宙)라는 것은 옛날부터 지금까지의 장구한 시간을 가리키는 것이며, 옛날부터 지금까지 끝이 없는 시간이다."[80]

---

79 『莊子注』「田子方」注. "一變成形, 則化盡無期也." **역주** "일변(一變)"은 『장자주』 원문에 "일수(一受)"로 되어 있는데, 이 책의 저자는 "일변(一變)"으로 해석하였다. 해석의 문맥에서 볼 때, 의미상 큰 차이는 없다.

80 『莊子注』「庚桑楚」注. "宇者, 有四方上下, 而四方上下未有窮處. 宙者, 有古今

물질세계는 시간적으로나 공간적으로 모두 무한한 것이며, 그러므로 하나의 본체가 우주의 시초가 될 수 없는 것이다. 곽상은 자연계가 영원한 것이라는 관점을 인정하였는데, 이는 왕충(王充) 이래의 "천지는 생성되지 않으므로 죽지도 않는다[天地不生故不死]."는 사상에 대한 계승과 발전이라고 말할 수 있다. 이것은 또한 곽상의 숭유론이 지닌 기본적 관점이다. 종합하자면, 곽상은 천지자연의 만물이 "아직 유가 존재하지 않을 때[未有之時]"는 없었으며, 만물은 모두 자연적으로 생성되는 것이며, 시간과 공간의 무한한 물질세계를 함께 구성하는 것이라고 여겼다. 이것은 단지 "무가 유를 생성할 수 있다."는 학설을 강력하게 반박한 것일 뿐만 아니라, 한나라 이래로 우주에는 시작이 있다는 우주형성론을 버린 것이다.

(2) "사물을 생성하는 것은 주재자가 없고, 사물이 각자 저절로 생성하는 것"[造物者無主, 而物各自造]

곽상은 유무관계에 대한 논변을 통하여 자연관의 입장에서 그의 또다른 명제인 "사물을 생성하는 것은 주재자가 없다[造物者無主]."는 것을 제기하였다. 이 명제에 대한 그의 상세한 설명은 "무는 유를 생성할 수 없다."는 명제와 긴밀하게 연계되어 이루어진다. 왜냐하면 왕필의 이론 체계 속에서 무와 유 그리고 근본과 말단은 절대로 둘로 나누어질 수 없는 것이면서도 진정한 체와 용이 하나로 통합되는 것[體用一如]에 이르지 못하고 여전히 "사물을 생성하는 주재자[造物主]와 신학적 목적론이 근저에 남아 있다. 이 때문에 처음부터 끝까지 사물을 생성하는 주재자인 조물주를 반대하는 것이 곽상 자연관의 일관된 사상이 된다. 그는 다음과 같이 말했다.

之長, 而古今之長無極."

"무릇 천뢰(天籟)라는 것이 어찌 또 다른 하나의 사물이겠는가? 여러 가지 구멍들과 악기들이 생명이 있는 종류들과 접촉하여, 서로 만나서 함께 하나의 천지자연을 이루는 것이다. 무는 이미 없는 것이니, 유를 생성할 수 없는 것이다. 유가 아직 생성하지 않았다면 또한 아무것도 생성할 수 없는 것이다. 그렇다면 생성을 생성시키는 것은 무엇인가? 홀로 있으면서 저절로 생성하는 것일 뿐이다. 저절로 생성하는 것일 뿐이지, 내가 생성시키는 것이 아니다. 나는 이미 사물을 생성시킬 수 없고, 사물도 역시 나를 생성시킬 수 없으니, 나는 저절로 그러한 것이다. 저절로 이미 그러한 것이므로 천연(天然)이라고 부른다. 천연일 뿐이지 억지로 하는 것이 아니며, 그러므로 천(天)으로써 말한 것이다. 그러므로 그 저절로 그러함을 밝히는 것이니, 어찌 푸른 하늘을 말하는 것이겠는가? 어떤 이는 천뢰가 사물을 부려서 자기를 따르게 한 것이라고 말한다. 그러나 무릇 천(天)도 또한 자기 스스로를 존재할 수 있게 할 수 없는 것인데, 하물며 사물을 존재하도록 할 수 있겠는가? 그러므로 천(天)이라는 것은 만물의 총체적 이름이며, 천을 만드는 것으로 나아갈 수 없는 것인데, 누가 주재(主宰)로서 사물을 부릴 수 있겠는가? 그러므로 사물은 각자 저절로 생성하는 것이지 산출되어 나오는 곳이 없는데, 이것이 바로 천도(天道)이다."[81]

이 문단 자료의 중심 의미는 우주 안에 조물주의 존재는 결코 없다고 말하는 것이다. 이른바 "천뢰(天籟)"는 비록 장자에 의해서 매우 신비롭게 묘사되었지만, 곽상의 입장에서 볼 때 단지 일종의 자연 현상일 뿐이

---

81 『莊子注』「齊物論」注. "夫天籟者, 豈復別有一物哉? 卽衆竅比竹之屬, 接乎有生之類, 會而共成一天耳. 無旣無矣, 則不能生有; 有之未生, 又不能爲生. 然則生生者誰哉? 塊然而自生耳. 自生耳, 非我生也. 我旣不能生物, 物亦不能生我, 則我自然矣. 自己而然, 則謂之天然. 天然耳, 非爲也, 故以天言之. 所以明其自然也, 豈蒼蒼之謂哉! 而或者謂天籟役物使從己也. 夫天且不能自有, 況能有物哉! 故天者, 萬物之總名也, 莫適爲天, 誰主役物乎? 故物各自生而無所出焉, 此天道也."

며, 바로 "여러 가지 구멍들과 악기들이 생명이 있는 종류들과 접촉하여, 서로 만나서 함께 하나의 천지자연을 이루는 것"일 뿐인데, 어떻게 "천뢰가 사물을 부려서 자기를 따르게 한 것"일 수 있겠는가? 곽상은 만물 존재 위에 또 "다른 하나의 사물 존재가 있고" 그것이 세계를 주재한다는 것을 부정하였다. 그는 다음과 같이 말했다.

> "온갖 사물과 온갖 정황은 취하고 버리는 것이 다른데, 마치 진짜 주재자가 있어서 그렇게 시키는 것 같아 보인다. 그러나 진짜 주재자의 조짐과 흔적을 찾아보아도 또한 끝내 찾을 수 없는데, 이는 바로 사물이 모두 저절로 그러한 것이고 어떤 사물 존재가 그렇게 시키는 것이 아님을 분명히 알 수 있다."[82]

우주 안의 모든 일과 사물 존재들은 수없이 많고 복잡하게 얽혀 있어서 취하고 버리는 것이 각각 다르다. 표면적으로 보면 마치 어떤 "진짜 주재자[眞宰]"가 어디에서 안배하고 조종하는 것 같지만, 이런 "진짜 주재자"의 종적(蹤迹)을 진지하게 탐구해보면 오히려 허무하고 흔적이 없이 아득하여 어떤 흔적도 찾을 수 없는데, 이것은 바로 우주 안에 만물을 조종하는 주재자가 없다는 것을 표명하는 것이므로 "사물이 모두 스스로 취한 것이니, 누가 성을 내면서 그렇게 시킨 것이겠는가!"[83]

『장자』「즉양(則陽)」편에 계진(季眞)과 접자(接子)에 관한 기록이 다음과 같이 있다.

"계진은 도가 작위함이 없는 것이라 하고, 접자는 도가 사물을 부린다고 하는데, 두 사람의 논의 중에 누가 그 실제 정황에 맞는 것이고 누가 그 실제 이치에 두루 맞는 것인가?"[84] 곽상은 여기에 답하여 다음과 같

---

82 『莊子注』「齊物論」注. "萬物萬情, 趣舍不同, 若有眞宰使之然也. 起索眞宰之眹跡, 而亦終不得, 則明物皆自然, 無使物然也."
83 『莊子注』「齊物論」注. "物皆自得之耳, 誰主怒之使然哉!"

이 말했다.

> "계진은 도가 작위함이 없는 것이라 말하고, 접자는 도가 사물을 부리는
> 것이라고 말했다. 부린다는 것은 사물을 부리는 작용이 있다는 것이다.
> 사물은 본래 저절로 그러한 것이지 작위로 할 수 있는 것이 아니다. 이로
> 써 보건대, 계진의 말이 합당하다."[85]

계진과 접자는 모두 전국시대의 사상가이다. 계진은 "작위함이 없는
것[莫爲]"을 주장하여, 세계의 만물이 모두 저절로 그러하게 변화해 가는
것이지 목적이나 주재자가 없다고 여겼기 때문에 목적론을 부정한 사상
가이다. 접자는 "도가 사물을 부리는 것[或使]"을 주장하여, 세계의 만물
뒤에 부리고 사주(使嗾)하는 존재가 있다고 여겼다. 곽상은 계진의 입장
에서 있으며, 계진이 말한 "작위함이 없는 것[莫爲]"의 사상이 정확한 것
이라고 보았다("계진의 말이 합당하다"). 곽상의 시각에서 볼 때, "무"는
단지 "유"를 생성할 수 없을 뿐만 아니라 조물주의 존재도 없으며, 사물
의 운동 변화도 역시 "무" 또는 "조물주"가 사물의 발생변화를 추진하려
고 고무하고 격려하는 것으로 귀결지을 수 없는 것이다. 그는 다음과 같
이 말했다.

> "무(無)는 사물을 추동할 수 있는 것이 아니며, 유(有)는 각자 그 자신의
> 일을 행하는 것이다. 그러므로 일삼는 바 없이 추동하여 운행시키는 것
> 이 누구란 말인가? 각자 스스로 운행하는 것일 뿐이다."[86]

---

84 『莊子』「則陽」. "季眞之莫爲, 接子之或使, 二家之議, 孰正於其情, 孰偏於其理?"
85 『莊子注』「則陽」注. "季眞曰, 道莫爲也. 接子曰, 道或使. 或使者, 有使物之功也.
　物有自然, 非爲之所能也. 由斯而觀, 季眞之言當也."
86 『莊子注』「天運」注. "無則無所能推, 有則各自有事. 然則無事而推行是者誰乎
　哉? 各自行耳."

또 말했다.

"큰 세계의 덩어리[大塊]는 사물이 아니다. 무릇 기를 내뿜는 것이 어찌 사물이겠는가? 기는 홀로 아득하게 저절로 내뿜는 것일 뿐이다. 사물이 생성하는 것은 홀로 아득하게 저절로 생성하는 것이 아님이 없으니, 홀로 아득한 것의 형체가 거대하므로 마침내 큰 세계의 덩어리라고 이름을 지은 것이다."[87]

여기에서부터 말미암아 곽상은 다음과 같은 결론을 도출한다. "그러므로 사물을 생성하는 것은 주재자가 없고, 사물이 각자 저절로 생성하는 것이다. 사물이 각자 저절로 생성하면서 의존하는 것이 없는데, 이것이 천지자연의 바른 모습이다."[88] 이것은 달리 말하자면, 천지 만물의 끊임없는 생성 변화에서 그 궁극적 원인은 사물의 외부에 있는 것이 아니며, "무" 또는 "진짜 주재자"의 작용도 아니고, 사물 자체의 운동 변화의 결과라는 것이다. "그 이치를 밝혀서 장차 만물들로 하여금 각자 형체 속에서 중심을 회복하여 외부의 것에 의존하지 않게 하며, 밖으로 감사할 것이 없고 안으로 우쭐할 것도 없는데, 이 때문에 자연스레 모두 생성하면서도 생성하는 근거는 알지 못하는 것이며, 같은 모습으로서 모두 할 수 있지만 할 수 있는 까닭은 알지 못하는 것이다."[89] 여기에서 "만물이 각자 형체 속에서 중심을 회복한다."는 설명은 배외가 말한 "저절로 생겨남에 반드시 유를 형체로 삼는다."[90]는 것과 일맥상통하는 것이

---

87 『莊子注』「齊物論」注. "大塊者, 無物也. 夫噫氣者, 豈有物哉? 氣塊然而自噫耳. 物之生也, 莫不塊然而自生, 則塊然之體大矣, 故遂以大塊爲名."
88 『莊子注』「齊物論」注. "故造物者無主, 而物各自造, 物各自造而無所待焉, 此天地之正也."
89 『莊子注』「齊物論」注. "明斯理也, 將使萬物各反所宗於體中而不待乎外, 外無所謝而內無所矜, 是以誘然皆生而不知所以生, 同焉皆得而不知所以得也."
90 『晉書』「裴頠傳」에 인용「崇有論」. "自生而必體有."

다. 다시 말하자면, "무"를 가지고 형체로 삼을 수는 없는 것이고 만물 자체를 형체로 삼는 것인데, 이것은 곽상 숭유론의 두드러진 표현이다. 그는 다음과 같이 말했다.

> "천지자연이라는 것은 만물의 총체적 이름이다. 천지자연은 만물을 형체로 삼으며, 만물은 반드시 저절로 그러함을 정도로 삼는다. 저절로 그러함이란 억지로 작위하는 것이 아니고 저절로 그러한 것이다."[91]

천(天)은 해와 달과 별들이며, 지(地)는 산과 냇물과 풀과 나무들인데, 그것들은 모두 개별적이면서 구체적인 것으로 이루어지며, 이 때문에 만물을 떠나면 천지자연도 없는 것이다. 이것이 바로 "천지자연은 만물을 형체로 삼는다."라는 것이다. 그리고 만물은 또한 저절로 그렇게 존재하는 것이며, 어떤 목적과 작위성도 드러내지 않는 것인데, 이것이 바로 "만물은 반드시 저절로 그러함을 정도로 삼는다."는 것이다. 다시 말하자면, 천지자연은 만물[온갖 존재]은 바로 개별적 존재 사물들의 총체이며, 그것은 결코 공허한 개념이 아니고 또한 만물을 생성하고 지배하는 주재자나 조물주가 아니다.

이미 우주 안에 조물주가 만물을 생성 변화시키는 것이 없으며, "무"도 "유"를 생성할 수 있는 것이 아닌데, 그렇다면 "유"는 어떻게 생성되는 것인가? 이 문제를 해결하기 위하여 곽상은 또 "자생(自生)"의 개념을 제기한다. 그는 다음과 같이 말했다.

> "사물이 생성하는 것은 홀로 아득하게 저절로 생성하는 것이 아님이 없다."[92]

---

91 『莊子注』「齊物論」注. "天地者, 萬物之總名也. 天地以萬物爲體, 而萬物必以自然爲正, 自然者, 不爲而自然者也."
92 『莊子注』「天地」注. "物之生也, 莫不塊然而自生."

"생성을 하는 어려움은 위로 무에 의지하는 것이 아니고, 아래로 지식에 의존하는 것도 아니며, 돌연히 저절로 이 생성을 할 수 있는 것인데, 또한 어찌 이미 생성된 것에서 생성을 맡김으로써 그것이 저절로 생성함을 잃겠는가!"[93]

조물주의 사상에 반대하는 것을 철저하게 관철시키기 위하여 곽상은 그의 숭유론 사상을 한 걸음 더 발전시켜서, "따로 있는 어떤 사물존재[別有一物]"가 "유"를 유(有)가 될 수 있도록 하는 것이 아니라 "유"는 "자생(自生: 스스로 생성함)", "자화(自化: 스스로 변화함)", "자성(自成: 스스로 이룸)", "자위(自爲: 스스로 함)", 자조(自造: 스스로 나아감)하는 것이라고 여겼다. 철학사의 발전에서 볼 때, "자생"·"자화" 등의 개념은 선진 시기 『노자』와 『장자』로부터 사용되었으며, 서한 시기에 이르러 더욱더 발전되었다. 왕충(王充)은 『논형(論衡)』 속에서 "천지자연의 두 기가 합하여 만물이 스스로 생성하는 것은 마치 부부가 기를 합하여 자식이 저절로 생기는 것과 같다."[94]라고 말했다. 또 말하길, "황로 사상의 몸가짐은 몸속에 사리사욕 없이 평안하게 하는 것이니, 그 몸조리는 무위로 하며, 몸을 바르게 유지하면서 음양의 기가 저절로 화합하는 것이다. 작위하는 것에 마음을 두지 않으니 사물이 저절로 변화하고, 생성에 뜻을 두지 않아도 사물은 스스로 이루어 간다."[95]라고 하였다. 왕충을 제외하고 한대의 엄준(嚴遵)은 『도덕경』[96]을 주해할 때 역시 "자생(自生)"의 개념을 제기하여 노자의 도에 대한 의미의 변화를 시도하였다. 그는 "태초라는 것이 기의 시작이다."[97]라고 하였다. 정현(鄭玄)은 주석을 달면서 "원

---

93 『莊子注』「天地」注. "得生之難, 而猶上不資於無, 下不待於知, 突然而自得此生矣, 又何營生於已生, 以失其自生哉!"

94 『論衡』「自然」. "天地合氣, 萬物自生, 猶夫婦合氣, 子自生矣."

95 『論衡』「物勢」. "黃老之操, 身中恬淡, 其治無爲, 正身共己而陰陽自合. 無心乎爲而物自化, 無意於生而物自成."

96 역주 엄준(嚴遵)의 『도덕경』에 대한 주해는 『도덕지귀(道德指歸)』이다.

기(元氣)의 근본적 시작을 말한다. 태역(太易)은 이미 스스로 고요하여 어떤 사물도 없는 것이니, 어찌 이 태초(太初)를 생성할 수 있겠는가? 그러므로 태초라는 것은 또한 홀연히 저절로 생성하는 것이다."[98]라고 하였다. 왕부(王符)는 『잠부론(潛夫論)』속에서 "자화(自化)"의 개념을 제기하였는데, 그는 다음과 같이 말했다. "상고(上古)의 세상에서 태소(太素)의 시절에 원기(元氣)가 아득하고 어두워서 아직 형체의 조짐이 없었고, 온갖 정기가 두루 합하여 혼연히 하나가 되어 있어서 제어할 수 없었는데, 이런 모습이 장구하게 오래되다가 불현듯이 저절로 변화하게 되었다."[99] 여기서 볼 수 있듯이, 자생·자화의 사상은 결코 곽상의 발명품이 아니며, 그는 단지 양한(兩漢) 이래의 황로학파 유물주의 견해를 계승·발전시킨 것이고, 신학적 목적론을 지속적으로 반대하면서 더 나아가 "무를 근본으로 삼는" 유심주의 본체론을 반대한 것이다. 이런 곽상의 입장에서, "자생"에는 두 가지 층차의 함의가 있다. 첫째, 이것은 "위생(爲生: 생성을 위함)"과 상대적으로 쓴 문장이니, "저절로 생성하는 것이지, 생성을 위해서 하는 것이 아니다."[100] "자(自)"는 저절로 그러하다는 것이며, 목적이 없는 무의식적인 것이다. 둘째, 이것은 "다른 생성[它生]"과 상대적으로 쓴 문장이니, 이른바 "천뢰(天籟)라는 것이 어찌 또 다른 하나의 사물이겠는가?"[101] "사물은 각자 저절로 생성하는 것이지 산출되어 나오는 곳이 없다."[102]라는 것이고, 또 달리 말하여 이른바 "만물들로 하여금 각자 형체 속에서 중심을 회복하여 외부의 것에 의존하지 않게

---

97 『易緯』「乾鑿圖」. "太初者, 氣之始也."
98 鄭玄 注. "元氣之所本始. 太易旣自寂然無物矣, 焉能生此太初哉? 則太初者, 亦忽然而自生."
99 『潛夫論』「本訓」. "上古之世, 太素之時, 元氣窈冥, 未有形兆, 萬精幷合, 混而爲一, 莫制莫御, 若斯久之, 飜然自化."
100 『莊子注』「在宥」注. "自生耳, 非爲生也."
101 『莊子注』「齊物論」注. "夫天籟者, 豈復別有一物哉?"
102 『莊子注』「齊物論」注. "物各自生而無所出焉."

하는 것이다."[103] "유"의 존재 근거는 "다른 생성[它生]"에 있는 것이 아니며, 또한 외부에 있는 것도 아니고, 바로 자기 자신에게 있는 것이다. 곽상이 "자생"에 대하여 이렇게 해석하는 것은 엄준·왕충 및 배외 등의 사람들이 말한 만물자생설(萬物自生說)에 대한 발전이며, 비교적 강력하게 창세설(創世說)과 목적론에 반대한 것이고, 이어서 자기의 자연관을 물질세계 자체의 기초 위에서 수립한 것이라서 선명한 유물주의 요소를 지니고 있다.

곽상은 "자생" 학설의 기초 위에서 또 "독화(獨化)" 개념을 제기하였다. 그는 다음과 같이 말했다.

> "만약 뱀의 비늘이나 매미의 날개에 의존한다면 독립된 품행(品行)의 유래가 없는 것이니 알기 어렵지가 않다. 이제 알기 어려운 것은 바로 이러한 종류에 의존하지 않고 홀로 변화하기 때문이다."[104]

"독화"의 정확한 함의는 만물 존재가 홀로 저절로 변화한다는 것이다. 개별적 존재물은 자신 이외의 어떤 역량에도 의존하지 않고 존재하는 것인데, 이것은 바로 "홀연히 저절로 그러한 것[忽爾自然]"이며, 또는 "문득 저절로 생성하는 것[欻然自生]"이다. 이 때문에 "독화"는 "자생"이라는 일반개념에서 한 걸음 더 의미가 확대된 것이며, 이는 바로 "사물은 각자 저절로 생성하는 것[物各自造]"이라는 명제의 논리가 발전된 것이다. 곽상의 입장에서 볼 때, 독화설이 수립되어야만 비로소 "유"를 유일한 존재로 삼을 수가 있는 것이다. 이 때문에 독화설의 특징은 비교적 철저하게 만물의 존재 위에 있는 조물주 또는 본체로서의 "무"를 부정하는 것이라 말할 수 있다. 그는 아래와 같은 극단적인 예를 들고 있다.

---

103 『莊子注』「齊物論」注. "(將使)萬物各反所宗於體中而不待乎外."
104 『莊子注』「齊物論」注. "若待蛇蚹蜩翼, 則無特操之所由, 未爲難識也. 今所以不識, 正由不待斯類而獨化故耳."

"이제 망량[105]이 그림자를 따르는 것은 마치 함께 생성하면서 서로 의존하지 않는다고 하는 것과 같으니, 만물은 비록 모여서 함께 천지자연을 이루지만 뚜렷하게 홀로 보이는 것이 아님이 없다. 그러므로 망량은 그림자의 제어를 받지 않고, 그림자는 형체의 부림을 받지 않으며, 형체는 무가 변화된 것이 아니다. 변화와 변화하지 않음, 그러함과 그러하지 않음, 남을 따르는 것과 자기 자신을 따르는 것은 저절로 그러한 것이 아님이 없으니, 내가 어찌 그 까닭을 알겠는가! 그러므로 내어 맡기고서 도와주지 않는 것이니, 근본과 말단 그리고 안과 밖이 화락(和樂)하게 함께 할 수 있으면서 탁 트여 흔적이 없는 것이다. 만약 이 가까이 있는 원인만 따져보고, 그 저절로 그러함을 잊으면, 외부에 사물의 종주(宗主)를 두고, 내부에서 중심을 상실하여, 생성보다 위에 있는 것을 아끼게 된다."[106]

형체와 그림자의 관계를 가지고 말할 때, 곽상은 한편으로 형체가 있으면 반드시 그림자도 있다는 것을 인정하여, "저와 내가 서로 따르며, 형체와 그림자가 함께 생성한다[彼我相因, 形影俱生]."고 하였다. 그러나 또한 "의존하지 않는다[非對]."는 것을 말하면서 형체가 그림자의 생성 원인이 아니라고 하였는데, 이 때문에 "형체는 무가 변화된 것이 아니다."라는 주장을 내놓게 된 것이다. 여기에서 곽상은 그림자와 형체의 관계를 형체와 무의 관계와 완전히 같은 것으로 보았으며, 이어서 사물 사이에는 필연적 인과관계가 없다는 견해를 내놓으면서 형이상학으로 나아간다. 그러나 우리들이 또한 눈여겨볼 것이 있다. 그가 강조한 것은

---

105 **역주** 망량(罔兩)은 그림자 밖에 있는 옅은 그림자를 말한다.
106 『莊子注』「齊物論」注. "今罔兩之因景, 猶云俱生而非待也, 則萬物雖聚而共成乎天, 而皆歷然莫不獨見矣. 故罔兩非景之所制, 而景非形之所使, 形非無之所化也, 則化與不化, 然與不然, 從人之與由己, 莫不自爾, 吾安識其所以哉! 故任而不助, 則本末內外, 暢然俱得, 泯然無跡. 若乃責此近因而忘其自爾, 宗物於外, 喪主於內, 而愛尙生矣."

형체와 그림자의 발생 원인이 바로 자기 자신 속에 있으며, 만물은 모두 이와 같은데, "만물이 비록 모여서 함께 천지자연을 이루지만 뚜렷하게 홀로 보이는 것이 아님이 없다." 바꾸어 말하자면, "천(天)" 또는 "자연계"는 만물의 총체적 이름이지만, "천(天)" 또는 "자연계"가 모두 개개의 구체적인 것이며, 이렇게 형형색색(形形色色)으로 다양한 구체적 "유"를 떠난다면, "천(天)" 또는 "자연계"도 바로 존재할 수 없는 것이다. 즉 「대종사」 주 속에서 "결단코 저절로 그러하게 홀로 변화하는 것[決然自得而獨化]"을 말한 것이다. 곽상의 시각에서 볼 때, 만약 만물 생성·변화의 원인과 근거를 한 가지로만 추구하면 표면적으로는 무궁무진하게 추구해 갈 수 있는 것으로 보일 수 있으나, 최후의 단계에 이르면 필연적으로 하나의 "제일 원인"에 도달하게 되는데, 이렇게 그의 숭유론 학설은 공격을 하지 않아도 스스로 파탄을 초래하게 된다. 이 때문에 그는 이런 종류의 원인과 근거를 추구하는 것을 결단코 반대하면서, "의존하는 것이 없음[無待]"과 "홀로 변화함[獨化]"을 주장한다. 그는 다음과 같이 말했다.

"만약 그 의존하는 것을 따져 묻고 그 유래를 찾는다면 무극(無極: 궁극적인 최후의 단계)을 따져 묻고 찾게 되어서, 끝내 무대(無待: 의존함이 없는 것)에 이르게 되어서 독화(獨化)의 이치가 분명하게 된다."[107]

또 말했다.

"사유를 미루어 궁극에까지 가면, 이제 이른바 유대(有待: 의존함이 있는 것)는 끝내 의존함이 없는 무대에 이르게 되고, 독화의 이치가 밝게 드러난다."[108]

---

107 『莊子注』「齊物論」注. "若責其所待而尋其所由, 則尋責無極, 至於無待, 而獨化之理明矣."

곽상은 사물의 가까운 원인은 알 수 있는 것이라고 보았지만, 그는 단지 궁극의 원인을 추구하는 것에는 반대하였으므로, "무릇 사물의 비근(卑近)함은 그 원인을 알겠지만, 그 근원을 탐구하여 궁극에 이르게 되면 원인이 없이 저절로 그러한 것일 뿐이다. 저절로 그러한 것은 그 원인을 더 이상 따져 물을 수 없는 것이니, 다만 그것을 따라야만 하는 것이다."[109]라고 하였다. 곽상의 시각에서 볼 때, 만약 궁극적인 원인이 있다고 말한다면, 그것은 다른 것이 아니라 오직 "원인이 없이 저절로 그러한 것"이라고 할 수 있다. 이른바 "원인이 없음(無故)"은 궁극적인 원인이 없다는 것이다. 이른바 "저절로 그러함[自爾]"은 저절로 생성하고 홀로 변화하는 것이다. 이렇게 "원인이 없이 저절로 그러한 것"의 상태를 곽상은 "현명지경(玄冥之境: 그윽하고 심오한 경지)"이라고 지칭하였다. 그는 다음과 같이 말했다.

"그러므로 사물의 경계를 접촉할 때에 비록 망량이 다시 오더라도 그윽하고 심오한 경지인 현명에서 독화하지 않음이 없다."[110]

또 말하였다.

"하물며 저 우뚝한 독화는 현명의 경지에 이르는 것이니, 또한 어찌 그것에 내맡기지 않을 수 있겠는가?"[111]

여기에서 "현명(玄冥)"과 "현명지경(玄冥之境)"은 모두 사물 변화의 궁

---

108 『莊子注』「寓言」注. "推而極之, 則今之所謂有待者, 率至於無待, 而獨化之理彰矣."
109 『莊子注』「天運」注. "夫物事之近, 或知其故, 然尋其原以至乎極, 則無故而自爾也. 自爾則無所稍問其故也, 但當順之."
110 『莊子注』「齊物論」注. "是以涉有物之域, 雖復罔兩, 未有不獨化於玄冥者也."
111 『莊子注』「大宗師」注. "況乎卓爾獨化, 至於玄冥之境, 又安得而不任之哉?"

극적 상태가 인식할 수 없고 이해할 수 없는 것임을 설명하기 위한 것이며, 사람의 인식능력에 대한 곽상의 소극적 태도와 인식론적 불가지론을 반영한다. 어떤 관점에서는 곽상이 강조한 현명지경이 실제로 "무"의 다른 이름이며, 이 때문에 곽상은 왕필과 같이 무(無)를 귀하게 여긴 것으로 보인다. 우리들은 이런 관점에 거의 가깝지만 또한 이와 같은 결론을 도출하지는 않는다. "현명지경"이 "무"의 다른 이름이 아니라는 것에 대하여, 우리들은 진정으로 이해하고 자료를 분석할 필요가 있다. 장자는 「대종사」편에서 도를 터득한 사람인 여우(女偶)와 도를 추구하고 있는 남백자규(南伯子葵)의 대화를 묘사하고 있다. 남백자규가 여우에게 도를 어디에서 들었느냐고 물으니, 여우가 대답하여 말했다. "부묵(副墨: 문자)이라는 아들에게서 들었고, 부묵이라는 아들은 낙송(洛誦: 독송)이라는 손자에게서 들었으며, 낙송이라는 손자는 첨명(瞻明: 명철한 견해)에게서 들었고, 첨명은 섭허(聶許: 심득)에게서 들었으며, 섭허는 수역(需役: 실행)에게서 들었고, 수역은 어구(於謳: 노래하여 읊음)에게서 들었으며, 어구는 현명(玄冥)에게서 들었고, 현명은 참요(參寥: 높고 광대함)에서 들었으며, 참요는 의시(疑始: 의심의 시작)에게서 들었다."[112] 부묵에서 의시에 이르기까지 장자는 연속해서 아홉 개의 이름을 거론하면서 우언(寓言)의 형식으로 여우가 득도한 근원을 설명하고, "도"의 "심오하고 또 심오한[玄之又玄]" 신비성을 증명하고 있다. 곽상은 "현명(玄冥)"이라는 개념 아래에 주석을 달면서 다음과 같이 말했다.

"현명이라는 것은 무에 이름을 붙여 말하면서도 무가 아닌 것이다."[113]

---

112 『莊子』「大宗師」. "聞諸副墨之子, 副墨之子聞諸洛誦之孫, 洛誦之孫聞之瞻明, 瞻明聞之聶許, 聶許聞之需役, 需役聞之於謳, 於謳聞之玄冥, 玄冥聞之參寥, 參寥聞之疑始."

113 『莊子注』「大宗師」注. "玄冥者, 所以名無而非無也."

이 말의 의미는 이름에 구애받을 필요가 없다는 것이며, 일설에는 "현명" 바로 그것이 "무"라고 여기지만, 실제로 그것은 결코 "무"가 아니다. 이와 같은 곽상의 해석은 그가 "현명"을 "무"로 해석하는 것에 대하여 반대하는 것을 정확하게 설명한다. 그의 입장에서 볼 때, "현명"은 단지 "유"와 상대적인 "무"가 결코 아닐 뿐만 아니라 이른바 "지극한 무[至無]"도 결코 아니며, 일종의 인식이 불가능한 상태인, 만물의 변화는 바로 이러한 인식 불가능의 상태 속에서 진행되는 것인데, 이 때문에 바로 "독화"라고 칭하는 것이다. 곽상이 말하는 "현명의 경지에서 독화하는 것"은 사물이 변화하는 상태를 의미하는 것인데, 왕필 같은 사람들이 만물 위에 본체인 "무" 또는 "도"를 인정하는 것과 같을 수 없는 것이다. 왜냐하면 곽상은 "무" 또는 "지무"를 숭배하는 것에 반대하기 때문이다.

이상의 자료에서 보자면, 곽상의 "현명지경" 개념과 그의 "독화" 개념은 마찬가지로 사물변화가 궁극적으로 인식할 수 없는 것임을 설명하기 위한 것인데, 아울러 이 때문에 사물 사이의 필연적 인과 관계를 부정하면서 형이상학적 불가지론으로 나아가게 된다. 그러나 인식론상의 불가지론은 결코 자연관에서 귀무(貴無)를 증명할 수 있는 것은 아니다. 이런 정황은 철학사적으로 선례가 있다. 엥겔스는 토마스 헉슬리를 평가할 때, "불가지론자의 자연관은 완전히 유물주의적인 것이다."라고 하였는데, 왜냐하면 이런 그의 관점은 바로 "우주의 조물주와 주재자는 존재하지 않는 것이며, 우리들이 말하는 바와 같이 물질은 이미 창조될 수 없고 소멸될 수도 없다"는 것을 인정하는 기초 위에서 수립되는 것이다.[114] 곽상이 말하는 "사물을 생성하는 것은 주재자가 없다."라는 자연관과 유사한 점이 있다.

---

114 저자주 『마르크스・엥겔스선집』 제3권, 436-439쪽.

(3) "도는 사물에서 벗어나지 않으며", "도는 저절로 하는 것을 넘어
　서지 않는다"

"도"에 대한 곽상의 이해에는 두 가지 방면의 함의가 있다. 첫째, 본체
론과 우주생성론의 시각에서 "도"는 바로 "무"라고 여기는 것인데, 다시
말하자면, "영(零)"인데, 이 때문에 그것은 이미 우주의 본체가 아니며
만물을 생성하는 본원도 아니다. 그는 「대종사」편의 "도는 … 태극보다
위에 있어도 높다고 할 수 없고, 육극의 우주보다 아래에 있어도 깊다고
할 수 없으며, 천지가 생긴 것보다 앞선 것이라 해도 오래된 것이라 할
수 없고, 상고(上古)보다도 더 나이가 많아도 늙었다고 할 수 없다."[115]라
는 구절 아래에 주석을 달면서 다음과 같이 말했다.

　　"도가 있지 않은 곳이 없음을 말하는 것인데, 그러므로 도는 높이 있어도
　　높을 것이 없고, 깊이 있어도 깊을 것이 없으며, 영원한 오래됨 속에 있
　　어도 오래될 것이 없고, 늙음 속에 있어도 늙을 것이 없으니, 있는 곳이
　　모두 아무런 것이 없다."[116]

　곽상의 이와 같은 해석은 근본적으로 도의 실체성을 부정하는 것이
다. "있는 곳이 모두 아무런 것이 없다."는 것은 도가 실체가 아니며, 개
별적 존재물처럼 확실한 존재가 아니라는 것을 표명하는 것인데, 왜냐
하면 그것은 어떤 존재성도 없으므로 개별적으로 존재하는 것을 늘리거
나 줄일 수 있는 것이 아니다. 달리 말하자면, 도는 사물에 대하여 어떤
작용을 할 수 있는 것이 아니다. 이와 같은 그의 해석은 역시 "무는 유를
생성할 수 없다."는 것과 완전히 일치하며, "사물을 생성하는 것은 주재

---

115 『莊子』「大宗師」. "道 … 在太極之上而不爲高, 在六極之下而不爲深, 先天地生
　　而不爲久, 長於上古而不爲老."
116 『莊子注』「大宗師」注. "言道之無所不在也, 故在高爲無高, 在深爲無深, 在久爲
　　無久, 在老爲無老, 無所不在, 而所在皆無也."

자가 없다."라는 등등의 숭유론 명제에 긴밀하게 연계되어 있고, 동시에 『장자』의 사상에 대한 근본적 개조(改造)이다. 그는 「대종사」의 "부열(傅說)이 이 도를 얻어서 재상으로 무정(武丁)[117]을 도와서 천하의 일을 관장하였고, 죽은 뒤에 동쪽하늘에 올라 기성과 미성 사이로 가서 뭇별들 사이에 나란히 서게 되었다."[118]라는 구절 아래에 주석을 달면서 다음과 같이 말했다.

"도가 할 수 있는 것은 없다. 이것은 도에서 얻었음을 말하는 것이니, 바로 스스로 얻은 것을 밝히려는 까닭이다. 스스로 얻는 것일 뿐이니, 도가 그것을 얻게 할 수 있는 것이 아니다. 내가 얻지 못하는 것이지, 또한 얻을 수 없게 할 수 있는 것은 아니다. 그러므로 무릇 도를 얻었다는 것은 밖으로 도에 의존한 것이 아니고, 안으로 자기 자신에게 말미암은 것도 아니며, 철저하게 스스로 얻어서 홀로 변화하는 것이다."[119]

이 문단의 자료에서 볼 수 있듯이, 곽상은 만물의 위에 또 다시 만물을 생성하고 만물을 지배하는 독립된 실체가 있다는 것을 부정하였고, 귀무론자가 "도"에 부여한 각종의 신비한 능력을 부정하였으며, 이어서 만물의 생성·변화의 원인을 "사물이 저절로 생성하는 것[物自生]"과 "사물이 저절로 얻는 것[物自得]"으로 귀결시켰고, 또한 이렇게 스스로 생성하고 스스로 변화하는 것은 모두 목적이 없는 것이며 의식적으로 진행되는 것도 아니므로, 이른바 "밖으로 도에 의존한 것이 아니고, 안으로 자기 자신에게 말미암은 것도 아니다." 「지북유」편의 "하늘은 이 도를 얻으면

---

117 역주 무정(武丁)은 은(殷)나라 임금으로서 보통 고종(高宗)이라 한다.
118 『莊子』「大宗師」. "傅說得之, 以相武丁, 奄有天下, 乘東維, 騎箕尾, 而比於列星."
119 『莊子注』「大宗師」注. "道, 無能也. 此言得之於道, 乃所以明其自得耳. 自得耳, 道不能使之得也; 我之未得, 又不能爲得也. 然則凡得之者, 外不資於道, 內不由於己, 掘然自得而獨化也."

높지 않을 수 없고, 땅은 이 도를 얻으면 넓지 않을 수 없으며, 해와 달은 이 도를 얻으면 운행하지 않을 수 없고, 만물은 이 도를 얻으면 번창하지 않을 수 없으니, 이것을 도라고 하는 것이다!"[120]라는 구절 아래에 곽상은 주석을 달면서 다음과 같이 말했다. "이것은 모두 어쩔 수 없이 그렇게 되어 저절로 그러한 것일 뿐이지, 도가 그렇게 시켜서 그러한 것이 아니다."[121] 이것을 바꾸어 말하자면, 자연계 속에서 하늘과 땅의 높고 넓음과 해와 달의 운행 그리고 만물의 흥망성쇠를 막론하고 모두 다 "도"의 작용이 아니며, "도가 그렇게 시켜서 그러한 것이 아니다." 그는 또 다음과 같이 말했다.

"도를 안다는 것은 그 도가 할 수 있는 일이 없다는 것을 아는 것이다. 할 수 있는 일이 없으니, 무엇을 생성하겠는가? 나는 저절로 그러하게 생성되는 것일 뿐이므로 온몸의 모든 기관들과 오장(五臟) 그리고 정기(精氣)와 신기(神氣)가 이미 억지로 하는 것이 아니라 저절로 이루어지는 것이니, 또한 생성이 된 뒤에 어디 따로 뜻이 있겠는가?"[122]

또 말했다.

"또한 만물을 쓰는데 (자기에게 부림을 당하지 않으므로)[123] 내가 모자람이 없는 것이다. 이것은 도가 사물에 제공하는 것은 아무것도 제공하지 않음에 있는 것임을 밝히는 것이며, 도 자체는 제공하지 않아도 사물

---

120 『莊子』「知北游」. "天不得不高, 地不得不廣, 日月不得不行, 萬物不得不昌, 此其道與!"

121 『莊子注』「知北游」注. "言此皆不得不然而自然耳, 非道能使然也."

122 『莊子注』「秋水」注. "知道者, 知其無能也; 無能也, 則何能生我? 我自然而生耳, 而四支百體, 五藏精神, 已不爲而自成矣, 又何有意乎生成之後哉!"

123 역주 "還用萬物"은 초횡(焦竑)본 『장자익(莊子翼)』의 『곽상주』에는 "用物而不役己"로 되어 있다. 여기서는 문맥상 초횡본에 의거하여 수정한다.

은 저절로 제 갈 길을 얻는 것이다. 그러므로 도라고 하는 것이다."[124]

　"도가 할 수 있는 것은 없다."는 말은 "도"에 사물을 부릴 수 있는 공능이 없으며, 사물을 생성할 수 있는 능력도 없다는 말이다. 섬(贍)이라는 글자는 제공(提供)한다는 의미이다. "도가 사물에 아무것도 제공하지 않는다[道不贍物]."는 말은 도가 만물을 기를 수 있는 것이 아니고, "도"는 결코 노자와 왕필이 말하는 것처럼 만물에 대하여 "생성하고, 길러주며, 양육하고, 보호한다."[125]는 등의 공능이 없는 것이다. "도"에 대한 곽상의 이와 같은 해석은 실제로 왕필과 같은 사람들의 귀무파 본체론에 대한 부정이다.

　둘째, 도는 이미 만물의 본체 또는 본원이 아닌데, 그렇다면 도는 무엇인가? 곽상의 입장에서 볼 때 도의 또 다른 함의는 규칙·법칙의 의미를 지니는 것이다. 이런 함의는 비록 전체『장자주』속에서 아주 분명하게 나타나는 것은 아니지만, 이런 함의에 대한 곽상의 기본적 시각을 반영하고 있다. 그는 "도가 유(有)를 부릴 수 있는 것이 아니며, 유는 늘 저절로 그러한 것이다."[126]라고 말했다. 또 말하길, "사물은 그것을 얻어서 두루 통하며, 사물이 두루 통함에 사사로움이 없는데, 그것을 억지로 말하여 도라고 한다."[127]라고 하였다. 이것을 바꾸어 말하자면, "도"는 비록 만물을 생성하는 공능이 없지만, 오히려 "사물을 두루 통하게 하는" 공능이 있다. 그렇다 하더라도 궁극적으로 무엇이 "도"인가? 곽상의 입장에서 볼 때 도는 바로 "사물이 저절로 제 갈 길을 얻는 것[物之自得]"이다. 그는 다음과 같이 말했다.

---

124 『莊子注』「知北游」注. "還用萬物, 故我不匱. 此明道之贍物, 在於不贍, 不贍而物自得, 故曰此其道與."

125 『老子』51장. "生之·畜之·養之·覆之."

126 『莊子注』「則陽」注. "道不能使有, 而有常自然也."

127 『莊子注』「則陽」注. "物得以通, 通物無私, 而强字之曰道."

"만물은 저절로 제 갈 길을 얻지 않음이 없으니, 천지자연이 두루 통하는 것인데, 도는 그 말미암는 바를 막지 않고, 만물은 저절로 제 갈 길을 얻어 운행하는 것이다."[128]

"도가 포용하는 것은 비록 아무런 제한이 없지만, 그 큰 귀결을 종합해보면 저절로 제 갈 길을 얻는 것에 지나지 않는다. 그러므로 하나(一)라고 하는 것이다."[129]

이것을 바꾸어 말하자면, 곽상은 만물이 저절로 생성하고 저절로 변화하는 이런 원칙을 도라고 여긴 것이다. 바로 이와 같기 때문에 "도"는 "사물을 부리는 공능[使物之功]"을 구비하고 있지 않는 것이다. 왜냐하면 도는 사물이 저절로 그러한 것이므로 도 자체는 실체가 아니라 사물이 지닌 일종의 속성 또는 법칙이기 때문이다. "도"에 대한 이런 해석에 기초하여 곽상은 "도는 사물을 벗어나지 않는다[道不逃物]"라는 명제를 제기한 것이다.

「지북유」의 주석 속에서 곽상은 장자와 동곽자(東郭子)의 흥미있는 대화를 빌려서 도와 사물의 관계에 대하여 자기의 견해를 달고 있다. 동곽자가 물었다. "이른바 도는 어디에 있는가?"[130] 장자가 대답하였다. "그대의 질문은 진실로 근본에 이르지 못했으니, 정획(正獲: 도축 담당관리)이 감시(監市: 시장관리인)에게 살지고 야윈 돼지의 파악 방법을 묻자, 매번 위에서 차츰 아래로 갈수록 모습을 잘 알 수 있다고 한다."[131] 정획이 시장관리인에게 돼지의 살 진 것과 야윈 것의 감별방법을 물어보자,

---

128 『莊子注』「天地」注. "萬物莫不皆得, 則天地通, 道不塞其所由, 即萬物自得其行矣."
129 『莊子注』「徐無鬼」注. "道之所容者雖無方, 然總其大歸, 莫過於自得, 故一也."
130 『莊子注』「知北游」. "所謂道, 惡乎在?"
131 『莊子注』「知北游」. "夫子之問也, 固不及質, 正獲之問於監市履狶也, 每下愈況."

시장관리인은 경험이 풍부하였으므로 대답하길, "매번 위에서 차츰 아래로 갈수록 모습을 잘 알 수 있다."라고 하였다. 곽상은 이에 대하여 의견을 상세히 밝혀서 말했다.

"무릇 시장관리인이 돼지의 살진 것과 야윈 것을 감별하는 것은 그 돼지가 살졌는지 파리하게 말랐는지를 아는 것인데, 살지지 않은 부분을 살필수록 더욱더 살진 돼지의 부분을 알 수 있는 것이다. 이제 도가 있는 곳을 물을 때 매번 비천한 곳에서 상황을 살핀다면 도가 사물을 벗어날 수 없다는 것이 필연적임을 밝히는 것이다."[132]

이 문단에서 말하는 것은 도가 어떤 사물의 도이며, 구체적 사물을 떠나서 있는 독립적인 도가 없다는 것이다. 이것은 바로 "도가 사물을 벗어나지 않는다."는 구체적 함의이다. 이 때문에 곽상은 다음과 같이 말한다.

"만약 반드시 (도가) 사물을 벗어나지 못한다고 말한다면 도는 모든 사물에 두루 미치는 것이 아니다. 도가 모든 사물에 두루 미치는 것이 아니라면 도가 될 수 없는 것이다."[133]

만약 반드시 도가 사물을 떠나서 존재할 수 있다고 말한다면, 도를 하나의 사물 속에서 분리하는 것과 같아지는데, 그렇다면 도는 역시 "모든 사물에 두루 미치는 것이 아니다[不周]". 도가 보편적이지 않다면 이른바 도는 없다는 것이 된다. 곽상은 도를 구체적 사물 속에서 분리하는 것에

---

132 『莊子注』「知北游」注. "夫監市之履豕以知其肥瘦者, 愈履其難肥之處, 愈知豕肥之要. 今問道之所在, 而每況之於下賤, 則明道之不逃於物也必矣."
133 『莊子注』「知北游」注. "若必謂無(道)之逃物, 則道不周矣, 道而不周, 則未足以爲道."

반대하였는데, 이렇게 분리하는 것에서는 도가 바로 도가 될 수 없다고 여긴 것이다. 이 때문에 도는 "사물을 벗어날 수[逃物]" 없는 것이 되며, 곽상의 시각에서 볼 때, "사물을 벗어나는[逃物]" 도는 없고, 그 도는 오직 사물에 속하는 것이며 사물을 떠나서는 도는 없는 것이다.

현학의 귀무론은 "도"와 만물을 대립시키며, 도가 구체적 사물을 떠나서 존재할 뿐만 아니라 또한 "도"를 만물을 생성·변화시키는 근본이라고 말한다. 곽상은 이렇게 도와 사물을 분리하는 관점에 대립하면서 "도는 사물을 벗어나지 않는다."는 숭유론의 명제를 분명하게 제기하여, 후세에 중요한 영향을 미친다. 명(明)나라와 청(淸)나라 즈음에 왕부지(王夫之)는 이런 합리적 사상을 계승하였고, 한 걸음 더 나아가 그것을 "도는 사물 속에 있다[道在物中]."는 유물주의 학설을 드러내어 밝혔다. 그는 「지북유」편을 해석하는 중에 "도는 어디에 있는가"라는 구절의 해석에서 곽상의 주석과 서로 매우 비슷한 점이 있다. 그는 "온 세상의 유지(有知)와 무지(無知), 유정(有情)과 무정(無情), 바탕이 있음과 바탕이 없음, 재질이 있음과 재질이 없음을 포괄하는 것이니, 도는 없는 곳이 없다."[134]라고 말했다. 또 말하길, "두루 다 빠짐없이 모든 것은 저절로 그러한 것이니, 저절로 그러함은 모두 도이다."[135]라고 하였다. 바로 "도는 사물 속에 있는 것"이므로 "저절로 그러함은 모두 도이다." 이 때문에 여기를 벗어난 밖에서 다시 "그러한 원인[所以然]"이 되는 것을 찾을 수 없는 것이니, "오히려 무엇을 기약하겠는가? 오직 그러한 원인이 없는 것은 바로 근본이기 때문이다."[136] 이것을 바꾸어 말하자며, 도는 바로 사물 속에 있는 것이지 다시 천지만물 이외의 영역에서 어떤 "본체"와 같은 것을 찾을 필요가 없다는 것이다. 왕부지의 입장에서 볼

---

134 『莊子解』「知北游」解. "括天下之有知無知, 有情無情, 有質無質, 有材無材; 道無所不在."

135 『莊子解』「知北游」解. "周遍咸皆自然, 自然皆道也."

136 「知北游」解. "而尙何期乎? 唯無所以然者爲之根本故也."

때, 어떤 사람이 "상(象) 밖의 도[象外之道]"를 따로 찾는 것은 바로 "도"·
"사물"을 두 가지의 것으로 보는 것이기 때문에 두 가지가 본래 "서로 하
나인 것[相與爲一]"을 알지 못하는 것이다. 여기에서 그는 왕필을 비판하
면서 다음과 같이 말했다.

> "천하에 상(象) 밖의 도가 없다는 것은 어째서인가? 만약 있다면 서로 더
> 불어 둘이 되는 것이니 매우 친하게 되어 또한 아버지와 아들의 관계와
> 같게 된다. 만약 없다면 서로 더불어 하나가 되는 것이니, 비록 다른 이
> 름이 있더라도 또한 귀와 눈과 그 눈 밝고 귀 밝음의 관계와 같게 된다.
> 아버지가 자식을 낳으면 각각 자기의 형체를 지니고, 아버지가 죽으면
> 자식이 계승한다. 또 도가 상(象)을 낳으면 각각 자체로 형체를 이루게
> 되고, 도가 가버려도 상은 남는다고 말하지 않겠는가? 그러니 상 밖에는
> 도가 없는 것이다. 도를 상세히 밝히고 상을 간략하게 하는 것이 어찌 옳
> 겠는가?"[137]

왕필에 대한 왕부지의 비판은 매우 심각하다. 아버지와 아들은 비록
서로 친애하지만 결국은 "각각 자기의 형체를 이루는 것[各自成體]"이고,
각각 자기의 형체를 이루는 것은 바로 "서로 더불어 둘이 되는 것[相與爲
兩]"이다. 그러나 귀와 눈과 그 눈 밝고 귀 밝음의 관계는 "하나의 형체
에서 통일되는 것[統之於一形]"이 된다. 이 때문에 귀무론에서 말하는 "어
머니와 아들[母子]", "근본과 말단[本末]"의 비유는 다 같이 "서로 더불어
둘이 되는 것"이므로 도와 사물을 나누게 되는 것이다. 곽상과 같이 왕
부지는 근본적으로 사물과 떨어져 독립하여 존재하는 어떠한 도도 부정

---

137 『周易外傳』권6. "天下無象外之道, 何也? 有則相與爲兩, 卽甚親, 而亦如父之於
子也. 無外, 則相與爲一, 雖有異名, 而亦若耳目之聰明也. 父生子而各有形, 父死
而子繼; 不曰道生象而各自成體, 道逝而象留, 然則象外無道. 欲詳道而略象, 奚可
哉?"

하며, "도"의 실체성을 부정한다. 그는 「지북유」편을 해석하는 중에 다시 한 번 "저절로 그러함이 바로 도라는 말이지, 과연 도가 실체로 있는 것이 아니다."[138] 그는 다음과 같이 말했다. "저절로 그러함이 그렇게 되는 원인을 갖지 않는 것이 오래되었다. 저절로 그러함은 자체로 그러함이 있다는 말이다. 저절로 그렇게 되는 것은 정기(精氣)·신기(神氣)가 생성하기 이전에 있었으며, 이름을 붙일 수도 없으므로 임시로 그것을 글자로 하여 도라 한 것이다. 형체를 지닌 사물이 생성된 뒤에 이 도는 역시 잠시라도 버린 적이 없는 것이므로 뿌리가 가지와 잎과 일체가 되는 것이 아니다. 군자 된 사람이 여전히 그러한 원인을 추구하면서 스스로 대도의 바름을 벗어나고 있으니, 어찌 함당함이 있겠는가?"[139] 이와 같은 왕부지의 사상은 실제로 "도는 사물을 벗어나지 않는다."는 곽상의 사상을 계승하고 발전시킨 것이다.

(4) "본성에 각각 나누어 받은 것이 있음은 필연적 이치이다[性各有分, 理之必然]"

곽상은 숭유론에서 출발하여 만물의 존재가 각각 자기의 규정성을 지닌다고 여겼다. 그는 이 규정성을 "본성[性]" 또는 "이치[理]"라고 하였다. 그는 다음과 같이 말했다.

> "본성을 나누어 가짐은 각각 저절로 하는 것이니, 모두 지극한 이치 속에서 나오는 것이므로 없을 수 없는 것이다. 이 때문에 양생을 잘하는 것은 그것을 따라 맡긴다."[140]

---

138 『莊子解』「知北游」解. "自然者卽謂之道, 非果有道也."
139 『莊子解』「知北游」解. "自然者之無所以然, 久矣. 自然者, 有自而然之謂. 而所自者, 在精神未生之上, 不可名言, 而姑字之曰道. 乃形物旣成之後, 此道亦未嘗暫舍, 而非根本枝葉各爲一體. 爲君子者, 乃求所以然而自外於大方, 豈有當乎?"
140 『莊子注』「達生」注. "性分各自爲者, 皆在至理中來, 故不可免也, 是以善養生者, 從而任之."

"저절로 하는 것[自爲]"은 자기 스스로 하거나 저절로 하게 되는 것이다. 그는 한 사물의 "본성"은 사물 자체가 스스로 지니게 되는 것이지, 결코 외부의 힘에 의해 억지로 갖게 되는 것이 아니라고 보았으며, "천성(天性)을 부여받는 데는 각각 본분(本分)이 있는 것이고, 그것을 벗어날 수 없으며 또한 더할 수도 없는 것이다."[141] 이른바 "천성(天性)"은 바로 "자연의 본성[自然之性]"인데, 그것은 저절로 그러한 것이며, 이와 같이 자연적으로 생성하는 것이므로, 어떤 사물에 대해서 그것이 바로 이 사물 또는 바로 저 사물이 되게 하는 근거가 되는 것은 모두 필연적으로 이와 같은 것이라서 늘리거나 줄일 수 없는 것이며, 벗어날 수도 없고 선택할 수도 없는 것이다. 그는 다음과 같이 말했다.

> "무릇 천(天)이라는 것은 모두 억지로 하지 않고 저절로 그러함을 분명히 한 것이다. 저절로 그러함을 말하는 것은 바로 저절로 그렇게 되는 것이니, 사람이 어찌 일부러 이렇게 저절로 그러함이 있게 할 수 있겠는가? 저절로 그러할 뿐이니, 그러므로 본성이라 한다."[142]

또 말했다.

> "본성에 각각 나누어 받은 것이 있기 때문에 지혜로운 자는 아는 것을 지켜서 바른 맺음을 기대하고, 어리석은 자는 어리석음을 끌어안고 죽음에 이르니, 어찌 중간에 그 본성을 바꿀 수 있겠는가"[143]

---

141 『莊子注』「養生主」注. "天性所受, 各有本分, 不可逃, 亦不可加."
142 『莊子注』「山木」注. "凡所謂天, 皆明不爲而自然. 言自然則自然矣, 人安能故有此自然哉? 自然耳, 故曰性."
143 『莊子注』「齊物論」注. "言性各有分, 故知者守知以待終, 而愚者抱愚以至死, 豈有能中易其性者也."

"본성이 할 수 있는 것은 어쩔 수 없이 하는 것이다. 본성이 할 수 없는 것은 억지로 할 수 있는 것이 아니다. 그러므로 성인은 오직 그것을 제어하지 않고 함께 어우러져 모두 제 갈 길을 얻으면서도 그 얻는 까닭을 알지 못한다."[144]

이것을 바꾸어 말하자면, "본성"은 바꿀 수 없는 것이며, 사물이 한번 생성하면 바로 일종의 바뀌지 않는 "본성"을 갖게 되는 것이다. 이렇게 바뀌지 않는 "본성"은 자연스럽게 더불어 함께하는 것이다. 곽상은 사물의 "본성"이 일정한 한도가 있는 것인데, 그는 이런 한도를 "분(分: 본분)" 또는 "극(極: 궁극의 본질)"이라고 지칭하였다. 단지 "본성"의 한도를 유지하는 범위 내에서 이 사물이 비로소 바로 그 사물이 되는 바를 잃지 않는 것이라고 여겼다. 이 때문에 "그 자연적 본성을 스승으로 삼고 그 본분을 넘어서는 것을 없애버리며",[145] "그 본분 내에서 활용하며",[146] "그 본성에 따를 것"[147]을 주장하였다. 그는 "사물은 각각 본성을 지니고 있으며, 본성에는 각각 궁극의 본질을 지니고 있는데, 모두 수명이 긴 자가 아는 것과 같으니, 어찌 발돋움해 올려 본다고 미칠 수 있겠는가?"[148]라고 말했다. "본성을 나누어 받음[性分]"은 저절로 그렇게 되는 것이지 희망하고 모방해서 이를 수 있는 것이 아니다. 이 때문에 우리는 곽상이 말하는 "본성"이 사물 자체가 지니고 있는 규정성을 의미하며 또한 사물의 기본 성질 또는 본질임을 알 수 있다. 그가 보는 만물 존재들 사이에 존재하는 각종의 차별상은 바로 사물의 본성으로부터 결정되는 것이며, 이 때문에 한 사물에는 한 사물의 본성이 있고, 본성은 서로 다

---

144 『莊子注』「外物」注. "性之所能, 不得不爲也; 性所不能, 不得强爲; 故聖人唯莫之制, 則同焉皆得而不知所以得也."
145 『莊子注』「逍遙游」注. "師其天然, 而去其過分."
146 『莊子注』「逍遙游」注. "用其分內."
147 『莊子注』「逍遙游」注. "因其本性."
148 『莊子注』「逍遙游」注. "物各有性, 性各有極, 皆如年知, 豈跂尙之所及哉?"

르기 때문에 사물이 비로소 무한한 다양성을 나타내게 되는 것이다. 이런 곽상의 사상에는 합리적 요소가 있다. 그러나 그는 사물과 사물들 사이의 관계를 보지 못했는데, 이 때문에 한 사물의 성질은 처음부터 끝까지 바뀌지 않으며 다르게 변화하지도 않는다고 보아서 변혁(變革)과 전화(轉化)에 반대하였으며, 하나라도 바뀌어 변한다면 바로 사람의 힘으로 자연적인 것에 억지를 가하는 것으로서 바로 "본성을 해치는 것[傷性]" 또는 "본성을 상실하는 것(失性)"이라고 여겼다. 그는 다음과 같이 말했다.

"무릇 큰 사람은 남음이 없고, 작은 사람은 부족함이 없으니, 이것은 엄지와 둘째가 붙은 네 발가락과 혹이 모두 형체의 본성에서 나온 것이지, 쓸데없이 날조된 것이 아니다. 그러나 두 발가락이 붙은 것과 붙지 않은 것이 모두 자체로 만족함에도, 여기에서 오직 네 발가락과 육손이 다른 사람들에 비해 많다고 여기기 때문에 군더더기라고 말할 뿐이다. 미혹한 사람은 이것을 본성이 아니라고 말하면서 그것을 잘라버리려고 하는데, 이는 도를 보존하지 못함이 있는 것이며, 덕을 싣지 못함이 있는 것이고, 사람이 재질을 버리며, 사물이 쓰임을 버리는 것이니, 어찌 지극한 다스림의 뜻이겠는가! 무릇 사물에는 크고 작음이 있고, 능력에는 많고 적음이 있으니, 큰 것은 바로 엄지와 둘째가 붙은 네 발가락 같은 경우이며, 많은 것은 바로 혹 같은 경우이다. 네 발가락과 혹의 구분은 사물에서도 있는 것으로서, 만약 있는 그대로 내맡기지 않는다면, 이는 모두 만물의 본성을 버리는 것이다."[149]

---

149 『莊子注』「騈拇」注. "夫長者不爲有餘, 短者不爲不足, 此則騈贅皆出於形性, 非假物也. 然騈與不騈, 其性各足, 而此獨騈枝, 則於衆以爲多, 故曰侈耳. 而惑者或云非性, 因欲割而棄之, 是道有所不存, 德有所不載, 而人有棄才, 物有棄用也, 豈是至治之意哉! 夫物有小大, 能有少多, 所大卽騈, 所多卽贅. 騈贅之分, 物皆有之, 若莫之任, 是都棄萬物之性也."

이것을 다시 말하자면, 나란히 붙은 발가락과 육손의 손가락이 비록 정상적인 숫자보다 많다고 하더라도 모두 "형체의 본성[形性]"에서 나온 것이며, 이 때문에 남음이 있는 것이 아니다. 왜냐하면 그것들은 모두 저절로 그렇게 그런 모습을 한 것이기 때문이다. 그러므로 그것대로 저절로 그러함에 내맡겨야만 한다. 만약 "그것을 잘라버리려고 한다면", "저절로 그러한 본성을 어기는 것이며" 바로 불행을 당하게 되는 것이다. 이런 관점을 사회와 정치로 확산시키면 반드시 "현존하는 모든 것이 다 합리적인 것"이라는 결론에 도달한다.

곽상은 "본성"을 말할 때, 종종 또한 "이치[理]"와 연계시켜서 말하였다. 그는 다음과 같이 말했다.

> "이치에는 지극한 분수[至分]가 있으며, 사무에는 규정된 한계[定極]가 있어서, 각각 일을 알맞게 처리할 수 있으니, 그것의 기능은 한가지로 같다."[150]

곽상은 모든 개별사물에는 각 개별사물의 본성이 있으며, 동시에 각 사물에는 또한 각 사물의 이치가 있다고 보았다. "본성"에는 일정한 한도가 있으며, "이치"에도 일정한 한도가 있다. 그는 "무릇 사물이 발생하여 편안하게 자리 잡는 것에는 제 갈 길에 각각 한계가 있는 것이다. 그 분수를 알기 때문에 더불어 이치를 말하는 것이다."[151]라고 하였다. 이것을 바꾸어 말하자면, 각각의 사물에는 모두 자기의 궁극적인 한도가 있으며, 자기 규정성을 지니고, 다른 사물과 구별되는 자기의 "본성[性]" 또는 "분수[分]"를 지닌다는 것인데, 이렇게 해서 비로소 무엇을 "이치

---

150 『莊子注』「逍遙遊」注. "理有至分, 物有定極, 各足稱事, 其濟一也."
　　 역주 　저자는 이 부분을 「齊物論」注로 보았는데, 『莊子注』의 전거를 확인하여 「逍遙遊」注로 바로잡았다.
151 『莊子注』「秋水」注. "夫物之所生而安者, 趣各有極. 以其知分, 故可與言理也."

[理]"라고 말하는지를 알게 된다. 여기에서 곽상은 "이치"를 만물의 생성·변화의 근거로 이해하지 말 것을 힘주어 역설하는데, 이 때문에 "사물에는 각각 이치가 있고", "이치에는 지극한 분수가 있다."고 강조한 것이다. "이치"는 사물이 서로 다르기 때문에 이치도 다르게 되는 것이다. 그는 「양생주」편 속에 있는 포정해우(庖丁解牛)[152] 구절을 해석하면서

---

152 **역주** 이 부분의 『장자』 원문은 다음과 같다. 『莊子』「養生主」. "庖丁爲文惠君解牛 手之所觸 肩之所倚 足之所履 膝之所踦 砉然嚮然 奏刀騞然 莫不中音. 合於桑林之舞 乃中經首之會. 文惠君曰 譆 善哉 技蓋至此乎 庖丁釋刀對曰 臣之所好者道也 進乎技矣. 始臣之解牛之時 所見無非牛者. 三年之後 未嘗見全牛也. 方今之時 臣以神遇 而不以目視 官知止而神欲行. 依乎天理 批大郤 道大窾 因其固然. 技經肯綮之未嘗 而況大軱乎 良庖歲更刀 割也 族庖月更刀 折也. 今臣之刀十九年矣 所解數千牛矣 而刀刃若新發於硎. 彼節者有間 而刀刃者無厚 以無厚入有間 恢恢乎其於遊刃必有餘地矣 是以十九年而刀刃若新發於硎. 雖然 每至於族 吾見其難爲 怵然爲戒 視爲止 行爲遲. 動刀甚微 謋然已解 如土委地. 提刀而立 爲之四顧 爲之躊躇滿志 文惠君曰 善哉 吾聞庖丁之言 得養生焉"[소백정 포정이 문혜군을 위해 소를 잡는데, 손으로 움켜잡고 어깨로 받치며, 발로 밟고 무릎으로 누르면서 칼을 휘두르는데, 소리가 나면서 모두 음률에 맞는 것이 마치 탕왕의 상림(桑林) 춤에 맞는 듯하고, 요임금의 경수(經首) 시 운율에 맞는 듯하였다. 문혜군이 말하길, "아, 훌륭하도다. 기술이 어찌 이에 이르렀는가?" 포정이 칼을 거두고 임금에게 다음과 같이 대답하였다. "제가 좋아하는 것은 도(道)인데, 기술보다 더 나아간 것입니다. 처음 제가 소를 잡을 때는, 보이는 것이 소의 몸체가 아닌 것이 없었는데, 3년이 지난 다음에는 소의 몸체는 보이지 않았습니다. 지금은 다만 정신으로써 소와 만나는데, 눈으로 소를 보지 않고 감각기관의 인식을 멈추고 정신만 운용합니다. 대자연의 이치에 의존해서 근육과 근육 사이를 비집고 들어가 뼈와 뼈 사이를 지나되, 소의 기관이 지닌 길을 따라 움직이므로, 제 기술로서는 뼈와 힘줄이 엉켜 있는 곳을 지날 때도 걸림이 없거늘 하물며 큰 뼈가 있는 곳에 걸리겠습니까? 훌륭한 백정이라 해도 1년마다 칼을 바꾸는데, 이는 썰기 때문이며, 보통의 백성은 1개월마다 칼을 바꾸는데, 이는 자르기 때문입니다. 이제 제가 사용하는 칼은 19년이 되었으며, 수천 마리의 소를 잡았지만, 칼날은 숫돌에서 방금 간 것과 같습니다. 소의 몸체는 마디마다 틈이 있고, 칼날은 두텁지 않으므로, 두텁지 않은 칼날이 틈이 있는 곳으로 들어가면 넉넉하여 칼을 놀릴 여지가 있는 것입니다. 이 때문에 19년을 사용해도 숫돌에서 방금 간 것처럼 예리할 수 있습니다. 비록 그래도 매번 뼈와 힘줄이 엉겨붙은 곳에 이르러서 저는 하기 어려운 줄 알기 때문에 조심스런 마음으로 경계하면서, 보는 것을 그곳에 멈추어 집중하고, 움직임은 서서히 하며, 칼을 운행하는 것을 섬세하게 하여,

다음과 같이 말했다.

> "바로 교묘한 재주를 시행하기 때문에 틈새를 헤집고 다니지 않음이 없
> 어서 이치를 극진히 다 발휘하는 것이니, 이미 소의 몸체 결[이치]에 따
> 라 다니는 것이 또한 음률에 부합하는 것과 같음을 말한 것이다."[153]

여기에서 "소의 몸체 결[이치]에 따라 다니는 것"은 곽상이 결코 이치를
일차적인 것으로 보지 않는다는 것을 반영하는 것인데, 그는 포정이 소
를 잡아 해체하는 원리가 바로 "교묘한 재주를 시행하기 때문에", 기술이
순수하게 무르익어서 "기술에 도리를 싣게 되었으므로"[154] "은연중에 이
치와 부합하고"[155] 그 기술을 신묘하게 할 수 있는 것이라고 여긴 것이
다. 여기에서 "이(理)"라는 글자는 그 함의가 소의 생리적 구조를 의미하
면서 동시에 조리(條理)·법칙(法則)의 의미를 지니고 있다. 소의 이치[牛
理]는 소이기 때문에 지니고 있는 것으로서 바로 나무의 무늬가 나무이
기 때문에 있는 것과 같으며, "이치"는 결코 실체가 아니라는 사상을 관
철하고, 이치는 사물 속에 있다는 사상의 맹아를 드러내는 것과 같다.

"사물에는 각각 이치가 있고[物各有理]", "이치에는 본래 분수가 있는
데[理自有分]", 바로 이와 같기 때문에 물질세계가 비로소 천차만별의 다
양성을 드러내는 것이며, "그 다양성에 따라 내맡기면 만물은 합당하지
않음이 없는 것"[156]이고, 만물의 존재는 각각 본래 서로 다름을 인정하

그곳이 풀어져서 마치 흙덩이가 땅에 떨어지듯 하면, 칼을 비껴 들고 일어서서
사방을 둘러보면서 머뭇거리는 듯하다가, 만족한 마음으로 칼을 닦아 잘 보관합
니다." 문혜군이 말하길, "참 훌륭하도다. 내가 포정의 말을 듣고 양생의 도리를
깨달았노라."라고 했다].
153 『莊子』「養生主」注. "言其因便施巧, 無不閑解, 盡理之甚, 旣適牛理, 又合音
   節."
154 『莊子』「養生主」注. "奇道理於技."
155 『莊子』「養生主」注. "故暗與理會."
156 『莊子注』「秋水」注. "就其殊而任之, 則萬物莫不當也."

기 때문에, "이치에 맡겨 운동하거나[任理而動]" 또는 "본성에 내맡겨서 그대로 운행해 가는 것[任性直往]"이므로 또한 "이치"는 한 사물의 이치인 것이다. 이 때문에 "이치에 내맡기는 것[任理]" 또는 "본성에 내맡기는 것[任性]"도 다름 아니라 "사물에 내맡기는 것[任物]"이다. 이것은 곽상 숭유론의 특성을 선명하게 표현하는 것이다. 곽상의 입장에서 볼 때, 이치는 온갖 사물대로 다른 것이며, 우주 안에 만물 존재를 통섭하는 통일적인 "이치"는 인정하지 않는 것인데, 이것은 개별자를 숭상하면서 보편적 일반으로 귀결되는 것을 배척한 것과 같다. 곽상도 "한도[極]"를 주장하였는데, "사물에는 규정된 한도가 있으며[物有定極]", "부여받은 분수에는 각각 한도가 있고[所稟之分各有極]", "이치에는 지극한 한도가 있다[理有至極]."는 등의 명제가 그것이다. 곽상은 "지극한 분수에 내맡기는 것[任其至分]"은 바로 "한도[極]"에 이를 수 있는 것이며, 꼭 왕필이 말하는 것처럼 "근본으로 돌아가야만[返本]" 비로소 "본체를 지극하게 할 수 있다[體極]."는 것은 아니라고 여긴 것이다. 왜냐하면, "사물에는 각각 한도가 있다는 것" 때문인데, 이 때문에 오직 "그 사물의 지극한 분수에 내맡기고 터럭만큼의 보탬도 없어야만"[157] 하는데, 백리를 갈 수 있으면 바로 백리를 가는 것이며, 자기가 자기를 완성할 수 있는 것이니, 반드시 "근본으로 돌아가고 무로 귀환하는 것[返本歸無]"에 의존하여 "도" 또는 "무"에서 도움을 구하는 것은 아니다. 여기서 곽상의 이런 논의가 모두 그의 숭유론 사상을 관철시키는 것임을 볼 수 있다.

곽상은 "이치"의 필연성을 매우 강조하였다. 그는 다음과 같이 말했다.

"어쩔 수 없는 것은 이치의 필연이니, 지극한 하나나 머무는 곳을 체인하고 필연이 깃드는 곳을 깨달아야 한다."[158]

---

157 『莊子』「養生主」注. "任其至分而無毫銖之加."
158 『莊子注』「人間世」注. "不得已者, 理之必然者也, 體至一之宅而會乎必然之符者也."

또 말했다.

"바로 대물(大物)은 반드시 대처(大處)에서 저절로 생성하는 것이며, 대처는 또한 반드시 이 대물을 저절로 생성하는 것은, 이치가 본래 저절로 그러한 것이니, 그 실패를 두려워할 것이 없고, 또한 어찌 그 사이에 마음을 둘 것이 있겠는가?"[159]

여기에서 곽상이 주장하는 "이치"가 모두 일종의 자연적 필연성을 지니고 있다는 것을 알 수 있다. 이런 자연적 필연성은 곽상의 입장에서 볼 때 이해할 방법이 없으며 반대할 방법이 없는 것이다. 이 때문에 하나의 "이치"에서 곽상은 또한 그것을 "명(命)"이라고 불렀다. 그는 다음과 같이 말했다.

"내가 생겨남은 내가 스스로 생겨나게 한 것이 아니며, 일생 동안 백년 이내에 앉고 서는 행동거지와 움직이고 고요하며 취하고 버리는 것과 성정(性情)과 인식능력과 내가 지닌 것과 내가 지니지 못한 것과 내가 하는 것과 내가 좋은 때를 만나는 것이 모두 나에게 달린 것이 아님은 이치상 당연한 것이다."[160]

"이미 저절로 그러함에서 품수받은 것으로 그 이치가 충족된 것이다. 그러니 비록 깊이 생각하여 어려움을 면하고 또 경계할 것을 분명히 하여 재앙을 피하더라도 사물은 본래 망령된 것이 없으므로 모두 천지자연의

---

159 『莊子注』「逍遙游」注. "直以大物必自生於大處, 大處亦必自生此大物, 理固自然, 不患其失, 又何措心於其間哉!"

160 『莊子注』「德充符」注. "我之生也, 非我之所生也, 則一生之內, 百年之中, 其坐起行止, 動靜趣舍, 情性知能, 凡所有者, 凡所無者, 凡所爲者, 凡所遇者, 皆非我也, 理自爾耳." ［역주］ 저자는 원문 인용에서 "凡所無者" 부분을 빠뜨렸는데, 『莊子注』의 전거를 확인하여 보충하였다.

융회처이며 지극한 이치가 나아가는 것이다. 반드시 저절로 생각하더라도 내가 생각한 것이 아니고, 반드시 저절로 생각하지 않더라도 내가 생각하지 않은 것이 아니다. 어떤 때는 생각을 해서 어려움을 면하고, 어떤 때는 생각을 하더라도 어려움을 면하지 못하며, 어떤 때는 생각하지 않더라도 어려움을 면하게 되고, 어떤 때는 생각하지 않더라도 어려움을 면하지 못하게 된다. 무릇 이것은 모두 내가 하는 것이 아니므로 또한 무엇을 억지로 할 것인가? 저절로 그러함에 내맡겨서 저절로 이르게 되는 것이다."[161]

이것을 달리 말하자면, "내가 생겨남은 저절로 생겨나는 것[我之生也, 乃自然而生]"인데, 이 때문에 일생 동안 좋은 때를 만나는 것과 좋은 때를 만나지 못하는 것이 모두 내가 결정할 수 있는 것이 아니라, "이치상 당연한 것이며" 또는 "지극한 이치가 나아가는 것이다." 이미 이렇게 불가항력적인 힘이 된 것이므로 단지 "순응하면서 억지로 도울 것이 없는 것[順而不助]"이니, "또한 무엇을 억지로 할 것인가? 저절로 그러함에 내맡겨서 저절로 이르게 되는 것이다." 이와 같이 이치는 바로 "명(命)"이라고 지칭할 수 있는 것이다. 그는 다음과 같이 말했다.

"그러하게 되어 가는 그런 까닭을 알 수 없는 것을 명(命)이라고 하는데, 마치 의지가 있는 것 같기 때문에 명(命)이라는 이름을 붙여서 그것 저절로 그러함을 밝힌 것인데, 그 뒤로 명(命)의 이치가 온전해지는 것이다."[162]

---

161 『莊子注』「德充符」注. "旣稟之自然, 其理已足. 則雖沈思以免難, 或明戒以避禍, 物無妄然, 皆天地之會, 至理所趣. 必自思之, 非我思也; 必自不思, 非我不思也. 或思而免之, 或思而不免, 或不思而免之, 或不思而不免. 凡此皆非我也, 又奚爲哉? 任之而自至也."
162 『莊子注』「寓言」注. "不知其所以然而然, 謂之命, 似若有意也, 故又遣命之名以明其自爾, 而後命理全也."

곽상은 이른바 "명(命)"이 그러하게 되어 가는 그런 까닭을 알 수 없는 것, 즉 인식할 수 없는 필연성이라고 여겼다. 사람들의 입장에서 볼 때, 우주 안의 온갖 일과 온갖 사물이 이와 같이 생성하고 변화해 가는 것은 마치 어떤 것이 의지적으로 안배하고 지배하는 것처럼 보이기 때문에 이런 상황을 "명(命)"이라고 지칭하는 것이 가능하다. 그러나 이 때문에 조물주가 그 속에서 명령을 내리는 것이라고 여겨서는 안 된다. 그러므로 "명(命)"을 가지고 설명하는 것은 단지 "명(命)"이라는 이름을 빌려서 사물이 저절로 그러함을 밝히는 것일 뿐이다. 이것은 바로 그가 「천운 (天運)」편의 주석 속에서 말한 바와 같이, "명(命)이 있다는 것은 억지로 하는 것이 아니라 모든 것이 저절로 그러하다는 것이다."[163] 곽상은 오직 이와 같이 보아야만 비로소 "명(命)"과 "이치[理]"에 대하여 전체적인 이해를 할 수 있다고 여겼다("명의 이치가 비로소 온전해지는 것이다").

이상의 자료는 곽상의 "본성[性]"·"이치"·"명(命)" 세 가지가 어떤 의미로 말하자면 같은 함의를 지닌다는 것을 표명한다. 그는 숭유론에서 출발하면서 생각하길, 한 사물의 "본성"이 이와 같이 생성하며 또 저절로 그러한 것이고, 한 사물에는 한 사물의 "저절로 그러한 까닭이 있으므로 그 원인을 누가 알 수 있겠는가?"[164] "저절로 그러한 까닭에 그 원인을 알 수 없는 것이다."[165]라고 하였다. 이와 같이 한 사물의 자연적 필연성은 인식할 수 없는 맹목적 힘의 추세가 되는데, 그는 이런 힘의 추세를 "명(命)"이라고 부른 것이다. 사람은 명(命) 앞에서는 어찌할 수 없는 것이며, 이 때문에 다만 그것을 따를 수밖에 없고, 바꿀 수는 없는 것이므로, 일종의 자연운명론의 결론에 이르게 된다.

---

163 『莊子注』「天運」注. "命之所有者, 非爲也, 皆自然耳."
164 『莊子注』「則陽」注. "自然之故, 誰知所以也."
165 『莊子注』「寓言」注. "自爾, 故不知其所以."

(5) "서로 다른 기는 언제나 있으며[殊氣常有]", "삶과 죽음은 기의 변
화이다[生死氣化]"

곽상은 "사물을 생성하는 것은 주재자가 없다[造物者無主]."는 자연관
에서 출발하여 생사(生死)의 문제에 대해서도 똑같이 숭유론적 해석을
하였다. 장자는 「지북유」편에서 순임금과 승(丞)의 대화를 다음과 같이
두고 있다. 순임금이 승에게 말했다. "내 몸은 내 소유가 아니라면, 누가
소유하는 것인가?"[166] 승이 대답하였다. "그것은 천지자연이 당신에게
맡겨 놓은 몸이다. 생명도 당신의 소유가 아니며, 천지자연이 대도에 따
라 당신에게 맡겨 놓은 것이다. 손자도 당신의 소유가 아니며, 천지자연
이 모습을 탈바꿈하여 당신에게 맡겨 놓은 것이다."[167] 곽상은 주석을
달면서 다음과 같이 말했다.

> "만약 몸이 너의 소유라고 하면 선악(善惡)과 사생(死生)이 너로부터 말
> 미암아 제어될 것이다. 이제 기(氣)가 모이면 생겨나는 것인데, 너는 그
> 것을 막을 수 없다. 또 기가 흩어지면 죽는 것인데, 너는 그것을 막을 수
> 도 없다. 천지자연이 맡겨서 기를 맺히게 하여 저절로 이루어지는 것일
> 뿐이지 너의 소유가 아니다. 자손의 경우에도 또한 기가 저절로 맺혀서
> 모습을 탈바꿈하는 것일 뿐이다."[168]

삶과 죽음이 기의 변화라는 학설은 장자의 "천하는 하나의 기로 통하
는 것일 뿐이다[通天下一氣耳]."라는 것에 근원을 둔다. 그러나 장자는 결

---

166 『莊子』「知北游」. "吾身非吾有也, 孰有之哉?"
167 『莊子』「知北游」. "是天地之委形也; 生非汝有, 是天地之委和也; 姓名非汝有,
是天地之委順也. 孫子非汝有, 是天地之委蛻也."
168 『莊子注』「知北游」注. "若身是汝有者, 則美惡死生, 當制之由汝. 今氣聚而生,
汝不能禁也; 氣散而死, 汝不能止也. 明其委結而自成耳, 非汝有也. 至於子孫, 亦
氣自委結而蟬蛻也." **역주** 저자는 원문 인용에서 "至於子孫, 亦" 부분을 빠
뜨렸는데, 『莊子注』의 전거를 확인하여 보충하였다.

코 기(氣)를 세계의 분원으로 삼지 않았으며, 허무(虛無)를 기보다 근본적인 것으로 보았는데, 이것은 바로 「지락(至樂)」편에서 다음과 같이 말한 것이다. "그 시초를 살펴보면 본래 생명이 없었는데, 단지 생명이 없었을 뿐만 아니라 본래 형체도 없었고, 단지 형체가 없을 뿐만 아니라 본래 기도 없었다. 흐릿하고 어두운 상태에서 뒤섞여 있다가 변해서 기가 있게 되고, 기가 변해서 형체가 존재하게 되었으며, 형체가 변해서 생명이 있게 되었으니, 이제 또 변화하여 죽음에 이르게 되는 것인데, 이것은 봄 여름 가을 겨울의 사계절이 서로 번갈아 바뀌며 운행하는 것과 서로 같다."[169] 곽상은 "허(虛)에서 기(氣)가 생성되었다."는 설명을 버리고, 기가 본래부터 있는 것이며, 사계절의 기를 가지고 설명하면서, 다음과 같이 말했다.

"서로 다른 기(사계절의 기를 의미함)은 본래 있는 것이므로 늘 있을 수 있는 것인데, 만약 본래 없는 것이었는데 하늘로부터 부여받은 것이라면 사계절의 운행은 폐지되는 것이다."[170]

이것은 달리 말하자면, 사계절의 기는 비록 서로 다르지만 결코 하늘이 부여해 준 것이 아닌데, 그것은 어떤 개별적 존재물이라도 "저절로 있는 것[自有]"과 같으며, 사람과 사물의 변화는 모두 기에 근원을 둔다는 것이다. 곽상은 "허(虛)에서 기(氣)가 생성되었다."는 학설을 포기한 뒤에 기를 가지고 사람의 삶과 죽음을 해석하였다. 그는 형체의 생성과 죽음이 모두 일기(一氣)의 변화이며, 바로 이른바 "기가 저절로 맺혀서

---

169 『莊子』「至樂」. "察其始而本无生, 非徒无生也而本无形, 非徒无形也而本无氣. 雜乎芒芴之間, 變而有氣, 氣變而有形, 形變而有生, 今又變而之死, 是相與爲春秋冬夏四時行也."

170 『莊子注』「則陽」注. "殊氣(指四時之氣)自有, 故能常有, 若本無之而由天賜, 則有時而廢."

모습을 탈바꿈하는 것일 뿐"이라고 여겼다. 기가 한번 모여서 맺히게 되면 사람의 형체가 형성되는 것이며, 이것은 바로 매미가 저절로 그러하게 껍질을 벗는 것과 같다. 이렇게 기를 인체의 물질적 기초로 보는 사상은 왕충의 설명방법과 같은 것이다. 이 때문에 곽상은 그의 생사기화(生死氣化)적 숭유론 사상을 가지고 삶과 죽음의 문제에 대하여 철저하게 해석하였으며, 사람의 몸이 생성하고 죽는 것을 "무"로 귀결시키는 귀무론 학설에 반대하였다. 그는 다음과 같이 말했다.

> "삶과 죽음이 들고 나는 것은 모두 생각할 겨를도 없이 저절로 그렇게 되는 것이니, 억지로 해서 되는 것이 없다. 그러니 모이고 흩어지며 숨어들고 드러나는 것이 있으므로 들고 난다는 이름이 있는 것이다. 다만 이름이 있을 뿐이지, 결국은 들고 나는 것은 없는 것이니, 문이 어디에 있겠는가? 그러므로 무(無)로써 문을 삼는 것이다. 무로써 문을 삼는 것은 바로 문이 없다는 것이다."[171]

장자는 사람의 삶과 죽음에서 만물로 사유를 밀고 나아가 그것들이 모두 "문이 없는 것[無門]"에서 나온다고 하였다. "문이 없는 것"은 무엇인가? "하늘의 문이란 무 자체[無有]이며 온갖 사물은 이 무 자체에서 생겨난다."[172] 곽상은 이와 상반되게 이미 "무를 문으로 삼았다면[以無爲門]" "무"가 또한 아무것도 없는 영(零)이 되는데, 이 때문에 "무로써 문을 삼는 것은 바로 문이 없다는 것이다." 이것은 달리 말하자면, 사람의 삶과 죽음은 "무" 또는 "문이 없는 것"에서 생성되어 나오는 것이 아니며,

---

171 『莊子注』「庚桑楚」注. "死生出入, 皆欻然自爾, 未有爲之者也. 然有聚散隱顯, 故有出入之名; 徒有名耳, 竟無出入, 門其安在乎? 故以無爲門. 以無爲門, 則無門也."

172 『莊子』「庚桑楚」. "天門者, 無有也, 萬物出乎無有." **역주** 저자는 원문 인용에서 "天門者"를 "無門者"로 보았는데, 『莊子』의 원문 전거를 확인하여 "天門者"로 바로잡는다.

단지 기가 모이고 흩어지는 것과 숨어들고 드러나는 것이다. 기가 모이면 형체가 생성되어 나오는 것이며, 기가 흩어지면 형체가 없어져서 죽는 것이다. 이 때문에 사람의 삶과 죽음은 단지 기가 모인 것과 흩어진 것 그리고 숨어든 것과 드러난 것의 관계이지, "유(有: 삶과 죽음을 의미함)"와 "무(無: 조물주를 의미함)"의 관계가 아니다.

위와 같은 곽상의 사상은 「지락」편의 주석 속에서 보다 분명하게 진술하고 있다. 장자는 이 편 속에서 매우 흥미 있는 생물의 "진화"를 묘사하고 있다. 그는 다음과 같이 말했다. "변화하여 생기는 생명의 종은 얼마나 있는가? 물을 얻으면 물때가 생기고, 물과 흙이 맞닿는 곳에서는 갈파래가 되며, 언덕에서 생기면 질경이풀이 되고, 질경이풀이 거름더미에 있으면 부자(附子)가 된다. 이 부자의 뿌리는 나무 굼벵이가 되고, 그 잎은 나비가 된다. 나비는 서(胥)라고도 하는데 이것이 변화하여 벌레가 되고, 부뚜막 아래에서 생기는데 그 모양이 탈피(脫皮)하는 것과 같으며, 그 이름을 귀뚜라미라고 한다. 귀뚜라미가 1천 날이 지나면 새가 되며, 그 이름은 산비둘기라 한다. 산비둘기의 침이 쌀벌레가 되고, 쌀벌레는 눈에놀이 벌레가 된다. 이로(頤輅)라는 벌레는 눈에놀이 벌레에서 생기고, 황황(黃軦)이라는 벌레는 구유(九猷)에서 생기며, 무예(瞀芮)라는 벌레는 부관(腐蠸)에서 생긴다. 양해(羊奚)라는 풀은 대나무순이되며, 오래된 대나무는 청녕(靑寧) 벌레를 낳고, 청녕 벌레는 정(程)이라는 짐승을 낳으며, 정이라는 짐승은 말을 낳고, 말은 사람을 낳으며, 사람은 또 변화의 근원으로 돌아간다. 만물은 모두 변화의 근원(機)에서 생겨나오고, 모두 변화의 근원으로 다시 들어간다."[173] 이 희귀하고 기

---

173 『莊子』「至樂」. "種有幾? 得水則爲䜌, 得水土之際則爲䵷蟆之衣, 生於陵屯則爲陵舃, 陵舃得鬱棲則爲烏足, 烏足之根爲蠐螬, 其葉爲胡蝶. 胡蝶胥也化而爲蟲, 生於竈下, 其狀若脫, 其名爲鴝掇. 鴝掇千日爲鳥, 其名爲乾餘骨. 乾餘骨之沫爲斯彌, 斯彌爲食醯. 頤輅生乎食醯, 黃軦生乎九猷, 瞀芮生乎腐蠸. 羊奚比乎不筍, 久竹生靑寧; 靑寧生程, 程生馬, 馬生人, 人又反入於機. 萬物皆出於機, 皆入於機."

이한 생물 "진화" 형식 자체의 가치에 대해서 우리는 잠시 논의를 미루어 두고, 다만 성현영(成玄英)과 곽상이 이 도식에 대하여 해석한 것을 보자면, 성현영은 곽상의 기화(氣化) 사상을 검토하고 있다. 장자가 이야기하는 "만물은 모두 변화의 근원(機)에서 생겨나오고, 모두 변화의 근원으로 다시 들어간다."는 말에서 "변화의 근원(機)"은 무엇인가? 성현영은 『장자소(莊子疏)』에서 다음과 같이 말했다. "기(機)라는 글자는 일어나 움직이는 것이니, 이른바 만들고 변화하는 것이다. 만들고 변화하는 것은 무물(無物: 사물의 성질이 없는 것)이다. 사람은 이미 무(無)에서 생겨나 유(有)가 되고, 또 다시 무로 돌아 들어가는 것이다. 어찌 사람의 경우에만 그렇겠는가? 만물이 모두 그러한 것이다."[174]

성현영의 입장에서 볼 때, 세계는 무에서 유로 이르는 것과 유에서 무로 돌아가는 것이 모두 "기(機)"의 작용이다. 그중에서 "무"가 가장 근본적인 것이며, 그것은 사람을 포함하는 세계만물의 가장 최후에 있는 모든 근원이다. 여기에서 성현영은 위진 시기 현학 귀무론의 형식을 이어 받아서 『장자』에 소(疏)를 달고 있는 것이다. 곽상은 그렇지가 않은데, 그는 위 문단의 글에 대하여 두 개의 문장으로 간단하게 주를 달아서 만물이 어떻게 발생하는지의 문제를 개괄하였다. 그는 다음과 같이 말했다.

"변화하는 종류의 숫자는 헤아릴 수 없다. 이것은 일기(一氣)가 변하여 만물의 형태가 되고 변화가 있어서 삶과 죽음도 없다는 것을 말한다."[175]

성현영의 『장자소』는 "무"를 가지고 장자의 "기(機)"를 해석하였다. 곽

---

174 成玄英 『莊子疏』. "機者發動, 所謂造化也. 造化者, 無物也. 人既從無生有, 又反入歸無也. 豈唯在人, 萬物皆爾."

175 『莊子注』「至樂」注. "變化種數, 不可勝計. 此言一氣而萬形, 有變化而無死生也."

상은 "기(氣)"를 가지고 만물의 생성과 변화 전변(轉變)을 해석하였는데, 이것은 분명히 두 가지의 서로 다른 자연관 이론에 기초하는 것이다. 앞의 성현영 입장은 유심주의적 해석이며, 뒤의 곽상 입장은 유물주의 경향을 지니고 있다. 곽상은 사람의 삶과 죽음은 기의 변화[生死氣化]일 뿐이라는 것을 확대 추론하여 만물의 생성·소멸도 기의 변화라고 하였다. 사람이라도 좋고, 사물이라도 좋다. 모든 것은 일기(一氣)의 변화 결과라는 것이다. "일기(一氣)가 변하여 만물의 형태가 되는 것이다."라는 것은 만물이 비록 서로 다른 형태를 지니고 있지만 모두 기로부터 전화(轉化)되어 나온 것이니, "기(氣)"가 만물 생성과 변화 전변의 근원이며 기초가 된다. 그 기(氣) 자신은 천변만화(千變萬化)로 다양하게 바뀌지만, 그 자체는 오히려 삶과 죽음이 없고 창조될 수도 없으며 또한 소멸될 수도 없는 것이다. 이런 설명방식은 기가 무한하고 영원한 것이라는 사상을 함축한다.

곽상은 기를 가지고 사람의 삶과 죽음 그리고 만물의 변화를 해석하기 때문에 또한 불가피하게 그의 사상은 왕충과 마찬가지로 매우 큰 한계성을 지니고 있다. 그는 자연 사물이 서로 다른 기를 부여받기 때문에 차별상을 지닌다는 것에서 나아가, 사회의 인간사(人間事)에까지 확대하여 성인(聖人)과 범인(凡人)의 차이를 해석하였다. 그는 다음과 같이 말했다.

"무릇 소나무와 잣나무는 저절로 그러하게 천지간에 응축된 뛰어난 기[鍾氣][176]를 특별히 받기 때문에 다른 여러 종의 나무들보다 걸출한 것이지, 억지로 해서 그렇게 되는 것이 아니다."[177]

---

176 역주 "종기(鍾氣)"는 천지자연 속에 있는 영명하고 뛰어난 기가 응축된 것이다.
177 『莊子注』「德充符」注. "夫松柏特稟自然之鍾氣, 故能爲衆木之傑耳, 非能爲而得之也."

또 말했다.

"저절로 그러한 바른 기를 받은 것은 지극히 드문데, 아래로 최고는 오직
소나무와 잣나무이며, 위로 최고는 오직 성인이다."[178]

이것은 달리 말하자면, 소나무와 잣나무가 다른 여러 종류의 나무들
속에서 최고가 되는 것은 그것이 부여받은 기가 다르기 때문이다. 성인
이 바로 성인이 되는 까닭도 그가 부여받은 것이 자연의 바른 기[正氣]이
기 때문이다. 이와 마찬가지로 모든 것은 저절로 부여받은 것에 의존하
는 것이지, 사람의 힘으로 어쩔 수 없는 것이라는 말인데, 이것이 바로
그가 말하는 "본성[性]"과 "명(命)"이다. 부여받은 기가 다르기 때문에 사
람의 "본성" 또는 "명(命)"도 다르며, "죽음과 삶은 모두 명(命)이다."[179]
사람은 오직 "명(命)"의 안배에 순종할 뿐이지 그것을 바꿀 수는 없는 것
인데, 이것은 당연히 일종의 자연운명론의 사상이다.

곽상은 귀무론과 같이 논변하는 속에서 기(氣)가 세계의 본원이라는
명제를 직접 제기한 것은 없는데, 그는 "기"가 만물 존재의 속에 있는
"하나의 유[一有]"라고 보았다. 이 때문에 음양의 기라고 하더라도 만물
존재의 근거가 될 수 없는 것인데, 이것은 보편적 일반과 개별자를 분리
하는 결과가 되었다. 그는 개별자를 인정하면서 보편적 일반을 부정하
였는데, 이것이 그의 숭유론에 기초한 자연관의 중대한 결점을 낳는 것
이고, 아울러 이것 때문에 형이상학적 "독화(獨化)" 이론을 초래하게 되
는 것이다.

---

178 『莊子注』「德充符」注. "特受自然之正氣者至希也, 下首則唯有松柏, 上首則唯
有聖人."
179 『莊子注』「大宗師」注. "死與生皆命也."

3 "변화일신變化日新"의 발전관

곽상의 발전관은 위진 시기에 독특한 풍격을 지닌다. 그는 감각으로 느낄 수 있고 형상을 지니는 개별적 존재물에서 출발하여 사물의 변화와 발전을 고찰하면서 선명한 숭유론의 색채를 지니게 된다. 그는 인류 사회와 사람의 삶과 죽음을 포괄하는 천지자연의 만물에서 모두 "변화는 나날이 새로워지고[變化日新]", "시간의 제약 없이 움직여 간다[無時而不移]."고 생각하였다. 매우 뚜렷하게 그의 발전관은 소박한 변증법 사상의 요소를 지니고 있다.

(1) "천지자연은 무심하게 저절로 운동한다[天地無心而自動]"

발전 변화의 문제에서 두 가지 발전관의 서로 다른 표현은 다방면으로 이루어지지만, 사물 발전 변화의 원인에 대해서는 하나의 매우 중요한 문제가 있다. 이 하나의 문제와 자연관의 차이점은 서로 밀접한 관계가 있다. 만약 왕필과 같이 "무를 근본으로 삼는 것"을 견지한다면, 반드시 사물의 발전 변화가 사물 자체의 운동이 아니고 외부의 힘에 의해 추동되는 결과를 도출하게 되는데, 이는 바로 사물 자체가 변화 발전의 능력을 지닌다는 사실을 부정하고, 본체가 만물의 운동 변화를 지배한다는 형이상학적 외인론(外因論)을 고취시키게 된다.

왕필은 다음과 같이 말했다.

"무릇 운동은 운동을 제어할 수 없으니 천하의 운동을 제어하는 자는 하나를 곧게 하는 자[貞夫一者]이다. 그러므로 무리가 모두 존재할 수 있는 까닭은 반드시 하나의 도를 이루고자 함을 주로 삼기 때문이다. 움직이는 것들이 모두 움직일 수 있는 까닭은 본래 두 이치가 없기 때문이다."[180]

"온갖 사물의 규모는 수없이 변화하지만, 종주(宗主)는 존재한다."[181]

"무릇 움직임이 다 자라나면 고요해지나 고요함[靜]은 움직임[動]에 상대가 되는 것이 아니다. 말을 다하면 침묵하게 되나 침묵은 말에 상대가 되는 것이 아니다. 그러므로 천지가 비록 커서 만물을 풍부하게 두어 우레가 치고 바람이 행하고 운행 변화가 만 가지로 변하나 고요한 지극한 무[至無]이니, 이것이 그 근본이다."[182]

매우 분명하게 왕필의 발전관에서 그는 고요하게 있으면서 운동하지 않는 본체가 만물의 운동 변화를 지배한다고 강력하게 주장한다. 이른바 "하나를 곧게 하는 자[貞夫一者]"와 "반드시 하나의 도를 이루고자 함을 주로 삼는 것"과 "본래 두 이치가 없는 것"과 "종주(宗主)는 존재한다."는 등등의 표현이 말하는 것은 모두 "본체"이다. 본질적으로는 "고요한 지극한 무[至無]이니, 이것이 그 근본이다." 이것을 달리 말하자면, 고요하면서 운동하지 않는 본체로서의 "무"가 만물의 운동과 변화를 지배한다는 것이다. 이런 발전관은 실질적으로 사물이 "자기 운동력을 지니며, 그것의 동력(動力)·원천(源泉)·동인(動因)이 모두 소홀하게 되는 것이다[또는 이 원천이 외부-신(神)·주체(主體) 등등으로 이관되어서, 그곳으로 옮겨가게 되는 것이다]."

곽상은 이 문제를 해결할 때, 분명하게 왕필과 다른 태도를 갖는다. 그는 만물 존재 밖에서 운동 변화의 원인을 찾는 것에 동의하지 않는다. 그는 다음과 같이 말했다.

---

180 『周易略例』「明象」. "夫動不能制動, 制天下之動者, 貞夫一者也. 故衆之所以得咸存者, 主必致一也; 動之所以得咸運者, 原必無二也."
181 『周易略例』「明象」. "品制萬變, 宗主存焉."
182 『周易』「復卦注」. "凡動息則靜, 靜非對動者也; 語息則默, 默非對語者也. 然則天地雖大, 富有萬物, 雷動風行, 運化萬變, 寂然至无是其本矣."

"낮과 밤이 서로 교대로 운행하는데, 교대로 운행하므로 늘 새로운 것이다. 무릇 천지자연의 만물은 변화하는 것이 나날이 새로워서 시간과 함께 운행해 가는 것이니, 어떤 것이 그 처음이 되겠는가? 저절로 그러한 것일 뿐이다."[183]

"사물은 모두 저절로 제 갈 길을 얻어 가는 것일 뿐이니, 누가 주재가 되어 성내며 부리겠는가?"[184]

이것은 달리 말하자면, 천지자연의 만물이 변화하는 것에는 어떤 주재자[주모자]가 없는 것이다. "어떤 것이 그 처음이 되겠는가?"와 "누가 주재가 되어 성내며 부리겠는가?"라는 명제는 왕필의 "온갖 사물의 규모는 수없이 변화하지만, 종주(宗主)는 존재한다."는 명제와 바로 완전히 상반되는 결론이다. 곽상의 시각에서 볼 때, 온갖 사물의 규모는 수 없이 변화한다는 것은 결코 어떤 주재자가 그 변화를 부려서 시키는 것이 아니라, 만물 자체가 저절로 그러하게 변화하는 것이다. 이런 관점은 곽상의 숭유론 사상이 진일보 확대된 것인데, 왜냐하면 그의 숭유론적 자연관 속에는 조물주의 존재를 근본적으로 부정하기 때문이다. 이 때문에 변화 발전의 문제에서도 조물주의 간섭을 단호하게 배제하는 것이다.

장자는 「천운(天運)」편 속에서 첫머리에 다음과 같은 일련의 명제를 제기하였다. "하늘은 움직이는가? 땅은 가만히 멈추어 있는가? 해와 달은 그 장소를 다투는가? 누가 이를 주재하는가? 누가 이를 유지시키는가?"[185] 곽상은 이에 대답하여 다음과 같이 말했다.

---

183 『莊子注』「齊物論」注. "日夜相代, 代故以新也. 夫天地萬物, 變化日新, 與時俱往, 何物萌之哉? 自然而然耳."
184 『莊子注』「齊物論」注. "物皆自得之耳, 誰主怒之使然哉?"
185 『莊子』「天運」. "天其運乎? 地其處乎? 日月其爭於所乎? 孰主張是? 孰維綱是?"

"(하늘이) 움직이게 하는 것이 아니라 저절로 운행하는 것이다. (땅이) 제자리에 멈추어 있게 하는 것이 아니라 저절로 멈추어 있는 것이다. (해와 달이) 장소를 다투게 하는 것이 아니라 저절로 번갈아가며 비추는 것이다. 모두 저절로 그러한 것이다. 무(無)는 밀고 나아갈 것이 없는 것이며, 유(有)는 각각 저절로 일삼는 바가 있는 것이다. 그러니 이것을 일 없이 밀어서 운행하는 자가 누구란 말인가? 각각 저절로 운행하는 것일 뿐이다."[186]

그는 하늘과 땅 그리고 해와 달의 운행·변화는 본체인 "무"가 밀어서 운동하는 것이 아니라고 보았다. 하늘과 땅 그리고 해와 달 및 만물 존재의 배후에 추동(推動)하는 자가 있어서 그 운동을 부린다는 것을 근본적으로 부정하였다. 여기에서 곽상은 특별히 "무를 근본으로 삼는" 본체론을 정확하게 겨냥하여 "무(無)는 밀고 나아갈 것이 없는 것"이라는 결론을 제기한 것이다. 이미 "무"는 사물의 운동 변화를 추동할 수 없다고 했고, "유"가 또한 각각 자체의 활동을 지니고 있다면, 이렇게 사물의 운동·변화를 추동하는 것은 누구인가? 곽상은 명확하게 "각각 저절로 운행하는 것일 뿐이다."라고 대답하였다. 이것을 달리 말하자면, 사물의 운동·변화에는 어떤 외래의 힘도 간섭할 수 없고, 자체로 무목적·무의지적인 운동일 뿐이다. 그는 『장자』의 "새의 지저귐처럼 무심(無心)한 말에 부합하면, 천지와 부합한다."[187]라는 구절에 주석을 달면서 다음과 같이 말했다.

"천지자연도 무심하게 저절로 운행하는 것이다."[188]

---

186 『莊子注』「天運」注. "不運而自行也. 不處而自止也. 不爭所而自代謝也. 皆自爾. 無則無所能推, 有則各自有事. 然則無事而推行是者誰乎哉? 各自行耳."
187 『莊子』「天地」. "喙鳴合, 與天地爲合."
188 『莊子注』「天地」注. "天地亦無心而自動."

장자의 원래 뜻은 성인이 최고의 덕행을 지니고 있기 때문에 이야기되는 말에 무심하여 천지자연의 덕에 부합한다는 것을 주장한 것이다. 곽상은 한 걸음 더 나아가 성인이 "무심(無心)"하는 근거는 그가 천지자연을 본받기 때문이며, 천지자연은 본래 "무심하게 저절로 운행하는 것"이라는 점을 강조한 것이다. 여기에서 "저절로 운행하는 것[自動]"은 두 가지 층위의 함의를 지닌다. 첫째, 저절로 그러하며, 목적이 없고, 의식도 없다는 것이다. 둘째, 천지자연의 만물 위에 주재자(主宰者)나 외래자(外來者)가 있다는 것을 반대하고, 천지자연의 만물이 자체로 운동하는 것임을 강조한 것이다. 여기서 곽상은 성인이 무위(無爲)함을 논증하기 때문에 "천지자연은 저절로 운동하는 것[天地自動]"이라는 학설을 끌어들이고 있음을 볼 수 있다. 위진 시기의 천체(天體) 이론 중에는 또한 "하늘은 높아서 다함이 없는 곳에까지 다하며, 땅은 깊어서 헤아릴 수 없는 데까지 헤아리는데, … 그 눈부시게 찬란하도록 늘어서 있으며, 각각 저절로 운행하는 것이니, 이는 마치 강과 바다에 조수와 석수가 있고 수없이 많은 사물들에 제 각각 내력이 있는 것과 같다."[189]는 기록이 있다. 곽상의 "천지자연은 저절로 운동하는 것"이라는 학설은 바로 이런 천체이론과 서로 맞는다. 곽상은 바로 이와 같이 물체 자체의 운동에는 외래의 힘이 간섭하지 않기 때문에, 운동이 비로소 절대적이며 영원한 것이라고 보았다. 그러나 천지자연의 만물은 어떻게 자체적으로 운동하는 것인가? 어떻게 운동하는 것인가? 곽상은 여기서 더 나아갈 수 없었다. 그는 스스로 생성하고[自生] 스스로 운동하는[自動] 것이 개체 사물의 속성["본성"]이라고 생각했는데, 자연스럽게 더 이상 원인을 추구하여 따질 필요가 없었던 것이고, 이런 것은 또한 독화론(獨化論) 또는 무인론(無因論)으로 기울게 되는 것이다.

---

189 『晉書』「天文志上」. "天高窮於無窮, 地深測於不測, … 其光輝布列, 各自運行, 猶江海之有潮汐, 萬品之有行藏也."

(2) 천지자연의 만물은 나날이 새롭다

곽상은 『장자』학설 속에 있는 사물의 변역(變易)에 관한 사상을 계승하면서 "변화는 나날이 새로워진다[變化日新]."는 학설을 제기하였다. 그는 천지자연의 만물이 모두 나날이 새로워지며 발전·변화하고, 우주 안에 변화하지 않는 것은 없다고 보았다. 자연계의 측면에서 말하자면, 하천과 계곡 그리고 풀과 나무는 모두 시시각각(時時刻刻)으로 변화하고 있는 것이다. 인류사회 속의 사람 자체의 입장에서 말하더라도 끊임없이 재생(再生)하면서, 탄생에서 사망에 이르기까지 잠시라도 멈추는 고유한 단계는 없는 것이다. 그는 다음과 같이 말했다.

"무릇 힘없는 힘은 천지자연의 변화보다 큰 것이 없다. 그러므로 천지자연을 들어 새로운 모습으로 나아가는 것이며, 산악(山岳)을 짊어지고 묵은 것을 버리는 것이다. 그러므로 잠시도 머물러서는 것이 없어서 홀연히 이미 새로운 것으로 나아가는 것이니, 천지자연의 만물은 언제나 변화해 가지 않음이 없다. 세상은 모두 새로워지는 것이지만 스스로 옛것이라 여기는 것이다. 배는 나날이 바뀌어 가지만 옛것과 같다고 보는 것이다. 산은 나날이 바뀌어 가지만 옛것과 같다고 보는 것이다. 이제 믿고 의지하던 사람을 잃은 것은 모두 저승으로 간 것이다. 예전의 나는 다시 지금의 내가 아니다. 나와 지금의 시간은 함께 변해가는 것이니, 어찌 옛것을 항상 지킬 수 있겠는가! 세상 사람들은 깨닫지 못하고 지금 만나고 있는 것이 그대로 이어져 똑같이 있는 것이라고 멋대로 말하는데, 어찌 어리석지 않은가!"[190]

---

190 『莊子注』「大宗師」注. "夫無力之力, 莫大於變化者也; 故乃揭天地以趨新, 負山岳以舍故. 故不暫停, 忽已涉新, 則天地萬物無時而不移也. 世皆新矣, 而自以爲故; 舟日易矣, 而視之若舊; 山日更矣, 而視之若前. 今交一臂而失之, 皆在冥中去矣. 故向者之我, 非復今我也. 我與今俱往, 豈常守故哉! 而世莫之覺, 橫謂今之所遇可係而在, 豈不昧哉!"

또 말했다.

"무릇 시간은 다시 오지 않으며, 지금은 한 번도 멈추지 않으므로 사람이 사는 것은 한 번 숨 쉬는 만큼 한 번 생을 얻는 것일 뿐이다. 예전에 숨 쉰 것은 지금 숨 쉬는 것이 아니므로 들이 쉬면서 양생하는 것으로 생명을 이어 가는 것이다. 앞에 붙은 불은 뒤에 붙는 불이 아니므로 땔감을 넣어서 불을 끄지 않고 이어 가는 것이며, 불이 이어져 수명을 이어 가는 것은 그 끝을 이어서 기를 수 있기 때문이니, 세상이 어찌 그 다 끝난 뒤에 다시 생성하는 것을 알 수 있겠는가?"[191]

곽상은 표면적으로 볼 때 사물이 어떤 시간 안에서는 변화가 없는 것 같지만, 이것은 표면적인 현상일 뿐이고, 실제로 사물은 매시간 순간순간 모두 자신을 변화해가는 중에 있는 것이라고 보았다. 물 위에 정박해 있는 배는 본래부터 이전의 모양으로 보이지만, 실제로는 매일 모두 변화를 하고 있는 것이다. 우뚝 솟아 있는 높은 산은 본래부터 어떤 변화도 없는 것처럼 보이지만, 실제로는 매일 모두 새롭게 변화하는 것이다. 사람의 호흡과 불꽃의 이어짐은 모두 끊임없이 변화하는 것이다. "예전에 숨 쉰 것은 지금 숨 쉬는 것이 아니고", "앞에 붙은 불은 뒤에 붙는 불이 아니며", "새로운 것이 옛것과 서로 이어 가는 것은 낮과 밤을 쉬지 않는 것이다."[192] 세계는 매순간 시시각각으로 모두 영원한 유행(流行)·운동(運動) 중에 있으며, 또한 이런 유행 운동과 변화는 어떤 힘에 의해서도 막아서 멈출 수 없는 것이다. 그는 다음과 같이 말했다.

---

191 『莊子注』「養生主」注. "夫時不再來, 今不一停, 故人之生也, 一息一得耳. 向息非今息, 故納養而命續; 前火非後火, 故爲薪而火傳, 火傳而命續, 由夫養得其極也, 世豈知其盡而更生哉!"
192 『莊子注』「田子方」注. "新故相續, 不舍晝夜."

"예로부터 부모의 명령은 어길 수 있지만, 음양의 변화를 어기거나 낮과 밤의 교대하는 변화를 막을 수는 없는 것이다."[193]

그는 새로운 것과 옛것의 교체와 사물의 변화가 사람의 의지에 관계없이 이루어지는 운동 변화라고 보았다. 부모의 명령은 위반할 수 있지만 자연계의 음양 세력이 줄어들고 자라나는 것, 사람의 삶과 죽음의 장수와 요절, 낮과 밤이 교체하면서 운행하는 정상적 법칙은 결코 위반할수 없는 것이다. 이것을 달리 말하자면, 사물의 운동 변화는 무조건적이며, 절대적이고, 영원한 것이라는 말이다. 그는 다음과 같이 말했다.

"가고 오는 것은 저절로 그러한 항상된 이치이니, 어찌 끝이 있겠는가!"[194]

"오늘 시작된 것은 어제 끝난 것이니, 이른바 시작은 바로 끝이다. 이는 변화가 무궁함을 말하는 것이다."[195]

가고 오는 변화는 모두 자연계의 정상적인 법칙["저절로 그러한 항상된 이치"]인데, 그것이 정지하는 때가 있을 수 있겠는가? 바로 운동 변화에는 종결이 없기 때문에 어떤 사물도 결코 옛것을 지키면서 변화하지 않을 수는 없는 것이며, "변화가 나날이 새로워지는 것이다[變化日新]." 곽상의 입장에서 볼 때, 처음과 끝 그리고 가는 것과 오는 것은 고정불변하는 것이 아니며, 그것들은 모두 서로 전화(轉化)할 수 있는 것이고, 어

---

193 『莊子注』「大宗師」注. "自古或有能違父母之命者矣, 未有能違陰陽之變而距晝夜之節者也."
194 『莊子注』「知北游」注. "往來者, 自然之常理也, 其有終乎!"
195 『莊子注』「山木」注. "於今爲始者, 於昨爲卒, 則所謂始者卽是卒矣. 言變化之無窮."

제 끝난 것은 오늘 다시 새롭게 시작하는 것인데, 이런 의미에서 말하자면, 사물의 운동은 결코 시작과 끝이 없는 것이다. 왜냐하면 그것들의 시작과 끝은 운동하는 과정 속에 있기 때문이며, 이것이 바로 "이른바 시작은 바로 끝이다."라는 것이다. 이와 같이 "변화는 끊임이 없다[變化無常]."는 곽상의 사상은 변증법적 요소를 지니고 있지만, 이 사상을 상대주의로 귀결시킬 수는 없다. 왜냐하면 그것은 처음부터 끝까지 사물의 변화를 멈추게 할 수 없다는 것을 강조하면서, 아울러 변화 과정 속에 있는 사물의 자기 규정성을 부정하지 않기 때문이다. 그는 「추수(秋收)」편의 "시간은 멈춤이 없음을 안다."[196]라는 구절에 주석을 달 때, "옛날과 지금을 증명하여, 변화가 삶과 죽음에 그치지 않음을 아는 것이므로, 수명이 길다고 번민하지 않고 짧다고 힘들게 걱정하지 않는 것이다."[197]라고 하였다. 또 "(물을 얻고 잃음의) 분량이 영원하지 않음을 안다."[198]라는 구절의 아래에 주석을 달면서, "한 번 가득차고, 한 번 비는 것은 그 물을 얻는 것에 영원한 것이 없는 분량임을 아는 것이므로, 걱정하고 기뻐함을 잊을 수 있는 것이다."[199]라고 하였다. 또 말하길, "받은 것의 분량에 편안히 만족하는 것만 못하다."[200]라고 하였다. 이것을 달리 말하자면, 수명의 길고 짧음과 사물의 가득 참과 이지러짐은 모두 "일정한 분수[定分]"가 있는 것, 즉 그 규정성이 있다는 것이며, 삶과 죽음 그리고 가득 참과 이지러짐의 변화과정 속에서 마땅히 자기의 규정성에 편안히 만족해야한다는 것이다. 이것은 바로 「제물론」의 주석 속에서 말한 것이다. "무릇 삶과 죽음의 변화는 마치 봄 여름 가을 겨울의 사계절이 운행하는 것과 같다. 그러므로 삶과 죽음의 모양은 비록 달라도 각기 만나

---

196 『莊子』「秋水」. "知時無止."
197 『莊子注』「秋水」注. "證明古今, 知變化之不止於死生也, 故不以長而悒悶, 短故爲跋也."
198 『莊子』「秋水」. "知分之無常也."
199 『莊子注』「秋水」注. "一盈一虛, 則知分之不常於得也, 故能忘其憂喜."
200 『莊子注』「秋水」注. "莫若安於所受之分而已."

서 편안히 안주하는 것은 같다."[201] 그는 숭유론에서 출발하여 운동 변화를 주장하였는데 이는 『장자』의 "삶과 죽음은 같은 것이다[齊生死]."라는 학설과 차이가 있다.

그야말로 곽상은 운동을 절대적인 것으로 보았기 때문에 그의 변증법적 요소를 체현해 내었지만, 이런 점은 또한 왕필과 다르다. 왕필은 여기에서 "무"를 세계의 본체로 삼아서 만물 존재의 변화를 임시적인 현상으로 보았는데, 이 때문에 왕필의 발전관 속에서 노자가 말한 "고요함은 조급함의 주인이다."[202]라는 사상을 계승하고, 운동을 상대적인 것으로 보았으며, 고요한 정지[靜止]를 절대적인 것으로 보아서, 이른바 "무릇 움직임이 다하면 고요해지는데, 그 고요함은 움직임에 상대되는 것이 아니다. 말을 다하면 침묵하게 되는데 그 침묵은 말과 상대되는 것이 아니다."[203]라고 하였다. 이것을 달리 말하자면, 사물은 반드시 시작할 때에 운동이 없다는 것이다. 즉 운동이 일어난 뒤에는 또한 늘 정지하는 때가 있다는 것이다. 곽상은 이런 학설에 반대하였는데, 세계가 만물 존재의 총계(總計)가 아님이 없고, 만물 존재는 시작도 없고 끝도 없으며, 늘 운동하면서 쉼이 없는 것이므로, 이른바 삶과 죽음은 사물의 변화가 끊임없이 이어지는 것이지 결코 사물의 운동에 시작과 끝이 있는 것이 아니라고 보았다. 그는 "삶과 죽음은 끊임없는 변화일 뿐이며, 시작과 끝이 없는 것이다."[204]라고 하였다. 바로 이와 같기 때문에 곽상은 사람이 변화무쌍한 무궁한 신진대사 속에 있어서 한때의 얻음에 구애받을 수 없는 것이라고 여겼기 때문에, "지금 만나고 있는 것이 그대로 이어져 똑같이 있는 것이라고 멋대로 말하는데, 어찌 어리석지 않은가!"라고

---

201 『莊子注』「齊物論」注. "夫死生之變, 猶春秋冬夏四時行耳. 故死生之狀雖異, 其
    於各安所遇一也."
202 『老子』26장. "靜爲躁君."
203 『周易』「象傳」注. "凡動息則靜, 靜非對動者也. 語息則默, 默非對語者也."
204 『莊子注』「秋水」注. "死生者, 無窮之變耳, 非終始也."

한 것이다. 만약 간단하게 독단적으로 오늘 만나는 상황과 잠시 접하는 것이 장구한 시간 동안 유지되거나 점유되는 것이라면 크게 어리석은 것이 아니겠는가!

이미 천지자연의 만물이 "변화가 나날이 새롭고[變化日新]" "옛것을 지키는 것이 아니라면[未嘗守故]", 만물의 발전 변화에 대하여 어떤 태도를 지녀야 한단 말인가? 곽상은 변화에 항거할 수 없으며, 오직 순종하여 따를 뿐이라고 하였다. 그는 다음과 같이 말했다.

"낮과 밤이 서로 교체하면서 운행하는 데 처음부터 궁극이 없는 것이므로 바르게 그 변화를 의지하면서, 속으로 품어두는 것이 없다."[205]

"다시 생겨나는 것은 나날이 새로워지는 것을 말한다. 나날이 새로워지는 것에 의탁하니 생명이 극진히 발휘되는 것이다."[206]

"끝과 시작이 나날이 새로워짐을 밝히면 옛것을 잡아 둘 수 없다는 것을 알게 되는 것이니, 이 때문에 새로운 것에 접하여도 놀라지 않고, 옛것을 버려도 놀라지 않는 것이다."[207]

이것을 달리 말하면, 사물의 변화에 대해서는 하찮은 일에 크게 놀랄 것이 없이 오직 "바르게 그 변화를 의지하면서", "나날이 새로워지는 것에 의탁하여야만" 비로소 만물이 "새로운 것에 접하고 옛것을 버리는[涉新舍故]" 변화에 적응할 수 있는 것이다. "나날이 새로워지는 것에 의탁하는 것"은 사람의 사상이 나날이 새로워지는 만물에 따라서 끊임없이

---

205 『莊子注』「山木」注. "日夜相代, 未始有極, 故正而待之, 無所爲懷也."
206 『莊子注』「達生」注. "更生者, 日新之謂也. 付之日新, 則性命盡矣."
207 『莊子注』「秋水」注. "明終始之日新也, 則知故之不可執而留矣, 是以涉新而不愕, 舍故而不驚."

변화해가야 한다는 것, 즉 이른바 "아득하게 우주의 변화와 더불어 나날이 새로워지는 것[冥然與變化日新]"을 의미한다. 곽상은 오직 이런 점에 도달해야만 비로소 성인이 될 수 있다고 여겼다. 그는 성인의 수양 경지는 고요하게 운동하지 않는 상태가 아니라 변화에 따라서 변화해가는 것이라고 보았기 때문에, "변화하는 과정에 노닐고, 나날이 새로워지는 흐름에 내어 맡기니, 온갖 사물의 온갖 변화가 더불어 각양각색으로 변화해 가는데, 변화하는 것은 궁극의 끝이 없어서 또한 더불어 변화가 끝이 없는 것이다."[208]라고 하였다. 이것을 바로 "더불어 변화하는 것이 본체이다.[與化爲體]"라고 하는 것이다.

중국철학사 속에서 『주역』·『노자』와 『장자』 이외에도, 한나라 시기 양웅(揚雄)의 『태현(太玄)』 속에 일찍이 이런 사상이 드러나 있다. 양웅은 다음과 같이 말했다. "형상이 없는 어두운 곳[209]에서 나와 형상이 없는 어두운 곳으로 들어가며, 새로운 것과 옛것이 서로 교대로 바뀌고, 음양이 서로 빠르게 순환하며, 맑은 것과 흐린 것이 서로 밀어 내며 … 이미 생성작용이 끝난 것은 물려 버리고, 새로 생성할 때의 작용은 높이 여기는 것이다."[210] 그는 또 말했다. "쏜살같은 바람은 하루아침 내내 불지 못하며, 소나기는 하루 종일 불지 못하네. 우레가 우르릉 치면 바로 멈추며, 불이 세차게 타오르면 쉽게 꺼진다. 본래 사물이란 흥망성쇠가 있나니, 하물며 사람의 일에 이르러서야 더하지!"[211] 곽상은 『주역』 이래로 특히 발전 변화에 관한 양웅의 사상을 계승하고 발휘하였는데, 발

---

208 『莊子注』「大宗師」注. "遊於變化之塗, 放於日新之流, 萬物萬化, 亦與之萬化, 化者無極, 亦與之無極"

209 역주 『太玄』「太玄文」. 같은 곳에서 양웅은 "冥者, 明之藏也(어두운 곳이라는 것은 밝음이 감추어진 곳이다)."라고 하였다.

210 『太玄』「太玄文」. "出冥入冥, 新故更代, 陰陽疾循, 清濁相廢 … 已用則賤, 當時則貴."

211 「太玄賦」. "若飄以不終朝兮, 驟雨不終日; 雷隆隆而輒息兮, 火猶熾而速滅. 自夫物有盛衰兮, 況人事之所及!"

전 변화의 과정을 명확하게 "새로운 것으로 옛것을 대체하고[以新代故]", "새로운 것과 옛것은 서로 이어지며[新舊相續]", "천지자연의 변화는 나날이 새로워진다[天地之化日新]." 등등의 명제로 개괄하였으며, 이것이 그의 중요한 이론적 공헌이다. 이런 사상은 후대의 왕부지(王夫之)에게 매우 큰 영향을 준다. 왕부지는 "천지자연의 덕(德: 본질)은 바뀌지 않지만, 천지자연의 변화는 나날이 새로워진다."[212]라고 하였다. 그는 또 다음과 같이 말했다. "머리털이 나날이 자라 옛것은 떨어져 감을 사람들은 아는 바이다. 살가죽이 생겨서 옛것이 소멸되는 것은 사람들이 알지 못하는 바이다. 사람들이 형상이 변하지 않음을 보지만 그 바탕이 이미 변화하는 것을 알지 못하면, 오늘의 이 해와 달이 먼 옛날의 해와 달이며, 오늘의 이 살가죽이 처음 생긴 살가죽임을 의심하니, 어떻게 날로 새로워지는 변화를 말할 수 있겠는가?"[213] 여기에서 왕부지는 사상적으로 뿐만 아니라 용어의 사용에서도 모두 곽상의 영향을 받아서 우주 안의 만사 만물이 모두 쉼 없는 운동 변화 속에 있다고 여겼음을 볼 수 있다. 어제의 물이 오늘의 물이 아니며, 앞서 붙인 불이 뒤에 붙은 불이 아니고, 어제의 나는 오늘의 내가 아니며, 어제의 해와 달이 오늘의 해와 달이 아니므로, 만약 "옛것만 지켜서 나날이 새롭게 할 수 없다면[守其故物而不能日新]" 어떻게 그와 함께 변화가 나날이 새로워진다는 도리를 이야기 할 수 있겠는가? 요컨대, 이와 같은 곽상의 소박한 발전관은 형이상학적 정지[靜止]의 관점에 대한 유력한 반박이며, 위진 시기의 귀중한 변증법 사상이다.

---

212 『思問錄』外篇. "天地之德不易, 而天地之化日新."
213 『思問錄』外篇. "瓜髮之日生而舊者消也, 人之所知也. 肌肉之日生而舊者消也, 人所未知也. 人見形之不變而不知其質之已遷, 則疑今玆之日月爲邃古之日月, 今玆之肌肉爲初生之肌肉, 惡足以語日新之化哉!"

(3) "시간이 갈수록 세상도 바뀌며, 예제도 마땅히 변한다[時移世異, 禮亦宜變]"

곽상은 "천지자연의 만물 변화는 나날이 새로워진다."는 관점을 사회 · 역사의 영역에 응용하여, 사회와 역사도 똑같이 발전하며 변화한다고 여겼다. 그는 사회의 예법제도(禮法制度) 또한 "시간에 따라 변화하고[因時而變]" "시간에 맞게 적용되어야 하며[適時之用]", "하나만 끌어안고 옛것을 지키거나[抱一守故]" 또는 "옛것을 지켜서 변화하지 않는 것[守故不變]"을 옳지 않다고 보았다. 장자는 「천운(天運)」편 속에서 선왕(先王)의 전장예법(典章禮法)을 지푸라기 허수아비에 비유하여, 공자가 "선왕이 이미 만들어 놓은 지푸라기 허수아비를 주워서 제자들을 모아 놓고 그 아래에서 놀고 거처하며 누워 있는 것"[214]과 같아서 "송(宋)나라에서는 나무 밑에 앉아 있다가 그 나무가 잘리고, 위(衛)나라에서는 종적을 감추게 되었고, 상(商)과 주(周) 지역에서는 매우 궁색한 처지에 이르게 된 것"[215] 같이 낭패를 당하는 곤경에 빠지게 되었다고 하였다. 곽상은 여기에 주석을 달면서 다음과 같이 말했다.

"폐기된 물건은 이때에 쓸모가 없는 것이니, 더욱 그 요망함만 부르게 된다."[216]

이것을 달리 말하자면, 선왕의 문물(文物) 전장제도는 현재 시대에 대해서 말할 때 이미 쓸모없는 것이 되는데, 이 때문에 이미 지나가 버린 시간의 옛것을 답습하면 필연적으로 재난을 부르게 된다는 것이다. 그러므로 그는 또 다음과 같이 말했다.

---

214 『莊子』「天運」. "取先王已陳芻狗, 聚弟子游居寢臥其下."
215 『莊子』「天運」. "伐樹於宋, 削迹於衛, 窮於商周."
216 『莊子注』「天運」注. "廢棄之物, 於時無用, 則更致他妖也."

"무릇 선왕이 세운 문물제도는 시간에 맞게 적용하는 것이다. 시간이 지나도 버리지 않으면 백성들이 요망(妖妄)하게 되는 것이니, 속이고 교만함을 일으키는 실마리가 된다."[217]

이것을 바꾸어 말하자면, 공자가 난관에 부닥치는 것, 심지어 "진나라와 채나라 사이에서 포위되어 7일 동안 음식을 해 먹지 못하여 삶과 죽음이 이웃될 지경이 된 것"[218]은 바로 공자가 "요임금 순임금의 뜻을 스승으로 삼아 이어서 밝히고, 문왕과 무왕의 도를 큰 기준으로 삼아서"[219] 옛것을 지키면서 변화하지 않았기 때문이다. 곽상의 입장에서 볼 때, 선왕의 문물제도는 당시에 적용할 만한 것이라고 할 수 있지만, 시대가 변화했으므로 만약 예제도와 옛 법을 고집스레 지키기만 하고 변통(變通)을 모른다면, 선왕의 "전례(典禮)"라 하더라도 "백성을 요망하게 하는 것[民妖]"이 되며 후세 사람들이 억지로 법제를 모방하는 폐단이 되는 것이다. 이 때문에 곽상은 다음과 같이 결론을 도출하여 말했다.

"시간이 갈수록 세상도 바뀌며, 예제도 마땅히 변한다. 그러므로 대상 사물에 따라 얽매이지 않는 것이니, 이는 수고롭지 않으면서도 공효(功效)가 있다."[220]

여기에서 곽상은 시대가 발전하는 추이에 따라 사회도 상이하게 변화해 간다는 것을 긍정하고 있으며, 이 때문에 한 시대 또는 한 사회의 예법제도 역시 그에 따라 발전·변화해야만 하고, 한때 한 가지 일에 집착

---

217 『莊子注』「天運」注. "夫先王典禮, 所以適時用也. 時過而不棄, 卽爲民妖, 所以興矯效之端也."
218 『莊子』「天運」. "圍於陳蔡之間, 七日不火食, 死生相與鄰."
219 『中庸』30장. "祖述堯舜, 憲章文武."
220 『莊子注』「天運」注. "時移世異, 禮亦宜變. 因物而無所係焉, 斯不勞而有功也."

해서는 안 되며, "시간에 따르고[因時]", "대상에 따라서[因物]" 해야만 하는 것인데, 이렇게 해야만 비로소 수고롭지 않으면서도 효과(效果)가 있을 수 있는 것이다. 그는 다음과 같이 말했다.

"옛날의 일은 이미 옛날에 소멸한 것이니, 비록 혹여 그것이 전해진다 한들 어찌 옛것을 지금에 있게 하겠는가! 옛것은 지금 없으며, 지금의 일은 이미 변하는 것이다. 그러므로 학문을 끊고 본성에 내맡기며, 시간과 더불어 변화해 가는 뒤에 지극해지는 것이다."[221]

이른바 "옛날의 일"은 『장자』 원문의 "군자가 읽는 것[君子所讀者]"이니, 바로 고대 선왕의 사적(史蹟) 또는 전설인데, 그것들은 모두 과거의 일이므로, 비록 기록에 있지만 필경은 고대의 일이라서 새로 나타날 수 없는 것이다. 이 때문에 곽상은 "학문을 끊고 본성에 내맡기는 것"을 주장하였는데, 이렇게 해야만 비로소 "속이고 교만함을 일으키는 실마리"를 피할 수 있는 것이다. "수고롭지 않으면서도 공효[功效]가 있고", "학문을 끊고 본성에 내어 맡기는 것" 등은 곽상의 사상 속에서 소극적 요소를 반영한 것인데, 오직 시대의 발전을 따라 변화하면서 정견(定見) 없이 시대조류에 합류해야만 바로 "사물과 더불어 그윽하게 합일하고[與物冥]", "사물과 더불어 변화할 수 있는 것[與物化]"이며, 이른바 "시간과 더불어 변화해 가는 뒤에 지극해지는 것이다." 그러나 또한 이 때문에 그의 사상 속에 있는 합리적 요소를 부정할 수 없는 것이며, 역사와 사회가 발전한다는 사상은 인정해야 한다. 이 문제에서 곽상은 장자와 구별이 되는데, 그는 사회의 예법 작용을 부정하지 않는 입장에 있으며, 그는 오직 지나간 시대의 예법제도를 고집스레 지키면서 시간의 흐름에 따른 변화를 하지 않는 것에 반대한 것이다. 그는 다음과 같이 말했다.

---

221 『莊子注』「天道」注. "當古之事, 已滅於古矣, 雖或傳之, 豈能使古在今哉! 古不在今, 今事已變, 故絶學任性, 與時變化而後至焉."

"무릇 예의는 그 시대에 맞게 적용해야 하는 것이니, 서시(西施)의 경우가 있는데, 시대가 지났는데도 기준(基準)을 버리지 않으면 추한 사람일 뿐이다."[222]

또 말했다.

"기다리던 것을 당면하면 비천함이 없고, 그 알맞은 시간을 갖지 못하면 고귀함이 없어서, 고귀함과 비천함에는 시기(時機)가 있는 것이니, 누가 그것을 항상 유지할 수 있겠는가!"[223]

고귀함과 비천함 그리고 서시 같은 미인과 못생긴 사람은 절대적으로 대립하는 것이 아니고, 그것들은 서로 바뀌며 변화하는 것인데, 그 조건은 바로 "시간에 합당한 것[當時]" 또는 "시간에 합당하지 않은 것[不當時]"이다. 여기에서 곽상은 마찬가지로 시간과 세상의 변화는 절대적인 것이며, 모든 것은 시간에 따라 바뀌어 가는 것이므로, 누구도 고귀함과 비천함의 차별을 영원불변하게 유지시킬 수는 없는 것이라서 이른바 "누가 그것을 항상 유지할 수 있겠는가!"라고 한 것이다. 곽상의 역사관은 유심주의적(唯心主義的)이지만 위에서 서술한 자료가 사회발전에 대하여 시사(示唆)하는 관점은 그 역사관 속에 합리적 요소가 있다는 것이다.

역사가 발전·변화한다는 것을 인정하는 동시에 곽상은 『장자』의 해석을 통하여 사회역사관 상의 복고주의 사상에 대하여 비판을 가한다.

장자는 「추수(秋水)」편 속에서 역사를 인용하여 "옛날에 요임금·순임금은 천자의 자리를 선양해서 제업(帝業)을 이루었고, 연(燕)나라 왕 쾌(噲)는 제후의 자리를 재상인 자지(子之)에게 양위했으나 나라가 망했

---

222 『莊子注』「天運」注. "夫禮義, 當其時而用之, 則西施也; 時過而不棄, 則醜人也."
223 『莊子注』「徐無鬼」注. "當其所須則無賤, 非其時則無貴, 貴賤有時, 誰能常也."

다. 탕왕과 무왕은 방벌(放伐)의 전쟁으로 천자가 되었고, 초나라 백공(白公)은 내란의 전쟁을 일으켰으나 자멸하였다."[224]라고 하였다. 곽상은 이 구절에 주를 달면서 다음과 같이 말했다.

"무릇 하늘의 도를 따르면서 사람을 대하여 천하를 얻은 자는 그 행적이 전쟁을 일으켜 얻거나 선양을 받아 얻은 행적(行蹟)이 있다. 그 역사의 행적을 살펴보면 행적의 근원을 잃기 때문에 왕통을 잃고 자멸하는 것이다."[225]

곽상은 백공과 자지와 쾌[226]가 자신을 망치고 나라를 멸망시킨 까닭은 바로 그들이 "지금의 현실을 저버리고 옛것을 지향하여[背今向古]", "때에 따라 마땅함을 실천[因時而宜]"하지 못했기 때문이라고 보았다. 그의 입장에서 볼 때, 요임금·순임금의 선양과 탕왕·무왕의 정벌은 저절로 그러함에 따라서 사람들의 마음에 부응한 것으로서 모두 역사적 상황에 부합하였고, 그러므로 제왕의 사업을 성취한 것이다. 역사가 발전하여 백공과 자지와 쾌의 시대에 이르면 "시간이 갈수록 세상도 바뀌어[時移世異]" 상황에 변화가 발생하게 되는데도 백공과 자지와 쾌는 "시간의 변화에 따라 대상을 대처하는 것[因時任物]"을 알지 못하고 여전히 진부하게 선왕이 과거에 시행했던 행적에 얽매이고 집착하여 끝내 나라를 멸망시키고 자신도 망치게 되는 재앙을 맞게 된 것이다. 이것이 바로

---

224 『莊子』「秋水」. "昔者堯舜讓而帝, 之噲讓而絶; 湯武爭而王, 白工爭而滅."
225 『莊子注』「秋水」注. "夫順天應人而受天下者, 其跡則爭讓之跡也. 尋其跡者, 失其所以跡矣, 故絶滅也."
226 저자 주 백공(白公)은 이름이 승(勝)이며, 전국 시대 초(楚)나라 평왕(平王)의 손자인데, 개인적 원한을 씻기 위하여 군사를 일으켜 초나라에 반란을 하였다가, 도리어 정벌을 당하여 자멸하였다. 지(之)는 연(燕)나라 재상인 자지(子之)이며, 쾌(噲)는 바로 연나라 왕이다. 연나라 왕 쾌는 요순(堯舜)이 선양한 고사를 본받아서 왕위를 재상인 자지에게 양위하였는데, 3년 만에 나라가 혼란해져, 제(齊)나라가 이 틈을 타서 정벌하자 나라가 결국 멸망하였다.

"시간이 지나도 버리지 않으면 백성들이 요망(妖妄)하게 되는 것"의 선명한 예증(例證)이다. 그는 다음과 같이 말했다.

"무릇 행적은 이미 지나간 일이니 변화에 부응하는 도구가 아니므로, 어찌 숭상하면서 집착할 만한 것이 있겠는가! 이미 이루어진 행적을 붙잡고서 정해진 틀이 없는 상황을 제어하려 하니, 정해진 틀이 없는 상황에 이르면 과거의 행적은 고착될 뿐이다."[227]

이른바 "이미 이루어진 행적을 붙잡는 것"은 본래의 뜻을 확대하여 현재 이미 갖추어져 있는 공식을 견지하는 것이다. 현재 이미 갖추어져 있는 공식을 견지하면서 각종 다양한 문제에 원용하게 되면, 곳곳에서 난관에 부닥치게 된다. 곽상의 시각에서 볼 때, 유가와 묵가의 논변은 단지 선왕이 베풀어 놓은 행적을 놓고 고집을 부리며 양보하지 않는 논쟁에 지나지 않는다. 그러므로 "사형당한 자가 서로 베고 누웠고",[228] "죄인의 목에 씌우는 칼과 발에 채우는 차꼬를 찬 사람들은 서로 미는 지경이며",[229] "죽음을 당하는 자들이 서로 바라보는"[230] 참상을 만들게 되는 것이다. 그는 다음과 같이 말했다.

"진부한 유가들은 과거의 행적을 고집스레 지키기 때문에 재앙에 이르게 한다. 과거의 행적을 버리고 하나의 도로 돌아갈 생각을 하지 못하고, 바야흐로 다시 팔소매를 걷어 올리면서 과거의 행적을 가지고 과거의 행적을 다스리려 하니, 부끄러워함도 없고 부끄러워할 줄도 모르는 것이

---

227 『莊子注』「在宥」注. "夫跡者, 已去之物, 非應變之具也, 奚足尙而執之哉! 執成跡以御乎無方, 無方至而跡滯矣!"
228 『莊子』「在宥」. "殊死者相枕."
229 『莊子』「在宥」. "桁楊者相推."
230 『莊子』「在宥」. "刑戮者相望."

심하다고 말할 만하다."[231]

　"적(迹)"은 바로 "흔적(痕迹)"인데, 이미 지나간 역사의 여러 가지 경험과 사적(事迹) 그리고 문물제도 등을 의미한다. "소이적(所以迹: 행적의 원리)"은 여러 가지 "흔적[행적]"을 이루는 지도적 사상 또는 정신경지를 의미한다. 곽상은 "행적의 원리는 참된 본성이다. 무릇 사물의 참된 본성에 내맡기는 것을 말하며, 그 행적은 육경(六經)이다."[232]라고 말했다. 또 "행적의 원리는 행적이 없는 것이다."[233]라고 말했다. "행적이 없는 것은 수많은 변화를 타고 여러 대에 걸친 아주 오랜 세월을 지나오면서 세상에서 평탄함과 험준함이 있었기 때문에 행적이 미칠 수 없는 것이다."[234] 이런 자료에서 곽상이 말하는 "행적의 원리[所以迹]"가 바로 "행적이 없는 것[無迹]"임을 알 수 있으며, "행적이 없는 것"이란 어떤 성인의 행적이라도 본받을 모범으로 삼지 말 것을 말하고, "사물의 저절로 그러함에 내맡기는 것[因物之自行]", "사물의 참된 본성에 내맡기는 것", "저절로 그러함에 따라 실천하는 것[以自然爲履]", "시간에 따라 변화해 가는 것[隋時而變]", "사물에 내맡기면서 변화해 가는 것[因物而變]" 등을 말하는 것이다. 이렇게 "이미 이루어진 행적을 붙잡지 않는 것[不執成迹]"이라는 측면에서 말하자면, 합리적 요소가 있는데 바로 "시간이 갈수록 세상도 바뀌며", "예제도 마땅히 변한다."는 점을 강조하는 것은 변증법적 요소를 포함하는 것이다. 이에 대하여 왕부지는 유사한 학설을 지니고 있는데, 그는 『장자해』「천운」편에서 다음과 같이 말했다. "부지런히 힘써 노력하는 자는 이미 지나간 행적을 따르는 것에 지나지 않으

---

231 『莊子注』「在宥」注. "由腐儒守迹, 故致斯禍. 不思捐迹反一, 而方復攘臂用迹以治迹, 可謂無愧而不知恥之甚也."
232 『莊子注』「天運」注. "所以迹者, 眞性也. 夫任物之眞性者, 其迹則六經也."
233 『莊子注』「應帝王」注. "所以迹者, 無迹也."
234 『莊子注』「應帝王」注. "無迹者, 乘群變, 履萬世, 世有夷險, 故迹有不及也."

며, 전심전력(全心全力)으로 애쓰는 것을 인의로 삼는데, 집착하는 것이 강할수록 덕은 더욱 작아지고, 자신을 수고로이 노력하여 천하를 수고롭게 하니, 한 가지 일에 집착하여 시간의 변화에 부응하지 못한다."[235] 이러한 왕부지의 설령은 앞에서 논술한 곽상의 사상과 기본적으로 일치한다. 이미 이루어진 규범을 말없이 지키고 옛것을 답습하여 지키는 것에 반대하는 이런 사상에는 본보기로 삼을 만한 중요한 의미가 있다. 그러나 또 다른 측면에서 곽상은 "행적"의 작용을 지나치게 소홀히 보고 또 "행적의 원리"를 가지고 "행적이 없는 것"으로 설명하기 때문에, 그로 하여금 맹목적으로 어떤 가치 있는 역사적 경험을 배척하게 만들어서 역사적 허무주의로 나아가게 한다. 이것은 곽상의 역사관 속에 스며 있는 단점이다.

(4) "너와 나는 상호 의존하며[彼我相因]", "의존함이 없이 홀로 변화한다[無待而獨化]"

비록 곽상이 물질의 운동을 인정하고 또 수많은 시대와 사회의 변화(變化)·일신(日新)을 포괄하는 견해를 표명했더라도 그는 결코 사물의 운동·변화의 진정한 원천이 무엇인지 정확하게 이해하지 못했다. 이 때문에 역시 변화가 나날이 새로워진다는 관점을 한 걸음 더 나아가 정확하게 설명하지 못하였고, 심지어 원래의 결론에 반대되는 지점에 이르게 되어서 최종적으로는 형이상학에 함몰되었다. 그의 형이상학 사상에 관한 것은 주로 만물 사이의 관계를 해결하는 것에서 표현되었다.

곽상은 만물들 사이의 연관관계를 결코 단순하게 부정하지 않았는데, 마침 이와 상반되게 그의 형이상학적 독화론은 바로 이런 연관관계를

235『莊子解』「天運」解. "勉而役者, 不過因以往之際迹, 踶跂蹩躠以爲仁義, 執之愈固而德愈小, 勞己以勞天下, 執一而不應乎時變." 역주 제기별별(踶跂蹩躠)은 육덕명(陸德明)의『경전석문(經典釋文)』에 인용된 이이(李頤)의 말에 따르면, 전심전력을 기울여 인의를 행하는 모습(蹩躠踶跂, 皆用心爲仁義之貌)이라 하였다.

인정하면서 시작된다. 그는 다음과 같이 말했다.

"천지와 음양은 대대(待對)하면서 생성하는 것이다. 옳고 그름과 다스려짐·혼란은 상호 의존관계에 있다. 어느 것을 빼어 버리겠는가!"[236]

곽상은 사물이 대립적 요소를 포함한다는 것을 인정하는데, 하늘과 땅, 음과 양, 옳음과 그름, 다스려짐과 혼란함 등의 대립하는 쌍방(雙方)은 모두 서로 반대되면서 서로 이루어주는 것("대대하면서 생성하는 것")이므로 어느 한쪽을 제거하면 이른바 다른 한쪽도 없으므로 어느 것이라도 빼놓을 수 없는 것이다("상호 의존관계에 있다"). 그는 또 다음과 같이 말했다.

"온 세상은 서로 더불어 상대와 내가 되지 않음이 없으며, 상대와 나는 모두 저절로 그렇게 하고자 하는 것이니, 이는 동쪽과 서쪽이 상반되는 것과 같다. 그러나 상대와 내가 서로 더불어 입술과 이의 관계가 되는데, 입술과 이는 일찍이 서로 위하지 않을 때는 입술이 망하면 이가 시린 상황이 된다. 그러므로 상대가 저절로 의존하여 생성 운동하므로 나의 공능을 돕는 것이 크게 되니, 이는 상반되는 운동이 서로 없을 수 없는 것이다."[237]

이 문단의 자료는 대립하는 측면 사이의 관계를 말하고 있는데, 그 속에는 목적론에 반대하는 사상을 포함하고 있다. 그 함의는 세 가지이다. 첫째, 사물은 대립하는 측면을 포함하고 있다는 것을 긍정한 것이다. 동

---

236 『莊子注』「秋水」注. "天地陰陽, 對生也; 是非治亂, 互有也; 將奚去哉!"
237 『莊子注』「秋水」注. "天下莫不相與爲彼我, 而彼我皆欲自爲, 斯東西之相反也. 然彼我相與爲脣齒, 脣齒者未嘗相爲, 而脣亡則齒寒. 故彼之自爲, 濟我之功弘矣, 斯相反而不可以相無者也."

쪽과 서쪽, 상대와 나, 저절로 하는 것과 서로 위해 하는 것 등이 모두 상반되고 대립하는 것이다. 둘째, 대립하는 쌍방이 서로 의존하는 것은 저절로 그러한 것이며, 어떤 목적을 실현하는 것이 아니고 무의식적인 것이라는 점을 긍정하는 것이다. 셋째, 비록 어떤 목적을 실현하는 것이 아니지만, 그것들은 서로 연관관계가 있기 때문에 이것과 저것 사이에는 서로 의존하고 도울 수 있는 것이다. 오직 서로 의존하고 돕기 때문에 그것들은 각자 공능과 재능을 발휘할 수 있는 것이다. 이렇게 저절로 그러한 과정은 곽상의 설명에 따르면 "서로 따라 의존하는 공능[相因之功]" 또는 "저절로 그렇게 되는 공능[自爲之功]"이라고 부른다. 곽상은 하나의 일이 처음부터 끝까지 "저절로 그렇게 되는 것[自爲]"을 유지하기만 하면, "서로 위해 하는 것[相爲]"을 추구하지 않게 되는데, 그렇다면 그것은 다른 사물에 대해 말할 때 바로 "서로 도와주는 것[相濟]"의 작용이 있는 것이다. 여기에서 말하는 "서로 따라 의존하는 것[相因]", "서로 도와주는 것[相濟]"은 실제로 연관관계이다. 여기서 곽상이 사물들 사이의 보편적 연관관계를 결코 부정하지 않았음을 볼 수 있다. 문제는 어떻게 이런 연관관계를 이해할 것인가 하는 것이다.

곽상은 만물이 "서로 따라 의존하는 것[相因]"이지만, 결코 "서로 위해 하는 것[相爲]"이 아니라고 여겼다. 목적론과 명확한 경계를 짓기 위하여 그는 "저절로 그렇게 되는 것[自爲]"을 가지고 "서로 따라 의존하는 것[相因]"을 해석하여, 처음부터 끝까지 "서로 위해 하는 것[相爲]"을 반대하였다. 이것을 다르게 말하자면, 그는 사물들 사이의 연관관계가 저절로 그러한 것이지 서로 위해주는 것이 아니라고 생각한 것이며, 또한 이렇게 저절로 그러한 연관관계는 반드시 "저절로 그렇게 되는 것[自爲]"을 통하여 실현된다는 것이다. 그는 다음과 같이 말했다.

"무릇 입술이 마르는 것은 이를 시리게 하는 것이 아니지만 결국 이가 시리게 되며, 노(魯)나라의 술이 박(薄)한 것은 조(趙)나라의 수도 한단(邯

鄲)을 포위당하게 하는 것이 아니지만 결국 한단이 포위당하였고, 성인이 큰 도둑을 불러일으키는 것이 아니지만 결국 큰 도둑을 불러일으키게 하였다. 이것은 저절로 그렇게 서로 생기게 된 것으로서 반드시 이르게 되는 세(勢)이다."[238]

입술이 망하는 것이 이가 시리게 되는 것은 아니지만, 입술이 망한 결과는 필연적으로 이가 시린 상황을 초래한다. 이것은 목적론을 배제한 뒤에 바로 입술과 이 사이의 저절로 그러하게 서로 따라 의존하는 것[相因]의 관계이다. 위에서 서술한 자료 속에서 우리는 곽상이 연결관계를 부인하고 또 인과관계를 부인했다는 결론을 도출할 수는 없다. 곽상은 저절로 그러하게 서로 따라 의존하는 관계를 사회역사로 확대하였으며, 사회의 발전도 사람들이 의식적으로 조성하거나 역사적 인물의 어떤 동기에 의해 일어나는 것이 아니라고 여겼다. "노(魯)나라의 술이 박(薄)한 것은 조(趙)나라의 수도 한단(邯鄲)을 포위당하게 하는 것이 아니다."라는 말이 주장하는 것은 전국시대 위(魏)나라 혜왕(惠王)이 조(趙)나라를 공격한 고사이다. 위나라 혜왕은 일찍이 마음속으로 조나라를 병탄할 생각이 있었지만, 노나라가 조나라를 원조하는 것이 두려웠으므로 가까

---

238 『莊子注』「胠篋」注. "夫竭脣非以寒齒而齒寒, 魯酒薄非以圍邯鄲而邯鄲圍, 聖人生非以起大盜而大盜起. 此自然相生 必至之勢也." 【역주】 조(趙)나라의 수도 한단 땅이 포위당한 일화는 당(唐)나라 시기 육덕명(陸德明)의 『석명(釋名)』설에 따르면, 남방의 강대국 초(楚)나라가 여러 제후들을 초대했을 때 노나라 제후가 가져온 술이 박했기 때문에 그 무례함을 꾸짖어 노나라를 정벌했는데, 그 틈을 노려 위(魏)나라가 조나라의 수도 한단을 포위하여 공격했다는 것이다. 그리고 『회남자(淮南子)』「무칭훈(繆稱訓)」편의 허신(許愼)의 주석에 따르면, 초나라 임금이 여러 제후를 초대했을 때, 노나라가 가져온 술이 박했고 조나라가 가져온 술은 진했는데, 초나라의 술 담당 관리가 조나라에 뇌물로서 술을 더 요구하다가 거절을 당하여, 홧김에 노나라 술과 조나라 술을 바꾸어 놓았다. 그래서 초나라 임금이 노나라의 술이 박한 것을 보고 화가 나서 조나라의 수도 한단을 포위 공격했다는 것이다. 어느 것이 옳은지는 확실하지 않지만, 이 사실이 또한 『장자』「거협」편에 실려 있다.

이 있으면서도 쉽게 감히 손을 쓰지 못하고 있었다. 이때 마침 초(楚)나라 선왕이 제후들을 불러 회합하는 즈음에 노나라 임금이 최후로 도착한데다가 초왕에게 바치는 예물이 배우 박하였다. 초나라 왕이 분노하여 노나라 임금이 태만할 뿐만 아니라 예물도 박한 술을 가져온 것을 구실로 삼아서 군대를 일으켜 노나라를 정벌하였다. 초나라와 노나라가 군대를 맞대고 대치하고 있을 때, 노나라는 역량이 부족하여 조나라에게 원조를 구했는데, 위나라 혜왕이 이 기회를 틈타 조나라를 공격하면서 조나라의 수도 한단을 포위하였다. 곽상은 노나라 임금이 가져온 술이 박한 것은 결코 한단 땅을 포위하기 위함이 아니었지만 그 결과는 한단 땅이 포위당하게 되는 결과를 조성했다고 여긴 것이다. 마찬가지로 성인이 탄생하는 것은 결코 도적을 불러일으키려는 것이 아니지만 결과는 오히려 도적을 불러일으키는 결과를 초래한다. 곽상의 입장에서 볼 때, 이것은 여전히 "저절로 그렇게 서로 생기게 된 것으로서 반드시 이르게 되는 세(勢)이다." 이것을 달리 말하자면, 한단 땅이 포위되는 것, 큰 도적이 일어나는 것, 사회의 다스려짐과 혼란함 등은 결코 어떤 나라의 임금이 지닌 동기 또는 성인의 출현에 따른 것이 아니고, 역사의 오랜 시기 동안 누적된 결과라는 것이다. 그는 다음과 같이 말했다.

"백대(百代)의 유풍을 계승하고 현재의 변화를 알맞게 적용하여도, 그 폐단이 여기에 이르게 되는 것은 우(禹) 임금의 잘못이 아니다. 그러므로 천하라 하는 것이다. 성인의 지혜로운 행적이 천하를 어지럽히는 것이 아니라도 천하는 반드시 이런 혼란이 있는 것을 말한다."[239]

그는 역사의 발전을 이어 받아서 현재의 변화가 출현하는 것인데, 이 때문에 사회의 다스려짐과 혼란은 결코 위대한 인물의 활동결과가 아니

---

239 『莊子注』「天運」注. "承百代之流而會乎當今之變, 其弊至於斯者, 非禹也, 故曰天下耳. 言聖知之跡非亂天下, 而天下必有斯亂."

라고 여겼다. 곽상의 입장에서 볼 때, 이런 변화의 추세는 사람의 힘으로 바꿀 수 있는 것이 아니라 "저절로 그렇게 서로 생기게 된 것[自然相生]"이다. 여기에서 "저절로 그렇게 서로 생기게 된 것"이라는 말이 주로 강조하는 것은 무목적·무의식적이며, 역사의 발전은 어떤 의도에 따라 진행되는 것이 아니고, 개별 인물의 행동에 의지하여 바뀌어 갈 수 있는 것이 아니다. 그가 거의 은은하게 간파하고 있었듯이, 사회와 역사의 발전 배후에 사람의 의지에 의존하지 않는 변화의 힘이 있으며, 이런 힘은 이미 신(神)이 아니고 또 상제(上帝)도 아니다. 왜냐하면 그는 이런 힘이 결국 어떻게 조성되는 것인지 알 수 없기 때문에, 다만 어렴풋이 그것을 "저절로 그렇게 서로 생기게 된 것", "반드시 이르게 되는 세[必至之勢]"라고 부를 수 있는 것이다. 곽상의 이런 시각에는 매우 합리적인 요소가 있다. 그러나 그는 자연과 사회를 혼합하여 한 번에 이야기함으로써 역사 발전에 대한 인류 활동의 결정적 영향을 배제하고 있으며, 역사에 대한 사람의 작용을 배제하면서, 사회의 발전을 일종의 순수한 자연현상으로 보고 있는데, 이는 자연과 인간의 구별을 이해하지 못하고 역사의 숙명론으로 기울게 된다. 곽상은 만물들 사이의 "서로 따라 의존하는 것[相因]", "서로 기대어 의존하는 것[相資]" 등 자연의 연관관계를 인정하는 동시에 또 이런 연관관계를 일방적으로 과장하고 있다. 그는 다음과 같이 말했다.

"천지자연의 만물 속에 있는 모든 것들은 하루라도 서로 없을 수 없는 것이다. 한 사물이 갖추어져 있지 않으면 생성하는 것이 생성하여 나올 수 없다. 한 이치가 이르지 않으면 자연의 무궁한 시간이 지나도 생성의 조건을 끝내 얻지 못하는 것이다."[240]

---

240 『莊子注』「大宗師」注. "天地萬物, 凡所有者, 不可一日而相無也. 一物不具, 則生者無由得生; 一理不至, 則天年無緣得終."

이것을 말하자면, 어떤 하나의 사물에 대한 어떤 사물의 존재를 말하더라도 결핍될 수 없는 것이다. 곽상의 시각에서 볼 때, 사물의 "저절로 그렇게 서로 생기게 된 것", "상대와 내가 서로 따르며 의존하는 것[彼我相因]"의 관계는 사물이 "저절로 그렇게 되는 것[自爲]"으로 결정되는 것이며, "상대가 저절로 의존하여 운동하므로 나의 공능을 돕는 것이 크게 되는 것이다[彼之自爲, 濟我之功弘矣]." 왜냐하면 모든 개별사물은 다 "저절로 그렇게 되는 것"이기 때문에, 그것의 존재는 바로 전체 세계와 연계되어 있는 것이다. 곽상이 말하는 이런 "보편"의 연관관계는 그가 "유(有)" 즉 개별 존재사물을 절대화의 결과로 보는 것이며, 이 때문에 이러한 연관관계는 바로 단지 그가 머릿속에서 구상해 낸 연관관계, 추상의 연관관계이다. 사물들 사이의 본질적 연관관계를 배제하기 때문에 이에 따라 그는 "서로 따르며 의존하는 것[相因]"을 "홀로 변화하는 것[獨化]"으로 귀결시킨다. 그는 "서로 따르며 의존하는 공능은 홀로 변화함에 이르는 것만 못하다."[241]라고 하였다. 조물주 또는 궁극적 원인을 부정하는 동시에, 사물들 사이의 본질적 연관관계를 이해하지 못하기 때문에 그 결과는 사물들 사이의 인과관계와 같이 또한 부정되는 것이다. 그는 다음과 같이 말했다.

"상대와 내가 서로 따르며 의존하여, 형체와 그림자가 함께 생성하지만, 비록 현묘하게 부합하더라도 의존하지는 않는다. … 이제 망량이 그림자를 따르는 것은 마치 함께 생성하면서 서로 의존하지 않는다고 하는 것과 같으니, 만물은 비록 모여서 함께 천지자연을 이루지만 뚜렷하게 홀로 보이는 것이 아님이 없다. 그러므로 망량은 그림자의 제어를 받지 않고, 그림자는 형체의 부림을 받지 않으며, 형체는 무가 변화된 것이 아니다."[242]

---

241 『莊子注』「大宗師」注. "相因之功, 莫若獨化之至也."
242 『莊子注』「齊物論」注. "彼我相因, 形景俱生, 雖復玄合, 而非待也. … 今罔兩之

"만약 뱀의 비늘이나 매미의 날개에 의존한다면 독립된 품행(品行)의 유래가 없는 것이니 알기 어렵지가 않다. 이제 알기 어려운 것은 바로 이러한 종류에 의존하지 않고 홀로 변화하기 때문이다."[243]

"형체는 무가 변화된 것이 아니므로", "그림자는 형체의 부림을 받지 않는 것이다." "형체는 무가 변화된 것이 아니다."라는 것은 형체가 조물주에게 의존하지 않고 존재하는 것을 의미하는데, 이것은 정확한 사실이다. "그림자는 형체의 부림을 받지 않는 것이다."라는 것은 그림자는 형체가 의식적으로 또 목적적으로 창조한 것이 아님을 의미하는데, 이것도 역시 정확한 사실이다. 그러나 이 때문에 그림자의 생성이 어떤 조건도 필요 없고 어떤 원인도 없다고 여기게 되는데, 이것은 터무니없는 상태에 빠지게 되는 것이다.

이론적 사유의 측면에서 분석해 보면, 곽상의 "독화론(獨化論)"이 지닌 오류의 근원은 아래와 같다.

첫째, 조물주의 존재를 부정하기 위하여 사물 자체의 밖에서 사물 존재의 근거를 찾는 데 반대하면서, 곽상은 사물이 "그 본성에 저절로 만족한다[自足其性]."는 이론을 제기하여 각각의 사물이 자기의 "본성을 나누어 받음[性分]"을 유지할 뿐만 아니라 자기 스스로 만족할 수 있으며 어떤 외부 조건의 제약과 제한을 받지 않는다고 여겼다. 이렇게 "유(有)"를 절대화한 결과는 그로 하여금 사물 자체의 존재가 지닌 차이와 대립을 보지 못하게 만들었는데, 이것은 필연적으로 사물을 영원히 그 자체라고 보도록 한다.

둘째, 숭유론은 개별자를 숭상하고, 보편적·일반을 배척하여, 개별적

因景, 猶云俱生而非待也, 則萬物雖聚而共成乎天, 而皆歷然莫不獨見矣. 故罔兩非景之所制, 而景非形之所使, 形非無之所化也."

243 『莊子注』「齊物論」注. "若待蛇蚹蜩翼, 則無特操之所由, 未爲難識也. 今所以不識, 正由不待斯類而獨化故耳."

존재인 "유"를 보편적 일반과 어떤 연관관계도 없는 유일한 현실 존재와 같은 것으로 보게 만드는데, 이 때문에 사물의 공통점과 공통의 본질을 인식하거나 이해할 수 없게 된다. 보편적 일반을 떠나서 개별자만 크게 강조하는 결과는 역으로 개별자를 제대로 인식하거나 파악할 수 없게 만들어서, 개별자를 고립되고 생명력을 잃은 존재물로 만드는데, 이것은 필연적으로 사물의 본질적 연관관계를 부정하고 심지어 기본적 인과관계를 부정하게 된다.

4 "무심순유無心順有"에서 "부지위종不知爲宗"에 이르는 인식론

곽상의 인식론은 그 특징이 객관적인 외부 사물의 존재를 부정하고 외부의 사물에 순응할 것을 주장하지만, 그는 만물 존재의 자생독화(自生獨化: 저절로 생성하고 홀로 변화함)를 강조하면서 세계의 통일성을 추구하는 데 반대하게 되며, 이런 것은 개별자와 보편적 일반의 변증법적 관계를 분리시킨다. 단편적으로 개별자를 추구하면서 보편적 일반을 부정할 때, 이것은 실제로 사물이 현상과 본질의 통일이라는 것을 부정하고, 사람의 인식이 사물의 본질을 반영할 수 있다는 것을 인정하지 않는 것으로서, 최후로는 불가지론에 도달하게 된다. 또한 곽상은 장자의 학문에 영향을 깊이 받아서 사람의 주관 능력의 작용을 완전히 부정하고 맹목적으로 자연을 그대로 따르게 되는데, 이런 것은 불가지론에서 나아가 "상대와 나를 현묘한 동일성으로 보는 것[玄同彼我]", "그윽하게 저절로 부합하는 것[冥然自合]"이라는 몽매주의(蒙昧主義: 반문명주의)로 치닫게 한다. 총괄하자면, 곽상의 인식론은 개괄적으로 말해서 외부 사물에 순응하는 — 불가지론 — 몽매주의라는 길로 나아가게 된다.

(1) "정신은 사물대상을 따라 움직이며[神隨物動]", "무심하게 유에 순응한다[無心順有]"

곽상의 인식론은 숭유론의 자연관과 서로 연계되어 있다. 인식론의 시각에서 볼 때, 이런 연관관계는 아래와 같은 몇 가지 측면을 나타낸다. 첫째, 천지만물의 독립된 존재를 부정하고, 사람의 정신이 천지자연의 만물을 체인(體認)한다고 여겼는데, 이 때문에 정신은 결코 실체는 아니고 사람이 외부세계에 알맞게 대응하는 일종의 능력이라고 보았다. 둘째, 마음[정신]의 공능은 사물에 순응하는 것이지 결코 독립된 자주의 힘으로 만물을 지배하는 것이 아니며, "사물과 더불어 움직이고[與物遷]", "사물과 더불어 변화하는 것[與物化]"이고, 바로 "정신은 사물대상을 따라 움직이며[神隨物動]", "무심하게 유에 순응하는 것이다[無心順有]." 셋째, "무심하게 유에 순응하는 것"으로 장자의 "심재(心齋)"·"좌망(坐忘)"을 해석하였는데, "무심(無心)"은 바로 마음이 대상 사물에 걸림이 없는 것이며, "좌망"은 바로 변화를 중심으로 삼는 것이라서, 귀무론의 "무를 마음으로 삼는다[以無爲心]."는 학설과 근본적으로 구별된다.

장자는 「각의(刻意)」편 속에서 "정신은 사방으로 두루 통하고 흘러서 이르지 않는 곳이 없어, 위로는 하늘에 이르고 아래로는 땅 속에까지 서려 있다. 만물을 변화·생육시키지만 형상을 볼 수 없다."[244]라고 말했다. 장자는 사람의 정신이 천지자연의 안에 가득 차고 아울러 만물을 변화·생육시킨다고 하였는데, 의심할 바 없이 정신의 작용을 과장한 것이다. 장자의 이런 사상은 『관자(管子)』의 유물주의 정기설(精氣說)을 바꾸어 정신만능설(精神萬能說)로 만든 것인데, 여기에서 정신은 일종의 우주 안에 있는 "실체(實體)"가 된다. 곽상은 이 구절에 대하여 해석하면서 다음과 같이 말했다.

---

244 『莊子』「刻意」. "精神四達竝流, 无所不極, 上際於天, 下蟠於地. 化育萬物, 不可爲象."

"천지자연의 궁극을 체인하고, 만물의 각 이치에 부응하는 것이 정신이 되는데, 그러므로 이와 같은 것이다. 이와 같이 천지자연의 공능에 귀착 (歸着)시키는 것은 천지자연의 운행에 내맡기는 것이니, 가벼이 쓰는 것 이 아니다."[245]

곽상은 장자가 말한 정신이 만물을 변화·화육한다는 학설을 버리고, 사람의 정신이 "천지자연의 궁극"과 "만물의 각 이치"를 체인하는 데 소 용이 된다고 보았는데, 이를 달리 말하자면, 정신은 외부 세계에 적응하 는 능력이지 결코 실체가 아님을 알 수 있다. 곽상이 "체(體: 체인)" "응 (應: 부응)"의 두 글자를 가지고 정신을 해석하는 것은 정신과 우주만물 의 관계에 대한 그의 시각을 나타내는 것인데, 그는 정신이 "천지자연의 궁극"과 "만물의 각 이치"를 "체인하고" "부응하는 것"이라고 여긴 것이 며, 이것은 바로 "천지자연의 운행에 내맡기는 것"이지, 결코 장자가 말 한 것처럼 만물을 변화·생육하는 공능을 지니고 있는 것이 아니다.

장자는 「천하(天下)」편 속에서 문답의 형식을 빌려서 하나의 문제를 제기하였다. "'천하의 이른바 도술은 어디에 있는가?' '없는 곳이 없다.' '신(神)은 어디로부터 내려오는가? 명(明)은 어디로부터 나왔는가?'"[246] 곽상은 명확하게 답변하면서 다음과 같이 말했다.

"신명(神明)은 구체적 일에서 감응한 뒤에 나오는 것이다."[247]

이것은 달리 말하자면, 사람의 정신·사상은 외부의 사물에 감응을 일으킨 뒤에 생성되는 것이다. 신명(神明)이 어떻게 생성하는지에 대한

---

245 『莊子注』「刻意」注. "夫體天地之極應萬物之數以爲精神者, 故若是矣. 若是而 有落天地之功者, 任天行耳, 非輕用也."
246 「天下」. "古之所謂道術者, 果惡乎在? 曰: 无乎不在. 曰: 神何由降? 明何由出?"
247 『莊子注』「天下」注. "神明由事感而後降出."

이런 해석은 마찬가지로 곽상이 정신을 독립된 실체로 결코 보지 않는 다는 것을 반영한다. 곽상은 정신을 사람이 외부 세계에 적응하는 일종 의 능력으로 삼았는데, 이 때문에 그는 외부 사물에 대한 사람의 인식 여부(與否)가 결코 천지자연의 만물 독립성에 영향을 주지 않으며 외부 의 사물 존재도 결코 사람의 인식을 바꾸지 못한다고 보았다. 그는 다음 과 같이 말했다.

> "눈으로 보는 데에는 일정한 한계가 있어서 다함이 없을 수 없으므로 크 게는 시력으로 다 볼 수 없는 것이 있고, 작게는 분명하게 밝힐 수 없는 것이 있으니, 눈이 미칠 수 없는 것이다. 정밀한 것과 큰 것은 모두 없는 것이 아니니, 어떻게 형체가 없어서 시력으로 아우를 수 없는 것이 있음 을 다 알겠는가?"[248]

곽상은 사람의 감각기관이 일정한 한도가 있는데, 이 때문에 큰 대상 에 대해서든지 작은 대상에 대해서든지 말할 것도 없이 모두 다 밝혀 볼 수는 없지만, 다 밝혀서 볼 수 없기 때문에 큰 것 또는 작은 것은 "무 (無)"라고 볼 수는 없는 것이므로 "정밀한 것과 큰 것은 모두 없는 것이 아니며", 그것들은 실제로 모두 객관적인 것이다. 다시 말하자면, 만물 의 존재는 결코 눈과 귀의 감각기관의 한계에 갇혀 있는 것이 아니다.

곽상은 숭유론에서 출발하여 처음부터 끝까지 개별적 존재물이 진실 한 존재임을 강조하였는데, 이 때문에 마음과 사물대상의 관계에서 사 물 대상이 근본적인 것이고 마음은 만물에 따라 순응하는 것임을 강조 하였고, 이것은 바로 마음의 공능은 사물을 순응하는 것이지 독립하여 자주적으로 만물을 지배하는 것이 아니라고 여긴 것이다. 요약하자면, 곽상은 정신이 "사물과 더불어 움직이고[與物遷]", "사물과 더불어 변화

---

248 『莊子注』「秋水」注. "目之所見有常極, 不能無窮也, 故於大則有所不盡, 於細則 有所不明, 直是目之所不逮耳. 精與大皆非無也, 庸詎知無形而不可圍者哉!"

하는 것[與物化]"이고, 바로 "정신은 사물대상을 따라 움직이는 것[神順物動]"이라고 여긴 것이다(또는 "무심하게 유에 순응하는 것이다").[249]

장자는 「소요유(逍遙游)」편 속에서 "지인(至人)"의 정신은 독립적으로 자기 주체성을 지니면서 외부세계의 어떤 간섭도 받지 않으므로 이런 정신의 경지에서는 단지 "만물에 충만하며",[250] "사물의 변화를 좇아 살 뿐"[251]만 아니라 "사물을 사물답게 하되 사물에 의해 사물로 되지 않을 수"[252] 있다고 하였다. 이와 같이 장자는 마음과 사물 대상의 관계에서, 정신의 독립적 자주성으로부터 정신이 만물을 지배한다는 주관적 유심주의로 기운다. 위에서 서술한 자자의 논의에 대하여 곽상은 완전히 "무심(無心)"을 가지고 해석하였다. 그는 다음과 같이 말했다.

"무릇 성인의 마음은 천지(天地) 음양의 지극한 운수(運數)와 기회(機會)를 지극하게 하고, 만물의 미묘한 이치를 궁구하므로 변화를 체인하고 변화에 부합할 수 있는 것이니, 어디를 가도 옳지 않음이 없으며, 만물에 고르게 충만하여 만물마다 옳지 않음이 없다. 세상이 혼란한 까닭에 나에게 구하지만, 나는 본래 일삼는 마음이 없다."[253]

"죽은 재와 마른 나무 같은 것은 그것이 적막하여 정(情)이 없는 것이다. 무릇 저절로 그러함에 내맡겨서 옳고 그름을 잊은 사람은 그 속에서 홀로 천진(天眞)스러움에 내맡기는 것일 뿐이니, 또한 무엇이 따로 있으랴! 그러므로 멈추어 있을 때는 마치 마른 나무가 서 있는 것 같고, 움직일 때는 마치 마른 나무 가지가 흔들리는 것 같으며, 앉아 있을 때는 마

---

249 『莊子注』「在宥」注. "神順物而動." "無心順有."
250 『莊子』「逍遙游」. "磅礴萬物."
251 『莊子』「德充符」. "命物之化."
252 『莊子』「山木」. "物物而不物於物."
253 『莊子注』「逍遙游」注. "夫聖人之心, 極兩儀之至會, 窮萬物之妙數. 故能體化合變, 無往不可, 旁礴萬物, 無物不然. 世以亂故求我, 我無心也."

치 죽은 재와 같고, 걸어갈 때는 마치 나부끼는 티끌과 같다. 행동거지의 모습은 내가 하나와 같이 동일하게 할 수는 없다. 그러나 마음에 일삼는 바가 없는 상태에서 자득하는 것은 내가 두 가지의 모습을 보일 수 없다."254

"저것과 이것이 서로 대립할 때 성인은 두 편을 다 순응한다. 그러므로 무심한 사람이라야 사물과 더불어 그윽하게 함께하는 것이니, 일찍이 천하에 대립하는 것이 있을 수 없다. 이것은 그 핵심을 파악하고서 현묘한 도를 깨달은 것으로서 저 무한한 천지만물에 부응하는 것이다."255

곽상은 "무심(無心: 일삼는 것이 없는 마음)"으로 장자의 "정신이 만물에 충만한 것[磅礴萬物]", "죽은 재와 마른 나무[死灰槁木]", "저것과 이것의 상호 대립[彼是相對]" 및 "도의 핵심[道樞]" 등의 개념을 해석하여, "무심한 사람이라야 사물과 더불어 그윽하게 함께하는 것"의 경지에 이르러 "저 무한한 천지만물에 부응하고", "사물이 저절로 변화해 가는 것에 부응[任物之自遷]"할 수 있다고 여겼다. 여기에서 곽상이 말하는 "무심(無心)"이 "존재하는 만물에 순응하는 것[順有]"을 의미하며, 이는 바로 만물의 변화에 순응하는 것이지 만물을 지배하는 것이 아니라는 것을 볼 수 있다. 이것이 바로 그가 말하는 "마음이 사물에 휘둘림이 없기 때문에 사물대상의 마땅함을 빼앗지 않고, 사물마다 마땅함대로 변화하지 않음이 없으므로 그 지극한 경지는 다 알 수 없는 것이다."256 "사물대상의 마땅함을 빼앗지 않는 것"은 바로 객관적인 외부사물의 존재를 부정하지 않

---

254 『莊子注』「齊物論」注. "死灰槁木, 取其寂莫無情耳. 夫任自然而忘是非者, 其體中獨任天眞而已, 又何所有哉！故止若立枯木, 動若運槁枝, 坐若死灰, 行若遊塵. 動止之容, 吾所不能一也; 其於無心而自得, 吾所不能二也."
255 『莊子注』「齊物論」注. "彼是相對, 而聖人兩順之. 故無心者與物冥, 而未嘗有對於天下也. 此居其樞要而會其玄極, 以應夫無方也."
256 『莊子注』「大宗師」注. "無心於物, 故不奪物宜, 無物不宜, 故莫知其極."

는 것이다. 여기에서 주의해야 할 것은 곽상이 "무심"을 주장한 것은 귀
무론에서 "무를 마음으로 삼는 것[以無爲心]"과 근본적으로 다르다는 것
이다. 귀무론에서 말하는 "무를 마음으로 삼는 것"은 마음을 본체로 귀
결시키고, 마음과 본체인 "도" 또는 "무"를 합하여 하나로 보는 것이다.
곽상의 "무심"은 만물에 순응하고, "사물과 함께 그윽하게 함께하고[與物
冥]", "사물과 함께 변화하는 것[與物化]"으로서 마음을 사물에 귀결시키
는 것, 즉 "사물대상의 마땅함을 빼앗지 않는 것"을 말한다.

　여기에서 곽상은 사람의 정신 밖에 객관적 사물의 존재가 있다는 것
을 부정하지 않았으며, 이것은 그의 숭유론의 필연적 논리이다. 바로 이
때문에 그는 마음이 사물을 통괄할 수 없는 것이고, 마음을 사물에 순응
해야 한다고 주장한 것이다. 즉 "정신은 사물대상을 따라 움직이며[神隨
物動]", "무심하게 유에 순응한다[無心順有]."고 주장한 것이며, 사람의 마
음이 거울과 같이 "조응(照應)하면서 감추는 것이 없어야 한다[應而不
藏]."고 생각한 것이다. 그는 다음과 같이 말했다.

> "사물 대상이 다가오면 조응(照應)하는데, 조응하면서 감추는 것이 없으
> 므로 공효(功效)가 사물을 따라간다."[257]

> "지인(至人)의 마음은 거울과 같아서 조응하면서 감추는 것이 없으므로
> 탁 트여서 가득 차고 이지러지는 변화가 없다."[258]

"가득 차고 이지러지는 변화가 없다."는 것은 마음이 사물을 따라 변
화해 가면서 "지식에 따라 가지 않아야 함[任知而行]"을 의미한다. 여기에
서 곽상은 오직 순응(順應)만을 주장하고 반영(反映)은 주장하지 않았는
데, 이 때문에 그가 객관적 외부 사물의 존재를 부정하지 않았지만, 그가

---

257 『莊子注』「天下」注. "物來則應, 應而不藏, 故功隨物去."
258 『莊子注』「齊物論」注. "至人之心若鏡, 應而不藏, 故曠然無盈虛之變也."

사람의 인식작용을 부정하기 때문에 최후에는 필연적으로 인식론 상의 불가지론에 빠지게 된다. 이것이 그의 인식론상의 근본적 결함이다.

(2) "사물 대상에 따라 논의를 세우고[因物立言]", "말에 의탁하여 뜻을 펼친다[寄言出意]"

위진 시기에 현학가들은 인식론과 방법론상에서 "언어가 뜻을 다 표현한다[言盡意]."는 것과 "언어가 뜻을 다 표현하지 못한다[言不盡意]."는 것에 관한 논의를 제기하였다. 왕필은 "언(言: 언어)"·"상(象: 형상)"·"의(意: 뜻)" 세 가지의 관계에 대하여 중점적으로 연구하였다. 그래서 그는 "뜻을 얻는 것은 상을 잊는 것에 있고, 상을 얻는 것은 말을 잊는 것에 있다."[259]는 결론을 제기하였다. 곽상은 『장자주』 속에서 비록 직접적으로 언어[言]·상(象)·의(意) 세 가지의 관계에 대하여 논의하지 않았지만 그의 주해를 전체적으로 살펴보면 왕필과 구별이 되는 것을 볼 수 있다. 곽상은 유(有)를 숭상하여 우주 안에서 "유(有)"가 가장 근본적인 것이라고 보았다. 이 때문에 언어와 뜻에 대하여 말할 때에도 유(有)를 떠나서 존재할 수 없으며, "사물을 말미암아 짓는 것이고[由物而制]", "유(有)"로부터 나오는 것이며, "언어를 펴서 사물 대상을 끌어들이는 것[開言引物]"에 반대하고, "사물 대상에 따라 논의를 세우고[因物立言]", "언어는 사물 대상을 따라서 짓는 것[言隨物制]"임을 주장하였다. 그는 장자가 말한 "치언은 날마다 말하는 것으로서 저절로 그러한 한도에 부합한다."[260]라는 구절에 주석을 달 때, 다음과 같이 말했다.

"무릇 치(巵: 둥근 술잔)는 가득 차면 기울고, 속이 비면 위를 향해 서 있는데, 고정적으로 지닌 틀이 없기 때문이다. 하물며 말에 있어서는, 사물 대상에 따라 변화하는 것이라서 저 대상을 따라가는 것이므로 날마다

---

259 『周易略例』「明象篇」. "得意在忘象, 得象在忘言."
260 『莊子』「寓言」"巵言日出, 和而天倪."

말하는 것이라고 하는 것이다. 날마다 말하는 것은 이른바 날마다 새롭게 말하는 것이며, 날마다 새롭게 말을 하면 그 저절로 그러한 분수를 다할 수 있고, 저절로 그러한 분수를 다하면 저절로 그러한 한도에 부합하는 것이다."[261]

술잔이 기울어짐과 위를 향해 서 있는 것은 술이 들어 있는 것에 따라 바뀌는 것이며, 사람의 언어와 개념 그리고 사상에 이르기까지 역시 술잔과 마찬가지로 "사물 대상에 따라 변화하는 것[因物隨變]"이지 한 가지만을 집착하면서 옛것을 고수할 수는 없는 것이다. 곽상의 시각에서 볼 때, 만물은 저절로 생성하며 저절로 그러한 것이고 각각 자기의 규정성을 지닌 것인데, 이 때문에 일률적인 방법으로 그 가운데서 보편적 일반을 추출할 수 있는 것이 아니다. 만약 왕필과 같이 만물 존재 속에서 "무(無)" 또는 "도(道)"를 추출하여 만물의 본체로 삼는다면, 사물의 본성을 상하게 하는 것이다. "온갖 사물과 온갖 형상이 있는데 그것을 하나의 잣대로 갈라 버리면 상하게 되는 것이다."[262] 이 때문에 곽상은 "만물에 따라서 그 언어를 쓰는 것"[263]이라는 점을 강조하였고, "만약 저 대상에 따라 논의를 세울 수 없다면 나와 사물 대상이 다시 고르게 되지 않는 것이다."[264] 이것을 달리 말하자면, 만물과 더불어 제일(齊一)하고자 생각한다면 반드시 만물의 존재를 첫째 자리에 놓고, 만물에 따르되 경솔하게 해서는 안 되는 것이다. 그는 다음과 같이 말했다.

"변화의 저절로 그러함을 끊는 것은 지식의 힘으로 할 수 있는 것이 아니

---

261 『莊子注』「寓言」注. "夫巵, 滿則傾, 空則仰, 非持故也. 況之於言, 因物隨變, 唯彼之從, 故曰日出. 日出, 謂日新也, 日新則盡其自然之分, 自然之分盡則和也."
262 『莊子注』「徐無鬼」注. "萬物萬形, 而以一劑割之, 則有傷也."
263 『莊子注』「寓言」注. "付之於物而就用其言."
264 『莊子注』「寓言」注. "若不能因彼立言以齊之, 則我與物復不齊耳."

므로 때에 따르며 사물 대상에 내맡기면서 말을 짓지 않는 것이다."[265]

"지식이 비록 천지자연을 다 꿰뚫었어도 일찍이 언어를 펴서 사물 대상을 끌어들이지 않고 마땅히 그 지극한 분수를 다할 뿐이다."[266]

"무릇 언어는 사물 대상을 따라서 짓는 것이니 천지자연의 타고난 분수에 내맡기는 자는 일찍 죽지 않을 수 있다."[267]

명확하게 언어[言]·상(象)·의(意) 세 가지의 관계에서 곽상은 왕필의 "뜻을 얻으면 상을 잊는다[得意忘象]."는 명제의 결함을 바로잡고자 시도하였고, 만물의 존재와 사물 형상의 진실성을 강조하였다. 그가 말하는 "사물 대상에 따라 논의를 세우는 것[因物立言]", "언어는 사물 대상을 따라서 짓는 것[言隨物制]", "뜻을 얻으면 언어를 잊는 것[得意忘言]"·"뜻을 얻으면 상을 잊는 것[得意忘象]" 등의 명제는 서로 상반되는 것이다. 이 때문에 그는 "사물 대상을 따르는 것[因物]"이라는 사상을 공조한 것인데, 예컨대, 그는 "때를 따르고 사물 대상을 따르는 것",[268] "마음을 비우고 사물 대상에 순응하는 것",[269] "사물 대상을 따를 뿐임"[270] 등의 말을 하였다. 요컨대, "진인(眞人)의 말이 어찌 낮춤이 있겠는가? 오직 사물 대상에 그것이 잘 맞으면 옳은 것이다."[271]

곽상이 말하는 "사물 대상에 따라 논의를 세우는 것"과 "언어는 사물 대상을 따라서 짓는 것"에 답하는 문제는 실질적으로 언어와 형상의 관

---

265 『莊子注』「寓言」注. "謝變化之自爾, 非知力之所爲, 故隨時任物而不造言也."
266 『莊子注』「列御寇」注. "知雖落天地, 未嘗開言以引物也, 應其至分而已."
267 『莊子注』「寓言」注. "夫唯言隨物制而任其天然之分者, 能無夭落."
268 『莊子』「外物」. "隨時因物."
269 『莊子注』「田子方」注. "虛而順物."
270 『莊子』「山木」注. "隨物而已."
271 『莊子注』「徐無鬼」注. "眞人之言何遜哉? 唯物所好之可也?"

계 문제이다. 다시 말하자면, 언어와 개념은 객관 사물에 이끌려 나오는 것인데, 이 때문에 그것은 사물의 제약을 받는 것이지 사람의 주관적 추측이 아니다. 이러 사상은 곽상의 유물주의 요소를 드러내는 것이다. 그러나 곽상에게는 이런 이유로 "이치를 마음에서 얻었을 때 말이 아니면 펼칠 수 없는 것이고, 사물을 무엇이라고 확정했을 때 그 이름이 아니면 분별할 수 없는 것이다."[272]라는 입장을 끌어낼 수 없는 것이며, 엄가균(嚴可均)이 편집한 『전진문(全晉文)』의 결론 부분에 언어와 뜻의 관계에 대하여 말하고 있는데, 곽상은 또한 "말에 의탁하여 뜻을 펼친다[寄言出意]."는 명제를 제기하였다. 그는 다음과 같이 말했다.

> "무릇 장자는 천하에서 일을 공평하게 처리하였으므로 매번 말에 의탁하여 뜻을 펼쳤는데, 공자를 비방하고 노자를 비천하게 여겼으며, 위로는 삼황(三皇)을 배격하고 아래로는 자기의 한 몸을 병폐로 여겼다."[273]

> "무릇 작은 차이를 살피면 여러 사람들과 더욱 어그러진다. 구별이 없이 크게 같아지면 세상과 홀로 다름이 없게 된다. 그러므로 무릇 환하게 밝은 것은 바로 어두운 것의 흔적이다. 장차 말에 의탁하여 흔적[행적]을 남기는 것이므로 (공자가) 진(陳)나라와 채(蔡)나라에서 환난을 당한 것이다."[274]

이로써 알 수 있듯이, 곽상은 왕필과 마찬가지로 "언어"와 "뜻"을 구별하였고, "언어"가 사상을 표현해 내는 것이라고 여겼는데, 만약 "언어"에

---

272 歐陽建,「言盡意論」. "理得於心, 非言不暢; 物定於彼, 非名不辯."
273 『莊子注』「山木」注. "夫莊子推平於天下, 故每寄言以出意, 乃毁仲尼, 賤老聃, 上掊擊乎三皇, 下痛病其一身也."
274 『莊子注』「山木」注. "夫察焉小異, 則與衆爲迕矣; 混然大同, 則無獨異於世矣. 故夫昭昭者, 乃冥冥之跡也. 將寄言以遺跡, 故因陳蔡以託患."

구애받게 되면 그 안에서 이치에 도달할 수 없다고 보았다. 그러나 그는 "뜻을 펼지는 것[出意]"이 반드시 "언어에 의탁함[寄言]"을 빌려야 하는 것임을 긍정하였는데, 이것은 왕필이 말한 "뜻을 얻는 것은 상을 잊는 것에 있고, 상을 얻는 것은 말을 잊는 것에 있다."[275]라는 것과 구별이 된다. "말을 잊는 것[忘言]"은 바로 "언어[言]"를 사용하지 않는 것이며, "언어에 의탁하는 것"은 "언어"를 빌리고 "언어"를 떠날 수 없는 것이다. 왜냐하면 "맡기고[寄]" 또는 "의탁하는 것[託]"이라 할지라도 결국 언어와 개념을 떠날 수 없는 것이기 때문이다. 곽상의 "말에 의탁하여 뜻을 펼친다[寄言出意]."는 명제는 또한 그가 『장자』를 해석하는 하나의 방법이며, 그 목적은 글자의 속박을 벗어나서 자기의 사상을 발휘하는 데 있다. 즉 글자와 문구 하나하나에 구애받지 않으려 하지만 자구(字句)를 통하여 장자 학문에 대한 인식에 도달하는 것이다. 그러나 인식론의 시각에서 볼 때, "말에 의탁하여 뜻을 펼친다."는 학설은 단지 명칭과 개념을 사상 표현의 도구로 삼는 것이며, 명칭과 개념이 사물의 본질을 반영한다는 것을 인정하는 것은 아니다. 결론은 또한 "언어는 뜻을 다 표현하지 못한다."는 명제를 통한다는 것이다. 그는 다음과 같이 말했다.

"무릇 저 저절로 그러함을 밝히는 것은 지식으로 얻는 것을 말하는 것이 아니므로 마땅히 말이 없는 경지에서 아득하게 통하는 것이다. 이 때문에 먼저 말로 할 수 없는 표식을 들어주고 뒤에 황제에게 밝은 이치를 의탁한 것이니, 저 저절로 그러함이 사물 대상을 그윽하게 함은 볼 수 있는 것에서 느끼는 것이다."[276]

"말로 표현된 뜻의 표식에서 도를 구하면 족하다. 말을 잊고 뜻을 보존

---

275 『周易略例』「明象篇」. "得意在忘象, 得象在忘言."
276 『莊子注』「知北游」注. "明夫自然者, 非言知之所得, 故當昧乎無言之地. 是以先擧不言之標, 而後寄明於黃帝, 則夫自然之冥物, 槪乎可得而見也."

할 수 없는 것은 부족하다."[277]

곽상은 만물의 존재가 모두 저절로 그러한 것이며, 그것이 그렇게 되는 까닭은 언어와 뜻을 초월해 밖에 있는 것이지 언어로 표현할 수 있는 것이 아니라고 보았다. 그는 명칭과 개념이 사물의 본질을 반영할 수 있다는 것을 이해하지 못했기 때문에 당시의 "언어가 뜻을 다 표현해 내지 못한다는 이론[言不盡意論]"과 마찬가지로 불가지론에 빠지게 된다.

(3) 지식은 알고 있는 것 이내에 그치고, 지식은 알지 못하는 것을 중심으로 삼는다[知以不知爲宗]

곽상은 숭유론에서 출발하여 "정신은 사물대상을 따라 움직인다[神隨物動]", "사물 대상에 따라 변화한다[因物隨變]", "언어는 사물 대상을 따라서 짓는 것이다[言隨物制]." 등 사물 대상을 중시하고 인순(因循)을 귀하게 여기는 사상을 제기하였지만, 그는 또한 한편으로는 만물 존재의 각각 독립성을 과장하여 만물 존재가 모두 조금의 예외도 없이 "그윽하고 심오한 경지에서 홀로 변화한다[獨化於玄冥之境]."고 여기는 데까지 이르렀는데, 이 때문에 "그윽하고 심오한 현명(玄冥)의 경지" 속에서 독자적으로 변화하는 만물 존재에 대한 사람의 유한한 인식능력은 힘을 쓸 수 없는 것이라서 불가지론으로 이끌리게 된다. 개괄하여 말하자면, 곽상은 주로 두 가지 측면에서 그의 불가지론을 논증한다. 첫째, 만물의 존재는 저절로 그러한 것이고 그 원인은 알 수 없는 것이다. 둘째, 만물 존재는 모두 규정성이 있으며, 사람의 인식능력도 역시 일정한 한계가 있기 때문에 유한한 인식능력은 무한한 물질세계를 인식할 수 없다.

첫째 특징으로 말하자면, 곽상은 만물의 존재가 저절로 생성하며 홀로 변화하는 것이 저절로 그러한 것이지만 무슨 원인인지 찾을 수 없다

---

277 『莊子注』「則陽」注. "求道於言意之表則足. 不能忘言而存意則不足."

고 여긴 것이다. 이 때문에 역시 어떤 원인도 찾을 수 없는 것이다. 곽상의 이와 같은 불가지론은 직접적으로 "자연독화(自然獨化)" 학설로부터 나온 것이며, 그 특징은 궁극의 원인을 부정하는 것에서 시작한다. 그는 다음과 같이 말했다.

> "비근(卑近)한 일과 사물 대상은 그 원인을 알 수 있다. 그러나 그 근원을 탐구하여 궁극에 이르게 되면 원인이 없이 저절로 그러한 것이다. 저절로 그러한 것은 그 원인을 보거나 물어서 알 수 있는 것이 아니고, 단지 그것에 순응해야 하는 것이다."[278]

그는 사물의 가까운 원인은 인식할 수 있다는 점을 인정하지만, 원인을 끝까지 캐 나아가면 거기에는 모두 어떤 원인이 없이 저절로 그러한 모습이 그와 같기 때문에 그 원인을 더 묻고 따질 수 없다고 하였다. 곽상은 이런 사상을 한 걸음 더 밀고 나아가 만물(萬物)과 만사(萬事)에 확장시켜서 우주 안의 온갖 일과 사물이 이와 같지 않음이 없다고 여겼다. 그는 다음과 같이 말했다.

> "무릇 죽은 자는 이미 저절로 죽은 것이고, 생겨나는 자는 이미 저절로 생겨나는 것이며, 둥근 것은 이미 저절로 둥글게 되는 것이고, 네모난 것은 이미 저절로 네모진 것이니, 그 근원이 되는 것이 없으므로 알 수 없는 것이다."[279]

> "만약 뱀의 비늘이나 매미의 날개에 의존한다면 독립된 품행(品行)의 유

---

278 『莊子注』「天運」注. "物事之近, 或知其故, 然尋其原以至乎極, 則無故而自爾也. 自爾則無所稱問其故也, 但當順之."
279 『莊子注』「知北游」注. "夫死者已自死而生者已自生, 圓者已自圓而方者已自方, 未有爲其根者, 故莫知."

래가 없는 것이니 알기 어렵지가 않다. 이제 알기 어려운 것은 바로 이러한 종류에 의존하지 않고 홀로 변화하기 때문이다."[280]

생명과 죽음, 네모와 원 그리고 뱀의 비늘과 매미의 날개 등은 어느 것이나 상관없이, 그들 사이에는 어떤 인과관계(因果關係)가 없으며 모두 다 저절로 생성하고 저절로 변화하는 것이지 최후의 궁극적 원인이 없는 것이므로, 근원을 끝까지 밝힐 수 없는 것이다. "변화와 변화하지 않음, 그러함과 그러하지 않음, 남을 따르는 것과 자기 자신을 따르는 것은 저절로 그러한 것이 아님이 없으니, 내가 어찌 그 까닭을 알겠는가!"[281] 만물은 저절로 그러하지 않음이 없는데, 이 때문에 그 원인을 반드시 인식할 필요가 없고 또 인식할 수도 없는 것이다. 그는 다음과 같이 말했다.

"무릇 이런 일들은 모두 그 원인이 그러한 것을 알지 못하기 때문에 혼미(昏迷)하다고 하는 것이다. 이제 알지 못하는 사람이 모두 그 아는 것의 근거를 알지 못하면서도 스스로 안다고 말하며, 생겨난 사람이 모두 그 생겨나는 원인을 알지 못하면서 스스로 생겨났다고 한다. 만물이 비록 서로 다르지만, 생겨남이 아는 것에 연유(緣由)하지 않는 것의 경우에는 같지 않음이 없는 것이다. 그러므로 천하에는 혼미하지 않음이 없는 것이다."[282]

---

280 『莊子注』「齊物論」注. "若待蛇蚹蜩翼, 則無特操之所由, 未爲難識也. 今所以不識, 正由不待斯類而獨化故耳."
281 『莊子注』「齊物論」注. "化與不化, 然與不然, 從人之與由己, 莫不自爾, 吾安識其所以哉!"
282 『莊子注』「齊物論」注. "凡此上事, 皆不知其所以然而然, 故曰芒也. 今未知者皆不知所以知而自知矣, 生者皆不知所以生而自生矣. 萬物雖異, 至於生不由知, 則未有不同者也, 故天下莫不芒也."

여기에서 말한 "망(芒: 혼미함)"은 사람의 인식을 말하는 것이다. 만사와 만물의 원인은 알 수 없는 것이기 때문에 이런 원인에 대하여 사람들은 모두 반드시 "망[혼미함]"의 상태에 처해 있는 것이며, 곽상은 이것이 정상적이며 합리적인 것이라고 보았다. "천하에는 혼미하지 않음이 없는 것이니", 모든 사람이 다 모호한 것이며, 이런 모호한 상태를 해결할 방법이 없는 것인데, 이 때문에 오직 저절로 그러함에 내맡기고 지식을 추구하려고 하지 말아야 하는 것이다.

둘째 특징으로 말하자면, 곽상은 만물 존재 각각에 그 규정성이 있다는 것에서 출발하여 사람도 자기의 규정성을 지니며 사람이 알 수 있는 것은 오직 그의 "본성의 직분[性分]"의 범위 안에 있는 것이며 "본성의 직분" 밖에 있는 것은 알 수 없다고 여겼는데, 이것은 사람의 인식능력의 유한성을 이용하면서도 세계를 인식할 수 있는 가능성은 부정한 것이다. 그는 다음과 같이 말했다.

"사람이 생겨나면 몸의 형체는 비록 7척이지만 인의예지신(仁義禮智信)의 오상(五常)을 반드시 갖추고 있다. 그러므로 비록 보잘 것 없는 작은 몸이지만 천지자연을 통틀어 그 인간을 받드는 것이다. 그러므로 천지자연의 만물 속에 있는 모든 것들은 하루라도 서로 없을 수 없는 것이다. 한 사물이 갖추어져 있지 않으면 생성하는 것이 생성하여 나올 수 없다. 한 이치가 이르지 않으면 자연의 무궁한 시간이 지나도 생성의 조건을 끝내 얻지 못하는 것이다. 그러니 몸에 지니고 있는 것을 인식하거나 인식하지 못하고, 이치가 지니고 있는 것을 실천하거나 실천하지 못하는 것이 있다. 그러므로 인식능력이 알 수 있는 것은 적고 몸이 지니고 있는 것은 많으며, 실천력이 할 수 있는 것은 적고 이치가 지니고 있는 것은 넓으니, 지위가 높은 사람은 그것을 쓸모 있는 재질로 삼아 그 완전한 갖춤을 추구할 수 없는 것이다. 사람이 인식하는 것은 반드시 같지는 않고 실천하는 것도 감히 다르지 않으니, 다르다면 인위적으로 이룬 것이며,

인위적으로 이루게 되고도 참됨이 상실되지 않는 것은 없다. 혹시 지식을 좋아하면서 게으르지 않아 그 온몸을 피곤하게 노력해도 그렇게 좋아하는 것은 하나의 나뭇가지에 불과하지만 뿌리 전체를 다 피폐하게 하는데, 이는 그 인식한 지식을 가지고 인식하지 못하는 대상을 해치게 되는 것이다. 무릇 인식[앎]이 지극한 사람의 경우에는 사람이 하는 것에는 분수가 있음을 알기 때문에 그대로 내맡기고 억지로 하지 않으며, 사람이 인식하여 아는 것에도 한도가 있음을 알기 때문에 아는 것을 쓰되 쓸모없이 어지럽히지 않는다. 그러므로 인식하여 아는 것을 끝없이 넓히며 스스로 피곤하게 하지 않는 것이니, 한 몸 속에서 인식하여 앎과 알지 못하는 것이 그윽하게 서로 융회하여 함께 온전하게 되는데, 이것이 바로 그 인식하여 아는 것으로 알지 못하는 것을 기른다는 말이다."[283]

"이 다섯 가지는 모두 마땅함을 해치는 것으로서 본성에 머물지 못하고 밖에서 구하기를 멈추지 않는 것이다. 무릇 밖에서 구할 수 없는 것을 구하는 것은 마치 둥근 원(圓)을 가지고 네모난 방(方)을 배우려 하며, 물고기를 가지고 새를 선망(羨望)하는 것과 같은 것이다. 비록 난새와 봉새를 간절히 바라고 해와 달을 본받고자 하더라도 이것이 저것에 가까이 갈수록 더욱 진실에서 멀어지고, 배움이 늘어갈수록 본성은 더욱 상실된다. 그러므로 사물을 제일(齊一)하게 볼수록 편벽되는 허물이 제거되는 것이다."[284]

---

283 『莊子注』「大宗師」注. "人之生也, 形雖七尺而五常必具, 故雖區區之身, 乃擧天地以奉之. 故天地萬物, 凡所有者, 不可一日而相無也. 一物不具, 則生者無由得生; 一理不至, 則天年無緣得終. 然身之所有者, 知或不知也; 理之所存者, 爲或不爲也. 故知之所知者寡而身之所有者衆, 爲之所爲者少而理之所存者博, 在上者莫能器之而求其備焉. 人之所知不必同而所爲不敢異, 異則僞成矣, 僞成而眞不喪者, 未之有也. 或好知而不倦以困其百體, 所好不過一枝而擧根俱弊, 斯以其所知而害所不知也. 若夫知之盛也, 知人之所爲者有分, 故任而不强也, 知人之所知者有極, 故用而不蕩也. 故所知不以無涯自困, 則一體之中, 知與不知, 闇相與會而俱全矣, 斯以其所知養所不知者也."

위에서 서술한 두 문단의 자료가 지닌 중심 의미는 다음의 사실을 설명하는 데 있다. 즉 개인이 갖추고 있는 인식능력은 각자 다르며, 각각 자기의 규정성과 한계를 지니고 있는데, 이 때문에 개인이 사물을 인식하는 것도 자기의 규정성 한도 이내에서 인식한다는 것이니, 바로 "사람이 하는 것에는 분수가 있고", "사람이 인식하여 아는 것에도 한도가 있다."는 것이다. 곽상은 사람이 자기의 인식능력의 한계를 초월하여 "분수를 넘어서는 지식[過分之知]"을 추구할 수 없다고 여긴 것인데, 만약 자기의 규정성을 초월하여 "눈을 보고서 이주(離朱)[285]의 눈 밝음을 추구하고, 귀를 보면서 사광(師曠)[286]의 귀 밝음을 요구"[287]한다면, 바로 "본성에 머무를 수 없는 것"이 되므로, 얻는 결과가 마치 "둥근 원(圓)을 가지고 네모난 방(方)을 배우려 하며, 물고기를 가지고 새를 선망(羨望)하는 것"과 같은 것이 된다. 그래서 단지 실현될 수 없을 뿐만 아니라 "저것에 가까이 갈수록 더욱 진실에서 멀어지고, 배움이 늘어갈수록 본성은 더욱 상실되어서" 쓸데없이 몸과 마음을 수고롭게 하면서 몸과 본성을 망가뜨리고 상하게 만드는 것이며, "유한한 본성을 가지고 끝이 없는 지식을 탐구하고 있으니, 어찌 피곤하지 않을 수 있겠는가!"[288] 곽상의 입장

---

284 『莊子注』「齊物論」注. "此五者, 皆以有爲傷當者也, 不能止乎本性, 而求外無已. 夫外不可求而求之, 譬猶以圓學方, 以魚慕鳥耳. 雖希翼鸞鳳, 擬規日月, 此愈近彼, 愈遠實, 學彌得而性彌失. 故齊物而偏尙之累去矣." 역주 "이 다섯 가지(此五者)"란 『장자』의 원문에서 말한 것으로 다음과 같다. "도는 이를 분명히 밝히면 도가 아니고, 언어는 논변으로 다 미칠 수 없으며, 인은 한 곳에 머물러 고착되면 두루 미칠 수 없고, 청렴은 행적이 겉으로 드러나면 신실하지 못하며, 용기는 해치려는 뜻을 품으면 이루지 못하는 것이다. 이 다섯 가지는 인위적으로는 이룰 수 없으니 편협하게 모난 것이 된다"(『莊子』「齊物論」. "道昭而不道, 言辯而不及, 仁常而不周, 廉淸而不信, 勇忮而不成. 五者無成而幾向方矣!").

285 역주 이주(離朱)는 중국의 황제(黃帝) 시대의 전설적 인물이며, 시력(視力)이 매우 뛰어나 백 보 떨어진 곳에서도 털끝을 볼 수 있었다고 전한다. 이루(離婁)라고도 부른다.

286 역주 사광(師曠)은 춘추(春秋) 시대 진(晉)나라의 악사(樂師). 음율(音律)을 잘 아는 악사이면서 천문역법에 밝았다.

287 『莊子注』「人間世」注. "見目而求離朱之明, 見耳而責師曠之聰."

에서 볼 때, 지식을 가장 많이 소유한 사람[인식이 지극한 사람: 知之盛者]
은 마땅히 먼저 자기의 인식능력의 유한성을 알아야 하는데, 이렇게 해
야만 비로소 "인식하여 아는 것을 끝없이 넓히며 스스로 피곤하게 하지
않는 것이다." 여기에서 곽상은 사람의 인식능력의 유한성을 객관세계
의 무한성과 동일하게 보는 모순이 있지만, 그는 이런 모순을 해결할 방
법을 찾지 못하고 형이상학적으로 유한(有限)과 무한(無限)의 대립과 통
일의 관계를 분리하면서 자연을 답습하여 따르는 길로 치닫게 된다. 그
는 다음과 같이 말했다.

> "할 수 없는 것은 억지로 할 수 있는 것이 아니다. 이로써 보건대, 아는
> 것과 알지 못하는 것 그리고 할 수 있는 것과 할 수 없는 것은 판가름이
> 나에게 말미암는 것이 아니므로 마땅히 저절로 그러함에 맡겨야 하는
> 것이다."[289]

> "본성에 각각 나누어 받은 것이 있기 때문에 지혜로운 자는 아는 것을 지
> 켜서 바른 맺음을 기대하고, 어리석은 자는 어리석음을 끌어안고 죽음에
> 이르니, 어찌 중간에 그 본성을 바꿀 수 있겠는가"[290]

사람의 인식능력에는 그 생리적 기초가 있는데, 결코 완전히 일치하
지는 않지만, 이런 차이는 바꿀 수 없는 것이다. 곽상은 인식능력의 제
고가 후천적 결과임을 보지 못하고, 천부적인 인식능력을 일종의 바꿀
수 없는 "본성의 직분[性分]"으로 보았는데, 이런 "본성의 직분"은 생래적

---

288 『莊子注』「養生主」注. "以有限之性尋無極之知, 安得而不困哉!"
289 『莊子注』「知北游」注. "所不能者, 不能强能也. 由此觀之, 知與不知, 能與不能,
　　制不由我也, 當付之自然耳."
290 『莊子注』「齊物論」注. "言性各有分, 故知者守知以待終, 而愚者抱愚以至死, 豈
　　有能中易其性者也."

으로 갖추고 있는 것이고 아울러 동물도 마찬가지이며, 외부세계에 적응하는 본능이다. 그는 다음과 같이 말했다.

"사람이 태어나는 것은 감정의 소생(所生)이 아니다. 태어나면서부터 아는 것이 어찌 감정이 앎이겠는가? 그러므로 이루(離婁: 또는 離朱)와 사광(師曠)처럼 되는 데 뜻을 두어도 그렇게 할 수 없는 것인데, 이루와 사광은 그렇게 되고자 하는 감정이 없었기 때문에 눈이 밝고 귀가 밝았던 것이다. 현인과 성인이 되고자 감정[뜻]을 두어도 그렇게 할 수 없는 것인데, 현인과 성인은 그렇게 되고자 하는 감정이 없었기 때문에 현인과 성인이 된 것이다. 어찌 다만 현인과 성인만이 거리가 멀고 이루와 사광만이 사모하기에 어려운 일이겠는가? 비록 매우 어리석은 자, 귀머거리, 소경 그리고 닭 울음소리, 개짓는 소리 등이 어찌 그것이 되고자 감정을 내서 하겠는가, 또한 끝내 할 수 없는 것이다. 먼 것과 가까운 것을 따질 것 없이 비록 자기의 한 분수(分數)에 가 있는 자나 공자·안회의 경지에서도 끝내 할 수 있는 것이 아니다. 그러므로 만물에 관여할 때, 자신의 몸을 돌이켜 보면 귀와 눈으로 쉽게 성공을 맡길 수 없는 것이며, 손과 발로 대신하여 과업의 이룸을 맡길 수 없는 것이다. 그러므로 어린 아이가 갓 태어나면 눈으로 젖을 찾지 않으며, 귀로써 밝음을 찾는 것이 아니고, 발로써 사물을 잡으려 하지 않으며, 손으로써 걷기를 구하지 않는 것이다. 어찌 온몸의 담당 기능이 정해짐이 없고, 형체의 모습이 본래의 주된 기능 없이, 오로지 감정으로 말미암아서 판가름이 나겠는가!"[291]

---

291 『莊子注』「德充符」注. "人之生也, 非情之所生也; 生之所知, 豈情之所知哉? 故有情於爲離曠而弗能也, 然離曠以無情而聰明矣; 有情於爲賢聖而弗能也, 然賢聖以無情而賢聖矣. 豈直賢聖絶遠而離曠難慕哉? 雖下愚聾瞽及雞鳴狗吠, 豈有情於爲之, 亦終不能也. 不問遠之與近, 雖去己一分, 顔孔之際, 終莫之得也. 是以關之萬物, 反取諸身, 耳目不能以易任成功, 手足不能以代役致業. 故嬰兒之始生也, 不以目求乳, 不以耳向明, 不以足操物, 不以手求行. 豈百骸無定司, 形貌無素主, 而專由情以制之哉!"

이것을 달리 말하자면, 이루와 사광 그리고 매우 어리석은 자, 귀머거리, 소경, 심지어 닭 울음소리, 개짖는 소리까지 마찬가지로 모두 자연적으로 타고나는 것이며 모두 본성의 직분에 의해서 결정되는 것이니, 사람이 태어나면서 본래 갖추고 있는 본능과 후천적인 능력으로 획득하는 지식·재능을 한 가지로 혼합하여 말하는 것이다. 그리고 생물의 어떤 특징[蛣蜣轉丸: 말똥구리와 쇠똥구리가 분뇨로 만든 구슬을 굴리는 것]과 사람의 인식 활동을 하나로 혼합하여 말하는 것이다. 총괄하자면, 사람의 인식능력을 완전히 일종의 자연현상으로 귀결시킨 것인데, 이 때문에 "알지 못하는 것은 모두 본성의 직분 밖에 있는 것이다. 그러므로 아는 것의 범위 내에서 그치는 것이 지극한 것이다."[292]라는 결론을 제기한 것이다. 이것을 달리 말하자면, "본성의 직분[性分]"에 속하는 일은 바로 갓 낳은 어린아이가 젖을 찾는 것과 같이 자연적으로 일어나는 것이며, 본성의 직분 밖에 속하는 일은 반드시 알 필요는 없는 것이며 또 알 수도 없는 것이다. 이와 같이 사람의 인식능력의 국한성(局限性)을 긍정하면서 불가지론으로 치닫는 것이다. 그는 다음과 같이 말했다.

> "천지사방의 밖이라는 것은 만물이 지니는 본성의 직분 겉을 말하는 것인데, 무릇 사물 본성의 겉에도 비록 이치가 존재하지만 본성의 직분 이내에 있는 것이 아니라서, 일찍이 성인이 이에 감응하지 않았기 때문에 성인이 일찍이 그것에 대해 논의하지 않은 것이다. 만약 그것을 논의했다면 만물을 끌어들여서 그 할 수 없는 것을 배우게 하였을 것이다. 그러므로 그 밖의 것을 논의하지 않아서 천지팔방의 모든 영역이 자득(自得)함에서 같아지는 것이다."[293]

---

292 『莊子注』「齊物論」注. "所不知者, 皆性分之外也. 故止於所知之內而至也."
293 『莊子注』「齊物論」注. "夫六合之外, 謂萬物性分之表耳. 夫物之性表, 雖有理存焉, 而非性分之內, 則未嘗以感聖人也, 故聖人未嘗論之. 若論之, 則是引萬物使學其所不能也. 故不論其外, 而八畛同於自得也."

그는 만물의 성질을 두 부분으로 나누었는데, 하나는 본성의 직분 이내에 있는 것이며, 다른 하나는 본성의 직분 밖에 있는 것이다. 사람이 인식하여 아는 것은 오직 본성의 직분 이내에 있는 것이며, 본성의 직분 밖에 있는 것은 알 수 없는 것이다. "천지사방의 밖"이라는 것은 공간을 초월하여 있는 사물로서 장자가 말한 "도(道)"를 포괄하면서 세계의 본질에 대한 인식을 의미하는 것인데, 곽상은 모두 알 수 없는 것이라고 여겼다. 이것을 달리 말하자면, 인식하여 아는 것은 바로 현상의 세계이며, 그 본질 ─그렇게 되는 원인은 알 수 없다는 것인데, 이것도 역시 그가 개별자를 추구하고 보편적 일반을 보지 못하는 인식론의 태도에 있는 것이다.

(4) 상대와 내가 그윽하게 동화하며, 저절로 그러함에서 그윽하게 합일한다[玄同彼我, 冥於自然]

곽상은 사람의 인식능력을 완전하게 자연으로 귀결시키기 때문에 사람과 사물의 구별을 없애버리고, 사람이 풀과 나무와 같이 무심(無心)해야 한다고 주장하며, "마치 풀과 나무의 무심함 같고",[294] "사람은 모두 저절로 그러해서[人皆自然]" 다스려짐과 혼란해짐 그리고 성공과 실패가 모두 "저절로 그러함[自然]"에서 나오는 것이며, 인위(人爲)도 바로 자연인데, 이런 모습은 "자연과 인간[天人]"을 완전하게 합일(合一)하는 것으로서 인식론 상의 태도에서 주관과 객관의 차별·대립을 제거시킨다. 그는 다음과 같이 말했다.

> "사람이 잊을 수 없는 것은 자기 자신이니, 자기 자신을 잊어버리면 또한 어떻게 인식할 것인가! 이에 생각하지도 못하고 알지도 못하는 사이에 저절로 그러함에서 그윽하게 합일하는 것이다."[295]

---

294 『莊子注』「山木」注. "若草木之無心."
295 『莊子注』「天地」注. "人之所不能忘者, 己也, 己猶忘之, 又奚識哉! 斯乃不識不

"하늘과 사람이 하는 것을 아는 것은 모두 저절로 그러한 것이다. 그러
니 안으로는 그 몸에 대한 집착을 놓아버리고 밖으로는 사물 대상에 그
윽하게 합일하여,[296] 모든 사물 대상과 그윽하게 동화하고,[297] 그것에 내
맡기니 지극하지 않음이 없는 것이다."[298]

"무릇 귀와 눈을 닫고 저절로 얻게 하는 것은 마음의 인식작용 밖에 있는
것이다. 그러므로 본성에 내맡기어 바로 통하면 어디를 가나 그윽하게
합일하지 않음이 없고, 언제나 애매하여 알 수 없는 질책이 없게 되는 것
이니, 하물며 인간세상의 번거로운 일이야!"[299]

이 자료들은 곽상이 주관을 객관 속에 융해시켜서 "자기 자신을 잊는
것[忘己]"을 주장하고, 사람의 주관 인식 작용을 제거하고 있음을 설명하
고 있다. 그는 자기 자신을 잊어버리게 된다면 추구하는 것이 없게 되므
로, "자기 자신을 잊어버리면 또한 어떻게 인식할 것인가!"라고 하였다.
이렇게 해야만 비로소 "알지도 못하는 사이에" 저절로 그러한 자연과 더
불어 그윽하게 합일하면서, 자연적 본성에 어그러지지 않고 진정으로
천지자연의 만물과 함께 일체가 될 수 있는 것이다. 사람의 주관적 인식
활동의 능동성을 말살하면, 반드시 근본적으로 사람의 인식을 제거하게
되어서 "총명함을 버리고[捐聰明]", "지식과 사려작용을 버리며[棄知慮]",
"성인을 끊고 지혜를 버리는[絶聖棄智]" 반문명주의로 치닫게 된다. 그는

知而冥於自然."
296 역주 명(冥)은 그윽하게 합일하는 것, 즉 명합(冥合)하는 것인데, 사유와 이
성으로 따지지 않아도 나와 대상이 저절로 딱 들어맞는 것을 의미한다.
297 역주 현동(玄同)은 그윽하게 동화하는 것, 즉 천지자연의 근원인 도와 일치
되는 경지를 의미한다.
298 『莊子注』「大宗師」注. "知天人之所爲者, 皆自然也; 則內放其身而外冥於物, 與
衆玄同, 任之而無不至者也."
299 『莊子注』「人間世」注. "夫使耳目閉而自然得者, 心知之用外矣. 故將任性直通,
無往不冥, 尚無幽昧之責, 而況人間之累乎!"

다음과 같이 말했다.

"천(天)이라는 것은 저절로 그러함을 말하는 것이다. 무릇 인위(人爲)를 행하는 사람은 (도에 맞게) 할 수 없고, 자기의 주관적 편견대로 하는 것일 뿐이다. 자기의 지식으로 아는 사람[爲知者]은 (도에 맞게) 참된 지식을 알 수 없고, 자기의 편협한 지식으로 아는 것일 뿐이다. 스스로 안다는 것[自知]은 알지 못한다는 것이며, 스스로 알지 못한다는 것[不知]은 앎(知: 지식)이 알지 못하는 것에서 나오는 것이다. 스스로 무엇을 한다고 하는 것[自爲]은 (도에 맞게) 하는 것이 아니며, 스스로 무엇을 하지 않는 것[不爲]은 하는 것이 하지 않는 것에서 나오는 것이다. 그러므로 하지 않는 것으로 주(主)를 삼는 것이며, 인위적 지식[知]은 알지 못하는 것[不知]에서 나오기 때문에 알지 못하는 것으로 종(宗)을 삼는 것이다. 이 때문에 진인(眞人)은 지식을 버리면서도 저절로 그렇게 알며, 인위적 행위를 하지 않으면서도 저절로 그렇게 하고, 저절로 그렇게 생성하면서 앉아서 인위적 자아를 잊는데, 그러므로 명칭이 끊어져서 이름 붙일 것이 없어짐을 알게 된다."300

"지인(至人)은 천기(天機)를 바꿀 수 없다는 것을 알기 때문에 총명함을 버리고 지식과 사려작용을 버려서, 넋이 나간 듯 망연히 그 할 바를 잊고 저절로 움직이는 것에 내어 맡기는데, 그러므로 만물은 움직여 가는 대로 걸림이 없이 소요(逍遙)할 수 있는 것이다."301

---

300 『莊子注』「大宗師」注. "天者, 自然之謂也. 夫爲爲者不能爲, 而爲自爲耳; 爲知者不能知, 而知自知耳. 自知耳, 不知也, 不知也則知出於不知矣; 自爲耳, 不爲也, 不爲也則爲出於不爲矣. 爲出於不爲, 故以不爲爲主; 知出於不知, 故以不知爲宗. 是故眞人遺知而知, 不爲而爲, 自然而生, 坐忘而得, 故知稱絶而爲名去也."
301 『莊子注』「秋水」注. "至人知天機之不可易也, 故捐聰明, 棄知慮, 魄然忘其所爲而任其自動, 故萬物無動而不逍遙也."

"무릇 이주의 눈 밝음과 사광의 귀 밝음을 끊어 버리고 스스로 듣고 보는 것에 내맡기면 온갖 사방에서 들리고 보이는 총명함이 모두 온전해지지 않음이 없는 것이다."[302]

곽상의 이해를 살펴보면, 최고의 지식과 지혜는 바로 "총명함을 버리고[捐聰明]", "지식과 사려작용을 버리며[棄知慮]", "인위적으로 보고 듣지 않는 것[不聞不見]"을 통하여 "앉아서 인위적 자아를 잊고 자득하는 것[坐忘而得]"인데, 이미 귀와 눈 같은 감각기관을 통하여 획득한 감성의 지식을 배제하고 또 감성의 인식을 기초로 사유를 통하여 얻은 이성의 지식을 배제하는 것이다. 그는 사람의 모든 인식활동 즉 귀와 눈으로 듣고 보는 것, 사상과 언어, 이론과 개념 등이 단지 사물의 본질을 반영할 수 없을 뿐만 아니라, 도리어 사람들의 사상을 갈수록 모호하게 만들 수 있다고 생각하였다. 그는 다음과 같이 말했다. "무릇 사물에는 저절로 그러함이 있고, 이치에는 지극함이 있다. 이에 따라서 곧장 가면 그윽하게 저절로 합일하게 되는 것이니, 말로 할 수 있는 것이 아니다. 그러므로 그것을 말하는 것은 맹랑한 것이며, 그것을 듣는 자는 어리둥절하게 되는 것이다. 비록 황제(黃帝)가 다시 살아온다 해도 오히려 만물에 대하여 아무런 생각이 없을 수 없으니, 지극한 경지를 듣고서 어리둥절하게 된다. 그러므로 성인은 그런 경지를 풍진 속세의 밖에 있는 것으로 여겨 두고, 보고 듣는 것의 표면에 그윽이 부합하면서, 저절로 그러한 자연으로 비추어 보아서 이에 거스른 채 억지로 헤아리지 않으며, 저절로 그러함에 내어 놓고서 더 이상 미루어 밝히지 않는 것이다."[303] 오직 언어와

---

302 『莊子注』「騈拇」注. "夫絶離棄曠, 自任聞見, 則萬方之聰明莫不皆全也."
303 『莊子注』「齊物論」注. "夫物有自然, 理有至極. 循而直往, 則冥然自合, 非所言也. 故言之者孟浪, 而聞之者聽熒. 雖復黃帝, 猶不能使萬物無懷, 而聽熒至竟. 故聖人付當於塵垢之外, 而玄合乎視聽之表, 照之以天而不逆計, 放之自爾而不推明也."

보고 듣는 것을 떠나서, "이주의 눈 밝음과 사광의 귀 밝음을 끊어 버리고", "학문과 배움을 끊어 버리며[絶學去敎]", 자연의 이치를 따라서 살아나아가면 바로 "그윽하게 저절로 합일"할 수 있게 되는 것인데, 이른바 "무릇 그것을 얻는 것은 지식으로 말미암는 것이 아니고, 그윽하게 합일하는 것이니[凡得之者不有於知, 乃冥也]", "그러므로 듣지 않고 보지 않고 혼합하지 않는 경지에서 말없이 이룬 뒤에 지극해지는 것이다[故默成乎不聞不見之域而後至也]." 이로써 알 수 있는 것은 곽상이 말하는 "저절로 그러함에서 그윽하게 합일하는 것[冥於自然]" 또는 "그윽하게 저절로 그러함에 합일하는 것[冥然自然]"은 실제로 사람의 주관적 측면의 노력과 행위를 완전히 배척하는 것이니, 주관을 객관에 귀결시키고, 이에 다라서 "옳음과 그름이 없이 혼합하여 하나가 되는 것[無是無非, 混而爲一]"의 무차별적 경지에 도달하는 것이다. 그는 다음과 같이 말했다.

> "무릇 앉아서 인위적 자아를 잊는 것[坐忘]의 경지에 오른 사람은 무엇인들 잊지 못하겠는가! 이미 그 흔적을 잊었고 또 그 흔적의 원인조차 잊었으며, 안으로는 그 한 몸이 있음을 자각하지 못하고, 밖으로는 천지자연이 있음조차 알지 못한 연후에야 탁 트여서 변화와 더불어 같은 몸이 되고 두루 통하지 않음이 없는 것이다."[304]

> "저절로 그러한 분수로써 조화를 이루고 그 끝이 없는 변화에 내어 맡겨서 이를 맞추어 나아간다면, 옳음과 그름의 경계가 저절로 없어지고 성명(性命)의 이치가 저절로 궁구(窮究)된다."[305]

---

304 『莊子注』「大宗師」注. "夫坐忘者, 奚所不忘哉! 旣忘其跡, 又忘其所以跡者, 內不覺其一身, 外不識有天地, 然後曠然與變化爲體而無不通也."
305 『莊子注』「齊物論」注. "和之以自然之分, 任其無極之化, 尋斯以往, 則是非之境自泯, 而性命之致自窮也."

"무릇 진인(眞人)은 하늘과 사람을 같게 여기고 온갖 차별을 가지런히 여긴다. 온갖 차별이 서로 비난하지 않고, 하늘과 사람이 서로 대립하여 이기려 들지 않기 때문에 탁 트여 하나가 아님이 없고, 그윽하게 합일하여 저절로 그렇게 없는 곳이 없어서, 상대와 내가 그윽하게 동화한다."[306]

"그러므로 대인(大人)은 나의 밝음을 드러내지 않고도 상대가 저절로 밝아지도록 하여, 나의 덕으로써 다른 사람에게 임하지 않고 다른 사람이 저절로 얻는 데 맡기어 두므로 만물에 두루 관통하여 상대와 내가 그윽하게 동화하니, 제 고집 피우지 않고 천하와 더불어 하나가 되고 안과 밖이 함께 복락을 누린다."[307]

"옳음과 그름이 없는 것[無是無非]", "상대와 내가 그윽하게 동화하는 것[玄同彼我]", "천하와 더불어 하나가 되는 것[與天下爲一]" 등의 말은 곽상이 추구하는 최고의 경지이며, 이런 모습은 인식론적으로 객관적 외부 사물을 인정하는 것에서 출발하여 사람의 인식능력에 대한 제한을 거쳐서, 사물대상과 나의 대립을 제거하고 주관과 객관의 차별을 제거하며, 이어서 일종의 반문명주의·신비주의적 정신경지에 이르게 되는데, 이는 그의 인식론을 불가지론에서 유심주의·반문명주의로 향하게 만든다.

---

306 『莊子注』「大宗師」注. "夫眞人同天人, 齊萬致. 萬致不相非, 天人不相勝, 故曠然無不一, 冥然無不在, 而玄同彼我也."
307 『莊子注』「人間世」注. 故大人不明我以耀彼而任彼之自明, 不德我以臨人而付人之自得, 故能彌貫萬物而玄同彼我, 泯然與天下爲一而內外同福也.

　　왕조의 흥망성쇠와 정권의 교체, 사회적 혼란 더욱이 서진(西晉) 왕조 통치계급 내부 세력 간의 타협할 수 없는 알력(軋轢), 살육을 통한 탈취, 권문세족들의 부패, 분수에 넘치는 사치, 주색에 빠진 방탕한 생활과 타락, 그리고 삶의 터전을 잃은 하층 백성들의 떠돌아다님, 굶주림, 사망, 반란폭동의 발생 등은 서진 왕조 계급 모순을 갈수록 첨예하게 재촉하였다. 곽상은 이와 같은 격동기의 혼란한 역사적 환경 속에서 생활하였으니, 이는 의심할 여지없이 그의 인생관과 사회정치사상의 형성에 대하여 심각한 영향을 끼치게 되는 것이다. 아래에서 네 가지 측면에서 시론적으로 분석하고자 한다.

　　(1) "유대(有待: 의존하는 것이 있음)"와 "무대(無待: 의존하는 것이 없음)"의 논변

　　「소요유(逍遙游)」 한 편의 글은 장자가 자기의 인생관을 표출한 편으로서 중요한 글이다. 곽상의 소요(逍遙) 의미는 장자와 크게 다른데, 그는 숭유론에서 출발하여 장자에 대한 개조(改造)를 진행하고, 이어서 숭유론 특징을 지닌 인생철학을 진술하였다. 「소요유」편 속에서 장자는 우회적이고 곡절이 많은 우화(寓話)의 형식을 사용하면서 작은 새·대붕(大鵬)·조균(朝菌)[308]·대춘(大椿)[309]의 논변으로 그의 인생사상을 기탁(寄託)하여 설명한다. 정신은 외부 세계의 속박을 벗어나야만 손상을 입지 않고 고뇌함이 없어서 우주 안에서 소요할 수 있는 것이라고 여겼다.

308 　역주　 조균(朝菌)은 아침에 돋아났다가 저녁에 시든다는 버섯.

309 　역주　 대춘(大椿)은 중국 고대 전설에 나오는 큰 나무 이름이며, 장수(長壽)를 상징한다. 팔천 년이 봄이고 팔천 년이 가을이어서 삼만 이천 년이 사람의 일 년에 해당한다고 한다.

정신적 해탈을 추구하는 것이 장자 인생관의 주요 특징임을 알 수 있다.

어떻게 해야만 "소요(逍遙)"의 경지에 이를 수 있는 것인가? 장자는 다음과 같이 말했다. "저 열자라는 사람은 바람을 부리면서 타고 다니는데, 시원하게 잘 다니며, 15일이 지난 뒤에 돌아온다. 저 사람같이 복을 얻는 것은 자주 있는 일이 아니다. 그래도 이것은 걸어 다니는 일을 면하는 것일 뿐이지, 오히려 (바람을) 의존하는 것이 있다."³¹⁰ 여기에서 장자는 "유대(有待)"의 개념을 이끌어 내고 있다. 열자가 바람을 부리면서 다니는데 시원하게 가벼이 잘 다니는 것은 매우 자유로워 보이지만, 여전히 바람에 의존하는 것이 있으며, "만약 천지자연의 바른 기운을 타고, 육기(六氣)의 변화를 부리며, 무궁한 경지에서 노니는 자가 있다면, 저런 사람은 또한 무엇을 의존하겠는가!"³¹¹ 이것을 달리 말하자면, 만약 천지자연의 바른 기운을 타고서 여섯 가지 기운의 변화를 부리며 무궁한 우주자연 속에서 노닌다면 또한 무엇을 의존할 것이 있겠는가? 이것이 이른바 "무대(無待)"이며 소요(逍遙)에 대한 설명인데, 여기에서 곽상은 주를 달면서 다음과 같이 말했다.

> "천지자연의 바른 기를 탄다는 것은 바로 만물의 본성을 따르는 것이다. 육기(六氣)의 변화를 부린다는 것은 바로 변화의 길에서 노닌다는 것이다."³¹²

---

310 『莊子』「逍遙游」. "夫列子御風而行, 泠然善也, 旬有五日而後反. 彼於致福者, 未數數然也. 此雖免乎行, 猶有所待者也."
311 『莊子』「逍遙游」. "若夫乘天地之正, 而御六氣之辯, 以遊無窮者, 彼且惡乎待哉!"
　　[역주]　육기(六氣)는 음기 양기 바람 비 어둠 밝음(陰陽風雨晦明)의 여섯 가지 기운을 말한다. 곽경번(郭慶藩) 『莊子集釋』에 "六氣之辯"의 "辯"은 "變"으로 읽는다고 하였다.
312 『莊子注』「逍遙游」注. "乘天地之正者, 卽是順萬物之性也; 御六氣之辯者, 卽是遊變化之塗也."

곽상은 장자가 말한 "천지자연의 바른 기운을 타고" "육기(六氣)의 변화를 부리는 것"을 구체적으로 "만물의 본성을 따르며", "변화의 길에서 노니는 것"으로 해석하였다. 곽상은 만물을 꼭 초탈해서 벗어날 것 없이 바로 만물에 의지하고자 한 것인데, 만물의 본성을 따르면 만물의 변화 과정 속에서 "소요(逍遙)"에 이를 수 있다는 것이다.

여기서 알 수 있듯이, 곽상은 장자와 마찬가지로 "소요"의 경지를 추구하였지만, "소요"에 도달하는 방법이 달랐던 것이다. 장자는 만물을 초탈해 벗어나고 모든 객관적 조건을 포기하고 오직 의존하는 것이 없는 "무대(無待)"라야만 비로소 소요할 수 있다고 여긴 것이다. 장자의 시각에서 볼 때, 대붕은 메추리보다 뛰어난 것이고 신인(神人)은 열자보다 뛰어난 것이며, 층층이 놓인 단계를 점차 올라가서 오직 신인과 지인(至人)의 경지에 있어야만 비로소 소요의 경지에 도달할 수 있다는 것이다. 왜냐하면 신인·지인과 대붕·메추라기·열자 등은 "무대(無待)"와 "유대(有待)"에서 가장 큰 구별이 있는 것이기 때문이다. 곽상은 오히려 다음과 같이 생각했다.

> "무릇 크고 작은 것은 비록 다르지만, 스스로 만족하는 자리에 놓아두면, 사물은 각각 그 본성에 내맡겨지고, 일은 각각 그 능력에 부합하여, 제각각 그 알맞은 분수에 합당하게 되니, 소요함은 하나이다. 그러니 어찌 그 사이에 이김과 짐을 가를 수 있겠는가?"[313]

장자는 "유대"와 "무대"의 사이에 하나의 넘을 수 없는 큰 틈을 파 놓고, 자기와 뭇 사람들과 다른 초연한 태도를 표출한 것이다.

곽상의 시각에서 볼 때, 대붕·메추라기·열자 이외에 따로 현실을 초탈한 세계를 안배할 필요가 없는 것이며, 신인과 지인이 소요할 수 있

---

313 『莊子注』「逍遙游」注. "夫小大雖殊, 而放於自得之場, 則物任其性, 事稱其能, 各當其分, 逍遙一也, 豈容勝負於其間哉!"

을 뿐만 아니라 우주 안에 있는 모든 사물들, 아지랑이·티끌과 먼지·관리(官吏)·황제 등이 모두 소요할 수 있는 것이다. 그는 다음과 같이 말했다.

"무릇 만물과 더불어 그윽하게 합일하고 천지자연의 변화에 순응하는 자만이 의존하는 것이 없이 항상 두루 통하는 것이니, 어찌 홀로 저절로 통하는 것뿐이겠는가! 또한 의존한 것이 있음을 순응하는 자는 그 의존하는 것을 잃지 않고, 의존하는 것을 잃지 않으면 천지자연과 크게 통할 수 있는 것이다."[314]

이것을 달리 말하자면, 곽상은 장자가 의존하는 것이 없는 "무대"라야 만 비로소 소요할 수 있다고 한 일반법칙에 동의하지 않았고, 단지 "만물과 더불어 그윽하게 합일하고 천지자연의 변화에 순응하는 자만이" "의존하는 것이 없이 항상 두루 통할 수 있는 것"뿐만 아니라, 바로 "의존하는 것이 있는 자"가 만약 "그 의존하는 것을 잃지 않는다면" 역시 "천지자연과 크게 통할 수 있는 것"이라고 여겼다. 여기서 볼 수 있듯이, 장자와 상반되게 곽상은 의존하는 것이 있는 "유대"와 의존하는 것이 없는 "무대" 사이의 틈을 메우고, "의존하는 것이 있는 자"로 하여금 "소요의 경지[逍遙之鄕]"로 통하게 하는 권리를 획득하게 하였다. 곽상은 이어서 다음과 같이 말했다.

"그러므로 의존하는 것이 있음과 의존하는 것이 없음은 내가 가지런히 할 수 있는 것이 아니다. 각자가 그 본성을 편안히 하는 경우에는 천기(天機)가 저절로 펼쳐져서 그것을 받아도 알지 못하니 내가 끊어 버릴 수 없는 것이다. 무릇 의존하는 것이 없는 것은 오히려 의존함이 있는 것

---

314 『莊子注』「逍遙游」注. "夫唯與物冥而循大變者, 爲能無待而常通, 豈獨自通而已哉! 又順有待者, 使不失其所待, 所待不失, 則同於大通矣."

을 끊어 버릴 수 없는 것인데, 하물며 의존하는 것이 크고 작게 다양한 모습에서랴!"315

곽상은 "유대"와 "무대"가 구별되는 것이라고 여겼지만, 이것은 소요할 수 있는 여부를 결정짓는 요소가 아니며, 결정적 작용을 하는 것은 그 사물의 자연적 본성에서 각각 편안함을 유지하는 것인데, 이런 시각에서 말하자면, "유대"와 "무대"는 모두 같은 것이 되며, 이 때문에 "무대"를 소요의 조건으로 삼을 수 없게 되는 것이다. 이것이 장자의 무대(無待) 사상에 대한 곽상의 근본적 수정이고 곽상이 소요의 의미를 생각하는 근본적 특징이다.

여기서 볼 수 있듯이, 곽상이 "소요"에 이르는 방법은 장자와 같지 않은데, 그는 대립을 제거시키지 않고 차별을 인정하면서, 대립에서 만족을 구현하다. 그는 "매미와 작은 비둘기가 (대붕을) 비웃으며 말하길, 나는 결연히 일어나 나는데…"316라는 구절에 주석을 달면서 다음과 같이 말했다.

"진실로 그 본성에 만족하면 비록 대붕이라도 작은 새보다 스스로 귀하게 여길 것이 없고, 작은 새는 천지(天池)를 부러워할 것이 없으니, 지극한 소원에 여유가 있는 것이다. 그러므로 크고 작은 것이 비록 다르더라도 소요하는 것은 한 가지이다."317

대붕과 작은 새는 하나는 크고 하나는 작으므로 그들의 능력은 다르

---

315 『莊子注』「逍遙游」注. "故有待無待, 吾所不能齊也; 至於各安其性, 天機自張, 受而不知, 則吾所不能殊也. 夫無待猶不足以殊有待, 況有待者之巨細乎!
316 『莊子』「逍遙游」. "蜩與學鳩, 笑之曰 我決起而飛 …."
317 『莊子注』「逍遙游」注. "苟足於其性, 則雖大鵬無以自貴於小鳥, 小鳥無羨於天池, 而榮願有餘矣. 故小大雖殊, 逍遙一也."

다. 하나는 높이 날아서 구만 리를 가고 "천지(天池)에 이르러 쉬며[至天池而息]", 다른 하나는 "낮은 나무들 사이를 날고도 때로는 도달하지 못하여 땅에 떨어지기도 한다."³¹⁸ 이런 차이를 크다고 말할 수 있지만, 그들이 각각 자기의 자연적 본성에 만족하는 것이라면 바로 소요하면서 자득(自得)하는 것과 마찬가지이다. "큰 것을 작은 것에 대하여 말하면서 서로 다른 취향을 균등하게 여긴 것이다. 무릇 취향이 다른 것이니, 어찌 다른 것으로서 또 다른 것을 알 수 있겠는가? 모두 그렇게 되는 원인을 알지 못하니 저절로 그렇게 되는 것일 뿐이다. 저절로 그렇게 될 뿐이지 억지로 되는 것이 아니다. 이것이 소요의 큰 뜻이다."³¹⁹ 여기에서 곽상은 명확하게 "소요"를 "그 본성에 스스로 만족하는 것[自足其性]"과 저절로 그러하게 무위(無爲)하는 것으로 해석하였다. 이른바 "그 본성에 스스로 만족하는 것"은 바로 자기의 규정성에서 스스로 편안함을 유지하는 것이다. "사물은 각각 본성을 지니고 있으며, 본성에는 각각 궁극의 본질을 지니고 있는데, 모두 수명이 긴자가 아는 것과 같으니, 어찌 발돋움해 올려 본다고 미칠 수 있겠는가?"³²⁰ 온갖 일과 온갖 사물에는 모두 자기의 본성이 있으며, 이런 본성은 또한 모두 자기의 한도를 지니고 있는데, 이런 규정성은 저절로 그러한 것이지 사람들이 "발돋움해 올려 본다고" 바뀔 수 있는 것이 아니다. 이런 사상은 바로 장자와 상반되는데, 장자는 절대 자유를 추구하여 사물대상과 나와의 대립을 제거하고자 시도하면서 사물들 사이의 차별을 없애버리고자 하였지만, 곽상은 오히려 객관적 사물의 차별이 이렇게 생겨나는 것으로서 제거할수 없고 초월할 수도 없으며 바꿀 수도 없다고 보았다. 만약 자기의 본성을 초월하고자 시도한다면, 이것은 바로 "삶조차 잃어버린 주인[참된

---

318 『莊子』「逍遙游」. "槍楡、枋 時則不至而控於地而已."
319 『莊子注』「逍遙游」注. "對大於小, 所以均異趣也. 夫趣之所以異, 豈知異而異哉? 皆不知所以然而自然耳. 自然耳, 不爲也. 此逍遙之大意."
320 『莊子注』「逍遙游」注. "物各有性, 性各有極, 皆如年知, 豈跂尙之所及哉?"

나을 상실하고, 지극히 합당함의 밖에서 삶을 영위하려 하는 것이니, 일을 자연스런 힘에 맡겨두지 못하고 움직임이 감정에 맞지 않아서 비록 하늘을 드리울 날개가 있더라도 무궁할 수가 없으며, 결연히 일어나서 날아도 피곤함이 없을 수 없는 것이다."[321]

총괄하자면, 곽상은 "본성에 만족함[足性]"을 "소요(逍遙)"로 보는 인생철학을 제기하여, 한편으로는 그의 숭유론 특징을 드러냈다. 다른 한편으로는, 대대로 내려오는 평민 집안의 지주계층이 지닌 정치적 취약성을 반영하고 있어서, 현실을 개혁하는 역량을 갖고 있지 못하고 바로 차별을 인정하면서 주어진 것에 안주하고, 정신적으로 위안과 의탁할 것을 찾았다. 그가 의존하는 것이 있는 "유대"도 역시 소요(逍遙)할 수 있다고 강조한 까닭은 바로 "소요"에 대한 거대한 권문세족(權門勢族)의 독점(獨占)에 반대한 것이지만, 그가 "소요의 경지[逍遙之鄕]"로 통하게 하는 권리를 확보하려 애쓴 것은, 사람들에 대해서 말하자면, 단지 자기 스스로를 마비시키는 하나의 마취제(痲醉劑)였을 뿐이다.

(2) 유위有爲와 무위無爲의 논변

유위와 무위의 논쟁은 위진 시기 정치사상 투쟁의 주요 내용이다. 그 논쟁의 표현은 모두 "무위로써 다스린다[無爲而治]."는 형식으로 나타나지만, 내용은 오히려 아주 다르다. 개괄적으로 말하자면, 대체로 세 학파로 나눌 수 있다. 즉 하안·왕필의 무위설(無爲說), 완적·혜강의 무위설, 배외·곽상의 무위설이다. 이와 같은 인생관과 정치사상의 분야는 한 편으로 숭유(崇有)와 귀무(貴無)의 대립을 반영하고, 다른 한 편으로는 사족(士族)과 서족(庶族)의 구별을 반영한다. 사족이 무위정치를 주장한 것은 그 목적이 사족의 통치를 공고화시키기 위함이었고, 서족은 "무위로써 다스림"이라는 형식 아래서 유위(有爲)의 정치를 제창하였는데

---

321 『莊子注』「逍遙游」注. "失乎忘生之主, 而營生於至當之外, 事不任力, 動不稱情, 則雖垂天之翼不能無窮, 決起之飛不能無困矣."

그 목적은 자기의 지위를 제고시키기 위함이었다. 숭유론자인 배외는 출신이 사족이었지만, 그는 서족의 이익을 대표하였는데, 이 때문에 그의 "무위로써 다스림"의 내용은 "현명하고 선한 사람을 선발하여 그 지위를 맡기고",[322] "업무를 나누어 맡김에 이미 구별이 있고, 소임을 줄 때에 인재를 얻는 것이다."[323] 곽상도 이와 같았다.

「소요유」편 속에서 장자는 요임금과 허유(許由)의 대화를 빌어서 자기의 무위사상을 밝혀 드러내고 있다. "요임금이 허유(許由)에게 천하를 선양(禪讓)하려고 하여 말하길, '해와 달이 떠 있는데 횃불을 끄지 않으면 그 빛이 또한 곤란하지 않겠는가! 때를 맞추어 비가 내리는데, 오히려 물길을 뚫고 못에 물을 댄다면 또한 헛수고가 아니겠는가! 그대가 임금이 되면 천하가 다스려질 것이니, 내가 주인이 되어 다스리면 나는 스스로 부족하게 여길 것이다. 부탁컨대 천하를 다스려주시라.'라고 하였다. 허유가 말하길, '…뱁새가 깊은 숲 속에서 살아도 나뭇가지 하나면 되고, 두더지가 큰 강물을 마셔도 배가 부르면 된다. 돌아가시게, 그대여. 나는 천하를 위해서 쓸모가 없도다.'라고 하였다."[324] 장자의 입장에서 볼 때, 요임금이 천하를 다스리는 것은 전혀 쓸데없는 것이며, "무위(無爲)"에는 밝게 비추는 해와 달 그리고 때에 맞추어 세차게 내리는 단비와 같은 것이 있고, "유위(有爲)"에는 일부러 붙이는 작은 불과 더디게 대는 물과 같은 것이 있다는 것이다. 장자의 심중에는 사람들에게 성인

322 『群書治要』권29에 인용된 「晉書百官制」. "選賢擧善, 以守其位."
323 『群書治要』권29에 인용된 「晉書百官制」. "分業旣辨, 居任得人, 無爲而治."
324 『莊子』「逍遙游」. "堯讓天下於許由, 曰: '日月出矣, 而爝不息, 其於光也, 不亦難乎! 時雨降矣, 而猶浸灌, 其於澤也, 不亦勞乎! 夫子立, 而天下治, 而我猶尸之, 吾自視缺然. 請致天下.' 許由曰: '…鷦鷯巢於深林, 不過一枝, 偃鼠飮河, 不過滿腹. 歸休乎君, 予无所用天下爲!'" 역주 중간에 생략된 부분은 "그대가 천하를 다스리니 천하가 이미 잘 다스려졌다. 내가 그대를 대신한다면 나는 장차 명성을 위해 할 뿐이리라. 명성은 실제의 본질에 대해 손님일 뿐이다. 내가 장차 손님이 되겠는가!(子治天下, 天下旣已治也. 而我猶代子, 吾將爲名乎! 名者實之賓也. 吾將爲賓乎?)"라는 말이다.

으로 칭송되는 요임금은 그 국량의 채움이 단지 뱁새와 두더지 같을 뿐이다. 곽상은 이 부분에 대해 해석하면서 다음과 같이 말했다.

"이제 허유가 이미 잘 다스려짐을 바야흐로 밝게 알았으니 그[요임금]를 대신할 것이 없는 것이다. 다스려짐은 실제로 요임금에게서 말미암은 것이므로 그대가 천하를 잘 다스렸다는 말을 한 것이니, 마땅히 그 상황을 이을 만한 말을 잊은 것이다. 혹자는 결국 말하길 직접 다스려서 잘 다스려지게 한 사람은 요임금이고, 직접 다스리지 않고 요임금을 얻어서 잘 다스려지게 한 사람은 허유라고 했는데, 이는 잘못 본 것이 크다. 무릇 잘 다스려짐은 인위적으로 다스리지 않는 것에 말미암는 것이니, 인위적으로 하는 것은 인위적으로 함이 없는 것에서 나오는 것인데, 이는 요임금에게서 취해도 충분한 것이니, 어찌 허유에게서 빌릴 것이 있겠는가! 만약 산림 속에서 두 손을 개고 앉아 말없이 지낸 뒤에야 무위(無爲)라고 일컬어지는 것이라면, 이는 노장의 말이 높은 관직에 있는 사람들에게 버림받게 되는 원인이다."[325]

이런 해석은 분명하게 장자와 다르다. 곽상은 요임금이 천하를 다스린 일을 긍정하고 있으며 아울러 다스려짐과 다스려지지 못함 그리고 유위와 무위를 모두 요임금의 한 몸에서 통일시키고 있으며, 산림 속에서 하는 일 없이 손을 개고 앉아서 침묵하면서 어떤 일에도 관계하지 않는 것을 무위(無爲)로 해석하는 것에 반대하였다. 장자의 무위설의 특징은 인위적으로 하는 것이 없이 세속을 떠나서 산림 속에 사는 흔적 없는 정신적 경지에 있는 것을 추구하는 것이다. 그는 「대종사」편 속에서 그

---

325 『莊子注』「逍遙游」注. "今許由方明旣治, 則無所代之. 而治實由堯, 故有子治之言, 宜忘言以尋其所況. 而或者遂云: 治之而治者, 堯也; 不治而堯得以治者, 許由也. 斯失之遠矣. 夫治之由乎不治, 爲之出乎無爲也, 取於堯而足, 豈借之許由哉! 若謂拱默乎山林之中而後得稱無爲者, 此莊老之談所以見棄於當塗."

의 이상적인 진인(眞人)을 다음과 같이 묘사하고 있다. "육신의 생명을 군더더기 살과 혹으로 여기고, 육체의 죽음을 혹이 떨어지고 곪은 것이 터지는 것으로 여기니, 무릇 이와 같은 사람들이 또한 어찌 삶과 죽음 그리고 앞과 뒤의 소재를 알겠는가! 몸은 서로 다른 물질을 빌려서 같은 형제의 몸에 맡겨 이루어 놓은 것이다. 그 몸속의 간담(肝膽)이 있음을 잊고, 그 몸속의 귀와 눈을 잊고서, … 아득하게 티끌과 먼지에 쌓인 세상 밖에서 정신을 노닐며, 무위의 삶의 활동에서 걸림 없이 소요한다."[326] 이런 사람은 「제물론」편 속에서 말하는 "형체는 마른 나무 같고, 마음은 죽은 재와 같다."[327]는 남곽자기(南郭子綦)와 같으며, 오직 이런 사람이라야만 비로소 "무위의 삶의 활동에서 걸림 없이 소요한다." 여기서 볼 수 있듯이, 장자의 "무위"가 지닌 함의는 바로 인위적으로 함이 없는 것이다. 곽상은 이 문단에 대하여 해석하면서 다음과 같이 말했다.

"이른바 무위의 삶의 활동은 두 손을 개고 앉아 말없이 지내는 것이 아니고, 이른바 티끌과 먼지에 찬 세상의 밖이란 것은 산림 속에 가만히 엎드려 있는 것이 아니다."[328]

곽상은 이른바 군주의 무위는 결코 "두 손을 개고 앉아 말없이 지내는 것"이 아님을 다시 한 번 더 강조하고 있는데, 이것은 당시 서진 시대의 귀무파가 말하는 "입으로 허무를 말하면서[口談虛無]", "벼슬에 나아가 아무 것도 하는 일 없는[仕不事事]" 무위사상을 정확하게 겨냥하여 말하는 것이다.

---

326 『莊子』「大宗師」. "以生爲附贅縣疣, 以死爲決瘊潰癰, 夫若然者, 又惡知死生先後之所在! 假於異物, 托於同體. 忘其肝膽, 遺其耳目. … 芒然彷徨乎塵垢之外, 逍遙乎無爲之業."
327 『莊子』「齊物論」. "形如枯木, 心如死灰."
328 『莊子注』「大宗師」注. "所謂無爲之業, 非拱默而已; 所謂塵垢之外, 非伏於山林也."

곽상은 다음과 같이 말했다.

"어떤 이는 말의 본성에 내어 맡긴다는 것을 듣고서 이내 놓아 버리고 타지 않는 것이라고 말하며, 무위의 기풍을 듣고서 결국 실행하는 것은 누워서 아무 짓도 하지 않는 것만 못하다고 말하는데, 어찌 그리 진실에서 멀리 가버리고 돌아오지 못하는가!"[329]

이것을 달리 말하자면, 무위는 결코 인위적으로 하는 일이 없는 것이 아니다. 그는 군주의 무위가 함의하는 것이 바로 군주가 "어질고 유능한 사람을 뽑아서 쓰는 것[任賢使能]"에 있다고 여겼다. 그는 다음과 같이 말했다.

"사람을 잘 쓰는 자는 네모난 것으로 네모를 만들고, 둥근 것으로 둥근 모양을 만들어서 각자가 그 할 수 있는 것에 맡기어 사람이 그 본성을 편안히 유지하도록 하는 것이니, 모든 백성이 공수(工倕)의 교묘한 재주를 바라지 않게 된다. 그러므로 여러 가지 재주는 서툰 솜씨와 같이 서로 재능을 발휘할 수 없는 것이니, 천하가 모두 스스로 재능을 발휘한다면 큰 재주가 되는 것이다. 무릇 스스로 재능을 쓴다면 컴퍼스와 곱자 같은 도구는 버릴만하고 신묘한 장인의 손가락도 꺾어버릴 만한 것이다."[330]

"무릇 왕은 여러 관리에 맞는 재능이 없으므로 여러 관리들이 그 일을 맡아 하는 것인데, 눈이 밝은 자는 보는 일을 하고, 귀가 밝은 자는 듣는

---

329 『莊子注』「馬蹄」注. "惑者聞任馬之性, 乃謂放而不乘; 聞無爲之風, 遂云行不如臥; 何其往而不返哉!"
330 『莊子注』「胠篋」注. "故善用人者, 使能方者爲方, 能圓者爲圓, 各任其所能, 人安其性, 不責萬民以工倕之巧. 故衆技以不相能似拙, 而天下皆自能則大巧矣. 夫用其自能, 則規矩可棄而妙匠之指可擺也."

일을 하며, 지혜로운 자는 도모(圖謀)하는 일을 하고, 용감한 자는 거친 일을 하는 것이다. 무릇 왕이 무슨 일을 하겠는가? 도에 따라 그윽하게 침묵할 뿐이다. 여러 가지 재주 있는 사람들은 그 담당 일을 잃지 않으니, 재주가 없는 사람들이 이에 재주 있는 사람에게 의뢰하는 것이다. 그러므로 천하가 즐거이 추대를 하면서 싫어하지 않는 것이며, 만물을 위에서 지배하여도 해롭지 않은 것이다.”[331]

“성왕을 귀하게 여기는 것은 그가 통치를 잘하는 것을 귀하게 여기는 것이 아니라, 그가 무위를 실천하면서 사물 대상이 저절로 하도록 내맡기는 것을 귀하게 여기는 것이다.”[332]

곽상은 이른바 “무위”가 아무것도 하지 않는 것[不爲]이 아니라 “사물 대상이 저절로 하도록 내맡기는 것”이며, “무용(無用)”은 아무런 쓸모가 없는 것[不用]이 아니라 “여러 재주가 저절로 쓰이는 것[群才自用]”이라고 여긴 것이다. “여러 가지 재주가 그 합당함을 잃지 않는 것[群才不失其當]”, “여러 재주가 저절로 쓰이는 것” 등의 말은 바로 그가 강조한 “현능한 사람이 그 바른 지위를 맡는 것[賢當其位]”, “능력이 있는 사람이 스스로 하는 것[能者自爲]”이다. 곽상은 오직 “그것이 저절로 쓰임을 쓴다면 [用其自用]”, “여러 가지 재주가 그 합당함을 잃지 않는다.”고 하였는데, 이런 것이 바로 “사물이 사물을 버리는 것이 없고[物無棄物]”, “사람이 쓰임을 버리는 것이 없으며[人無棄用]”, “재주가 재주를 버리는 것이 없게 [材無棄材]”하여 각각 그 바른 자리를 얻어서 각자 그 능력을 극진히 발휘하는 국면이 되는 것이다. 이것은 서족(庶族)의 정치적 요구를 반영한

---

331 『莊子注』「人間世」注. “夫王不材於百官, 故百官御其事, 而明者爲之視, 聰者爲之聽, 知者爲之謀, 勇者爲之扞. 夫何爲哉? 玄默而已. 而群材不失其當, 則不材乃材之所至賴也. 故天下樂推而不厭, 乘萬物而無害也.”
332 『莊子注』「在宥」注. “所貴聖王者, 非貴其能治也, 貴其無爲而任物之自爲也.”

것이다. 그는 또 다음과 같이 말했다.

"발은 걸을 수 있으면 그것에 내맡기고, 손은 잡을 수 있으면 그것에 내
맡기며, 귀로 들을 수 있는 것은 듣고, 눈으로 볼 수 있는 것은 보며, 앎
은 그 알 수 없는 것에서 멈추고, 능력은 그 할 수 없는 것에서 멈추며,
그 스스로 사용할 수 있는 것을 쓰고, 그 스스로 할 수 있는 것을 하면서,
그 본성의 역량 안의 것만 뜻대로 하되 터럭만큼도 분수 밖의 것을 함이
없는 것이니, 이것이 무위(無爲)의 지극한 변화이다."[333]

"그러므로 윗사람과 아랫사람이 모두 무위를 하는 것이다. 다만 윗사람
[군주]의 무위는 아랫사람에게 쓰는 것이며, 아랫사람의 무위는 스스로
쓰는 것이다."[334]

"이것을 위해서 하는 것이 아니고, 이것이 스스로 하는 것을 하는 것이
니, 바로 천도(天道)이다."[335]

개괄하여 말하자면, 이른바 "무위"는 아무것도 하지 않는 것[不爲]이
아니며, 어떤 일도 하지 않는 것이 아니고 "본성의 직분[性分]"을 넘어서
지 않는 일을 하는 것이다. 이 때문에 "무위"는 또한 "본성의 직분" 이내
에 있는 "유위"라고 말할 수도 있는 것이다. 곽상은 "자용(自用)"과 "자위
(自爲)"로 "무위"를 해석하였는데, 그 사상은 법가(法家)와 황로(黃老)의
일파에서 연원한다. 『신자(愼子)』「인순(因循)」에서는 다음과 같이 말했

---

333 『莊子注』「人間世」注. "足能行而放之, 手能執而任之, 聽耳之所聞, 視目之所
見, 知止其所不知, 能止其所不能, 用其自用, 爲其自爲, 恣其性內而無纖芥於分外,
此無爲之至易也."
334 『莊子注』「天道」注. "故上下皆無爲矣. 但上之無爲則用下, 下之無爲則自用也."
335 『莊子注』「天地」注. "不爲此爲, 而此爲自爲, 乃天道."

다. "사람은 스스로 하는 것을 하지 않을 수 없다. … 사람이 스스로 하는 것을 할 수 없다면 윗사람[군주]은 사람을 뽑아서 쓸 수 없다. 그러므로 사람들이 스스로 하는 것을 이용하고, 사람들이 자기만을 위하는 것은 이용하지 않는 것이다."[336]『신자』「일문(佚文)」에서는 다음과 같이 말했다. "새가 허공을 날고 물고기가 연못에서 노니는 것은 특별한 기술이 아니다. 그러므로 새와 물고기에 대해 말하자면, 역시 그들 스스로 허공을 날고 물속에서 노니는 원인을 알지 못한다. 만약 그 원인을 안다면 마음속으로 날고 노니는 법을 세워서 연습을 하더라도 반드시 추락하고 익사를 할 것이다. 마찬가지로 사람이 다리로 달리고 손으로 잡으며 귀로 듣고 눈으로 보는 것도, 잡고 보는 때에 마땅히 그 알맞은 기미를 맞추어 저절로 하게 되는 것이지, 또한 생각에 의존해서 그렇게 기능을 발휘하는 것이 아니다. 만약 반드시 그렇게 하고자 생각을 한 뒤에 달리고 잡고 보고 듣는 기능을 발휘한다면 피곤한 일이다. 그러므로 저절로 그러함에 내맡겨야 오래 가는 것이며, 그 사물의 일정한 이치에 따라야만 고르게 이룰 수 있는 것이다."[337] "무위"는 아무것도 작위(作爲)함이 없는 것이 아니라 "자위(自爲)"하는 것이다. "자위"는 바로 "언제나 일삼는 마음이 없이 저절로 그러함에 내맡기는 것[常無心而付之自然]"이니, 바로 신자(愼子)가 말한 것처럼 "저절로 그러함에 내맡겨야 오래 가는 것이며, 그 사물의 일정한 이치에 따라야만 고르게 이룰 수 있는 것이다." 이 때문에 곽상의 입장에서 볼 때, "유위"와 "무위"는 서로 상대적으로 말하는 것이다. 그는 다음과 같이 말했다.

---

336 『愼子』「因循」. "人莫不自爲也. … 人不得其所以自爲也, 則上不取用焉. 故用人之自爲, 不用人之爲我."
337 『愼子』「佚文」. "鳥飛於空, 魚游於淵, 非術也. 故爲鳥爲魚者, 亦不知能飛能游. 苟知之, 立心以爲之, 則必墜必溺. 猶人之足馳手捉, 耳聽目視, 當其視捉之際, 應機自至, 又不待思而施之也. 苟須思之而後可施之則疲矣. 是以任自然者久, 得其常者濟."

"무위(無爲)의 말은 자세히 살펴야 한다. 무릇 천하를 쓰는 사람은 또한 유용(有用)을 가지고 하는 것일 뿐이다. 다만 아래에 거처하는 백성들은 맡은 일을 친밀히 하는데, 그러므로 요임금·우임금이 신하를 부릴 때는 오히려 유위에 맞게 하는 것이다. 그러므로 위의 군주와 아래의 백성이 서로 대응하게 되니, 군주는 고요히 있고 신하는 부지런히 움직이는 것이다. 고금(古今)의 일을 비교해 보면 요임금·순임금은 무위를 하였고 탕왕과 무왕은 일삼는 바가 있었다. 그러나 각각 그 본성에 맞게 쓰는 것이라서 천기(天機)가 그윽하게 발현되었던 것이고, 예나 지금이나 위의 군주와 아래의 백성이 무위를 한 것이니, 누가 유위를 하였겠는가!"[338]

여기에서 말하는 "천기(天機)가 그윽하게 발현되었던 것"은 바로 신자(愼子)가 말한 "마땅히 그 알맞은 기미를 맞추어 저절로 하게 되는 것"이다. 이 때문에 이른바 "무위"는 결코 "유위"를 배척하는 것이 아니다. 이것을 달리 말하자면, 위의 군주와 아래의 백성이라는 입장에서 볼 때, "군주는 고요히 있고 신하는 부지런히 움직이는 것이며", "군주의 도는 편안히 풀어 놓는 것이며, 신하의 도는 수고롭게 노력하는 것이다[君道逸而臣道勞]." "각각 그 본성에 맞게 쓰는 것[各用其性]"과 "각각 그 능력에 맞게 맡아 하는 것[各當其能]"의 측면에서 보면, 모두 "언제나 일삼는 마음이 없이 저절로 그러함에 내맡기는 것[常無心而付之自然]"이니, 모두 "무위"라고 말할 수 있다. 여기서 볼 수 있듯이, 곽상의 이런 학설은 법가(法家)와 황로(黃老)의 "무위로써 다스린다[無爲而治]."는 것을 바탕으로 하여 변화되어 나온 것인데, 그 주된 요지는 군주와 신하 그리고 위에 있는 군주와 아래의 백성은 지위를 바꿀 수 없다는 것을 논증하고 군주의 통치 권력을 강화하는 데 있다. 그는 다음과 같이 말했다.

---

338 『莊子注』「天道」注. "無爲之言, 不可不察也. 夫用天下者, 亦有用之爲耳. 但居下者親事, 故雖舜禹爲臣, 猶稱有爲. 故對上下, 則君靜而臣動; 比古今, 則堯舜無爲而湯武有事. 然各用其性而天機玄發, 則古今上下無爲, 誰有爲也!"

"무릇 무위의 본체는 큰 것이니, 천하에 어디인들 (무위를) 하지 않음이 있겠는가! 그러므로 군주가 위에서 총재(冢宰: 주나라 때 육경의 우두머리)의 소임을 하지 않으면 이윤(伊尹)과 여상(呂尙)은 고요하게 소관업무를 주관하며, 총재가 백관(百官)이 맡은 일을 하지 않으면 백관은 고요하게 맡은 일을 수행한다. 백관이 모든 백성의 할 일을 하지 않으면 모든 백성들은 고요하게 그 자기의 생업에 편안히 종사한다. 모든 백성이 네가 할 수 있는 것과 내가 할 수 있는 것을 바꾸지 않으면 천하는 너와 내가 고요하게 저절로 안정을 얻는다."[339]

"만약 군주가 신하의 일을 대신하면 군주가 아니다. 신하가 군주의 할 일을 맡는 다면 신하가 아니다. 그러므로 각각 그 소임(所任)을 주관(主管)해야만 상하(上下)가 모두 바름을 얻는 것이니, 무위의 이치가 지극해진다."[340]

이것은 바로 곽상이 환상(幻想)을 품었던 "군주와 신하가 제자리를 지키고[君臣就位]"·"상하가 모두 바름을 얻는[上下咸得]" 태평성쇠의 청사진이다. 여기에서 곽상이 유위와 무위의 논변을 통하여 기획한 최후의 목적은 군주의 권력을 강화하고 서족(庶族)의 세력을 위해 정치적 활로를 찾으며, 이에 따라 봉건 지주계급의 통치를 공고화시키는 데 있었다.

(3) "유외游外"와 "명내冥內"의 논변

"유외(游外)"와 "명내(冥內)"는 성인[군주를 포함하는 것]의 표준과 인생

---

339 『莊子注』「天道」注. "夫無爲之體大矣, 天下何所不爲哉! 故主上不爲冢宰之任, 則伊呂靜而司尹矣, 冢宰不爲百官之所執, 則百官靜而御事矣; 百官不爲萬民之所務, 則萬民靜而安其業矣; 萬民不易彼我之所能, 則天下之彼我靜而自得矣."

340 『莊子注』「天道」注. "若乃主代臣事, 則非主矣; 臣秉主用, 則非臣矣. 故各司其任, 則上下咸得而無爲之理至矣."

의 이상(理想)에 대한 논의에 중점을 두는데, 그것은 곽상의 인생관에서 또 하나의 중요한 내용이다. 이 문제의 제기는 "유대(有待)"와 "무대(無待)", "유위(有爲)"와 "무위(無爲)"에 대한 논의의 연속이며, 장자의 인생관에 대한 수정과 개조이고, 마찬가지로 곽상 숭유론의 특징을 드러낸다. 장자는 이미 "무위", "무용(無用)", 의존하는 것 없이 소요하는 것[無待而逍遙]을 주장하여 절대적인 자유의 주관적 경지를 추구하였는데, 그렇다면 또한 반드시 속세를 벗어나서 자취 없이 산림 속에 은거하며 이런 인생의 이상을 실현해야 하는 것이다. 앞에서 서술한 바와 같이 장자는 허유와 요임금의 대화를 빌려서 허유가 요임금의 선양(禪讓)을 사양하면서 결연히 천하를 받지 않은 것에 대해 칭찬을 하였고, 오직 사회를 멀리 떠나서 세상과 더불어 다투지 않고 오히려 소요하면서 마음의 평안을 얻고자 하였다. 곽상은 이런 학설에 동의하지 않았다. 그는 다음과 같이 말했다.

"무릇 저절로 내맡기는 자는 사물을 대할 때 사물에 순응하는 자이니 사물과 더불어 대립함이 없다. 그러므로 요임금은 천하에 대해 대립하는 것이 없었고, 허유와 직(稷)341과 설(契)342은 함께 필부(匹夫)가 되는 것이다. 어째서 그렇게 말하는 것인가? 무릇 사물 대상과 더불어 그윽하게 합일하는 자인데, 그러므로 뭇 사물을 떠날 수 없는 것이다. 이 때문에 무심(無心)한 상태로 그윽하게 대응하는 것이며, 오직 느끼는 대로 따르는 것이니, 둥둥 떠다니는 저 묶여 있지 않은 배가 동(東)으로 서(西)로 가는 것이 자기 목적에 따르지 않는 것과 같다. 그러므로 어디를 가더라도 언제나 백성과 더불어 함께하는 자는 또한 어디를 가더라도 천하의 임금이 되지 않을 수 없는 것이다."343

341 역주 직(稷)은 주(周)나라의 시조(始祖)이다.
342 역주 설(契)은 은(殷)나라의 시조이다.
343 『莊子注』「逍遙游」注. "夫自任者對物, 而順物者與物無對, 故堯無對於天下, 而

곽상이 이상적으로 생각하는 군주는 사물 대상과 더불어 어그러지지 않고 사람들과 더불어 유리(遊離)되지 않는 것이다. 그러나 이렇게 어그러지지 않고 유리되지 않는 것은 결코 의도적으로 추구하는 것이 아니며, "무심(無心)한 상태로 그윽하게 대응하는 것이며, 오직 느끼는 대로 따르는 것이다." 곽상은 군주를 배에 비유하고, 백성을 물에 비유하였는데, 물을 떠나서 배는 갈 수 없는 것이고, 군주는 허유가 백성을 떠난 것처럼 해서는 안 되며, 큰 바다 속에 떠다니는 작은 배와 같이 동쪽으로 가고 서쪽으로 가는 것은 자기 스스로 결정하는 것에 말미암는 것이 아니다. "어디를 가더라도 언제나 백성과 더불어 함께한다."는 사상은 비록 봉건시대에서 실현할 수 없는 공상(空想)이며 또한 그가 말하는 "백성"은 수많은 노동 군중을 그 속에 다 포함하는 것이 아니지만, 오히려 군주가 포용할 것에 대해 곽상을 대표로 하는 서족(庶族) 지주계층의 태도를 반영할 수 있었다. 곽상은 한 걸음 더 나아가 다음과 같이 평론을 말하고 있다.

"만약 홀로 높은 산꼭대기에 우뚝 서서, 무릇 사람이 저절로 보존하는 것에 감정을 두지 않고, 일가(一家)의 편벽함만 고수한다면, 어찌 이를 다스릴 수 있겠는가! 이는 세속 가운데의 하나가 되어 요임금의 외신(外臣)이 될 뿐이다. 만약 외신(外臣)으로써 내주(內主)를 대신한다면, 이는 임금이 되었다는 이름만 있을 뿐 임금의 실질을 맡아서 함이 없는 것이다."[344]

許由與稷契爲匹矣. 何以言其然邪? 夫與物冥者, 故群物之所不能離也. 是以無心玄應, 唯感之從, 汎乎若不繫之舟, 東西之非己也, 故無行而不與百姓共者, 亦無往而不爲天下之君矣."

344 『莊子注』「逍遙游」注. "若獨兀然立乎高山之頂, 非夫人有情於自守, 守一家之偏尙, 何得專此! 此故俗中之一物, 而爲堯之外臣耳. 若以外臣代乎內主, 斯有爲君之名而無任君之實也."

곽상은 허유(許由)에 대하여 찬사를 보내는 장자에 동의하지 않았는데, 만약 "홀로 높은 산꼭대기에 우뚝 서서", "일가(一家)의 편벽함만 고수한다면" 군주의 자리를 맡을 자격이 없는 것이라고 여겼다. 만약 이런 사람에게 군주의 자리를 맡기면, 이것은 바로 단지 군주의 헛된 이름만 있을 뿐이고 "임금의 실질을 맡아서 함이 없는 것이다." 곽상은 한편으로는 장자를 수정하면서, 동시에 위진 시기 이래로 귀무론 현학가들이 드높여 주장한 이른바 고상하고 매임이 없이 자유로움을 일로 삼는 것과 실제의 일을 떠나는 것과 사회를 떠나서 허무를 숭상하는 것 같은 기풍에 대하여 비판을 드러내었다.

완적을 대표로 하는 것이 귀무파의 하나인데, 이런 문제에 있어서 장자의 사상과 근접해 있다. 그들은 "세속의 무리들과 단절하며 지냈는데[超群絶俗]" 즉 이른바 "천하를 널리 집으로 삼고, 우주를 두루 오두막으로 삼으며, 팔유(八維)를 잡아 평안하게 거처하고, 만물을 어우르며 영원히 살리다."[345]라고 하였다. 완적의 입장에서 볼 때, 이른바 성인은 단지 "요임금·순임금과 함께 덕을 나란히 하지 않고, 탕왕·무왕과 함께 공적을 나란히 하지 않을 뿐만 아니라"[346] 심지어 장자가 숭상했던 허유(許由)마저도 "함께 할 상대가 되지 못했다."[347] 그가 이상적으로 생각한 것은 "반드시 세상을 초월하고 뭇 사람들과 교유를 끊으며, 속세를 버리고 홀로 가면서, 개벽의 태시(太始) 앞에 오르고, 만물생성 이전의 광막함을 유람하며, 천하를 두루 떠돌 생각을 하는"[348] 인물이다. 초세(超世)·절군(絶群)·유세(遺俗)·독왕(獨往) 같은 개념은 바로 곽상이 반대한 "홀로 높은 산꼭대기에 우뚝 서 있는" 사람이다. 이렇게 고고하게 높

---

345 「通易論」. "廓無外以爲宅, 周宇宙以爲廬, 强八維以處安, 据制物以永居."
346 「通易論」. "不與堯舜齊德, 不與湯武幷功."
347 「通易論」. "不足以爲匹."
348 「大人先生傳」. "必超世而絶群, 遺俗而獨往, 登乎太始之前, 覽乎忽漠之初, 慮周流於無外."

이 있으면서 자기 홀로 추구하는 길을 가고 오며, 백성을 떠나서 사물대상과 그윽하게 합일하지 못하는 사람은 성인이 될 수 없는 것이다. 이런 사람은 단지 군주의 지위를 맡기에 적합하지 않을 뿐만 아니라 또한 근본적으로 세속을 떠날 수도 없으니, 오직 "세속 가운데의 하나[俗中之一物]"가 될 뿐이다.

장자의 생각 속에서 허유와 요임금이 서로 비견되면서도 이상적 인물로 여겨졌다. 그러나 허유는 결국 몸이 기산(箕山)에 얽매였으며 입으로는 세속의 음식 맛을 누렸는데, 이 때문에 장자는 또한 견오(肩吾)가 들었다는 말을 빌려서 한 단계 더 높은 이상적 인물을 그려내고 있다. "아득한 고야의 산에 신인(神人)이 살고 있는데, 피부는 얼음과 눈처럼 깨끗하고, 부드럽고 온화한 모습이 처녀 같았다. 오곡(五穀)을 먹지 않고 바람을 들이키며 이슬을 마시고, 구름을 타고 날아다니는 용을 부리며, 사해(四海)의 밖을 노닌다."[349] 이 문단의 신화적인 묘사는 바로 범인(凡人)을 초월하고 세속을 떠난 장자의 이상적 인생을 반영하여 나온 것이며, 사람들이 먹는 불에 익힌 음식을 먹지 않고 몸과 마음이 모두 속세를 떠나 있는 신화적 경지를 추구하고 있는 것이다. 곽상은 이 문단의 말에 대하여 오히려 다음과 같이 해석하여 말했다.

"무릇 신인은 바로 오늘날 말하는 성인이다. 저 성인은 비록 묘당(廟堂)의 위에 있더라도 그의 마음은 산림 속에 있는 것과 다르지 않으니, 세상 사람들이 어찌 그것을 알겠는가! 헛되이 황금빛 집과 패옥(佩玉)만을 올려다보며, 바로 그 마음을 어지러이 속박할 만한 것이라고 말할 뿐이다. 그리고 산천(山川)을 두루 돌아다녀 보고 백성과 함께 생활해 보고나서, 바로 그 정신을 초췌(憔悴)하게 할 만한 것이라고 말할 뿐이다. 그러니 어찌 지극한 만족을 아는 사람의 이지러지지 않는 온전함을 알

---

349 「逍遙游」. "藐姑射之山, 有神人居焉, 肌膚若冰雪, 淖約若處子. 不食五穀, 吸風飲露. 乘雲氣, 御飛龍, 而遊乎四海之外."

겠는가!"350

　곽상은 우선, 장자가 말하는 "신인(神人)" "바로 오늘날 말하는 성인"을 긍정한다. 성인은 결코 저 멀리 떨어진 고야산의 위에 거주하는 것이 아니라 바로 "묘당(廟堂)" 위에 있는 것이다. 이른바 묘당은 태묘(太廟)351의 명당(明堂)이며 고대 제왕의 제사를 지내고 또 일을 논의하는 곳이니, 여기에서는 정치활동이 이루어지는 것을 광범위하게 의미한다. 곽상은 성인의 정신수양이 결코 세속의 활동을 떠날 수 없는 것이라고 생각하였다. 동시에 성인은 세속의 활동을 하지만 역시 그의 정신 수양에 영향을 받지 않는 것이다. 두 가지 일은 통일 될 수 있는 것이며, 이 때문에 성인의 황금빛 집(일설에는 황금빛 집을 황제가 타는 수레라고 하였으며, 다른 일설에는 황제가 쓰는 모자라고 하였다)과 옥패가 달린 인수(印綬)를 볼 수 없는 것이다. 바로 이런 것이 그의 정신을 어지럽힐 수 있다고 여긴 것이다. 그리고 성인이 산과 들을 살피러 두루 돌아다니며 백성과 함께 일을 하는 것을 볼 수 있는데, 이런 활동은 그의 정신을 몹시 피곤하게 할 수 있다는 것을 말하고 있다. 여기서 볼 수 있듯이, 곽상과 장자의 성인 표준은 서로 다르다.

　장자와 곽상 사이에 있는 위에서 서술한 것 같은 구별은 「대종사」편의 본문과 곽상의 주해(註解) 문장에서 아주 선명하게 드러난다. 장자는 "내(內)"와 "외(外)"의 구별을 강조하여 공자를 폄하하여 배척하는 고사를 지어내고 있다. 공자가 자상호(子桑戶)가 죽었다는 말을 듣고 제자 자공

---

350 『莊子注』「逍遙游」注. "夫神人卽今所謂聖人也. 夫聖人雖在廟堂之上, 然其心無異於山林之中, 世豈識之哉! 徒見其戴黃屋, 佩玉璽, 便謂足以纓紱其心矣; 見其歷山川, 同民事, 便謂足以憔悴其神矣; 豈知至足者之不虧哉."
　역주 "豈知至足者之不虧哉." 구절의 "至足者"는 이 책의 원문에서 "至至者"로 되어 있으나, 『莊子注』의 원문을 참고하여 "至足者"로 바로 잡는다.
351 역주 태묘(太廟)는 역대 제왕의 위패를 모셔 놓고, 제사를 지내던 사당(祠堂)이다.

(子貢)을 보내어 조문(弔問)을 시켰다. 자공이 조문을 가서 보니 자상호의 친구들[352]이 터럭만큼의 슬픈 모습이 없고, 도리어 노래를 짓고 가야금을 탄주하면서 서로 어우러져 노래를 부르고 있었다. 자공이 매우 놀라서 황망하게 나아가 그들에게 따져 묻기를 "시체를 앞에 두고 노래를 부르는 것이 예에 맞는 것인가?"[353]라고 하였다. 자상호의 친구들은 서로 쳐다보며 웃으면서 자공의 질문에 대해 코웃음을 치며 비웃었다. 자공이 이런 무례함을 말하고 다시 돌아와 공자에게 고하였다. 공자는 말하길, "저들은 방외(方外)에서 노니는 자들이다. 그러나 나는 방내(方內)에서 사는 사람이다. 안과 밖은 서로 간섭할 수 없는 것이지만, 내가 너를 보내서 그를 조문하게 한 것이니, 내가 고루하였구나 …."[354]라고 하였다. 장자의 입장에서 볼 때, 공자는 "방내(方內)"에서 노니는 사람으로서 "방내"의 세속적 예를 가지고 "방외"의 허무(虛無) 담론을 문제 삼은 것이니, 이것은 서로 아무런 관계가 없는 일일 뿐이고, 이 때문에 공자의 천박함을 비웃은 것이다. 곽상은 이 문단에 대해서 완전히 다른 해석을 하였다. 그는 다음과 같이 말했다.

"무릇 이치에는 지극함이 있어서 안과 밖이 서로 그윽하게 합일하는 것이니, 밖의 지극함에서 철저하게 노니는 사람으로 안에서 그윽하게 합일하지 않는 자가 없고, 안에서 그윽하게 합일하는 사람으로 밖에서 노닐지 못하는 자가 없다. 그러므로 성인은 항상 밖에서 노닐며 안으로 그윽하게 합일하고, 무심하게 세속의 일반 문물[有]에 순응하는 것이니, 그러므로 비록 하루 종일 형체를 움직여도 신기(神氣)에는 변함이 없고, 온

---

352 역주 여기서 말하는 자상호(子桑戶)의 친구들은 맹자반(孟子反)과 자금장(子琴張)을 말한다.

353 「大宗師」. "臨尸而歌, 禮乎?"

354 「大宗師」. "彼, 遊方之外者也; 而丘, 遊方之內者也. 外內不相及, 而丘使女往弔之, 丘則陋矣…."

갖 일들의 기미를 두루 살펴보면서도 태연자약(泰然自若)하다. 무릇 형체는 보이면서 정신이 따르지 못하는 자는 천하에서 언제나 괴로운 것이다. 이 때문에 그가 모든 사물 대상과 어우러져 함께 운행해 가는 것을 보고 바로 사물 대상을 버리고 사람을 떠난다고 말할 수 없는 것이다. 그리고 그가 온몸으로 동화(同化)하여 사무(事務)에 부응하는 것을 보고 바로 앉아서 인위적 자아를 잊고 자득(自得)하였다고 말할 수 없는 것이다. 어찌 바로 성인이 그렇지 않다고 말할 수 있겠는가?"[355]

이 문단에서 말하는 곽상의 뜻은 이치에는 최고의 표준이 있는데, 이것이 바로 "안과 밖이 서로 그윽하게 합일하는 것"이라는 말이다. "방외에서 노니는 것[遊外]"과 "방내에서 그윽하게 합일하는 것[冥內]"은 서로 떨어질 수 없는 것인데, 이 때문에 이상적인 성인은 마땅히 이미 "방외에서 노닐면서" 또한 "방내에서 그윽하게 합일하는 것"이다. 이미 "무심(無心)"의 정신적 경지를 지니면서 또한 "산천의 자연을 유람하면서, 백성의 일을 함께하는[歷山川, 同民事]" 외부의 활동을 할 수 있는 것이다. 바로 이와 같기 때문에 성인은 비록 아침부터 밤까지 자기의 몸을 수고롭게 노력하지만, 그의 신기(神氣)는 오히려 정상의 상태를 유지할 수 있는 것이다. 그리고 비록 끊임없이 번잡한 일들을 처리하지만, 그의 정신은 오히려 그런 일로 인해서 어수선하게 혼란스럽지 않은 것이다.

곽상의 이런 해석은 단지 장자가 말한 "방외에서 노니는 것"의 함의를 바꾼 것뿐만 아니라 "방내에서 그윽하게 합일한다."는 개념을 제기하여,

---

[355] 『莊子注』「大宗師」注. "夫理有至極, 外內相冥, 未有極遊外之致而不冥於內者也, 未有能冥於內而不遊於外者也. 故聖人常遊外以冥內, 無心以順有, 故雖終日(揮)[見]形而神氣無變, 俯仰萬機而淡然自若. 夫見形而不及神者, 天下之常累也. 是故睹其與群物並行, 則莫能謂之遺物而離人矣; 睹其體化而應務, 則莫能謂之坐忘而自得矣. 豈直謂聖人不然哉?" 역주 "則莫能謂之坐忘而自得矣." 구절의 "坐忘"은 이 책의 원문에서 "生而坐"로 되어 있으나, 『莊子注』의 원문을 참고하여 "坐忘"으로 바로 잡는다.

장자가 말한 "안과 밖은 서로 간섭할 수 없는 것[內外不相及]"이라는 말을 바꾸어서 "방내의 일과 방외의 일이 서로 그윽하게 합일한다[內外相冥]."고 한 것이다. 장자가 말한 "방외(方外)"는 세속을 벗어난 밖의 일을 의미하며, "방내(方內)"는 세속 안에서의 일을 의미한다. "방외(方外)에서 노니는 자들"은 장자가 이상적으로 생각한 "오곡(五穀)을 먹지 않고 바람을 들이키며 이슬을 마시고, 구름을 타고 날아다니는 용을 부리는" 것 같이 세속을 벗어난 탈속적 정신경지이다. 곽상이 말한 "방외에서 노니는 것"은 주로 "무심(無心)", "신기(神氣)에는 변함이 없는 것", "태연자약(泰然自若)함" 등 내재적 정신수양을 의미한다. 이른바 "방내에서 그윽하게 합일하는 것"은 "세속의 일반 문물[有]에 순응하는 것", "하루 종일 형체를 움직이는 것", "온갖 일들의 기미를 두루 살펴보는 것" 등 세속의 생활과 서로 결합되어 있는 외부의 활동을 의미한다. 장자는 오직 "방외에서 노니는 것"만을 주장하였고 "방내에서 그윽하게 합일하는 것"은 주장하지 않아서 "안과 밖은 서로 간섭할 수 없는 것"이라고 여겼다. 곽상은 이미 "방외에서 노니는 것"을 말하면서 또한 "방내에서 그윽하게 합일하는 것"을 논하여, "방내의 일과 방외의 일이 서로 그윽하게 합일한다."는 것을 주장하였다. "방외에서 노니는 자는 방내를 의존하고, 사람 사는 세상을 떠난 자는 세속과 부합하는 것이다."[356] 또는 "일삼는 것이 없음을 말미암아 일을 할 수 있고, 방외(方外)의 것으로써 방내(方內)의 것을 함께하는 것이다."[357] 총괄적으로 말해서, 정신의 수양이 세속생활을 떠날 수 없음을 강조하여 "방내와 방외(內外)"를 통일한 것이다. 이것은 장자의 인생관과 비교해서 분명하게 현실성을 지니고 있는 것이며, 곽상 숭유론의 일관된 논리 그리고 유가와 도가의 조화, 명교와 자연의 조화라는 정치적 주장을 반영한 것이다.

---

356 『莊子注』「大宗師」注. "方外者依內, 離人者合俗."
357 『莊子注』「大宗師」注. "由無事以得事, 自方外以共內."

(4) 명교와 자연의 논변

이른바 "명교(名教)"는 한나라 시대 동중서(董仲舒)가 가장 먼저 제창한 것으로서 삼강오륜(三綱五倫)으로 사람들을 교화하는 윤리 도덕의 교설(教說)이다. 동한(東漢) 왕조의 멸망에 따라서 명교의 허위성이 나날이 폭로되었다. 특히 한나라 말기 농민들이 크게 봉기(蜂起)한 데 따른 타격을 거쳐서 위진 시대에 이르면 그것은 이미 영향력과 호소력을 상실한다. 지주계급, 특히 상층의 사족(士族)들은 동한 왕조의 와해(瓦解)를 직접 눈으로 목격하고서 사상과 의식의 측면에서 교훈을 얻게 되는데, 유가에 의해서 고취되었던 허황되고 말만 번지르르한 명교가 마침내 그들이 백성들을 통치할 때 쓸 수 있는 최상의 호신(護身) 방법이 될 수 없다는 것을 생각하게 되었다. 자기의 본래 계급의 통치를 위해서 그들은 다만 다른 곳에서 사상적 통치의 도구를 찾았는데, 그 결과는 봉건 사상의 창고 속에 있는 것으로서 또한 노장사상과 『주역』을 찾아내었고, 도가사상을 위주로 삼아서 유가사상을 보조로 하는 이른바 "정시지음(正始之音)"을 출현시켰으며, 바로 명교와 자연에 대한 하안과 왕필의 논변이었다.

하안과 왕필 본인들은 결코 "명교가 자연에서 나온다."는 학설이 없었다. 곽상은 『장자주』 속에서 역시 "자연"과 "명교"를 대칭시키지 않았고, 심지어 근본적으로 "명교"라는 개념을 제기하지 않았다. 혜강이 비로소 "명교"와 "자연"을 대칭시킨다. 이 때문에 "자연"과 "명교"의 관계를 다만 현학가들의 정치사상에 대한 고찰로 보는 것은 가능하지만, 이런 관계가 방대하게 전체 위진 시기 철학의 중심문제라고 하는 것은 타당하지 않으며, 위진 현학의 핵심문제는 여전히 유(有)와 무(無)의 문제였고, "자연"과 "명교"의 논쟁은 유무(有無)에 관한 문제가 사회정치적 생활 영역 속에서 표현된 것일 뿐이다.

"자연"과 "명교"의 관계는 넓은 의미로 말하자면, 바로 도가사상과 유가사상의 관계이다. 왜냐하면 도가는 "자연"을 숭상하며, 유가는 "명교"

를 숭상하지만, 이 문제에 있어서 위진 현학의 서로 다른 학파들은 "자연"에 대하여 각각 서로 다른 해석을 지니고 있기 때문이다. 정시(正始) 연간의 하안과 왕필이 주장한 "자연"은 "무위(無爲)"를 의미한다. 죽림(竹林) 시기의 혜강·완적은 "명교를 초월하여 자연에 내어 맡기는 것"을 주장하였는데, 그 "자연"은 "스스로 우쭐하게 긍지를 갖는 것이 마음속에 없었고",[358] "세속의 옳고 그름을 마음속에 두지 않았으며",[359] "명교를 초월하여 본성의 마음이 가는 대로 내맡기는 것"[360]을 의미한다. 원강(元康) 연간 시기의 곽상이 말하는 "자연"은 "자기 스스로 그러한 것[自己而然]", 즉 "저절로 그러한 것[天然]"을 의미한다. 세 학파가 모두 "자연"을 주장하였지만, 이해는 서로 다른데, 이 때문에 간단하게 세 학파가 주장한 "자연"을 똑같은 것으로 말할 수는 없으며, 세 학파의 입장을 함께 거론할 수도 없다. 이 책에서는 유가와 도가 두 학파의 학설이라는 시각에서 "명교"와 "자연"에 관한 문제의 논쟁을 논술하겠다.

하안과 왕필은 "무위"를 "자연"의 내용으로 삼아서, "무위"가 근본이며 명교는 말단이 된다고 주장하였다. 이른바 "근본을 숭상하고 말단을 드는 것[崇本擧末]"은 바로 인의(仁義)의 예법을 마땅히 "무지무욕(無知無欲)"에 놓는 기초 위에서 명교가 비로소 작용을 발휘할 수 있다고 여긴 것이며, 조씨의 위나라 사족(士族)들이 권력을 장악한 상태의 이익을 반영하고 있는 것이다. 혜강은 "명교를 초월하여 자연에 내맡기는 것"을 주장하였는데, "마음을 비우고 저절로 그러함에 내맡기는 것[虛心無措]"과 "마음속에 세속의 옳고 그름을 두지 않는 것[心無措乎是非]"으로 자연(自然)을 삼아서 명교의 속박을 받지 않을 것을 요구하였고, 부귀영화(富貴榮華)를 추구하지 않았으며, 사마씨가 제창한 명교와 서로 대항하면서 특권을 상실한 조씨 사족(士族)의 정서를 반영하고 있다. 만약 죽림시기

---

358 『嵇康集』「釋私論」. "矜尚不存乎心."
359 『嵇康集』「釋私論」. "是非無措."
360 『嵇康集』「釋私論」. "超名任心."

에 있었던 "명교를 초월하여 자연에 내어 맡기는 것"이라는 사상이 사마씨 집단에 의해 살해된 조씨 위나라 집단을 위한 격정에 찬 말이라고 한다면, 이런 사상이 발전하여 원강 연간의 명사에 이르러서는 이런 정치적 함의를 완전히 상실하게 된다. 그 원강 연간의 명사들은 "본성에 내맡기고 욕망을 멋대로 따르는 것[任性縱欲]"을 자연으로 여겼고, 사마씨 정권 속에 있는 고급의 사족(士族)과 그대로 일치하는 집단이면서, 문벌(門閥) 사족의 황음(荒淫)·방탕(放蕩)한 이론의 근거가 된다. 죽림(竹林) 시기의 청아하고 고상하며 시원하게 탁 트인 광달(曠達)의 기풍에서 원강(元康) 시기의 비속(卑俗)하고 타락(墮落)한 몰골로 치닫게 되면서, "자연에 내맡기는 것[任自然]"은 완전히 변질되어 종욕주의(縱欲主義)가 되었고, 국가의 통일과 사회의 발전에 중대한 장애가 되었으며, 심지어 지주계급 자체에까지 위협이 되었다. 이 때문에 서족(庶族)의 대표적 인물들은 모두 이런 "자연에 내맡기는 것"이라는 이론에 반대하였는데, 배외의 「숭유론」이 바로 이런 종욕주의에 반대하면서 명교를 제창한 것이다.

자연과 명교의 논변에 대한 곽상의 논변은 바로 이런 정황하에서 제기된 것이다. 곽상은 자연과 명교를 대립시켜서 제기할 수 있는 것이 아니며, 양자는 마땅히 일치되는 것이라고 보았는데, 만약 명교를 초월하여 자연에만 홀로 내맡긴다면 오직 원강 시기의 모습처럼 예교를 비방하고 방탕하여 규범이 없이 날뛰는 종욕주의로 귀결될 것이라고 여겼다. 곽상의 입장에서 볼 때, 도사상은 본래 사사로움이 없고 욕망에 치닫는 것이 없는 것이었지만, 원강 시기 명사들이 도가의 기치(旗幟)를 꺾어 버리고 오히려 종욕주의로 치달은 것인데, 이 때문에 반드시 사상적으로 침잠(沈潛)시킬 필요가 있었다. 그는 다음과 같이 말했다.

"사람이 나면서부터 고요한 것은 타고난 본성이다. 사물 대상에 감응하여 움직이는 것은 본성의 욕망이다. 사물 대상이 사람에게 감응하는 것은 다함이 없고, 사람이 욕망을 좇는 것을 끊는 마디가 없으면 천리(天

理)가 소멸한다."[361]

"흔들림 없이 태연하게 욕망이 없이, 부여받은 대로 즐거이 만족하고, 분수에 넘치는 사치를 귀하게 여기지 않으며, 도와 덕을 영예롭게 여기기 때문에 온 집안사람들이 가난의 괴로움을 알지 못하는 것이다."[362]

앞의 문단의 자료는 『예기(禮記)』에 본래 있는 것인데, 곽상이 원강 연간에 출현한 종욕주의에 반대하고 또 유가의 교설을 공개적으로 드러내어 원강 연간의 종욕주의에 대항하기 위한 것임을 알 수 있다. 두 번째 문단의 자료는 순수한 도가 사상이지만, 역시 곽상이 도가의 이단사상을 반대하기 위해 사용하고자 가져온 것이다. 종욕주의와 예법을 무너뜨리는 방탕한 행위에 반대하기 위하여 곽상은 "자연"에 대해서 자기의 견해를 제기하면서, "자연"과 "명교"가 결코 모순되지 않는다고 여겼다. 그는 다음과 같이 말했다.

"무릇 저절로 그러함에 내맡기고 합당함에 거처하면 현명한 자와 어리석은 자가 감정을 따라서 귀천(貴賤)의 자리를 잡게 되고 임금과 신하의 상하(上下)가 구별되며 저절로 지극함이 있게 되니 천하에 걱정이 없다."[363]

"저 저절로 그러함을 스승으로 삼아서 분수에 넘치는 것을 제거하면 천지자연의 도가 지극해진다."[364]

---

361 『莊子注』「大宗師」注. "人生而靜, 天之性也; 感物而動, 性之欲也. 物之感人無窮, 人之逐欲無節, 則天理滅矣."
362 『莊子注』「則陽」注. "淡然無欲, 樂足於所受, 不以侈靡爲貴, 而以道德爲榮, 故其家人不識貧之可苦."
363 『莊子注』「在宥」注. "夫任自然而居當, 則賢愚襲情而貴賤履位, 君臣上下, 莫匪爾極, 而天下無患矣."

곽상은 도가의 "저절로 그러함에 내맡김[任自然]"을 각계각층의 사람들이 자기의 본분에 편안히 거처하는 것으로 해석하였다. 그는 만약 원강 연간의 명사와 같이 "저절로 그러함에 내맡기면서도" "합당함에 거처하지" 않고, "저 저절로 그러함을 스승으로 삼으면서도" 그 알맞은 분수를 넘어서면, 이미 그것은 "저절로 그러함에 내맡기는 것"이 아니며, 또한 유가의 차별적 등급의 존비(尊卑)·귀천(貴賤) 질서에 위배되는 것이라고 보았는데, 이것은 실제로 도가의 천리자연(天理自然)에도 위배되는 것이다. 그는 다음과 같이 말했다.

> "신첩(臣妾)의 재주로는 신첩의 소임을 편안히 수행할 수 없으니 그것을 상실하게 된다. 그러므로 임금과 신하의 상하 관계 그리고 손과 발의 내외관계를 알아야 천지자연의 이치가 저절로 그러하게 터득되는 것이니, 어찌 진인(眞人)이 하는 것이겠는가!"[365]

> "저 존비(尊卑)의 높고 낮음과 앞뒤의 질서를 밝히는 것은 본래 사물에서 없을 수 없는 것이다."[366]

> "다스림의 도는 먼저 본연의 도를 밝히고, 상벌(賞罰)을 버리지 않는 것이며, 오직 마땅히 그 선후(先後)의 질서를 잃지 않는 것이다."[367]

노장의 도가사상은 근본적으로 "인의(仁義)"를 반대하는데, 그들은 "인의"를 사람의 본성을 해치는 것이라고 보기 때문에 오직 "인의를 끊

---

364 『莊子注』「徐無鬼」注. "師夫天然而去其過分, 則大隗(道)至也."
365 『莊子注』「齊物論」注. "臣妾之才, 而不安臣妾之任, 則失矣. 故知君臣上下, 手足外內, 乃天理自然, 豈眞人之所爲哉!"
366 『莊子注』「天道」注. "明夫尊卑先後之序, 固有物之所不能無也."
367 『莊子注』「天道」注. "治道先明天, 不爲棄賞罰也, 但當不失其先後之序耳."

어 버려야만[絶仁棄義]" 비로소 저절로 그러한 본성을 회복할 수 있다고 본 것이니, 이 때문에 죽림(竹林)과 원강 시기 명사들도 인의를 허위(虛僞)로 여긴 것이다. 곽상은 이런 학설에 반대하였는데, 그는 다음과 같이 말했다.

"무릇 인의는 사람의 성정(性情)에서 나오는 것이니 다만 마땅히 그것에 내맡겨야만 하는 것이다. 아마도 인의가 사람의 정감이 아니라고 그것을 걱정하는 사람이 있다면 진실로 큰 근심거리라고 말할 만하다."[368]

"무릇 인의는 사람의 본성이다."[369]

이와 같이 곽상은 또한 유가의 인의도덕을 도가의 "자연" 속에 거두어들였고, 인의도덕을 사람이 태어나면서부터 본래 지니고 있는 본성으로 보았다.

이상의 자료를 가지고 볼 수 있듯이, 곽상은 정시(正始)·죽림(竹林)·원강(元康) 연간의 귀무론 정치학설과 달랐으며, "저절로 그러함[自然而然]"의 이론을 가지고 차별적 등급제도의 합리성을 해석하였는데, 이렇게 유가와 도가를 합일시킨 청치이론은 개괄하여 말해서 다음의 몇 가지 의의를 지니고 있다. 첫째, 사족(士族)의 내부 투쟁이 격렬했던 서진(西晉)에서 사회질서의 안정을 추구하고 지주계급의 장기적인 이익을 유지시키기 위한 것이다. 둘째, 유가의 명교(名敎) 정치를 긍정하고 사대부 거족(巨族)의 방탕한 행위를 제약하는 것인데, 이 때문에 철학적으로 숭유(崇有)를 주장하고, 정치적으로 유가의 학설을 옹호하였으며, 서족(庶族) 계층의 정서를 반영한 것이다. 셋째, 차별적 신분계급 제도의

---

368 『莊子注』「騈拇」注. "夫仁義自是人之情性, 但當任之耳. 恐仁義非人情而憂之者, 眞可謂多憂也."
369 『莊子注』「天運」注. "夫仁義者, 人之性也."

자연적 합리성을 긍정하여 객관적으로 문벌제도를 변호하게 된 것이다.

이상에서 서술한 네 가지 측면은 모두 서로 다른 각도에서 정치조화론의 입장을 반영한 것이며, 그의 인생관과 사회정치사상의 형성에 심각한 사회적 근원과 계급적 근원이 반영된 것이다. 서진시기 태강(太康) 연간의 번영은 꽃이 잠시 한 번 핀 것 같은 것으로서, 서진의 혜제(惠帝) 사마충이 제위를 계승한 때(서기 290)부터 중국 역사상 보기 드문 통치계급 내부의 대혼전(混戰)이 시작된다. 서기 311년에 이르면 석륵(石勒)[370]이 낙양을 침공하여 함락시키는데, 이 사건을 계기로 서진의 통치계급 내부에 피비린내 나는 암흑의 대혼전이 발생하며, 결국은 팔왕(八王)의 난으로 함께 공멸하는 것으로 결말을 고하게 된다. 그러나 잇따라 계속 오는 것은 중국 역사의 장장 300년간의 분열이었고, 백성들은 끊임없는 재난을 당하게 되는 것이다. 서진 말년의 전란은 사마씨가 조씨의 위나라를 찬탈할 때에 비하여 살육과 약탈의 진행이 흉폭하고 잔인해졌으니, 이런 것이 곽상의 사상 속에 반영되는 것이다. 그는 다음과 같이 말했다.

---

370 석륵(石勒, 274-333년, 재위: 319-333년)은 오호십육국 시대 후조(後趙)의 건국자이다. 흉노(匈奴)의 하위 부족인 갈족(羯族) 출신으로 전조(前趙)를 멸망시킨 장수였다. 전조를 멸한 뒤 세력이 화북 일대에 미쳤다. 일국의 통치자로서도 유능했고 귀복(歸服)한 한인의 통어에 뛰어났다. 학교도 세우고 학자도 중용했으며 관리 등용에도 능했다. 자는 세룡(世龍)이며, 시호는 명제(明帝)이고, 묘호는 고조(高祖)이다. 산시성[山西省] 우샹현[武鄉縣] 지방에 들어와 살고 있던 흉노족(匈奴族) 갈족 추장 아들로 태어났다. 20세경 동진(東晉) 병사에게 잡혀 산둥[山東]에 노예로 팔렸으나, 그 후 군도(群盜)의 수령이 되었다. 흉노의 유연(劉淵)이 한(漢)나라를 세우자 장군으로 임명되어, 산둥·허난[河南]의 경영을 맡았다(307). 진(晉)의 장군 왕준(王浚)을 멸하여 왕위에 올라, 국호를 조(趙)라 하고, 양국(襄國: 邢臺)을 도읍으로 삼았다. 328년 전조(前趙)의 유요(劉曜)를 뤄양[洛陽]에서 무찌르고, 329년 전조를 멸한 뒤 세력이 화북 일대에 미쳤다. 석륵은 일국의 통치자로서도 유능하였고, 귀복(歸服)한 한인(漢人)의 통어(統御)에 뛰어난 수완을 보였다. 학교도 세우고, 학자도 중용하였으며 관리 등용에도 능하였다. 불승 불도징(佛圖澄)에 귀의하였다.

"나와 천하는 서로 관계를 맺으며 이루어지는 것이다. 이제 내 한 몸으로써 천하를 오로지 억누른다면 천하는 막히게 되는 것이다. 내가 어찌 통할 수 있겠는가! 그러므로 한 몸이 이미 이루어지지 못한다면 천하에는 많은 상해(傷害)가 있게 된다."[371]

"무릇 군주가 된 사람은 움직일 때 반드시 사람을 위에서 다스리는 것이니, 한 번 성을 내면 시체가 산을 이루고 피가 내를 이루듯 흐르며, 한 번 기뻐하면 관리가 타는 수레와 머리에 쓰는 관이 거리를 가득 메운다. 그러므로 군주 된 자가 나라를 다스려 쓸 때는 가벼이 할 수 없는 것이다."[372]

이 자료들은 곽상이 서진의 후기 군벌(軍閥)의 혼란스런 전쟁에 대하여 불만을 표시한 것이다. "무릇 군주가 된 사람"이 반드시 의미하는 것은 바로 야심이 강렬하여 시시각각으로 황제노릇을 하고자 도모하는 여러 왕들을 말하는 것인데, 그들은 기뻐하고 슬퍼하는 감정이 무상하게 변화하며 자주 군사를 일으키고 세금을 번잡하고 무겁게 매겨서 백성들이 삶을 의탁할 곳이 없게 되었는데, "나라를 들어서 사지(死地)로 몰아가기를 헤아릴 수 없이 하여 백성 보기를 하찮은 지푸라기로 본다."[373]고 하였다. 곽상은 군벌의 혼란한 전쟁으로 조성된 엄중한 위해(危害)를 목격하고, 자기 한 몸을 위해서 천하를 오로지 억누르는 폭군들이 기뻐하고 슬퍼하는 감정의 무상한 변화 때문에 조성된 "시체가 산을 이루고 피가 내를 이루듯 흐르는 것"을 목격하였다. 전쟁이 빈번하게 발생하면

---

371 『莊子注』「在宥」注. "己與天下, 相因而成者也. 今以一己而專制天下, 則天下塞矣, 己豈通哉! 故一身旣不成, 而萬方有餘喪矣."
372 『莊子注』「人間世」注. "夫君人者, 動必乘人, 一怒則伏尸流血, 一喜則軒冕塞路. 故君人者之用國, 不可輕之也."
373 『莊子注』「人間世」注. "擧國而輸之死地, 不可稱數, 視之若草芥也."

서 조성된 "나라를 들어서 사지(死地)로 몰아가는 상황" 그리고 백성 보기를 하찮은 지푸라기로 보는 것을 목격하였다. 이 때문에 그는 지주계급의 통치를 옹호하는 입장에서 출발하여 백성들이 삶의 터전을 잃고 유랑하고 죽어나가는 위험을 많이 목격하면서 통치자들이 "관용으로써 사물을 포용하고[寬以容物]" "뭇 백성의 마음을 따를 것[因衆之心]"을 권고하였다. 그는 다음과 같이 말했다.

> "뭇 백성을 따르면 편안하다. 만약 뭇 백성을 따르지 않으면 백성의 무리 수천만이 모두 나의 적이 된다."[374]

> "너그러움으로써 사물 대상을 포용하면 사물 대상은 반드시 은혜를 돌려준다. 핍박을 너무 지나치게 하면 나쁜 마음이 생기는 것을 스스로 깨닫지 못한다. 그러므로 대인(大人)은 호탕하게 자득의 경지에서 사물 대상을 있는 그대로 맡겨 놓아서 다른 사람의 능력을 괴롭게 하지 않고 다른 사람의 기쁨을 고갈시키지 않는다. 그러므로 온 세상 사람들의 사귐에 온전해지는 것이다."[375]

> "사람들이 바라는 바가 무너지기 때문에 나라가 망하는 것이므로 사람의 마음을 잃지 않는 것이다."[376]

"다른 사람의 능력을 괴롭게 하지 않고", "다른 사람의 기쁨을 고갈시키지 않는" 것은 봉건사회 속에서 근본적으로 어찌할 방법이 없는 것이니, 바로 지주계급 내부에서도 보편적으로 실현할 수 없는 것이다. "한

---

374 『莊子注』「在宥」注. 因衆則寧也. 若不因衆, 則衆之千萬, 皆我敵也.
375 『莊子注』「人間世」注. "夫寬以容物, 物必歸焉. 尅核太精, 則鄙吝心生而不自覺也. 故大人蕩然放物於自得之場, 不苦人之能, 不竭人之歡, 故四海之交可全矣."
376 『莊子注』「大宗師」注. "因人心之所欲亡而亡之, 故不失人心也."

번 성을 내면 시체가 산을 이루고 피가 내를 이루듯 흐르며", "나라를 들어서 사지(死地)로 몰아가고", 또 어찌 "다른 사람의 기쁨을 고갈시키지 않는 것"을 말할 수 있겠는가? 이와 같은 곽상의 연약하고 무기력한 권유(勸諭)는 서진의 통치자에 대해 그가 품고 있는 환상과 그가 표출하는 공손한 굴종의 태도를 반영하는 것이다. 사람을 죽이는 데 이골이 난 장군(將軍)·왕후(王侯)·황제(皇帝)들에 대해서 터럭만큼의 작용도 하지 못하는 것이다. 그러나 마땅히 눈여겨 살펴야 하는 것은 곽상의 정치사상을 서진 시기 최고의 통치자들이 행하는 잔혹한 폭력과 함께 취급해서 말할 수 없다는 것이다. 하나의 사상가로서, 그의 정치이론이 비록 총체적으로 봉건 통치를 공고화시키는 데 유리하였지만, 그는 필경 역시 문벌(門閥)의 사족(士族) 신분이 아니었고, 이 때문에 일정한 구분이 필요하며, 그를 권력을 담당한 문벌의 사족과 한꺼번에 같이 논의할 수는 없는 것이다.

곽상도 정도가 조금 다르게 통치자의 탐욕을 간파하고 있었고, 아울러 그들의 잘못을 꾸짖고 나무랐다. 그는 다음과 같이 말했다.

"명성(名聲)을 아끼고 탐욕이 있는 군주는 비록 요임금 우임금이 다시 온다 해도 그들을 감화시킬 수 없으므로 백성들이 그를 공격하는 것이니, 당신은 빈손으로 가서 도로써 감화를 시키겠는가!"[377]

"무릇 폭군(暴君)은 단지 그 탐욕을 제멋대로 추구할 뿐만 아니라 또한 명성도 추구하는 것이니, 오직 추구하는 것이 도가 아닌 것이다."[378]

이 두 문단의 자료는 곽상이 현실에 대해 어느 정도 용기를 내어 폭력

---

377 『莊子注』「人間世」注. "惜名貪欲之君, 雖復堯禹, 不能勝化也, 故與衆攻之, 而汝乃欲空手而往, 化之以道哉!"
378 『莊子注』「人間世」注. "夫暴君非徒求恣其欲, 復乃求名, 但所求者非其道耳."

을 일삼는 군주가 욕심을 충족시키고 또 명성을 추구할 뿐만 아니라 이런 폭력을 일삼는 군주들의 본성이 고치기 어렵다는 것을 폭로한 것으로서 "비록 요임금·우임금이 다시 온다 해도 그들을 감화시킬 수 없다."고 한 것이다. 이 때문에 그들에 대해서는 그저 도를 가지고서만 밑천 없이 감화시킬 수 없으니, "백성들이 그를 공격하는 것이다." 이런 사상은 문벌 사족의 전제정권을 옹호하는 것이라고 말할 수 없다. 그의 입장에서 볼 때, 군주는 마땅히 백성들의 모범이 되어야 하는데, 만약 군주가 앞장서서 욕망을 충족시키는 데만 나선다면 백성들도 본분을 편안히 지킬 수 없는 것이다. "위의 군주가 좋아하는 것만 하고 있으면 아래의 백성들은 그 본분을 편안히 지킬 수 없다."[379] "군주가 실정(失政)을 하지 않으면 백성들은 저절로 평안을 얻으며, 군주가 그릇된 행위를 하지 않으면 백성들은 저절로 바르게 된다."[380] 곽상은 윗물이 맑아야 아랫물도 맑아진다는 이치를 인식하고 있었던 것이니,[381] 이것은 귀중한 이치이다. 그는 다음과 같이 말했다.

"무릇 사물의 형체와 본성이 어떻게 상실되는가? 모두 군주가 어지러이 휘저어서 이런 우환이 오는 것일 뿐이다."[382]

"군주가 날마다 거짓을 일삼아 일으키면 사대부와 백성들이 어찌 그 참됨을 얻겠는가!"[383]

---

379 『莊子注』「則陽」注. "上有所好, 則下不能安其本分."
380 『莊子注』「則陽」注. "君莫之失, 則民自得矣; 君莫之枉, 則民自正."
381 역주 이 부분의 중국어 원문은 "上梁不正下梁歪"이며, 직역을 하면 "마룻대가 바르지 않으면 아래 들보가 삐뚤어진다."이다. 이는 우리말의 "윗물이 맑아야 아랫물도 맑다."는 속담과 같은 뜻이다.
382 『莊子注』「則陽」注. "夫物之形性何爲而失哉? 皆由人君撓之以至斯患耳."
383 『莊子注』「則陽」注. "主日興僞, 士民何以得其眞乎!"

여기에서 곽상은 사회가 각박해지는 원인을 완전히 통치자의 책임으로 돌렸다. 장자는 「즉양(則陽)」편에서 이 문제를 제기하였다. "도둑질이 자행되는 것은 누구에게 책임을 물어야 하는가?"[384] 곽상은 명확하게 대답하였다. "마땅히 위의 군주에게 책임이 있다."[385] 허위(虛僞)・사기(詐欺)・절도(竊盜) 등의 사회현상이 발생하는 것에 대해서 곽상은 군주가 직접적인 책임을 져야 한다고 보았다.

이상에서 서술한 자료의 분석 속에서 곽상의 정치사상은 마찬가지로 양면성을 지니고 있음을 볼 수 있다. 한 측면으로서 지주계급의 통치를 힘써 옹호하려는 시도를 하는 것이다. 다른 한편으로는 문벌 사족의 끊임없는 사치에 대하여 불만을 표시하고 있는 것이다. 그러나 서족(庶族) 세력의 유약함에 막혔고, 또 당시의 서족은 오직 사족(士族)에 의존해서만 비로소 위로 지위가 상승할 수 있었기 때문에, 그로 하여금 통치계급 내부의 복잡하고 잔혹한 정치투쟁 속에서 타협의 길로 가게 만들었으며, 이로 인해 계급 간의 조화를 부르짖게 하였던 것이다. 이것은 그의 "본성에 만족함[足性]" 그리고 "소요(逍遙)"와 "타고난 천연의 운명을 즐거이 따름[樂天安命]" 등의 사상에 집중적으로 표현되어 있다. 그는 다음과 같이 말했다.

"명(命)은 자기 스스로 제어하는 것이 아니다. 그러므로 거기에 마음을 쓸 것이 없다. 무릇 명에서 편안히 사는 자는 어디를 가든 소요(逍遙)하지 않음이 없다."[386]

"말을 잘 모는 사람은 그 능력을 극진히 발휘하는 것이다. 능력을 극진

---

384 『莊子』「則陽」. "盜竊之行於誰責而可乎!"

385 『莊子注』「則陽」注. "當責上也."

386 『莊子注』「秋水」注. "命非己制, 故無所用其心也. 夫安於命者, 無往而非逍遙矣."

히 발휘하는 것은 저절로 그러함에 내맡기는 것인데, 달릴 때 걸음걸이에서 그 능력을 넘어서는 부림을 추구하기 때문에 감당하지 못하고 많이 죽는 것이다."[387]

그는 "명(命)은 정해져 있다는 것[命定]"과 "소요(逍遙)"의 이론에서 출발하여, 한편으로는 통치자에게 말을 잘 모는 사람처럼 백성을 부릴 것을 권고하여 "그 능력을 넘어서는 부림을 추구"하지 못하게 하였다. 다른 한편으로는 또 통치를 받는 사람들에게 소나 말처럼 "누락되어 뒤처짐을 마다하지 말 것[不辭穿落]"을 권고하였다. 그는 다음과 같이 말했다.

"말의 참된 본성은 안장을 거부하고 등에 태우는 것을 싫어하지 않고, 다만 영화로움을 부러워하지도 않는다."[388]

"작고 큰 것의 구별에는 각각 등급이 있는 것이니, 억지로 발돋움하여 넘볼 것이 없다."[389]

"타고나면서 부여받는 본성은 각각 본분이 있는 것이니, 벗어날 수도 없고 더할 수도 없는 것이다."[390]

이것을 달리 말하자면, 백성들이 기꺼이 진심으로 통치를 받아들이도록 하는 것은 "작은 것을 가지고 큰 것을 바라게[以小慕大]"하지 않는 것이다. 작은 것과 큰 것, 고귀한 것과 비천한 것, 높은 것과 낮은 것, 가난

---

387 『莊子注』「馬蹄」注. "夫善御者, 將以盡其能也. 盡能在於自任, 而乃走作馳步, 求其過能之用, 故有不堪而多死焉."
388 『莊子注』「馬蹄」注. "馬之眞性, 非辭鞍而惡乘, 但無羨於榮華."
389 『莊子注』「秋水」注. "小大之辨, 各有階級, 不可相跂."
390 『莊子注』「養生主」注. "天性所受, 各有本分, 不可逃, 亦不可加."

한 것과 부유한 것 등 사회적 차별은 모두 저절로 존재하는 것이며 본래부터 그러한 합리성이고 각자 모두 자기의 본성에 맞는 직분이 있는 것인데, 이런 본성의 직분은 바꿀 수 있는 것이 아니며, 이 때문에 역시 "서로 발돋움하여 넘볼 수 있는 것[相踐]"이 아니다. 만약 "작은 것을 가지고 큰 것을 바란다면" 이는 저절로 그러한 본성을 상실하게 되고, 작은 것과 큰 것의 등급 차별을 위배하는 것이다. "작은 것을 가지고 큰 것을 추구하는 것은 이치상 끝내 할 수 없는 것이니, 각각 그 본분에 편안히 거처한다면 작은 것과 큰 것이 함께 만족하게 된다."[391]

그러나 계급사회 속에서 큰 사람, 부유한 사람, 높은 사람, 귀한 사람이 지금까지 자기의 큰 것·부유함·높음·귀함을 만족스럽게 여기지 않으면 착취계급의 끊임없는 탐욕이 지속적으로 만족되지 않는다. 그리고 작은 사람, 낮은 사람, 가난한 사람, 천한 사람도 자기가 속박당하는 처지를 결코 감내(堪耐)하지 못한다. 차별이 있으면 바로 모순이 있게 되고, 모순이 있으면 바로 필연적으로 너 죽고 나 살자는 계급투쟁이 발생하게 된다. 투쟁의 결과는 통치자와 피통치자가 함께 멸망하게 되는 것이 아니라 바로 착취가가 그들의 기득(旣得) 권익(權益)을 상실하게 되는 것이다. 이 때문에 이런 모순을 힘써 조화시키고자 하였는데, 한편으로는 통치자가 "너그러움으로써 사물대상을 포용하고", "획일적으로 그 완전한 갖춤을 추구하지 않아서[不齊求其備]" 바로 "합리"적으로 일하는 백성들을 착취하게 하고자 하였다. 다른 한편으로는 이론적으로 봉건적 차별제도의 합리성을 논증하고, 백성들의 의지를 마비시켜서 그들의 영화로움과 욕됨을 망각시키고 노예의 삶을 달게 받아들이도록 하였다.

이런 곽상의 정치사상은 바로 서족(庶族) 지주 계층의 정서를 반영한 것이다. 곽상의 정치 태도는 이미 정시 연간의 하안 같은 명문거족이 분수에 넘치는 야욕을 부려 왕위를 찬탈하려 엿보는 야심과는 다른 것이

---

391 『莊子注』「秋水」注. "以小求大, 理終不得, 各安其分, 則大小俱足."

었으며, 또한 죽림 시기 완적·혜강이 통치 집단의 기득 권익을 상실하고서 유발되어 나온 실의(失意)와 세속을 질시하며 울분을 토하는 감정과도 다른 것이다. 이는 어찌 할 수 없는 상황에서 외부의 압력을 참고 견디어 내는 것이며, 이미 대대로 내려오는 명문거족의 사치와 음탕·일탈에 대한 불만의 표시였으며, 또 배외와 같이 과감하게 힘껏 투쟁하지도 못했던 서족(庶族) 출신의 나약한 성격을 표현한다. 이 때문에 그는 결국 희망을 군주의 몸에 의탁하고 있는 것이다.

> "천 명의 사람이 모였는데 한 사람을 주인으로 삼지 않으면 흩어지거나 혼란해진다. 그러므로 많은 현인들은 많은 군주를 섬길 수 없으며, 군주가 없는 현인도 없는 것이니, 이것은 천지자연과 사람의 도이며, 반드시 지극하게 행할 마땅함이다."[392]

이 몇 구절은 원래의 문장 그대로 신자(愼子)로부터 온 내용이며, 곽상이 말한 것이라는 점에서 결코 우연이 아니다. 그 속에는 분열에 반대하고 통일을 갈구하는 바람이 드러나고 있다. 그의 입장에서 볼 때, 이른바 "흩어짐[散]"·"혼란[亂]"이 의미하는 것은 바로 지주계급 내부의 이론적 다툼이며, 군사적 혼란과 농민 봉기의 반란 등이다. 이런 "흩어짐"·"혼란"을 회피하는 것은 오직 황제 군주가 있어야만 비로소 할 수 있는 것인데, 이 때문에 군주는 많을 수 없는 것이며 또한 없을 수도 없는 것이다. 군주는 손 개고 앉아서 아무 말 없이 어떤 일에도 간섭하지 않을 수는 없는 것이며, "온갖 일들의 기미를 두루 살펴보고",[393] "손발이 닳도록 일해야 하는 것이다[手足胼胝]." 그는 오직 이렇게 해야만 서진 왕조의 통치가 비로소 유지될 수 있다고 여겼다. 이렇게 혼란을 다스

---

392 『莊子注』「人間世」注. "千人聚, 不以一人爲主, 不散則亂. 故多賢不可以多君, 無賢不可以無君, 此天人之道, 必至之宜."
393 『莊子』「大宗師」注. "俯仰萬機."

리고자 하는 희망은 서족 지주계층의 정서를 반영한 것이다. 그러나 이런 희망은 오히려 힘을 발휘하지 못할 때, 그저 단지 군주의 몸에 의탁하게 되고, 현명한 명군(明君)이 자기를 대신하여 위에서 단비를 내리고 서광(瑞光)을 비추게 하고자 한 것이다.

서진과 동진 사이의 현학 방달파 사상 조류

서진(西晉) 말년은 바보 황제 사마충(司馬衷)이 제위에 있을 때인데, 황실의 외척과 여러 왕들이 권력 쟁탈을 벌여서 역사상 유명한 "팔왕의 난"이 발생하는 분위기를 점점 조성하기 시작하였다. 바로 잇따라 서북 지역의 소수민족이 빈틈을 타서 남쪽으로 침략해 내려오면서 중원으로 들어와 주인행세를 하였는데, 서진의 왕조는 여지없이 철저하게 무너져서 어쩔 수 없이 강제로 관료 사대부들은 양자강 남쪽으로 수도를 옮기게 되었으니, 외적의 침략으로 국토가 반동강이로 전락하게 되었다. 이 20여 년의 짧은 기간 동안에 중원 대지는 연이어서 두 차례의 전란이라는 심각한 타격을 입었는데, 단지 하층민만 물난리와 불구덩이 같은 재난에 빠진 것이 아니라 문벌 사족들도 거대한 재앙과 환난을 겪게 되었다. 이런 형세하에서 상당히 많은 일군의 명사들이 물결치는 대로 시대 조류에 휩쓸려서 소극적이고 퇴폐적이 되었으며, 사회적으로도 "방달(放達)"의 기풍이 점차 조성되었다. 동진과 서진의 사이에 이르러 시국의 전란을 따라서 "명사들 중에 온전한 자가 거의 없는" 국면이 다시 발생하게 되었는데, 방달의 기풍이 결국 하나의 강렬한 사회적 기풍으로 점점 분위기를 조성하게 되고, 당시의 전체 사회 속에 거의 가득 만연하게 되었다. 이 시기의 방달파 사람들을 "원강방달파"라고 부른다.

"원강방달파"는 단지 원강 연간의 방달한 선비들만 말하는 것이 결코 아니고, 원강 연간 이후 심지어 동진 초기 시기의 방달한 선비들까지 널리 지칭하는 것이다. 퇴폐적이고 절망한 마음을 표출하기 위하여 원강 방달파는 새로운 풍격을 개척하였는데, 『위열자(僞列子)』를 지어서 결국 위진 현학을 새로운 단계로 나아가게 하였다.

이 시기의 "방달"파는 아래와 같은 몇 가지 특징으로 귀결된다.

멋대로 술을 마시며 법도가 없는 것이 하나의 큰 특징이다. 방달파 중의 인물들은 어느 한 사람 술을 마시지 않는 자가 없고, 술을 마실 때는 아무것도 꺼릴 것이 없었다. 화탁(華卓)은 진(晉)나라 조정의 이부랑(吏部郎)이었지만, 그는 뜻밖에도 깊은 한밤중에 이웃집에 들어가 술을 훔쳐 먹다가 그 집 사람들에게 밤중에 잡혔다. 다음날 이른 아침에 주인이 술 도둑이 원래 이부랑의 벼슬을 하는 사람이라는 것을 알고서야 비로소 풀어주었다. 그러나 화탁은 부끄러움을 느끼지 않고 풀려나자마자 "주인을 술 단지 옆으로 끌어당기며[引主人於甕側]" 크게 마셨다. 경상(經常)과 화탁이 같이 술을 마실 때에는 호무보지(胡無輔之)·완방(阮放)·사곤(謝鯤)·양만(羊曼)·환이(桓彝)·완부(阮孚)와 광일(光逸)이 있었다. 한번은 광일이 호무보지를 찾아가니, 호무보지는 마침 문을 걸고 사곤·관방 등의 사람들과 술을 마시고 있었는데, 그들은 옷을 홀랑 벗고 머리는 산발한 채로 이미 며칠 째 술을 마시는 중이었다. 광일이 들어가고자 하니 문을 지키는 사람이 허락하지 않았다. 이에 "문 밖에서 옷을 벗고 머리를 풀어놓은 뒤에 개구멍으로 머리를 들여 놓고 그 틈으로 크게 불렀다. 호무보지가 놀라서 말하길, '다른 사람은 결단코 저와 같이 할 수 없으니, 반드시 우리 벗 광일이로다.'라고 하였다. 바로 불러 들여서 결국 그와 함께 마시면서 낮과 밤을 쉬지 않았다. 당시 사람들은 그들을 팔달(八達)이라고 불렀다."[1]

방달파의 또 다른 특징은 염치(廉恥)를 모르고 도덕을 논의하지 않는다는 것이다. 『진서』에서는 다음과 같이 말했다. "사곤의 이웃집에 고씨 성을 지닌 여자가 매우 아름다웠는데, 사곤이 일찍이 그녀의 마음을 부추기고자 희롱하는데, 그녀가 방추를 집어 던져서 그의 이 두 개가 부러졌다. 당시 사람들은 그것을 두고 말하길, '제멋대로 거리낌 없이 행동하다가 사곤은 이가 부러졌네.'라고 하였다."[2] 사곤은 그 이야기를 듣고도 전혀 개의치 않았으며, "장난스레 길게 휘파람을 불며 말하길, '오히려 나는 아직 휘파람을 계속 불 수 있도다.'라고 하였다."[3] 이 이야기를 근거로 우리는 완적이 늘 이웃집 여자와 함께 술을 마시다가 술이 취한 뒤에 "그 아낙의 옆에서 잠들었다[便眠其婦側]."는 일화를 연상하게 된다. 그러나 완적은 "끝내 다른 뜻이 없었지만[終無他意]", 사곤은 남의 집에 아름다운 여인이 있는 것을 보고 "그녀의 마음을 부추기고자 희롱한 것[挑之]"이다. 이 두 가지 매우 유사한 정황으로부터 알 수 있는 것은 원강 방달파와 완적은 정신세계의 경지에서 중대한 구별이 있다는 것이다. 방달파는 나이가 많고 적은 관계 사이에서도 멋대로 행동하였다. 호무겸지는 "술이 흠뻑 취했을 때 늘 그 자신의 아버지의 자(字)를 함부로 불렀지만, 호무보지는 전혀 개의치 않았다."[4] "호무보지가 마침 술에 취했을 때, 호무겸지가 그를 엿보고 성내며 말하길, '언국(彦國: 호무보지의 자, 호무겸지의 아버지)이 나이가 들어서 할 수 없구나! 내가 등에 업고서 동쪽 방으로 내가야겠다.'고 하니, 호무보지가 즐거이 웃으면서 들어오라 하여 함께 마셨다."[5] 아들이 아버지의 이름과 자를 직접 부르고, 또

---

1 『晉書』「光逸傳」. "便於戶外脫衣露頭于狗竇中, 窺之而大叫. 輔之驚曰: '他人決不能爾, 必我孟祖也.' 遽呼入, 遂與飮, 不舍晝夜. 時人謂之八達."

2 『晉書』「本傳」. "鄰家高氏女有美色, 鯤嘗挑之, 女投梭, 折其兩齒. 時人爲之語曰: '任達不已, 幼輿折齒.'"

3 『晉書』「本傳」. "鯤聞之, 敖然長嘯曰: '猶不廢我嘯歌.'"

4 『晉書』「本傳」. "至酣醉, 常呼其父字, 輔之亦不以介意."

5 『晉書』「本傳」. "輔之正酣飮, 謙之規而厲聲曰: '彦國年老, 不得爲爾! 將令我尻背

아버지에 대하여 성을 내면서 소리 지르며 배척하고 있으니, 이것은 단지 봉건시대의 예법에 맞지 않는 것일 뿐만 아니라 실제로도 체통이 서지 않는 일이다.

　방달파의 세 번째 특징은 직무를 소홀히 하고 봉록만 축내며 영화를 누리는 것만 오로지 하고, 세상의 일에 힘쓰지 않는 것이다. 위에서 말한 원강 방달파의 여러 사람들은 모두 조정에서 임명한 관리이었지만, 이 사람들이 관직에 있는 것은 결코 일을 제대로 해보겠다는 것이 아니고, 오직 녹봉을 받기 위하여 벼슬길에 오른 것일 뿐이었다. 필탁은 이부랑 벼슬을 하였는데, "언제나 술을 마시면서 직무를 돌보지 않았다[常飮酒廢職]." 사곤은 좌장군 왕돈(王敦)의 장사(長史) 벼슬을 하였는데, "유유자적하면서 회합을 즐기고, 정사를 즐겨 돌보지 않았으며, 느긋한 자세로 완곡하게 담론을 하면서 일생을 마쳤을 뿐이다."[6] 호무보지는 건무장군(建武將軍)·낙안태수(樂安太守)를 지냈는데, "군(郡)의 사람인 광일과 밤낮 술에 취해 있으면서 군의 일을 돌보지 않았다."[7] 원강 연간에 양(楊)태후와 가(賈)태후가 서로 나뉘어 은밀히 외척과 결탁하여 권력찬탈을 하면서 황족 내부의 격렬한 쟁탈이 일어났으며, 수많은 조정의 중신들이 아침에는 관직을 수행하다가 저녁에는 죽은 귀신이 되었고, 이런 형세 아래에서 방달파들이 직무를 소홀히 하고 봉록만 축내며 영화를 누리는 것만 오로지 하였던 것은 벼슬자리에서 일다운 일을 할 수 없는 어쩔 수 없는 측면이 있었다. 그러나 그들이 부패타락하면서 세상의 일을 돌아보지 않은 주요 원인은 또한 문벌사족들이 과다한 특권을 갖고 있었기 때문이다.

　방달파의 네 번째 특징은 귀신을 믿지 않고, 생사를 고려하지 않는 것이다. 『진서』「완적전」에서 다음과 같이 말했다. "완첨은 본디부터 귀신

　　東壁.' 輔之歡笑, 呼入與共飮."
　6 『晉書』「本傳」. 乃優遊寄遇, 不屑政事, 從容諷議, 卒歲而已."
　7 『晉書』「本傳」. "與郡人光逸晝夜酣飮, 不視郡事."

이 없다는 주장을 굳게 지니고 있었으며 어떤 상대도 그의 주장을 논박하지 못했는데, 그는 매번 스스로 말하길, '이 이치는 이승의 세계와 저승의 세계를 변별하여 바르게 구분하기에 충분하다'고 하였다."[8] 『진서』「사곤전」에서는 다음과 같이 말했다. 사곤이 "일찍이 길을 가다가 빈 정자(亭子)에서 하룻밤을 묵게 되었는데, 이 정자에서 옛날에 매번 사람이 죽은 적이 있었다. 곧 날이 밝아올 무렵에 누런 옷을 입은 사람이 사곤의 자를 부르면서 들창문이 열리는데 사곤이 담담하게 두려운 기색이 없이 창문으로 손을 뻗어 그를 이끌어 들이고 어깨뼈를 끊어서 살펴보니 사슴이었는데, 피를 흘린 자국을 찾아서 잡았다."[9] 귀신을 믿지 않는 것은 방달파의 뛰어난 장점이며, 생사를 돌보지 않는 것은 그들의 사상이 퇴폐적이라는 것을 표현하는 것이다. 이는 바로 필탁이 다음과 같이 늘 말하는 것과 같다. "수백 척의 배에 술을 가득 싣고, 사계절 내내 뱃머리 양쪽에 맛있는 안주를 늘어놓고, 오른손은 술잔을 잡고, 왼손은 게의 집게발을 들고, 주선(舟船)을 띄워 노니는 것이, 바로 일생을 족히 할 만한 일이로다."[10]

요컨대, 그들은 행위의 모습에서 극단적으로 방탕하였으며, 사상적으로는 극단적인 퇴폐적 학파였다. 이런 학파는 당시 사회 속에서 영향이 매우 컸는데, 그들의 행위는 단지 예법을 고수하는 선비들의 증오를 불러일으켰을 뿐만 아니라 또한 일군의 명사들의 비판을 받게 되었다. 동진의 명사인 대규(戴逵)는 일찍이 이런 학파와 죽림칠현을 비교하였는데, 그는 "죽림 시기의 방달은 병폐가 있어서 눈살을 찌푸리게 하였고, 원강 시기의 방달은 덕이 없어서 당시 사람들이 맹목적으로 따라 하였

---

8 『晉書』「阮籍傳」. "(阮)瞻素執無鬼論, 物莫能難, 每自謂此理足可以辯正幽明."
9 『晉書』「謝鯤傳」. "嘗行經空亭中夜宿, 此亭舊每殺人. 將曉, 有黃衣人呼鯤字令開戶, 鯤坦然無懼色, 便於窗中度手牽之, 胛斷, 視之, 鹿也, 尋血獲焉."
10 『晉書』「本傳」. "得酒滿數百斛船, 四時甘味置兩頭, 右手持酒杯, 左手持蟹螯, 拍浮酒船中, 便足了一生矣."

다."[11][12]라고 하였다. 또 말하길, "죽림 시기 여러 현인들의 풍격은 고상하였어도 예교를 오히려 높이 보여주었는데, 원강 시기에 이르면 방자한 행위가 방탕하여 예교를 넘어섰다."[13]라고 하였다. 원강 시기 방달파에 대한 대규의 평가는 공평타당하다. 이와 같은 무리들은 결코 사물의 이치를 깨닫는 마음이 없으며, 단지 제멋대로 행동하는 이기적 인물들로서 결코 혜강·완적 같이 고고하면서도 준엄한 깊은 정신의 경지가 없었고, 기꺼이 심회(心懷)를 확장하여 자연과 명교가 "서로 같지 않음이 없다[將無同]."[14]는 이론을 결코 받아들일 수 없다. 이와 같이 소극적

---

11 역주 원문의 "折巾(절건)"은 글자 그대로는 건(巾)을 부러뜨려서 쓴다는 말이다. 절각건(折角巾) 또는 임종건(林宗巾)이라고도 한다. 여기서는 "맹목적으로 따라서 흉내를 내는 것"을 말한다. 이는 후한(後漢)의 곽태(郭泰)의 고사와 관련이 있다. 곽태는 자가 임종(林宗)이며, 품성이 바르고 용모가 뛰어나서 당시 사람들이 그 기풍을 흠모하였다. 하루는 길을 가다가 비를 만나서 두건이 흠뻑 젖어, 두건의 한 귀퉁이가 찌그러졌다. 당시 사람들이 그것을 보고 모방하여 일부러 모자를 찌그러뜨려서 쓰고 다녔다. 『後漢書』「郭泰傳」.

12 「放達非道論」. "竹林之爲放, 有疾而爲顰者也, 元康之爲放, 無德而折巾者也."

13 「竹林七賢論」. "竹林諸賢之風雖高, 而禮敎尙峻; 迨元康中, 恣至放蕩越禮."

14 역주 "장무동(將無同)"은 현학 논변의 한 가지 어법이다. 의미는 "서로 같지 않음이 없다." 또는 "아마도 서로 같은 것이다." 라는 의미로 해석할 수 있다. 남조(南朝)의 송(宋) 유의경(劉義慶)이 편찬한 『세설신어(世說新語)』「문학(文學)」편에 보면, "완수(阮脩: 완함의 조카)가 듣기로, 태위 왕연(王衍)이 보고 묻기를 '노장과 유교의 가르침을 같은가 다른가?'하니, 대답하길, '서로 같지 않음이 없다.'"("阮宣子有令聞, 太尉王夷甫見而問曰: '老莊與聖敎同異?' 對曰: '將無同'"). 고 하였다. 송(宋)의 정대창(程大昌)이 지은 『속연번로(續演繁露)』「장무동(將母同)」에 보면, "'왕융이 노장과 공자는 다른가?'라고 물으니, 완첨이 대답하길, '서로 같지 않음이 없다.'고 하였다. 바로 같다고 말하지 않고 '서로 같지 않음이 없다.'고 말한 것이다. 이는 진나라 시대 사람들의 말하는 방식이다."("王戎問老莊, 孔子異, 阮瞻曰: '將母同.' 不直云同而云 '將母同'者, 晉人語度自爾也.")라고 하였다. 노신(魯迅)은 『중국소설사략(中國小說史略)』附錄「중국소설의 역사적 변천(中國小說的歷史的變遷)」第二講에서 다음과 같이 말했다. "'서로 같지 않음이 없다.'라는 말은 결국 무엇을 말하는 것인가? 어떤 사람은 '거의 다르지 않다.'는 뜻이라고 하고, 어떤 사람은 '어찌 다르지 않겠는가?'라는 뜻이라고 한다. 요컨대, 두 가지 모두 가능하며, 어렴풋이 애매하게 말하고 있는 것일 뿐이다." ('將母同' 三字, 究竟怎樣講? 有人說是 '殆不同' 的意思; 有人說是 '豈不同' 的意

이고 퇴폐적인 그들의 인생관은 반드시 또 다른 이론을 반영하여 나온 것인데, 우리는 이런 이론이 바로 『위열자(僞列子)』 속에 표현된 사상이라고 여긴다.

思. 總之, 是一种兩可, 飄渺恍惚之談罷了)."

『열자』의 현학사상

1 『열자』라는 책의 위작

　『열자』라는 책은 일설에 따르면 선진 시기 열어구(列御寇)가 지었다. 열어구는 실제로 있었던 사람이며, 『장자』·『시자(尸子)』·『여씨춘추』 와 『전국책』에 모두 그를 언급하고 있으며, 유향(劉向)·유흠(劉歆) 부자 와 반고(班固)도 역시 그의 저서를 목록에 수록하고 있다. 그러나 역대 학자들의 자세한 고찰에 따르면 현존하는 『열자』는 확실히 위서(僞書) 이다.

　현존하는 『열자』는 언제 이루어졌는가? 현재는 단지 위진 시기에 이 루어졌다는 것만 알고 있다. 『열자』라는 책 속에는 적지 않은 불교사상 과 불교의 고사(故事)가 혼합되어 있으며, 그것을 위진 시기의 작품이라 고 보는 것은 당연히 문제가 없다. 그러나 위(魏)와 진(晉)의 두 왕조가 지나는 시간 200여 년 동안 중에 『열자』는 구체적으로 어느 해에 이루 어진 것인가? 누구의 손에서 나온 것인가? 이 문제는 지금까지 여전히 분명하게 해결되지 않았다. 어떤 사람은 『열자』가 위나라 사람인 왕필의 저작이라고 말했다.[1] 또 어떤 사람은 동진(東晉) 사람인 장담(張湛)의 위작(僞作)이라고 여겼다.[2] 우리는 두 가지 학설이 모두 취하기 어렵다고 보며, 『열자』는 마땅히 서진(西秦)의 원강 연간에 이루어졌고, 원강 방달파가 편집(編輯)했거나 쓴 것이다.

1. 현재 전하고 있는 『열자』는 모두 8편이며, 그 자료는 대체로 세 가지 종류로 나눌 수 있다. 첫째 종류는 위작자(僞作者)의 사상을 직접 드러낸 것으로서 위작자가 쓴 것일 가능성이 있다. 첫째 종류는 선진(先秦)·양한(兩漢)에서 불교에 이르는 저작을 발췌한 것이며, 위작자가 편집하면서 자기의 사상을 드러내고 있는 것이다. 다른 한 종류는 출처를 알 수 없으며 또한 본서의 주제와 무관하여 진짜 『열자』의 일문(逸文)일 가능성이 있다. 우리는 현재 『열자』의 위작이 이루어진 시간을 고증하면서 단지 앞의 두 자료에 의거할 수 있는데, 첫째 종류의 자료는 사상적으로 우리에게 그 시대의 정보를 제공해주고, 둘째 종류의 자료는 연원적으로 우리에게 시간적 근거를 제공해 준다. 근래의 사람인 첸원뽀(陳文波)는 다음과 같이 지적하였다. 『열자』 「주목왕」편은 "거의 『목천자전(穆天子傳)』에서 주워 모은 것이고, 그 나머지 또한 『영추(靈樞)』·『목천자전』 6편[3]에서 채취한 것인데, 「주목왕」편은 6편의 일을 융회시켜서

---

1 저자주 馬叙倫, 「列子僞書考」를 보라.
2 저자주 梁啓超, 「古書眞僞及其年代」를 보라.
3 역주 『목천자전(穆天子傳)』은 작자 미상으로, 서진(西晉) 때 지금의 하남성 급현(汲縣)의 부준(不準)이라는 자가 서기 281년에 전국시대 위(魏) 양왕(襄王)의 묘를 도굴하다가 발견했다. 이 때 발굴된 책을 『급총(汲塚)』이라고 부른다. 『목천자전』은 중국에서 가장 오래된 역사 소설이다. 모두 6권으로 되어 있는데 앞의 5권은 주(周)나라 목왕(穆王: 재위기간 기원전 977-922년)이 서쪽 지역을 정벌한 일을 묘사한 것으로 「주왕유행기(周王遊行記)」 또는 「주왕전(周王傳)」이라고도 하며, 뒤의 1권은 도중에 성희(盛姬)가 죽자 돌아가 장례 치른 일을 기록한 것으로 「성희록(盛姬錄)」이라고도 한다. 「목천자전」은 역사와 신화전설을 바탕으로 하여 적당한 허구와 과장을 가미한 일종의 역사소설이라 할 수 있는데, 그 가운데 여덟 필의 말 즉 팔준마(八駿馬)와 천제의 딸 서왕모(西王母)에 관한 고사는 고대신화에 속한다. 진(晉) 곽박(郭璞)의 『목천자전주(穆天子傳注)』와

이룬 것이며 단지 성희(盛姬)의 죽음에 관한 일만 기록하지 않고 있을 뿐이다."[4] 쳰원뽀씨는 또한 「주목왕」편과 『목천자전』을 상세하게 비교하여 서술하고 있는데, 그 학설이 믿을 만하다. 『목천자전』은 서진 연간에 급총(汲塚)에서 출토되었다. 『진서』「속석전(束晳傳)」에서 다음과 같이 말했다. "태강(太康) 2년(281)에 급군(汲郡) 사람인 부준(不準)이 위(魏)나라 양왕(襄王)의 무덤을 도굴하였다. 혹은 위나라 안리왕(安厘王)의 무덤이라고도 한다. 거기서 『죽서(竹書)』 수십 수레 분량을 얻었는데, 모두 대쪽에 옻칠로 쓴 과두문자(蝌蚪文字)였다. 진(晉) 무제가 그 책을 비밀의 전각에 넣어 두고 순서대로 정리하여 오늘날 통용되는 글로 베껴 썼다."[5] 『열자』가 사용한 자료가 이미 급총의 죽서(竹書)에서 나온 것이라고 하면, 그 위작의 성서(成書)시기는 마땅히 태강 2년(281)보다 앞설 수 없다.

2. 지린시앤(季羨林) 선생의 고증에 의거하면 『열자』「탕문(湯問)」편 속의 "언사의 기교[偃師之巧]"에 관한 고사와 축법호(竺法護)가 번역한 『생경(生經)』 제3권 「불설국왕오인경(佛說國王五人經)」의 고사는 "내용이 거의 완전히 동일하다."[6] 『생경』은 외국에서 들어온 작품이며 『열자』를 초록(抄錄)할 수 없는 것이므로 『열자』가 『생경』을 초록한 것임을 긍정할 수 있다. 『생경』은 서진의 태강 6년(285)에 번역되었고, 여기에 다시 6년이 더 지나면 원강(元康: 291-299) 연간이 된다. 만약 우리가 『생경』이 번역되어 전파되는 데 몇 년이 소요된다는 것을 고려한다면, 『열자』의 위작자가 이 경을 본 것은 마땅히 태강 연간 이후이며, 아무리 빠르더라도

청(淸) 황비열(黃丕烈)의 『목천자전교(穆天子傳校)』 등이 남아 있다.

4 저자주 陳文波, 「僞造『列子』者之一證」(『淸華學報』 1942年 一卷一期).

5 『晉書』「束晳傳」. "太康二年, 汲郡人不準, 盜發魏襄王墓, 或言安釐王冢, 得竹書數十車. ⋯ 皆漆書科斗字. ⋯ 武帝以其書付祕書, 校綴次第, 尋考指歸, 而以今文寫之." 역주 금문(今文)은 한대에 당시 통용하던 예서(隸書)를 '古文'에 대해서 일컫던 말인데, 위진 시대에도 통용되고 있었다.

6 저자주 季羨林, 「列子與佛典」(『中印文化關係史論叢』).

원강 1년(291)에 이르러서야 가능하다. 왕필은 위(魏)나라 사람으로서 위나라 제왕 조방(曹芳)의 가평(嘉平) 1년(249)에 죽었으므로 생전에 결코 급총의 죽서를 볼 수 없었고, 또한 『생경』의 번역 출간도 없었으므로 『열자』가 왕필의 저작일 가능성은 없다.

3. 장담(張湛)은 대략 서기 330년에 태어났고, 가장 먼저 『열자』에 주석을 단 사람인데, 현재 전하고 있는 『열자』는 그의 편집과 주석을 거쳐서야 비로소 널리 유포되어 전하기 시작하였다. 이 때문에 어떤 사람들은 『열자』가 장담의 위작(僞作)이라고 의심한다. 우리는 이런 학설에 근거가 없다고 여긴다. 첫째, 『열자』의 사상과 『열자주』의 사상이 일치하지 않는다. 자연관의 입장에서 『열자』는 원기설(元氣說)을 주로 하지만, 『열자주』는 귀무론(貴無論)을 주로 한다. 인생의 태도에서 볼 때 『열자』는 종욕(縱欲)을 주로 하지만, 『열자주』는 양생(養生)을 주로 한다. 정치사상의 입장에서 『열자』는 "멋대로 내맡기고 다스리지 않는 것[縱而不治]"을 주로 삼지만, 『열자주』는 "무위로써 다스리는 것[無爲而治]"을 주로 삼는다. 둘째, "현재 장담의 『열자주』는 어떤 곳에서 '그 뜻을 자세히 알 수 없다.'고 말하며, 어떤 것은 그야말로 주석이 완전히 틀렸다. 또 교정(校正)한 곳이 있는데, 예컨대 「역명(力命)」편의 자산(子産)이 등석(鄧析)을 죽인 일에 대하여 장담은 『춘추좌씨전(春秋左氏傳)』을 인용하여 교정하고 있다. 또 본문을 비판하는 곳이 있는데 예컨대 「양주(楊朱)」편의 백이(伯夷)와 전금(展禽)을 풍자하는 일에 대하여 장담의 주석은 그것을 '이는 현인을 무고하여 실제의 사실을 저버린 말이다.'라고 설명하였다. 이로써 볼 수 있듯이, 장담의 사상과 위작인 『열자』의 사상에는 차이가 있다. 이 책은 장담 이전에 위작된 것이며, 장담은 아마도 속임수에 걸려 위작자로 알려진 사람의 하나이다."[7]

4. 이미 장담이 위작자가 아니라면 그의 「열자서(列子序)」에는 믿을만

---

7 양빠이쥔(楊白俊), 『列子集釋: 前言』 1979년판 3쪽.

한 곳이 있다. 「열자서」에서 말하는 것 중에, 『열자』라는 책은 그의 조부(祖父) 장의(張嶷)가 서진 시기에 왕가(王家)의 장서(藏書) 속에서 초록한 것이며, 후에 영가(永嘉)의 난을 당하자 『열자』의 본래 책 대부분이 산일(散逸)되었다고 하였다. 진(晉)나라가 양자강 남쪽으로 건너온 뒤에 남아 있던 장의 초록인 「양주」·「설부(說符)」·「목록(目錄)」 3권, 유정여(劉正興)의 초록 1권, 조계자(趙季子)가 지니고 있던 6권이 있었는데, 장담이 "남아 있는 것과 비어 있는 것들을 참고·비교하여 교정해서, 비로소 완전하게 갖추어지게 된 것이다[參校有無, 始得完備]." 이 자료는 『열자』의 위작 성서(成書) 연대가 동진 시기가 아니고 서진의 영가 연간 이전임을 설명한다. 태강 연간(280-289)에서 영가 연간(307-312) 초기의 17-18년 중에 원강 연간(291-299)이 9년 있었는데, 이 시기는 바로 방달파가 가장 왕성하게 활약한 시기이며, 『열자』라는 책이 출현한 시기와 방달파가 활약한 시기가 완전히 일치한다.

5. 만약 우리가 단지 위에서 서술한 자료에 근거하여 『열자』의 위작이 원강 연간에 이루어졌거나 또는 어떤 사람이 말하듯이 『열자』도 원강 연간 이전에 위작되어 이루어졌을 것이라고 인정한다면, 급총의 문서와 『생경』 속의 자료는 후세 사람이 보충하여 넣은 것이다. 이 때문에 우리는 반드시 『열자』라는 책 속에 반영된 사상을 고찰해야만 한다. 비교를 통하여 우리는 『열자』의 사상과 원강 연간의 방달파 사상이 완전히 일치하는 것을 발견하게 된다. 방달파는 생활이 방탕하여 영예(榮譽)에 대한 추구의 감정이 없었다. 『열자』는 하고 싶은 것을 할 것을 주장하고, 명예(名譽)를 돌아보지 않았다. 방달파는 감정이 가는 대로 멋대로 행동하면서 주색을 일삼았고 생명을 아깝게 여기지 않았다. 『열자』는 감정에 내맡기고 욕망을 따라서 건강을 돌보지 않았다. 방달파는 염치(廉恥)를 알지 못하고 도덕(道德)을 준수하지 않았다. 『열자』는 타고난 성품과 감정에 따라 살 것을 주장하였으며 예의를 준수하지 않았다. 방달파는 귀신을 믿지 않았고 생사(生死)를 고려하지 않았다. 『열자』는 무

신론(無神論) 입장을 지녀서 죽음을 자연으로 돌아가는 것으로 보았다. 방달파는 하는 일 없이 봉록만 받아먹으며 정권의 총애만 탐하고, 관직에 부여된 임무는 돌보지 않았다. 『열자』는 멋대로 내어두고 삶을 함양하지 않았고 벼슬에 나아가서 제대로 일처리를 하지 않았다. 종합하여 말하자면, 방달파와 『열자』의 사상은 판에 박은 듯이 똑같으며, 기본적인 관점에서 양자는 완전히 일치한다.

원강 방달파와 『열자』라는 책이 시간적으로 또 사상적으로 이와 같이 일치하는 것을 어떻게 해석할 것인가? 우리는 이와 같은 일치성을 우연히 일치하는 것으로 이해할지언정, 『열자』를 원강 연간의 방달파의 대표적 저작이라고 보아서는 안 된다. 당연히 『열자』라는 책은 위에서 서술했던 몇 명의 방달파 인물에 의해서 지어진 것이 아니며, 방달파의 주요 구성원들은 이미 어떠한 일에도 관심이 없었으며, 자연적으로 책을 쓰는 일에도 수고로이 마음의 정열을 쏟지 않았다. 그러나 『열자』라는 책은 서진 시기 원강 연간에 위작된 것이며, 반영된 내용은 원강 연간의 방달파 사상임은 의심의 여지가 없다.

<h2>2 『열자』의 사상</h2>

(1) 우주의 생성과 생사의 기화氣化

『열자』의 자연관은 비록 적지 않은 현학 본체론의 술어(述語)를 사용하고 있지만, 그 사상은 실질적으로 여전히 한대(漢代)로부터 지속되어 내려온 우주생성론이다. 「천서(天瑞)」편 속에 이와 같은 이야기가 있다.

"형체가 있는 것은 형체가 없는 것에서 생성되는데 천지자연은 어디에 연유하여 생겨나는가? 그러므로 말하기를 태역(太易)이 있고 태초(太

初)가 있으며 태시(太始)가 있고 태소(太素)가 있다고 한다. 태역이라는
것은 기(氣)가 드러나지 않은 것이다. 태초라는 것은 기가 변화하는 시
초이다. 태시라는 것은 형체가 생성되는 시초이다. 태소라는 것은 질
(質)의 시작이다. 기와 형체와 질이 섞여 갖추어져 있으되 서로 떨어지
지 아니하므로 혼돈(混沌)이라고 말한다. 혼돈이란 만물이 서로 뒤섞여
있어서 서로 떨어지지 않는 것을 말한다. 보아도 보이지 않고, 들어도 들
리지 않으며, 좇아도 좇을 수 없으므로 역(易)이라고 말한다. 역은 경계
가 없으며, 변화하여 혼일(混一)의 일자(一者)가 된다. … 일자는 형체가
변화하는 시작이다. 맑고 가벼운 것은 위로 올라가 하늘이 되고, 탁하고
무거운 것은 아래로 내려가 땅이 된다."[8]

이 문단은 거의 한 글자도 바꾸지 않고 『역위(易緯)』「건착도(乾鑿度)」
에서 그대로 베낀 것이다. 「건착도」의 원문은 이 문단 아래에서부터 천
인감응론(天人感應論)으로 바뀌어 가지만, 『열자』는 원문에서 천인감응
론에 관련된 부분을 빼어 버리고, 이어서 "성질이 부드럽고 온화한 기가
사람이 된다[冲和氣者爲人]고 하였다." 그러므로 천지(天地)가 정기를 합
하여 만물이 변화·생성하는 것이다. 「건착도」의 천인감응론을 순수한
우주생성론으로 개조한 것이다.

『역위』「건착도」에서 말하는 무(無) 속에서 유(有)가 생성한다는 사상
에 대하여 『열자』는 크게 동의하지는 않는데, 그것은 비록 "무(無)"·"역
(易)"·"도(道)"라는 명사(名詞)를 계속하여 사용하고 있지만 이 명사들
에 대한 이해는 「건착도」와 다르다. 「건착도」속에서 이 명사가 표시하

---

8 『列子』「天瑞」. "夫有形者生於無形, 則天地安從生? 故曰: 有太易, 有太初, 有太始,
　有太素. 太易者, 未見氣也; 太初者, 氣之始也; 太始者, 形之始也; 太素者, 質之始
　也. 氣形質具而未相離, 故曰渾沌. 渾沌者, 言萬物相渾沌而未相離也. 視之不見,
　聽之不聞, 循之不得, 故曰易也. 易無形埒, 易變而爲一, … 一者, 形變之始也. 淸
　輕者上爲天, 濁重者下爲地."

는 것은 허무(虛無)에 관한 개념이지만, 『열자』 속에서 이 명사가 의미하는 것은 무형(無形)의 기이다. 『열자』는 세계의 만물이 모두 일기(一氣)가 변화된 것이며, "하늘은 기가 쌓인 것일 뿐이며, 어디를 가도 기가 아닌 것이 없으며",[9] "땅은 흙덩어리가 쌓인 것뿐이며, 드넓은 사방의 공간에 가득 차 있어서 어디를 가도 흙덩이가 아닌 것이 없으며",[10] "구름과 안개, 바람과 비, 사계절 등은 기가 하늘에서 쌓인 것이다. 높고 큰 산, 하천과 바다, 쇠와 돌, 불과 나무 등은 기가 땅에서 형체를 이룬 것이다."[11]라고 여겼다. 종합해서 말하자면, 세계 속의 모든 사물과 온갖 일들은 본질적으로 말해서 모두 기이며, 기가 없으면 바로 세계가 없는 것이다.

『열자』가 『역위』「건착도」를 이와 같이 바꾸어 고친 것은, 그 목적이 생사기화(生死氣化)의 도리를 설명하기 위해서인데, 삶과 죽음의 구별을 없애고 삶과 죽음에서 해탈하는 경지에 이르기 위하여 이론적 근거를 제고하고자 한 것이다. 이 때문에 『열자』는 형체와 기 그리고 삶과 죽음의 사이에 있는 상호관계의 토론에 대하여 매우 중시하였다. 『열자』는 기 자체가 생성하지도 않고 변화하지도 않지만 오히려 만물을 생성·변화할 수 있다고 여겼다. 만물은 늘 생성하고 늘 변화하지만 오히려 온갖 변화는 그 기를 떠나지 않는 것이다. 기는 고정된 형상이 없고, 한계도 없으며, 시간적 끝과 시작도 없는데, 그러므로 그것은 영원하고 절대적인 것이다. 만물에는 형상이 있고 생성·변화가 있으므로 임시적이고 상대적인 것이다. 그는 다음과 같이 말했다.

"생성하는 것과 생성하지 않는 것이 있으며, 변화하는 것과 변화하지 않

---

9 『列子』「天瑞」. "天, 積氣耳, 亡(則無, 以下同)處亡氣."
10 『列子』「天瑞」. "地, 積塊耳, 充塞四虛, 亡處亡塊."
11 『列子』「天瑞」. "雲霧也, 風雨也, 四時也, 此積氣之成乎天者也. 山岳也, 河海也, 金石也, 火木也, 此積形之成乎地者也."

는 것이 있다. 생성하지 않는 것은 생성하는 것을 생성시킬 수 있으며, 변화하지 않는 것은 변화하는 것을 변화시킬 수 있다. 생성하는 것은 생성하지 않을 수 없고, 변화하는 것은 변화하지 않을 수 없다. 그러므로 늘 생성하고, 늘 변화하는 것이다. 늘 생성하고 늘 변화하는 것은 생성하지 않는 때가 없으며 변화하지 않는 때가 없는데, 음양이 그렇고 사계절이 그렇다. 생성하지 않는 것은 아마도 홀로 있으며, 변화하지 않는 것은 가고 오는 것이다. 가고 오는 것은 그 사이에 끝이 있을 수 없다. 아마도 홀로 있는 것은 그 도가 끝이 있을 수 없다."[12]

인용문 속에서 "생성하지 않고 변화하지 않는 것[不生不化者]"이 가리키는 것은 기(氣)이다. 그리고 "늘 생성하고 늘 변화하는 것[常生常化者]"이 의미하는 것은 형체—형체를 지닌 사물이다. 이런 관점에서 볼 때에 생성하는 모든 것은 다 죽음이 있고, 형체를 지닌 모든 사물은 다 기로 다시 돌아가는 것이므로, 생성과 죽음·형체와 기 사이의 전화(轉化)는 피할 수 없는 것이다. 설령 천지(天地)처럼 크더라도 "나와 함께 끝을 맺는 것[與我諧終]"이니, 작은 존재 사물들은 더 말할 나위도 없는 것이다.

위에서 서술한 자연관의 기초 위에서 『열자』는 생사(生死) 문제에 관한 논의로 들어간다. 『열자』는 사람이 천지 사이의 한 사물이라고 생각하면서 역시 음양의 두 기가 화합하여 이루어지는 것으로 보았는데, "정신은 맑고 가벼운 기라서 하늘의 분유(分有)이고, 육체는 탁하고 무거운 기라서 땅의 분유(分有)이다. 하늘에 속한 맑은 것은 가벼이 날고, 땅에 속한 탁한 것은 모여서 맺는다."[13] 사람의 일생도 멈추는 바가 없이 변화해 간다. "사람은 태어나면서부터 죽을 때까지 크게 네 단계의 변화가

---

12 『列子』「天瑞」. "有生不生, 有化不化. 不生者能生生, 不化者能化化. 生者不能不生, 化者不能不化, 故常生常化. 常生常化者, 無時不生, 無時不化. 陰陽爾, 四時爾, 不生者疑獨, 不化者往復. 其際不可終, 疑獨其道不可窮."

13 『列子』「天瑞」. "精神者, 天之分; 骨骸者, 地之分. 屬天淸而散, 屬地濁而聚."

있다. 어린아이 시기, 젊고 힘찬 시기, 늙은 시기, 죽음에 이른 시기이다."[14] "무릇 일기(一氣)는 갑자기 만물을 성장시키는 것이 아니며, 하나의 형체도 갑자기 이지러져 소멸시키는 것이 아니니, 또한 그 만물의 성장을 깨달을 수 없고 그 만물의 소멸도 깨달을 수 없다. 또한 사람이 세상에 나서 늙음에 이르도록 외모·얼굴모습·지혜·형태 등은 날마다 바뀌어가지 않음이 없다. 피부와 손톱 머리카락도 세월에 따라 변해 가는 것으로서 어린아이 때부터 끊임없이 바뀌어 간다."[15] 사람이 태어나서 죽음에 이르는 것은 바로 이런 변화의 필연적 귀결이이지만, 단지 사람들이 살아 있는 동안의 변화를 감각으로 느끼지 못하고 있을 뿐이다. 사람은 반드시 죽는데, "살아 있는 것은 이치상 필연적으로 죽는 것이다."[16] 사람이 죽은 뒤에는 "하늘에서 나누어 받은 것은 하늘로 돌아가고, 땅에서 나누어 받은 것은 땅으로 돌아가는 것이니, 각각 그 참된 안택(安宅)으로 돌아가는 것이므로"[17] 정신과 육체는 또한 천지의 기를 변화시켜서 이루게 하여, 생명을 지녔던 사람이 바로 더는 존재하지 않게 되는 것이다. 그러므로 사람이 장생불사(長生不死)하고자 생각하는 것은 이루어질 수 없는 것으로서, "영원히 그 생명을 유지하고 그 죽음이 없기를 바라는 것은 생사의 이치에 미혹된 것이다."[18]

그렇다면 사람들은 마땅히 어떻게 생(生)과 사(死)를 대처해야 하는가? 『열자』는 세 가지 태도가 본받을 가치가 있다고 여겼다.

첫째는 인생을 즐기는 태도이다. 인생을 즐기는 것은 "하늘이 만물을 생성하니, 사람이 오직 귀하다."[19]고 여기며, 만물들 속에서 한 사람의

---

14 『列子』「天瑞」. "人自生至終, 大化有四: 嬰孩也, 少壯也, 老耄也, 死亡也."
15 『列子』「天瑞」. "凡一氣不頓盡, 一形不頓虧, 亦不覺其成, 不覺其虧. 亦如人自世至老, 貌色智態, 亡日不異; 皮膚爪髮, 隨世隨落, 非嬰孩時有停而不易也."
16 『列子』「天瑞」. "生者, 理之必終者也."
17 『列子』「天瑞」. "天分歸天, 地分歸地, 各歸其眞宅."
18 『列子』「天瑞」. "欲恒其生, 畫無其終, 惑于數也."
19 『列子』「天瑞」. "天生萬物, 唯人爲貴."

형체를 받고 난 것인데, 이 자체는 바로 하나의 요행(僥倖)이라고 본다. "사람이 태어나서 해와 달을 보지 못하고, 포대기를 벗어나지 못한 채"[20] 일찍 죽는 자가 있는데, 이미 몇십 년 넘게 살 수 있는 것도 일종의 요행이다. "가난함은 선비의 일상사이며, 죽음은 사람이 인생을 마치는 것이니",[21] 사람은 마땅히 일상사에 처하여 살다가 인생을 마치며, 즐거움을 알고 즐기고, 가난함과 죽음 때문에 걱정할 것이 아니다.

둘째는 죽음을 즐기는 태도이다. 죽음을 즐기는 것은 "죽음과 삶이 한번 가고 한 번 오는 것"[22]이라고 여기는 것이다. 여기에서 죽는 자는 저기에서 태어나고, 여기에서 태어나는 자는 저기에서 죽는 것이며, 죽은 뒤의 모습이 살아생전의 모습에 비해 더 좋다고 말할 수 있을지도 모르는 것이다. 사람들이 오직 삶을 원하고 죽음을 원하지 않을 일이 전혀 없는 것이다.

셋째는 죽음을 집으로 돌아가는 것같이 보는 태도이다. 이런 태도를 지닌 사람은 인생을 집을 떠나 여행길에 오르는 것이라고 보며, 죽음을 집으로 돌아가는 것이라고 여기는데, 사람이 문을 나서서 밖에 있다가도 최후에는 결국 집으로 돌아오는 것이다. 삶을 즐기고 죽음을 미워하는 사람은 마치 "고향 땅을 떠나고, 육친(六親)의 가족을 벗어나며, 가업(家業)을 팽개치고, 사방을 돌아다니면서 돌아오지 않는 사람"[23]과 같은 것인데, 이것은 실제로 멍청한 생각이다.

이상에서 서술한 것으로 우리가 알 수 있는 것은 『열자』의 자연관과 생사기화론에는 선진(先秦) 시기와 양한 시기 사상과 비교하여 두 가지 뚜렷한 특징이 있다는 것이다.

(1) 『열자』의 자연관이 주장하는 것은 원기(元氣) 학설을 내용으로 하

---

20 『列子』「天瑞」. "人生有不見日月, 不免襁褓."
21 『列子』「天瑞」. "貧者士之常也, 死者人之終也."
22 『列子』「天瑞」. "死之與生, 一往一反."
23 『列子』「天瑞」. "去鄉土, 離六親, 廢家業, 遊於四方而不歸者."

는 우주생성론이지만, 그것은 형체와 기 사이의 관계를 논술할 때에 많은 부분 현학의 본체론 술어를 사용하고 있다. 예를 들어 다음과 같이 말하고 있다.

"음이 될 수 있고 양이 될 수 있으며, 부드러움이 될 수 있으며 굳셈이 될 수 있고, 짧은 것이 될 수 있고 긴 것이 될 수 있으며, 둥근 것이 될 수 있고 모난 것이 될 수 있으며, 생성할 수 있고 죽을 수 있으며, 더울 수 있고 서늘할 수 있고, 떠오를 수 있고 가라앉을 수 있으며, 궁음이 될 수 있고 상음이 될 수 있으며, 나올 수 있고 들어갈 수 있으며, 검은 모습이 될 수 있고 누런 모습이 될 수 있으며, 단맛일 수 있으며 쓴맛일 수 있으며, 나쁜 냄새가 될 수 있고 좋은 냄새가 될 수 있다. 그러나 이 모든 것은 (지혜와 능력으로 알거나 할 수 있는 것 같지만) 실제로는 지혜가 없고 능력이 없는 것이다. 그리고 (자기의 뜻으로 조작하지 않고 저절로 그러함에 맡기어) 알지 못함이 없고, 하지 못함이 없는 것이다."[24]

『열자』는 형체가 없는 기에 대하여 이렇게 묘사하는 데에는 분명히 왕필의 『노자지략』과 하안의 『무명론(無名論)』 영향을 받고 있다. (2) 생사의 문제에 관한 『열자』의 이해에서 그 사상적 연원은 『장자』에 근본을 두고 있지만, 삶을 고통으로 여기고 죽음을 즐기는 요소는 『장자』에 비하여 더 돌출된다. 『열자』라는 책 속에는 늘 인생을 슬프게 탄식하고, 죽음을 아름답게 찬미하는 말이 있다. 예를 들면 다음과 같이 말했다.

"사람은 모두 삶의 즐거움은 알지만 삶의 괴로움은 모른다. 노년의 고달

---

24 『列子』「天瑞」. "能陰能陽, 能柔能剛, 能短能長, 能圓能方, 能生能死, 能暑能涼, 能浮能沉, 能宮能商, 能出能沒, 能玄能黃, 能甘能苦, 能羶能香. 無知也, 無能也; 而無不知也, 而無不能也." * 이 부분의 번역은 역자가 원문의 함축된 의미의 이해를 돕고자 괄호 속에 전후 맥락을 연결하는 부분을 보충하였다.

픔은 알지만 노년의 안일(安逸)함은 모른다. 죽음이 싫은 것은 알지만 죽음의 안식(安息)은 모른다."[25]

"크구나, 죽음이여! 군자는 죽음에서 안식을 구하고, 소인도 죽음에서 탐욕을 쉬는구나."[26]

이런 말들이 진심에서 나온 것이든 또는 거짓된 뜻에서 나온 것이든 상관없이, 그리고 이런 사상이 초탈(超脫)이든지 또는 퇴폐(頹廢)이든지 관계없이 총체적으로 말하자면, 이것은 『장자』와는 다른 경향이다. 이런 경향은 『열자』의 사상이 이미 불교의 영향을 받고 있음을 나타내는 것이며, 하안·왕필·상수·곽상과 다른 현학의 유파를 대표하는 것이다.

(2) 삶과 죽음의 환멸 변화[生死幻化] 그리고 꿈과 깨어남의 동일성[夢覺等情]

「천서」편 속에 있는 생사기화(生死氣化: 삶과 죽음은 기의 변화이다)와 생행사귀(生行死歸: 삶은 이승의 여행이며 죽음은 집으로 돌아가는 것이다)의 사상은 비록 삶을 싫어하고 죽음을 즐기는 염세적(厭世的) 정서가 있지만, 자연관 입장에서 말하자면 여전히 취할 만한 곳이 있으며, 인생관의 입장에서 보아도 역시 분명하게 깨어 있다. 『열자』는 생사의 문제에 대한 논의를 여기에서 걸음을 멈추지 않고 있으며 또한 걸음을 멈출 수도 없었다. 왜냐하면 원강 연간의 방달파가 요구하는 것은 분명하게 깨어 있는 것이 아니라 의식이 마취된 상태이며, 죽음은 집으로 돌아가는 정신이 아니고, 세상의 일에 무관심한 태도이며, 바로 정신적인 공허함과 고뇌를 벗어나는 것이었다. 이 때문에 「주목왕(周穆王)」편에서도 삶과

---

25 『列子』「天瑞」. "人胥知生之樂, 未知生之苦; 知老之憊, 未知老之佚; 知死之惡, 未知死之息也."
26 『列子』「天瑞」. "大哉死乎! 君子息焉, 小人伏焉."

죽음이 기의 변화라는 기초 위에서 한 걸음 더 나아가 삶과 죽음은 실체 없는 변화[幻化]이며, 꿈과 깨어남(夢覺)은 같은 것이라는 관점을 제기하였다.

「주목왕」편은 거의 대단한 논의는 없는데, 이것은 몇 가지 터무니없는 고사를 통하여 이런 이치를 설명하고 있는 것이다. 첫 번째 고사는 주목왕이 멀리 유람을 나선 것인데,『급총서』「목천자전」에서 자료를 취한 것에다가 또한 불교의 색채로 윤색한 것이다. 두 번째 고사는 노성자(老成子)가 환멸(幻滅)의 이치를 배우는 것인데, 고사는 윤문(尹文) 선생의 입을 빌려서 다음과 같이 말하고 있다.

> "생명의 기가 있고 형체의 모양이 있는 것은 다 환멸(幻滅)하는 것이다. 조화가 시작되고 음양이 변화하는 것을 생명이라고 말하고 죽음이라고 말한다. 운수가 다하고 변화가 이루어져 형체에 따라서 변화해 가는 것을 변화라고 하며 환멸이라고 한다. 만물을 짓는 자는 그 기술이 신묘하고 그 공효가 깊어서 진실로 다하기 어렵고 끝내기도 어렵다. 형체만 따라가는 자는 그 기술이 현저하게 드러나지만 그 공효는 천박하기 때문에 생기자마자 소멸한다. 환멸변화가 생사와 다르지 않음을 알면 비로소 더불어 환멸을 배울 수 있다. 나와 그대도 또한 환멸하는 것이니, 어찌 반드시 내게 배울 것이 있겠는가?"[27]

「천서」편은 삶과 죽음이 기화(氣化)임을 주장하였고, 「주목왕」편은 삶과 죽음이 환화(幻化)라는 것을 주장하고 있는데, 두 가지 학설은 비록 단 한 글자의 차이만 있지만 오히려 두 가지 극적으로 상이한 철학사

---

27 『列子』「周穆王」. "有生之氣, 有形之狀, 盡幻也. 造化之所始, 陰陽之所變者, 謂之生, 謂之死. 窮數達變, 因形移易者, 謂之化, 謂之幻. 造物者其巧妙, 其功深, 固難窮難終. 因形者其巧顯, 其功淺, 故隨起隨滅. 知幻化之不異生死也, 始可與學幻矣. 吾與汝亦幻也, 奚須學哉?"

상을 대표한다. 삶과 죽음이 기화라고 하는 근거는 원기 학설이며, 이는 중국 고대의 전통적인 소박한 유물주의이다. 삶과 죽음이 환멸·변화한다는 근거는 불교사상이며 종교유심주의이다. 삶과 죽음이 환멸·변화한다는 전설에 대하여 중국의 한대 말년에 이미 관념이 있었는데, 불교는 이런 사상에 대해 더 높이 숭상하고 주도면밀하게 한 것이다. 이런 관점은 세계의 만사(萬事)·만물(萬物)이 모두 사람들의 환각이며, 그것들의 존재는 허황하고 비현실적인 것이라고 여긴다. 삶과 죽음이 기의 변화라는 것을 더 밀고 나아가서 삶과 죽음이 환멸·변화라고 하며 또 형체를 지닌 사물의 상대성을 임시로 존재하는 것이라고 보는데, 이것이 『열자』가 유물주의에서 유심주의로 넘어가는 징검다리 역할이다. 이런 과도기가 바로 현학과 불교를 더욱 근접하게 만든다.

꿈과 깨어남[夢覺]이 같은 것이라는 관점에 대하여 『열자』도 고사(故事)의 형식을 빌려서 자세히 밝히고 있다. 『열자』는 삶과 죽음이 마치 깨어 있음과 꿈을 꾸고 있음과 같다고 여겼다. 깨어 있음은 형체가 접촉하고 있는 것이며, 꿈은 정신이 만나는 것이니, 이 두 가지는 본래 이른바 참된 상태[眞]가 없고 또 이른바 가짜의 상태[假]도 없는 것이지만, 사람들은 군이 두 가지를 구별해서 어느 것이 진짜고 어느 것이 가짜라는 것을 나누려 한다. 어떤 사람은 깨어 있음이 실제이며 꿈은 허망한 것이라고 여기며, 또 어떤 이는 꿈을 실제라 보고 깨어 있음이 허망한 것이라 한다. 실제와 실제가 아닌 것, 허망함과 허망하지 않은 것은 단지 사람들의 습관 또는 편견일 뿐이다. 만약 사람들이 이런 습관 또는 편견의 속박을 벗어난다면 바로 깨어 있음과 꿈이라는 두 가지의 허실(虛實: 허망함과 실질성)·진가(眞假: 진짜와 가짜)를 구별하지 않을 것이다.

그렇다면 사람들이 어떻게 해야만 비로소 습관과 편견을 벗어나서 인식상의 자각에 이를 수 있는 것인가? 이것은 바로 정신수양을 해서 자기의 인식을 개조해야만 하는 것이다. 「주목왕」편에서 다음과 같이 말했다.

"이제 천하의 사람들은 모두 옳고 그름에 미혹되고, 이로움과 해로움에 어둡다. 이런 병폐에 같이 빠진 사람들이 많아서 (그러므로) 깨어 있는 사람이 없는 것이다. 또한 한 사람이 미혹되는 것은 한 집안을 바로잡지 못하고(기울 경傾자는 바로잡을 정正자의 오자이며, 아래도 같다), 한 집안이 미혹되는 것은 한 고을을 바로잡지 못하며, 한 고을이 미혹되는 것은 한 나라를 바로잡지 못하고, 한 나라가 미혹되는 것은 천하를 바로잡지 못한다. 그러나 천하가 모두 미혹된다면 누가 바로잡을 수 있겠는가? … 슬픔과 즐거움, 아름다운 소리와 용모, 냄새와 맛, 옳음과 그름 등은 누가 바로잡을 수 있겠는가?"[28]

『열자』의 입장에서 볼 때, 사람들의 인식은 정확하지 않아서 결코 객관적 표준이 될 수 없는 것이며, 일반적 인식은 모두 대다수 사람들의 의견을 전이(轉移)시킨 것이며 대다수 사람들이 옳다고 여긴 것인데, 사람들이 옳다고 여긴 것도 대다수 사람들이 그릇된 것으로 여기면 사람들은 바로 그릇된 것으로 여기는 것이다. 그러나 대다수 사람들의 의견이 반드시 정확한 것은 결코 아니다. 만약 대다수 사람들의 의견이 나에게 전이되지 않을 수 있다면, "고을에서 칭송하는 명예는 영예로운 것이 아니고, 나라에서 비방하는 것도 욕된 것이 아니다. 얻었다고 기뻐할 것이 아니고, 잃었다고 걱정할 것이 아니다. 삶을 죽음과 같이 보고, 부유함을 가난함으로 여기며, 사람을 돼지처럼 보고, 나를 남처럼 여긴다. 내 집에 거처하는 것을 여관(旅館)에 거처하는 것으로 여기며, 나의 고을을 오랑캐의 나라라고 여긴다."[29] 이런 것이 바로 성인에 가까이 가는

---

28 『列子』「周穆王」. "今天下之人, 皆惑於是非, 昏於利害. 同疾者多, 固(故)莫有覺者. 且一身之迷, 不足傾(正字之誤, 以下同)一家; 一家之迷, 不足傾一鄕; 一鄕之迷, 不足傾一國; 一國之迷, 不足傾天下; 天下盡迷, 孰傾之哉? … 哀樂, 聲色, 臭味, 是非, 孰能正之?"
29 『列子』「仲尼」. "鄕譽不以爲榮, 國毁不以爲辱; 得而不喜, 失則弗憂; 視生如死, 視富如貧, 視人如豕, 視吾如人. 處吾之家, 如逆旅之舍; 觀吾之鄕, 如戎蠻之國."

것이다.

당연히 『열자』의 본래 뜻은 결코 사람들이 고의로 남들과 다른 의견을 지니라는 것이 아니라 사람들의 인식적 미망(迷妄)을 제거하라는 것이다. 『열자』의 입장에서 볼 때, 대다수 사람들과 상반되는 인식도 여전히 하나의 인식이며, 모든 인식은 바로 정확하지 않기 때문에 천하는 본래 옳고 그름과 이로움 해로움으로 말할 수 없다는 것이다. 이 때문에 『열자』는 다음과 같이 주장하는 것이다. 즉 사람들의 마음속에서 옳고 그름과 이로움 해로움을 철저하게 제거해야만 비로소 "형체의 모습은 충실하고 마음을 텅 비어서, 귀로 듣는 것이 없고, 눈으로 보는 것이 없으며, 입으로 말하는 것이 없으며, 마음으로 아는 지식이 없고, 형체가 변화하여 움직임이 없는 것"[30]에 도달할 수 있으며, "마음은 응취(凝聚)하고 형체는 풀어져서 뼈와 살이 모두 융화하며, 형체가 의존하고 다리가 밟고 다니며 마음이 생각하며 말이 품어 안는 것을 감각하지 못하는"[31] 경지에 이를 수 있으니, 이런 것이 바로 "아침에 잡았다가 저녁에 잊는 것이며, 저녁에 함께하다가 아침에 잊는 것이고, 길 위에 있으면서 가는 채 잊는 것이며, 방안에 있으면서 앉은 채 잊는 것이고, 지금 이 순간 다가올 앞을 인식하지 않는 것이며, 지난 뒤에 지금 이 순간을 인식하지 않는 것이니",[32] 인생 속의 생존과 사망, 얻음과 상실, 슬픔과 즐거움, 좋아함과 싫어함 등 심신이 안정되지 않아서 뒤엉킨 것을 모두 다 잊어버리고 호탕하게 천지자연이 있는지 없는지를 감각하지 않는 것이다.

『열자』는 꿈과 깨어남[夢覺]이 같은 것에 관한 사상에서 우리들에게 『장자』 「제물론」 속의 유명한 한 우화를 떠올리게 한다. "옛날에 장주

---

30 『列子』 「仲尼」. "貌充心虛, 耳無聞, 目無見, 口無言, 心無知, 形無惕."
31 『列子』 「仲尼」. "心凝形釋, 骨肉都融; 不覺形之所倚, 足之所履, 心之所念, 言之所藏."
32 『列子』 「周穆王」. "朝取而夕忘, 夕與而朝忘; 在塗則忘行, 在室而忘坐; 今不識先, 後不識今."

가 꿈에 나비가 되었는데, 활발하고 생동감 있게 날아다니는 나비가 되었다. 스스로 자유롭게 뜻대로 날아다녔지만, 자신이 장주인지 몰랐다. 갑자기 꿈에서 깨어나니 놀랍게도 장주 자신이었다. 그러나 장주가 꿈속에서 나비가 된 것인지, 나비가 꿈속에서 장주가 된 것인지 알지 못했다. 장주와 나비는 반드시 구분이 있는 것이다. 이것을 사물의 변화[物化]라고 하는 것이다.”[33] 『열자』에서 말하는 꿈과 깨어남[夢覺]이 같은 것이라는 사상은 『장자』의 물화(物化) 사상과 아주 유사한데, 이 두 가지는 모두 상대주의 인식론의 시각에서 사물들 사이에는 본질적 구별이 없다는 것을 논증하고 있다. 그러나 그들 사이에도 차이점이 있는데, 즉 『장자』는 만물들 사이의 구별을 없애버리고 “만물은 고르게 평등하여 하나이다[齊萬物而爲一].”라고 본다. 『열자』는 삶과 죽음 그리고 꿈과 깨어 있음의 구별을 없애버리고 인생과 세계가 모두 허황하여 비현실적인 것이라고 본다. 『열자』의 이런 사상은 중국 고대 전통 사상 속에서는 없었던 것이며, 선진(先秦) 시기의 노장은 물론이고 조씨의 위나라 시기 하안과 왕필을 보더라도 그들은 단지 세계의 본원이 “무(無)”라고 하였지만 역시 종래의 현상세계의 실재성을 부정하는 것은 없었다. 세계와 인생을 허황한 비현실성으로 보는 사상은 불교 속에서 흡수한 것이다. 노장과 불교를 혼합함으로써 불교를 가지고 노자와 장자를 개조한 것인데, 이것은 서진 시기 사상계 속에서 나온 새로운 특징이며, 그것은 현학이 나날이 몰락하고 불교가 점점 흥기함을 상징하는 것이다.

(3) 있는 그대로 두고 기르지 않음[任而不養]과 멋대로 두고 다스리지 않음[縱而不治]

세계와 인생에 대한 위의 서술 같은 이해에 기초하여 『열자』는 이미

---

33 『莊子』「齊物論」. “昔者莊周夢爲胡蝶, 栩栩然胡蝶也, 自喩適志與, 不知周也. 俄然覺, 則蘧蘧然周也. 不知周之夢爲胡蝶, 胡蝶之夢爲周與. 周與胡蝶則必有分矣. 此之謂物化.”

혜강처럼 양생을 중시하지 않았고, 왕필과 곽상처럼 세상의 다스림을 중시하지 않고, 있는 그대로 두고 기르지 않음[任而不養]과 멋대로 두고 다스리지 않음[縱而不治]을 주장하였다. 그는 다음과 같이 말했다.

"황제(黃帝)가 천자의 자리에 오른 지 15년에 천하의 백성들이 자기를 옹호하여 받든 것을 매우 기뻐하자, 몸을 바르게 보양(保養)하고, 귀와 눈을 즐겁게 하며, 입과 코를 즐겁게 좋은 맛을 즐겼으나, 피부가 바싹 마르고 얼굴색이 검어지며, 머릿속이 어지러워지고 다섯 가지 감정³⁴이 어수선해졌다. 또 15년이 지나자 천하가 다스려지지 않음을 걱정하여 온 정력을 다 기울이고 지혜를 발휘하니, 백성들이 좋은 삶을 영위하게 되었지만, 여전히 피부가 바싹 마르고 얼굴색이 검어지며, 머릿속이 어지러워지고 다섯 가지 감정이 어수선해졌다. 황제가 이에 탄식하며 말하길, '나의 잘못이 너무 크구나. 나의 몸을 보양한 병폐가 이와 같고, 만물을 다스린 우환이 이와 같도다.'라고 하였다."³⁵

『열자』의 입장에서 볼 때, 양생(養生)과 치세(治世)는 이미 개인에게 해로움이 있는 것이며 또한 사회에도 이로움이 없는 것이라서 실제로 잘못된 행위가 되는 것이니, 오직 있는 그대로 두고 기르지 않으며 멋대로 두고 다스리지 않아야만 비로소 양생과 치세의 좋은 방법이 된다는 것이다.

이른바 있는 그대로 두고 기르지 않는 것[任而不養]이란 바로 사람의 자연적 본성에 맡기어 따르고 삶과 죽음, 옳음과 그름을 생각하지 않는

---

34 역주 오정(五情)은 사람의 감정을 모두 널리 지칭하는 것이다.
35 『列子』 「黃帝」. "黃帝卽位十有五年, 喜天下戴己, 養正命, 娛耳目, 供鼻口, 焦然肌色皯黴, 昏然五情爽惑. 又十有五年, 憂天下之不治, 竭聰明, 進智力, 營百姓, 焦然肌色皯黴, 昏然五情爽惑. 黃帝乃喟然讚曰: '朕之過淫矣. 養一己其患如此, 治萬物其患如此.'"

것이다. 무엇이 인간의 자연적 본성인가? 그것은 "무릇 그것을 따르면 기쁘고, 그것을 거스르면 화가 나는데, 여기에 혈기를 지닌 자의 본성이 있다."[36]라고 말하였다. 『열자』는 본성을 기르는 것은 마치 호랑이를 기르는 것과 같아서, 거스를 수도 없고 따를 수도 없는 것이라고 여겼다. 기쁘고 성내는 본성은 그것을 거스르면 솟아나는데, "무릇 기뻐하면 다시 반드시 성내게 되고, 성을 내면 다시 반드시 또 늘 기뻐하게 되니, 이 모두가 알맞은 태도는 아니다."[37] 기뻐하는 것과 성을 내는 것은 사람의 본성이 지닌 두 가지 측면인데, 이 두 가지 측면이 비록 대립적인 것이지만 또한 서로 바뀔 수 있다. 기쁨이 일정한 한도를 넘을 때에는 바로 변해도 성냄이 된다. 성냄이 일정한 한도를 넘을 때에는 또한 변화하여 기쁨이 되는데, 다만 자연적 본성에 대하여 거스르지 않고 순종하지 않아야만 비로소 기쁨과 성냄의 감정을 솟아나지 않게 할 수 있는 것이다. 마땅히 사람들이 진정으로 기쁨이 없고 성냄이 없는 곳에 이르러서, 삶을 즐길 줄 모르고, 죽음을 싫어할 줄 모르며, 자기를 친애할 줄 모르고, 사물대상을 멀리할 줄 모르며, 거역(拒逆)할 줄 모르고, 순종(順從)할 줄 모르게 되는 때라야만 비로소 바로 "물에 빠져도 익사하지 않고, 불에 들어가도 데이지 않으며, 채찍질하여도 상하거나 아프지 않고, 긁어도 가렵지 않게"[38] 될 수 있다. 『열자』는 이런 경지를 "완전한 천부의 기를 얻는 것[得全於天]"이라고 칭하였다. 그것은 다음과 같이 말한다.

"무릇 술에 취한 사람이 수레에서 떨어졌을 때, 비록 다치기는 하지만 죽지는 않는다. 뼈마디는 다른 사람과 같아도 손상(損傷)을 입는 것은 오히려 다른 사람과 다른데, 이는 그 정신이 온전하기 때문이다. 수레를 타는 것도 모르고, 수레에서 떨어지는 것도 모르는 것이다. 그러니 삶과 죽

---

36 『列子』「黃帝」. "凡順之則喜, 逆之則怒, 此有血氣者之性也."
37 『列子』「黃帝」. "夫喜之復也必怒, 怒之復也常喜, 皆不中也."
38 『列子』「黃帝」. "入水不溺, 入火不熱. 斫撻無傷痛, 指擿無痟癢."

음, 놀람과 두려움이 그의 마음속에 비집고 들어가지 못하는 것인데, 이 때문에 어떤 일을 당하여도 두려워하지 않는 것이다. 저 사람은 술에 취해서 정신의 온전함을 얻은 것이 오히려 이와 같은 것인데, 하물며 완전한 천부(天賦)의 기를 얻는 것은 어떠랴! 성인은 자신을 천부의 기에 감추기 때문에 외부의 사물이 그를 해칠 수 없는 것이다."[39]

이른바 "완전한 천부의 기를 얻는 것"은 바로 사람들이 일체의 주관적 능동성을 버리고 완전하게 저절로 그러한 자연에 맡겨 따르는 것이다. 이렇게 술에 흠뻑 취하고 몸이 마비되어 감각이 없는 생활은 근본적으로 어떤 양생(養生)도 말할 수 없는 것이다.

『열자』의 양생사상은 매우 소극적인데, 그 치세(治世)의 사상도 결코 적극적이지 않으며, 이른바 멋대로 두로 다스리지 않는 것은 바로 이와 같은 소극적 양생론과 소극적 치세론의 결합이다. 「중니(仲尼)」편 속에는 이와 같은 약간의 이야기가 있다.

"공자가 말했다. 예전에 내가 『시경』·『서경』을 정리하고, 예제(禮制)와 악률(樂律)을 바로잡아서 장차 천하를 다스리게 하고자 하여 후세에 남기어 전했다. 단지 한 몸을 수양하고 노(魯)나라를 다스리는 것에 그친 것이 아니었다. 노나라의 군주와 신하들이 나날이 그 질서를 잃고 인의 도덕은 갈수록 쇠퇴하며 사람의 성품은 더욱더 각박해졌다. 이런 도가 하나의 나라에 통행되지 않는 것이 지금 시절이거늘, 어찌 천하에 대하여 후세에 통하겠는가? 내가 비로소 『시경』·『서경』·예제·악률이 어지러운 세상을 다스리는 데 구원이 될 수 없음을 알았으나, 그것을 개혁할 방법을 알지 못하였다. 이것이 천지자연에 순응해 즐기고 천명을 아

---

39 『列子』「黃帝」. "夫醉者之墜於車也, 雖疾不死. 骨節與人同, 而犯害與人異, 其神全也. 乘亦弗知也, 墜亦弗知也. 死生驚懼, 不入乎其胸, 是故遻物而不慴. 彼得全於酒, 而猶若是, 而況得全於天乎? 聖人藏於天, 故物莫之能傷也."

는 사람의 근심거리이다. 비록 그렇다 하더라도 나는 이를 알겠구나. 무릇 우리가 말하는 천지자연에 순응해 즐기고 천명을 아는 것이 옛 사람들이 말하던 천지자연에 순응하고 천명을 아는 것이 아니로다. 순응해 즐김이 없고 천명을 앎이 없는 것, 이것이 참된 즐김이고 참된 앎이다. 그러므로 즐기지 않을 일이 없고, 알지 못할 일이 없으며, 근심하지 않을 일도 없고, 할 수 없는 일도 없는 것이다."[40]

여기에서 말하는 것은 우화로 표현된 고사(故事)이지 결코 역사적 사실이 아니다. 고사 속에 함축되어 있는 것은 어떤 말인가? 첫째, 유가의 명교는 어지러운 세상을 다스리는 데 구원을 줄 수 없고, 오직 다스릴수록 더 어지러워져서 임금과 신하 사이에 질서를 잃게 되고 인의 도덕은 나날이 쇠퇴하며, 사람들의 성품은 더욱더 각박해진다는 것이다. 둘째, 다른 사상으로 유가의 명교를 대체하는 것도 안 되는 것이며, 세계에는 더 좋은 치세의 방법이 없다는 것이다. 셋째, 안 되는 줄 알면서도 억지로 노력하는 공자의 정신과 "가난함을 편안히 즐기며 사는[安貧樂處]" 안회(顔回)의 태도는 이미 시대에 뒤떨어진 것이다. 현재의 유일한 방법은 오직 버리지도 않고 바꾸지도 않으며 마음대로 하게 내버려 두면서, 다스리지 않음으로써 다스리는 것이다. 『열자』가 견지하는 이런 정치사상은 오직 하안·왕필·상수·곽상의 뒤에 나올 수 있는 것이지 그들의 앞에서는 나올 수 없는 것이다. 위에서 서술한 첫째 특징은 한나라 말기 이래의 명교 사상의 쇠퇴와 사회병폐가 동시에 발생한 일을 반영한 것이다. 둘째 특징은 하안·왕필의 "무위로써 다스림[無爲而治]"과 상수·

---

40 『列子』「仲尼」. "孔子曰: 曩吾修詩書, 正禮樂, 將以治天下, 遺來世; 非但修一身, 治魯國而已. 而魯之君臣日失其序, 仁義益衰, 情性益薄. 此道不行一國與當年, 其如天下與來世矣? 吾始知詩書禮樂無救於治亂, 而未知所以革之之方: 此樂天知命者之所憂. 雖然, 吾得之矣. 夫樂而知者, 非古人之謂所樂知也. 無樂無知, 是眞樂眞知; 故無所不樂, 無所不知, 無所不憂, 無所不爲."

곽상의 "안으로는 성인의 경지를 수양하고 밖으로는 왕도정치를 실현하는 도[內聖外王之道]"의 파산을 반영한 것이다. 셋째는 원강 연간 방달파의 퇴폐적 정서를 반영한 것이다. 『열자』 정치사상의 이런 특징은 당시의 시대적 특징과 서로 부합한다.

『열자』는 본래 사회가 잘 다스려지거나 어지러워지는 것에 무심하였고, 사회에 대해서 자유방임의 태도를 취하였는데, 오히려 굳이 일부러 나서서 하는 모습을 보여 세상을 다스리고 백성을 구제하는 모양을 연출하면서, 억지로 자신의 '멋대로 두고 다스리지 않는 것[縱而不治]'이라는 사상을 견강부회하여 "다스리지 않아도 어지러워지지 않고, 말하지 않아도 저절로 믿게 되며, 교화하지 않아도 저절로 되어 간다."[41]는 효과에 이를 수 있다고 말한 것이다. 『열자』는 다음과 같이 말했다.

"요임금이 천하를 다스린 지 50년이 되었어도, 여전히 천하가 잘 다스려지는 것인지 다스려지지 않는 것인지 모르겠구나? 수많은 백성들의 바람이 나를 떠받들어 모시는 것인지 떠받들어 모시기를 바라지 않는 것인지 모르겠구나? 좌우의 사람들에게 물어보아도 좌우의 사람들이 알지 못하였다. 조정 밖의 관리들에게 물어보아도 조정 밖의 관리들이 알지 못하였다. 관직에 없는 사람들에게 물어보아도 관직에 없는 사람들이 알지 못하였다. 요임금은 이에 평상복을 입고 저자거리에 나아가 다녀보다가 아이들의 노랫소리를 들었다. '당신께서 우리 백성들을 양육하시니, 당신의 준칙에 맞지 않음이 없구나. 우리 모두 모르는 사이에 천제(天帝)의 법칙을 따르고 있구나.'"[42]

---

41 『列子』「仲尼」. "不治而不亂, 不言而自信, 不化而自行."
42 『列子』「仲尼」. "堯治天下五十年, 不知天下治歟, 不治歟? 不知億兆之願戴己歟, 不願戴己歟? 顧問左右, 左右不知. 問外朝, 外朝不知. 問在野, 在野不知. 堯乃微服遊於康衢, 聞兒童謠曰: '立我蒸民, 莫匪爾極. 不識不知, 順帝之則.'"

멋대로 두고 다스리지 않는 것을 "천제(天帝)의 법칙을 따르고 있는 것"이라 말하고, "서쪽 지방에서 온 변화에 능한 사람"[43]을 성인으로 칭한 것인데, 이것은 유교·불교·도교 삼가(三家)를 종합한 것이다. 이런 사상은 단지 원강 연간의 방달파가 정치적으로 이미 완전히 풀이 죽은 것을 설명하는 것일 뿐만 아니라 불교가 당시 사회 활동 중에 이미 일정한 지위를 점유하고 있음을 설명하는 것이다. 이런 상황은 원강 연간 이전에는 나타날 수 없는 것이다.

(4) 운명에 안주하고 때에 순응하는 것과 감정에 내맡기고 욕망에
   따르는 것

『열자』라는 책은 우주생성론에서 논의를 시작하여 생사(生死)·양생·치세 등의 문제를 토론하고, 최후로 해결하는 문제는 역시 현실 속에서 어떻게 생활할 것인가에 대하여 자기의 생활태도를 밝혀 드러내는 것이다.

『열자』의 인생관은 두 부분으로 나뉘는데, 하나는 운명에 안주하는 것[安命]이며, 다른 하나는 감정에 내어 맡기는 것[肆情]이다.

운명에 대한 『열자』의 이해는 다음과 같다.

"태어날 수도 있고, 죽을 수도 있는 것이니, 태어나고 죽는 것은 본래 있는 것이다. 태어나지 않을 수도 있고, 죽지 않을 수도 있는 것이니, 어떤 경우는 죽고 어떤 경우는 사는 것은 본래 있는 것이다. 그러니 태어나면 사는 것이고 죽으면 죽는 것이니, 이는 외부사물의 작용도 아니고 나의 역량에 달린 것도 아니라, 모두 운명이다. 그러므로 '그윽하게 끝이 없어 천도(天道)는 저절로 모이는 것이며, 고요하게 구분이 없어 천도는 저절로 운행하는 것이다.'라고 한다."[44]

---

43 『列子』「周穆王」. "西方化人."
44 『列子』「力命」. "可以生, 可以死, 得生得死有矣; 不可以生, 不可以死, 或死或生

운명[命]은 천도(天道)가 어둡고 그윽한 중에서 저절로 그러하게 운행하는 것 속에 있는 것이며, 단지 사람의 덕행·지혜·재능은 그것에 대하여 어찌할 능력이 없을 뿐만 아니라 천지자연·성인·도깨비와 두억시니[鬼魅]라 하여도 어찌할 수 없는 것이다. 운명은 인식할 수도 없고 바꿀 수도 없는데, 오히려 사람의 생사(生死)와 귀천(貴賤)을 결정한다. 이 때문에 사람들은 오직 운명을 잘 믿고, 운명에 안주해야 한다. "운명을 믿는 사람은 오래 살고 일찍 죽는 것이 없다. 자연의 이치를 믿는 사람은 옳음과 그름이 없고, 마음을 믿는 사람은 거스름과 순종이 없으며, 본성을 믿는 사람은 편안함과 위태로움이 없다."[45] "일찍 죽는 것을 원망하는 사람은 운명을 알지 못하는 것이다. 가난하고 곤궁함을 원망하는 사람은 때를 알지 못하는 사람이다. 마땅히 죽음을 두려워하지 않고, 곤궁함을 근심하지 않으며, 운명을 알고 때에 맞게 안주해야 하는 것이다."[46]

『열자』가 주장하는 이런 것들은 단지 공자의 정명론(定命論)과 장자의 안명론(安命論)을 하나로 혼합한 것일 뿐이지, 결코 어떤 새로운 사상도 없다. 그러나 그 속에는 약간의 주의를 기울일 가치가 있는데, 바로 『열자』의 안명론 속에는 귀신(鬼神)을 부정하는 경향이 있으며, 사람의 운명을 "사람으로부터 말미암는 것이 아니고, 또한 귀신으로부터 말미암는 것도 아니다. 생명의 기를 부여받아 형체를 이루면 이미 그것[운명]을 제어하는 자가 있고, 또 그것을 알고 있다."[47]라고 여기는 것이다.

有矣. 然而生生死死, 非物非我, 皆命也. 故曰: '窈然無際, 天道自會, 漠然無分, 天道自運.'"

45 『列子』「力命」. "信命者亡壽夭, 信理者亡是非; 信心者亡逆順信性者亡安危."

46 『列子』「力命」. "怨夭折者, 不知命也; 怨貧窮者, 不知時也. 當死不懼, 在窮不戚, 知命安時也."

47 『列子』「力命」. "亦不由人, 亦不由鬼. 稟生受形, 旣有制之者矣, 亦知之者矣."
　　<u>역주</u>　이 책의 원문에는 "知之者矣." 부분이 빠져 있는데, 문맥을 고려하여, 역자가 『열자』 원문의 해당 부분을 첨가하였다.

그러나 『열자』는 또한 왕충과 같이 운명을 부여받은 기(氣)로 귀속시키고 있으며, "그렇게 되는 까닭을 알지 못하는 것이 운명이다."⁴⁸라고 하였다. 무엇을 "그렇게 되는 까닭을 알지 못하는 것이 운명이다."라고 하는 것인가? 「역명(力命)」편에서 다음과 같이 말했다.

"생명은 고귀하다고 해서 오래 보존할 수 있는 것이 아니고, 몸은 아낀다고 해서 중후(重厚)해지는 것이 아니다. 생명은 또한 비천하다고 해서 일찍 죽는 것이 아니고, 몸은 또한 경시(輕視)한다고 해서 천박해지는 것이 아니다. 그러므로 그것을 고귀하게 여겨도 어떤 경우는 살지 못하고, 그것을 비천하게 여겨도 어떤 경우는 죽지 않는다. 그것을 아껴도 또한 중후하지 않고, 그것을 경시하여도 천박해지지 않는다. 이것을 이치에 반대되는 것 같지만, 이치에 반대되는 것이 아니다. 생명은 저절로 생겨나고 저절로 죽는 것이다. 어떤 경우는 그것을 고귀하게 여겨도 살고, 어떤 경우는 그것을 비천하게 여겨도 죽는다. 어떤 경우는 그것을 아껴도 중후해지고, 어떤 경우는 그것을 경시하여도 천박해진다. 이것은 이치에 따르는 것 같지만, 이치에 따르는 것이 아니다. 이것도 또한 저절로 살고 저절로 죽는 것이며, 저절로 중후해지고 저절로 천박해지는 것이다."⁴⁹

어떤 결과라도 다 어떤 원인에서 나온 것인지 알 수 없는데, 이것이 바로 "그렇게 되어가는 그런 까닭을 알지 못하는 것[不知其所以然而然]"이다. 운명[命]에 관한 정의와 운명이 하는 것에 대한 해석에서 『열자』는

---

48 『列子』「力命」. "不知所以然而然, 命也."
49 『列子』「力命」. "生非貴之所能存, 身非愛之所能厚; 生亦非賤之所能夭, 身亦非輕之所能薄. 故貴之或不生, 賤之或不死; 愛之亦不厚, 輕之或不薄. 此似反也, 非反也; 此自生自死, 自厚自薄. 或貴之而生, 或賤之而死; 或愛之而厚, 或輕之而薄. 此似順也, 非順也, 此亦自生自死, 自厚自薄."

분명하게 곽상의 영향을 받았다. 곽상은 다음과 같이 말했다. "그러하게 되어 가는 그런 까닭을 알 수 없는 것을 명(命)이라고 하는데, 마치 의지가 있는 것 같기 때문에 명(命)이라는 이름을 붙여서 그것이 저절로 그러함을 밝힌 것인데, 그 뒤로 명(命)의 이치가 온전해지는 것이다. 이치는 반드시 상응하는 것이 있는데, 마치 신령이 있어서 그것과 상응하는 것 같다. 그러나 이치는 저절로 서로 상응하는 것이지, 서로 상응하는 것이 어떤 원인으로 말미암는 것이 아니며, 비록 서로 상응하지만 신령은 없다."[50] 『열자』와 곽상은 모두 운명이 귀신의 제약을 받지 않는 것이며, 일종의 맹목적 필연성이라고 보았는데, 이것이 그들의 공통점이다. 양자 사이의 구별은 곽상에게는 운명을 거부하는 이론적 경향[非命論]이 있지만, 『열자』는 사람에 대하여 운명의 결정 작용을 강조하여 생명을 귀하게 여기지 않고 몸을 아끼지 않으며, 모든 것은 다 운명의 안배라고 주장한 것에 있다. 이런 사상은 "있는 그대로 두고 기르지 않는[任而不養]" 사상의 연속이며, 종욕주의(縱欲主義)의 밑바탕이 된다.

중국 고대 철학사 속에서 금욕주의(禁慾主義)와 절욕주의(節欲主義)를 주장한 사람들은 많이 있지만, 공개적으로 종욕주의를 내세워 주장한 사람은 오직 『열자』 하나이다. 『열자』가 종욕주의를 내세우는 것은 사회의 근원과 계급의 근원 이외에도 사상적으로 말하자면, 그것을 가지고 세계와 인생에 대한 이해를 결정하기 때문이다. 『열자』의 입장에서 볼 때, 세계와 인생은 모두 단지 임시로 존재하는 것이며, 어떤 때는 지체되고 어떤 때는 빠르지만 결국 소멸하는 것이다. 사람은 "이치상 죽지 않음이 없고[理無不死]", "이치상 장구하게 오래 사는 것이 없다[理無久生]." "생명은 고귀하다고 해서 오래 보존할 수 있는 것이 아니고, 몸은 아낀다고 해서 중후(重厚)해지는 것이 아니므로", "생명을 고귀하여 여

---

50 『莊子』「寓言」注. "不知其所以然而然, 謂之命, 似若有意也, 故又遣命之名以明其自爾, 而後命理全也. 理必有應, 若有神靈以致之也. 理自相應, 相應不由於故也, 則雖相應而無靈也."

기고 몸을 아낀다고 해서 죽지 않는 것을 바라는 것"⁵¹은 완전히 불가능한 일이다. 한 걸음 물러나 말해서, 생명을 고귀하게 여기고 몸을 아끼는 것으로 장생불사(長生不死)를 할 수 있다고 한다면, 장생불사는 또 어떤 의미가 있는 것인가? "사람의 감정이 좋아하고 싫어함은 옛날이나 지금이 같다. 몸 전체의 안위(安危)는 옛날이나 지금이 같다. 세상일의 괴로움과 즐거움은 옛날이나 지금이 같다. 왕조의 변혁과 치세(治世)·난세(亂世)는 옛날이나 지금이 같다. 이미 들어 왔고, 이미 보아 왔으며, 이미 겪어 왔다. 백년의 시간도 오히려 그것의 많음이 물릴 지경인데, 하물며 장구한 세월을 사는 인생의 괴로움이랴!"⁵² 생활 속의 여러 사정들은 왔다 갔다 하면서 중복되는 것이니, 한 차례 겪어보면 충분한 것인데, 하필이면 번거롭게 인생의 괴로움을 연장시키려 하겠는가!

이미 장생불사를 추구할 수도 없고, 반드시 추구할 필요도 없다면 사후의 명예라도 추구할 것인가! 『열자』는 이것도 역시 추구할 필요가 없다고 여겼다. 『열자』는 다음과 같이 말했다.

"실제 일이 있는 사람은 명성이 없고, 명성이 있는 사람은 실제의 일이 없다. 명성이라는 것은 허위일 뿐이다."⁵³

"천하의 아름다운 명성은 순임금·우임금·주공·공자에게로 돌아간다. … 무릇 저 네 명의 성인은 살아서는 하루의 즐거움이 없었으나, 죽어서는 만세에 걸쳐 명성을 지닌다. 죽은 뒤에 얻은 명성이란 진실로 실제의 삶에 취할 것이 아니다. 비록 자기를 칭송하더라도 알지 못하고, 비

---

51 『列子』「楊朱」. "貴生愛身, 以蘄不死."
52 『列子』「楊朱」. "五情好惡, 古猶今也. 四體安危, 古猶今也. 世事苦樂, 古猶今也. 變易治亂, 古猶今也. 旣聞之矣, 旣見之矣, 旣更之矣. 百年猶厭其多, 況久生之苦也乎!"
53 『列子』「楊朱」. "實無名, 名無實. 名者, 僞而已矣."

록 자기를 찬양하여도 알지 못하니, 나무 벤 자리 밑동이나 흙덩이와 다를 것이 없다. 천하의 악명(惡名)은 걸임금·주임금에게 돌아간다. … 저 두 사람은 흉악한 사람으로서 살아서는 욕망을 충족하는 즐거움이 있었으나, 죽어서는 어리석고 포악하다는 악명을 지닌다. 그러나 실제의 삶은 진실로 죽은 뒤의 악명에 비견되는 것이 아니다. 비록 자기를 비난하여도 알지 못하고, 비록 자기를 칭찬하여도 알지 못하니, 이것이 나무 벤 자리 밑동이나 흙덩이와 어찌 다른 것이 있겠는가! 저 네 명의 성인은 비록 아름다운 명성이 그들에게 돌아갔지만 끝까지 괴롭게 살다가 죽음으로 돌아갔다. 저 두 명의 흉악한 자들은 비록 악명이 그들에게 돌아갔지만 끝까지 즐거이 살다가 역시 같이 죽음으로 돌아갔다."[54]

종합해서 말하자면, 인생 속에서 말하는 현명함과 어리석음, 좋음과 나쁨, 성공과 실패, 옳음과 그름은 죽은 뒤에 모두 소멸되는 것이며, 근본적으로 "한 대의 비난과 칭찬을 애석하게 여기며, 자기의 정신과 몸을 고통스럽게"[55] 할 필요가 없는 것이다.

이런 관점에서 출발하여 『열자』는 양생(養生)하지 말고, 명성을 추구하지 말며, 역시 법칙과 도덕의 구속을 받을 필요가 없음을 주장하였는데, 살아 있을 때 "귀가 듣고 싶어 하는 것에 내맡기고, 눈이 보고 싶어 하는 것에 내맡기며, 뜻이 하고자 하는 것에 내맡기더라도",[56] 죽고 난 뒤에는 "불에 태워져도 좋고, 물에 잠기어도 좋고, 땅속에 묻혀도 좋고, 밖으로 드러나도 좋고, 풀 거적에 쌓여 도랑에 버려져도 좋고, 아름다운

---

54 『列子』「楊朱」. "天下之美, 歸之舜·禹·周·孔 … 凡彼四聖者, 生無一日之歡, 死有萬世之名. 名者, 固非實之所取也. 雖稱之弗知, 雖賞之不知, 與株塊無以異矣. 天下之惡, 歸之桀·紂. … 彼二凶也, 生有縱欲之歡, 死被愚暴之名. 實者固非名之所與也, 雖毀之不知, 雖稱之弗知, 此與株塊奚以異矣. 彼四聖雖美之所歸, 苦以至終, 同歸於死矣. 彼二凶雖惡之所歸, 樂以至終, 亦同歸於死矣."

55 『列子』「楊朱」. "矜一時之毀譽, 以焦苦其神形."

56 『列子』「楊朱」. "恣耳之所欲聽, 恣目之所欲視, 恣意之所欲行."

예복을 입혀서 관곽(棺槨)에 넣어져도 좋으니, 어떤 경우를 당하더라도 그만이니",[57] 어떤 경우라 해도 꼭 상관할 필요가 없는 것이다. 만약 감정에 내어 맡겨서 주색(酒色)을 일삼아서 살아 있는 동안 즐거움을 다한다면 십 년이나 일 년, 심지어 하루라도 좋은 것이다. 만약 형벌과 포상에 금제를 당하거나 권면을 받고, 명분과 법률에 의해 나아가고 물러나면서, 황급하게 한때의 헛된 명예를 다투고, 죽은 뒤의 영화(榮華)를 엿본다면, 단지 살아 있는 동안의 지극한 즐거움을 잃고 한때라도 스스로의 감정에 내맡기는 삶을 살 수 없는 것이니, 바로 천년만년을 살더라도 또한 무슨 의미가 있겠는가? 이렇게 죄수 같은 생활을 하는 것은 또한 죽는 것만도 못한 것이 아닌가!

『열자』의 인생관은 극도로 진부한 지경에 이르렀고 극도로 타락한 지경에 이르렀기 때문에 극단적인 퇴폐학파가 아니라면 결코 이런 관점을 지닐 수 없는 것이다.

---

57 『列子』「楊朱」. "焚之亦可, 沈之亦可, 瘞之亦可, 露之亦可, 衣薪而棄諸溝壑亦可, 袞衣衣繡裳而納諸石槨亦可, 唯所遇焉."

제6장

동진의 현학

"영가의 난"이라는 심각한 타격하에서 진(晉)나라 조정은 북쪽의 이민족 압력에 못이겨 양자강 남쪽인 건업(建業: 지금의 남경)으로 옮겨 왔는데, 북방의 명문세족(名門世族)이 어지러이 양자강을 건너와서 위진(魏晉)의 현학 기풍도 남쪽의 바람을 타고 점점 동진(東晉)의 현학을 형성하였다. 동진 현학은 정시 현학과 크게 다르며, 원강 현학과도 차이가 있다. 조씨의 위나라와 서진 연간에는 현학의 진취적 기상이 왕성하여 상승의 시기에 있었고, 적극적이며 맑고 새로운 요소가 비교적 많았다. 동진 연간에는 현학이 한창 흥성하던 시기는 이미 지났고, 점점 쇠락해지며 소극적이고 퇴폐적인 정서가 나날이 우세(優勢)를 점하였다.

동진 시기의 사상 분위기

동진 시기는 문벌사족이 융성하던 상태에서 점점 쇠락하는 시기이며, 국토의 절반을 잃고 사회의 형세도 어지러워져서, 문벌사족 및 청류(淸流) 명사들 사이에 일종의 특수한 분위기가 조성되었다. 당시의 사상 분위기는 주로 아래와 같은 몇 가지 특징이 있다.

1 방달 기풍의 만연

진나라 정권이 남쪽으로 천도(遷都)한 뒤에 북쪽 지역의 명사들은 고향을 잃고 옛 땅을 멀리 떠나서, 일종의 나라와 집안이 망한 정서에 휩싸여 있었다. 『세설신어』「언어」편에서는 다음과 같이 말했다. "강남의 동진(東晉)으로 건너온 여러 사람들이 매번 좋은 날이 오면 곧 서로 맞이하여 신정(新亭)[1]으로 나아가 화초를 자리삼아 주연을 벌렸다. 주의

---

1 **역주** 신정(新亭)은 『단양기(丹陽記)』에 보면, 삼국시대의 오(吳)나라에서 오래 전에 세웠는데, 처음의 형태가 많이 허물어진 것을 융안(隆安) 연간(397-401)에

(周顗)가 좌중에서 탄식하여 말하길, '풍경은 다르지 않으나 정작 산하의 다름이 있도다.'라고 말하자, 모두 서로 바라보면서 눈물을 흘렸다."[2] 국가의 앞날과 개인의 운명이 절망적인 것으로부터 수많은 명사들은 더욱더 무제한의 방탕한 삶을 살면서 감정이 솟는 대로 내맡기며 술을 마셨고, 이 때문에 자기의 영혼을 마취시키게 되었다. 『세설신어』「임탄」편에는 다음과 같이 말하고 있다. "장한(張翰)은 제멋대로 행동하고 예법에 구애받지 않았기 때문에 당시 사람들은 그를 강동(江東)의 보병(步兵)[3]인 완적이라고 불렀다. 어떤 사람이 그에게 말하길, '그대는 여전히 한세상을 마음 내키는 대로 살아가는데, 어찌 죽은 뒤의 명성은 생각하지 않는가?'라고 하자, 장한이 대답하길, '나에게 죽은 다음의 명성이 있다고 하여도 바로 지금 한잔의 술만 못하다.'라고 말했다."[4] "홍려경(鴻臚卿)[5] 벼슬을 하던 공군(孔羣)은 술 마시는 것을 좋아했다. 승상 왕도(王導)가 말하길, '그대는 어찌하여 항상 술을 마시는 것인가? 술집에서 술단지를 덮어 놓은 천이 날이 가고 달이 가면 썩어 버리는 것을 보지 못했는가?'라고 말하자, 공군이 말하길, '그렇지 않다. 술지게미에 절인 고기가 오히려 오래 가는 것은 보지 못했는가?'라고 말하였다. 공군이 한번 친구에게 편지를 쓰면서, '올해 밭에서 7백곡의 찰수수를 거두어들였는데, 그것으로 술 담그기에 충분하지 않을 것 같구나.'라고 하였다."[6]

단양의 수령 사마회지(司馬恢之)가 자리를 옮겨 세운 것이라 한다.

2 『世說新語』「言語」. "過江諸人, 每至暇日, 輒相要出新亭, 藉卉飲宴. 周侯中坐而歎曰: '風景不殊, 正自有山江河之異!' 皆相視流淚."

3 역주 "강동(江東)의 보병(步兵)"이라는 말은 완적(阮籍)을 의미한다. 강동은 양자강 하류의 남쪽 연안을 말하고, 보병은 완적이 한 때 보병교위(步兵校尉)를 지낸 적이 있으므로 "완보병(阮步兵)"이라고도 부른다.

4 『世說新語』「任誕」. "張季鷹縱任不拘, 時人號爲江東步兵. 或謂之曰: '卿乃可縱適一時, 獨不爲身後名邪?' 答曰: '使我有身後名, 不如卽時一栖酒!' 畢茂世云: '一手持蟹螯, 一手持酒桮; 拍浮酒池中, 便足了一生.'"

5 역주 홍려경(鴻臚卿)은 외국에서 들어오는 조공물품을 관리하는 홍려시(鴻臚寺)의 우두머리로 구경(九卿) 중의 하나이다.

6 『世說新語』「任誕」. "鴻臚卿孔羣好飲酒. 王丞相語云: '卿恒飲酒, 不見酒家覆瓿

"주의(周顗)는 품덕이 단아하고 중후했으며, 위험하고 어수선한 시국을 깊이 통찰하였다. 양자강을 건너와 동진이 된 뒤로는 항상 크게 술을 마셨다. 일찍이 삼일 동안 마시고 깨지 못한 적도 있었으므로 당시 사람들은 그를 '삼일복야'라고 불렀다."[7] 동진의 명사들은 위에서부터 아래까지, 조정에서부터 재야까지 목숨을 걸고 방탕하게 술을 마시지 않는 자가 없었는데, 크게 먹고 마시면서 헛된 자기만족을 추구하는 것이 명사들의 특수한 상징을 이루고 있었다. "왕공(王恭)이 말하길, '명사는 반드시 특별한 재능이 필요한 것은 아니고, 다만 늘 하는 일이 없이 통쾌하게 술을 마시며 『이소(離騷)』를 숙독하기만 하면 바로 명사라고 할 만하다.'라고 하였다."[8] 방달(放達)의 기풍이 나날이 심해져서 동진의 상층사회는 거의 일종의 유원지(遊園地)·색주가(色酒街)·정신병원을 이루게 되었는데, 이런 사람들 중에 어떤 사람은 술을 마시고, 어떤 사람은 도박을 하였으며, 어떤 사람은 통곡을 하였고, 어떤 사람은 노래를 불렀다. 이와 같이 백치(白痴) 같고 미치광이 같으며, 적극적인 기운은 돌보지 않아서, 진정으로 세계의 종말이 오는 것 같았다.

2 현학흥성에 대한 예법학자들의 비판

위진 시기의 현학은 비록 위풍과 기세가 넓고 컸지만, 그것은 정부 관리가 지켜야 할 예법의 철학이 아니었으며 처음부터 끝까지 "명교"를 대

布, 日月久糜爛邪?' 羣曰: '公不見糟中肉, 乃更堪久.' 羣嘗書與親舊: '今年田得七百斛秫米, 不了麴櫱事.'"

7 『世說新語』「任誕」. "周伯仁風德雅重, 深達危亂. 過江積年, 恒大飲酒. 嘗經三日不醒, 時人謂之 '三日僕射.'"

8 『世說新語』「任誕」. "王孝伯言: '名士不必須奇才, 但使常得無事, 痛飲酒, 熟讀離騷, 便可稱名士.'"

체할 수 있는 사상적 통치의 지위가 없었다. 그러나 서진 이전에 현학은 사회적으로 조성된 중대한 위해(危害)가 없었기 때문에, 그것은 사상적 지위에서 또한 비교적 주동적이었다. 동진 시기에 이르면 현학에 대한 사회의 여론이 크게 유리하지 않았다. 수많은 사람들이 모두 북방 영토의 상실을 현학의 죄과로 돌렸는데, 왕연은 죽기 직전까지도 이에 대하여 심각하게 반성하였다. 그는 "오호라! 우리가 비록 옛사람들만 못하지만, 한때 만약 허망하고 황당한 이야기를 높이 받들지 않고, 힘을 다해 함께 천하를 광정(匡正)하였다면, 오히려 오늘날의 이 지경에 이르지는 않았을 것이다."[9]라고 하였다. 더욱이 현학은 방달(放達)의 기풍을 크게 일으켜서 일부 사람들의 격렬한 반대를 불러왔는데, 대규(戴逵)·갈홍(葛洪) 등의 사람들은 모두 이에 대하여 논설을 지어서 비판하였다. 대규는 다음과 같이 말했다. "원강 시기의 사람들은 은거하여 살기를 좋아하였고 그 근본을 추구하지 않았는데, 그러므로 근본을 버리고 말단을 좇으며 실질을 버리고 명성을 좇는 병폐가 있었다. 이는 마치 서시(西施)를 아름답다고 여겨서 그의 눈살 찌푸림을 배우고 도를 갖춘 사람을 사모하여 그 두건을 꺾어 쓰고 다니는 것과 같으니, 사모하는 것이 그 아름다움이 되는 원인이 아니라 단지 겉모습만 귀하게 여기는 것일 뿐이다. 무릇 자주색(紫朱色)이 주색(朱色)을 어지럽히는 것은 주색과 유사하기 때문이다.[10] 그러므로 향원(鄕原)은 중화(中和)와 유사하지만 덕을 어지럽히는 원인이 된다. 방(放: 구속하고 있던 상태를 풀어 놓는 것)이라

---

9 『晉書』「王衍傳」. "嗚呼! 吾曹雖不如古人, 向若不祖尙浮虛, 戮力以匡天下, 猶可不至今日."

10 역주 이 문장은 『논어』「양화」 18장의 내용에서 유래한다. "공자가 말했다. 나는 자주색이 주색을 빼앗는 것을 미워하며, 정나라의 음악이 아악을 어지럽히는 것을 미워하고, 말 잘하는 입이 나라를 전복시키는 것을 미워한다(子曰, 惡紫之奪朱也, 惡鄭聲之亂雅樂也, 惡利口之覆邦家者)." 이에 대하여 하안의 『논어집해(論語集解)』는 "주색은 바른 색이며, 자주색은 두 가지 이상을 섞어 놓아 보기만 좋은 것이다. 이는 그 사악한 겉꾸밈으로 바른 색을 어지럽히는 것을 미워한 것이다(朱正色, 紫間色之好者. 惡其邪好而亂正色)."라고 하였다.

는 것은 달(達: 제멋대로 방자히 구는 것)과 유사하여 도를 어지럽히는 근거이다. 그러나 죽림현학의 방달(放達)함은 병폐가 있어서 빈축을 사는 것이 있었다. 원강 시기 현학의 방달함은 덕이 없어서 의관까지도 훼절하였다."[11] 대규의 비판은 비교적 정중한 태도로 보이지만, 범녕(範寧)의 눈에는 하안·왕필 등의 현학가들이 그야말로 죄가 너무 커서 용서할 수 없는 죄인이 된다. 그는 다음과 같이 말했다. "왕필과 하안은 나라의 문물과 제도를 멸시하여 버리고, 지켜야 할 예의(禮儀)와 법도(法度)를 따르지 않았으며, 허황되고 실질이 없는 말을 늘어놓고, 후생(後生)들을 동요시켰으며, 화려한 말로 꾸며서 실제의 본질을 가리고, 번잡한 문장에 의지하여 세상을 미혹시켰다. 그래서 유가(儒家)의 독서인들이 불현듯이 진로를 바꾸어 공자와 맹자의 학풍이 아득하게 타락해 갔다. 마침내 인의(仁義)가 함몰되게 하고, 유가의 아름다운 기풍이 잿더미를 뒤집어쓰며, 예와 악이 붕괴하여 온 천하가 뒤집혀 쓰러지게 되었다. 옛사람이 말했듯이 말을 거짓되면서 교묘히 둘러대고, 행동은 편벽되면서 고집이 센 사람이 있는데, 바로 이 사람의 무리로다! 옛날 공자가 노나라에서 소정묘를 참수(斬首)해 죽였고, 강태공은 화사를 제 나라에서 죽였으니, 어찌 세상을 환히 밝히고자 함께 죽인 것이 아니겠는가! 걸왕과 주왕은 포학하였어도 단지 제 몸을 망치고 나라를 기울게 하여 후세에 거울 같은 경계를 세워주었으니, 어찌 백성들이 보고 듣는 것을 되돌릴 수 있겠는가! 왕필과 하안은 온 나라 안의 헛된 명예를 함부로 탐을 내었고, 기름진 고기와 차진 곡식을 먹으며 거만하게 제멋대로 굴었으며, 숲속의 도깨비를 그려놓고 솜씨 좋다고 하고, 법도가 없는 것을 부채질

---

11 『晉書』「戴逵傳」「放達爲非道論」. "若元康之人, 可謂好遁跡而不求其本, 故有捐本徇末之弊, 舍實逐聲之行, 是猶美西施而學其顰眉, 慕有道而折其巾角, 所以爲慕者, 非其所以爲美, 徒貴貌似而已矣. 夫紫之亂朱, 以其似朱也. 故鄉原似中和, 所以亂德; 放者似達, 所以亂道.然竹林之爲放, 有疾而爲顰者也, 元康之爲放, 無德而折巾者也."

하여 풍속이 되었다. 정나라의 음란한 음악이 바른 아악을 어지럽히고, 교묘한 아첨이 나라는 기울게 하는 것은 분명하도다! 나는 본래 한 세대의 재앙은 가볍고, 역대로 지은 죄는 무거운 것이며, 스스로 잃는 허물은 작고, 수많은 사람을 미혹시키는 허물은 크다고 여긴다."[12] 범녕 같은 사람들의 성토(聲討)에 대하여 동진의 명사들은 전혀 개의치 않았지만, 여론의 영향으로 결국 수동적으로 빠져들게 되고, 문벌사족의 쇠퇴와 사회여론의 질책은 현학의 존재와 발전을 억제하게 된다.

3 불교사상과 현학의 결합

전쟁으로 인한 사회의 혼란 때문에 백성들의 생활은 안정을 찾지 못했고, 사람들 또한 이런 곤경에서 벗어날 길이 없었다. 이와 같은 "잔혹함"의 세상은 종교의 발전을 위하여 좋은 토양을 제공하였다. 이 때문에 불교와 도교 두 종교는 동진 이래로 흥성하게 된다. 더욱이 불교의 대승(大乘) 공종(空宗) 사상과 현학 귀무론(貴無論) 사상은 어느 정도 서로 비슷한 면(예를 들면, 대승 공종은 "공"을 강론하고, 현학의 귀무론은 "무"를 강론하였다)이 있었기 때문에 현학이 풍미하는 사회 풍조의 선동 속에서 대승 공종은 앞 시대에서 갖지 못했던 발전을 하게 된다. 불교도들은 종종 현학의 철학적 이론을 끌어대면서 불교의 대승 공관(空觀)에 억지로

---

12 『晉書』「范寧傳」. "王何蔑棄典文, 不遵禮度, 遊辭浮說, 波蕩後生, 飾華言以翳實, 騁繁文以惑世. 搢紳之徒, 翻然改轍, 洙泗之風, 緬焉將墮. 遂令仁義幽淪, 儒雅蒙塵, 禮壞樂崩, 中原傾覆. 古之所謂言僞而辯, 行僻而堅者, 其斯人之徒歟! 昔夫子斬少正卯于魯, 太公戮華士于齊, 豈非曠世而同誅乎! 桀紂暴虐, 正(當作'止')足以滅身覆國, 爲後世鑒誡耳, 豈能回百姓之視聽哉! 王何叨海內之浮譽, 資膏粱之傲誕, 畫螭魅以爲巧, 扇無檢以爲俗. 鄭聲之亂樂, 利口之覆邦, 信矣哉! 吾固以爲一世之禍輕, 歷代之罪重, 自喪之釁小, 迷衆之愆大也."

비교하고 해석하였으며, 더 나아가 중국 불교의 학문을 일변시켜서 "번영(繁榮)"의 시기를 출현시킨다. 이 시기는 사람들이 일반적으로 "불교의 현학화 시기"라고 부른다. 불교의 유명한 승려와 현학의 유명한 명사들은 서로 우호의 관계를 맺어서 양자가 하나로 융합되는 모습을 보이고, 더욱이 이것은 시대의 풍조가 되었다. 이런 측면에서 동진 시기의 유명한 승려인 지둔(支遁)은 바로 전형적인 대표적 인물이다. 사람들은 그를 칭송하여 "정묘한 이치를 궁구해 낸 공적이 왕필에 뒤지지 않았다."[13]라고 하였다. 요컨대, 동진(東晉)의 불학은 위진 현학의 특징을 분명하게 지니고 있었다(불교와 도교인 두 종교 그리고 현학의 관계에 대해서는 앞으로 제7장과 제8장에서 전문적으로 논의할 것이다).

4 청담사상의 빈곤

동진 시기의 청담 내용은 매우 광범위한데, 『노자』·『장자』·『주역』, 재성(才性)과 명리(名理), 인물 품평(品評), 양생(養生)과 언의(言意), 심지어 선진시기 명가의 명제와 연결된 것들도 담론의 속에 모두 포함되었다. 『세설신어』「문학」편에서 다음과 같이 말했다. "옛날의 말에 따르면 승상 왕도(王導)는 강남으로 온 동진 시기부터 단지 「성무애락론」과 「양생론」 그리고 「언진의론」 세 가지만을 말했을 뿐이다. 그러나 깊은 속

---

13 『世說新語』「賞譽」. "造微之功, 不減輔嗣" 역주 이 말은 왕몽(王濛: 王長史)이 지둔(支遁)을 찬탄하여 한 말이다. 『世說新語』「賞譽」편 유효표(劉孝標)의 주(注)에 인용된 「지둔별전(支遁別傳)」에 다음과 같이 기록되어 있다. "지둔은 정신과 마음이 깨어 있어 지혜가 있었고, 맑은 식견이 현묘하고 심원하였으며, 일찍이 서울인 남경에 이르렀을 때 왕몽이 칭송하길, '정묘한 이치를 궁구해 낸 공적이 왕필과 다름이 없었다.'라고 하였다."("遁神心警悟, 淸識玄遠, 嘗至京師, 王仲祖稱其造微之功, 不異王弼.")

의 이치까지 꿰어 터득하지 못하는 것이 없었다."**14** "은호(殷浩)가 유량(庾亮)의 장사(長史)가 되어서 수도인 건강(建康)에 도착했을 때, 승상 왕도가 그를 위해 모임을 베풀자 환온(桓溫)·왕몽(王濛)·왕술(王述)·사상(謝尚)이 모두 참석하였다. 승상 왕도가 스스로 일어나 휘장을 열어젖히고 주미(麈尾)를 들고서 은호에게 말하길, '나는 오늘 그대와 함께 담론하면서 명리를 분석해 보고자 한다.'라고 하였다. 이윽고 함께 청담의 말을 나누다 보니 어느새 삼경에 이르렀다."**15** "사안이 어렸을 때 완유(阮裕)에게 「백마론」을 강론해달라고 청하였는데, 완유는 논을 지어서 사안에게 보여주었다. 이 때 사안은 완유의 말을 바로 이해하지 못하여 끝까지 거듭해서 질문을 하였다. 그러자 완유가 감탄하여 말하길, '단지 언변에 뛰어난 사람을 얻기 어려울 뿐만 아니라, 바로 이처럼 이해하려고 애쓰는 사람도 역시 얻기 어려운 것이로다!'라고 하였다."**16** … 그러나 당시의 청담은 사상성이 빈약하여 이론적으로는 이미 별다른 공적이 없었다. 『세설신어』「배조」편에서 다음과 같이 말했다. "제갈회(諸葛恢)와 승상 왕도가 함께 성족(姓族)의 선후에 대하여 다투었다. 왕도가 말하길, '그러면 어찌하여 갈왕(葛王)이라 말하지 않고 왕갈(王葛)이라고 하는 것인가?'라고 물으니, 제갈회가 말하길, '비유하자면 려마(驢馬)라고 말하고 마려(馬驢)라고는 하지 않는 것과 같고, 그렇다고 해서 나귀[驢]가 어찌 말[馬]보다 낫겠는가?'라고 하였다."**17** "왕탄지(王坦之)와 범계(范啓)가 함께 간문제 사마욱(司馬昱)의 초청을 받았는데, 범계는 나이가

---

14 『世說新語』「文學」. "舊云王丞相過江左, 止道聲無哀樂·養生·言盡意三理而已. 然宛轉關生無所不入."

15 『世說新語』「文學」. "殷中軍爲庾公長史, 下都, 王丞相爲之集, 桓公·王長史·王藍田·謝晉書竝在. 丞相自起解帳, 帶麈尾, 語殷曰: '身今日當與君共談析理.' 旣共淸言, 遂達三更."

16 『世說新語』「文學」. "謝安年少時, 請阮光錄道白馬論, 爲論以示謝. 于時謝不卽解阮語, 重相咨盡. 阮乃歎曰: '非但能言人不可得, 正索解人亦不可得!'"

17 『世說新語』「排調」. "諸葛令·王丞相共爭姓族先後. 王曰: '何不言葛王, 而云王葛?' 令曰: '譬言驢馬, 不言馬驢, 驢寧勝馬邪?'"

많았지만 지위가 낮았고, 왕탄지는 나이는 적었지만 지위가 높았다. 앞으로 나아가려 할 때 서로 앞서라고 양보하다가 한참 실랑이를 한 뒤에 왕탄지가 결국 범계의 뒤에 서게 되었다. 왕탄지가 말하길, '키질을 하여 날렸더니 겨와 쭉정이만 앞에 남아 있구나.'라고 하였다. 그러자 범계가 말하길, '씻어내고 골라내고 나니 모래와 조약돌만 뒤에 있구나!'라고 하였다."[18] 청담의 내용은 대개가 이와 같았다.

동진의 명사는 저작이 매우 적은데, 장담(張湛)의 『열자주』가 유일하게 동진의 현학 사상을 반영한 작품이다. 장담은 자가 처도(處度)이며 고평(高平) 사람이고, 대략 서기 325년에서 330년 즈음에 태어나 서기 395년에서 400년 사이에 죽었다. 재능과 학식이 있었고, 의술을 이해하고 있었으며, 양생에도 능하였다. 동진의 효무제 시기에 관직이 중서시랑(中書侍郎), 광록훈(光祿熏)에 이르렀다. 장담은 성정이 괴팍하였으며 대체로 방달파에 속한다. 『세설신어』「임탄」편에서 다음과 같이 말했다. "장담은 서재 앞에 소나무와 잣나무 심기를 좋아하였다. 당시에 원산송(袁山松)은 나들이할 때마다 매번 시종들에게 만가(挽歌)를 부르게 하는 것을 좋아했다. 당시 사람들은 말하길, '장담은 집 밑에 시체를 늘어놓고, 원산송은 길 위에서 운구(運柩)를 한다.'라고 하였다."[19] "장담이 술을 마신 뒤에 만가를 불렀는데, 몹시 처량하고 구슬펐다. 환충(桓沖)이 말하길, '그대는 전횡(田橫)[20]의 제자가 아니면서 어떻게 갑자기 이런 절묘한 경지에 도달하였는가?'라고 하였다."[21]

---

18 『世說新語』「排調」. "王文度・范榮期俱爲簡文所要. 范年大而位小, 王年小而位大. 將前, 更相推在前. 旣移久, 王遂在范後. 王因謂曰: '簸之揚之, 糠秕在前.' 范曰: '洮之汰之, 沙礫在後.'"

19 『世說新語』「任誕」. "張湛好於齋前種松柏. 時袁山松出遊, 每好令左右作挽歌. 時人謂 '張屋下陳屍, 袁道上行殯.'"

20 역주 전횡(田橫)은 진(秦)나라 말기의 사람인데, 한신(韓信)이 제(齊)나라를 격파하자 전횡은 스스로 제왕이 되어 부하 500명을 이끌고 섬으로 도망갔고, 뒷날 유방(劉邦)이 천하를 다시 통일하자 한(漢)나라의 신하가 되는 것을 부끄럽게 생각하고 자살하였다.

장담의 저작에 관해서 『수서(隋書)』「경적지」 기록에 의거하면, 『양생요집(養生要集)』 10권이 있고, 『열자』에 주를 달았다. 『신당서』「예문지」의 기록에 의거하면, 『연년비록(延年秘錄)』 12권이 있다. 『양생요집』과 『연년비록』(두 가지는 동일한 책일 가능성이 매우 많다)은 이미 유실되었고, 현재 장담의 사상을 이해하고자 할 때에 유일한 근거는 『열자주』이다. 『열자주』의 이론적 수준은 아주 높지는 않으며, 사상적으로도 새로운 의의가 거의 없다. 그러나 이 서적은 한편으로 동진 시기 문벌사족의 사상을 반영하고 있으며, 다른 한편으로 현학 각 학파의 관점을 인용하여 말하면서 흡수하고 있기 때문에, 위진 현학에 대한 총결(總結)이라고 생각할 수 있다. 이 때문에 『열자주』는 위진 현학의 역사에서 또한 일정한 지위와 가치를 지닌다.

---

21 『世說新語』「任誕」. "張驎酒後挽歌甚悽苦. 桓車騎曰: ‘卿非田橫門人, 何乃頓爾至致?’"

장담의 사상

1 원기설과 귀무론 – 장담의 자연관

위진 현학의 자연관은 하안·왕필로부터 『열자』에 이르기까지 대체로 두 가지 유파로 나뉘는데, 하나의 유파는 원기설을 주로 하며, 다른 하나의 유파는 귀무론 혹은 숭유론을 주로 삼는다. 전자에는 혜강·완적과 『열자』가 있고, 후자에는 하안·왕필·배외·상수와 곽상이 있다. 장담은 위에서 서술한 두 유파를 하나로 통일하고자 시도하였는데, 그의 자연관은 원기설과 귀무론을 아우르고 있다.

(1) 장담의 원기설

장담의 원기(元氣) 학설은 주로 우주의 생성과 구조에 대해 논의하는데, 그 속에는 형기(形氣)들 사이의 변화와 우주의 무한성 문제에까지 논의가 이른다. 그는 다음과 같이 말했다.

"무릇 두루 뒤섞여서 갈라지지 않았으니, 천지자연은 하나의 기[一氣]이며, 만물은 하나의 형체[一形]였다. 나뉘어서 천지가 되고, 흩어져서 만물이 되었으니, 이는 대개 모였다가 흩어지는 차이이며, 형기(形氣)의 텅 빔과 가득 참이다."[1]

이것을 달리 말하자면, 천지자연의 만물은 결코 지금까지 내려온 모습 그대로 있는 것이 아니고, 처음부터 우주 간에서는 혼연하게 뒤섞여 나누어지지 않은 기(氣)였으며, 뒤에 이 혼연의 기가 나뉘어져서 비로소 하늘과 땅이 형성되고, 이리저리 흩어지고 모이고 쌓여서 사람과 사물이 이루어진 것이다.

장담은 땅이란 기가 응축하여 쌓인 상태이고, 하늘은 기가 사방에 퍼진 상태라고 여겼다. 그는 다음과 같이 말했다.

"무릇 하늘의 푸르디푸른 것은 견고한 바탕이 있는 것이 아니다. 이른바 하늘이 어찌 오직 고원(高遠)하여 극(極)이 없는 것인가? 땅으로부터 올라가면 모두 하늘이다. 그러므로 위를 보고 아래를 보며 숨을 쉬는 것도 처음부터 하늘을 떠나는 것이 아니다."[2]

"기는 또한 무엇을 능가하지 못하겠는가? 비록 천지자연이 커도 오히려 태허(太虛)의 영역 한에서 편안하게 있는 것이니, 하물며 기가 서로 부추겨주는 것임에랴!"[3]

여기서 알 수 있듯이, 장담이 말하고 있는 "천(天: 하늘)"과 "태허(太

---

1 『列子』「天瑞」注. "夫混然未判, 則天地一氣, 萬物一形. 分而爲天地, 散而爲萬物. 此蓋離合之殊異, 形氣之虛實."
2 『列子』「天瑞」注. "夫天之蒼蒼, 非鏗然之質 ; 則所謂天者, 豈但遠而無所極邪? 自地而上則皆天矣. 故俯仰喘息, 未始離天也."
3 『列子』「天瑞」注. "氣亦何所不勝, 雖天地之大, 猶自安於太虛之域, 況乃氣相擧者也."

虛)"는 실질적으로 한 가지 일이며, 땅으로부터 위로 올라가면서 바로 무한한 우주의 공간을 "하늘"이라고 하는 것이며, 역시 모두 "태허"라고 부르는 것이다. 인류가 생존하는 지구와 그 밖의 천체는 기가 응취(凝聚)한 상태인데, 그것들은 태허의 기에 싸여 있으면서 그것에 의탁하고, 무한한 태허의 영역 안에서 떠다니는 것이다.

　장담은 일기(一氣)가 구성하는 전체 세계는 큰 측면에서 말하는 것은 물론이고 또한 작은 측면으로 말할 때도 모두 무궁무진하다고 여겼다. 그는 다음과 같이 말했다. "이미 무(無: 없음)라고 하였는데, 무엇이 밖에 있을 수 있겠는가? 이미 진(盡: 다함)이라고 하였는데 무엇이 중간에 있겠는가? 이른바 무극이 없음과 무진이 없음은 바로 참된 극[眞極]과 참된 다함[眞盡]이다."[4] 큰 측면으로 말하자면, 이미 우주를 "무극(無極)"이라고 지칭하였다면 그것이 삼라만상을 포괄하면서 극한(極限)이 없는 것임을 설명하는 것이다. 작은 측면에서 말하자면, "무진(無盡)"은 바로 최초의 작은 것에서부터 극점에 이른 것이므로 최초의 작은 것에는 "중간[中]"의 과정이 없는 것이다. "어떤 경우는 무극 밖에 다시 무극이 있고, 무진 속에 다시 무진이 있다고 말하는데, 그러므로 무극에 다시 무극이 없음이며 무진에 다시 무진이 없음임을 거듭 밝히는 것이다."[5] "무극"의 밖과 "무진"의 중간에는 다시 어떠한 것도 없으며, "무극"이 바로 무한대(無限大)이며, "무진"이 바로 무한소(無限小)이므로 이것이 바로 진극(眞極)과 진진(眞盡)이다.

　이 무한한 우주는 어떻게 존재하는가? 장담은 자기의 관찰과 추측에 근거하여 하나의 독특한 우주구조론(宇宙構造論)을 제기하였다. 그는 다음과 같이 말했다.

---

　4 『列子』「湯問」注. "旣謂之無, 何得有外? 旣謂之盡, 何得有中? 所謂無無極無無盡, 乃眞極眞盡矣."
　5 『列子』「湯問」注. "或者將謂無極之外更有無極, 無盡之中複有無盡, 故重明無極複無無極, 無盡複無無盡也."

"무릇 만물을 포함하고 있는 것은 천지(天地)이다. 천지를 포용하고 있
는 것은 태허(太虛)이다 무릇 태허는 무궁(無窮)하다. 천지는 유한하다.
무궁한 것으로 유한한 것을 포용하는 것이니, 천지가 꼭 형체를 지닌 것
의 큰 것일 필요는 없다."[6]

천지(天地)는 만물을 포함하며, 태허(太虛)는 천지를 포함한다. 태허는
무한하며, 천지는 유한하고, 무한한 태허 속에서 천지가 꼭 가장 큰 유
형의 존재일 필요는 없다. 무엇 때문에 이렇게 말하는 것인가? 왜냐하
면, "천지는 삼광(三光)을 뒤덮고, 사해(四海)를 포괄하여 큰 것으로 보면
크다. 그러나 구체적 형체를 지닌 사물존재들은 한계가 있다. 그 한계를
다하면 허(虛)가 아니고 무엇인가? 천지가 태허 속에 있는 것을 생각해
보면 있는 것 같고, 없는 것 같다."[7] 형체를 지닌 사물은 모두 유한한 것
이며, 천지도 비록 아주 크지만 태허 속에서는 여전히 분명하게 아주 작
은 것이다. "그러므로 사방의 영역에 것은 모두 크고 작은 것이 서로 형
상을 이루며 큰 차이를 이룬다. 지극한 무의 궁극을 미루어 가면 어찌
하나의 하늘에서 다할 것이며 하나의 땅에서 끝이겠는가? 천지는 만물
에 대해서 서로 감싸주고 번갈아가며 나라와 고을이 되는 것이니, 어찌
그 차고 비는 상황을 알며 그 수(數)를 헤아리겠는가?"[8] 사람들이 인식할
수 있는 영역에서 사물에 크고 작은 구별이 있으며 많고 적은 차이가 있
다는 것을 볼 수 있는데, 이것을 가지고 추론하자면, 무한한 우주 속에
오직 하나의 하늘만 있고 하나의 땅만 있다고 결코 말할 수 없는 것이

---

6 『列子』「湯問」注. "夫含萬物者天地, 容天地者太虛也. 夫太虛也無窮, 天地也有限.
　以無窮而容有限, 則天地未必之大者."
7 『列子』「湯問」注. "天地籠罩三光, 包羅四海, 大則大矣; 然形器之物, 會有限極. 窮
　其限極, 非虛如何? 計天地在太虛之中, 則如有如無耳."
8 『列子』「湯問」注. "故凡在有方之域, 皆巨細相形, 多少相懸. 推之至無之極, 豈窮
　於一天, 極於一地? 則天地之與萬物, 互相包裹, 迭爲國邑; 豈能知其盈虛, 測其頭
　數者哉？"

다. 천지가 만물을 포괄하는 것은 국가가 수많은 도시와 마을을 포함하고 있는 것과 같으며, 천지는 더 큰 것들을 포함하고 있는 것이다. 우주간의 허실(虛實) 상황·천지의 숫자는 분명하게 말할 수 없는 것이다. 장담은 천재적으로 우주가 하나의 차원만 있는 것이 아니라 다층의 차원이 있다고 추측하였다. 천지는 만물을 포함하며(그가 말하는 천지는 해와 달과 볼 수 있는 별들을 포괄하는 것이며 대략 태양계와 비교하여 더 큰 영역에 해당한다), 더 큰 것이 또한 천지를 포괄하고 있으며, 각 층의 차원은 서로 포함하고 있는데, 일층의 차원은 다른 일층의 차원에 비하여 더 크다. 장담이 공간적 무한성에 있는 우주에 대하여 이렇게 해석한 것은 중국 고대의 자연관 속에서 독창적인 견해이다.

장담은 우주공간의 무한성을 말할 때, 역시 우주가 시간적으로 무한성에 있다는 것도 논의하였다. 그의 입장에서 볼 때, 세계에 있는 모든 구체적 존재물들은 모두 끊임없는 생성변화 속에 있는 것이며, 생성되어 나오는 것은 모두 소멸하는 것으로서, "생성한 것은 반드시 죽음의 끝으로 돌아가고, 형체를 지닌 것은 허무로 돌아간다."[9] 이것은 만물이 모두 따라야만 하는 "자연의 이치이다."[10] 단지 사람만이 이와 같을 뿐이 아니고, 구체적 사물도 이와 같은데, 설령 천지가 이렇게 거대한 사물이라 하더라도 "시작이 있으면 반드시 끝이 있고, 형체를 이루고 있으면 반드시 이지러진다."[11] "무릇 큰 것과 작은 것은 서로 다르며, 긴 것과 짧은 것은 본성이 다른데, 비록 천지의 거대함과 수많은 품물들이라도 생성할 때의 구분에 관계되고 움직여 쓰이는 영역에 관계되는 것이니, 생존과 멸망은 저절로 그러한 자연의 법칙이다."[12] 생명이 있으면 죽음

---

9 『列子』「天瑞」注. "生者反終, 形者反虛."
10 『列子』「天瑞」注. "自然之數."
11 『列子』「天瑞」注. "有始之必終, 有形之必壞."
12 『列子』「天瑞」注. "夫巨細舛錯, 修短殊性, 雖天地之大, 群品之衆, 涉於有生之分, 關於動用之域者, 存亡變化, 自然之符."

이 있는 것이며, 이루어짐이 있으면 곧 무너짐이 있는 것이니, 어떤 것도 이런 운명에서 벗어날 수 없다. 그러나 각종의 구체적 사물의 생성과 죽음은 결코 전체 세계의 종결을 의미하는 것은 아니다. "건곤이 변화를 포함하고, 음양이 기를 받아서, 뭇 사물이 두루 운행하는 것이며, 옛것과 새것이 서로 교체하며, 한 번의 생성으로 멈추는 것이 아니고, 하나의 형체에서 다하는 것이 아니다. 그러므로 다함이 없는 것이다."[13] 하나의 생명이 죽으면 또 다른 하나의 것이 생성되는 것이다. 전체 세계는 바로 이렇게 무한한 새것과 옛것의 교체 과정 속에 영원히 존재하는 것이다.

이런 신진대사 과정은 어째서 무한하게 연속적으로 일어나는가? 만물을 구성하는 최후의 근거인 원기(元氣)는 생성하지도 않고 소멸하지도 않는 것이다. "기가 모이면 형체를 이루는 것이며, 흩어지면 끝맺는 것이니, 이것이 세계의 이른바 처음과 끝이다. 그러니 모이는 것은 실질적 형체를 시작으로 삼고 떨어져 흩어짐을 끝으로 삼는다. 흩어지는 것은 텅비어 광막함을 시작으로 삼고 실질적 형체를 끝으로 삼는다. 그러므로 서로 번갈아가며 끝과 시작이 되는 것인데, 이치로 볼 때 실제로 끝도 없고 시작도 없는 것이다."[14] 원기가 모이면 만물이 되고, 만물이 흩어지면 원기가 되는 것인데, 원기가 응축(凝縮)하여 쌓인 것과 흩어져 버린 것의 두 상태가 서로 교체하는 것이며 서로 처음과 끝을 이루는 것이니, "형체의 기가 변화하는 것이 지속되면서 옛것과 새것의 교체에 틈이 없는 것이다."[15] 이런 과정에는 실제로 처음과 끝의 구분이 없는 것이다.

---

13 『列子』「天瑞」注. "幹坤含化, 陰陽受氣, 庶物流形, 代謝相因, 不止於一生, 不盡於一形, 故不窮也."

14 『列子』「天瑞」注. "聚則成形, 散則爲終, 此世之所謂終始也. 然則聚者以形實爲始, 以離散爲終; 散者以虛漠爲始, 以形實爲終. 故迭相 與爲終始, 而理實無終無始者也."

15 『列子』「天瑞」注. "形氣轉續, 代謝無間."

장담은 과학의 수준과 인류 인식능력의 입장에서 모두 비교적 유치한 시대에 살았으면서도 이런 우주무한론(宇宙無限論)을 제시한 것이며, 아주 뛰어난 것이었다. 이런 그의 이론 속에는 몇 가지 아주 귀중한 사상이 포함되어 있다.

(1) 우주의 공간적 무한성은 유한한 천체의 수 위에 있는 무한성이다.

(2) 우주의 시간적 무한성은 유한한 사물의 신진대사 과정에 있는 무한성이다.

(3) 전체적으로 말해서, 우주무한 이론은 원기가 소멸되지 않는다는 사상을 근거로 삼는다.

유한 속에 무한이 포함되어 있다는 장담의 사상은 단지 노자·왕필 같은 유한의 밖에 있는 것을 회피하지 않을 뿐만 아니라, 장자·곽상 같이 직선적 방법으로 세계 시초의 원인을 추론하는 형이상학의 결함을 극복하고 있다. 당연히 그의 우주무한론은 직관과 추측에 기초하고 있으며, 또한 순환론의 오류를 지니고 있다.

(2) 장담의 현학귀무 학설

이상의 자료 속에서 우리가 볼 수 있는 것은 장담 철학 속의 원기론 사상이 매우 풍요로우며, 만약 이런 노선을 따라 발전해 갔다면 그는 본래 탁월한 원기론자가 되었을 것이라는 점이다. 그러나 시대사조(時代思潮)의 영향과 인식론상의 실수 때문에 그는 이 노선을 따라 지속적으로 나아가지 못하고 유심주의적 현학귀무론으로 전향(轉向)하게 되었다.

귀무론의 착안점은 복잡다단한 현상세계의 배후를 탐구하고 더 근본적인 것을 그것들의 근거로 삼을 수 있나 없나를 살피는 것이다. 장담은 이런 근거와 원인이 있는데, 그렇지 않다면 전체 세계는 바로 한 덩어리 죽은 사물이 되는 것이며, "형체의 기가 변화하는 것이 지속되면서 옛것과 새것의 교체에 틈이 없는" 과정도 바로 끝나게 된다고 보았다. 그는 "생성이란 생성할 수 있어서 생성하는 것이 아니고, 변화란 변화할 수 있어서 변화하는 것이 아니다. 바로 어쩔 수 없이 생성하는 것이며, 어쩔 수 없이 변화하는 것이다."[16]라고 하였다. 이것을 달리 말하자면, 만물의 생성변화는 모두 피동적인 것이며, 그것들 자체는 결코 생성변화의 능력을 갖추고 있지 않다. 그렇다면 만물의 생성변화의 근거는 궁극적으로 무엇인가? 장담은 대답하여 말하길, "형체와 소리와 색과 맛 등은 모두 홀연히 생성한 것이니, 스스로 생성할 수 있는 것이 아니다. 스스로 생성할 수 없으니, 무를 근본으로 삼는 것이다."[17]라고 하였다. 생성변화의 근거는 사물 내부에 있는 것이 아니고 사물의 외부에 있으며, 만물의 위에 거처하는 "무(無)"라야 비로소 그것들의 생성변화의 근거가 되는 것이다.

장담은 만물의 생성 변화 근거가 "무"이지 "유(有)"가 아니라는 것을 설명하기 위하여, 그는 수많은 구체적 논증을 지었는데, 아래와 같은 세 가지 점으로 귀납된다.

(1) "유(有)"는 구체적 존재물이며, 생성 변화의 체현자(體現者)이지만 생성 변화의 근거는 아니다. 생성 변화의 근거는 반드시 "유"와 구별되어야만 한다. 이런 이치를 설명하기 위하여 장담은 상수의 『장자주』를 인용하여 증명한다. 그는 다음과 같이 말했다. "나의 생성은 내가 생성한 것이 아니니, 생성이 저절로 생성한 것일 뿐이다. 생성을 생성시키는 것이 어찌 사물의 성질을 지니겠는가? (사물의 성질이 없는 것이다) 그러므로 자신은 생성하지 않는다. 나의 변화는 사물이 변화시킨 것이 아니니, 변화가 저절로 변화한 것일 뿐이다. 변화를 변화시키는 것이 어찌 사물의 성질을 지니겠는가? 사물의 성질이 없다. 그러므로 자신은 변화하지 않는다. 만약 사물을 생성시키는 것이 또한 생성하는 것이고, 사물

---

16 『列子』「天瑞」注. "生者非能生而生, 化者非能化而化也, 直自不得不生, 不得不化者也."

17 『列子』「天瑞」注. "形, 聲, 色, 味皆忽爾而生, 不能自生者也. 夫不能自生, 則無爲之本."

을 변화시키는 것이 또한 변화하는 것이라면, 사물과 함께 더불어 변화하는 것이 되니, 어찌 사물과 다를 수 있겠는가? 무릇 생성하지 않으며 변화하지 않는 것을 분명하게 밝힌 뒤에라야 비로소 생성과 변화의 근본이 된다는 것이다."[18] 일체만물은 모두 생성이 있고 변화가 있는 것이며, 사물을 생성 변화하게 하는 것은 자기 자체로 반드시 생성하지도 않고 변화하지도 않아야 하는데, 이 때문에 그것은 반드시 사물이 아니어야 한다. 만약 이것이 사물이라면 그 자체도 사물과 같이 끊임없이 생성 변화하는 것이므로 만물을 생성 변화하게 만드는 근거가 될 수 없는 것이다. 장담은 이러한 것과 사물을 구별하였는데, 그는 그것을 "무(無)"고 불렀다. "무"는 바로 사물이 아니라는 뜻이며, 어떤 물질적 속성도 지니지 않는 것이다. "유"는 "무"에 의존하여 생성하는 것이고, 기(氣)는 "무"에 의존하여 변화하는 것인데, 그러므로 "무"는 만물의 근본이라고 말하는 것이다.

(2) 세계의 사물은 무한한 다양성이 있으며, 각각의 하나로서의 "유"는 다만 개별적 존재물일 뿐이며, 개별적 존재물은 모든 사물의 생성 변화의 근거가 될 수 없는 것이다. "무릇 몸체가 한 곳에 적합하게 되어 있는 것이 다른 길로 나아가면 막히는 것이다. 왕필은 '형체는 반드시 구분되는 것이 있으며, 소리는 반드시 귀속되는 것이 있다. 만약 따뜻하다면 서늘할 수 없다. 만약 궁음이라면 상음이 될 수 없다.'라고 하였다."[19] "유"와 상반되게, "무"는 추상적인 보편자이며 어떤 구체적 규정성을 지니고 있지 않는데, 이 때문에 오로지 그것은 만물이 생성 변화하는 근거

---

18 『莊子注』. "吾之生也, 非吾之所生, 則生自生耳. 生生者豈有物哉? (無物也)故不生也. 吾之所化, 非物之所化, 則化自化耳. 化化者豈有物哉? 無物也, 故不化焉. 若使生物者亦生, 化物者亦化, 則與物俱化, 亦奚異於物? 明夫不生不化者, 然後能爲生化之本也." ■역주■ 이 문단은 『列子』「天瑞」張湛의 주에 인용된 상수(向秀)의 말이다.

19 『莊子注』. "夫體適於一方者, 造餘塗則閡矣. 王弼曰: '形必有所分, 聲必有所屬; 若溫也, 則不能涼; 若宮也, 則不能商.'"

가 될 수 있는 것이다. "무를 근본으로 삼는 것은 하나의 상에만 해당함이 없고, 하나의 맛에만 관계됨이 없기 때문에 형기(形氣)의 종주가 되며 모든 운동이 반드시 그것에 말미암는 것이다."[20]

(3) "유"는 생성이 있고 소멸이 있는 것이며, 전체 세계는 시작이 없고 끝도 없는 것이다. 생성이 있고 소멸이 있는 것은 전체 세계가 생성 변화하는 근거가 될 수 없다. "무"는 생성하지 않고 소멸하지도 않으며 고요히 운동하지 않고, 오로지 그것은 세계 생성 변화의 근거가 될 수 있는 것이다. "하나의 형체에만 극진히 발휘되는 것은 모두 시간의 변화에 따라 번갈아가며 변화해 가는 것이다. 그러므로 생성하는 것은 반드시 끝이 있고, 생성하는 사물을 생성하게 하는 것은 변화가 없다. 지무(至無)는 그러므로 만물 변화의 종주가 될 수 있는 것이다."[21]

이런 논술을 따라서 볼 때, 장담은 "무"를 만물의 근본으로 보는 것에서 왕필과 기본적으로 일치하는데, 그러므로 그의 철학은 귀무론이라고 말하는 것이다. 다른 점은 곽상의 영향을 받았기 때문에 장담은 왕필이 말한 "유는 무에서 생성한다[有生於無]."는 사상을 부정하는 것이다. 왕필 귀무론의 주된 요지는 "유의 시작은 무를 근본으로 삼는다."[22]는 본체론이다. 그러나 그의 철학은 노자철학 속에서 모방하고 변화시켜 나온 것이기 때문에 불가피하게 "유는 무에서 생성한다."는 생성론의 흔적을 지니게 된 것이다. 이에 대하여 곽상은 반박하면서 "무는 없는 것이니, 유를 생성할 수 없는 것이다."[23]라고 하였다. "무"는 바로 없는 것이고, 바로 존재하지 않는 것이니, 존재하지 않는 것이 어찌 "유"를 생성할 수 있겠는가? "그렇다면 생성을 생성시키는 것은 누구인가? 결단코 저

---

20 『莊子注』. "無爲之本, 則無當於一象, 無系於一味; 故能爲形氣之主, 動必由之者也."
21 『莊子注』. "夫盡於一形者, 皆隨代謝而遷革矣; 故生者必終, 而生生物者無變化也. 至無者, 故能爲萬變之宗主也."
22 『老子注』40장. "有之所始, 以無爲本."
23 『莊子注』「齊物論」注. "無卽無矣, 則不能生有."

절로 생성하는 것이다."²⁴ "사물이 각자 저절로 생성하면서 의존하는 것이 없는데, 이것이 천지자연의 바른 모습이다."²⁵ 만물은 모두 "저절로 생성하는 것"이지, 무(無) 속에서 생성되는 것이 아니다. 장담은 곽상의 이런 사상을 흡수하여 자기의 귀무론 속에 "자생설(自生說)"을 받아들였다. 그는 다음과 같이 말했다. "생성이라고 말하는 것은 무(無)가 아니다. 무라는 것은 생성하는 것이 아니다. 그러므로 유와 무는 서로 생성하는 것이 아니니, 이치가 이미 그러하다면 유는 무엇을 말미암아 생성하는가? 홀연히 저절로 생성하는 것이다. 홀연히 저절로 생성하는 것은 그 생성의 원인을 알지 못하는 것이다. 생성의 근원을 알지 못하니, 생성은 근본이 무와 같다. 근본이 무와 같지만 없는 것이 아니다."²⁶ 여기에서 장담은 명백하게 확실히 유와 무가 서로 생성하지 않는 것이라고 주장하였다. 그러나 다른 곳에서 그는 또 "유가 유로 되는 것은 무에 의지하여 생성하는 것이다."²⁷라고 주장하였다. 두 가지 표현의 사이에는 모순이 없는 것인가? 사람들의 오해를 피하기 위하여, 장담은 스스로 이 문제에 대하여 해석하면서, "생성은 반드시 무에 말미암는 것이지만 무는 유를 생성하지 않는다고 말한다. 이는 운동을 영묘하게 하는 공능은 반드시 무에 의존하는 것이기 때문에 살아 움직이는 것을 지칭하는 것이며, 구체적 일에 따라서 성립하는 것이다."²⁸라고 말했다. "살아 움직이는 것을 지칭하는 것이며, 구체적 일에 따라서 성립하는 것"이라는 구절에서 "살아 움직이는 것[生動]"이라는 말은 다양한 곳에서 다양한 용법

---

24 『莊子注』「齊物論」注. "然則生生者誰哉? 決然而自生耳."
25 『莊子注』「齊物論」注. "物各自造而無所待焉, 此天地之正也."
26 『列子』「天瑞」注. "謂之生者則不無; 無者則不生. 故有無之不相生, 理旣然矣, 則有何由而生? 忽爾而自生. 忽爾而自生, 而不知其所以生; 不知所以生, 生則本同於無. 本同於無, 而非無也."
27 『列子』「天瑞」注. "有之爲有, 恃無以生."
28 『列子』「天瑞」注. "言生必由無, 而無不生有. 此運通之功必賴於無, 故生動之稱, 因事而立耳."

으로 쓰이고 있다. "생성은 반드시 무에 말미암는 것"의 "생성[生]"은 "운동을 영묘하게 하는 공능은 반드시 무에 의존하는 것"을 의미하는 것인데, 이를 달리 말하자면, 만물의 생성 변화는 반드시 "무"의 작용에 의지해야만 비로소 가능하다는 것이다. "무는 유를 생성하지 않는다."는 것은 만물이 허무(虛無)로부터 생성되어 나오는 것이 아니라는 말이다. 장담의 귀무론은 오직 만물의 생성 변화가 "무"라는 본체에 의존하는 작용이라는 것을 주장하는 것이지, "유가 무에서 생성한다."는 것을 다시 더 주장하지 않는다. 그의 원기론 속에서도 이런 학설이 생성론과 아주 유사하게 있지만, 그는 이제까지도 천지자연의 만물이 어디에서 생성되는 것인지 논의한 적이 없으며, 단지 세계가 처음과 끝이 서로 따르는 무한한 과정이라는 것을 주장하였는데, 이런 학설은 결코 생성론이 아니다. 장담과 왕필의 입장에서 유와 무의 관계에 대한 이런 구별점은 중요한 것이며, 장담은 자연관 속에서 "유는 무에서 생성한다."라는 생성론의 잔재를 없애버렸기 때문에 이어서 자기의 귀무론 학설에 전형적인 본체론 성격을 가미할 수 있게 되었다.

장담의 철학 중에서 "무"는 만물 생성변화의 근거라는 점 이외에도 또 다른 의미 —"무"는 만물 생성 변화의 필연성과 법칙이라는 의미— 가 있다. 그의 이해에 따르면, 각종 사물의 생성 변화는 모두 일정한 형식과 경향이 있으며, 그는 이런 형식과 경향을 "이치[理]"라고 불렀다. "생성에는 반드시 이치가 있고, 형체는 반드시 생성에 말미암는다. 생성이 있으면서 이치가 없는 것은 없고, 형체가 있으면서 생성이 없는 것은 없다. 생성과 형체 그리고 형체와 이치는 비록 정밀하고 조잡한 차이가 있지만, 서로 번갈아가며 손님과 주인의 역할을 한다. 왕복하며 유동하는 것은 잠시도 멈추는 것이 없다. 이 때문에 변화하고 움직이는 것은 멈추지 않으면서 혹은 모였다가 혹은 흩어졌다 한다. 그것을 위무함에 이치가 있으면 공능은 잠기고 일은 드러난다. 그것을 정리할 때 법도를 잃으면 흔적이 드러나고 변이(變異)가 나타난다."[29] 개별 사물의 생성은 모두 일정한 "이치"를 따르는데, 이것은 서로 다른 사물의 근거가 되는 서로 다른 이치이다. 이것 이외에도 만물은 또 공동의 "지리(至理)" 또는 "도(道)"를 지닌다. 그는 다음과 같이 말했다. "네모진 것과 둥근 것 그리고 고요함과 조급함은 이치를 함께할 수 없는 것이다. 그러니 형체대로 일이 있음을 탐구해보면, 명분(名分)은 서로 간섭할 수 없는 것이다. … 무릇 한 곳에 매여 있는 것은 형체의 개별성에 제한되는 것이다. 그러나 도가 운행하는 것은 늘 그윽하게 두루 통하여 의지하는 것이 없다."[30] 네모진 것과 둥근 것 그리고 고요함과 조급함에는 각각의 이치가 있고, "도"는 "그윽하게 두루 통하여 의지하는 것이 없는데", 이를 달리 말하자면, 오직 "도"가 있어야만 일체의 만물을 두루 포용할 수 있고, 모든 사물의 존재와 발전을 규정하는 것이다.

이상의 서술은 바로 장담 자연관의 대략적인 내용이다. 이런 자연관은 비록 풍부한 원기론 사상을 포함하며 많은 합리적 요소와 치밀한 견해를 지니고 있지만, 그것은 여전히 일종의 유심론이다. 장담은 어디에서 실수를 하여 유심론으로 들어간 것인가? 장담은 왕필과 같이 현상세계에 대한 이해에 만족하지 않고, 현상세계의 배후로 깊이 들어가서 현상세계의 근거를 인식하고자 하였다. 이것은 중국 고대 인식론상에서 현상과 본질의 관계 문제를 언급하였으며, 의심할 바 없이 중대한 진보이다. 이 문제에서 변증법적 유물주의는 본질과 현상이 불가분의 통일체라고 여긴다. 본질은 현상의 근거이며, 현상은 본질의 표현인데, 어떠한 본질도 모두 현상을 통하여 표현되는 것이며, 어떤 현상도 모두 본질을 표현하는 것으로서, 현상을 떠나면 바로 이른바 본질도 없는 것이다.

---

29 『列子』「周穆王」注. "夫生必由理, 形必由生. 未有有生而無理, 有形而無生. 生之與形, 形之與理, 雖精粗不同, 而迭爲賓主. 往復流遷, 未始暫停. 是以變動不居, 或聚或散. 撫之有倫, 則功潛而事著; 修之失度, 則跡顯而變彰."

30 『列子』「天瑞」. "方員靜躁, 理不得兼; 然尋形卽事, 則名分不可相幹. … 凡滯於一方者, 形分之所閡耳. 道之所運, 常冥通而無待."

그러나 장담은 왕필과 같이 현상세계 밖에서 본질을 찾았으며, "유" 밖에서 "무"를 찾아내어 세계의 본체로 삼았다. 이것은 의심할 바 없이 잘못된 것이며, 이 때문에 자기 스스로 유심론에 빠지게 한 것이다.

장담의 또 다른 인식론상의 실수는 운동과 물질을 분리한 것이다. 물질세계는 무엇 때문에 생성 변화할 수 있는 것인가? 이 문제에 대하여 장담과 곽상의 회답은 분명하게 상반된다. 곽상의 입장에서 볼 때, 만물의 생성에는 원인이 없으며 원인이 없이 변화하는 것인데, 이것을 바로 "자생(自生: 저절로 변화함)"이라고 하는 것이며, 만물의 변화에도 원인이 없고 원인이 없이 변화하는데, 이것을 바로 "자화(自化: 저절로 변화함)"라고 하는 것이다. 장담은 이런 의견에 동의하지 않았으며, 그는 어떤 것의 생성 변화에도 원인이 없을 수 없다고 여겼으므로 무인론(無因論)은 발붙일 틈이 없는 것이다. 그러나 그는 사물의 내부에서가 아니라 사물들 사이의 상호관계 속에서 이 원인을 찾아서 주의력을 세계의 외부로 집중하였고, 상상을 발휘하여 물질과 다른 "무"를 세계 생성 변화의 근거로 보았다. 곽상의 무인론은 형이상학적이고, 장담의 외인론(外因論)도 마찬가지로 형이상학적이다. 형이상학은 유심주의를 향한 중요한 경로인데, 장담은 이런 경로를 통하여 유심주의로 향하게 되는 것이다.

2 이치의 추리理推와 현묘한 관조玄照 – 장담의 인식론

현학가의 인식론은 대체로 유한(有限)을 초월하여 무한(無限)을 파악하는 것 그리고 현상을 초월하여 본체를 파악할 것을 주장한다. 이 때문에 인식론상으로 그들은 모두 다 귀와 눈으로 듣고 보는 것을 중시하지 않고, 이치의 추리[理推]와 현묘한 관조[玄照]에 호소한다. "이치의 추리[理推]"는 논리적 추리를 말하고, "현묘한 관조[玄照]"는 바로 이성의 직관

(直觀 또는 "直覺"이라고 함)인데, 두 가지는 비록 모두 이성의 인식에 속하는 것이지만, 그것들 사이에는 또한 본질적 구별이 있다. "이치의 추리"는 논리적 사유이면서 일정한 논리적 형식에 비추어 추론하는 것이다. "현묘한 관조"는 논리적 사유가 아니면서 고정된 형식이 없어서 거의 따르는 법칙이 없으며, 자유롭고 직접적인 관조(觀照)이다. 장담 이전에는 위진 현학가들이 이런 두 가지 인식형식에 대하여 각각 치우침이 있었다. 혜강은 "이치의 추리"를 중시하였고, 곽상은 "현묘한 관조"의 경향이 있었는데, 그들은 각각 서로 다른 경로로 "지리(至理)"를 파악하였다. 장담의 인식론은 "이치의 추리"와 "현묘한 관조" 두 가지 형식을 겸하였고 아울러 이러한 두 가지 형식을 두 가지 서로 다른 영역에서 운용하였다.

(1) 장담의 "이치의 추리" 방법

혜강은 자연관에서 원기론을 유지하였고, 인식론에서는 "이치의 추리" 이론을 유지하였다. 장담의 자연관에서 원기설의 요소가 있고, 이런 영역 속에도 "이치의 추리" 이론이 있다. 원기설과 "이치의 추리" 이론은 일종의 내재적 연관을 지니고 있다.

앞에서 서술한 바와 같이 장담의 원기설 속에는 우주가 무한(無限)하다는 사상이 포함되어 있고 또한 자기의 이해를 근거지우기 위해 한 폭의 우주 구성 모형을 그려내고 있다. 그렇다면 그는 어떻게 우주가 무한하다는 것을 알았는가? 그는 "무를 궁구하고 유를 다하고자 하나 미루어 추론할 바를 알지 못하겠다."[31]라고 하였다. 이것을 달리 말하자면, 그는 과학적 실험에 의존하지 않고, 귀와 눈이 듣고 보는 것에 의존하지도 않으며, 논리적 추리에 의존한 것이다. 장담은 세계의 무한성이 감각과 경험으로 실증할 방법이 없는 것이며, 사람들의 감각과 경험이 매우 유

---

31 『列子』「湯問」注. "欲窮無而限有, 不知而推類也."

한하고 인식할 수 있는 영역도 아주 적어서, 광대무변(廣大無邊)한 우주에 대하여 어찌할 수 있는 힘이 없다고 이해하였다. 그는 다음과 같이 말했다.

"무릇 온갖 일들은 이치로 추리할 수 있지만, 감각기관으로 증명할 수는 없다. 그러므로 심지(心智: 사고능력)가 미쳐서 아는 것은 믿고, 인식의 한계가 있는 것을 알지 못하는 것은 얕은 지식이다. 귀와 눈으로 듣고 보는 것을 진실하게 여기고 보고 듣는 것이 한계가 있는 것을 알지 못하는 것은 속된 사류이다. 달인(達人)에 이르면 심지(心智)가 막힌 곳을 융해시키고, 인식의 범위 밖에 있는 신묘한 이치를 깊이 깨닫게 되며, 보고 듣는 것의 한계를 탁 트이게 하고 인식대상의 밖에 있는 기이한 형상을 심원하게 터득한다. 만약 사유를 일정한 방소(方所) 안에 묶어 두고서 드넓은 우주에서 종종걸음을 치고 있는 자가 상고 시대의 삼황오제에 관한 전적 속에 이치의 묘사가 다 발휘되어 있고, 황제(黃帝)의 『귀장역(歸藏易)』이 온 세상의 이치를 다 궁구(窮究)했다고 말한다면, 어찌 태허(太虛)의 광활함에서 작은 것은 안으로 한계가 없고 큰 것은 밖으로 끝이 없으며, 천지자연을 한 집으로 삼고 만물을 떠다니는 먼지로 여기는 것을 알 수 있겠는가? 모두 그 당시의 짧은 견해에 얽매여서 혼미한 채로 함께 죽는 것이다."[32]

장담이 사용한 "이치의 추리" 방법에는 아래와 같은 두 가지 종류의 형식이 있다.

---

32 『列子』「湯問」注. "夫萬事可以理推, 不可以器征. 故信其心智所知及, 而不知所知之有極者, 膚識也; 誠其耳目所聞見, 而不知視聽之有限者, 俗士也. 至於達人, 融心智之所滯, 玄悟智外之妙理; 豁視聽之所閡, 遠得物外之奇形. 若夫封情慮於有方之境, 循局步於六合之間者, 將謂寫載盡於三墳五典, 歸藏窮於四海九州, 焉知太虛之遼廓, 巨細之無垠, 天地爲一宅, 萬物爲遊塵? 皆拘短見於當年, 昧然而俱終."

1. 작은 것으로 큰 것을 비교하는 것[以小比大]. 작은 것으로 큰 것을 비교하는 것은 일종의 유비(類比)의 방법이며, 유비를 통하여 사람들이 자기의 경험과 상식 속에서 경험을 벗어나는 도리를 추론하게 하는 것이다. 장담은 이런 방법을 비교적 많이 사용하고 있다. 예를 들면 대지(大地)와 천체(天體)와 오대(五大) 선산(仙山)³³을 유비하여 각종의 천체가 태허(太虛) 속에 떠도는 것이라고 단정하였다. 그는 다음과 같이 말했다. "이와 같은 산은 마치 바다 위에 떠다니는 것과 같은데, 이것을 가지고 추론해보면, 무릇 형체를 지니고 있는 영역이 모두 태허(太虛) 속에 맡기어 존재하는 것이므로 고정된 근본이 없다."³⁴ 오대 선산에서 각각의 산들은 "위 아래로 3만 리에 걸쳐 있으며 그 정상은 9천 리에 펼쳐져 있다. 산들 사이에는 서로 7만 리를 떨어져 있으면서 이웃하고 있다."³⁵ 저렇게 큰 산은 모두 바다 위에 떠도는 것인데, 각종의 천체도 태허 속에서 떠도는 모습으로 있을 수 있음을 알 수 있다. 또 다른 예로 그는 칼과 숫돌이 서로 연마하는 것과 우공(愚公)이 산을 옮기는 것을 서로 비교하면서 큰 산은 당겨서 흔들 수 있다고 보았다. 그는 다음과 같이 말했다. "세상 사람들은 작은 것을 쌓아서 높고 큰 것일 이룰 수 있음을 알지만 많은 것을 덜어서 소량(少量)이 될 수 있음을 깨닫지 못한다. 무릇 구층의 높은 건물은 한 줌의 흙덩이에서 시작하고, 높은 언덕은 끝내 깊은 계곡이 되는 것이다. 진실로 수고로운 공을 멈추지 않으면서 아침저녁을 가리지 않고 하면 아주 작은 것이라도 축적되지 않을 수 없고, 거대한 것도 이지러지지 않을 수 없는 것이다. 이제 숫돌과 칼이 서로

---

33 역주 선산(仙山): 신선들이 산다는 전설 속의 산을 말한다. 여기에서는 『열자』 「탕문」에 나오는 다섯 개의 선산, 즉 대여산(岱輿山), 원교산(員嶠山), 방호산(方壺山), 영주산(瀛洲山), 봉래산(蓬萊山)을 말한다.

34 『列子』「湯問」 注. "若此之山猶浮於海上, 以此推之, 則凡有形之域皆寄於太虛之中, 故無所根蒂."

35 『列子』「湯問」. "高下周旋三萬里, 其頂平處九千里. 山之中閒相去七萬里, 以爲鄰居焉."

갈기를 끝없이 하면 장차 그것이 다 닳을 것을 안다. 두 가지 일들이 이와 같다면 깊은 산과 골짜기가 닳아 없어지고 가득 차게 되는 것은 의심할 것이 없다. 만약 큰 것과 작은 것 그리고 느린 것과 빠른 것을 의심하는 자라면 미루어 추론할 수 없는 것이다."[36] 이미 작은 것을 갈아서 다 닳게 할 수 있다면, 우공(愚公)이 산(山)을 옮기는 것도 "반드시 그 일을 그치지 않으면 산은 평평하게 될 수 있는 것이다."[37]

2. 유한(有限)으로 무한(無限)을 추론하는 것. 이것은 수량(數量) 관계의 다양한 적용이다. 장담은 다음과 같이 말했다. "위아래 둘레 3만 리의 산을 한 마리 자라가 머리에 이고 있는데, 이 자라 여섯 마리는 다시 한 번의 낚시질로 잡으며, 용백(龍伯)의 나라 사람은 그 자라를 한꺼번에 짊어질 수 있으며, 또한 그 뼈를 뚫어서 점복(占卜)을 쳤으니, 이 사람의 형체를 헤아려 볼 때 마땅히 백여 만 리에 이른다. 이는 곤이 변화하여 된 대붕(大鵬)에 비교하면 마치 모기·파리·벼룩·이 같은 것일 뿐이다. 그러니 태허가 받아들이는 것에 또한 어찌 포용하지 않는 것이 있겠는가?"[38] 오대 선산에서 각각의 산들은 위 아래로 3만 리에 걸쳐 있으며 그 정상은 9천 리를 펼쳐져 있는데, 이것은 상당히 큰 것이다. 그러나 이 산들은 오히려 큰 자라가 머리 위에 이고 다니는 것이니, 큰 자라가 더욱 크고 특별한 것임을 알 수 있다. 이렇게 큰 자라는 또한 한 번에 용백이라는 나라의 거인이 하는 낚시질에 여섯 마리가 걸리는데, 매우 수월하게 여섯 마리의 큰 자라를 잡는 것이다. 용백이라는 나라의 거인

---

36 『列子』「湯問」注. "世咸知積小可以高大, 而不悟損多可以至少. 夫九層起於累土, 高岸遂爲幽谷. 苟功無廢舍, 不期朝夕, 則無微而不積, 無大而不虧矣. 今砥礪之與刀劍, 相磨不已, 則知其將盡. 二物如此, 則邱壑消盈無所致疑. 若以大小遲速爲惑者, 未能推類也."

37 『列子』「湯問」注. "必其不已, 則山會平矣."

38 『列子』「湯問」注. "以高下周圍三萬里山而一鼇頭之所戴, 而此六鼇復爲一釣之所引, 龍伯之人能並而負之, 又鑽其骨以卜, 計此人之形當百餘萬里. 鯤鵬方之, 猶蚊蚋蚤虱耳. 則太虛之所受, 亦奚所不容哉?"

은 얼마나 크겠는가? 최소한으로도 백만여 리는 된다. 이렇게 큰 거인은 하나에 그치는 것이 아니라 하나의 국가를 지닐 수도 있는데, 이런 점으로 추론해 보면 태허의 영역은 어떤 것이라도 모두 쉽게 용납하는 것이다. 장담의 이런 추론에는 논리성이 있으며, 그는 선산(仙山)의 크기를 가지고 거대한 자라의 크기를 돋보이게 하였고, 거대한 자라의 크기로 거인의 크기를 돋보이게 하였으며, 다시 거인의 크기를 가지고 우주의 크기를 돋보이게 하면서, 유한한 사물로부터 점진적으로 우주의 무한으로 미루어 나아간 것이다.

장담의 우주의 무한성에 대한 추론에는 또한 다른 형식도 있는데, 예를 들면 위의 한절에서 이야기한 그의 우주 "무극(無極)"·"무진(無盡)"에 대한 분석은 바로 형식논리의 모순율을 이용한 판단이다. 요컨대, 장담의 "이치의 추리" 방법은 주로 형식논리의 방법이며, 그는 형식논리를 가지고 인식론에 운용하여 그로 하여금 귀와 눈으로 듣고 보는 것의 한계를 극복하고 유한한 사물 속에서 우주의 무한성을 인식하는 데로 나아가게 하였다. 이것이 그의 인식론 속에서 취할 만한 한 측면이다.

(2) 장담의 "현묘한 관조[玄照]" 이론

"현묘한 관조[玄照]"와 "이치의 추리[理推]"는 두 가지의 전혀 다른 인식 방법이며, "이치의 추리"는 논리적 추리에 의존하여 유한(有限)한 것으로부터 무한(無限)한 것을 추론하는 것이며 이미 알고 있는 것으로부터 아직 알지 못하는 것을 추론해 내는 것이다. "현묘한 관조"는 유한한 것으로부터 무한한 것에 이르는 것이 없고, 이미 알고 있는 것으로부터 아직 알지 못하는 것 사이의 중간 고리가 없다. 다시 말하자면, 그것은 논리적 추리를 이용하여 양자를 연결시키는 것이 아니라 유한한 것과 이미 알고 있는 것을 깨끗하게 벗어나서 직접 무한한 것과 아직 알지 못하는 것을 파악하는 것이다.

무한한 것과 아직 알지 못하는 것을 직접 파악하는 것은 당연히 귀와 눈의 감각기관에 의존할 수 없는 것이며, "무릇 심지(心智: 사고능력)를 사용할 때에 귀와 눈에 의존하여 보고 듣는 자는 지극히 은미한 대상사물을 볼 수 없다."[39] 귀와 눈을 통한 심지를 사용하지 않으면 무엇을 사용하는 것인가? "신(神)"을 사용하는 것인데, "신이라는 것은 고요하게 이루어지는 현묘한 관조일 뿐이며, 눈에 의탁하는 것이 아니다."[40] 장담은 다음과 같이 말했다. "무릇 형질(形質)의 몸은 심지가 머무는 실제의 집이다. 귀와 눈은 보고 듣는 것의 창문이다. 신(神)이 진실로 환히 밝아지면 보고 듣는 것이 창문을 통하지 않고서도 상세히 살핌이 장벽 안에 갇히지 않는다."[41] 사람은 천지자연의 기로 결합되어 생겨나는 것인데, "정신(精神)의 하늘의 분유(分有)이며, 육체는 땅의 분유이다."[42] "어떤 생명이 형체가 없을 것이며, 어떤 형체가 기(氣)가 없을 것이고, 어떤 기가 신령함이 없을 것인가? 그러니 심지(心智)와 형체는 음양으로 된 일체이고, 한 곳으로 쌓인 일기(一氣)이다. 그 형체를 떠나서 근본으로 돌아가면 사후의 참된 귀숙처(歸宿處)로 돌아가는 것이니, 나는 무화(無化)된 것이다."[43] 살아 있는 어떤 사람도 모두 형질과 정신의 두 부분을 지니고 있으며, 형질은 정신의 거주(居住) 장소이고 귀와 눈은 정신의 창문이니, 만약 정신이 얽매이는 바가 없으면 바로 귀와 눈에 의지하지 않고 직접 관조할 수 있는 것이다.

장담은 정신의 직접적 관조와 귀와 눈이 보고 듣는 것이 다르고, 귀와 눈은 형질에 속하면서 제한성이 있는 것이고, 정신은 형질을 지니고 있지 않기 때문에 제한성이 없다고 보았다. 그는 다음과 같이 말했다.

---

39 『列子』「湯問」注. "夫用心智賴耳目以視聽者, 未能見至微之物也."
40 『列子』「仲尼」注. "神者, 寂然玄照而已, 不假於目."
41 『列子』「仲尼」注. "夫形質者, 心智之實宇. 耳目者, 視聽之戶牖. 神苟徹焉, 則視聽不因戶牖, 照察不関牆壁耳."
42 『列子』「天瑞」. "精神者, 天之分; 骨骸者, 地之分."
43 『列子』「天瑞」注. "何生之無形, 何形之無氣, 何氣之無靈? 然則心智形骸, 陰陽之一體, 偏積之一氣; 及其離形歸根, 則反其眞宅, 而我無物焉."

"이른바 신(神)은 달리지 않아도 빠르고 가지 않아도 이른다. 가까운 일로 비유하자면, 가령 옷을 입고 잠깐 잠든 사이에 하룻밤이 지나고, 꿈에 백년의 일이 지나거나 본 것 중에 아주 멀리 떨어져 있는 지역의 사물이 있기도 한다. 깨어 있을 때에는 눈 깜짝할 사이에 거듭 세상의 밖을 좇는다. 뻗치는 생각과 넘치는 생각도 오히려 이와 같으니, 하물며 신묘한 마음(神心)의 움직임이 형체의 기관에 의존하지 않고 두루 원만하게 현묘한 관조를 하는 것이 고요히 태허에 집중하는 것임에랴!"[44]

정신은 시간과 공간의 제약을 받지 않아서 백년의 일과 아주 멀리 떨어져 있는 지역의 사물을 볼 수 있고, 순식간에 온 세상을 두루 다닐 수 있으며, 지극히 큰 것과 지극히 은미한 것에 대해서도 모두 파악할 수 있는 것이므로 무한한 우주와 세계의 본체를 인식할 때에 "현묘한 관조"를 사용하는 것이지 귀와 눈, 심지(心智)를 사용할 수 없는 것이다.

그렇다면 정신은 어떤 상태라야 비로소 "현묘한 관조"를 할 수 있는가? 장담은 다음과 같이 말했다. "지(智)라는 것은 알지 못하는 사이에 저절로 아는 것이다. 지(智)를 잊기 때문에 알지 못하는 것이 없고, 지(智)를 사용하면 할 수 있는 것이 없다. 신(神)을 체인하고 홀로 운용하며 감정을 잊고 이치에 맡김을 알면 고요히 현묘한 관조를 할 수 있다."[45] 정신이 "현묘한 관조"를 하고자 생각하면 바로 지(智)를 잊고 신(神)을 체인하며, 감정을 잊고 이치에 맡겨야 하는 것이다. "영묘한 지혜로 고요히 감응하여 언제나 완전하게 되고"[46] "속으로 품고 있는 것을 잊으면 그윽하게 관조하지 못함이 없는 것이다."[47] 오직 "고요하게 있으면서 움직

---

44 『列子』「周穆王」注. "所謂神者, 不疾而速, 不行而至. 以近事喩之, 假寐一昔, 所夢或百年之事, 所見或絶域之物. 其在覺也, 俯仰之須臾, 再撫六合之外. 邪想淫念, 猶得如此, 況神心獨運, 不假形器, 圓通玄照, 寂然凝虛者乎!"

45 『列子』「仲尼」題註. "智者不知而自知者也. 忘智故無所(應作"不")知, 用智則無所能. 知體神而獨運, 忘情而任理, 則寂然玄照者也."

46 『列子』序. "神惠以應寂常全."

이지 않고 모두 그 지(智)를 잊어야만"[48] 비로소 "신(神)의 이치가 홀로 움직여서 감응하여 두루 통하지 않음이 없게 된다."[49]

장담은 정신이 매우 자유로운 것이라고 보았는데, 만약 정신을 형질의 몸과 사려작용의 속박에서 벗어나게 한다면 자유롭게 관조할 수 있다는 것이다. 정신을 자유로운 관조의 상태에 이르게 하고자 하는 것은 쉬운 일이 아닌데, 이것은 단지 형질의 몸을 잊어버리고 귀와 눈의 감각 기관 제한을 받지 않아야 할 뿐만 아니라 언어와 뜻을 함께 잊어서 무언(無言)·무지(無知)에 도달해야만 하는 것이다. 장담은 다음과 같이 말했다. "무릇 무언(無言)은 유언(有言)의 종주이다. 무지(無知)는 유지(有知)의 종주이다. 지인(至人)의 마음은 탁 트여서 태허에 환히 밝고 사물 대상에 감응하여 말하는 것이라서 내 주관의 말이 아니고, 사물 대상에 나아가 아는 것이라서 내 주관의 앎이 아니다. 그러므로 하루 종일 말하지 않아도 깊은 침묵을 한다는 소리가 없고, 하루 종일 앎을 사용하지 않아도 마음을 졸이면서 사유한다는 말이 없다. 그러므로 말하지 않음이 없고 알지 못함이 없는 것을 얻는다."[50] 사람의 정신은 귀가 소리에 미혹되지 않고, 눈이 색에 얽매이지 않으며, 입이 소리를 가리지 않고, 마음이 지식을 쓰지 않아서 안[주관]과 밖[객관]이 그윽하게 합일하는 경지에 이르면 바로 모든 것을 다 알 수 있다. 이것은 분명히 감각을 초월하는 비논리적 직관주의 학설이다.

장담의 인식론은 혜강의 "이추(理推: 이치의 추리)" 이론과 곽상의 "명합(冥合: 그윽한 합일)"이론을 겸용한 것이지만, 또한 양자를 통일할 수는 없었기 때문에 그의 인식론 중에서 "이치의 추리"와 "현묘한 관조"는 각

---

47 『列子』序. "忘懷則無幽不照."
48 『列子』「仲尼」注. "寂然不動, 都忘其智."
49 『列子』「仲尼」注. "神理獨運, 感無不通矣."
50 『列子』「仲尼」注. "夫無言者有言之宗也; 無知者, 有知之主也. 至人之心豁然洞虛, 應物而言, 而非我言; 卽物而知, 而非我知; 故終日不言, 而無玄默之稱; 終日用知, 而無役慮之名. 故得無所不言, 無所不知也."

각 독립적이면서 서로 관계가 없다. 그는 "이치의 추리" 이론 중에서 자각적으로 논리적 추리를 운용하면서 감각경험의 제한성을 타파하여, 우주 무한성의 인식론상에서 기뻐할 만한 성과를 획득하였다. 비록 그의 추리 방법이 비교적 유치하고 심지어 어떤 면에서 논리와 부합하지 않는 곳도 있지만, 그 기본 경향은 긍정할 만한 가치가 있다. 이와 달리 그의 "현묘한 관조" 이론은 실수가 매우 많아서 신비(神秘)로 넘어간다. 현대의 사유(思惟) 학문은 자유직관(自由直觀)이 확실히 비자각적인 의식과 밀접한 관련이 있으며 사람들이 자유롭게 관조할 때 종종 잠재의식 상태에 처하고 있음을 증명하였지만, 비자각적 의식은 결코 무의식이 아니다. 장담의 "현묘한 관조" 이론은 단지 귀와 눈이 보고 듣는 것을 배제하고자 할 뿐만 아니라 심지(心智)의 사려 작용도 배제하고자 하는 것인데, 그는 직관 자체가 바로 일종의 의식형태이며, 직관이 대량의 감각경험과 자각적 의식의 배합을 떠나는 것은 불가능하다는 것을 이해하지 못했다. 게다가 직관은 인식과정 속에서 단지 우연히 발생하는 것이지, 결코 일상적인 형식이 아닌데, 그것은 비록 일정한 조건하에서 사람은 새로운 발견에 이르게 할 수 있지만, 인식대상 일체를 밝게 관조하여 모든 것을 다 알 수는 없는 것이다. 당연히 자유직관이라는 인식형식에 대하여 오늘날 사람들이 알고 있는 것이 매우 적은 상황에 처해 있으므로 장담의 "현묘한 관조" 이론 속에 있는 신비한 색채는 불가피한 것이다.

3 무위론과 순성론 – 장담의 사회정치관

위진 현학가들의 정치사상에 공통적으로 있는 것은 모두 "저절로 그러함에 내맡김[任自然]"을 주장하는 것이다. 그러나 서로 다른 사람들의 입장에서 "저절로 그러함에 내맡기는 것"이라는 방법은 그다지 똑같지는 않은데, 하안과 왕필은 "무위론(無爲論)"을 견지하고, 혜강과 완적은 "임심론(任心論)"을 견지하며, 상수와 곽상은 "순성론(順性論)"을 견지하고, 『열자』는 "내맡기면서 다스리지 않는다[任而不治論]."는 것을 견지하였다. 장담의 정치사상은 그다지 크게 통일적이지는 않은데, 그 속에는 "무위론"과 "순성론" 두 측면을 포함하고 있다.

(1) 무위론

노자를 가지고 유가를 해석하는 것은 위진 현학가들의 관용적 수법이며, "무위론"은 본래 노자의 주장이지만, 그들은 오히려 한사코 공자에게서 평온(平穩)에 이르고자 한다. 왕필은 공자를 "무를 체득한[體無]" 성인이라고 말하였으며, 장담도 공자가 "도의 종지(宗旨)대로 살면서 핵심을 갖추고 있기 때문에 억지로 함이 없으면서도 하지 않음이 없다."[51]고 여겼다.

그러나 실제의 공자는 결코 "무위(無爲)"하지 않았으며, 그는 『시경』·『서경』을 수찬(修撰)하고, 『예기』·『악기』를 찬정(撰定)하였으며, 천하의 여러 제후국을 돌아다니면서 명교(名敎)를 널리 알려서 수많은 "유위(有爲)"의 일을 하였다. 이렇게 부인할 수 없는 사실에 대해서는 어떻게 해석하는가? 장담은 다음과 같이 말했다. "세상에서 말하는 성인은 그 남긴 자취를 근거로 할 뿐이다. 어찌 성인이 되는 근거와 성인이 되지 못하는 근거를 알겠는가?"[52] "무릇 성인의 도는 뭇 사람의 뜻을 넘어서는 것이니, 만인(萬人)이 엿보고 모방하지 못하는 것인데, 그 훤히 알 수 있는 흔적을 보고서 성인이라고 하는 것일 뿐이다. 어찌 성인이 되는 근거를 알겠는가?"[53] 장담은 공자가 성인이 된 근거가 그의 "유위"에 있는

---

51 『列子』「仲尼」注. "居宗體備, 故能無爲而無不爲也."
52 『列子』「仲尼」注. "世之所謂聖者, 據其跡耳; 豈知所以聖所以不聖者哉?"
53 『列子』「仲尼」注. "夫聖人之道, 絕於群智之表, 萬物所不窺擬; 見其會通之跡, 因謂之聖耳. 豈識所以聖也?"

것이 아니고, 그의 "무위"에 있다고 여겼다. "천하를 다스리는 온갖 일을 위아래로 살피고 세상의 사무를 직접 하는 것"⁵⁴은 공자의 드러난 행적이지만, 실제로 공자는 "무지(無知)"·"무위(無爲)"하였다. 후세의 사람들이 모두 공자를 성인으로 보고, 또 모두 공자를 모방하여 명교를 가지고 천하를 다스린 것인데, 여기에서 알 수 있는 것은 단순히 성인의 행적을 모방한 것이 천하를 잘 다스리는 것이 아니라는 말이다. 장담은 다음과 같이 말했다.

> "『시경』·『서경』과 예(禮)·악(樂)은 세상을 다스리는 도구이며, 성인이 그것을 이어서 사용하여 한때의 폐단을 구제하는 것이니 그 도를 상실하면 이치에 도움이 되지 않는다."⁵⁵

> "세상을 다스리는 방법은 실제로 반드시 인의(仁義)를 가지고 하는 것인데, 이미 세상이 다스려졌다면 사용했던 방법을 마땅히 폐기하는 것이다. 만약 회기(會期)가 다하고 일이 끝났는데도 움켜쥐고 버리지 않으면 그것을 온정으로 생각하는 자는 적고 그것을 이용하는 자가 많아지게 되니, 도가 쇠약하고 희박해져 시작이 참으로 여기에서 비롯되는 것이다. 한 나라를 가지고 천하를 관찰해보면 오늘날 다가올 세상을 살필 수 있는 것이니, 폐단이 생기는 것이 어찌 다르겠는가? 오직 원만하게 두루 통하여 막힘이 없는 자라야 변화의 길을 따라서 한곳에 얽매이지 않을 수 있는 것이다."⁵⁶

---

54 『列子』「仲尼」注. "仰俯萬機, 對接世務."
55 『列子』「仲尼」注. "詩書禮樂, 治世之具; 聖人因而用之, 以救一時之弊; 用失其道, 則無益於理也."
56 『列子』「仲尼」注. "治世之術實須仁義. 世既治矣, 則所用之術宜廢. 若會盡事終, 執而不舍, 則情之者寡, 而利之者衆, 衰薄之始, 誠由於此. 以一國而觀天下, 當今而觀來世, 致弊豈異? 唯圓通無閡者, 能惟變所適, 不滯一方."

공자는 확실히 『시경』·『서경』을 편찬하고 명교를 널리 보급하여 시행하였는데, 이것은 단지 한때의 폐단을 구제하기 위한 것이다. 후세의 사람들은 사회의 변화를 돌아보지 않고 덮어놓고 이런 치세(治世)의 방법을 계속 사용한 것이니, 결과는 진심으로 명교를 따르는 사람이 갈수록 적어지고 명교를 이용하여 공명(功名)과 이익을 사취(詐取)하는 사람만 갈수록 늘어 가는 것이다. 이것이 바로 국가가 나날이 쇠약해지고 도덕이 나날이 타락해가는 원인이다.

이미 명교가 그 작용을 상실했다면 마땅히 명교를 폐기하고 다른 치세의 방법을 사용해야 하는 것이 아닌가? 이것도 꼭 그런 것은 아니다. 장담은 사회가 부단하게 변화하므로 어떤 구체적 방법이 각종의 상황에 다 적용될 수는 없다고 여겼다. 오직 원만하게 두루 통하여 막힘이 없고, 변화의 길을 따라서 한곳에 얽매이지 않으며, 도의 종지(宗旨)대로 살면서 핵심을 갖추고 있고, 인위적 지식에 휘둘림이 없고 인위적 행위가 없어야만 근본적으로 문제를 해결할 수 있는 것이다.

"무위"의 신묘한 곳을 설명하기 위하여 장담은 하안의 『무명론(無名論)』을 인용하여 말하였는데, "무명(無名)"은 결코 진정으로 이름이 없는 것이 아니라 "무명"으로 명(名)을 삼는 것이며, "무예(無譽)"는 결코 명예를 필요로 하지 않는 것이 아니라 "무예"로 예(譽)를 삼는 것이라고 여긴 것이다. 어떤 이름과 명예도 모두 제한적인 것이며, 오직 "무명"·"무예"라야 비로소 제한이 없는 것이다. 이로부터 추론하자면, "무지"라야 비로소 알지 못하는 것이 없고, "무위"라야 비로소 하지 못하는 것이 없다. 성인이 천하를 다스릴 때에 원만하게 두루 통하여 막힘이 없고 한쪽에 얽매이지 않는 것이니, 그 원인은 바로 "무지"와 "무위"에 있다. 장담은 다음과 같이 말했다.

"많은 사람들이 알고 있는 것을 다 알 수 없고, 많은 사람들이 하는 일을 다 할 수 없는 것이라서, 재능이 있는 많은 사람들이 함께 하는 것인데,

아는 것과 할 수 있는 것에 머물지 않아서 싫어함이 없고 좋아함도 없으며 저것도 없고 이것도 없는 것은 무(無)를 마음으로 삼는 것이다. 그러므로 눈 밝은 자는 보고, 귀 밝은 자는 들으며 지혜로운 자는 일을 꾀하고 용감한 자는 싸움을 하지만 나는 일삼는 것이 없다."[57]

"무릇 재능이 있는 많은 사람들에게 일을 맡기는 것을 이치로 삼고, 많은 사물들에 따라 하는 것을 쓰임으로 삼아서, 닭 개 소 말이 모두 그 마땅함을 얻게 하고 선비 농군 기술자 장사꾼이 각각 그 지위를 편안하게 여기게 하는 것은 오직 도를 지닌 사람만이 할 수 있는 것이다."[58]

한 개인의 지식이 매우 많더라도 결국 알지 못하는 일이 있는 것이다. 한 개인의 능력이 아무리 크더라도 결국 해결할 수 없는 문제가 있는 것이다. 만일 재능이 있는 여러 사람들에게 맡기는 것을 이치로 여기고 여러 사물들의 특성에 따라 사용하여 눈 밝은 자가 보게 하고, 귀 밝은 자가 듣게 하며, 용감한 자가 싸움을 하게 하고, 지혜로운 자가 일을 도모하게 하면, 자기 자신은 바로 무지(無知)하고 무위(無爲)하면서 또한 무불지(無不知)하고 무불위(無不爲)할 수 있는 것이다.

장담의 무위론 사상은 선진(先秦)과 한(漢)나라 초기의 황로학파에서 유래한다. 곽상의 『장자주』속에도 때때로 이런 견해가 있는데, 동진(東晉)의 중·후기의 장담에게서 옛 논조가 다시 되풀이되고 있는 것이지만, 그의 실제 의도는 아마도 치세(治世)에 있는 것 같지는 않다. 장담이 활동하던 시대에 진(晉)나라 왕조는 나날이 쇠락하면서 문벌(門閥) 사족

---

57 『列子』「仲尼」注. "不能知衆人之所知, 不能爲衆人之所能, 群才並爲之用者, 不居知能之地, 而無惡無好, 無彼無此, 則以無爲心者也. 故明者爲視, 聰者爲聽, 智者爲謀, 勇者爲戰, 而我無事焉."

58 『列子』「仲尼」注. "夫任群才以爲理, 因衆物以爲用, 使雞犬牛馬咸得其宜, 士農工商各安其位者, 唯有道者能之耳."

(士族)이 국가의 앞길에 대하여 이미 믿음을 상실하고 있었고, 이런 형세에 대하여 명교는 어찌해 볼 도리가 없었으며, 현학 또한 무능하게 힘을 쓰지 못했다. 장담은 "무위" 이론을 제창하였지만 단지 문벌사족을 위해서 한 줄기 길 없는 길—국가에 대하여 손을 떼고 모르는 체하면서 가는 대로 내버려 두는 처세를 제시한 것이다.

(2) 순성론

장담의 "순성론"은 곽상으로부터 흡수한 것이다. 곽상은 세상을 다스리는 군주가 마땅히 지녀야 하는 것은 "지인(至人)"의 정신 경지이며 밖으로 소요(逍遙)하면서도 반드시 마음속으로 광대해야 한다고 주장하였다. 장담은 곽상의 이 사상을 발휘하여 "지인"의 정신 경지가 바로 만물과 함께 소요하는 것이며 이치를 따르면서 무심(無心)한 것이라고 여겼다.

"이치를 따르는 것[承理]"도 역시 바로 본성을 따르는 것[順性]이며, "무심(無心)"도 역시 바로 인위적 감정에 얽매임이 없는 것[無情]이다. 그는 다음과 같이 말했다. "부여받고 태어난 바탕을 본성이라 하고, 본성의 지극함을 얻은 것은 화(和)라고 한다. 그러므로 이치에 부응하고 순리대로 처하면 가는 곳이 늘 통하게 된다. 그러나 감정에 맡겨서 도를 저버리면 사물 대상을 대할 때 막히게 된다."[59] "본성[性]"은 태어날 때부터 본래 갖추고 있는 본질이며, 그것은 지극히 순수하고 지극히 참되어서 밖으로부터 구하는 것이 아니며, 오직 신중하게 여겨서 잃어버리지 않아야만 사물 대상을 대할 때 해롭지 않을 수 있는 것이다. "감정[情]"은 후천적으로 생기는 욕망인데, 단지 사람과 사람들 사이의 욕망이 다를 뿐만 아니라 설령 한 개인의 여러 감각기관의 욕망이라 하여도 서로 저촉될 수 있는 것이다. 그러므로 "그 감정을 써서 그 몸에 지니게 되면 피

---

59 『列子』「黃帝」注. "稟生之質謂之性, 得性之極謂之和; 故應理處順, 則所適常通; 任情背道, 則遇物斯滯."

부와 뼈가 서로 용납할 수 없어서 온몸이 의탁할 것이 없게 된다."[60]

어떻게 해야 비로소 무심(無心)과 순성(順性)에 이를 수 있는 것인가? 장담은 내심(內心)을 텅 비우고 고요하게 하면서 움직여 무엇을 추구하지 못하게 해야 한다고 여겼다. 그는 다음과 같이 말했다. "무릇 귀한 이름이 생기는 근거는 반드시 이것을 버리고 저것을 취하며 나를 옳다 하고 상대를 그르다고 함을 말하는 것이다. 이제 유(有)와 무(無) 둘 다를 잊고 온갖 차별적 대상들이 그윽하게 하나가 되기 때문에 허(虛)라고 하는 것이다."[61] "무릇 텅 비고 고요한 이치는 마음의 사려작용 밖이나 몸의 밖에 있는 것이 아니다. 그것을 구하여 얻는 것은 바로 나의 본성이다. 안으로 나에게서 편안하면 저절로 참되고 온전해지는 것이다. 그러므로 사물이 온전해지는 근거는 모두 텅 비어 고요함에서 말미암는 것이므로 그 편안함을 얻는 것이다. 패망하는 근거는 모두 움직여 무엇을 추구하는 것에 말미암는 것이므로 그 있을 곳을 상실하는 것이다."[62] 텅 비고 고요함[虛靜]은 바로 무지(無知)와 무위(無爲)이다. 무지와 무위는 결코 의식적으로 알지 않거나 의식적으로 하지 않는 것이 아닌데, 만약 실제로 이해(利害)관계를 속으로 품고 함부로 말을 하지 않고 마음에 상대와 나의 구별을 두면서 함부로 나누지 않는다면 그것은 진정한 무지와 무위가 아니다. 진정한 무위와 무지는 마음이 고요하여 의식적 사유가 없고 입이 묵묵하여 저절로 숨을 들이쉬고 내쉬는 것이다. "마음이 이미 무념의 경지에 있고 입이 이미 이치를 어기지 않게 되었으므로 그 생각이 이는 대로 내맡길 수 있고 그 말이 나오는 대로 둘 수 있는 것이다. 도를 체득하고 종지를 궁구하여 세상을 위한 다리 역할을 하는 것이

---

60 『列子』「黃帝」注. "用其情, 有其身, 則肌骨不能相容, 一體將無所寄."
61 『列子』「天瑞」注. "凡貴名之所以生, 必謂去彼而取此, 是我而非物. 今有無兩忘, 萬異冥一, 故謂之虛."
62 『列子』「天瑞」注. "夫虛靜之理, 非心慮之表, 形骸之外; 求而得之, 卽我之性. 內安諸己, 則自然眞全矣. 故物所以全者, 皆由虛靜, 故得其所安; 所以敗者, 皆由動求, 故失其所處."

다. 하루 종인 생각을 하여도 내가 생각하는 것이 아니며, 하루 종일 말을 하여도 내가 말하는 것이 아니다. 만약 무념(無念)으로 생각을 하고 무언(無言)으로 말을 하면 한계에 이르지 않는다. 이른바 억지로 함이 없으면서 하지 않음이 없다는 것이 이와 같으니 저것과 이것의 차이를 어찌 구하겠는가?"[63]

장담의 입장에서 볼 때, "지인"은 외면적으로 세속의 사람과 어떤 구별도 없으며, "지인"은 결코 말을 하지 않거나 행동을 하지 않는 것이 아니고, 세속의 사람들처럼 말을 하며 행동을 한다. 그러나 "지인"의 속마음은 지극히 텅 비어 고요하며, 옳음과 그름, 이로움과 해로움, 저것과 이것, 사물대상과 나, 삶과 죽음, 안과 밖 등의 분별을 철저하게 제거하기 때문에 하루 종일 말을 하여도 내가 말하는 것이 아니며 하루 종일 하여도 내가 하는 것이 아닌 상태가 될 수 있다. 그는 다음과 같이 말했다. "무릇 지인은 그 움직임이 하늘같고 그 고요함이 땅과 같으며, 그 행동이 물의 흐름 같고 그 잠잠함이 연못의 고요함 같다. 연못의 고요함과 물의 흐름 그리고 하늘의 운행과 땅의 머무름은 억지로 하지 않고 저절로 그러하다는 점에서 똑 같은 것이다."[64] "만약 무심하게 감응한다면 천지자연의 변화와 더불어 오르고 내릴 수 있고 세상사를 헤아린 연후에 사물대상의 중심이 되고 알맞은 때에 따라 무한할 수 있는 것이다."[65] 장담은 천하의 온갖 사물들은 각각 자기의 다양한 습성을 지니고 있으며 또한 모두 자기의 적응 범위를 갖고 있어서 일정한 범위를 벗어나게 되면 생존할 방법이 없다고 여겼다. "지인"은 그렇지 않다. "지인"은 마음이 태

---

63 『列子』「黃帝」注. "心旣無念, 口旣無違, 故能恣其所念, 縱其所言. 體道窮宗, 爲世津梁. 終日念而非我念, 終日言而非我言. 若以無念爲念, 無言爲言, 未造於極也. 所謂無爲而無不爲者如斯, 則彼此之異, 於何而求?"

64 『列子』「黃帝」注. "夫至人 其動也天, 其靜也地, 其行也水流, 其湛也淵嘿. 淵嘿之與水流, 天行之與地止, 其於不爲而自然, 一也."

65 『列子』「黃帝」注. "苟無心而應感, 則與變升降, 以世爲量, 然後足爲物主而順時無極耳."

허(太虛)와 같이 텅 비어 있으며, 몸이 만물과 함께 더불어 있고, 사물대상과 나를 동시에 잊으며, 마음속과 밖을 다 놓아 버리기 때문에 어떤 조건의 제한도 받지 않으며 모든 환경 속에서 자유롭게 왕래할 수 있는 것이다. 그는 다음과 같이 말했다.

"천하에는 능력이 있으면서 하지 않을 수 있는 자가 있고, 능력이 있으면서 하지 않을 수 없는 자도 있으며, 능력이 없으면서 억지로 하고자 하는 자가 있고, 하지 않으면서 스스로 능력이 있는 자가 있다. 성인의 경우에는 또한 무엇을 하는 것인가? 또 무엇을 하지 않는 것인가? 또 무엇을 할 수 있는가? 또 무엇을 할 수 없는 것인가? 모든 행동이 세속과 같으며 흥성하고 쇠퇴함을 사물과 더불어 하고, 기이한 공훈과 특이한 행적을 일찍이 드러내지 않았으며, 알맞은 상태의 절묘한 곳을 체득하여 만에 하나라도 보지 못하는 것이 없다. … 성명(性命)의 도에 따르면서 오정(五情)에 집착하지 않고, 천지자연의 기를 오로지 받아 부드러움을 이루고 정성(精誠)을 다하는 자는 물과 불 속에 있어도 익사하거나 타죽지 않고, 나무와 돌의 틈을 지나도 걸림이 없으며, 날카로운 칼날이 닿아도 상처를 입지 않고, 위험한 것을 밟아도 굴러 떨어지지 않는다. 온갖 사물이 그 마음을 거스르지 못하고, 짐승들 틈에 들어가도 무리가 어지러워지지 않으며, 정신은 홀로 소요(逍遙)하고, 몸은 가벼이 움직이며, 귀는 밝게 들을 수 있고, 눈은 철저하게 관조할 수 있다. 이 말을 겪어보지 않았으면 평상시의 마음이 놀라게 되기 때문에 시험 삼아 다음과 같이 이를 논하고자 한다.
무릇 음양(陰陽)이 번갈아 변화하여 금목수화토(金木水火土) 다섯 가지 재질이 두루 자란다. 금과 토로써 어미와 자식이 서로 생성하고, 수와 화로써 습기(濕氣)와 화기(火氣)가 서로 오르는 것이며, 사람의 본성은 고요함과 조급함의 서로 다른 길이 있으니, 오르고 내리는 것으로 감정의 차이가 된다. 그러므로 구름으로 날아오르는 새와 연못 속에 잠겨 있는 물고기와 불속을 노니는 쥐와 나무에 몸을 감추는 벌레가 있는 것이다. 어인 까닭인가? 굳셈과 부드러움 그리고 뜨거움과 시원함은 각각 그 마땅함이 있어서 하나의 경우에서 편안한 것이니 다른 곳에서는 힘겨운 것이 된다. 성인의 경우에는 마음이 원기(元氣)와 그윽하게 합일하고, 몸이 음양과 그윽하게 화해하는 것이니, 네모진 것과 둥근 것이 하나의 형상(形象)에만 합당하지 않으며 뜨거움과 시원함이 하나의 형기(刑器)에만 어울리는 것이 아니고, 신기(神氣)가 안정되고 조화로워서 타는 것마다 모두 순조롭게 되는데, 이에 오물(五物)[66]이 그를 거스를 수 없고, 추위와 더위가 상해를 입힐 수 없으므로 '덕을 두터이 지닌 사람은 조화의 지극함이라'고 한 것이다. 그러므로 언제나 사지(死地)가 없는 것이니, 어찌 마음을 쓰는 격식에서 다시 더 온전히 할 것이 있겠는가? 그러니 물과 불을 밟고, 구름과 안개를 날아오르며, 높고 위험한 곳을 지나고, 전쟁터를 들어가는 것이 괴이한 일이 아닌 것이다."[67]

---

66 역주 오물(五物)은 여러 가지 의미가 있지만 여기서는 다음의 두 가지 의미로 쓰였다. 첫째는 땅에서 나는 다섯 종류의 산물을 말한다. 『주례(周禮)』「지관(地官)」<대사도(大司徒)>에서는 산림(山林), 천택(川澤), 구릉(丘陵), 분연(墳衍: 물가에 접하면서 평평한 땅), 원습(原隰: 넓은 습지)라고 하였다. 둘째는 금목수화토(金木水火土)의 오행을 의미한다.

67 『列子』「黃帝」注. "天下有能之而能不爲者, 有能之而不能不爲者, 有不能而彊欲爲之者, 有不爲而自能者. 至於聖人, 何所爲? 亦何所不爲? 亦何所能? 亦何所不能? 俯仰同俗, 升降隨物; 奇功異跡, 未嘗暫顯; 體中之絕妙處, 萬不視一焉. … 順性命之道, 而不系著五情, 專氣致柔, 誠心無二者, 則處水火而不燋溺, 涉木石而不掛碍, 觸鋒刃而無傷殘, 履危險而無顚墜; 萬物靡逆其心, 入獸不亂群; 神能獨遊, 身能輕擧; 耳可洞聽, 目可徹照. 斯言不經, 實駭常心. 故試論之: 夫陰陽遞化, 五才偏育. 金土以母子相生, 水火以濕燥相乘, 人性以靜躁殊途, 升降以所能異情. 故有雲飛之翰, 淵潛之鱗, 火遊之鼠, 木藏之蟲. 何者? 剛柔炎涼, 各有攸宜; 安於一域, 則困於餘方. 至於至人, 心與元氣玄合, 體與陰陽冥諧; 方員不當於一象, 溫涼不値於一器; 神定氣和, 所乘皆順, 則五物不能逆, 寒暑不能傷. 謂含德之厚, 和之至也; 故常無死地, 豈用心去就而復全哉? 蹈水火, 乘雲霧, 履高危, 入甲兵, 未足怪也." 역주 장담의 『列子注』원문에는 인용문 중간에 "此卷自始篇至此章明(이 책의 첫 편부터 이 편에 이르기까지 밝힌 것은" 부분이 생략되어 있다. 그리고 "含德之厚, 和之至也."는 『노자』55장의 인용이다.

장담의 이와 같은 순성무심론(順性無心論)은 단지 "현허(玄虛)"한 정신 경지이다. 그는 단지 사람들에게 알리는 말을 할 뿐인데, 이미 세속 사회 속의 생활을 영위하고 있다면 또한 사회 속에서의 모든 일을 잊어야 한다는 것이다. 문벌 사족에 대한 현실 속의 모든 이야기들은 그저 잔혹한 것이다. 천하가 오랜 세월 전란에 처하면서 국토 강산(江山)은 반 토막이 나고, 사족(士族)들 내부에서 투쟁이 일어나는데다가 유민(流民)들의 폭동이 여기저기서 번갈아가며 일어나서 국가가 매우 위태롭게 되었으니, 인생이 아침에 저녁 일을 보장할 수 없도록 상황이 급박하였다. 이 모든 것이 사람들의 뜻에 부합하는 것은 아니었지만 또한 어쩔 수 없는 것이었다. 다른 방법이 없으니 오직 현실을 회피하고 정신에 호소하면서 이런 불쾌한 현실사정을 잊어버리며, 정신적으로 스스로를 위안하고 스스로 벗어나고자 한 것이다.

　　서진(西晉)에서 동진(東晉)에 이르고, 곽상에서 장담에 이르도록 사회 정세의 모습이 변화하였고, 현학가들의 심경도 같지 않았는데, 이 당시의 현학가들에게는 역시 마음속으로 유가와 도가를 종합하거나 내성외왕(內聖外王)의 치세(治世) 도리를 고취하고자 함이 없었다. 국가와 개인의 운명에 대하여 오직 그저 아는 대로 할 수밖에 없었고, 별다른 방법이 없었던 것인데, 이것이 바로 장담의 순성론이다.

4 　운명론運命論과 종욕론縱欲論 – 장담의 인생관

　　펑요우란(馮友蘭) 선생은 다음과 같이 말했다. "중국의 옛말 한 마디를 가지고 말하자면 철학은 사람들에게 '안심입명(安心立命: 모든 의혹과 번뇌를 떨어 버리고 마음을 안정시켜서 모든 일을 하늘의 뜻에 맡기는 것)의 입장'을 제공한다. 다시 말하자면, 철학은 사람들에게 일종의 정신적 경지를 제공해 주며, 사람은 그 속에서 '심안이득(心安理得: 모든 일이 이치대로 되어 마음이 만족)'한 채로 생활해 가는 것이다. 그 사람의 생활은 규정된 순서에 따라 진행되는 평화를 얻을 수 있고 또 총칼이 숲을 이루고 탄알이 빗발치는 전쟁터가 될 수도 있다. 물론 부드러운 바람과 보슬비 내리듯 온건하고 부드러운 상황에 있을 수도 있고, 거칠고 사나운 파도가 치는 매우 위험한 처지에 있을 수도 있지만, 그는 모두 편안하고 태연자약(泰然自若)하게 생활해 갈 수 있다. 이것이 바로 그의 '안심입명의 입장'이다. 여기에서 말하는 '입장[地]'이 바로 사람의 정신 경지이다. 철학이 제공하는 것은 실제로 자기 스스로 찾고 자기 스스로 창조하는 것이라는 말이다."[68] 중국철학사에 대한 펑 선생의 논단(論斷)에서 말하는 것은 보편적 의의를 지니고 있다. 중국 고대의 철학자들은 "천인(天人) 관계"에 대한 연구를 통하여 "나라를 다스리고 평안히 하는 도리"를 찾거나 "안심입명의 입장"을 찾거나 하였다. 장담은 매우 소극적인 철학가였으며, 그의 철학은 세상의 다스림을 위한 것이 아니라 몸을 편안히 하기 위함이었는데, 당시 사회에 적응하는 사람의 인생태도를 찾는 것이 바로 그의 최종 목적이었다.

장담의 인생관은 두 가지 특면이 있다. 하나는 운명론(運命論: 命定論)이며, 다른 하나는 종욕론(縱欲論: 肆情論)이다. 이 두 가지 측면의 관계와 작용에 대하여 장담은 아래와 같이 해석하였다.

"이 편(「역명」편을 가리킴」)은 만물이 모두 운명을 지니고 있으니 지혜의 노력을 베풀 수 없다는 것을 밝힌 것이다. 「양주」편은 사람이 모두 감정의 욕망을 따르니 제어(制御)하는 것은 운명에 따르지 않는 것임을 말하였다. 이 범례의 요지는 달라서 서로 어긋나는 것 같다. 그러나 다스려짐과 혼란함은 시간의 흐름이나 형편이 변하여 나아가고, 애정과 증오

---

68 저자주 「哲學與哲學史」『中國哲學史研究』 1980年 第一期.

는 서로 영향을 미치며, 진실과 거짓은 수많은 실마리가 얽혀 있는 것이 므로 제약된 시간 속에서 서로 다툴 때 그 폐단은 누가 원인을 알 수 있 겠는가? 이 때문에 성인은 두 가지 입장을 다 지니면서 구분하지 않는 것이다. 명교(名敎)를 크게 떠받쳐서 폐단이 이르게 되는 까닭을 막을 수 없는 것이다. 한때 사기와 폭력에 의존하여 시운(時運)을 떠본 자가 있었는데, 초(楚)나라 제후가 주(周)나라에 가서 구정(九鼎)의 무게를 물어본 적이 있고,[69] 공손무지(公孫無知)는 제나라를 혼란으로 몰아갔던 적이 있다.[70] 한때 천연의 본성을 고치면서 명예를 위해 목숨을 버린 사 람이 있었는데, 백이와 숙제는 서쪽 수양산에서 굶어 죽었고,[71] 중유[자

---

69 **역주** 이 구절은 "문정경중(問鼎輕重)", 즉 솥의 무게를 묻는다는 말로서 상대 를 침략하거나 약점을 잡으려는 의도를 말한다. 예전에 춘추시대 초나라 장왕 (莊王)이 군사력을 믿고 천하를 차지하려는 욕심을 내었다. 그래서 당시의 천자 의 나라 주(周)의 국경에 군대를 주둔시키고 협박하였는데, 천자인 주나라 정왕 (定王)은 힘이 없어서 급히 왕손만(王孫滿)을 파견하여 맞이하자, 초 장왕이 천자 의 상징인 구정(九鼎)의 무게를 물어보았다. 주나라의 봉건제도 구조하에서 천 하의 모든 제후국은 주나라를 어버이 같은 종주국(宗主國)으로 모시고, 제후들 스스로는 신하의 예를 지켜야 한다. 그런데 감히 종주국 천자의 상징인 구정의 무게를 물어 본 것은 천자의 지위를 넘보는 반역의 뜻을 표시한 것이다. 본래 구 정(九鼎)은 하(夏)나라 때 주조된 거대한 솥으로 대대로 천자가 계승하였으며 은 (殷)나라를 거쳐 주나라에까지 이어진 것이다. 『춘추좌씨전』「선공(宣公)」 3년 조, 참조. "초나라 제후가 육혼의 오랑캐를 정벌하고, 드디어 낙수까지 이르러 주나라 경계에 주둔하였다. 주나라 천자인 주왕이 왕손만을 초나라 제후에게 보 내어 위로를 하니, 초나라 제후가 구정 솥의 크기와 무게를 물었다(楚子伐陸渾 之戎, 遂至於雒, 觀兵於周疆. 定王使王孫滿勞楚子, 楚子問鼎之大小輕重焉)."

70 **역주** 공손무지(公孫無知)는 춘추시대 제(齊)나라 15대 제후(재위: 기원전 729-685)이다. 공손(公孫)은 제후의 자손이라는 의미이며, 이름은 무지(無知)이 다. 희공(僖公)의 총애를 받다가, 세자인 제아(諸兒)가 군주 자리를 이어 양공(襄 公)이 되었는데 공손무지를 박대하여 축출하였다. 그래서 공손무지가 반란을 일 으켜 스스로 군주가 된 것이다. 그러나 반란에 협조하였던 연칭(延稱)과 관지보 (管至父)에 의해 살해되고, 망명 중이던 양공의 아들 공자 소백(小白)이 관중(管 仲)의 도움을 받아 군주가 되는데, 이 사람이 유명한 환공(桓公)이다.

71 **역주** 백이숙제(伯夷叔齊)는 은(殷)나라 말기 고죽군(孤竹君)의 두 아들이다. 그 아버지의 유명(遺命)에 의해 둘째 아들인 숙제가 군주를 계승하게 되었는데, 고죽군이 죽자 숙제가 형인 백이에게 양보하자 백이가 받지 않고, 주(周)나라로

로는 위(衛)나라에서 살해되어 젓갈로 담겨졌다.[72] 그러므로 열자는 그 두 단서를 살펴서 만물이 저절로 그 알맞은 상태를 찾게 한 것이다. 만약 그 알맞은 상태를 얻었으면 지혜로 움직이는 자가 권력을 가지고 본분을 어지럽히지 못하며, 명성에만 힘쓰는 자가 고치고 억제하는 것을 가지고 그 몸과 생명을 이지러뜨릴 수 없는 것이다. 말을 하는 요지가 바로 여기에 있는 것이다. 오호라 보는 자는 마땅히 살펴야 하지 않겠는가!"[73]

장담은 사회생활 속에서 어떤 사람들은 지모(智謀)와 권력을 의지하여 제멋대로 나쁜 짓을 하면서 본분을 지키지 않으며, 어떤 사람들은 허망한 명성을 추구하여 감정을 꾸미는 데 전심전력하면서 참된 본성을 어긴다고 여겼다. 이런 두 종류의 사람은 모두 생동감 있는 뜻을 이루지 못하고, 또한 어떤 바람직한 결말도 가질 수 없다. 정확한 인생태도는 마땅히 있어야 하는데, 이미 자기의 운명에 안주하는 것이라면 제멋대로 나쁜 짓을 하지 말아야 하며, 또 아무런 구속도 없이 생활해야 하는 것이고, 사람의 본성을 위배해서는 안 되는 것이다.

도망을 갔다. 이 와중에 제후국인 주나라 무왕(武王)이 천자의 나라인 은나라 주왕(紂王)을 치자, 백이와 숙제가 무왕의 말고삐를 잡고 말렸지만 허사가 되고, 은나라는 멸망하였다. 그러자 그 두 사람은 주나라의 곡식을 먹지 않겠다고 하여 나물을 뜯어먹고 살면서 수양산(首陽山)에서 굶어 죽었다. 『사기』「백이(伯夷)열전」참조.

72 [역주] 이 구절을 『공자가어(孔子家語)』에 나오는 말로서 공자의 제자인 자로(子路)가 위(衛)나라에서 벼슬을 하다가 위나라의 태자 괴외(蒯聵)의 난이 일어났을 때 의리를 지키면서 의연하게 죽었다. 죽었을 때 그 시신을 젓갈로 담아서 스승인 공자에게 전달했다는 기록이 있다. 여기서는 이 말을 인용하고 있는 것이다.

73 『列子』「力命」注. "此篇明萬物皆有命, 則智力無施; 楊朱篇言人皆肆情, 則制不由命; 義例不一, 似相違反. 然治亂推移, 愛惡相攻, 情僞萬端, 故要時競, 其弊孰知所以? 是以聖人兩存而不辯. 將以大扶名教, 而致弊之由不可都塞. 或有恃詐力以幹時命者, 則楚子問鼎於周, 無知亂適於齊. 或有矯天眞以殉名者, 則夷齊守餓西山, 仲由被醢於衛. 故列子叩其二端, 使萬物自求其中. 苟得其中, 則智動者不以權力亂其素分, 矜名者不以矯抑虧其形生. 發言之旨其在於斯. 嗚呼! 覽者可不察哉!"

(1) 운명론

운명론은 중국철학사에서 익숙한 문제이다. 중국 고대에는 운명을 믿는 사람들이 매우 많았는데, 사회가 혼란해질수록 사람들은 더욱더 자기의 운명을 주재할 방법이 없었다. 자기의 운명을 주재할 방법이 없을수록 또한 운명을 더욱더 믿게 되는 것이다.

무엇을 "명(命)"이라고 하는가? 서로 다른 시대의 철학가들은 "명"에 대하여 서로 다른 이해를 지니고 있다. 선진 유가는 천명(天命)을 주장하고, "죽고 사는 일은 명에 달려 있고, 부유하거나 고귀한 일은 하늘에 달려 있다."[74]라고 주장하면서 삶과 죽음 그리고 장수하는 것과 단명(短命)하는 것 또 빈부(貧富)와 귀천(貴賤)은 상천(上天)이 결정하는 운명이라고 말하였다. 도가도 명(命)을 주장하지만, 도가는 유가와 다른데, 그들은 저절로 그러함을 천(天)이라고 여기기 때문에 역시 저절로 그러함을 명(命)이라고 여긴다. "저절로 그러함[自然]"은 바로 원인을 알지 못하면서 저절로 그렇게 되어 가는 것이다. 장담의 운명론은 도가의 전통을 계승하였으며, "명(命)"을 "저절로 그러함"으로 이해한다. 무엇을 "저절로 그러함"이라고 하는가? 장담의 견해에서 볼 때에 "저절로 그러함"은 바로 "천리(天理)", 즉 "자연의 이치[自然之理]"이다. 그는 "자연의 이치는 지혜를 가지고 알 수 있는 것이 아니니, 그 알 수 없는 것을 아는 것이 명(命)이라는 말이다."[75]라고 하였다. "명(命)이란 반드시 그러한 기약(期約)이며, 본래부터 확정된 분수(分殊)이다. 비록 이 일이 증명되지 않았지만, 이 이치는 이미 그러한 것이니, 장수하는 것과 요절하는 것이 자신을 제어하고 기르는 것에 있고 가난함과 부귀함이 지혜의 힘에 매어 있다고 하는 것은 천리에 비추어 볼 때 미혹된 것이다."[76] "천리"(혹은

---

74 『明心寶鑑』「順命」. "死生由命, 富貴在天."
75 『列子』「黃帝」注. "自然之理不可以智知; 知其不可知, 謂之命也."
76 『列子』「力命」注. "命者, 必然之期, 素定之分也. 雖此事未驗, 而此理已然. 若以壽夭存於御養, 窮達系於智力, 此惑於天理也."

"자연의 이치")는 자연계·사회와 인류 발전 과정 및 추세를 결정하는 불가항력적이면서 인식할 수 없는 필연성이다.

장담은 운명에 대해서 사람이 인식할 수 없고 장악할 수도 없는 것이라고 여겼다. 그는 다음과 같이 말했다. "그렇게 되는 원인을 알지 못하는 것이 명(命)이니, 어찌 제어할 수 있겠는가?"[77] "이것은 모두 아득하게 알 수 없이 저절로 서로 되어 가는 것이지, 사람의 힘으로 제어하는 것이 아니다."[78] 어떤 사람은 사람의 능력·지혜·도덕이 자기의 운명을 주재하거나 바꿀 수 있을 것이라고 생각한다. 하지만 장담은 이런 것은 불가능하다고 하였다. 그는 "혹여 덕을 쌓고 인을 실천하며, 혹은 때를 만나 형통(亨通)하면, 그 당시의 즐거움을 얻을 수 있고, 자기의 뜻대로 마음껏 하여, 마치 덕행과 인에 대한 보답이거나 지혜의 힘에서 나온 것 같다."[79]라고 하였다. 실제로 이것은 "저절로 생기는 것일 뿐이며, 저절로 형통하는 것이지, 반드시 인(仁)과 덕(德) 그리고 지혜의 힘으로 말미암아서 된 것은 아니다."[80] "혹여 악덕(惡德)을 쌓고 포악한 행동을 하며, 혹은 굶주리고 춥고 곤궁하기 때문에 형벌에 따라 죽임을 당하는 것을 돌아보지 않고, 생존을 보장할 수 없어서 죽음의 위협을 받는 것이, 마치 몸소 불러들인 것 같거나 일의 응보로 이른 결과인 것 같다."[81] 실제로 이것 역시 "저절로 그렇게 죽는 것일 뿐이며, 저절로 그렇게 궁색한 처지에 이르는 것이지, 반드시 흉악한 행위와 어리석고 나약함에 말미암아서 된 것은 아니다."[82] 어째서 이와 같이 말을 하는가? "만약 그것

---

77 『列子』「力命」注. "不知所以然而然者, 命也, 豈可以制也?"
78 『列子』「力命」注. "此皆冥中自相驅使, 非人力所制也."
79 『列子』「力命」注. "或積德履仁, 或遇時而通, 得當年之歡, 騁於一己之志, 似由報應, 若出智力也."
80 『列子』「力命」注. "自然生耳, 自然泰耳, 未必由仁德與智力."
81 『列子』「力命」注. "或積惡行暴, 或饑寒窮困, 故不顧刑戮, 不賴生存, 而威之於死, 似由身招, 若應事而至也."
82 『列子』「力命」注. "自然死耳, 自然窮耳, 未必由凶虐與愚弱."

이 명(命)이 아니라면 어질고 지혜로운 사람이 반드시 오래 살아야 하고, 흉악하고 어리석은 사람이 반드시 일찍 죽어야 하지만, 반드시 그렇게 되는 것이 아니다."[83] "만약 그것이 시운(時運)이 아니라면 부지런하고 검소한 사람이 반드시 부유하고, 사치를 부리며 게으른 사람이 반드시 가난해야 하지만, 반드시 그렇게 되는 것이 아니다."[84] 사람이 살고 죽는 것과 장수하고 요절하는 것 그리고 빈부와 귀천은 모두 운명에서 결정되는 것이지 개인의 도덕 품행 · 능력 · 지혜와는 모두 아무런 관계가 없는 것이다. 이미 사실이 이와 같다면, 사람은 반드시 의미 없는 노력을 기울여 자기의 운명을 바꾸려고 시도할 필요가 없는 것이며, 마땅히 시운에 편안하게 따르며 운명의 안배(按排)에 순종하며 내맡겨야 한다. "무릇 천리에 순응하면서 일삼는 마음이 없는 사람은 귀신이 범할 수 없고, 사람의 일이 간섭하지 않는다. 하늘의 뜻을 헤아리고, 화복 · 길흉 · 성패가 맞물려 돌고 도는 것을 계산하며, 편안히 거처하면서 죄악을 제거하고, 이로움을 취하면서 해악을 피하는 것, 이런 것은 바로 죄악과 해악을 큰 상대로 삼는 것이니 지혜를 정교하게 쓰는 것일 뿐이며, 길흉(吉凶)을 일어나지 못하게 하고 화복(禍福)을 함께 다하도록 할 수 없는 것이다."[85] 한 개인이 만약 "사물 대상이 갈 때 또한 가고, 사물 대상이 올 때 또한 오며",[86] "또한 하지 않는 것이 없고, 또한 하는 것도 없다면",[87] 이때 비로소 운명에 대하여 가장 좋은 태도를 갖는 것이다.

장담의 운명론은 매우 소극적인데, 그것은 구체적으로 동진의 문벌 사족들이 국가와 개인의 운명에 대하여 어쩔 수 없었던 심경을 반영하

---

83 『列子』「力命」注. "若其非命, 則仁智者必壽, 凶愚者必夭, 而未必然也."
84 『列子』「力命」注. "若其非時, 則勤儉者必富, 而奢惰者必貧, 亦未必然."
85 『列子』「力命」注. "夫順天理而無心者, 則鬼神不能犯, 人事不能幹. 若迎天意, 料倚伏, 處順以去逆, 就利而違害, 此方與逆害爲巨對, 用智之精巧者耳, 未能使吉凶不生, 禍福兼盡也."
86 『列子』「力命」注. "物往亦往, 物來亦來."
87 『列子』「力命」注. "亦無所不爲, 亦無所爲."

면서, 의식적으로든 무의식적으로든 당시 사회 속에 보편적으로 존재하고 있던 도덕·지혜의 힘과 빈부귀천이 서로 상관하지 않고 심지어 완전히 상반되는 암울한 현실을 폭로하고 있다. 이런 사회적 형세 아래에서 장담은 문벌 사족의 일원이었으며, 운명론을 주장하는 것을 피하기 어려운 입장에 있었다. 그러나 이론적으로 말하자면, 운명론은 분명히 잘못된 것이다. 운명은 주로 일종의 사회현상이지 자연현상이 아니다. 그것은 사회의 안위(安危)와 치란(治亂)에 의해서 결정되는 것이지, "천리(天理)"에 의해서 결정되는 것이 아니다. 천하에 도(道)가 있는 상황하에서는 사람들은 자기의 운명에 대하여 결코 인식할 수 없거나 장악할 수 없지 않다. 선(善)에는 선한 응보가 있고, 악에는 악한 응보가 있다. 부지런하고 검소한 사람이 부유하며 어리석고 게으른 사람은 가난한 것에는 일정한 필연성이 있다. 사람들은 노력을 통하여 일정한 정도로 자기의 운명을 결정할 수 있다. 천하에 도가 없는 상황하에서는 항상된 이치에 부합하지 않는 현상이 대량으로 나타나며, 사람들의 행위와 그 뒤의 결과 사이에 필연적 연계가 상실되어서, 사람들이 자기의 앞길을 예측할 방법이 없고 자기의 운명을 장악할 방법이 없다. 이것이 바로 운명론 사상이 발생하는 심각한 사회적 근원이다. 당연히 운명론은 단지 일종의 잘못된 이론일 뿐만 아니라, 그것은 또한 일종의 잘못된 인생태도이다. 장담은 운명론의 인생태도가 당시 사회 상태와 그 개인들의 생활환경에 따라 결정된다는 입장을 취하였다.

(2) 종욕론

장담은 『열자』「황제」편의 주에서 "본성을 따르고, 감정에 얽매임이 없는 것[順性無情]"을 주장하였는데, 어째서 「양주」편의 주에서는 또 "생명을 자유롭게 펼치고 감정을 멋대로 내맡김[達生肆情]"을 주장하였는가? 왜냐하면 장담이 말하는 "감정에 얽매임이 없음[無情]"은 "모든 행동이 세속과 같으며 흥성하고 쇠퇴함을 사물과 더불어 하고"[88] "또한 하지 않는 것이 없고, 또한 하는 것도 없어서",[89] 오직 의식적으로 구별하거나 추구하지 않으면 어떤 일도 모두 할 수 있기 때문에, 그의 "감정을 멋대로 내맡김[肆情]"은 결코 "감정에 얽매임이 없음[無情]"에 위배되지 않는다.

종욕론은 원강 연간 이후의 방달파의 주요 주장이며, 그들은 오직 "감정을 멋대로 내맡겨야만" 비로소 "저절로 그러함"이며, "생명을 자유롭게 펼치는 것"이라고 여겼다. 방달파의 주장과 행위는 상층사회의 관심을 끌어 들였으며, 수많은 인사들이 모두 이런 기풍에 대하여 엄한 비판을 제기하였다. 장담은 "종욕"에 대하여 찬성하였으며, 그는 "만약 전심전력으로 세속을 따르고 본성을 어기면서 사물대상을 좇아서, 당장 몸의 즐거움을 잃어버리고 한세상 긴 수심(愁心)을 품고 산다면 비록 몸뚱이는 그저 보존하겠지만 실제로 죽음보다 가련한 것이다."[90]라고 하였다. 장담은 혜강의 관점을 찬성하여, 사람의 본성이 바로 안일(安逸)을 좋아하고 수고로움을 싫어하는데 명교(名敎)는 사람의 본성을 위배하는 것이라고 여겼다. 그는 다음과 같이 말했다.

"무릇 생명이란 일기(一氣)가 잠시 모인 것이며 한 사물에 잠시 깃든 영기이다. 잠시 모인 것은 끝내 흩어지며, 잠시 깃든 영기는 허(虛)로 돌아가니, 안일을 좋아하고 수고로움을 싫어하는 것은 사물의 항상된 본성이다. 그러므로 지금 당장 생명이 즐거워하는 것은 좋은 맛, 아름다운 의복, 아름다운 여인, 아름다운 음악소리 등일 뿐이다. 이제 다시 성정(性情)이 편안하게 느끼는 대로 맡겨두지 못하고 귀와 눈이 즐거워하는 대로 하지 못하고, 인의를 중심으로 삼고 예교의 시행을 핵심으로 삼아서 스스로 주어진 햇수를 말라비틀어지게 하면서 후세에 자잘한 명성을 남

---

88 『列子』「黃帝」注. "俯仰同俗, 升降隨物."
89 『列子』「力命」注. "亦無所不爲, 亦無所爲."
90 『列子』「楊朱」注. "若夫刻意從俗, 違性順物, 失當身之暫樂, 懷長愁於一世, 雖肢體俱存, 實鄰於死者"

기고자 하는 것은 생기 있는 생명의 취향(趣向)을 자유롭게 실현시키지 못하는 것이다."⁹¹

장담은 사람이 살아가는 일생의 시간이 아주 짧아서 살아 있는 시간에 마땅히 수많은 얽매임을 지니지 말아야 하고, 되도록 충분히 자기의 성정(性情)에 내맡기며 살아야 한다고 여겼다. 한 개인이 세상에 살아 있는 동안에 앞뒤를 너무 재어 우유부단하고, 사소한 것에 너무 신경을 써서 소심하게 되는 이런 생활은 또한 무슨 의미가 있는 것인가?

장담의 입장에서 볼 때, 사람들이 감정을 극진히 발휘하면서 생활하는 데 영향을 끼치는 것에는 주로 두 가지 장애가 있다. 하나는 명성을 추구하는 것이며, 다른 하나는 생명을 탐하는 것이다. 어떤 사람들은 "후세에 자잘한 명성을 남기고자 하여" 감정과 뜻을 다하면서 명교를 따르고자 한다. 또 어떤 사람들은 죽음을 두려워하기 때문에 감히 감정에 내맡기지 못한다. 장담은 어떤 개인의 목적을 위하여 추구해 가는 명성은 거짓된 것이며, 진정한 명성은 의식적으로 추구할 수 있는 것이 아니라고 여겼다. 그는 "선행을 하는 것이 명성이 되는 것이 아니라, 명성은 저절로 생기는 것이 실질적인 명성이다. 명성을 얻어서 이익을 초래하면서 세상에서 알지 못하게 하는 것은 거짓된 명성이다. 거짓된 명성은 이익을 얻는 자이다."⁹²라고 하였다. 이를 달리 말하자면, 진정한 도덕은 개인의 명성과 이익을 취하는 것으로 동기를 삼지 않는 것이며, 도덕은 개인의 공적과 이익을 초월하는 것이라는 말이다. 이처럼 표면적으로 "명교"를 순수하는 것은 실제로 개인의 명리(名利)를 추구하기 위한

---

91 『列子』「楊朱」注. "夫生者, 一氣之暫聚, 一物之暫靈. 暫聚者終散, 暫靈者歸虛. 而好逸惡勞, 物之常性. 故當生之所樂者, 厚味, 美服, 好色, 音聲而已耳. 而複不能肆性情之所安, 耳目之所娛, 以仁義爲關鍵, 用禮敎爲衿帶, 自枯槁於當年, 求餘名於後世者, 是不達乎生生之趣也."

92 『列子』「楊朱」注. "爲善不以爲名, 名自生者, 實名也. 爲名以招利而世莫知者, 僞名也. 僞名則得利者也."

행위이며 가짜의 도덕이므로 가짜의 도덕으로 속여서 얻은 명성은 허위(虛僞)이다. 만약 진정으로 도덕을 지닌 사람이라면 명성과 이익을 추구하지 않으며, 진정한 군자는 도모할 만한 이익이 없는 것이다. 만약 당신이 명예를 추구하고 이익을 좇는다면 진정한 도덕을 지닐 수 없으며, 명성을 추구하는 사람은 모두 다 위선(僞善)의 군자이다. 장담은 사회 속에는 진정한 도덕을 지닌 사람이 없으며 입으로만 가득 인의 도덕을 지껄이는 사람은 모두 다 위선의 군자라고 하였다. 위선의 군자는 본받을 것이 없고, 진정한 군자는 또한 실천하기 어렵기 때문에 이미 위선의 군자가 될 수도 없고 헛된 명성을 추구해서도 안 되며, 반드시 진정한 군자가 되어서 여러 가지 제한을 받을 필요가 없다고 주장하였는데, 차라리 시원하게 인의도덕을 한편에 놓아두고 자기의 본성에 따라 자유롭게 살아가는 한 사람으로 남을 것을 주장한 것이다.

장담은 생명의 길고 짧음에 대하여 반드시 신경 쓸 필요는 없다고 여겼다. 생명은 "일기(一氣)가 잠시 모인 것이며 한 사물에 잠시 깃든 영기이므로", 사람은 늦거나 빠르거나 결국 죽게 된다. 그는 다음과 같이 말했다. "무릇 만물은 변화를 몸으로 삼으며, 몸은 변화를 따라 바뀌어 간다. 변화는 잠시도 멈추지 않는 것이니, 사물이 어찌 옛 모습을 지킬 수 있는가? 예전의 생명모습은 오늘의 생명모습이 아니고 순식간에 이미 만 번의 변화가 이루어지는 것이니, 기가 흩어지면 형체는 이지러지는 것이지 하루아침에 갑자기 이르는 것이 아니다. 그러나 어리석은 자는 반드시 변화하는 물건을 붙잡고 또 멈추지 않는 운행을 의탁하면서 스스로 변화를 피할 수 있다고 말을 하니, 또한 슬프지 않은가?"[93] 게다가 사람의 생사와 장수와 요절은 모두 "명(命)"에서 결정되는 것이니, 사람이 수명을 늘리기 위해서 하는 여러 가지 노력은 모두 헛수고이다. 이 때문

---

93 『列子』「天瑞」注. "夫萬物與化爲體, 體隨化而遷. 化不蹔停, 物豈守故? 故向之形生非今形生, 俯仰之間, 已涉萬變, 氣散形朽, 非一旦頓至. 而昧者操必化之器, 託不停之運, 自謂變化可逃, 不亦悲乎!"

에 사람들은 삶과 죽음에 대하여 사전에 너무 신중히 생각할 필요가 없는 것이니, "그 앞의 일을 미리 도모하지 말고, 그 뒤의 일을 걱정하지 말며, 지금 당장의 일에 연연해하지 않는 것이 덕의 지극한 모습이다."[94]

장담이 비록 감정에 멋대로 맡겨두는 것을 주장하였지만, 그의 "종욕론"과 방달파의 관점은 차이가 있다. 『열자』「양주」편에서 주장한 주색(酒色)의 분방함에 관한 장절(章節)에 대하여 그는 매우 적은 주석을 달았고, 아울러 때때로 그 속의 어떤 관점을 "현인을 속이고 실질을 저버린 말"[95]이라고 비판하였으며, 「양주」편은 "말의 뜻이 너무 치솟거나 억눌러서 군자의 어투 같지 않다."[96]고 말하였다. 그의 "종욕론"은 "스스로 자신을 얽어매는 자의 허물을 제거"[97]하기 위한 것이며, 명교의 질곡과 생사(生死)·이해(利害)의 얽힘을 풀어버리고, 사람의 진정한 본성에 따라 살아가도록 하기 위한 것이었다. 이것은 혜강이 말하는 "명교를 초월하여 저절로 그러함에 내맡기는 것"과 앞뒤로 호응하는 것이다.

장담의 『열자주』속의 문자(文字)는 혼란스럽고 의미와 체제가 한결같지 않아서 여러 가지 사상이 서로 거론되면서 하나의 엄밀한 사상체계를 형성하고 있지 못하다. 그의 공헌은 위진 현학의 각종 이론에 대하여 개괄과 총결을 지었고 또 어떤 문제에 있어서는 자기의 견해를 펼쳤다는 것인데, 이런 개괄과 총결은 비록 크게 성공했다고 말할 수는 없지만 그 속에 보존되어 온 수많은 자료(예컨대, 상수의 『장자주』, 하안의 『무명론』과 『도론』등)들은 매우 진귀한 것이다. 장담은 다른 현학가들과 같이 현학의 "유무(有無)·성명(性命)·무지(無知)와 무위(無爲) 등 일련의 기본적 문제들에 대하여 논의하였고, 아울러 이 문제에 대하여 자기의 해답을 제시하였다. 이론의 형식이라는 측면에서 말할 때, 위진 현학의 발전은

---

94 『列子』「楊朱」注. "夫不謀其前, 不慮其後, 無戀當今者, 德之至也."
95 『列子』「楊朱」注. "誣賢負實之言."
96 『列子』「楊朱」注. "辭意太迍挺抑抗, 不似君子之音氣."
97 『列子』「楊朱」注. "去自拘束者之累."

여기에서 기본적으로 결속이 된다. 위진의 현학 기풍이라는 측면에서 말할 때, 현학의 정신은 또한 지속된다. 당시에 현학은 불교와 도교 그리고 각종 문화예술에 영향을 끼친다. 이것은 우리가 다음의 몇 장에서 나누어 연구할 것이다.

제 7 장
———
위진현학과 불교

역사와 전기의 기록에 의거하면, 불교는 서한(西漢)의 애제(哀帝) 원수(元壽) 원년(BC. 2) 때부터 중국에 들어오기 시작했다. 그 후에 동한(東漢)의 초왕(楚王) 유영(劉英)과 동한의 환제(桓帝) 등이 모두 앞뒤로 하여 일찍이 "부도(浮屠: 즉 불타)"에게 재계(齋戒)와 제사를 행하였다. 환제(桓帝)와 영제(靈帝) 시기에는 더욱이 외부로부터 안세고(安世高)와 지루가참(支婁迦讖)이 들어왔고, 삼국 시대에는 또한 지겸(支謙)과 강승회(康僧會) 등이 있어서 중국으로 건너와 불경을 번역하여 전했다. 이로부터 불교사상은 한걸음씩 점점 중국의 본토에 전해지기 시작하였다. 그러나 불교는 외래종교이기 때문에 그것이 중국에 뿌리를 내리고 발전할 수 있으려면 반드시 중국의 봉건사회 고유의 의식형태와 결합해야만 비로소 중국 사람들에게 숙지(熟知)되고 신앙이 될 수 있는 것이다. 그러므로 그것은 한나라 시기에 전입(轉入)될 때, 늘 중국의 전통에서 황제(黃帝)와 노자(老子)를 가탁(假託)한 신선방술 사상과 결합하여 욕망을 줄이고 사치를 제거하는 것·무위와 무욕·생사윤회의 무궁함[精靈起滅][1] 등을 선양(宣揚)하였기 때문에, 사람들은 불타를 중국의 방사들이 말하는 신선과 같은 것으로 보았고, 불교사상을 중국의 황로신선학설과 유사한 일종의 도술(道術)로 보았다. 그러므로 초왕 유영은 이미 "황로의 정심하고 미묘한 말을 숭상하였고[尙黃老之微言]", 또한 "불타의 제사를 높이 받들었으며[崇浮屠之仁祠]", 환제는 "화려한 일산을 세우고 불타와 노자에게 제사를 지냈으니[設華蓋以祠浮屠老子]", 바로 불타와 신선가의 노자를 나란히 놓고 제사를 지냈던 것이다. 그러므로 한나라 시대의 불교에 대하여 사람들은 일반적으로 불교의 방술화(方術化) 시기라고 칭하였다.

---

1 역주 정령기멸(精靈起滅)은 『후한서(後漢書)』「서역전론(西域傳論)」에 나오는 구절이다. 여기에 이현(李賢)은 주를 달아서, "정령기멸은 생사의 윤회가 무궁한 것을 말한다(精靈起滅謂生死輪迴無窮已)."라고 하였다. 즉 이 말은 모든 생명이 인연(因緣)의 화합(和合)에 의해서 생겨나고 또 인연의 이산(離散)에 의해서 소멸하는 것을 의미한다.

중국철학의 역사에서 위진 시기는 새로운 시기로 들어가는데, 즉 노장을 숭상하는 현학의 사조가 출현하는 것이다. 당시의 현학 사조는 전체 사상계를 지배하였으며, 영향이 매우 컸고, 그 속에서 더욱이 하안과 왕필은 대표적인 현학 귀무파로서 영향이 가장 컸다. 하안과 왕필의 현학은 노자의 귀무철학을 계승하고 발전시켜서 세계의 본체는 '무(無)'이며, 현상계["有"]는 단지 본체 세계["無"]의 외적 표현일 뿐이라고 여겼다. 이렇게 무(無)를 숭상하는 철학은 바로 불교의 대승불교 반야공학(般若空學)이 주장하는 "일체개공(一切皆空)"의 공종(空宗) 사상과 유사하다.[2] 이 때문에 한때 지극히 융성했던 현학의 영향 아래에서 불교도들은 바로 현학 철학을 가지고 불교의 반야공학을 해석하고 선양하였던 것이며, 이어서 불교의 대승(大乘) 공종 사상을 지극히 크게 발전시킬 수 있었던 것이다. 이것은 불교사상이 진(晉)나라 시대에 융성하기 시작한 중요한 원인이다. 이 때문에 동진과 서진 시기의 불교를 사람들이 일반적으로 불교의 현학화 시기라고 칭하는 것이다. 이 시기의 불교사상은 또한 불교현학(佛敎玄學)이라고 칭할 수 있다.

이때의 불교도들은 노장적 현학사상을 원용하여 불교를 해석하는 방법으로 삼았는데, 이것을 "격의지학(格義之學)"이라고 부른다. 격의지학은 최초로 축법아(竺法雅)에게서 창시된다. 양(梁)나라 『고승전(高僧傳)』의 기록에서 다음과 같이 말했다.

"축법아는 하간(河間) 사람이다. 행실이 침착하고 바르며 도량이 넓었다. 어린 시절에는 불교 이외의 학문을 잘 알았고, 장성해서는 불교교리

---

2 저자주 대승반야학(大乘般若學)은 "공성환유(空性幻有)" "일체개공(一切皆空)"을 주장하며, 현학(玄學)은 "본무말유(本無末有)"를 주장하지만 결코 "환유(幻有)"를 주장하지는 않기 때문에 양자는 실제로 큰 구별이 있다. 역주 공성(空性)은 모든 존재가 실체와 자성(自性)이 없는 빈 것임을 의미하며, 환유(幻有)는 인연에 의해 성립되어 그 자체의 성품을 지니지 않는 존재를 말한다.

에 능통했으며, 사대부 관료들이 간혹 그의 가르침을 구하였다. 당시 그에 의지한 제자들은 세속의 문헌을 잘 알고 있었으나 불교교리에 대해서는 잘 알지 못하였다. 이에 그는 강법랑(康法朗) 등과 더불어 불경에 보이는 법수(法數)들을 불교 이외의 서적에 비교하여 이해를 돕는 사례로 삼았으니, 이것을 격의(格義)라 한다. 그리고 비부(毗浮)와 담상(曇相) 등도 또한 격의를 분별하고 이것으로써 문도들을 가르쳤다. 축법아는 풍채가 깨끗하고 시원하였으며 중요한 요점을 잘 알았다. 불교 이외의 경전과 불교 경전을 번갈아 강의하였고, 도안(道安)과 법태(法汰)와 함께 늘 경전을 펴 놓고 해석하되 항상 의심나는 부분을 모아서 함께 그 경전의 요지를 분명히 드러내었다. 그 후에 축법아는 고읍에 사찰을 세워서 승단의 무리가 100여 명에 이르렀는데, 그는 가르쳐 일깨우는 일에 게으르지 않았다."[3]

　여기에서 말하는 불교 이외의 서적과 경전은 주로 『노자』·『장자』와 유가 경전 종류의 서적을 의미한다. 양나라 『고승전』의 기록에 의거하여 볼 때, 당시의 수많은 불교의 무리들은 모두 노장(老莊)에 정통하고 있었다. 예컨대 격의 학문의 유명한 승려인 승조(僧肇)는 "매번 『장자』와 『노자』를 마음의 요체로 삼았으며, 일찍이 노자의 『도덕경』 장구를 읽었다."[4] 또한 동진의 유명한 승려인 혜원(慧遠)이 있는데, 『고승전』에서 그를 칭하길, "육경에 널리 통달했고, 더욱이 『장자』와 『노자』를 잘 알았으며",[5] "나이 24세에 바로 강설(講說)의 자리에 나아갔는데 일찍이

<hr>

3 『高僧傳』「竺法雅傳」. "竺法雅, 河間人. 凝正有器度, 少善外學, 長通佛義, 衣冠士子, 咸附咨稟. 時依雅門徒, 并世典有功, 未善佛理, 雅乃與康法朗等, 以經中事數, 擬配外書, 爲生解之例, 謂之格義. 乃毗浮相曇等, 亦辯格義, 以訓門徒, 雅風彩灑落, 善于樞機, 外典佛經遞互講說, 與道安法汰每披釋湊疑, 共盡經要. 后立寺于高邑, 僧衆百余, 訓誘無懈."

4 『高僧傳』「僧肇傳」. "每以莊老爲心要, 嘗讀老子道德章."

5 『高僧傳』「慧遠傳」. "博綜六經, 尤善莊老."

손님이 강설을 듣다가 실상(實相)의 뜻을 질문하였는데, 질의응답이 오고 갈 때 시간이 지날수록 의문 나는 곳이 늘어났다. 혜원이 이에『장자』의 뜻을 끌어다가 비유하면서 풀어주었는데, 이에 의문점이 환하게 풀렸다. 이 후로 스승 도안(道安)이 특별히 혜원이 속가의 책을 버리지 않는 것을 들어주었다."[6] 여기에서 노장을 가지고 불교 사상을 해석하는 것이 당시의 시대적 풍조였음을 볼 수 있다. 그 당시의 격의(格義) 학승들과 현학의 명사들은 노장의 철학 문제들을 연구하는 것은 말할 것도 없이 그들이 숭상하는 생활방식과 풍도(風度) 및 몸가짐이나 예절을 갖춘 태도에서 대체로 서로 상통하였다. 격의 학승들은 대체로 현학의 유명 인사들이었다. 그들 사이에서 서로 통하는 점들은 적어도 아래와 같은 몇 가지가 있다.

1. 당시의 불교가 연구·토론한 철학적 문제들은 기본적으로 현학과 서로 통하였다. 현학이 토론한 철학의 중심문제는 본말(本末)·유무와 동정(動靜) 등의 문제이다. 불교는 현학의 영향 아래에서 역시 불교 대승불교의 공종(空宗)이 토론한 문제를 현학과 같이 보았고, 토론한 것도 본말·유무의 문제였다(예를 들면, 도안과 승조 등이다).

2. 본체론에 대한 불교철학의 대답은 어떤 사람의 경우에 현학을 원용하거나 발휘한 대답이었다. 현학의 귀무파는 무(無)가 근본이며 유(有)가 말단이라고 주장하였는데, 이는 바로 현실의 세계[유]를 본체세계[무]의 표현이라고 한 것이다. 어떤 불교도들은 역시 현학의 귀무사상을 원용하여 공(空)이 세계의 근본이며, 현실의 세계[유]를 표면적인 현상으로 보았다(예를 들면, 도안 등이다).

3. 당시 불교의 유명한 승려들의 생활 습속·풍도 및 몸가짐이나 예절을 갖춘 태도 등의 행동거지는 역시 현학 담론을 하는 명사들과 같아서, 유명한 승려들과 명사들은 합쳐서 하나로 여겨졌다. 현학의 담론을

6『高僧傳』「慧遠傳」. "年二十四, 便就講說, 嘗有客聽講, 難實相義, 往復移時, 彌增疑昧. 遠乃引莊子義爲連類, 于是惑者曉然. 是后安公(道安)特聽慧遠不廢俗書."

하는 사람들은 실제의 현실을 떠날 것을 표방하고, 입으로 현허(玄虛)한 이치를 이야기하며, 명리(名理)를 잘 분석하였고(즉 개념 분석을 잘 하는 것), 하루 종일 한가로이 청담을 즐기면서 세상의 일에 힘쓰지 않았다. 유명한 승려들도 청담에 참여하였고, 풍도가 명사들과 같았다. 그러므로 당시의 유명한 승려들과 명사들은 절친한 친구로 맺어졌으며, 세상 사람들은 승려의 무리였던 지효룡(支孝龍)[7]과 명사인 완첨(阮瞻)·유개(庾凱) 등을 함께 "팔달(八達)"이라 불렀다. 유명한 승려인 지둔(支遁)은 명사들의 일대 우두머리가 되었다. 왕몽(王濛)은 그에 대해 "정묘한 이치를 궁구해 낸 공적이 왕필에 뒤지지 않았고",[8] "실로 치발[승려] 중에서의 왕필과 하안이다."[9]라고 하였다. 손작(孫綽)은 지둔을 상수(向秀)에 비교하여 "지둔과 상수는 고아한 기품이 있었고 『장자』·『노자』를 숭상하였으니, 두 사람이 시대는 달랐지만 기풍이 훌륭하고 현묘한 점에서는 같았다."[10]라고 하였다. 이와 같은 종류의 사례들은 당시에 매우 많아서 이루 다 예로 들 수 없다.

불교의 현학화는 당연히 현학을 가지고 불교를 해석한 것이라고 결코 간단하게 말할 수 없는 것이다. 만일 당시의 불교철학과 현학철학 두 가지를 같은 것으로 본다면 잘못된 것인데, 예를 들어 불교가 출세간(出世間)의 입장을 주장하였지만 현학은 이런 점에 동의하지 않았다. 그러므로 확실하게 말하자면, 양진 시기의 불교는 결코 간단하게 현학화로 말할 수 없으며, 불교철학과 현학철학이 같은 보조를 취하면서, 불교철학

---

7 역주 지효룡(支孝龍)은 회양(淮陽) 사람이다. 젊어서 풍모와 자태로 존중받았고, 이에 더하여 고상한 풍채가 탁월하고 높은 이론이 시대에 적합하였다. 그는 항상 소품(小品)을 펴 놓고 음미하면서 이를 심요(心要)로 삼았다. 진류 땅의 완첨, 영천 땅의 유개와 나란히 지음(知音)의 교우 관계를 맺어서 당시의 사람들이 이들을 팔달(八達)이라고 하였다. 『高僧傳』「支孝龍傳」.

8 『高僧傳』「支遁傳」. "造微之功, 不減輔嗣." 역주 이 구절은 『世說新語』「賞譽」편에도 있다.

9 『高僧傳』「支遁傳」. "實緇鉢之王何也."

10 『高僧傳』「支遁傳」. "支遁向般雅尙莊老, 二子異時, 風好玄同矣."

과 현학철학 두 가지가 결합된 산물이다.

　대승공종(大乘空宗)의 불교가 현학화하는 과정의 경우에는 일반적으로 말해서 대체로 두 단계를 거친다. 첫째 단계는 반야학(般若學: 『반야경』을 주로 삼는다)의 현학화 시기인데, 대략 서진에서 동진의 중기에 이르는 시기이다. 둘째 단계는 삼론학(三論學: 『반야경』과 삼론을 주로 삼는다)과 현학이 결합된 시기인데, 대략 후진(後秦)의 요흥(姚興) 시기 홍시(弘始) 3년에 구마라집이 장안(長安)에 들어온 시기(東晉 安帝 隆安 5년, 401년) 다음의 동진 중기와 후기이다. 그 이후에 현학은 남조의 불교에 대해서도 분명한 영향을 끼쳤다.

제1절

반야학의 현학화

양진 시기의 반야학은 인도불교 경전인 『반야경』을 연구하면서 얻은 이름이다. 『반야경』은 인도 대승불교 공종(空宗)의 초기 경전저작이다. 대승공종은 대략 불교의 창시자인 석가모니(釋迦牟尼: B.C. 565-B.D. 483)가 죽은 뒤 500년, 즉 서기 1세기 전후에 일어난 것이다. 당시는 인도 노예제 사회가 쇠약해지기 시작했고 대승불교의 반야공종이 '자성은 공하며 현상은 환상으로 있는 것이다[性空幻有].'라든지, '모든 존재들은 다 공하다[一切皆空].'라는 관점을 제시하였는데, 이는 일체의 모든 법[현상]에는 실재하는 자성이 없으며["性空"], 모든 현상은 일시적으로 존재하는 것["幻有"]이라고 여겼다. 이러한 철학적 관점은 바로 당시의 노예사회가 몰락해 가면서 불교 속에 반영된 것이다.

반야학이 중국의 땅에서 흥기하는 것은 위(魏)나라 말기에서 진(晉)나라 초기이다. 위진 현학의 기풍이 유행할 때, 반야의 공관(空觀)은 바로 현학의 귀무(貴無) 사상과 서로 견주면서 모방하였는데, 이 때문에 불교도들은 잇달아 반야학으로 마음이 기울었고, 곧 불교는 현학 사조의 유행을 타고 자기의 세력을 확대하게 되는 것이다. 당시에 서쪽으로 멀리 나아가서 『반야경』을 구하면서 가장 명성을 날리던 반야학자로 중국승

려들에게 추앙을 받은 사람이 주사행(朱士行)이었다. 『우록(佑錄)』「주
사행전(朱士行傳)」에 다음과 같이 말했다. "(주사행은) 출가한 이후에 바
로 큰 불법의 포교를 자신의 임무로 삼았다. 늘 말하길, 도에 들어가는
것은 지혜를 바탕으로 해야 한다 하였는데, 그러므로 오로지 경전 연구
에만 힘을 쏟았다. 처음에 천축의 축삭불(竺朔佛)[1]이 한나라 영제(靈帝)
때 『도행경(道行經)』을 번역 출간하였는데, 번역하는 사람이 입으로 번
역하면서 혹 이해하지 못한 것은 바로 가려 뽑아 옮기면서 나아갔다. 그
러므로 의미의 처음과 끝이 서로 차이가 나는 곳이 많았다. 주사행은 일
찍이 낙양에서 소품(小品: 즉 『도행경』)을 강의하였는데 가끔씩 의미가
통하지 않는 곳이 있었는데, 매번 이 경은 대승의 요체인데 번역의 이치
를 다하지 못하고 있으니, 뜻을 굳건히 세워 맹세하면서 몸을 버리더라
도 멀리 가서 대품(大品)을 구하리라 탄식하였다. 마침내 위(魏)나라 감
로(甘露) 5년(259)에 옹주(雍州)에서 출발하여 서쪽으로 유사(流砂)를 넘
어 우전국(于闐國)에 이르러, 과연 정품(正品)의 범어로 된 도서(梵書)와
호본(胡本) 90장 60여 만 언을 필사해서 얻었다."[2] "서진 태강(太康) 3년
(282) 제자 불여단(弗如檀)을 파견하여 경문(經文)의 호본을 낙양으로 보
냈다."[3] 주사행은 "뜻을 굳건히 세워 맹세하면서 몸을 버리더라도" 멀리
가서 대품(大品)을 구하고자 하였는데, 범어로 된 경서와 호본으로 된

---

1 역주 축삭불(竺朔佛)은 『고승전』「축불삭전」에는 축불삭(竺佛朔)이라고 되
어 있다. 인도 출신의 사문(沙門)이며, 정확한 생존 연대는 알려져 있지 않다. 중
국의 후한(後漢) 시대 때, 낙양(洛陽)으로 갔으며, 지루가참(支婁迦讖)과 함께 반
주삼매경(般舟三昧經), 도행반야경(道行般若經) 등을 한역했다. 축삭불(竺朔佛)
이라고도 하지만, 축불삭으로 더 많이 알려져 있다.
2 『佑錄』「朱士行傳」. "(朱士行)出家以後, 便以大法爲己任. 常謂入道資慧, 故專務
經典. 初天竺朔佛以漢靈帝時出道行經, 譯人口傳, 或不領, 輒抄撮而過. 故意義首
尾頗有格碍. 士行常於洛陽講小品往往不通, 每嘆此經大乘之要, 而譯經不盡, 誓
志捐身, 遠求大品. 遂以魏甘露五年發迹雍州, 西渡流沙, 旣至於闐, 果寫得正品梵
書胡本九十章六十餘萬言."
3 『佑錄』「放光經記」. "以太康三年遣弟子弗如檀, 晉字法饒, 送經胡本至洛陽."

대품『반야경』을 구하여 얻었고, 이때부터 반야학이 중국 지역에 크게 번창하기 시작한 것이다.

주사행이 멀리 서역으로 대품을 구하기 위해 떠나기 전에 한나라 말기에서 삼국시대에 이르기까지 이미『반야경』의 두 가지 번역본이 있었다. 하나는 한나라 영제(靈帝) 때 지루가참이 번역한『도행경』인데, 이는『반야경』의 간략한 축약본 번역으로서 소품(小品)이라고 칭한다. 다른 하나는 오(吳)나라 때 지겸(支謙)이 다시 번역한『도행경』인데,『대명도무극경(大明度無極經)』이라고 칭하는 것이다. 그러나 그것들은 모두『반야경』대품이 아니었으며, 더 중요한 것은 당시에 위진 현학이 아직 일어나지 않았기 때문에『반야경』은 사람들의 중시(重視)를 받지 못하였다. 오직 위진 현학이 지극히 성행할 때에 이르러서야『반야경』은 비로소 사람들의 주목을 받기 시작하였다.

양진(兩晉) 시기의 반야학자들은 매우 많았는데, 주사행을 제외하고도 주요 인물들이 아래와 같이 있었다.

지효룡(支孝龍): "항상 소품을 펴 놓고 음미하면서 이를 마음의 요체로 삼았다."

강승연(康僧淵): "『방광』과『도행』등의『반야경』소품을 독송하였다."

지민도(支愍度): "심무(心無)의 뜻을 세웠다."

축도잠(竺道潛): "임금 앞에서 대품을 강설하였다."

축법온(竺法蘊): "깨달음과 지해(智解)가 현오한 경지에 들어갔으며, 특히『방광반야경』에 능통하였다."

지둔(支遁): "『도행반야경』을 강설하였으며,『도행지귀(道行旨歸)』를 지었다."

우법개(于法開): "『방광반야경』에 능통하였으며", "지도림(支道林)과 함께 즉색공(卽色空)의 의미에 대해 논쟁하였다."

도안(道安): "『방광반야경』을 강설하였으며", "『도행반야경』에 주석을 달았다.”

축법태(竺法汰): “『방광반야경』을 강설하였다.”

축승부(竺僧敷): “『방광반야경』과 『도행반야경』의 의소(義疏)를 저술하였다.”

도립(道立): “『방광반야경』에 능통하였다.”

혜원(慧遠): “『법성론』을 저술하여 성공(性空)의 뜻에 대해 서술하였다.”

승랑(僧朗): “『방광반야경』을 강설하였다.”[4]

(이상의 사람들은 모두 양나라 『고승전』에 보인다.)

　

이와 같은 반야학자들은 또한 모두 동시에 노장학을 연구하고 익혔으며, 어떤 이들은 현학의 유명 인사들과 교유하고 왕래하는 것이 긴밀하였다. 예를 들면 다음과 같다.

　

지효룡(支孝龍): “진류(陳留)의 완첨(阮瞻), 영천(潁川)의 유개(庾凱) 등과 나란히 서로 마음이 통하는 벗으로 사귀었다. 세상 사람들이 이를 팔달이라 불렀다.”

---

4 梁『高僧傳』.

支孝龍 “常披味小品, 以爲心要.”

康僧淵 “誦放光道行, 卽般若大小品.”

支敏度 “立心無義.”

竺潛 “于御筵開講大品.”

竺法蘊 “悟解入玄, 尤善放光波若.”

支遁 “講道行般若, 造道行旨歸.”

于法開 “善放光.”, “與支道林爭卽色空義.”

道安 “講放光般若.”, “注般若道行.”

竺法汰 “講放光經.”

竺僧敷 “著放光道行等義疏.”

道立 “善放光經.”

慧遠 “著法性論述性空義.”

僧郎 “講放光經.”

축도잠(竺道潛): "대승경전[5]을 창달하기도 하고, 『노자』와『장자』를 해
    석하기도 하였다." 손작(孫綽)은 축도잠을 유령(劉伶: 자는 伯倫)에
    비유하였다. 그는 담론을 하면서 '축도잠은 도의 소양이 깊고 무거
    우며 원대한 국량을 지녔다.'고 하였다. 유령은 뜻 가는 대로 살면
    서 거침이 없었으니, 우주를 작다고 여겼다. 비록 은거(隱居)하는
    삶은 유령이 그에게 미치지 못하였지만, 광대한 뜻의 모습은 같다."
지둔(支遁): "지둔이 늘 백마사(白馬寺)에 있을 때 유계지(劉系之) 등과『장
    자』「소요유」편을 담론하였다." 아울러 "「소요유」편에 주석을 달았
    다." "왕흡(王洽)·유회(劉恢)·은호(殷浩)·허순(許詢)·극초(郗超)·
    손작(孫綽)·환언표(桓彦表)·왕경인(王敬仁)·하차도(何次道)·왕문
    도(王文度)·사장하(謝長遐)·원언백(袁彦佰) 등은 모두 일대의 유명
    인사들이었는데, 모두 속세를 벗어난 사귐을 가졌다." "태원왕(太原
    王) 사마몽(司馬濛)이 그를 중시하여 '지극한 경지에 나아간 공부는
    왕필과 비교해도 모자람이 없었다.'라고 하였다" 또 찬탄하길, "실로
    치발[승려]의 왕이니 어찌하겠는가?"라고 하였다.
축법태(竺法汰): "영군(領軍)인 왕흡과 동정왕(東亭王) 사마순(司馬珣), 태
    부(太傅) 사안(謝安) 등이 모두 지극히 그를 흠모하고 공경하였다."
    "축법태의 제자 담일(曇壹)과 담이(曇貳)도 모두 경전의 뜻을 널리
    익혔고, 또『노자』와『주역』에도 능통하였으며, 풍류를 좋아하여
    혜원과 명성을 나란히 하였다."
도립(道立): "『방광경』에 능통하였으며, 또한 노장의 삼현(三玄)이 불교의
    이론과 미묘하게 상응한다 하여 그것에 의미를 두루 연결시켰다."
혜원(慧遠): "젊어서부터 많은 생도(生徒)들을 위해 널리 육경을 종합해
    연구하였고, 노장을 특히 좋아하였다." "나이 24세에 바로 강설(講

---

5 **역주** 방등(方等)은 기존의 부파 불교를 비판하면서 새로운 불교를 일으킨 사
    람들이 기존의 불교를 소승(小乘)으로, 자신들을 대승(大乘)이라고 지칭하였는
    데, 대승불교를 방등이라 한 것이다.

說)의 자리에 나아갔는데 일찍이 손님이 강설을 듣다가 실상(實相)의 뜻을 질문하였는데, 질의응답이 오고 갈 때 시간이 지날수록 의문 나는 곳이 늘어났다. 혜원이 이에『장자』의 뜻을 끌어다가 비유하면서 풀어주었는데, 이에 의문점이 환하게 풀렸다. 이 후로 스승도안(道安)이 특별히 혜원이 속가의 책을 버리지 않는 것을 들어주었다."[6]

(이상의 자료는 모두 양『고승전』에 보인다.)

이런 반야학자들은 각각『반야경』사상에 대한 이해가 일치하지 않고 수많은 반야학설을 형성하였기 때문에 당시에는 "여러 논의가 다투어 일어났고[衆論競作]", 학파들이 숲을 이루었으며, 이른바 "장안에는 본래 세 학파의 논의가 있다."[7]는 말이 있었고, 또한 이른바 "육가(六家)와 칠종(七宗)이 있었고, 여기에서 12개의 학파가 늘어서게 된다."[8]는 말이 있게 되었으며, 반야학 내부에서 "백가가 다투어 논쟁을 벌이는 상황[百家爭鳴]"이 전개되었다. 그러나 "삼가(三家)"는 말할 것도 없이 "육가와 칠

---

6 梁『高僧傳』.

支孝龍 與"陳留阮瞻, 穎川庾凱, 幷結知音之交. 世人呼爲八達."

竺道潛 "或暢方等, 或釋老莊." "孫綽以深比劉伯倫. 論云: 深公道素淵重, 有遠大之量. 劉伶肆意放蕩, 以宇宙爲小, 雖高栖之業, 劉所不及, 而曠大之體同焉."

支遁 "遁嘗在白馬寺, 與劉系之等, 談莊子逍遙篇", "王洽劉恢殷浩許詢郗超孫綽桓彦表王敬仁何次道王文度謝長遐袁彦伯等, 幷一代名流, 皆着塵外之狎." "太原王蒙甚重之, 曰: 造微之功不減輔嗣" "實緇鉢之王何也."

竺法汰 "領軍王洽東亭王珣太傅謝安, 幷欽敬無極." "汰弟子曇壹曇二, 幷博練經義, 又善老易, 風流趣好, 與慧遠齊名."

道立 "善放光經, 又以莊老三玄, 微應佛理, 頗亦屬意焉."

慧遠 "少爲諸生, 博綜六經, 尤善莊老." "年二十四, 便就講說, 嘗有客聽講, 難實相義, 往復移時, 彌增疑昧. 遠乃引莊子義爲連類, 于是惑者曉然. 是后安公(道安)特聽慧遠不廢俗書."

7 吉藏『中論疏』「因緣品」. "長安本有三家義."

8 慧達「肇論序」. "六家七宗, 爰其十二." 역주 "爰其十二"는 다른 판본에 "爰延十二"로 되어 있다.

종"도 모두 노장의 현학 사상을 가지고 반야의 공관(空觀)을 해석하였고, 해석의 차이점 때문에 분기(分岐)가 발생하는 것이다.

유송(劉宋) 시기 장엄사(莊嚴寺)의 승려인 담제(曇濟)가 지은 『육가칠종론』에서 다음과 같이 말했다. "논(論)에는 육가가 있는데, 나뉘어 칠종이 된다. 첫째는 본무종(本無宗), 둘째는 본무이종(本無異宗), 셋째는 즉색종(卽色宗), 넷째는 식함종(識含宗), 다섯째는 환화종(幻化宗), 여섯째는 심무종(心無宗), 일곱째는 연회종(緣會宗)이다. 본래 육가가 있었는데, 첫째의 본무종이 나뉘어 2종이 되었으므로 칠종을 이루게 되었다"⁹ [당나라 元康의 『조론소(肇論疏)』를 보라]. 승조(僧肇)의 『조론』 속에서 비평하고 있는 것은 단지 본무(本無)·즉색(卽色)·심무(心無) 세 가지만 있다. 길장(吉藏)의 『중론소(中論疏)』에서는 "구마라집이 장안에 오기 전에 본래 삼가의 설이 있었다."¹⁰고 하면서 도안(道安)의 본무의(本無義)와 침법사(琛法師: 竺法深?)의 본무의 및 즉색·심무의 등의 네 가지 종(宗)을 열거하고 있다. 담제가 말한 것 중에 나머지 세 가지 종의 경우에는 장안에 본래 존재하지 않았던 것인지 아니면 영향이 크지 않았던 것인지의 여부는 알 수가 없다. 승조와 길장이 언급하고 있지 않은 이유가 이들 삼종이 장안에 원래부터 없었던 것인지, 혹은 영향력이 적어서인지는 알 수가 없다. 현존하는 자료들에 의거하여 보면 확실히 본무·즉색·심무 세 가지의 영향력이 가장 컸다. 본무종의 중요한 대표 인물은 도안이며, 그는 "따르는 무리가 수백 명이었으며, 각처로 나누어 가서 활동하였고[徒衆數百, 分遷各處]", 이는 당시 반야학의 주요도시가 되었으며, 그 영향은 다른 학파와 비교하여 논할 수 없었다. 즉색종의 중요한 대표 인물은 지둔(支遁)이며, 그는 당시에 유명 인사였으니, 그 영향을

---

9 「肇論疏」. "論有六家, 分成七宗. 第一本無宗, 第二本無異宗, 第三卽色宗, 第四識含宗, 第五幻化宗, 第六心無宗, 第七緣會宗. 本有六家, 第一家分爲二宗, 故成七宗也."

10 「中論疏」. "什師未至, 長安本有三家義."

자연히 알 만하다. 심무종은 남달리 특별한 주장을 내세웠는데, 승려들에게 이단(異端) 사설(邪說)로 여겨지고 뭇사람의 비난의 대상이 되었기 때문에 명성이 또한 저절로 적지 않게 되었다. 그 밖의 다른 여러 종(宗)의 영향은 이 세 가지 종만큼 멀리 미치지 못했다. 현재 남아 있는 사료에 따라 보자면, 본무·즉색·심무의 삼가(三家)와 현학의 관계도 매우 밀접하며, 다른 여러 종과 현학의 관계는 크지 않다. 우리는 역시 주로이 삼가의 불교사상과 현학의 얽히고설킨 관계를 논의한다.

본무종은 당시 반야학 중에 가장 영향이 큰 종이었고, 동시에 그것과 현학의 관계도 가장 긴밀했던 종이다. 그 주요 대표자는 도안이다.

도안은 속성이 위씨(衛氏)이며, 상산(常山)의 부류(扶柳: 지금의 하북성 河北省 기현冀縣) 사람이다. 서진의 영가(永嘉) 6년(312)에 태어나 동진의 태원(太元) 10년(385)에 입적하였다(『고승전』「도안전」을 참고하라). 도안은 "집안 대대로 뛰어난 유학의 가문이었고",[11] 7세에 글을 읽었으며, 11세에 출가하였고, 후에 구족계를 받고서 전국을 돌아다녔는데, 먼저 업도(鄴都)에 도착하여 중사(中寺)에 들어가 불도징(佛圖澄)을 스승으로 섬겼다. 그 뒤에 "염민의 난[冉閔之亂]"[12]을 만나서, "환난을 피하여 호택(濩

---

11 『高僧傳』「道安傳」. "家世英儒."

12 역주 "염민의 난"은 후조(後趙)의 실권자 염민이 일으킨 반란을 말한다. 중국 5호 16국(五胡十六國) 시대 갈족(羯族)이 세운 후조의 건국자 석륵(石勒, 274-333)이 전쟁 중에 포로로 잡은 한족(漢族) 젊은이가 있었다. 그의 이름이 염첨(冉瞻)이었는데, 그가 용맹하고 총기가 있어서 석륵이 자기의 조카인 석호(石虎: 3대 황제)에게 양자로 삼게 하였다. 그 염첨의 아들이 석호의 성을 따라서 석민(石閔)이 되었다가, 후에 한족 본래의 성을 찾아 염민(冉閔)이 되었다. 염민은 무예가 출중하여 갈족의 용사로 전쟁에 나아가 많은 공훈을 세웠다. 이 때문에 염민이 석호의 신임을 받아 후조의 실권자가 되었고, 후에 반란을 일으켜 직접 정권을 장악하고 한족을 중심으로 뭉쳐서 갈족 20만여 명을 죽였다. 이때 남녀노소(男女老少)나 신분의 귀천(貴賤)을 막론하고 죽였다. 이 사건을 "염민지란(冉閔之亂)"이라고 부른다. 염민은 결국 후조를 멸망시켰지만, 이 혼란을 틈타 침략해온 선비족의 전연(前燕)에게 패하여 죽는다.

澤)에 은거하였다[避難潛於濩澤]." 그 후에 또 다시 업도로 돌아왔다가 전연(前燕)을 세운 모용-씨(慕容氏)가 하남의 고을을 공격하여 취하자, 도안은 전란을 피하여 무리를 이끌고 "남쪽으로 가서 양양에 머물렀고[南投襄陽]", 아울러 널리 불교를 포교하려는 계획을 세워서 무리들을 나누어 보냈는데, 이때 동학(同學)인 "법태는 양주를 찾아가게 하였고[法汰詣楊洲]", 법화(法和)는 서촉(西蜀)으로 들어가게 하였다. 그 후에 또 제자인 혜원 등을 형주(荊州)로 남하(南下)하게 하였는데, 마지막으로 여산(廬山)에 이르렀다. 도안의 동학과 제자들은 하남(河南)과 하북(河北), 그리고 양자강의 남북에 거쳐 널리 퍼져 있었으므로 도안은 불교계의 우두머리가 되었다. 이때 부견(苻堅)이 북방지역을 평정하였는데, 도안은 부견의 중시를 받아서 장안으로 초빙되어 와서 오중사(五重寺)에 머무르면서 "불법의 교화를 크게 넓혔다[大弘法化]." 뒤에 장안에서 열반하였고 "성안의 오급사에서 장사를 지냈다"[13](『고승전』「도안전」에 사적이 보인다).

도안의 일생은 바로 중국의 북방 지역이 전란에 쌓였던 시대에 처해 있었는데, 도안은 불교경전을 매우 좋아하여 전쟁의 환난을 피해 다니는 중에도 불교학에 대한 연구를 한시도 잊지 않았다. 손작(孫綽)의 『명덕사문론(明德沙門論)』에서는 "승려 도안은 박학다재하여 경전의 명리에 통달하였다."[14]라고 하였다(『고승전』「도안전」 인용). 도안은 폭넓은 불교지식을 갖추고 있었으며, 그의 불교학에 관한 저작이 매우 많다. 『고승전』에 다음과 같이 말했다. "도안은 경전을 끝까지 열람하더니 깊은 뜻을 터득하여 심원한 경지를 이루었다. 그는 『반야경(般若經)』·『도행경(道行經)』·『밀적경(密跡經)』·『안반경(安般經)』 등의 경전에 주석을 달았고, 아울러 본문을 찾아서 문구를 비교하고 처음부터 끝까지 모든 내용을 다 수록하였고, 이에 의문을 분석하고 분명하게 풀이하여 전부 22권의 책이 되었다."[15] 그러나 도대체 어떤 22권의 경전이 있었는지 알 수

---

13 『高僧傳』「道安傳」. "葬城內五級寺中."
14 『高僧傳』「道安傳」. "釋道安博物多才, 通經名理."

없다. 현존하는 자료에 의거해 보면, 도안의 저술 중에서 현학과 비교적 밀접한 관계가 있는 것들은 다음과 같다.

『합방광광찬수략해서(合放光光贊隨略解序)』
『도지경서(道地經序)』
『안반주서(安般注序)』[16]
(이상은 모두 『우록』에 보인다.)

그러나 이런 서문들은 노장(老莊)의 영향을 받은 주요 표현이 문자에 나타나 있으며, 모두 노장의 말을 차용하여 불교학 사상을 표현해 내고 있다. 예컨대 『합방광광찬수략해서』는 도안이 『반야경』 사상을 소개하는 한 편의 서문인데, 그 문장 속에서 법신(法身)의 진제(眞際)를 설명할 때 "진제란 드러나는 것이 없으니, 욕심이 없고 마음이 평정한 모양으로서 휘둘리지 않고, 편안하게 가라앉아 그윽이 가지런하여, 억지로 함이 없어서 하지 않음이 없다. 모든 존재들은 작위함이 있지만, 이 법은 침착하고 말이 없으므로, '무소유가 이 법의 참모습'이라고 한다."[17]라고 하였다. 동시에 이런 진여(眞如)의 법신에 이름을 붙여 "상도(常道)"라고 하였다. 매우 분명하게, "욕심이 없고 마음이 평정한 모양으로서 휘둘리지 않고, 편안하게 가라앉아 그윽이 가지런한 것", "억지로 함이 없어서 하지 않음이 없는 것", "상도" 등등의 용어는 모두 『노자』에서 답습하여 취해 온 것이다. 또한 예컨대 도안이 안세고가 전래한 선학(禪學)을 소개하는 『안반주서』 속에서는 다음과 같이 말했다. "안반(安般)은 호흡에

---

15 『高僧傳』「道安傳」. "安窮覽經典, 鉤深致遠. 其所注般若道行密迹安般諸經, 幷尋文比句, 爲起盡之義, 乃析疑甄解, 凡二十二卷."

16 『佑錄』. "合放光光贊隨略解序, 道地經序, 安般注序."

17 『出三藏記集』권7. "眞際者無所著也, 泊然不動, 湛爾玄齊, 無爲也無不爲也. 萬法有爲, 而此法淵默, 故曰無所有者是法之眞也."

의지해서 수의(守意)를 성취하고 사선(四禪)은 몸에 의지해서 선정(禪定)을 이루는 것이다. 호흡에 의지하기 때문에 여섯 단계의 차이가 있고, 몸에 의지하기 때문에 네 가지 등급의 구별이 있다. 단계의 차이는 덜어내고 또 덜어내어 무위(無爲)에 이르게 되고, 등급의 구별은 잊어버리고 또 잊어버려서 무욕(無欲)에 이르게 된다. 무위하기 때문에 형체가 순응하지 않음이 없고, 무욕하기 때문에 일마다 이루어지지 않음이 없다."[18] 여기에서 무위(無爲)·무욕(無欲)으로 선정(禪定)을 해석하였는데, 역시 노장의 문자를 가지고 선학(禪學)을 해석한 것이다. 그러나 이런 영향은 단지 형식의 측면에 있는 것이고 더 중요한 것은 도안의 반야학 전체에 나타난 불교사상이 현학의 영향을 심각하게 받고 있다는 것이다. 애석한 것은 이런 측면에서 완전한 사상의 자료가 남아 있지 않다는 것이며, 현재 우리는 단지 원강 연간의 『조론소』·길장(吉藏)의 『중관론소』와 진(陳)의 혜달(慧達)의 『조론소』 등에 약간 남아 있는 내용을 통해 이 문제를 엿볼 수밖에 없다.

이름을 보고 그 뜻을 생각하듯이, 도안의 본무종의 근본 사상은 바로 그 본무(本無) 사상에 있다. "본무"라는 뜻은 바로 현학 귀무파의 중심 사상이다. 일찍이 삼국시대에 현학자 하후현은 이미 「본무(本無)」라는 한 편의 글을 지었다(그러나 이 글은 이미 유실되어 구체적 내용을 알 수가 없다). 현학의 이론가인 왕필은 "세상의 모든 만물은 모두 유(有)로써 생성하며, 유의 시작은 무(無)를 근본으로 삼는다."[19]라고 말했다. 그리고 또 "천지가 비록 거대하여 만물을 풍요롭게 소유하여 우레와 바람이 운행하고 만물이 운행 변화하지만 고요히 무에 이르는 것이 바로 그 근본이 된다."[20]라고 말했다. 왕필의 입장에서 볼 때, 세계의 근본·본체는

---

18 『出三藏記集』 권6 「安般注序」. "安般寄息以成守, 四禪寓骸以成定也. 寄息故有六階之差, 寓骸故有四級之別, 階差者損之又損之, 以至於無爲, 級別者忘之又忘之, 以至於無欲也. 無爲故無形而不因, 無欲故無事而不適."

19 『老子』 40章 注. "天下之物, 皆以有爲生, 有之所始, 以無爲本."

"무(無)"이며, "유(有)"는 각종의 구체적 존재물이며 단지 본체인 "무"의 외부적 표현이다. 이렇게 "무를 근본으로 보고 유를 말단으로 보는" 관점은 바로 현학 귀무파의 기본 관점이다. 아주 뚜렷하게 이런 관점은 노자의 사상을 발전시켜 드러낸 것이며, 노자는 도(道)를 "천지자연의 근본"[21]으로 보았으며 아울러 만물은 최종적으로 모두 "그 뿌리인 도로 돌아간다."[22]고 하였는데, 이 때문에 서진 시기 『숭유론』을 지은 배외는 『노자』 5천자의 사상을 결론지어서 "고요함과 하나됨은 근본인 무를 지키는 것"[23]이라는 사상으로 보았다. 서진과 동진 시기의 불교 반야학은 큰 차이가 없이 모두 현학의 "본무"라는 개념을 원용하였고, 그것을 가지고 세계의 본체를 표시하였는데, 이는 바로 불교 반야학 속에서 말하는 실상(實相)·법성(法性) 등의 개념이다. 원강 연간의 『조론소』 중에는 "실상(實相)은 본무(本無)의 다른 이름이니, 본무가 깊은 뜻을 나타낸 것이기 때문에, 처음에 논의를 세울 때 본무와 실상 등의 개념을 말한 것이다."[24]라고 하였다. 『조론』에서도 "본무·실상·법성·성공·연회는 모두 같은 뜻이다."[25]라고 말했다. 일본 사람인 안징(安澄)의 『중론소기(中論疏記)』에는 도안을 지칭하면서 『본무론』을 지었다고 하였고, 『우록』에는 도안이 『실상의(實相義)』를 지었다고 기록하고 있으며, 원강(元康)은 도안이 『성공론(性空論)』을 저술했다고 말했다. 『조론』에서 본

20 『周易』 「復卦」 注. "天地雖大, 富有萬物, 雷動風行, 運化萬變, 寂然至無, 是其本矣."
21 『老子』 제6장. "天地之根."
22 『老子』 제16장. "復歸於其根."
23 『崇有論』. "靜一守本無." **역주** 이 구절의 원문은 다음과 같다. "靜一守本, 無虛無之謂也; 損艮之屬, 蓋君子之一道, 非易之所以爲體守本無也(고요함과 하나됨은 근본을 지키는 데 있는 것이지, 허무를 말하는 것이 아니다. 손괘와 간괘 따위는 대개 군자의 한 방편에 지나지 않는 것이니, 『역』에서 요체로 삼고 있는 것은 본래 아무것도 없는 것을 지키라는 것이 아니다)."
24 『肇論疏』. "實相卽本無之別名, 以本無是深義故, 建初言本無, 實相等也."
25 『肇論』 「宗本義」. "本無實相法性性空緣會一義耳."

무·실상·성공은 모두 같은 뜻이라고 한 설명에 비추어 보면, 이 세 가지는 아마도 동일한 저작일 것이다. 유감스러운 것은 이 저작이 이미 유실되어서 그 구체적 내용을 알 수 없다는 것이다. 그러나 이런 점에서 역시 알 수 있는 것은 도안의 본무종은 현학과 밀접한 관계가 있다는 것이다.

이미 본무와 공성이 같은 뜻이기 때문에 본무종은 역시 성공종이 된다. 당나라 시기 원강은 『조론소』에서 다음과 같이 말했다. "도안법사 의미를 밝혀 세울 때 성공(性空)으로 종지를 삼아, 성공론을 저술하였다. 집법사(구마라집을 가리킴)가 의미를 밝혀 세울 때 실상(實相)으로 종지를 삼아, 실상론을 저술하였다. 이것을 명종(命宗)이라 한다."[26] 진(陳)의 혜달은 『조론서』에서 다음과 같이 말했다. "미천대덕(彌天大德: 즉 도안)과 동수상문(童壽桑門: 즉 구마라집)에 이르러서야 명종이 창시되어, 사려 깊게 변별하고 이치를 헤아려 설명하고 널리 알렸다."[27]라고 하였다. 도안의 성공종과 구마라집의 실상종은 모두 일대의 '명종'이었다. 여기서 도안의 본무종 영향이 당시에 확실히 매우 컸음을 볼 수 있다.

도안의 본무종(또는 성공종이라고도 칭함)의 구체적 내용은 『명승전초(明僧傳抄)』「담제전」에 의거하면, 다음과 같이 말했다.

"담제는 『칠종론』을 지었는데, 제1 본무종에서 다음과 같이 말했다. '여래가 세상에 나온 것은 본무(本無)로써 널리 가르침을 펴기 위해서인데(弘자는 본래 佛자로 되어 있다.), 그러므로 『방등심경』은 모두 오음(五陰)의 본무를 간략히 밝힌 것이다. 본무의 논의는 유래가 오래된 것이다. 무엇을 말하는가? 무릇 처음 세계가 전개되기 이전에는 텅 비어 광

---

26 「肇論疏」. "如安法師立義以性空爲宗, 作性空論; 什(指羅什)法師立義以實相爲宗, 作實相論, 是謂'命宗'也"

27 「肇論序」. "至如彌天大德(卽道安), 童壽桑門(卽羅什), 並創始命宗, 圖辯格致, 播揚宣述."

활하였을 뿐이다. 원기(元氣)가 만물을 지어냄에 이르러 여러 사물들이 형체를 받고 나타났다. 형체를 지닌 사물들은 비록 원기의 변화에 의지하지만 사물의 형체를 내는 변화의 근본²⁸은 저절로 그러함으로부터 나온 것이다. 저절로 그러하게 그러할 따름이니, 어찌 그렇게 만드는 자가 있겠는가? 이로 말미암아 말하자면, 무(無)는 최초의 세계변화 앞에 있는 것이고, 공(空)은 모든 형체를 지닌 여러 사물들의 시원이다. 그러므로 본무라 한 것이니, 텅 비어 광활한 것 속에서 만물이 생겨날 수 있다고 말하는 것이 아니다. 무릇 사람들이 걸리는 것은 말단의 유(末有)에서 걸리는 것이니, 진실로 본무에 마음을 편안히 둔다면 이런 걸림이 풀어지게 된다. 무릇 근본을 숭상하여 말단을 살릴 수 있다는 것은 대개 이를 말하는 것이다.'"²⁹

이것을 달리 말하자면, 세계의 시작·단초는 공무(空無)이며, 바로 "무릇 처음 세계가 전개되기 이전에는 텅 비어 광활하였을 뿐이고", "무(無)는 최초의 세계변화 앞에 있는 것이고, 공(空)은 모든 형체를 지닌 여러 사물들의 시원이다." 그 뒤에 이 "무(無)"의 기초 위에서 "원기(元氣)가 만물을 지어냄에 이르러 여러 사물들이 형체를 받고 나타나며", 만물의 존재가 생겨 나오는 것이다. 그러나 만물 존재들은 "저절로 그러함으로부터 나온 것이며", "저절로 그러하게 그러할 따름이니, 어찌 그렇게 만드는 자가 있겠는가?" 여기에는 결코 조물주의 존재가 없다. 이

---

28 역주 "사물의 형체를 내는 변화의 근본"은 원문의 "權化之本"인데, "권화(權化)"란 부처나 보살이 중생을 구제하기 위하여 사람의 모습으로 이 세상에 나타나는 일을 말한다.

29 『明僧傳抄』「曇濟傳」. "曇濟著七宗論, 第一本無宗曰; '如來興世, 以本無弘(弘原作佛)敎, 故方等深經, 皆略明五陰本無. 本無之論, 由來尙矣. 何者? 夫冥造之前, 廓然而已. 至於元氣陶化, 則群像稟形. 形雖資化, 權化之本, 則出於自然. 自然自爾, 豈有造之者哉? 由此而言, 無在元化之先, 空爲衆形之始. 故稱本無, 非謂虛豁之中, 能生萬有也. 夫人之所滯, 滯在末有, 苟宅心本無, 則斯累豁矣. 夫崇本可以息末者, 蓋此之謂也.'"

른바 본무(本無)란, "무(無)는 최초의 세계변화 앞에 있는 것이고, 공(空)은 모든 형체를 지닌 여러 사물들의 시원"을 의미하는 것이지, 결코 "텅비어 광활한 것 속에서 만물이 생겨날 수 있는 것"을 말하는 것이 아니다. 이 때문에 본무종은 무(無)에서 유(有)가 생성한다는 학설에 반대하며, 세계의 시작이 근본이고 무이며, 뒤에 생성하는 만물은 말단이며 유라고 여긴다. 그러나 또한 만물 존재의 생성은 결코 허무(虛無) 속에서 생기는 것이 아니고, 원기가 변화하여 길러냄으로써 생기는 것이다. 원기가 변화하여 길러내는 것은 저절로 그러함에서 나오는 것이지, 결코 조물주가 있는 것이 아니다. 아주 분명하게, "무(無)는 최초의 세계변화 앞에 있는 것"이라는 사상은 노자에서 얻은 것이다. 그러나 노자는 무(無) 속에서 유(有)가 생성한다는 학설("천하의 만물은 유에서 생성하고, 유는 무에서 생성한다.")[30]을 주로 삼는데, 이런 점에서 도안은 또한 노자와 다르다. 원기의 변화는 저절로 그러함에서 나오며 조물주는 없다는 도안의 사상에 관하여 살펴볼 때, 그가 곽상 사상의 영향을 받았을 가능성이 매우 크다. 곽상은 현학 숭유학파의 주요 대표자이며, 그는 만물의 존재가 저절로 생성한다는 학설을 주장하였다. 그는 "사물이 생성하는 것은 홀로 있으면서 저절로 생성하지 않음이 없다."[31]라고 말했다. 또 "무(無)는 이미 없는 것이니, 유(有)를 생성할 수 없는 것이다. 유가 아직 생성하지 않았다면 또한 아무것도 생성할 수 없는 것이다. 그렇다면 생성을 생성시키는 것은 무엇인가? 홀로 있으면서 저절로 생성하는 것일 뿐이다. … 누가 주재(主宰)로서 사물을 부릴 수 있겠는가?"라고 말했다.[32] 만물의 생성은 모두 무의식적으로 저절로 그러하게 저절로 생겨나는 것인데, 이것을 "홀로 있으면서 저절로 생성하는 것"이라고 한 것

---

30 『老子』 40장. 天下萬物生於有, 有生於無."
31 『莊子注』「齊物論」 注. "物之生也, 莫不塊然而自生."
32 『莊子注』「齊物論」 注. "無旣無矣, 則不能生有, 有之未生, 又不能爲生. 然則生生者誰哉? 塊然而自生耳. … 誰主役物乎?"

이다. 그리고 무(無)는 이미 없는 것이므로 유(有)를 생성할 수 없는 것이며, "홀로 있으면서 저절로 생성하는 것이니" 역시 바로 조물주는 없는 것이다. 이 때문에 도안은 원기가 변화하는 것이 저절로 그러함에서 나오는 것이고, 이미 저절로 그러함에서 나오는 것은 또한 바로 조물주의 도움을 필요로 하지 않는 것임을 말한다. 그리고 "처음 세계가 전개되기 이전에는 텅 비어 광활하였을 뿐이니", 이미 텅 비어 광활한 것은 역시 텅 비어 광활한 속에서 만물의 존재가 생성되어 나올 수 없는 것이다. 이로 말미암아 도안은 또한 다시 노자의 무에서 유가 생성한다는 학설을 답습하지 않았고, 곽상의 만물 존재는 저절로 생성한다는 학설을 채용하였다.

"무(無)는 최초의 세계변화 앞에 있는 것이고, 공(空)은 모든 형체를 지닌 여러 사물들의 시원이다." 이것이 말하는 것은 세계의 최초 상태이다. 그런데 이런 본무론은 또한 무엇 때문에 그것을 성공론(性空論)이라고 지칭하는가? 불교는 모든 개별자의 본성은 공(空)한 것이라고 주장하는데, 이 때문에 성공(性空)의 학설은 결코 "처음 세계가 전개되기 이전에는 텅 비어 광활하였을 뿐임"을 가리키지 않는 것이며, 이런 점에서 말하자면, 담제의 『칠종론』은 거의 명확하게 문제를 마무리 짓지 못하였다. 다만 길장의 『중론소』와 혜달의 『조론소』 속에서 이 문제가 논의된다. 길장은 다음과 같이 말했다.

"구마라집 법사가 장안에 오기 전에 본래 삼가(三家)의 설이 있었다. 하나는 승려 도안이 본무의(本無義)를 밝힌 것으로서, 무(無)는 만물이 변화하기 이전에 있으며 공(空)은 모든 형체를 지닌 사물의 시작이라고 하였다. 무릇 사람들이 걸리는 것은 말단의 유(有)에 걸림이 있는데, 만약 진실로 그 마음을 본무에 편안히 둔다면(宅자는 본래 託자로 되어 있다.) 얽매인 망념들이 바로 잦아든다. 안공의 본무(本無)는 일체의 제법(諸法) 본성이 공적(空寂)하기 때문에 본무라 하는 것이다. 이것은 『방

등경론』그리고 구마라집과 승조 · 산문(山門)의 뜻과 다르지 않다."³³

여기에서 말하는 것은 조금 분명한데, "무(無)는 만물이 변화하기 이전에 있었다."는 것을 제외하고도 다시 "일체의 모든 개별자의 본성이 공적(空寂)하기 때문에 본무라 하는 것이다."라는 사상을 주장하기 때문에, 본무종은 역시 성공종이라고 지칭할 수 있는 것이다. 혜달은 다음과 같이 말했다.

"미천 석 도안 법사의 본무론에서는 다음과 같이 말했다. '본무(本無)를 밝히는 것은 여래가 세상에 나온 것이 본무로써 가르침을 널리 펴기 위한 것과 같다. 그러므로 『방등심경』은 모두 오음의 본무를 설하고 있는데, 본무의 논의는 유래가 오래된 것이다. 이 뜻을 얻어야만 본무가 된다는 것은 여래가 세상에 나온 것이 오직 본무로써 만물을 변화시킴을 밝히는 것인데, 만약 진실로 본무를 이해할 수 있다면 얽매인 망념들이 바로 잦아든다. 다만 제법(諸法)이 본래 무(無)임을 깨닫지 못하기 때문에 근본인 무를 진제라 하고 말단인 유를 속제라고 하는 것일 뿐이다.'"³⁴

이것을 달리 말하자면, 본무(本無)라고 말하는 것은 결코 일체의 제법(諸法)이 본래 모두 무(無)라고 하는 것이 아니며, 단지 본무가 참된 것이며 말유(末有)가 말단이 된다고 말하는 것이다. 이것은 대체로 길장이

---

33 『中論疏』「因緣品」. "什師未至, 長安本有三家義. 一者釋道安明本無義, 謂無在萬化之前, 空爲衆形之始. 夫人之所滯, 滯在末有, 若宅(宅原作詫)心本無, 則異想便息. 安公本無者, 一切諸法, 本性空寂, 故云本無. 此與方等經論, 什肇山門義, 無異也."

34 「肇論疏」. "彌天釋道安法師本無論云, '明本無者, 稱如來興世, 以本無弘敎. 故方等深經, 皆云五陰本無, 本無之論, 由來尙矣. 須得彼義, 爲是本無, 明如來興世, 只以本無化物, 若能苟解本無, 卽異想息矣. 但不能悟諸法本來是無, 所以名本無爲眞, 末有爲俗耳.'"

말한 "일체의 제법(諸法) 본성이 공적(空寂)하기 때문에 본무라 하는 것이다."라는 사상과 유사하다.

위에서 분석한 것 속에서 우리가 알 수 있는 것은 도안의 본무종 사상은 다음과 같은 두 가지 부분의 내용을 포함하고 있다는 것이다. (1) "무(無)는 최초로 만물이 변화하기 이전에 있으며 공(空)은 모든 형체를 지닌 사물의 시작"이라고 주장하지만, 무(無)는 결코 유를 생성할 수 없으며, 만물 존재의 생성은 원기(元氣)가 변화하여 저절로 생성하는 것이다. (2) "일체의 제법(諸法) 본성이 공적(空寂)하다." 제법의 현상은 말단의 유(有)이며, 그 본성은 공적하여 본무(本無)이다. 여기에서의 유무(有無) 관계는 본성과 현상의 본말(本末) 관계이지, 생성의 관계가 아니다. 이로써 볼 수 있듯이, 도안의 본무종이 논의하는 문제는 결코 다시 노자가 제기한 무(無)에서 유(有)가 생성한다는 우주생성의 문제가 아니고, "본[본성]말[현상]·유무"의 관계 문제를 논의하는 것인데, 이것은 바로 위진 현학의 귀무파가 논의한 근본 문제이다. 하안과 왕필을 대표로 하는 현학 귀무파는 유무(有無)의 관계에서 전통적인 노자 학문의 사상을 돌파하고, 다시는 더 무에서 유가 생성한다는 문제를 강조하지 않고, 무를 본체로 삼고 유를 현상으로 삼는 본말(本末)·유무(有無)의 우주본체론 문제를 제기하였다. 도안의 불교 학문은 비록 그것이 여전히 노자가 말한 무가 유에 앞선다("무는 최초로 만물이 변화하기 이전에 있다")는 사상을 답습하여 나온 것이지만, 그것은 무(無)가 유(有)를 생성할 수 없다는 학설을 분명히 제시하였고, 아울러 제법의 본성이 공적(空寂)한 것을 "본무(本無)"라고 하고, 일체의 현상을 "말유(末有)"라고 칭하였다. 이와 같이 본말·유무의 문제를 처리하는 것은 기본적으로 현학의 귀무파 사상과 서로 통하는 것이다. 이 때문에 어떤 의미에서 말하자면, 도안의 본무종은 실제로 현학 귀무파의 사상을 원용하여 불교 반야 공관을 해석한 것이므로, 도안의 사상은 기본적으로 불교가 현학화(玄學化)한 산물이다.

담제의 『육가칠종론』의 설명을 살펴보면, 제일가인 본무가는 나뉘어 두 가지 종(宗)이 되는데, 본무종을 제외하고 또 하나의 종이 있는데 본무이종(本無異宗)이라고 부른다. 길장의 『중관론소』의 말에 의거하면, "본무(本無)와 본유(本有)"라는 두 가지가 있는데, 하나는 승려 도안의 본무의이며, 다른 하나는 침법사가 본무를 설명하는 것으로서 문장 속에 침법사의 말을 인용하고 있다고 말한다. 『중관론소』에서 다음과 같이 말했다.

> "본무란 아직 색법이 있기 전인데, 무가 먼저 있기 때문에 무에서 유가 나온다. 즉 무는 유보다 앞에 있고, 유는 무의 뒤에 있기 때문에 본무라 한다."[35]

일본 사람 안징(安澄)의 『중론소기(中論疏記)』는 다음과 같이 말했다.

> "『이제수현론(二諦搜玄論)』 십삼종 중의 본무이종에서는 논을 지어 다음과 같이 말했다. '무릇 무(無)란 무엇인가? 텅 빈 듯 아무 형체가 없지만 만물이 이로 말미암아 생겨나는 것이다. 유(有)는 억지로 생성할 수 있지만, 만물을 생겨나게 할 수는 없다. 그러므로 불타가 범지(梵志)에게 사대(四大)가 공으로부터 생겨난다고 대답하였다.' 『산문현론(山門玄論)』 제5권 「이제장(二諦章)」 하에는 다음과 같이 말한다. '다시 축법심(竺法深)이 있어 말하기를, 제법은 본래 무이며 텅 빈 듯 아무 형체가 없는 것을 제일의제(第一義諦)라 하고, 생성된 만물을 세제(世諦)라 한다. 그러므로 불타가 범지에게 사대가 공으로부터 생겨난다고 대답하였다.'"[36]

---

35 『中觀論疏』卷第二末. "本無者未有色法, 先有於無, 故從無出有. 卽無在有先, 有在無後, 故稱本無."
36 『中論疏記』卷第三末. "二諦搜玄論十三宗中本無異宗, 其制論曰: '夫無者, 何也? 堅然無形, 而萬物由之而生者也. 有强可生, 而無能生萬物, 故佛答梵志, 四大從空

이로부터 알 수 있듯이, 이 종(宗)은 본무(本無)에 대한 해석에 관하여 확실히 본무종과 차이가 있다. 본무이종은 무(無)가 유(有)보다 앞에 있으며, 유는 무의 뒤에 있고, 무가 유를 생성해 내는 것이라고 여겼는데, 이것으로써 불타가 범지에게 "사대(四大)가 공으로부터 생겨난다."고 한 사상을 해석한 것이다. 그리고 이제설에 따라 말하자면, 만물 존재의 앞에 텅 빈 듯 형체 없이 있는 "무"가 제일의제가 되며, 그로부터 생성된 만물은 세제(世諦)가 된다. 이것은 바로 본무종의 사상과 아주 큰 차이가 있는 것인데, 본무종은 무에서 유가 생성된다는 학설에 반대하며, 본무이종은 무로부터 유가 생성된다는 학설을 견지한다. 분명히 이런 종(宗)의 사상은 『반야경』의 공성환유설(空性幻有說)과 큰 차이가 있고, 중국 노자사상의 영향을 깊이 받은 것이며, 노자가 말한 "무에서부터 유가 생성된다."는 정형화된 사상적 패턴을 결코 벗어나지 못한다고 말할 수 있다. 본무이종의 사상은 실제로 노자의 "무에서부터 유가 생성된다는 학설"을 가지고 불교의 반야학에 대해 해석한 것인데, 이것은 분명히 위진 시기 노장학풍 아래서 생긴 산물이다.

길장(吉藏)이 기록한 심법사의 경우에는 어떤 사람인가? "일본 사람 안징(安澄)이 쓴 『중론소기』에는 이에 대하여 '축도잠(竺道潛)은 자가 법심이다.'[37]라고 하였다. 그러나 이 '심(深)'자는 잘못된 글자이다."(탕용통, 『한위양진남북조불교사』 178쪽에서 인용함). 이런 설명이 확실하다면, 심법사는 바로 선진 말에서 동진 초년에 이르는 시기의 축도잠(竺道潛)이다. 『고승전(高僧傳)』 「축도잠전」에는 다음과 같이 말했다. "축도잠은 자가 법심이며, 성은 왕(王)으로 낭야(瑯琊) 사람이고, 진 승상 무창군공 왕돈(王敦)의 동생이다. 18세에 출가하여 중주(中州)의 유원진을 섬겨서 스승으로 삼았다."[38] 또 말했다. "나이 스물네 살에 이르자, 『법화경』과

生也.' 山門玄義第五卷, 二諦章下云: '復有竺法深卽云: 諸法本無, 壑然無形, 爲第一義諦, 所生萬物, 名爲世諦. 故佛答梵志, 四大從空生也.'"

37 『中論疏記』. "竺道潛, 字法深."

『대품경』을 강론하였다."[39] 뒤에 또한 "임금의 행차하는 장소에서『대품경』강론을 열었다."[40] 여기서 알 수 있듯이, 축법심(즉 축도잠)은 반야학자이며, 동시에 그는 노장학자였다. "축도잠은 30여 년 동안 강석(講席)을 유유자적하면서 어떤 때는『방등경』을 펴기도 하고, 어떤 때는 노장(老莊)을 해석하기도 하였는데, 투신하여 제자가 된 사람 중에 안[불교]과 밖[불교 이외의 것]으로 두로 통하지 않은 자가 없었다."[41] 안의 학문[불학]과 밖의 학문[노장학]을 함께 닦은 것이다. 이 때문에 그가 선양한 불교의 본무이종도 노장을 가지고 반야학을 해석한 산물이 되는 것이다. 후에 동진 영강 2년(374)에 죽었는데, "나이 89세였다."[42]

길장이 말하는 심법사 이외에도, 당(唐)의 원강이 지은『조론소』는 본무가의 또 다른 대표로 축법태(竺法汰)를 말하고 있다. 축법태는 도안(道安)의 동학이며, 먼저 도안을 추종하여 따랐으나, 뒤에는 도안이 법태를 양주(揚州)로 찾아보고 동남의 지역에 널리 불교를 포교하게 되었다. 일찍이 진(晉)의 태종 간문제(簡文帝)의 존경을 받아서, "『방광반야경』의 강론을 요청받게 되었는데, 개제대회에는 황제가 친히 행차하여 참석하니, 왕후와 공경대부들이 모이지 않음이 없었다."[43] 축법태는 또한 동진의 명사들에게 존중을 받았는데, "영군(領軍)인 왕흡, 동정왕(東亭王) 사마순, 태부 사안 등도 모두 그를 흠모하고 공경하기가 끝이 없었다."[44] 또『고승전』에 의거하면 "축법태가 의소(義疏)와 극초(郗超)에게 보낸 편지에서 본무(本無)의 뜻을 논의하였는데, 모두 세상에 행해지고 있다."[45]

---

38 『高僧傳』「竺道潛傳」. "竺道潛, 字法深, 姓王, 瑯琊人, 晉丞相武昌郡公敦之弟也. 年十八出家, 事中州劉元眞爲師."

39 『高僧傳』「竺道潛傳」. "至年二十四, 講法華大品."

40 『高僧傳』「竺道潛傳」. "於御筵, 開講大品."

41 『高僧傳』「竺道潛傳」. "潛優游講席三十余載, 或暢方等, 或釋老莊, 投身北面者, 莫不內外兼洽."

42 『高僧傳』「竺道潛傳」. "春秋八十有九."

43 『高僧傳』「竺法汰傳」. "請講放光經, 開題大會, 帝親臨幸, 王侯公卿莫不畢集."

44 『高僧傳』「竺法汰傳」. "領軍王洽, 東亭王珣, 太傅謝安, 幷欽敬無極."

라고 말했다. 이로써 알 수 있는 것은 축법태는 확실히 반야학자이면서 본무의 의미를 논의하였다. 그러나 축법태가 강론한 본무의(本無義)는 결국 무슨 내용인지 이미 알 수 없으며, 그의 사상은 길장이 말하는 심법사의 사상과 같은 것인지 다른 것인지도 의문의 여지가 있다.

현학과 관련이 밀접하게 사회적으로 또한 비교적 영향이 있었던 것은 반야학의 "즉색종(卽色宗)"이다. 이 일파는 지둔을 주요 대표인물로 한다.

지둔(314-366)은 자가 도림이며, 본래의 성은 관(關)씨이고, 진류(陳留: 지금의 하남성 개봉시 동북) 사람인데, 어떤 사람은 하동(河東)의 임려(林廬: 지금의 하남 임현) 사람이라고 말한다. 진나라 민제(愍帝) 건흥(建興) 2년(314)에 태어나서 진의 폐제(廢帝) 태화(太和) 1년(366)에 죽었으며, 나이는 53세였다. 지둔은 처음 도성(都城)에 왔을 때 태원(太原) 왕몽(王蒙)이 그를 매우 존중하여 말하길, "정묘한 이치를 궁구해 낸 공적이 왕필에 뒤지지 않았다."[46]라고 하였다. 진군(陳郡)의 은융(殷融)은 지둔을 청담가인 왕개(王玠)에 비유하였다. 지둔은 어려서 불교의 이치에 깨달음이 있었고, 나이 25세에 출가하여 부처를 섬겼고, 일찍이 여항산(余杭山)에 은거하였으며, "도행품에 대하여 깊이 사색하였다."[47] 지둔도 한명의 불교 반야학자였음을 알 수 있다. 동시에 그는 또한 노장학문의 청담가였다. "지둔은 일찍이 백마사에서 유계지 등과 함께 『장자』「소요유」편에 관하여 담론하였다."[48] 아울러 "「소요유」편에 주석을 달았는데, 많은 유학자와 옛 학문을 연구하는 사람들이 탄복하지 않음이 없었다."[49]『세설신어』「문학」편에서는 다음과 같이 말했다.

45『高僧傳』「竺法汰傳」. "汰所着義疏, 幷與郄超書論本無義, 皆行于世."
46『高僧傳』「支遁傳」. "造微之功, 不減輔嗣."
47『高僧傳』「支遁傳」. "深思道行之品."
48『高僧傳』「支遁傳」. "遁嘗在白馬寺, 與劉系之等, 談莊子逍遙篇."
49 "注逍遙篇 群儒舊學莫不嘆服."

"『장자』의 「소요유」편은 예부터 난해하여 여러 명현(名賢)들이 깊이 연구하였지만, 곽상과 상수를 뛰어넘는 해석을 할 수 없었다. 지둔(支遁)이 백마사에서 풍회(馮懷)와 함께 담론하다가 「소요유」편을 논의하게 되었는데, 지둔은 탁월하게 두 사람을 능가하는 새로운 해석을 하고 여러 명현들과는 다른 견해를 세웠다. 이는 모두 여러 명현들이 깊이 탐구하였으나 통달하지 못한 것이었다. 그래서 뒤에 결국 지둔의 해석을 쓰게 되었다."[50]

지둔은 「소요유」편을 이야기하면서 아울러 상수와 곽상의 수준을 능가하는 새로운 이치를 제시하였고, 많은 명현(名賢)들을 넘어서는 새로운 의미를 수립하였던 것이니, 지둔이 노장학에 대하여 매우 깊은 조예를 지니고 있었음을 알 수 있다. 왕몽이 지둔을 찬탄하여, "실로 치발(승려) 중에서의 왕필과 하안이다."[51]라고 한 것은 이상한 일이 아니다. 손작의 『도현론(道賢論)』에는 "지둔을 상수에게 견주어 말했는데",[52] 그 『도현론』에서 "지둔의 취향은 아주 고아하여 노자와 장자를 숭상하였는데, 두 사람[지둔과 상수]의 시대는 다르나 풍격은 현묘한 점에서 서로 같다."[53]라고 하였다.

지둔은 단지 사상적으로 노장·현학가였을 뿐만 아니라 풍도(風度)와 의용(儀容)으로도 엄연히 하나의 유명한 청담 명사였다. 지둔과 "왕흡(王洽)·유회(劉恢)·은호(殷浩)·허순(許詢)·극초(郗超)·손작(孫綽)·환언표(桓彦表)·왕경인(王敬仁)·하차도(何次道)·왕문도(王文度)·사장하(謝長遐)·유언백(袁彦伯) 등은 일대의 유명 인사였는데, 모두 속세

---

50 『世說新語』「文學」. "莊子逍遙篇, 舊是難處, 諸名賢所可鑽味, 而不能拔理於郭·向之外. 支道林在白馬寺中, 將馮太常共語:因及逍遙. 支卓然標新理於二家之表, 立異義於衆賢之外, 皆是諸名賢尋味之所不得. 後遂用支理."
51 『高僧傳』「支遁傳」. "實紆鉢之王何也."
52 『高僧傳』「支遁傳」. "以遁方向子期."
53 『高僧傳』「支遁傳」. "支遁向殷雅尙莊老, 二子異時, 風好玄同矣."

를 벗어난 친교로 알려졌다."[54] 명사들과 지둔의 교류 왕래는 밀접하였다. 『진서(晉書)』「왕희지전(王羲之傳)」의 기록에서 다음과 같이 말했다.

"회계(會稽)에 아름다운 산과 물이 있어서, 명사들이 많이 그곳에 거처하였는데, 사안은 벼슬에 나아가기 전 시절에 그곳에 거처하였다. 손작·이충·허순·지둔 등은 모두 문의(文義)로써 세상에 이름을 날리고 있었으며 아울러 동쪽의 지역에 집을 짓고 살면서 왕희지와 함께 교류하였다."[55]

『진서』「사안전(謝安傳)」에서는 또한 다음과 같이 기록하여 말했다.

"회계 지역에 자리 잡고 살았는데, 왕희지 및 고양·허순 그리고 승려인 지둔과 교유하던 곳이며, 집을 나서면 산과 들에서 고기를 잡고 집에 들어오면 글을 짓는 것에 관해 이야기하였다."[56]

지둔은 자기 스스로 「팔관재회시서(八關齋會詩序)」 속에서 다음과 같이 말했다.

"틈이 난다고 무엇 하러 말을 타는가? 마땅히 팔관재의 법도를 지켜야 하느니. 10월 22일 마음이 통하는 사람들이 모여서 오현(吳縣)의 토산(土山)에 있는 암자에서 3일 동안 이른 새벽에 재법(齋法)을 시작하였는데, 도사(道士)와 백의(白衣)를 입은 사람 모두 24명이 깨끗이 몸을 씻고

---

54 『高僧傳』「支遁傳」. "王洽劉恢殷浩許詢郗超孫綽桓彦表王敬仁何次道王文度謝長遐袁彦伯等, 并一代名流, 皆着塵外之狎."
55 『晉書』「王羲之傳」. "會稽有佳山水, 名士多居之, 謝安未仕時亦居焉. 孫綽·李充·許詢·支遁等皆以文義冠世, 並築室東土, 與羲之同好."
56 『晉書』「謝安傳」. "寓居會稽, 與王羲之及高陽許詢·桑門支遁遊處, 出則漁弋山水, 入則言詠屬文."

단정하게 하여 숙정(肅靜)하지 않음이 없었다. 4일째 아침에 여러 현자 (賢者)들이 모두 떠나갔다. 나는 이미 야실(野室)의 고요함을 즐기고 또 약초를 캐려는 뜻이 있어서 마침내 바로 홀로 남았다. 그래서 손을 저어 가는 길을 전송하고, 도를 바라는 마음이 있어 고요히 빈 방을 지켰다. 세간(世間)의 밖에 몸을 두는 참다움을 깨닫고 산에 올라 약초를 뜯고 석간수(石間水)를 뜨는 즐거움을 알았으니, 붓을 쥐고 글을 지어 그대들 과의 정을 두텁게 하고자 한다."[57]

지둔은 명사들과 함께 산 속의 물가에서 낚시로 고기를 잡으며, 담론 을 즐기며 글을 짓고, 산에 올라 약초를 캐며, 속세의 밖에 노니는 교유 를 하였다. 지둔의 생활은 명목상 승려이지만 실제로는 명사(名士)였고, 고승과 명사가 그의 신분에서는 둘이면서 하나였다.

지둔의 즉색종 불학 사상은 노장 현학의 영향을 많이 받았다. 더욱이 그는 장자에 대하여 많은 연구를 하였다. 당시에 그는 상수·곽상처럼 장자의 소요(逍遙)의 의미에 대하여 연구를 하여 이름이 높았다. 위의 문단에서 이미 지둔이 일찍이 「소요유」편에 주석을 달았다고 말했지만, 이 일에 대하여 『고승전』에는 다음과 같이 기록하고 있다.

"지둔은 일찍이 백마사에서 유계지 등과 함께 『장자』 「소요유」편에 관 하여 담론하는데, 유계지가 말하길, '각각 성품에 맞게 소요를 하면 된 다.'라고 하였다. 이에 지둔이 대답하였다. '그렇지 않다. 무릇 걸 임금과 도척은 잔혹한 살해를 성품으로 삼는데, 만약 성품에 맞는 것이 소요가

---

57 『廣弘明集』 권30. "間與何驃騎期, 當爲合八關齋, 以十月二十二日集同意者, 在吳 縣土山墓下, 三日淸晨爲齋始, 道士白衣凡二十四人, 淸和肅穆, 莫不靜暢. 至四日 朝, 衆賢各去. 余旣樂野室之寂, 又有掘藥之懷, 遂便獨住. 於是乃揮手送歸, 有望 路之想, 靜拱虛房. 悟外身之眞, 登山採藥, 集巖水之娛, 遂援筆染翰, 以尉二三之 情."

되는 것이라면 따라서 이런 것 또한 소요가 되는 것이다.' 그래서 물러나 「소요유」편에 주석을 달았다."[58]

유계지(劉系之)가 말한 것처럼 성품에 맞는 것을 소요로 삼는 사상은 완전히 상수와 곽상의 소요 학설을 답습한 것이다. 상수와 곽상은 현학 숭유학파의 대표적 인물이며, 그들은 모두 『장자』에 주석을 달았는데, 당시에 영향이 아주 컸다. 바로 『진서』「상수전」에서 말한 것과 같이, 상수의 『장자주』는 "밝혀 설명한 것이 유별한 흥취가 있었고 현학의 기풍을 크게 떨쳐 일으켜서, 그것을 읽는 사람들이 초연하게 마음속으로 깨닫는 바가 있어서, 한때 스스로 만족하지 않음이 없었다. 혜제가 다스리던 시기에 곽상은 또 그것을 계승하여 확장시켰는데, 유가와 묵가의 유풍(遺風)이 천하게 여겨지고 도가의 말이 드디어 흥성하게 되었다."[59] 그러나 지둔은 오히려 상수와 곽상의 소요(逍遙) 의미에 대하여 동의하지 않았고, 이에 대하여 그는 "상수와 곽상의 범위 밖에서 이치를 찾아내는[拔理於向郭之外]" 새로운 학설을 제기하였다.

『장자』의 「소요유」는 본래 개인의 정신에서 절대 자유의 경지를 추구하는 것이다. 그것은 사람이 자유롭지 못하는 이유가 바로 외부의 물질적 조건이 주는 한계["有待"]와 내부의 자기 사상의 속박["有己"]에 있다고 여긴다. 이 때문에 장자는 사물대상과 나를 같이 잊어서["坐忘"], "무대(無待)"와 "무기(無己)"의 상태에 도달해야만 한 개인은 바로 정신적인 절대자유에 이를 수 있다고 주장하였다. 이와 같이 이른바 "손발과 몸은 잊고, 귀와 눈이 하는 일을 물리치며, 몸을 떠나 지각작용을 제거하여

---

58 『高僧傳』「支遁傳」. "遁嘗在白馬寺, 與劉系之等, 談莊子逍遙篇云, '各適性以爲逍遙.' 遁曰: '不然. 夫桀跖以殘害爲性, 若適性爲得者, 從亦逍遙矣.' 于是退而注逍遙篇."

59 『晉書』「向秀傳」. "發明奇趣, 振起玄風, 讀之者超然心悟, 莫不自足一時也. 惠帝之世, 郭象又述而廣之, 儒墨之迹見鄙, 道家之言遂盛焉."

대통(大通)의 경지와 같아지는 것"⁶⁰ 이라는 "좌망(坐忘)"의 사상은 완전히 전국시대의 정치투쟁 속에서 실의(失意)한 사인(士人)들의 소극적이고 염세적인 사상 정서의 반영이다. 상수와 곽상은 장자의 소요 의미에 대하여 새로운 해석, 즉 이른바 성품에 맞는 것이 소요라는 학설을 내었다. 그들은 사물들이 모두 각각 자기 직분의 본성[性分]을 지니며, 오직 자기 직분의 본성이 요구하는 것을 만족하는 것이 소요(逍遙)라고 여겼다. 그러므로 곽상은 『장자주』 속에서 다음과 같이 말했다. "무릇 크고 작은 것은 비록 다르지만, 스스로 만족하는 자리에 놓아두면, 사물은 각각 그 본성에 내맡겨지고, 일은 각각 그 능력에 부합하여, 제각각 그 알맞은 처지—분수—에 합당하게 되니, 소요함은 하나이다. 그러니 어찌 그 사이에 이김과 짐을 가를 수 있겠는가?"⁶¹ 또 말했다. "진실로 그 본성에 만족하면 비록 대붕이라도 작은 새보다 스스로 귀하게 여길 것이 없고, 작은 새는 천지(天池)를 부러워할 것이 없으니, 지극한 소원에 여유가 있는 것이다. 그러므로 크고 작은 것이 비록 다르더라도 소요하는 것은 한 가지이다."⁶² 이와 같은 이론의 사회적 의의는 바로 봉건사회의 각 등급에 있는 사람들이 각자 자기의 명분(名分)과 지위에 안주(安住)하는 것에 있는 것이며, "본성에 각각 나누어 받은 것이 있기 때문에 지혜로운 자는 아는 것을 지켜서 바른 맺음을 기대하고, 어리석은 자는 어리석음을 끌어안고 죽음에 이르니, 어찌 중간에 그 본성을 바꿀 수 있겠는가"⁶³ 이런 이론의 의의는 매우 분명하다. 그러나 지둔의 입장에서 볼 때, 소요에 대한 상수와 곽상의 이해는 매우 큰 결함이 있는 것이다. 그

---

60 『莊子』「大宗師」. "墮肢體, 黜聰明 離形去知 同於大通."
61 『莊子』「逍遙游」注. "夫小大雖殊, 而放於自得之場, 則物任其性, 事稱其能, 各當其分, 逍遙一也, 豈容勝負於其間哉?"
62 『莊子注』「逍遙游」注. "苟足於其性, 則雖大鵬無以自貴於小鳥, 小鳥無羨於天池, 而榮願有餘矣. 故小大雖殊, 逍遙一也."
63 『莊子注』「齊物論」注. "言性各有分, 故知者守知以待終, 而愚者抱愚以至死, 豈有能中易其性者也."

는 "걸 임금과 도척은 잔혹한 살해를 성품으로 삼는데, 만약 성품에 맞는 것이 소요가 되는 것이라면 따라서 이런 것 또한 소요가 되는 것이다."[64] 라고 하였다. 걸(桀)은 하나라의 걸임금을 의미하는데 역사상의 폭군으로 전해진다. 척(跖)은 춘추시대 말기 하층민들이 봉기한 무리의 잔혹한 수령으로 전해지는데, 일반적으로 그를 도척이라고 부른다. 지둔은 만약 성품에 맞는 것을 소요라고 한다면 걸임금과 도척의 무리가 단지 그들의 잔혹한 성품을 만족시키려 하는 경우에 그들 역시 소요할 수 있는 것이 된다고 보았다. 이 때문에 지둔은 상수와 곽상의 설명방법에 동의하지 않았으며, "그래서 물러나 「소요유」편에 주석을 달아서", 상수와 곽상의 범위를 벗어나는 새로운 의미를 드러낸 것이다. 애석하게도 주석의 글은 이미 산실(散失)되어 구체적 내용을 알 수 없게 되었다. 그렇다면 지둔의 소요유에 대한 새로운 의의는 어떤 내용인가?『세설신어』「문학」편 주석 문장 속에 지둔의 「소요론(逍遙論)」한 편이 있는데, 이 글이 「소요유」편 주석 속의 문장인지 또는 다른 편의 논문인지 알 수 없다. 『고승전』「지둔전」에는 다음과 같이 말했다.

> "왕희지는 당시에 회계에 있었는데, 평소에 지둔의 명성을 듣고 아직 믿지 않고 사람들에게 말하길, '한 번 지나가는 기운이니, 어찌 말할 만한 것이 있겠는가?'라고 하였다. 뒷날 지둔이 섬(剡) 땅으로 돌아가는데, 우군(于郡)을 지나가게 되었다. 왕희지가 일부러 지둔을 찾아가서 그의 풍격과 능력을 관찰하고자 하였다. 이미 당도하여 왕희지가 지둔에게 말하길, '「소요유」편에 관하여 이야기를 들을 수 있겠는가?'라고 하였다. 지둔은 이에 수천 자의 글을 지어 새로운 이치를 제시해주었는데, 재주와 문장이 놀랍고 탁월하였다. 왕희지가 드디어 옷깃을 열고 허리띠를 풀어놓고 그곳에 머물러 주기를 바랐지만 어쩔 수 없었다. 이는 영가사

---

64 『高僧傳』「支遁傳」. "夫桀跖以殘害爲性, 若適性爲得者, 從亦逍遙矣."

에 머물기를 간청한 것이었다."[65]

   이것은 지둔이 일찍이 왕희지를 위해 수천 자에 이르는 소요에 관한 새로운 이치를 썼다는 것을 설명한다. 이로써 알 수 있듯이, 지둔은 단지 「소요유」편에 주석을 달았을 뿐만 아니라 소요에 관한 새로운 이치를 밝히는 글을 썼다. 『세설신어』 「문학」편 주에 인용된 「소요론」이 지둔이 왕희지를 위해 지은 논문인지 아닌지는 지금 우리들이 알 수가 없다.

   「소요론」에서 다음과 같이 말했다.

> "무릇 소요라는 것은 지인(至人)의 마음을 분명히 알 수 있는 것이다. 장자는 대도를 설파하면서 그 뜻을 봉새와 메추라기에 기탁했다. 봉새는 삶을 영위하는 길이 광대하므로 몸 밖으로는 갈 바를 잃는다. 메추라기는 가까운 테두리 안에 살면서 먼 것을 비웃지만 마음속으로는 긍지를 느낀다. 지인은 하늘의 정기를 타고 높이 올라 무궁의 세계에서 노닐며 떠돈다. 그는 대상을 대상물로 다루고, 자신이 다른 대상물로 다루어지지는 않기 때문에 자유로이 스스로 우쭐해하지 않고 심오하게 감응하여 작위하지 않으며, 서두르지 않아도 빠르기 때문에 자유롭게 가지 못하는 곳이 없다. 이것이 바로 소요라는 것이다. 만일 자신이 만족하는 바를 이루고자 하여 자신이 만족하는 바에 만족한다면, 당장에는 흔쾌하게 천진난만한 것 같지만, 이것은 배고픈 사람이 한 번 배불리 먹고 목마른 사람이 한 번 가득 마시는 경우와 같은 것이다. 어찌 마른 밥 때문에 최고의 제사 음식을 잊어버리고 탁주 때문에 최상의 제사 술을 잊을 수가 있겠는가? 만일 만족함을 아는 경지에 이르지 못한다면 어찌 소요라고 할

---

65 『高僧傳』 「支遁傳」. 王羲之時在會稽, 素聞遁名未之信, 謂人曰; '一往之氣, 何足可言', 后遁旣還剡, 經由于郡. 王故詣遁, 觀其風力. 旣至, 王謂遁曰; '逍遙篇可得聞乎?' 遁乃作數千言, 標揭新理, 才藻驚絶. 王遂披衿解帶, 流連不能已. 仍請住靈嘉寺.

수 있겠는가?"⁶⁶

이로써 알 수 있듯이 지둔이 주장하는 소요는 바로 지인(최고 인격을 지닌 사람)의 심리적 초월 경지에 있는 것이다. 그는 붕새가 "삶을 영위하는 길이 광대하여" "몸 밖으로는 갈 바를 잃지만", 메추라기는 "가까운 테두리 안에 살면서 먼 것을 비웃으면서" "마음속으로는 긍지를 느끼고 있다"라고 하여, 하나는 외부 사물에 얽매이는 것이며 다른 하나는 속마음에 얽매이는 것이니 모두 소요할 수 없다고 여겼다. 오직 "지인"만이 "대상을 대상물로 다루고, 자신이 다른 대상물로 다루어지지는 않는 것", 즉 사물 대상과 서로 접촉하면서도 사물 대상에 얽매이지 않을 수 있다는 것이다. 이 때문에 그 지인의 심리상태는 "무아(無我: "자아에 매이지 않음")"일 수 있고, "무물(無物: "그윽하게 감응하여 억지로 함이 없고, 서두르지 않아도 빠르며" "대도에 부합하지 않음이 없어서", 외부 사물 대상에 얽매이지 않음)"일 수 있는 것이며, "하늘의 정기를 타고 높이 올라 무궁의 세계에서 노닐며 떠도는 것이다." 그러므로 지둔은 "소요라는 것은 지인의 마음을 밝힌 것이다."⁶⁷라고 말했다. 이 때문에 지둔은 이런 심리적 해탈의 소요라는 의미를 가지고 상수와 곽상의 성품을 만족시키는 소요 학설을 비판한 것이다. 그는 욕망을 만족시키는 것이 마치 진정한 쾌락 같지만 한 개인의 욕망은 끝이 없는데, 비유컨대 배가 고플 때 한 번 배불리 먹고 목이 마를 때 한 번 배불리 마신다고 해서, 이것이 어찌 "마른 밥 때문에 최고의 제사 음식을 잊어버리고" 탁주 때문에 최상의

---

66 『世說新語』「文學篇」注 인용 「逍遙論」. "夫逍遙者, 明至人之心也. 莊生建言大道, 而寄指鵬鷃. 鵬以營生之路曠, 故失適於體外; 鷃以在近而笑遠, 有矜伐於心內. 至人乘天正而高興, 游無窮於放浪, 物物而不物於物, 則遙然不我得, 玄感不爲, 不疾而速, 則逍然靡不適. 此所以爲逍遙也. 若夫有欲當其所足, 足於所足, 快然有似天眞, 猶饑者一飽, 渴者一盈, 豈忘蒸嘗於糗糧, 絶觴爵於醪醴哉? 苟非至足, 豈所以逍遙乎?"
67 『世說新語』「文學篇」注 인용. 逍遙者, 明至人之心也."

제사 술 같은 좋은 술을 잊을 수가 있겠는가? 이 때문에 성품의 만족을 추구하는 것은 만족을 얻어서 소요할 수 있는 것이 아니다. 여기에서 지둔은 사람들이 물질적 욕망을 포기하고 이른바 정신 해탈의 소요를 추구한다면 저절로 상수와 곽상보다 한층 더 나을 수 있다는 것이다. 그러므로 당시의 "명현(名賢)"들도 상수와 곽상의 소요에 대한 의미를 포기하고 "마침내 지둔의 이치를 쓴 것이다[遂用支理]." 여기에서 우리가 분명하게 알 수 있듯이, 지둔이 논의한 문제는 상수와 곽상 학파의 현학이 논의했던 문제와 완전히 같은데, 즉 성인은 어떻게 절대적인 정신적 자유에 이를 수 있고, 이른바 "소요"를 실현할 수 있는가 하는 문제이다. 이런 문제는 사실상 결코 불교 본래의 논의 문제가 아니며, 지둔은 오직 현학이 주장한 "지인"의 소요를 가지고 불교의 "부처[佛]"에 억지로 비교한 것일 뿐이다. 여기에서 지둔의 사상은 여전히 현학의 범위에 속한다고 말할 수 있는 것이다.

"지인"(즉 "부처")의 경우에는 어떻게 "대상을 대상물로 다루고, 자신이 다른 대상물로 다루어지지는 않을 수" 있는가? 확실히 외부세계의 물질세계는 존재하는 것이며, 우리는 또한 그것들과 접촉하는데, 어떻게 사물대상에 얽매이지 않으며 "자신이 다른 대상물로 다루어지지는 않을 수" 있는가? 지둔은 한 편의 반야학 저작을 지었는데 『즉색유현론(卽色游玄論)』이라고 하며, 대체로 불교철학에서 이 문제를 해석하기 위한 것이다. 즉색유현(卽色游玄)에서 "색(色)"은 모든 형형색색(形形色色)의 물질현상을 의미하며, "현(玄)"은 공무(空無)를 가리켜 말하는 것이다. "즉색유현"은 바로 사물대상에 나아가 얽매임이 없이 소요한다는 뜻을 가리킨다.

길장은 『중관론소』에서 다음과 같이 말했다.

"다음에 지도림은 『즉색유현론』을 지어서 즉색(卽色)이 공(空)임을 밝혔으므로 즉색유현론이라고 말한 것이다. 이것은 가명(假名)[68]을 파괴하지 않고 실상(實相)을 말하는 것과 같다. 도안(道安) 법사가 본성(本性)은 공적(空寂)하다는 것과 다르지 않다."[69]

일본 사람 안징(安澄)의 『중론소기』에서 다음과 같이 말했다.

"『산문현의』 제5권에서 말하였다. 여덟 번째로 지도림은 『즉색유현론』을 지어서 '무릇 색의 본성에서 색은 스스로 색이라 여기지 않으며, 스스로 여기지 않으니 색이면서 공이다. 지각은 스스로 지각이라 여기지 않으며, 지각이면서 공적하다.'라고 하였다."[70]

이 두 가지 문단의 기록 속에서 우리가 알 수 있듯이, 『즉색유현론』은 색(色)이 스스로 색이라고 여기지 않기 때문에 색의 본성은 공한 것이지만, 결코 가명(假名)의 색을 파괴하지 않으므로 즉색이 바로 공이라고 말하는 것이다. 이 때문에 사람들이 그것을 즉색종이라고 부르는 것이다. 즉색종의 사상에 관하여 비교적 소개가 완전한 것으로는 혜달(慧達)의 『조론소』를 추천할 수 있다. 그 소에서 다음과 같이 말했다.

"제2해는 즉색종인데, 지둔 법사의 『즉색론』에서 말하길, '나는 즉색이 공이며, 색이 공을 멸한 것이 아니라고 여긴다.'라고 하였다. 여기의 이 말이 지극한 것이다. 어째서 그런가? 무릇 색의 본성의 경우에, 색은 스

---

68 역주 가명(假名, prajnapti)은 불교철학에서 언어를 빌려서 사물에 이름을 짓는 것을 말한다. 최상의 궁극적 실재는 언어와 사고를 초월해서 존재하는 무차별한 것이라고 한다. 가명으로 구별된 것은 무엇이든지 단지 명목상으로 존재할 뿐이다. 언어로는 어떠한 궁극적인 실재도 밝힐 수 없으므로, 보편적인 현상에 대한 경험적인 지식은 본질적으로 진실이라고 할 수 없다.

69 『中觀論疏』卷第二末. "次支道林著卽色游玄論, 明卽色是空, 故言卽色游玄論. 此猶是不壞假名, 而說實相. 與安法師本性空, 故無異也."

70 『中觀論疏』卷第三末. 『大正藏』 65권 940. "山門玄義第五卷云; 第八, 支道林著卽色游玄論云; 夫色之性, 色不自色, 不自, 雖色而空. 知不自知, 雖知而寂."

스로 색이라 여기지 않으니('不自色' 세 글자는 탕용통 선생의 교정에 의거하여 보충함.), 바로 색이지만 공이다. 지각은 스스로 지각이라 여기지 않는 경우에는 바로 항상 고요한 것임을 지각하는 것이다. 저것은 일체의 법이 자성(自性)이 없기 때문에 공이라는 것을 밝힌 것이다. 이렇게 스스로 자처하지 않는 색이 전혀 존재하지 않는 것이 아니므로 유(有)라고 할 수 있는 것이다."[71]

여기서 말하는 『즉색론』은 아마도 『즉색유현론』일 것이며, 대체로 사상은 길장(吉藏)과 안징(安澄)이 기록한 것과 큰 차이가 없을 것인데, 일체법은 자성이 없고 색을 스스로 색이라 여기지 않기 때문에 바로 색이면서 공이지만, 결코 스스로 색이라 자처하지 않는 색의 존재를 부정하는 것이 아니기 때문에 유(有)라고 지칭할 수 있는 것이다. 그러나 어째서 색은 스스로 색이라 여기지 않는가? 색의 본성은 공(空)인가? 혜달의 『조론소』는 설명이 없다. 그러나 안징의 『중론소기』에는 다음과 같은 설명이 있다. "바로 인연법에 따르는 색은 인연에 따라 있는 것이지 스스로 있는 것이 아니므로 바로 공(空)이라 이름을 부르는 것이며, 그것을 구명하거나 훼손할 수 없어서 바로 공이 되는 것이니, 저 색의 본성이 스스로 색으로 존재하는 것이 아니고 색은 스스로 있는 것이 아니며 바로 색이면서 공이라고 말하는 것이다."[72] 색은 인연에 따라 생겨나는 것이지 스스로 생겨날 수 있는 것이 아니므로 "스스로 색으로 존재하는 것이 아니다"고 말하는 것이며, 바로 색이면서 공인 것이다. 이미 즉색이 바로 공이며, 색은 자성이 없는 가유(假有)이니, 이 때문에 지인(至人)은

---

71 「肇論疏」. "第二解即色者, 支道林法師卽色論云; 吾以爲卽色是空, 非色滅空. 此斯言至矣. 何者? 夫色之性, 色不自色, 雖色而空. 如知不自知, 雖知恒寂也. 彼明一切諸法, 無有自性, 所以故空. 不無空此不自之色, 可以爲有."

72 『中論疏記』卷第三末. 『大藏經』六十五卷 九十四面. "正以因緣之色, 從緣而有, 非自有故, 卽名爲空, 不待推尋破壞方空, 卽言夫色之性不自有色, 色不自有, 雖色而空."

즉색으로써 그윽한 경지에서 노닐 수 있는 것이고, "사물대상에 의해 사물대상으로 취급당하지 않으므로 사물대상에 대해 고르게 대할 수 있는 것이고, 지혜에 의해 지혜의 대상으로 취급당하지 않으므로 지혜를 운용할 수 있는 것이다. 그러므로 중현(重玄)에서 세 가지 해탈[73]을 평온하게 이루고 공동(空同)에서 만물을 고르게 본다."[74] 이 때문에 지둔은 "무릇 지인은 여러 가지 미묘한 이치를 두루 살펴보고, 정신을 집중하여 깊고 그윽한 경지에 이르며, 태허의 우주에 감응하고, 온 세상 모든 것에 두루 통하여",[75] 바로 "그는 대상을 대상물로 다루고, 자신이 다른 대상물로 다루어지지는 않으며", "아득하게 자아에 매이지 않고", "자유롭게 가지 않음이 없으며", 소요(逍遙)의 경지에서 마음을 노닌다고 하였다. 여기에서 지둔이 채용한 것은 불교철학에서 주장하는 "색은 자성이 없고", "인연에 의해 생겨나는 것이며", "즉색이 바로 공"이라는 사상인데, 이것을 가지고 현학에서 말하는 지인(至人)의 소요(逍遙) 문제, 즉 즉색유현(卽色游玄)의 문제를 논증하고 있으므로 그의 현학의 흥미는 여전히 농후하다. 이런 철학의 실질은 물질세계의 속을 비워내는 방법을 가지고 "색(色)"을 물질적 기초가 없는 현상으로 만드는데, 이와 같은 것은 역시 물질세계의 존재근거를 뽑아버리면서 오류의 구렁텅이로 빠져든다.

　반야학 중에 본무종과 즉색종 두 학파 이외에 또 한 학파로 심무종(心

---

73 역주 세 가지 해탈, 즉 삼탈(三脫)은 삼문(三門)이라고도 한다. 해탈을 얻어 열반에 이르는 세 가지 법문(法門)이다. 첫째, 공문(空門)은 일체법에 자성(自性)이 없음을 관(觀)하여 자재(自在)를 얻는 것. 둘째, 무상문(無相門, 또는 無想門)은 일체법이 공함을 이미 알아 여러 가지 상(相)을 진정으로 얻을 수 있는 것이 아님을 관하는 것. 셋째, 무원문(無願門) 또는 무작문(無作門), 무욕문(無欲門)은 이미 일체법이 상(相)이 없음을 알아서 삼계(三界)에서 바라고 구하는 것이 없음을 말한다. 이 세 가지로부터 모든 생사(生死)의 업을 벗어나 자재(自在)를 얻는다. 이세 가지 해탈의 문은 세 가지 삼매(三昧)에 의지한다. 『丁福保佛學大辭典』
74 「大小品對比要鈔」序, 『出三藏記集』권8. "無物於物, 故能齊於物; 無智於智, 故能運於智. 是故夷三脫於重玄, 齊萬物於空同."
75 「大小品對比要鈔」序, 『出三藏記集』권8. "夫至人也, 覽通群妙, 凝神玄冥, 靈虛響應, 感通無方."

無宗)이 있다. 심무종은 남달리 특별한 주장을 내세우고 독자적으로 한 파를 형성하여, 당시에 영향이 아주 많았다. 동시에 그것은 현학사상과 도 일정한 관계가 있다. 그 주요 대표자는 법온(法溫)·도항(道恆)·지민 도(支愍度) 등이다. 『고승전』「축법대전」의 기록에 의거하면, 도항은 단 지 한 사람의 승려일 뿐만 아니라 또한 "주미를 들고 담론하는[塵談]"[76] 명사로서 청담가의 풍도를 지녔다. 『고승전』에서 다음과 같이 말했다.

"당시 사문의 승려인 도항은 재주와 능력이 많이 있었는데, 항상 마음이 무(無)의 의미에 집착되어 있어서 형주 땅에 크게 행해졌다. 법태가 말 하길, '이것은 잘못된 말이니, 마땅히 타파하여야 한다.'라고 하였다. 이 에 유명한 승려를 크게 모으고, 제자인 담일(曇一)을 시켜서 이를 힐난 (詰難)하게 하자, 경전을 근거로 들고 이론을 끌어들여서 분석하고 논박 하는 것이 많고 어지러웠다. 도항은 그 구변(口辯)에 의지하여 기꺼이 굴복하지 않았다. 날이 저물어 다음날 아침에 다시 모였다. 혜원이 자리 에 나아가 어려운 질문을 여러 차례 하였다. 관련된 질책이 벌떼처럼 일 어나자, 도항은 스스로 자기 뜻의 길이 차이가 있음을 깨닫고 얼굴빛이 조금씩 움직이면서, 주미(먼지떨이) 끝으로 책상을 두드릴 뿐 즉시 대답 을 하지 못하였다. 혜원이 말하길, '병이 들면 빨리 갈 수 없는 것인데, 서축(杼軸: 베틀의 북, 짜임새 있는 문장)은 무엇 때문에 하는가?'라고 하였다. 앉아 있던 사람들이 모두 웃어버리자, 이에 마음속 무의 뜻이 여 기에서 멈추게 되었다."[77]

---

76 저자주 주담(塵談)은 위진 시기의 명사를 말하는 것인데, 청담을 나눌 때는 항 상 주미(즉 불진)를 들고 있었으므로 청담가를 "주담"이라고 칭한다. 예를 들면 『세설신어』「용지」편에서는 "왕연은 용모가 단정하고 미려했으며, 현학 담론에 뛰어났다. 항상 흰 옥으로 만든 자루가 달린 주미를 들고 있었는데, 흰 손과 그 흰 주미자루를 구별할 수 없었다(王夷甫容貌整麗, 妙於談玄, 恒捉白玉柄塵尾, 與 手都無分別)."라고 하였다.
77 『高僧傳』「竺法汰傳」. "時沙門道恆, 頗有才力, 常執心無義, 大行荊土. 汰曰: '此

여기서 알 수 있듯이, 도항은 확실히 늘 주미(麈尾)를 들고 다닌 청담가였으며, 법태의 제자 담일이 그를 힐난하자 "도항은 그 구변(口辯)에 의지하여 기꺼이 굴복하지 않았다." 오직 유명한 승려인 혜원이 직접 논변의 자리에 나서서 공격하는 질문을 여러 차례 한 뒤에야 비로소 주미로 책상을 두드리면서 즉시 대답을 하지 못하였다.

법태는 심무의(心無義)가 사설(邪說)이라고 여겼는데, 그렇다면 심무의를 내세우는 학파의 불학사상은 무엇인가?

길장은 다음과 같이 말했다.

> "법온 법사는 심무(心無)의 뜻을 썼다. 심무종을 논하는 자는 만물에 대하여 무심하게 대하지만, 일찍이 아무것도 없는 무는 아니다. 이 「석의(釋意)」에서 말하였다. 경전 속에서 모든 법은 공하다고 말하는 것은 심체(心體)를 탁 잊어서 집착하지 않게 하므로 무라고 말한 것일 뿐이다. 외계의 사물이 실제로 없는 것이 아니니 바로 외계의 사물 경계는 아무것도 없는 공이 아니다."[78]

혜달은 『조론소』에서 다음과 같이 말했다.

> "축법온 법사는 「심무론」에서 말했다. 무릇 유는 형체가 있는 것이며, 무는 형상이 없는 것이다. 그러니 형상이 있는 것은 무라고 말할 수 없고, 형체가 없는 것은 유라고 말할 수 없다. 경전에서 칭한 색무(色無)를

是邪說, 應須破之.' 乃大集名僧, 令弟子曇一難之, 據經引理, 析駁紛紜. 恆仗其口辯, 不肯受屈. 日色旣暮, 明旦更集. 慧遠就席, 設難數番. 關責鋒起, 恆自覺義途差異, 神色微動, 麈尾扣案, 未卽有答. 遠曰: '不疾而速, 杼軸何爲?' 座者皆笑, 心無之義于此而息."

78 吉藏, 「中觀論疏」卷第二末. "溫法師用心無義. 心無者, 無心於萬物, 萬物未嘗無. 此釋意云: 經中說諸法空者, 欲令心體虛忘不執, 故言無耳. 不空外物, 卽外物之境不空."

논하는 자는 단지 안으로 그 마음을 멈추면서(멈출 止자는 본래 바를 正로 되어있는데, 탕용통 선생의 교정에 의거하여 고침.) 외계의 사물대상을 아무것도 없는 공으로 여기지 않는다. 오직 안으로 그 마음을 멈추면서 외계의 사물 대상을 생각하지 않게 하니, 외계 사물 대상에 대한 생각이 사라지는 것이다."[79]

이것을 달리 말하자면, 심무종은 외계의 사물대상을 아무것도 없는 공으로 여기지 않으며, 외계의 사물 대상이 실제로 존재하는 것으로 여기며, 오직 마음의 공(空)함을 주장하여 안으로 그 마음을 멈추고 외계의 사물 대상을 생각하지 않게 하는 것이다. 그러므로 뒤에 오는 승조는 심무종을 평론할 때에 "심무종을 논하는 자는 만물에 대하여 주관적 인식이 없이 무심하지만, 만물은 아직 없는 것이 아니다. 이것은 주관의 정신이 고요하여 번뇌가 없는 것에서는 옳았지만 사물 자체가 텅 빈 공이라는 점에서는 잘못을 하였다."[80]라고 한 것이다. 요약하자면 심무종의 사상은 마음을 공(空)으로 하지만 사물대상은 공이 아닌 것이다. 매우 분명하게 심무종의 사상은 대승 반야 공관(空觀)의 기본 종지를 위배하고 있다. 반야 공관은 모든 존재들은 다 공이며[一切皆空], 모든 존재들의 본성이 공이고[諸法性空], 유(有)는 다만 환유(幻有)이고 가유(假有)이라고 주장하지만, 심무종은 오히려 외계의 사물 대상을 실제의 존재로 보는 것이니, 이것은 바로 유물주의 철학의 성향을 지니고 있는 것이며, 이것은 불교의 유심론이 용인할 수 없는 것이다. 그러므로 이 학파는 당시에 법태와 혜원 등과 같은 승려들의 맹렬한 공격을 만나게 된 것이며,

---

79 「僧肇疏」. "竺法溫法師心無論云: 夫有, 有形者也; 無, 無象者也. 然則, 有象不可謂無, 無形不可謂有. 而經稱色無者, 但內止其心, 不空外色. 但內停其心, 令不想外色, 卽色想廢矣."

80 『肇論』「不眞空論」. "心無者, 無心於萬物, 萬物未嘗無. 此得在於神靜, 失在於物虛."

그것이 이단(異端) 사설(邪說)로 보이게 된 것이니, 이것은 역시 매우 자연스러운 일이다.

 "만물에 대하여 주관적 인식이 없이 무심하지만" "만물은 아직 없는 것이 아니다."라는 사상은 위진 현학에서 계발된 가능성이 많은 것이다. 당연히 무심(無心)의 학설을 일찍이 선진 시기 노장사상 속에 보이는 것으로서, 예를 들면 노자는 "마음의 거울을 깨끗이 닦음[滌除玄鑑]",[81] "욕망의 구멍을 막고, 감각의 문을 막음[塞其兌, 閉其門]",[82] "성인을 끊고 지혜를 버림[絶聖棄知]"[83] 등을 제시하였는데, 바로 무심함을 주장한 것이다. 그러나 진정으로 명확하게 무심의 학설을 제기한 것은 바로 위진 현학가인 상수와 곽상이다. 상수는 다음과 같이 말했다. "오직 무심한 사람이라야 홀로 심원할 뿐이다." "완전한 천부의 기를 얻은 사람은 저절로 그러하게 무심하여 지극한 이치에 맡겨서 따른다." "진실로 무심하게 감응하면 변화와 더불어 오르고 내린다." "무심하게 변화를 따르므로 광활하게 매일 것이 없다."[84] 상수가 말하는 무심은 마음이 자연의 변화에 따라 의탁하며, 무심하게 감응하고, 저절로 그러하게 되어 가는 것을 어기지 않는 것을 의미한다. 그러므로 곽상은 다음과 같이 말했다. "이 때문에 무심(無心)한 상태로 그윽하게 대응하는 것이며, 오직 느끼는 대로 따르는 것이니, 둥둥 떠다니는 저 묶여 있지 않은 배가 동(東)으로 서(西)로 가는 것이 자기 목적에 따르지 않는 것과 같다."[85] 또 말했다. "무심하게 세속의 일반 문물[有]에 순응하는 것이니, 그러므로 비록 하루 종일 형체를 움직여도 신기(神氣)에는 변함이 없고, 온갖 일들의 기미를 두루 살펴보면서도 태연자약(泰然自若)하다."[86] 무심한 상태로 그윽하게

---

81 『老子』 10장.
82 『老子』 52장.
83 『老子』 19장.
84 『列子』 「黃帝」 注 인용. "唯無心者獨遠耳.", "得全於天者, 自然無心, 委順至理也.", "苟無心而應感, 則與變升降.", "無心以隨變也, 泛然無所繫."
85 『莊子』 「逍遙游」 注. "是以無心玄應, 唯感之從, 汎乎若不繫之舟, 東西之非己也."

감응하고 무심하게 대상사물의 존재에 순응하는 것, 이것이 바로 상수와 곽상 두 사람의 무심설(無心說)이다. 이 때문에 전해오는 곽상의 「장자서」속에서 다음과 같이 말한 것이다. "저 장자라는 사람은 … 무심함을 아는 사람이라고 말할 수 있다. 무릇 마음이 억지로 하는 것이 없으면 감응에 따라 변화하는 것이다."[87] 여기에서 서문은 장자의 무심설을 상수와 곽상의 무심설과 일치하는 것으로 본다. 불교 심무종의 무심설은 노자와 장자 그리고 상수와 곽상의 사상을 흡수하여 취한 뒤에 다시 가공하고 개조한 산물일 가능성이 매우 많다. 한 측면으로 심무종은 노자의 "마음의 거울을 깨끗이 닦음"과 "욕망의 구멍을 막고, 감각의 문을 막음"이라는 사상을 흡수하여, 안으로 그 마음을 멈추면서 외계의 사물 대상을 생각하지 않게 하니 외계 사물 대상에 대한 생각이 사라지는 것이라는 학설을 제시하였다. 다른 한 측면으로는 또한 상수와 곽상이 말한 대로 무심하게 세속의 일반 문물[有]에 순응하고 만물에 대해 무심하게 대한다는 사상을 흡수하여, 만물이 아직 무(無)가 아니라고 여겼다. 상수와 곽상 두 사람은 현학 숭유파의 대표자이며, 모두 만물 존재가 독립적으로 존재하기 때문에 마음에 만물 존재가 없다고 하여 결코 완전히 무가 아닌 것이다. 그러나 상수와 곽상이 말하는 심무(心無)와 불교의 심무종에서 말하는 심무는 또한 차이가 있다. 불교 심무종의 심무는 확실히 공심(空心)을 주장하는 것으로서 마음속에 아무것도 없는 것("외계 사물 대상에 대한 생각이 사라지는 것")이다. 그러나 상수와 곽상이 주장하는 심무는 오직 마음이 무위(無爲)하여 저절로 그러함을 위배하는 작위가 없는 것이지만 마음은 또한 느끼는 대로 감응하는 것이지 결코 공심(空心)은 아니다. 어떤 의미에서 말하자면, 심무종의 공심설(空心說)이 노자의 무심설에 더 가깝다("고요함을 돈독히 지키는 것; 守靜篤").

---

86 『莊子』「大宗師」注. "無心以順有, 故雖終日揮形, 而神氣無變, 俯仰萬機而淡然自若."

87 『莊子』序. "夫莊子者 … 斯可謂知無心者也. 夫心無爲則隨感而應."

심무종의 축법온 법사가 결국 어떤 사람인지는 현재 고찰할 수가 없다. 안징이 말한 법온은 축법심의 제자 축법온이다. 『고승전』「축법온전」[88]을 조사해보면, "축법온은 깨달음과 지해(智解)가 현오(玄奧)한 경지에 들어갔고, 더욱이 『방광반야경』에 능하였다."[89]라고 하였다. 여기서 알 수 있듯이, 축법온은 확실히 반야학자였지만 심무의(心無義)를 지니고 있던 법온법사인지 아닌지는 분명하게 알 방법이 없다. 심무의를 창립한 첫째 인물은 『세설신어』의 기록에 의거하여 보면 바로 지민도(支愍度)이다.

"지민도가 처음 강남땅으로 건너가려 할 적에 북방의 스님 한 명과 동행했는데, 서로 의논하길, '불교의 옛 해석을 가지고 강남으로 간다면 아마 밥도 얻어먹지 못할 것이다.'라고 하였고, 바로 함께 「심무의(心無義)」라는 해석을 만들었다. 그 뒤에 스님은 강남땅으로 건너갈 수 없었지만, 지민도는 강남에서 어엿하게 몇 년 동안 「심무의」를 강론하였다. 뒤에 북방 사람이 왔는데, 이전의 그 스님이 전하는 말이라 하면서 이르길, '나를 대신하여 지민도에게 내 뜻을 전하라. 「심무의」는 어떻게 만들어졌느냐 하면, 처음 그 계획을 생각해 낸 것은 잠시 배고픔을 구하기 위한 방편이었을 뿐이며, 그것 때문에 여래불에게 죄를 짓지 말라'라고 하였다."[90]

지민도는 북방 출신의 한 승려로서(남쪽의 오나라 사람들은 하남성 사람

---

88 역주 『고승전』「축법온전」은 이 책의 원문에 「축도잠전」으로 되어 있으나, 「축법온전(竺法蘊傳)」으로 바로잡는다.

89 『高僧傳』「竺法蘊傳」. "竺法蘊, 悟解入玄, 尤善放光般若."

90 『世說新語』「假譎」. "愍度道人始欲過江, 與一傖道人爲侶, 謀曰: '用舊義往江東, 恐不辦得食.' 便共立心無義. 旣而 此道人不成渡, 愍度果講義積年. 後有傖人來, 先道人寄語云: '爲我致意愍度, 無義那可立, 治此計, 權救饑爾, 無爲遂負如來也.'"

들을 창인僧人이라고 여겼다) 양자강을 건너가서 "먹을 것을 얻고자" 함께 「심무의(心無義)」라는 해석을 만들었던 것이다. 『고승전』「강승연전」의 기록에 "진나라가 성제 시절—진 성제, 서기 326년에서 334년 재위—에 강승연은 강법창 · 지민도 등과 함께 양자강을 건넜다."[91]라고 하였다. 여기서 지민도가 진나라 성제 시기에 심무의 이론을 수립했음을 알 수 있다. 북방 승려의 설명에 의하여 그는 심무의가 불교 사상에 부합하지 않는 것이며 단지 배고픔을 해결하기 위한 임시방편이었음을 알았다. 여기서 보면, 지민도와 북방의 승려는 모두 부유한 승려가 아니었으며 비교적 가난한 승려로서 하층의 인물이었기 때문에, 그들은 대승불교에 어긋나는 이단의 학설을 함부로 제창하여 남달리 특별한 주장을 내세우는 방법으로 사람들을 끌어 들이고 먹을 것을 얻어서 해결한 것이다.

---

91 『高僧傳』「康僧淵傳」. "晉成之世(晉成帝於公元326年至334年在位) 康法暢支愍度等, 俱過江."

요진 시대 삼론학과 현학의 결합

대승반야학은 인도에서 서기 2-3 세기경에 발전하여 용수(龍樹)의 중관학을 발생시켰다. 용수는 『중론(中論)』·『십이문론(十二門論)』·『대지도론(大智度論)』 등을 저술하였고, 그의 제자인 제파(提婆)와 함께 『백론(百論)』을 저술하여 반야공관(般若空觀)을 더욱 발전시켰다.

용수가 선양했던 이른바 두 가지 이론 중 어느 하나에 빠지지 않는 "비유비무(非有非無)"의 중도 철학은 공(空)과 유(有)라는 두 가지 입장의 대립을 조화시키고, 세속의 진리와 불교의 참 진리라는 두 가지 견해의 모순을 조화시키는 것이다. 이에 나아가 그의 철학적 사변성은 앞 사람들을 크게 초월하였는데, 용수의 중관학이 일찍이 당시의 인도에서 한때 지극히 융성하게 되는 결과를 낳았다.

우리나라 중국 지역에서 반야학의 주된 대표인물인 도안(道安)이 사망한 뒤 16년, 즉 요진(姚秦) 시대 홍치(弘治) 3년(서기 401), 서역 지방의 구자국(龜玆國: 지금의 新疆 庫車縣 일대)의 불교 대학자인 구마라집(鳩摩羅什)이 장안(長安)으로 왔다. 구마라집(서기 343-413)은 삼장(三藏)에 널리 통달하였고, 더욱이 반야(般若)와 삼론(三論)(『중론』·『백론』·『십이문론』)에 특장이 있었으며, 용수의 중관학에 대해서 매우 조예가 깊어서 서역 일대의 불교학자의 대표자가 되었다. 당시에 그는 "명성이 멀리까지 드날려서 동쪽의 여러 나라에까지 미쳤고", 승려의 전기를 다루는 곳에서는 그를 "도가 서역 지방에 두루 미쳤고 명성이 동방의 여러 나라에 미쳤다."[1]고 칭하였다. 당시에 전진(前秦)의 왕 부견(符堅)이 장군 여광(呂光)에게 군대를 주어 서역 지역으로 보내서 구자국을 정벌하였을 때 구마라집을 포로로 잡았다. 이 때문에 구마라집은 여광 장군을 따라서 양주(凉州)로 먼저 오게 되었고, 뒤에 요흥(姚興: 후진의 왕) 시기 홍치 3년에 장안(長安)으로 왔는데, 요흥이 "그를 국사(國師)의 예로써 대우하였다."[2] 요흥의 대대적인 지원 아래에서 구마라집은 장안 지역에서 불법을 크게 일으켰으니, 문하에서 배우는 무리가 넘쳐나서 800여 무리나 되었고, 사방에서 뜻있는 선비들이 모였고, 수만 리 먼 곳에서 사람들이 모여들었는데, 도생(道生)·도융(道融)·담영(曇影)·승예(僧睿)·혜엄(慧嚴)·혜관(慧觀)·승조(僧肇) 등이 비교적 저명하였다. 뒤에 사람들은 이들을 이른바 팔준십철(八俊十哲)이라 하였다. 구마라집은 우리 중국 불교 번역의 위대한 스승 중의 하나이다. 그는 장안에서 10년이라는 매우 짧은 시간 동안에 불교경전 300여 권을 번역해 내었으며, 그 속에 포함된 『반야경』·『중론』·『백론』·『십이문론』 등은 영향이 매우 크다. 구마라집의 학문은 또한 『반야』 삼론(三論)을 특히 중시하였으며, 아울러 『실상론』 2권을 저술하였는데, 현재는 전해지지 않는다. 구마라집은 안으로 경전의 연구를 중시했을 뿐만 아니라, 중국지역의 현학 사조에도 순조롭게 대응하였는데, 『신당서』와 『구당서』의 기록에 의거하면 구마라집은 일찍이 『노자』의 주석서 2권을 저술하였지만 애석하게도 이 주석서는 이미 유실되었다. 만약 보존되어 내려왔다면 우리는 그의 불교학과 현학의 상호관계를 연구할 수 있었을 것이다.

구마라집의 학문은 용수의 필경공관(畢竟空觀)[3]을 주로 삼는다. 구마

---

1 『高僧傳』「鳩摩羅什傳」. "聲名遠揚, 被及東土", "道流西域, 名被東國."

2 『高僧傳』「鳩摩羅什傳」. "待之以國師之禮"

라집 이전의 중국 반야학은 대다수가 허무(虛無)에 치우쳐 있었고, "본무(本無)"를 많이 이야기하여 "무(無)"를 실체적 존재물로 삼았다. 예컨대, 본무종은 "무는 최초의 변화보다 앞서 있으며, 공(空)은 모든 형체를 지닌 것의 시초이다."[4]라고 하였다. 또 다른 예로 본무이종은 "색법(色法)이 있기 이전에 먼저 무가 있었기 때문에 무로부터 유가 나오는 것이다."[5]라고 하였다. 구마라집은 이와 같은 학설에 동의하지 않았는데, 그는 혜원(慧遠)과 법신(法身)의 의미에 대하여 편지를 통해서 토론할 때 "법신의 의미를 가지고 법상(法相)의 의미를 밝히는 것이니, 유(有)·무(無) 등의 희론[6]은 없는 것인데, 모든 상이 적멸한 것이기 때문이다."[7]라고 하였다. 이 뜻은 바로 법상에는 유와 무의 상(相)이 없다는 것이다. 이 때문에 그는 또 "유와 무는 중도가 아니니, 실제로 한쪽에 치우친 것이다. 유를 말하지만 유가 아니고 무를 말하지만 무가 아니다."[8]라고 하였다. 이것을 달리 말하자면, 다만 두 변(邊)에 떨어지지 않아야 하는 것인데, 이미 유도 아니고 무도 아니므로 비유(非有)이면서 비무(非無)라야 비로소 중도(中道)를 바로 볼 수 있는 것이다. "본래 공을 말함으로써 유를 버리는 것은 유를 제거하고 공을 남겨 두는 것이 아니다. 만약 유를 제거하고 공을 남겨 두면 이는 공을 말하는 것이 아니다."[9] 구마라집의 입장에서 보면, 유를 제거하고 공을 남겨두는 것은 생각 없이 아무것도 없는 완공(頑空)이지 필경공(畢竟空)이 아니다. 그러므로 그의 결론은 다음과 같다.

---

3 역주 필경공(畢竟空)은 단지 공(空)만 보는 것이 아니라 불공(不空)을 함께 보는 것으로서, 이를 통해 공은 중도(中道)의 이치를 실현한다.
4 『大乘大義章』第七. "無在元化之先, 空爲衆形之始."
5 『大乘大義章』第七. "未有色法, 先有於無, 故從無出有."
6 역주 희론(戱論)은 아무 쓸모도 없는 일을 따지고 의논함을 말한다.
7 『大乘大義章』第七. "法身義以明法相義者, 無有無等戱論, 寂滅相故."
8 『維摩經注』권2. "有無非中, 於實爲邊也. 言有而不有, 言無而不無."
9 『維摩經注』권2. "本言空以遣有, 非有去而存空. 若有去而存空, 非空之謂也. 二法俱盡乃空義也."

"일체의 법은 필경 공적하여 열반과 같으니, 비유비무(非有非無)이고, 무생무멸(無生無滅)하여, 언어의 길이 끊어졌고 모든 심행(心行)이 소멸한 것이다."[10]

이것은 용수가 제기하여 주장했던 "비유비무(非有非無)"의 중관철학이다.

구마라집이 소개하는 용수의 중관(中觀) 사상의 삼론학(三論學)은 (또한 『대지도론』을 함께 놓아서 "사론"이라 칭하기도 한다.) 그의 유명한 제자인 승조에 의해 본래의 기초 위에서 더욱 확대 발전된다.

승조(僧肇: 서기 383-414)는 경조(京兆: 지금의 산시성陝西省 시안西安) 사람이다. "집안이 가난하여 남에게 고용되어 글씨를 쓰는 일로 생업을 삼았다가"[11] "드디어 책 베껴 쓰는 일이 인연이 되어 경전과 사서(史書)를 두루 보게 되었다."[12] 뒷날에 출가하였는데 "학문은 대승의 『방등경』에 능하였고, 삼장(三藏)에 두루 통달하였으며, 나이 스무 살에 이름을 관중 지방과 조정 내에 두루 떨쳤다."[13] 구마라집이 고장(姑臧) 지역에 왔다는 소식을 기다려 "승조는 먼 곳으로부터 그를 찾아가서 따랐다."[14] 뒤에 구마라집이 장안에 들어오자 소요원(逍遙園)에서 구마라집이 경론을 번역하는 일을 도왔으며, 구마라집이 널리 포교하였던 용수의 불교 중관학을 받아들였다. 승조는 당시의 수많은 불교학자들과 마찬가지로 전문적인 불교학자일 뿐만 아니라 또한 노자의 현학가였다. 『고승전』「승조전」에 다음과 같이 말했다.

---

10 『大乘大義章』제12. "一切法畢竟空寂, 同泥洹相, 非有非無, 無生無滅, 斷言語道, 滅諸心行."
11 『高僧傳』「僧肇傳」. "家貧以傭書爲業."
12 『高僧傳』「僧肇傳」. "遂因繕寫, 乃歷觀經史."
13 『高僧傳』「僧肇傳」. "學善方等, 兼通三藏, 及在冠年而名振關輔."
14 『高僧傳』「僧肇傳」. "肇自遠從之."

"고대의 전적문헌을 두루 갖추었고, 그 뜻이 현묘하고 은미한 것을 좋아하여 매번 노자와 장자를 마음의 요체로 삼았는데, 일찍이 『도덕경』을 읽다가 탄식하여 말하길, '아름다운 것은 아름답다. 그러나 정신을 깃들게 하고 근심을 멀리하는 방법을 기대하는 것은 오히려 최선을 다했다고 할 수 없다.'라고 하였다. 뒷날 그는 옛 판본의 『유마경』을 보고서 기뻐하며 머리 위로 받들면서, 이를 펴보고 그 뜻을 찾아 완미하며, 비로소 귀의(歸依)할 곳을 알았다고 말했다. 이를 인연으로 출가하였다."[15]

"그 뜻이 현묘하고 은미한 것을 좋아하여 매번 노자와 장자를 마음의 요체로 삼았는데", 이것은 승조가 당시의 현학 기풍을 순순히 따랐다는 표현이며, 승조가 일찍부터 확실히 노자 현학을 좋아했던 사람임을 설명하는 것이다. 그러나 승조는 비록 노장을 찬미하였지만, 오히려 또한 그것을 "정신을 깃들게 하고 근심을 멀리하는 방법"이라고 여겨서 아직 최고로 좋은 것은 아니라고 보았다. 이 때문에 그는 뒷날에 불교의 『유마힐경(維摩詰經)』[16]을 보고 난 뒤에 출가하여 부처를 섬기게 된다. 승조의 불교 현학의 저작은 주로 다음과 같다.

『반야무지론(般若無知論)』

『부진공론(不眞空論)』

---

15 『高僧傳』「僧肇傳」. "備盡墳籍, 愛好玄微, 每以莊老爲心要, 嘗讀老子道德章, 乃嘆曰: 美則美矣. 然期栖神冥累之方, 猶未盡善也. 后見舊維摩經, 歡喜頂受, 披尋玩味, 乃言始知所歸矣. 因此出家."

16 역주 유마경(維摩經)은 대승불교의 경전 중의 하나이며, 구마라집이 한문으로 번역하였다. 정확한 명칭은 『유마힐소설경(維摩詰所說經)』이며, 줄여서 『유마힐경』·『유마경』이라 한다. 내용은 문수보살이 유마거사와의 대화를 하면서, 유마거사의 침묵을 통해 대승 불교의 불이(不二) 사상을 깨우치게 된다는 내용이다. 이 경에 대한 한역(漢譯)은 7가지가 있었다고 하나, 현존하는 것은 3가지로 지겸(支謙) 번역의 『유마힐경』 2권, 구마라집 번역의 『유마힐소설경』 3권, 현장(玄奘) 번역의 『설무구칭경(說無垢稱經)』 6권이 있다.

『물불천론(物不遷論)』

『열반무명론(涅槃無名論)』[17]

(이상의 네 가지 논서는 후대의 사람이 모두 『조론(肇論)』이라는 한 권의 책 속에 편입시켰다.)

『유마경주(維摩經注)』

[현존하는 경의 주석은 구마라집·승조·도생(道生)·승예(僧睿)·도융(道融) 등의 주석을 모은 것이다.]

이와 같은 승조의 불교 저작은 주로 『반야』 삼론 사상을 드러내어 밝힌 것이며, 중국 논학(論學) 문체의 요점을 잡아 쓰인 것이며, 그가 사용하는 명제와 개념은 노장 현학의 책에서 많이 답습하고 있다. 예를 들어, 유무(有無)·동정(動靜)·허현(虛玄)·성인은 편안하게 무위(無爲)하지만 하지 않음이 없음, 성인은 무지(無知)하지만 알지 못함이 없음 등은 하나도 빠짐없이 노자의 책 속에서 차용한 것이다. 책 속에서 대량으로 노장의 사상을 인용하여 불교사상을 해석하고 있다. 이것은 분명하게 혜원이 "『장자』의 뜻을 인용하여 같은 무리를 연이어 놓은 것이니"[18] "미혹에 빠진 사람을 환하게 밝혀주니 서로 매우 유사한 것이 있다."[19] 혜원은 정신이 생사의 윤회를 초탈하고 근본으로 돌아가 도(道)의 종지를 구하는 문제를 설명하기 위하여 『장자』 「대종사」의 이야기를 끌어다가 논의를 펴고 있다. "(장자는) '대지는 생명으로 나를 수고롭게 하고,

---

17 [저자 주] 『열반무명론(涅槃無名論)』은 승조의 저작 여부에 대하여 학술계에서 서로 다른 시각이 있다. 탕용통(湯用彤) 선생은 이 글이 후대 사람이 승조의 이름을 가탁하여 지은 위작이라고 보았으며(『漢魏兩晉南北朝佛敎史』를 보라), 루쳥(呂澂) 선생은 승조의 저작이라고 보았다. 우리는 현존하는 『열반무명론』은 승조가 원래 지은 것을 기초로 후대의 사람이 개찬(改竄)하고 가공하여 만든 것일 가능성이 많다고 본다.

18 『高僧傳』 「慧遠傳」. "引莊子義爲連類."

19 『高僧傳』 「慧遠傳」. "惑者曉然."

죽음으로 나를 쉬게 한다.'고 했으며, 또 '생명은 사람이 잠시 머무는 것이며, 죽음은 참된 상태로 돌아가는 것이다.'라고 하였다. 이것은 이른바 생명이 큰 걱정거리이며 생명이 없는 것이 근본으로 돌아간 것임을 알고 있는 것이다."[20] 장자도 생사를 초월하는 것, 즉 생명이 없는 것을 근본으로 돌아가는 것으로 삼는 도리를 알고 있었다. 그러나 혜원은 최후로 다시 장자가 불교와 차이가 있다고 보았는데, 장자는 신불멸(神不滅)의 도리를 주장하지 않기 때문에 그는 장자를 "아직 도의 실질은 다 궁구하지 못했지만 또한 종지(宗旨)의 근처에 머물며 이해한 것은 있다."[21]고 하였다. 『조론』속에서 승조는 혜원보다 한 걸음 더 나아가 노장 사상을 불교 사상과 같은 것으로 이야기 하였는데, 이 때문에 노장의 사상을 가지고 불교를 해석하는 것이다. 예컨대, 승조는 『부진공론』이라는 한 편의 글 속에서 만물이 참되지 않고 가상의 이름일 뿐이라는 사상을 논증하기 위하여 대량으로 장자의 상대주의 사상을 인용하면서 증명하고 있다. 우선 승조는 『장자』의 "천하는 하나의 기로써 두루 통한다."[22]는 사상을 원용하면서, "일기(一氣)를 살펴서 변화를 관찰하여"[23] "접촉하는 사물 대상을 제일(齊一)하게 보는"[24] 학설을 제기하였는데, 이 때문에 "만 가지 개별자의 형상은 다르더라도 스스로 다를 수 있는 것은 아니며, 스스로 다를 수 없는 것이므로 개별자의 형상이 참된 형상이 아님을 아는 것이다."[25]라는 이치를 증명한다. 그 뒤에 또 장자의 "지마(指馬)" 비유를 들면서 『중관』속의 상대주의 궤변 사상을 조사하여 밝히고 있다. 그 문단에서 다음과 같이 말했다.

---

20 「沙門不敬王者論」. "大塊勞我以生, 息我以死. 又以生爲人羈, 死爲反眞. 此所謂知生爲大患, 以無生爲反本者也."
21 「沙門不敬王者論」. "未究其實, 亦嘗傍宗而有聞焉."
22 『莊子』「知北游」. "通天下一氣耳."
23 『肇論』「不眞空論」. "審一氣以觀化.
24 『肇論』「不眞空論」. 觸物而一."
25 『肇論』「不眞空論」. "萬象雖殊, 而不能自異, 不能自異, 故知象非眞象."

"『중관』(『중론』)²⁶에서 말하길, '사물 자체에는 상대적인 이것과 저것이 없는데 사람이 주관적으로 이것을 이것이라 하고 저것을 저것이라 한다. 그러나 상대도 역시 이것을 저것이라 하고 저것을 이것이라 한다.'라고 하였다. 이것과 저것은 한쪽의 이름으로 단정할 수 없는 것인데도 미혹한 사람은 주관적인 이것과 저것을 필연적이라는 뜻을 품게 되지만, 이것과 저것은 처음부터 있는 것이 아니고, 미혹한 사람이 처음부터 없지 않다고 하는 것이다. 이미 이것과 저것이 본래 있는 것이 아님을 깨달았으면 어떤 사물인들 실제로 있는 것이겠는가? 그러므로 만물은 진실하게 있는 것이 아니라 거짓의 이름으로 오래 불리고 있는 것이다. 이 때문에 『성구경(成具經)』에서 '억지로 이름을 붙인 표현이며 원림(園林: 장자)이 지마(指馬)의 비유에 의탁함이 있다.'라고 한 것이다."²⁷

확실히 여기서 말하는 『중론(中論)』 속의 "사물에는 주관적인 이것과 저것이 없다."는 상대주의 사상은 장자의 사상과 일치하는 것이다. 장자는 「제물론」편에서 다음과 같이 말했다. "사물은 저것 아닌 게 없고, 사물은 이것 아닌 게 없다. 이것의 관점에서는 보지 못하고, 아는 것의 관점에서만 안다. 그러므로 저것은 이것에서 생기고 이것은 역시 저것 때문에 생기며, 저것과 이것은 나란히 생긴다[方生]는 말이다."²⁸ 또 말했

---

26 역주 『중관(中觀)』은 불교 삼론(三論)의 하나이며, 『중론(中論)』이라고도 한다. 용수(龍樹: 나가르주나, Nāgārjuna)의 대표작인 『중관론송(中觀論頌)』 27품(品) 446게(偈)를 후진(後秦)의 구마라집(鳩摩羅什, 쿠마라지바, Kumārajīva)가 한역(漢譯)하였다. 중도(中道)와 실상(實相)의 정관(正觀)을 주장한 대승불교의 기본 논서이며, 총 4권이다.

27 『肇論』「不眞空論」. "中觀云, 物無彼此, 而人以此爲此, 以彼爲彼; 彼亦以此爲彼, 以彼爲此; 此彼莫定乎一名, 而惑者懷必然之志, 然則彼此初非有, 惑者初非無. 旣悟彼此之非有, 有何物而可有哉? 故知萬物非眞, 假號久矣. 是以成具立强名之文, 園林託指馬之況."

28 『莊子』「齊物論」. "物無非彼, 物無非是, 自彼則不見, 自知則知之, 故曰 彼出於是, 是亦因彼, 彼是 方生之說也."

다. "저것도 하나의 옳고 옳지 않은 것이며 이것도 하나의 옳고 옳지 않은 것이니 과연 저것과 이것이 있는 것인가? 과연 저것과 이것이 없는 것인가? 저것과 이것이 그 짝을 얻지 못한 것이다."[29] 이것은 바로 『중론』에서 말한 "'사물 자체에는 상대적인 이것과 저것이 없는데 사람이 주관적으로 이것을 이것이라 하고 저것을 저것이라 한다. 그러나 상대도 역시 이것을 저것이라 하고 저것을 이것이라 한다.'라고 하였다. 이것과 저것은 한쪽의 이름으로 단정할 수 없는 것인데도 미혹한 사람은 주관적인 이것과 저것을 필연적이라는 뜻을 품게 된다."라는 것이다. 이미 "저것과 이것이 그 짝을 얻지 못한 것이니", 이 때문에 "원림(園林: 장자는 일찍이 칠원의 관리였으므로 원림이라고 한다)이 지마(指馬)의 비유에 의탁함이 있는 것이다." "손가락을 가지고 손가락의 손가락 아님을 깨우치는 것은 손가락 아닌 것을 가지고 손가락의 손가락 아님을 깨우치는 것만 같지 못하다. 말을 가지고 말의 말 아님을 깨우치는 것은 말이 아닌 것을 가지고 말의 말 아님을 깨우치는 것만 같지 못하다. 천지자연은 하나의 손가락이며, 만물은 한 마리의 말이다."[30] 손가락과 손가락이 아닌 것 그리고 말과 말이 아닌 것은 모두 차별이 없는 것이며, 천지자연도 바로 하나의 손가락이며, 만물도 바로 한 마리의 말이다. 이 때문에 승조는 "이미 이것과 저것이 본래 있는 것이 아님을 깨달았으면 어떤 사물인들 실제로 있는 것이겠는가? 그러므로 만물은 진실하게 있는 것이 아니라 거짓의 이름으로 오래 불리고 있는 것이다."라는 결론을 제시한 것이다.

여기에서 승조는 장주의 상대주의를 가지고 중관 불교학의 이치를 증명하고 있는데, 이는 한편으로 승조가 노장에 대하여 확실히 정밀한 연

---

29 『莊子』「齊物論」. "彼亦一是非 此亦一是非 果此有彼是乎哉? 果此無彼是乎哉? 彼是莫得其偶."

30 『莊子』「齊物論」. "以指喩指之非指, 不若以非指喩指之非指也; 以馬喩馬之非馬, 不若以非馬喩馬之非馬也. 天地一指也, 萬物一馬也."

구를 하고 있었다는 것을 설명하고 있으며, 다른 한편으로는 승조의 반야삼론학에 현학의 색채를 지니게 한다. 심지어 그는 조화를 이룰 수 없는 중국 전통 철학과 인도불교학 두 가지를 억지로 조화시키고자 하였다. 예를 들어, 승조는 『장자』속의 기화설(氣化說)을 가지고 만물의 온갖 형상이 비록 차이가 있더라도 스스로 차이가 나는 것은 아니다[31]라는 사상을 설명하고 있으나, 분명히 인도 불교학 이론에 부합하지 않는다. 만물이 일기(一氣)의 변화에 의해 나온 것인데, 이것은 본래 중국 고대의 소박한 유물주의 전통의 관점이며, 이것과 인도 대승공종이 선양하는 연기성공설(緣起性空說)은 서로 모순되는 것이다. 이치에 비추어 말하자면, 만물이 일기(一氣)가 변화하여 된 것이란 결코 만물이 성공(性空)이라는 사상을 증명할 수가 없는 것이다. 이것은 승조가 이런 점에서 현학의 영향을 심각하게 받았으며 현학의 범위를 벗어나지 못하고 있음을 설명한다.

이상에서 우리가 논의한 것은 승조가 현학을 가지고 불교를 해석한 측면이며, 동시에 그가 불교를 가지고 현학을 풀이한 사상의 모습이었다.

위의 한 절(節) 속에서 우리는 도안(道安) 시대의 반야학 각 학파를 논의하였는데, 그들은 종종 모두 현학의 철학을 가지고 반야공관에 대한 해석을 하였는데, 이 때문에 본무종·본무이종·즉색종·심무종 등이 발생하였으며, 종합적으로 말해서, 기본적으로 현학 계통의 철학이다. 승조는 여기에서 앞 사람들과 차이가 있는데, 비록 그가 현학의 영향을 받은 것이 적지 않다고 하더라도, 종합적으로 말하자면, 인도불교학에 대한 그의 정신은 실질적으로 앞 시대의 반야학 각 학파에 비하여 비교적 깊고 투철했으며, 더욱이 구마라집이 소개한 용수의 중관철학에 대해서도 비교적 깊은 조예가 있었다. 이 때문에 그는 용수의 중관 불교학

---

31 역주 이 말은 승조의 『조론』에 나온다. 『肇論』「不眞空論」. "萬象雖殊而不能自異." 진실로 마음과 세계가 실상(實相)과 같으므로 만법(萬法)이 모두 진여(眞如)이다. 그러므로 스스로 차이가 나지 않는다는 말이다.

의 입장에 서서 앞 사람들의 반야학 각 학파를 비판적으로 총결을 지을 수 있었다. 앞 사람들의 반야학 각 학파는 어떤 의미에서 말하자면 모두 위진 현학화된 불교학이며, 여전히 현학의 범위에 속해 있다. 이 때문에 반야학에 대한 승조의 비판적 총결은 어떤 의미에서 말하자면, 위진 현학에 대한 일차적 최종 총결이다. 만약 이전의 불교 현학화를 현학을 통한 불교의 해석이라고 말한다면, 승조의 반야삼론학이 개시한 뒤로는 불교를 통한 현학의 해석 즉 불교 고유의 사변철학을 가지고 당시 현학이 제기한 철학 문제의 해답을 구한 것이다(확실하게 말해서 승조는 불교를 가지고 현학을 해석하는 것을 주로 삼았고, 동시에 현학을 가지고 불교를 해석하는 측면도 있는데, 이미 위에서 소개한 모습과 같다). 이것은 바로 중국 불교학이 근본적인 변화를 하게 만들어서, 중국 불교학의 발전에 대대적인 촉진을 하게 된다. 동시에 어떤 의미에서 말하자면, 중국 철학의 사유 수준을 제고하였다. 그러므로 승조의 불교철학은 단지 중국 불교사 속에만 있는 것이 아니고 또한 중국 철학의 역사 속에서도 모두 중요한 위치를 지니고 있는 것이다.

위진 현학이 논의한 근본 문제는 본말(本末: 體用)과 유무(有無)의 문제이다. 유무의 문제는 가장 이르게는 선진 시기의 노장 도가가 제출한 것이다. 그리고 위진 현학은 바로 노장 철학을 숭상하는 사조이다. 그러므로 유무의 문제도 위진 철학의 중심 논의 주제이다. 하안과 왕필의 귀무파는 물론이고 또한 상수와 곽상의 현학 숭유파도 모두 이 문제를 둘러싸고 논의하면서 자기의 철학적 사변을 전개하였다. 도안의 시대에 반야학은 이 문제를 답습하여 논의하였는데, 본무종과 본무이종의 불교학 사상은 단지 현학 귀무론의 연속이었고, 즉색종과 심무종은 현학 숭유론의 영향을 비교적 깊이 받았다. 이 때문에 용수의 중관 사상에서 말하는 "비유비무(非有非無)"의 담론에서 볼 때, 전자뿐만 아니라 후자까지도 모두 이런 반야학파의 학설은 단편적이고 편파적이며 중도의 철학적 요구에 부합하지 못하였다. 승조는 귀무파가 "무(無)"를 지나치게 강조하였고 숭유파는 또한 "유(有)"를 지나치게 강조하였다고 여겼다. 그는 중도(中道)의 정관(正觀)을 주장하였는데, 유도 아니고 무도 아니며, 또한 유이면서 또 무이고, "유와 무의 사이인 중도에 정신을 부합시킬 것"[32]을 주장하였으며, 유와 무는 하나이면서 둘이고 둘이면서 하나인 것[一而二, 二而一]이라서 나눌 수 없는 것이라고 하였다. 이 때문에 그는 본무종과 즉색종 그리고 심무종 세 학파를 비판하면서 다음과 같이 말했다.

> "허종(虛宗)에 이르러서는 매번 중도의 이치와 다른 것이 있다. 무릇 중도와 다른 것으로써 중도와 같은 것으로 가려 하지만, 어떤 것인들 중도와 같아질 수 있겠는가? 그러므로 여러 가지 이론이 다투어 일어났지만 실제의 본성과 동일하지 못했다. 어째서 그런가? 심무종을 주장하는 자들은 만물에 대하여 무심하게 대하지만, 일찍이 아무것도 없는 무는 아니라고 하기 때문이다. 이는 주관적 정신이 고요하여 번뇌가 없는 것에서는 옳았지만 사물 자체가 텅 빈 공이라는 점에서는 잘못을 하였다. 즉색종을 주장하는 자들은 색은 스스로 색이라 여기지 않으므로, 비록 색이라 하여도 색은 색이 아니라고 밝혔다. 무릇 색을 말하는 자는 다만 색은 바로 색일 뿐이라고 하는데, 어찌 색을 색이 되게 하는 것을 기다려서야 색이 되는 것이겠는가? 이것은 색이 스스로 색이라고 여기지 않는 것만 직접 말했을 뿐이지, 색 자체가 색이 아님을 아직 알지 못한 것이다. 본무종을 주장하는 자들은 심정적으로 지나치게 무를 숭상하여 말을 할 때 언제나 무를 즐겨한다. 그러므로 유가 아니라고 하는 것은 유가 곧 무이고, 무가 아니라고 말할 때도 무는 무이다. 그러나 입문(立文)의 본지[33]에 근거해 보면, 비유(非有)의 유(有)는 진유(眞有)가 아니라는 것이며, 비무(非無)라고 하는 것도 이때의 무는 진무(眞無)가 아니라는 것이

---

32 『肇論』「不眞空論」. "契神於有無之間."
33 역주 "입문의 본지"는 대승불교 사상, 특히 중론(中論)의 본지를 말한다.

다. 그러니 하필 유(有)가 아니라고 하여 무가 여기 있고, 무(無)가 아니라고 하여 무가 저기 있다고 할 필요가 있겠는가? 이는 바로 무를 좋아하는 사람들의 말이니, 어찌 사실(事實)과 즉물(卽物)의 실정에 두로 통했다고 하겠는가?"[34]

확실히 당시에 "허종"[반야공학]은 각 사람의 이해가 일치하지 않아서 여러 가지 이론이 다투어 일어나고 종파가 어지러이 발생하여 일치된 결론을 내릴 수 없는 국면이었다. 승조의 입장에서 볼 때, 이런 학파들은 모두 각각 한쪽의 입장을 갖고 있는 것이지 중도에 부합하지 않는 것이었다. 심무종은 마음은 텅 비우고 사물은 공적(空寂)한 것이 아님을 주장하여 유물주의적 경향을 지니고 있었는데, 당시 불교 유심론 중에서 이단의 학설이었다. 이 때문에 그는 우선 심무종이 "주관적 정신이 고요하여 번뇌가 없는 것에서는 옳았지만 사물 자체가 텅 빈 공이라는 점에서는 잘못을 하였다."고 비판하였다. 그들이 마음이 공적(空寂)한 것(주관적 정신이 고요하여 번뇌가 없는 것)을 말한 것은 옳은 것이며, 사물 자체가 텅 빈 공이라는 것을 말하지 않은 것 즉 만물이 공적하지 않다는 것은 잘못이라고 여긴 것이다. 이어서 또한 즉색종을 비판하여 "무릇 색을 말하는 자는 다만 색은 바로 색일 뿐이라고 하는데, 어찌 색을 색이 되게 하는 것을 기다려서야 색이 되는 것이겠는가? 이것은 색이 스스로 색이라고 여기지 않는 것만 직접 말했을 뿐이지, 색 자체가 색이 아님을 아직 알지 못한 것이다."[35]라고 하였다. 이 말의 의미를 말하자면, 즉색

---

34 『肇論』「不眞空論」. "至於虛宗, 每有不同. 夫以不同而適同, 有何物而可同哉? 故衆論競作, 而性莫同焉. 何則? 心無者, 無心於萬物, 萬物未嘗無. 此得在於神靜, 失在於物虛. 卽色者, 明色不自色, 故雖色而非色也. 夫言色者, 但當色卽色, 豈待色色而後爲色哉? 此直語色不自色, 未領色之非色也. 本無者, 情尚於無多, 觸言以賓無, 故非有有卽無, 非無無亦無, 尋夫立文之本旨者, 直以非有非眞有, 非無非眞無耳, 何必非有無此有, 非無無彼無. 此直好無之談, 豈謂順通事實, 卽物之情哉?"

35 『肇論』「不眞空論」. "言色者, 但當色卽色, 豈待色色而後爲色哉? 此直語色不自

종은 색이 인연(因緣)의 화합(和合)으로 이루어진 결과인데, 이 때문에 그것은 자기 스스로 독자적인 색이 될 수 없는 것이므로 즉색(卽色)이 공이라고 한 것이다. 다시 말하자면, 즉색종은 결과로서의 공은 말하지만 원인으로서의 공은 말하지 않는 것인데, 마치 정원(淨源)이 『조론주』에서 말한 "결과로서의 색은 공하며 원인으로서의 색은 공하지 않은 것을 밝힌 것이다."[36]라는 것과 같다. 이에 대하여 승조는 즉색종을 질책하였는데, 오직 색이 독자적으로 색이 될 수 없는 것이며 반드시 인연의 화합에 의존하여 이루어지는 것만을 알았기 때문에, 결과로서의 색이 공이라는 것을 단정하고 나서 결과로서의 색뿐만 아니라 원인으로서의 색도 모두 공이라는 것을 알지 못했다는 것이다. 승조의 입장에서 볼 때, 즉색종은 유물주의에도 지반을 남겨주고 있는데(원인으로서의 색은 공이 아니다), 공적(空寂)한 것이 아니라서, 일체의 색을 환화(幻化) 가유(假有)로 보아 그 본성은 공이라는 입장이 없다. 승조의 분석에 비추어 보면, 심무종뿐만 아니라 즉색종도 모두 "유(有)"의 측면에 치우쳐 있는데, 이 때문에 모두 단편적이고 부정확하다. 현학 귀무파의 영향을 비교적 심하게 받은 본무종의 학파의 경우에 대해서도 승조는 비판을 하였다. 즉 "심정적으로 지나치게 무를 숭상하여 말을 할 때 언제나 무를 즐겨하니" 너무 지나치게 무에 편중되어 있어서, "비유(非有)"가 바로 "유(有)"가 없는 것("유가 아니라고 하는 것은 유가 곧 무이다")이고 "비무(非無)"는 바로 "무(無)"가 없는 것("무가 아니라고 말할 때도 무는 무이다")이라고 여기니, "비유(非有)의 유(有)는 진유(眞有)가 아니라는 것이며, 비무(非無)라고 하는 것도 이때의 무는 진무(眞無)가 아니라는 것이다."라는 중도의 정관을 이해하지 못한 것이다. 이를 달리 말하자면, 증조는 본무종의 학파가 "비유비무"라는 용수의 중관철학을 이해하지 못하고 유와 무를 나누어 놓고서, 유와 무의 사이인 중도에 정신을 부합시키지 못하

色, 未領色之非色也."
36 『肇論注』. "明果色空, 因色不空."

였으며, 유와 무를 하나이면서 둘이고 둘이면서 하나인 것[一而二, 二而一]으로 보지 못했다고 비판한 것이다. 승조 자신은 용수의 중관 철학을 완전히 받아들여서 "부진공(不眞空)"의 이론을 제시하였다. 그는 다음과 같이 말했다. "그렇다면 만물에는 과연 그것이 실제로 있다고 해도 있지 않은 근거가 있으며, 그것이 없지도 않은 근거가 있는 것이다. 그것이 있지 않은 근거가 있기 때문에 비록 있다고 해도 실제로 있는 것이 아니다. 그것이 실제로 없는 것이 아닌 근거가 있으므로 비록 없다고 해도 실제로 없는 것이 아니다."[37] "어째서 그런가? 그 유(有)를 말하려 하나 그 유는 진생(眞生)이 아니다. 그 무(無)를 말하려 하나 사상(事象)이 이미 드러났다. 상형(象形)은 무에 즉한 것이 아니지만 진(眞)도 아니고 유(有)도 아니다. 그러니 부진공(不眞空)의 뜻이 여기에서 드러난다."[38] 이것이 바로 "유와 무는 둘이 아니며[有無不二]" "진제와 속제는 다르지 않다[眞俗不異]."는 것으로서 두 측면에 떨어지지 않는 중도의 정관이다. 속제를 따라 말하자면, 만물은 무가 아니라 유이니, "사상(事象)이 이미 드러난 것이다." 그러나 진제를 따라 말하자면, 문물은 인연에 따라서 생겨나서 자성(自性)이 없는 것이므로 또한 유가 아니라 무이다. 유와 무는 본래 하나의 것이므로, "유"의 밖에 혹여 "유"를 제거한 뒤에 "무"가 있는 것이 결코 아니며, 역시 "무"의 밖에 혹여 "무"를 제거한 뒤에 "유"가 있는 것이 아니다. 사물의 형상이 이미 형체를 드러낸 만물 존재는 결코 진실한 실상(實相)은 아니며, 그것이 참된 실상이 아니기 때문에 공(空)이라고 말하는 것이다. 승조는 참된 실상이 아닌 공이라는 것이 바로 우주의 본질·실상·법성(法性)이라고 여겼는데, 이것은 분명하게 일종의 사변적 객관유심론의 불교학이다. 위에서 우리는 이미 본무종

---

37 『肇論』「不眞空論」. "然則萬物果有其所以不有, 有其所以不無. 有其所以不有, 故雖有而非有; 有其所以不無, 故雖無而非無."
38 『肇論』「不眞空論」. "何則? 欲言其有, 有非眞生; 欲言其無, 事象旣形; 象形不卽無, 非眞非實有, 然則不眞空義顯於玆矣."

학파에는 본무종과 본무이종이라는 두 가지 의미가 있다고 말했다. 그렇다면 승조가 여기에서 비판하는 본무종 학파는 결국 어떤 종파를 의미하는 것인가? 길장은 송조가 여기에서 큰 소리로 꾸짖는 것은 심법사[축법심]의 본무이종 사상이지 도안의 본무의가 아니라고 하였으며, 아울러 도안의 사상과 구마라집·승조의 산문은 종지의 뜻이 다르지 않다고 보았다. 원강(元康)·정원(淨源)은 여기에서 배척한 것이 축법태의 본무종 뜻이라고 하였다. 혜달(慧達)은 승조가 배척한 것이 미천(彌天) 석도안(釋道安: 도안)의 본무론이라고 하였다. 우리는 축법심 법사는 본무이종 입장을 지니고 있었으며, "색법이 아직 없었을 때 먼저 무에서 유가 있었으므로 무로부터 유가 나온 것이다."[39]고 하였다. 이런 사상은 승조의 입장에서 볼 때 분명하게 유와 무의 관계를 분리하는 것이며, 이치로 보아 그가 배척하는 것들 속에 놓인다. 축법태는 도안의 동학이다. 『고승전』「축법태전」에서는 "법태가 의소(義疏)와 극초(郄超)에게 보낸 편지에서 본무(本無)의 뜻을 논의하였는데, 모두 세상에 행해지고 있다."[40]라고 하였다. 그러나 법태와 극초가 본무종의 의의를 논술한 글은 이미 산실되었으며, 결국 법태의 본무종 사상의 구체적 내용이 무엇인지 알 수가 없다. 도안의 본무종 의미는 승조에 의해서 배척되는 것 속에 포함되는가? 길장은 도안의 사상과 구마라집·승조의 사상이 다르지 않다고 하였는데, 이것은 분명히 사실과 부합하지 않는다. 도안은 세계의 최초 상태가 무(無: "아득하게 천지를 지을 때 먼저 있었던 것이 분명하다. 冥造之先, 廓然而已.")이며, 무는 만물보다 먼저 있다("무는 만물이 변화하기 이전에 있으며 공은 모든 형체를 지닌 사물의 시작이다").[41]고 여겼는데, 이것은 바로 본무이종의 "색법이 아직 없었을 때 먼저 무에서 유가 있었다."라는 사상과 서로 통한다. 그 차이점은 다만 본무이종이 무가 유를

---

39 『中觀論』卷第二末. "未有色法, 先有於無, 故從無出有."
40 『高僧傳』「竺法汰傳」. "汰所着義疏 并與郄超書論本無義 皆行于世."
41 『中論疏』「因緣品」. "無在萬化之前, 空爲衆形之始."

생성한다는 것을 주로 삼지만, 본무종은 "텅 비어 광활한 것 속에서 만물이 생겨날 수 있다."[42]는 것을 반대하여 텅 비어 광활한 것 이후의 단계에서 원기가 저절로 변화하여 만물 존재를 빚어내고 그 만물 존재는 "본성이 공적(空寂)하므로 본무(本無)라고 말하는 것"이라는 설을 제기하였다. 이 때문에 "근본인 무는 진제(眞諦)이고, 말단인 유는 속제(俗諦)이다." 라고 여기는 사상이 나온 것인데, 이것은 대체로 또한 하안과 왕필 현학의 본무(本無: 본체가 무이다)와 말유(末有) 학설과 유사하다. 그러나 "무는 만물이 변화하기 이전에 있었다."는 것뿐만 아니라 "근본인 무는 진제이고, 말단인 유는 속제이다."라는 것도 모두 다 유와 무의 두 일변에 빠진 것이며, 유와 무의 관계를 분리한 것이라서 모두 "비유비무"와 유무일여(有無一如: 유와 무는 하나와 같다)는 사상에 부합하지 않는 것이다. 이런 사상은 분명히 구마라집과 승조의 중관철학과 같지 않다. 그러므로 혜달은 여기에서 승조가 논파한 것이 도안의 본무론이라고 하였는데 역시 일리가 있다. 이렇게 도안을 구마라집과 승조와 다르게 말하는 관점은 대체로 후세 사람이 도안을 두둔한 결과이다. 이것은 도안이 중국 불교사에서 뛰어난 명성을 누리고 있기 때문이다. 승조가 『부진공론』에서 논파한 본무종의 학설은 축법심의 본무이종의 사상을 포괄하고 또한 도안의 본무종의 사상도 포괄하는 것일 가능성이 많다.

위에서 논술한 것을 종합하자면, 우리는 승조가 『부진공론』에서 논의한 것이 유와 무의 문제이며, 그 실질은 위진 현학에서 논의한 철학의 근본 문제였음을 알 수 있다. 현학 귀무론은 무를 숭상하는데, 그것이 불교 속에서 확대되고 지속되는 반야학의 본무종 학파(본무종과 본무이종을 포괄함)도 역시 무를 숭상하여 무를 세계의 본원으로 삼았다. 현학 숭유론은 유를 숭상하며, 무를 근본적인 것으로 삼는데, 그 영향을 받은 불교의 심무종과 즉색종은 모두 "유"에 치우친 사상의 측면을 지닌다.

---

42 『明僧傳抄』「曇濟傳」. "虛豁之中, 能生萬有."

승조는 인도의 용수의 중관철학을 받아들여서 두 측변의 일변에 빠지지 않는 사유방법을 흡수하고, "유와 무의 사이에서 중도에 부합하는 것"을 주장하였으며, "그렇다면 만물에는 과연 그것이 실제로 있다고 해도 있지 않은 근거가 있으니 실제로 있는 것이 아니며, 그것이 있지 않은 근거가 있기 때문에 없다고 할 수 있는 것이 아니다."[43]라고 하는 "유와 무는 둘이 아니다(有無不二: 事一稱二, 하나를 일삼으면서 둘이라 한다)."는 사상을 제기한 것이고, 이어서 현학의 귀무(貴無)와 숭유(崇有) 두 학파의 사상을 자기의 철학 속에서 통일시킨 것이다. 당연히 이런 통일은 불교의 유심주의 기초 위에서 수립된 통일이다. 이 때문에 어떤 의미에서 말하자면 승조의 철학은 용수의 중관 불교학 입장에 서서 이룬 위진 현학에 대한 일차의 총결이다.

---

43 『肇論』「不眞空論」. "然則萬法果有其所以不有, 不可得而有, 有其所以不無, 不可得而無."

남조 불교에 대한 현학의 영향

남북조(南北朝) 이래로 사회는 양자강 남쪽과 북쪽이 대치하는 국면에 처해 있었다. 일반적으로 말해서 남조사회는 비교적 어느 정도 안정적이었고, 북조는 늘 전란 속에 처해 있었다. 북조의 민족 모순은 더욱 첨예해져서 소수민족 추장(酋長)이 중원 지역으로 들어와 주인이 되어서, 북방의 중원 지역 현학 명사들[지식인들]은 쉴 사이 없이 남쪽으로 건너와서 강남 일대에 거주하며 살았고, 이로 인해 남북조의 학풍에도 차이가 있게 되었다. 북방의 학풍은 소박하고 꾸밈이 없는 방향으로 나아갔고, 한대 경학의 유풍을 지니고 있었다. 남조는 중국민족 정권하의 청담현풍을 계승하여 현리(玄理)의 학문을 숭상하였다. 이와 서로 부응하면서 남북조의 불교문화에서 분명한 차이가 있다. 북방 불교는 계율을 지키면서 수행하여 복락을 구하는 것을 중시하였는데, 예를 들면 대규모의 사원을 짓고 불상을 조성하였고 불교의 석굴(石窟)을 뚫어서 만드는 사업 등을 하였다. 남방은 비교적 현학 청담의 영향을 많이 받아서 불교의 현리를 탐구하는 데 치중하였다. 이 때문에 우리는 여기에서 다만 남조 불교와 현학의 관계를 이야기하는 데 집중할 것이다.

남조 불교학에서 현학의 영향을 비교적 많이 받은 주요 학문은 동진

(東晉)에서 유송(劉宋)에 이르는 시기 축도생(竺道生)의 열반학(涅槃學)과 양(梁)나라 시대의 삼론학(三論學)이었다.

반야학은 공(空)을 주장하고 열반학은 유(有)를 주장하는데, 진공(眞空)과 묘유(妙有)는 서로 차례로 변화하여 진공의 뒤에는 반드시 묘유가 있는 것이다. 확실히 반야(般若)의 성공(性空)은 일체의 명상(名相)을 제거하지만, "사물이 극단에 이르면 반드시 되돌아오듯이(物極必反)" "공(空)"은 바로 "유(有)"를 향해 변화하는 것이며, 명상(名相)을 제거한 뒤에 반드시 묘유(妙有)의 진성(眞性)이 나타나는 것이며, 열반학은 바로 불성의 묘유를 주장하는 것이다. 불교 속에서 "공"으로부터 "유"로 변화하는 것과 현학 속에서 "귀무"로부터 "숭유"로 변화하는 것은 거의 유사한 것이 있다.

동진에서 유송에 이르는 시기 열반학의 대표적 인물은 축도생이다. 도생은 태어난 해가 자세하지 않고, 유송 원가(元嘉) 11년(434)에 죽었다. "본래의 성은 위(魏)이며, 거록(鉅鹿) 사람으로서 팽성에 거주하였고, 집안 대대로 벼슬을 한 가문이었다."[1] 먼저 스승으로 승려인 축법태(도안의 동학이다)를 섬겼고, 습속(習俗)을 고쳐서 불교에 귀의하였다. "학문에 뜻을 둔 뒤에(나이 15세 될 때) 강좌(講座) 자리에 올라서"[2] 당시 세간의 명사들에게 존중받았다. 후에 여산(廬山)에 들어가서 "7년을 숨어 살았다."[3] 구마라집이 관중(關中)에서 불법을 펴는데, 이에 도생은 "혜예(慧睿)·혜엄(慧嚴) 등과 함께 장안에 유학하고 구마라집에게서 수업을 받았다."[4] 뒤에 다시 수도인 건업(建業: 남경)으로 돌아와 청원사에서 머물면서 유송의 태조 문제 유의륭(劉義隆)에게서 융숭한 존경과 대우를 받았다. 도생의 학문은 반야(般若)에서 지혜를 얻은 것이며 더욱이 열반

---

1 『高僧傳』「竺道生傳」. "本姓魏, 鉅鹿人, 寓居彭城, 家世仕族."
2 『高僧傳』「竺道生傳」. "年在志學(十五歲時)便登講座."
3 『高僧傳』「竺道生傳」. "幽棲七年."
4 『高僧傳』「竺道生傳」. "與慧睿慧嚴, 同游長安, 從什公受業."

에 능하였는데, 뒷사람들에게 중국 열반학의 성인으로 칭송받았다. 반야와 열반은 비록 경전이 하나가 아니지만 이치는 두 가지가 아니다. 반야학이 일체의 명상을 제거하는 것은 열반학의 진제(眞諦)를 드러내고 반야의 실상(實相)을 밝히는 것이니, 바로 열반학의 불성(佛性)을 더불어 말하고 있는 것이다. 도생은 반야학에 대하여 깊은 깨달음을 지니고 있었다. 동진과 유송의 불교학 역사에서 도생이 지닌 지위는 마치 상수와 곽상이 위진 현학의 발전 역사에서 갖는 지위와 같아서 중국 불교학이 당시에 일대 변화를 일으키게 하였다. 이전에는 공(空)을 말하였지만 지금은 유(有)를 논의하고, 과거에는 반야학이 지극히 융성하였지만 지금은 열반학이 불교의 논단을 뒤덮게 하였다. 그러나 당시에 "불교 경전이 동쪽에서 들어왔으니, 번역을 하는 사람이 거듭 막히고, 많은 사람이 막힌 문구만을 지키고 있어서, 원만한 참뜻을 보기 드물었다."[5] 도생은 "늘 도로 들어가는 요체는 혜해(慧解)[6]를 근본으로 삼았는데",[7] 문자를 고수하는 것에 얽매이지 않고 뜻에 의지하되 언어에 의존하지 않았으며, 언어 밖의 뜻을 철저하게 깨달아 과감히 새로운 학설을 제창하였으니, "선업을 닦으면 응보를 받지 않고, 돈오를 하면 성불한다는 학설을 수립하였고, 또 『이제론』·『불성당유론』·『법신무색론』·『불무정토론』·『응유연론』 등을 저술하여, 옛 학설을 뒤덮었다."[8] 그리고 "문자만 고수하는 무리들은 대개 도생의 미움을 받았다."[9] 더욱이 그는 『열반경』의 경문 대본이 전해지기 이전에 홀로 먼저 일천제(一闡提)[10]가 모두 불성을

---

5 『高僧傳』「竺道生傳」. "經典東流, 譯人重阻, 多守滯文, 鮮見圓義."
6 [역주] 혜해(慧解)는 지혜로 모든 사리를 잘 깨치어 아는 것이다.
7 『高僧傳』「竺道生傳」. "常以入道之要, 慧解爲本."
8 『高僧傳』「竺道生傳」. "乃立善不受報, 頓悟成佛, 又着二諦論, 佛性當有論, 法身無色論, 佛無淨土論, 應有緣論等, 籠罩舊說."
9 『高僧傳』「竺道生傳」. 守文之徒, 多生嫌嫉."
10 [저자주] 일천제(一闡提) 또는 일천제가(一闡提迦)라고도 번역하며, 간략하게 천제(闡提)라고도 칭하는데, 모든 선근(善根)이 끊어진 사람을 의미한다.

지니고 있어서 "모두 다 부처가 될 수 있다"고 하는 학설을 밝혀서 주장하였는데, 구학(舊學)을 익힌 무리들에게 사설(邪說)이라고 지목되어 배척당하였다. 뒤에 『열반경』 경문의 대본(담무참의 번역본)이 서울 건업에 이르자, 과연 일천제가 모두 불성을 지니고 있다고 하였으니, 도생이 말한 것과 딱 들어맞았다. 이로부터 도생의 명성은 크게 진동하였고 이어서 열반학이 남조에 크게 창성하게 된 것이다.

도생이 과감히 새로운 학설을 제창하게 된 것은 경전의 문구에 얽매여 고수하지 않은 것이었는데, 이것은 그가 현학의 "뜻을 얻으면 말을 잊는다."는 인식론 사상을 깊이 받아들인 것과 불가분의 관계가 있다. 여기에 바로 그 자신이 이와 같이 말한 것이 있다.

> "이미 사색에 잠긴 지 오래되어서 언어 밖의 진리를 철저하게 깨닫고, 크게 탄식하며 말했다. '무릇 상(象)을 가지고 뜻을 다 표현하며, 뜻을 얻으면 상을 잊는 것이다. 언어를 가지고 이치를 밝히지만, 이치에 들어가면 언어는 쉬는 것이다. 경전이 동쪽으로 들어왔으니, 번역을 하는 사람이 거듭 막히고 많은 사람이 막힌 문구만을 지키고 있어서, 원만한 참뜻을 보기 드물다. 만약 통발을 잊고 고기를 취할 수 있다면 비로소 더불어 도를 말할 수 있다.'"[11]

"뜻을 얻으면 상을 잊는 것이고" "이치에 들어가면 언어는 쉬는 것"은 마치 "통발을 잊고 고기를 취하는 것"과 같은 일인데, 오직 경전의 문자를 고수하는 것에 얽매이지 않고 언어 밖의 이치를 철저하게 깨달아야만 "비로소 더불어 도를 말할 수 있다." 도생은 바로 이와 같은 원칙에 의거하여 불경을 자세히 살펴보고 나서 과감히 새로운 학설을 제창한

---

11 『高僧傳』 「竺道生傳」. 生旣潛思日久, 徹悟言外, 乃喟然嘆曰: "夫象以盡意, 得意則象忘. 言以詮理, 入理則言息. 自經典東流, 譯人重阻, 多守滯文, 鮮見圓義. 若忘筌取魚, 始可與言道矣."

것이다.

　도생 불교학의 중심사상은 불성설(佛性說)이다. (당시의 입장에서 말하자면) 듣는 사람으로 하여금 깜짝 놀라게 했던 그의 일천제성불설(一闡提成佛說)은 바로 그의 불성론에 기초하여 수립된 것이다. 불성(佛性)이란 무엇인가? 반야학은 실상(實相)이 공이라는 것을 주장하는데, 바로 우주 본체인 실상이 공이며, 부처의 입장에서 말하자면 법신(法身)이다. 그리고 실상은 바로 법성(法性)이므로 중생의 입장에서 말하자면, 법성도 바로 불성이다. 이 때문에 도생은 법성을 말할 때 "법이란 법이 아닌 것이 없다는 의미이다. 성이란 참됨이 지극하여 변함이 없다는 의미이다. 즉 참되고 변함이 없으니 어찌 소멸함이 있겠는가?"[12]라고 하였다. 참됨이 지극하여 변함이 없는 법성은 영원불변하는 것이다. 그리고 이런 법성은 유정식(有情識)의 중생[13]에서 체현되는 것으로서 바로 불성이다. 이 때문에 도생은 『법화경소』에서 다음과 같이 말했다.

　　"진실로 중생은 본래 불타의 진리를 지니고 있지만, 업장의 때가 끼여서
　　체현되지 못할 뿐이니, 불성을 깨끗이 닦으면 성불할 수 있는 것이다."[14]

　이것을 달리 말하자면, 중생은 본래 불타의 진리를 지니고 있다는 것은 바로 불성이 본래 갖추어져 있다는 말이다. 그러나 때가 끼어서 장애를 이루므로 드러나지 못하고 있는 것이다. 이미 중생이 모두 불성을 지

---

12 『大般涅槃經集解』 권9. "法者, 無復非法之義也. 性者眞極無變之義也. 卽眞而無
　變, 豈有滅耶?"

13 [역주] 유정식(有情識)은 정식(情識)이 있는 중생, 즉 유정의 중생을 말한다. 중
　생은 유정(有情)과 무정(無情)의 두 부류로 나뉜다. 유정(有情)은 梵語 sattva의
　의역(意譯)이며, 한역(漢譯)으로 중생(衆生)이라 한다. 유정에는 사람과 모든 정
　식(情識)이 있는 동물이 포함된다.

14 『法華經疏』 권상. "良由衆生本有佛知見分, 但爲垢障不現耳, 佛爲開除則得成
　之."

니고 있다는 것인데, 그렇다면 논리적 추론에 부합하게 반드시 사람마다 모두 성불(成佛)할 수 있는 것이 되며, 그러므로 도생은『법화경소』속에서 "모든 중생은 부처가 아님이 없고 또한 모두 니원(泥洹: 깨달음. 열반의 다른 번역어)[15]의 경지가 있다."[16]라고 한 것이다.

중생은 모두 불성을 지니고 있으며, 사람마다 모두 부처가 될 수 있으니, 자연스럽게 일천제의 사람도 예외가 될 수 없는 것이다. 그렇지 않으면 불교의 원리는 보편성과 절대성을 상실하는 것이다. 그러나 북량(北涼)의 담무참이 번역한『열반경』경문의 대본이 전해지기 전에 단지 6권 판본의『니원경』이 먼저 서울 건업에 이르게 되어서, 일천제는 부처가 될 수 없다고 명문으로 규정하였다. 이 경전 속에서는 다음과 같이 말했다.

"부처가 가섭에게 말했다. '일천제(一闡提)를 제외한 모든 중생들이 이『대반니원방등경』을 들으면 보살의 인(因)이 된다. 마땅히 이들은 이미 일찍이 한량없는 여러 부처님께 공양을 올린 까닭에 이 경을 들으면 그 나머지 모든 죄가 능히 어찌하지 못함을 알라. 무슨 까닭인가? 이 마하연 큰 방편의 힘으로 일체 여래의 성품을 계발하기 때문이다.' … '또 다시 선남자여, 허공 가운데 큰 구름과 비가 일어나 대지의 메마른 나무와 산의 돌과 모든 고원에 비가 내리면 그 물이 머물지 않고 흘러 낮은 밭이나 못이 모두 차는 것과 같다. 중생이 이 마하연의 법의 비를 받아쓰되, 일천제에 비를 내리는 것이 나무와 돌과 고원의 땅에 비를 내리는 것과 같다. 그러니 받지 않으면 보살의 인연이 즙액처럼 응결되어 버린다.'"[17]

---

15 역주 니원(泥洹)은 열반이라고도 한다. 산스크리트어인 니르와나(Nirvana)의 한역(漢譯)이며, 빨리어로는 닙빠나(Nibbana)이다. 스님이 돌아가신 것을 열반이라고도 하지만, 본래의 의미는 부처가 "깨달음을 얻은 것"을 말한다.

16『法華經疏』권하. "一切衆生, 莫不是佛, 亦皆泥洹."

17『大般泥洹經』六卷. "佛告迦葉. 除一闡提, 諸衆生其有聞此大般泥洹方等契經, 爲菩薩因者, 當知是等已曾供養無量諸佛故. 得聞此經, 其餘諸罪無能爲也. 所以者

또 말했다.

"비유컨대, 야광구슬이 탁한 물속에 있는 것과 같다. 물은 맑은데 진흙더미를 던져 넣으면 맑게 할 수 없다. ⋯ 일천제를 진흙더미 속에 던져넣으면 백천만겁의 세월이 가도 보살의 인을 맑게 일으킬 수 없다. 까닭이 무엇인가? 선근이 없기 때문이다."[18]

이것을 달리 말하자면, 일천제의 사람들은 죄가 너무 커서 용서할 수 없고, 좋은 데가 하나도 없으며, 선근(善根)이 없어서 부처가 될 수 없다는 것이다. 이것이 바로 당시에 문자만 고수하는 무리들의 근거가 되었고, 불경 속의 명백한 문장이 일천제는 불성이 없어서 부처의 경지를 이룰 수 없다 한다고 여기게 된 것이다. 그러나 경전 속에는 오히려 또한 "모든 중생은 다 진실한 여래의 본성을 지니고 있으니, 모두 다 같은 모습이다."[19]라고 하고 있다. 한편으로는 일천제의 사람들이 선근이 없고 부처가 될 수도 없다고 말하였고, 다른 한편으로는 모든 중생이 다 불성을 지니고 있다고 말한 것이다. 그런데 일천제의 사람들이 이미 중생의 한 부류이니 또한 어떻게 불성이 없고 부처가 될 수도 없는 것인가? 이것이 6권본 『니원경』의 모순이다. 도생은 "뜻을 얻으면 말을 잊는 것", "고기를 얻으면 통발을 잊는 것"의 경전독해 방법을 채용하여 뜻에 의존하고 말에는 의존하지 않았고, 뜻이 명백하지 않을 수 없는 것에 의존하였으니, 그는 이 경전 속의 모순을 보게 된 것이다. 새로이 번역된 경전에 대한 인식이 미진하였기 때문에 그는 당시 문자만 고수하는 무리들

何? 此摩訶衍大方便力, 闡發一切如來性故. ⋯ 復次善男子, 如虛空中興大雲雨, 雨於大地枯木山石及諸高原, 其水不住, 流澍下田, 坡池蓄滿. 衆生受用此摩訶衍大乘法雨. 一闡提如雨本石高原之地, 不受菩薩因緣津澤."

18 『大般泥洹經』六卷. "譬如明珠著濁水中, 水卽澄淸, 投之淤泥不能令淸. ⋯ 投一闡提淤泥之中, 百千萬歲不能令淸起菩薩因. 所以者何? 無善根故."
19 『大般泥洹經』六卷. "一切衆生皆有眞實如來之性, 悉同一色."

의 반대를 돌아보지 않고 "경전의 이치를 분석하고" "언어 밖의 이치를 철저하게 깨달아" 대담하게 일천제의 사람들이 모두 불성을 지니고 있으며 모두 부처가 될 수 있다는 사상을 제기한 것이며, 이로 인해 한때 불교 논단을 진동시켰다. 그는 홀로 선구적으로 "독창적인 견해를 내어서 뭇 사람들의 견해와 달랐으므로" 지나간 불교학을 익힌 무리들이 그를 배척하여 사설(邪說)이라고 하였다. 그러다 대본『니원경』이 전래되자 과연 일천제가 모두 불성을 지니고 있다는 언급에 이르러서 도생의 사상은 실제로 증명되었고 아울러 사람들의 인정을 받게 되었으며, 사회적으로 풍미하게 되었다.

도생의 또 하나의 새로운 사상으로 돈오성불설(頓悟成佛說)이 있다. 성불은 돈오인가 점수(漸修)인가? 전통적인 인도 불교는 모두 장기간의 수행을 거쳐야만 비로소 성불할 수 있다고 주장한다. 도생은 전통적인 설법을 반대하고 돈오성불설을 주장하였는데, 이로 인해 유송 정권 시기에 돈오와 점수의 논쟁이 발생한다. 도생은 돈오의 뜻을 제창(提唱)하였고, 사령운과 송 태조는 "도생의 돈오의 뜻을 이어서 밝혔으며."[20] 구마라집의 또 다른 한 제자인 혜관(慧觀)은 스승의 학설을 그대로 받아 지켜서 점오(漸悟)의 뜻을 주장하고 아울러 "『변종론(辯宗論)』과 『논돈오점오의(論頓悟漸悟義)』"[21]를 저술하였다. 도생 이전에 중국 역사에서는 어떤 사람도 돈오성불을 이야기한 사람이 거의 없었으며, 도생이 돈오의 뜻을 주장한 것은 또한 그가 지혜로써 불교의 이치를 깨달은 것이며 "뜻을 얻고 말을 잊은" 결과이다. 도생은 우주의 진리가 바로 실상·법성이며 중생의 입장에서 말할 때는 불성이라고 여겼다. 진리는 완전하고 원만(圓滿)한 것이며 분할할 수 없는 것이므로 깨달음의 이치에도 단계가 있을 수 없다는 것이다. 그러므로 도생은 늘 "이치는 오직 하나의 지극함이며,"[22] "제일의 공의 뜻은 이치가 두 개의 지극함이 없다는

20 『高僧傳』「慧觀傳」. "述生頓悟義."
21 『高僧傳』「慧觀傳」. "辯宗論論頓悟漸悟義."

것을 밝히는 것이다. 이치가 이미 두 개가 아닌데 어찌 셋이 있겠는가! 이 때문에 일승(一乘)이라고 말하는 것이다."²³라고 하였다. 이미 이치가 오직 하나의 지극한 것이고 분할할 수 없는 것이므로 저절로 이치를 깨닫는 것 역시 단계로 나눌 수 없는 것이며 반드시 한 번에 깨닫는 것이다. 이 때문에 도생은 "대승이라는 것은 평등한 큰 지혜이며 하나의 선(善)에서 시작하여 지극한 지혜에서 끝나는 것이 바로 이것이다."²⁴라고 하였다. 또 말하길, "그러나 중생은 모두 큰 깨달음의 본성을 지니고 있다."²⁵라고 하였다. 지극한 지혜와 큰 깨달음이 바로 돈오이다. 무엇이 큰 깨달음과 지극한 지혜인가? "일념(一念)알지 못하는 것이 없음은 큰 깨달음을 얻었을 때 시작되는 것이다. … 참마음으로 처음의 뜻을 수행하는 것을 삼는 것이며, 일념을 지극히 하면 모든 법을 알 수 있으니, 또한 부처의 경지를 이룬 것이 아닌가!"²⁶ 일념이 일체의 법을 다 알게 되는 큰 깨달음을 얻었을 때도 역시 돈오한 때이다. 그러므로 혜달은『조론소』에서 도생의 돈오의 뜻에 대하여 이야기할 때, "제일 축도생 법사가 큰 돈오를 말하면서 '무릇 돈(頓)이라는 것은 이치가 나누어질 수 없음을 밝힌 것이고, 오(悟)는 지극한 비춤을 말한다. 이는 둘이 없는 깨달음으로써 나눌 수 없는 이치에 부합시키는 것이니, 이치와 지혜가 함께 아우러짐을 돈오라고 한다.'라고 하였다."²⁷라고 하였다. 이를 달리 말하자면, 둘이 없는 깨달음으로써 나눌 수 없는 이치에 부합시키는 것은 반드시 돈오하는 것이지 점수(漸修)로 깨닫는 것이 아니라는 것이며, 점수

22『法華經疏』권상. "理唯一極."

23『法華經疏』권상. "第一空義明理無二極. 以理旣無二, 豈有三. 是故說一乘耳."

24『法華經疏』권하. "大乘者, 謂平等大慧, 始於一善, 終乎極慧是也."

25『法華經疏』권하. "然衆生悉有大悟之分."

26『維摩經』권4. "一念無不知者, 始乎大悟時也. … 以直心爲行初義, 極一念知一切法, 不亦是得佛之處乎!"

27『肇論疏』. "第一竺道生法師大頓悟云: 夫稱頓者, 明理不可分, 悟語極照, 以不二之悟, 符不分之理, 理智悉釋謂之頓悟."

로 깨닫는 것은 이치를 나누어 지리멸렬하게 쪼개는 것이다. 그렇다면 점수는 필요하지 않은 것인가? 이것도 옳지 않다. 도생은 점수도 버릴 수 없는 것이라고 하였다. 그는 말하길, "성인이 가르침을 세울 때 말씀에 반드시 점진적 단계가 있었으니",[28] "어떻게 점진적으로 변화하는가? 그렇게 되는 근거를 보면, 이치를 드러내고자 할 때 단계를 뛰어넘을 수 없는 것이니 반드시 거친 것을 연구하여 점점 정밀한 것에 이르고, 덜어내고 덜어내어 덜어낼 것이 없음에 이르는 것이다."[29]라고 하였다. 이치는 어쩔 수 없이 일시로 점진적 수행을 하면서 한걸음씩 깨닫는 것이다. 그러므로 이치를 깨닫기 전에는 반드시 점진적인 수행을 거쳐야 하며, 이치를 깨닫기 전의 모든 노력을 기울여야 하는데, "그러므로 십지(十地)[30]와 사과(四果)[31]를 거쳐서 성인이 이치를 들어 가까이 이르게 하여 수행자들이 스스로 노력하여 게을리 하지 않게 한 것이다."[32] 점수는 "이치를 들어 가까이 이르게 하여" 수행자들이 "스스로 노력하여 게을리 하지 않게 하는 것이다." 그러므로 돈오하기 전에 또한 점수가 필요한 것이다. 여기에서 도생의 돈오설과 점수에 대한 새로운 해석은 모두 그가 "언어 밖의 이치를 철저하게 깨달은 것", "말을 잊고 이치를 온전히 이해한 것"의 산물이다. 확실히 도생의 불성설·일천제성불설 그리고 돈오설은 중국 불교 역사에서 이후의 새로운 불교 학풍을 열어주었다.

---

28 『法華經疏』 권하. "聖人設教, 言必有漸."

29 『法華經疏』 권하. "何以漸漸變也? 所以爾者, 欲表理不可頓階, 必要硏粗以至精, 損之又損之, 以至於無損矣."

30 역주 십지(十地: dasabhumi)는 대승불교에서 보살이 수행하는 과정에서 거치는 52위 가운데 제41위로부터 제50위까지의 계위(階位)이다. 보살이 열반에 이를 수 있는데도 다른 이들을 구원하기 위해 자신의 열반을 연기하면서 수행하는 단계이다.

31 역주 사과(四果)는 소승 불교에서 성문(聲聞)들이 깨닫는 네 단계이다. 즉 수다원(須陀洹)의 경지인 수다원과, 사다함(斯陀含)의 경지인 사다함과, 아나함(阿那含)의 경지인 아나함과, 아라한(阿羅漢)의 경지인 아라한과 등이다.

32 慧達 「肇論疏」. "故十地四果, 盖是聖人提理令近, 使夫(湯用彤說'夫'疑是'行'字)者自强不息."

유송(劉宋) 초기에서 양(梁)나라 시기에 이르는 동안 불교의 교의(敎義) 학문은 『열반(涅槃)』과 『성실(成實)』을 중시하였다. 그리고 『반야』 삼론의 연구는 중시되지 않았다. 양나라와 진(陳)나라 이래로 현학의 기풍이 다시 드높아져서 노장의 학문이 또 흥성하자 『반야』 삼론도 덩달아 다시 부흥하였다. 북제(北齊)의 안지추가 지은 『안씨가훈』 「면학편」에서는 당시의 강좌(江左)[33] 학풍을 논하면서 다음과 같이 말했다.

"하안과 왕필은 현학을 조종(祖宗)으로 삼아 조술(祖述)하였으며, 서로 이어가며 과장하고 숭상하여 마치 그림자가 몸에 붙듯 긴밀하고 풀이 바람을 따라 눕듯 교화를 일으켜서, 모두 신농(神農)·황제(黃帝)의 교화가 자신의 몸속에 있다고 여겼고, 주공(周公)·공자의 대업을 도외시하여 버리고자 하였다. … 양(梁)나라 때에 이르러 이런 풍조가 다시 겉으로 일어나 『장자』·『노자』·『주역』을 묶어서 삼현(三玄)이라고 하였다. 양나라 무제(武帝)와 간문제(簡文帝)가 몸소 스스로 강론을 하자 주홍정(周弘正)[34]이 이를 받들어 대유(大猷)[35]를 찬술하였는데, 이런 풍조가 도읍마다 행해져서 배우는 무리가 천여 명이나 되었으니 진실로 크게 융성하였다. 원제(元帝)는 강릉(江陵)과 형주(荊州)에 있을 때에도 다시 이를 익히기를 즐겨하였다. 그래서 학생을 불러 모아 친히 교수(敎

---

33 역주 강좌(江左)는 본래 양자강 하류의 동남 지역, 지금의 강소성 지역을 말한다. 양자강 북쪽을 기준으로 볼 때, 강(江)의 좌측은 강의 동(東)쪽이므로 강좌는 강동(江東)이 된다. 동진(東晉)과 남조(南朝)의 송(宋)·제(齊)·양(梁)·진(陳) 각 왕조의 도읍이 모두 강좌에 있었으므로 당시 사람들은 이 다섯 왕조와 그 당시의 통치시기를 강좌라고 하였다.

34 역주 주홍정(周弘正)은 자가 사행(思行)이며, 진(晉)나라 관료이다.

35 역주 대유(大猷)는 나라를 다스리는 큰 도를 말한다. 『시경』 「小雅」 <巧言>. "크고 큰 침묘를 군자가 만들었으며, 질서정연한 큰 도를 성인이 정하였다(奕奕寢廟, 君子作之; 秩秩大猷, 聖人莫之)." 여기에 정현(鄭玄)의 전(箋)에 "유는 도이며, 대도로서 나라를 다스리는 예법이다(猷, 道也, 大道, 治國之禮法)."라고 하였다.

授)가 되었으며, 잠자는 것과 먹는 것도 잊고 밤이 새어 새벽이 되도록 열성을 보였다. 심지어 피곤이 몰려와 극에 달하거나 근심으로 울적할 때면 문득 강의로써 스스로 풀기도 하였다."[36]

양나라 때 "삼현"의 학이 있었는데, 양무제·간문제와 원제의 중시를 받게 되었고, 그들은 직접 삼현에 대하여 강론을 하였으며 현학을 제창하였으니, 그 융성한 정황을 상상하여 알 수 있다. 양무제는 여러 책을 널리 읽었는데, 그는 이미 유학의 학술을 중시하면서 또한 불교와 현학도 중시하였다. 『수서』「경적지」의 기록에 의하면, 그는 일찍이 『주해대품서』 6권을 지었으며, 그는 노장을 중시하고 현학의 담론을 숭상하였으므로 그는 불교학의 입장에서 『열반』 학문을 중시한 것 이외에도 또 『반야』 학문의 연구도 중시하였던 것이다. 그는 반야학이 쇠퇴하게 된 이유가 그것이 "제창하는 것이 높을수록 화답은 적어지고, 앎이 드물수록 도는 존귀해져서, 바른 경전이 세상에서 침체되어 다 없어졌으니, 실로 자신의 감정을 비우는 자는 적어지고 복잡한 상념에 찬 자들이 많아지게 된 것"[37]에 원인이 있다고 하였다. 『열반』과 『반야』는 본래 두 개의 경전이면서 하나와 같은 것이다. 이 때문에 그는 다음과 같이 말했다. "『열반』은 과덕을 드러내고 『반야』는 인행을 밝힌다. 과덕을 드러내는 것은 언제나 존재하는 불성을 근본으로 삼고 인행을 밝히는 것은 무생중도를 종지로 삼는다. 세속제의 말로 하자면 열반이 있고 반야가 있는 것이다. 그러나 제일의제로 말하자면 어찌 반야와 열반의 우열을 이야기할 수 있겠는가?"[38] "무생중도(無生中道)"는 반야의 종지이며, "언제

---

36 『顏氏家訓』「勉學篇」. "何晏王弼, 祖述玄宗, 遞相誇尙, 景附草靡, 皆以農黃之化, 在乎己身, 周孔之業, 棄之度外. … 洎於梁世, 茲風復闡, 莊老周易, 總謂三玄. 武皇簡文躬自講論, 周弘正奉贊大猷, 化行都邑, 學徒千餘, 實爲盛美. 元帝在江荊間, 復所愛習, 召置學生, 親爲敎授, 廢寢忘食, 以夜繼朝, 至乃倦劇愁憒, 輒以講自釋."
37 『佑錄』 권8 「注解大品序」. "唱愈高, 和愈寡, 知愈稀, 道愈貴, 致使正經沈匱於世, 實由虛己情少懷疑者多."

나 존재하는 불성"은 열반의 근본인데, 이 두 가지는 세속제의 이론으로는 구분이 있지만 제일의제로 말하자면 그 우열을 나눌 수 없는 것으로 완전히 일치하는 것이다. 반야는 공을 주장하고 노장은 무를 주장하는데 서로 통하는 곳이 있기 때문에 현학의 청담을 중시했던 양무제는 자연스레 반야성공(般若性空)의 학설에 대하여 흥미를 가졌던 것이다.

삼론(三論: 『중론』·『백론』·『십이문론』)의 부흥의 경우에 가장 먼저 나오는 것은 남제(南齊)의 주옹(周顒)과 섭산(攝山: 승랑) 같은 사람들이었다. 주옹은 본래 현학의 명사였다. 『남제서』 「주옹전」에서 다음과 같이 말했다. "주옹은 담론의 말이 아름다웠고 하는 말이 다함이 없었으며 음률이 다채로웠고 하는 말마다 명구를 이루었다. 매번 손님과 벗들이 회동할 때 주옹은 빈객의 자리를 비우고 마주 대하여 터놓고 이야기하였는데, 하는 말이 물 흐르는듯하여 듣는 자가 무료해 하지 않았다. 『노자』와 『주역』에 아울러 능하였고 장융과 서로 만나서 문득 현학 담론의 이야기를 나누었는데 날이 지도록 떨어지지 않았다."[39] 주옹은 말을 잘하고 논변에 능하였으며 『노자』와 『주역』에 조예가 있었으니 엄연한 현학가이다. 그의 풍도는 동진의 지둔 화상에 가깝다. 그는 장장사[장융]와 불교·도교 두 가르침의 관계에 대하여 토론을 할 때, 일찍이 "도를 말하는 학자들이 어찌 이 두 편을 중심으로 삼지 않겠는가? 불타의 가르침을 말하는 사람도 반야(般若)를 종지로 삼는 것이다."[40]라고 하였다. 여기서 주옹이 불교학에서 반야학에 오로지 집중했을을 볼 수 있다. 그는 아울

---

38 『佑錄』권8 「注解大品序」. "涅槃是顯其果德, 般若是明其因行. 顯果則以常住佛性爲本, 明因則以無生中道爲主. 以世諦言說, 是涅槃是般若; 以第一義諦言說, 豈可復得談其優劣?"

39 『南齊書』「周顒傳」. "顒音辭辯麗, 出言不窮, 宮商朱紫, 發言成句. 每賓友會同, 顒虛席晤語, 辭韻如流, 聽者忘倦. 兼善老易, 與張融相遇, 輒以玄言相滯, 彌日不解."

40 『弘明集』「難張長史門論」. "言道家者, 豈不以二篇爲主; 言佛敎者, 亦應以般若爲宗."

러 『삼종론(三宗論)』을 저술하여 이제의(二諦義)에 관해 논의하였다. 『남제서』 「주옹전」에서 다음과 같이 말했다. "(주옹은) 『삼종론』을 지어서 공(空)의 가명(假名)설을 세우고 불공(不空)의 가명설을 세웠다. 그리고 불공의 가명설을 세워서 공의 가명설을 힐난하였고, 공의 가명설을 세워서 불공의 가명설을 힐난하였다. 가명의 공으로 두 입장을 힐난하는 것으로 또한 가명의 공을 세운 것이다."[41] 『삼종론』에서 세운 이제(二諦)의 뜻은 삼론(三論) 사상에서 유래한 것이다. 주옹과 같은 시대에 섭산(攝山)의 승랑(僧朗)은 삼론을 오로지 중시하였던 인물이다. 승랑은 본래 요동 사람으로서 "도성에서 널리 도를 물었고"[42] 섭산(서하산)에 이르렀을 때, "『화엄경』과 삼론학은 가장 대가의 이름을 이룬 부문이 되었다."[43] 길장의 『중론소』 5권에서는 "대랑법사[승랑]는 관내 지역에서 이 뜻을 얻어 주옹에게 전수하였다. 주옹은 이를 바탕으로 『삼종론』을 이었다."[44]라고 하였다. 이 말은 확실한 것인가?[45] 이런 학설에 비추어 보면, 승랑이 주옹에게 전해준 것은 관내 지역의 구마라집의 중관 삼론학이다. 양(梁)나라 시대의 삼론학은 또한 양무제의 제창(提唱)을 받았고, 현학의 청담 기풍이 다시 흥성하는 분위기에서 반야 삼론학이 중국 지역에서 다시 흥성하게 하였고, 아울러 이후에 등장하는 길장의 삼론종을 수립하게 하고 삼론학을 발전의 절정에 이르게 하였다.

---

41 『南齊書』 「周顒傳」. "著三論宗, 立空假名, 立不空假名. 設不空假名, 難空假名; 設空假名, 難不空假名. 假名空難二宗, 又立假名空."
42 『高僧傳』 「僧朗傳」. "問道京華."
43 『高僧傳』 「僧朗傳」. "華嚴三論, 最所命家."
44 「中論疏」. "大朗法師關內得此義, 授周氏. 周氏因著三宗論也."
45 저자주 이 문제에 관한 토론은 탕용통 저 『위진남북조불교사』 제18장을 참고할 수 있다.

제8장

위진현학과 도교

도교는 중국의 토양에서 자생(自生)한 종교인데, 이 때문에 그것은 외래의 불교와 같지 않고, "현학화(玄學化)"의 문제도 존재하지 않는다. 도교는 동한 말년에 창시되었으며, 그것은 노자를 교주로 삼아서, 그 종교 사상이 본래 바로 노자에서 연원한다고 여긴다. 사실상 노자는 선진 시기 도가학파의 창시자이다. 『노자』라는 한 권의 책은 단지 정치철학의 저작이지 결코 종교 저작이 아니다. 도교는 실제로 전국 시대 이래의 신선(神仙) 방사(方士) 사상이 변화되어 내려온 것이며, 일찍이 그것은 추연(鄒衍)의 음양가 사상과도 일정한 관련이 있다.[1] 한나라 초기에 황로학(黃老學)이 크게 유행한 뒤로 방사들은 황제(黃帝)·노자(老子)에 가탁하면서 그들의 장생불사(長生不死)의 신선 학설을 널리 주장하였다. "노자의 도는, … 세상의 물질적 욕망이 없이 평안하여 정기를 기르고 아낀다. 무릇 사람은 정기와 신기를 가지고 수명을 삼는 것이니, 정기와 신기를 상하게 하지 않으면 수명이 길어져서 죽지 않는다. 이는 이미 사실로 이루어진 것이다: 노자가 그것을 실행하여 백세를 넘기고 속세를 떠나서 진인이 되었다."[2] 이와 같이 황로학은 방사들의 손 안에서 바로 신선학이 되었다. 동한의 말년에 이르면 민간에서 두 가지 도교의 큰 조직이 생기는데, 하나는 장릉(張陵)·장형(張衡)·장노(張魯)가 앞뒤로 이끌었던 오두미도(五斗米道)이며, 다른 하나는 장각(張角)이 이끌었던 태평도(太平道: 또는 황로도라고 칭한다)이다. 양자는 모두 노자의 사상을 이용하여 자기의 도교사상을 선양(宣揚)하였고, 더욱이 장노는 "사인(使人)을

---

1 저자 주 『사기(史記)』「봉선서(封禪書)」에 "추연은 음양을 주로 삼고 오행의 유전을 가지고 제후들에게 영달을 꾀했는데, 연나라와 제나라 바다에 방사를 보내어 그 술법을 구했으나 통하지 않았다. 그런데도 괴이하고 황당한 것에 아첨하고 구차하게 내통하는 자들이 이로부터 일어나 그 수를 헤아릴 수 없었다(鄒衍以陰陽主運顯於諸侯, 而燕齊海上方士傳其術不能通, 然則怪迂阿諛苟合之徒自此興, 不可勝數也)."라고 하였다.

2 『論衡』「道虛」. "老子之道 … 恬淡無欲, 養精愛氣. 夫人以精神爲壽命, 精神不傷, 則壽命長而不死. 成事: 老子行之, 踰百度世, 爲眞人矣."

425

간령(奸令)과 좨주(祭酒)로 삼아서,『노자』오천 자를 주로 삼아서 모두 학습하게 하였다."[3] 이와 같이『도덕경』은 그들의 도교 경전이 되었다. 위진 현학이 흥기한 뒤에는 노장(老莊)의 학풍이 유행하였는데, 그 시기의 중국문화는 모두 다양한 정도로 현학의 영향을 받는다. 사회문화 현상의 하나로서 종교는 불교와 도교를 막론하고 예외 없이 그렇다. 도교는 본래 노자를 교주로 여기고,『도덕경』을 자기의 경전으로 삼는데, 이 때문에 도교는 현학이 융성하던 양진 시기에서 당시 사회의 필요한 추동(推動)하에 새로운 발전을 하게 된다. 도교는 노자를 추존하고, 현학은 노장을 숭상하는데, 이런 점으로써 그들이 일치한다고 말해왔다. 이 때문에 도교는 현학의 사상을 흡수하여 자기의 종교사상을 풍부하게 하였다. 다른 측면으로 도교가 추존한 노자는 종교화된 노자였으며, 이것은 또한 현학이 숭상한 노장사상과 같지 않은데, 이것이 바로 그들 양자 사이에 모순을 발생시킨다. 이 때문에 도교와 현학의 관계에도 바로 복잡한 상황이 출현하게 되고, 심지어 현학의 어떤 사상은 도교의 비난을 받기도 한다. 이 때문에 도교와 현학의 관계에서 우리는 구체적 분석을 할 필요가 있다. 동시에 도교에 대한 현학의 영향이 있을 뿐만 아니라 현학에 대한 도교 신선학의 영향도 발생하기 때문에 그들 사이의 영향은 상호적이지 일방적이 아니며, 이것은 분명히 불교의 현학화 과정과 같지 않다.

현학 중에서 도교 신선학의 영향을 받는 주요 인물은 죽림의 명사인 혜강이다. 혜강은 신선의 존재를 믿었으며, 그는 "무릇 신선은 눈으로 볼 수 없지만, 문헌에 기록되어 있어서, 앞 시대 역사서에 진술되어 있으므로 비교하여 그것을 논의할 수 있으니, 신선이 있는 것은 반드시 진실이다."[4]라고 여겼다. 그러나 그는 또한 신선이 학습을 통하여 얻을 수 있는 것이 아니라고 여겼다. "신선은 아마도 특별한 기를 저절로 그러하

3『後漢書』「劉焉傳」注에서 인용. "使人爲奸領祭酒, 主以老子五千文, 使都習."
4『嵇康集』「養生論」. "神仙雖不目見, 然記籍所載, 前史所傳, 較而論之, 其有必矣."

게 부여받는 것이지 학습을 쌓아서 이를 수 있는 것이 아니다."[5] 신선은
자연 속에서 특이한 기를 부여받아 이루는 것인데, 이 때문에 "배움을
쌓는 것"에 의존해서 이를 수 있는 것이 아니다. 그러나 그는 또한 신선
가들이 말하는 장수(長壽)의 사상을 받아들이고 있다. 그는 "양생을 통
하여 이치를 깨달아서 성명을 극진히 발휘하는 데 이르면 위로 천여 세
를 얻어서 아래로 수백 년을 살 수 있는 것이 있을 수 있는 것이다."[6]라
고 말했다. 양생을 통하여 이치를 깨달았다면 수명을 늘려서 천 세·수
백 세에 이를 수도 있는 것이다. 이를 위해서 그는 『양생론』한 편을 지
어서 양생의 기술을 깊이 연구하였다. 혜강의 양생사상은 다음의 몇 가
지로 귀결지을 수 있다. (1) 혜강은 "형체는 정신에 의존하여 성립하고,
정신은 형체가 있어야만 존재한다."[7]고 여겼는데, 이 때문에 양생의 관
건은 "몸과 정신이 서로 친하게 융화하고, 겉과 속이 모두 고르게 도움
이 되게 하는 것"[8]에 있는 것이다. 즉 형체와 정신의 두 측면 모두를 조
화롭게 길러서 겉과 속이 함께 "고르게 도움이 되도록" 해야 한다. (2)
정신을 기르는 시각에서 말하자면, "아끼는 마음과 미워하는 마음이 감
정에 깃들지 않고, 근심과 기쁨이 뜻에 머물지 않으며, 담백하게 감정에
휘둘리지 않고, 몸의 기가 부드럽고 온화하게 되는 상태"[9]에 이르러야
한다. 달리 말하자면, "잡된 생각 없이 마음이 깨끗하고 고요하며 편안
하여, 사욕을 줄여서 적게 하고, 명성과 지위가 덕을 해치는 것을 알아
서, 그것을 홀연히 구하지 않아야 하지만, 하고자 하는 것을 억지로 금
하는 것은 아니다. 좋은 맛이 본성을 해치는 것을 알아서, 그것을 버리
고 돌아보지 않되, 탐욕을 부린 뒤에 억제하는 것이 아니다."[10] 요컨대

---

5 『稽康集』「養生論」. "神仙似特受異氣稟之自然, 非積學所能致也."
6 『稽康集』「養生論」. "至於導養得理, 以盡性命, 上獲千餘歲, 下可數百年, 可有之
  耳."
7 『稽康集』卷三「養生論」. "形恃神以立, 神須形以存."
8 『稽康集』「養生論」. "使形神相親, 表裏俱濟也."
9 『稽康集』「養生論」. "愛憎不棲於情, 優喜不留於意, 泊然無感, 而體氣和平."

"마음이 활달하게 근심걱정이 없고, 고요하게 사려작용이 없는 상태"[11]에 도달하여 "몸의 기가 부드럽고 온화하게 되는 상태"에 이르러야 하는 것이다. (3) 형체인 몸을 기르는 시각에서 말하자면, "들이쉬고 내쉬는 호흡을 조절하며, 약을 복용하여 몸을 보양하고"[12] 또 "영지(靈芝)를 끓여 마시고, 감미로운 샘물로 윤택하게 하며, 아침 햇살로 몸을 말려야 하는 것"[13] 등을 해야 한다. 정신을 기르는 것과 형체인 몸을 기르는 것의 두 특면을 비교하여 말하자면, 혜강은 정신을 기르는 측면을 더 중시하였으며, 먼저 정신을 잘 길러서 "몸의 기가 부드럽고 온화하게 되는 상태"에 이르게 된 뒤에, 들이쉬고 내쉬는 호흡을 조절하며, 약을 복용하여 몸을 보양하는 것으로 보충해야 한다고 여겼다.

혜강은 신선가의 양생사상을 받아들였으며, 아울러 「유분시(幽憤詩)」 속에서 자기의 양생 장수 지향을 나타내면서 "노장에 의탁하여 사물을 천박하게 여기고 몸은 귀하게 여기며, 뜻을 자연적 상태를 지키는 것에 두고, 본바탕을 기르며 참됨을 온전하게 하노라."[14]라고 하였다. 그러나 현학 중에서도 어떤 사람은 양생의 장수 사상을 반대하였다. 예를 들어 『열자』라는 책이 바로 이런 관점을 지니고 있다. 『열자』는 생명은 반드시 죽음이 있고, 이것은 자연의 법칙이라고 여겼는데, 이 때문에 장생불사(長生不死)의 도리는 없다는 것이다. 『열자』「천서」편에서 다음과 같이 말했다. "살아 있는 것은 이치상 필연적으로 죽는 것이다. 죽는 것은 끝이 없을 수 없으며, 생명이 있는 것은 태어나지 않을 수 없고 언제나 그 생명을 유지하고자 하여, 그 끝을 기획하고자 하지만("그것을 유지하여 끝남이 없게 하는 것"을 의미함) 이치상으로 미혹된 것이다."[15] 그 『열자』는

---

10 『嵇康集』「養生論」. "淸虛靜泰, 少私寡欲, 知名位之傷德, 故忽而不營, 非欲而强禁也; 識厚味之害性, 故棄而弗顧, 非貪而後抑也."
11 『嵇康集』「養生論」. "曠然無憂患, 寂然無思慮."
12 『嵇康集』「養生論」. "呼吸吐納, 服食養身."
13 『嵇康集』「養生論」. "蒸以靈芝, 潤以醴泉, 晞以朝陽."
14 『嵇康集』「幽憤詩」. "托乎老莊, 賤物貴身, 志在守朴, 養素全眞."

또한 사람의 일생을 나누어 네 단계로 말하였다. "사람은 태어나면서부터 죽을 때까지 큰 변화가 네 가지 있는데, 어린아이 시기, 젊고 힘찬 시기, 늙은 시기, 죽음에 이른 시기이다."16 이런 설명은 당연히 옳은 것이다. 그러나 그『열자』는 또한 사람의 생명이 짧아서, 사람은 백 세를 살기가 아주 어려우며, 백 세까지 살아도 진정한 생명활동은 짧은 것이라고 여겼다.『열자』는 다음과 같이 말했다. "양주는 말했다. '100살은 수명의 극한(極限)이다. 100살을 사는 사람은 1천 명 중에 한 사람이 나오기 어려운 것이다. 설령 한 사람이 있더라도 그는 어린아이 시기와 노쇠하여 혼미한 시기가 거의 절반이 될 것이다. 그리고 밤에 잠자는 시간을 빼고, 낮에 쉬는 시간을 빼면 또한 그 절반이 될 것이다. 게다가 아프고 병든 날과 걱정 근심하는 시간을 다 제하면 또 그 절반이 될 것이다. 그러니 나머지 인생의 수십 년 중에 흡족하게 자득하고 조금의 걱정도 없는 시간이 없으니 또 그 절반의 시간을 잃는 것이다. 그렇다면 사람의 생애에서 무엇을 할 것이며, 무엇을 즐길 것인가?'"17 이 때문에『열자』「양주」편에서 시기를 놓치지 않고 제때에 즐기는 종욕주의 사상을 제시하는 것이다. "아주 옛날 사람들은 삶이 잠시 와 있는 것임을 알았고 죽음이 잠시 가는 것임을 알았기 때문에 마음이 가는 대로 맡기어 행동하면서 저절로 그러한 애호(愛好)를 거스르지 않은 것이다."18 어떻게 "마음이 가는 대로 맡기어 행동할 수" 있는 것인가? "귀가 듣고 싶어 하는 것에 내맡기고, 눈이 보고 싶어 하는 것에 내맡기며, 코가 맡고 싶어 하

15『列子』「天瑞」. "生者, 理之必終者也. 終者不得不終, 亦如生者之不得不生. 而欲恆其生, 畫其終(意謂 "止之使不終"), 惑於數也."

16『列子』「天瑞」. "人自生至終, 大化有四: 嬰孩也, 少壯也, 老耄也, 死亡也."

17『列子』「楊朱」. "楊朱曰: '百年壽之大齊; 得百年者, 千無一焉. 設有一者, 孩抱以逮昏老, 幾居其半矣. 夜眠之所弭, 畫覺之所遺又同居其半矣. 痛疾哀苦, 亡失憂懼, 又幾居其半矣. 量十數年之中, 逌然而自得, 亡介焉之慮者, 亦亡一時之中爾. 則人之生也奚爲哉?, 奚樂哉?'"

18『列子』「楊朱」. "太古之人, 知生之暫來, 知死之暫往, 故從心而動, 不違自然所好."

는 것에 내맡기고, 입이 말하고 싶어 하는 것에 내맡기며, 몸이 편안하고 싶어 하는 것에 내맡기고, 뜻이 하고자 하는 것에 내맡기는 것이다."[19] 요컨대 한마디 말로 하자면, "제멋대로 맡겨 두는 것일 뿐이다."[20] 즉 방자하게 제멋대로 하면서 욕망을 좇는 것이다. 만약 이런 지점에 도달한다면 바로 "하루, 한 달, 일 년, 십 년이 내가 말하는 양생이다."[21] 이와 반대로 이런 지점에 도달하지 못하면 바로 "오래 살아서 백년, 천년, 만년을 산다 해도 내가 말하는 양생이 아니다."[22] 이것을 달리 말하자면, 이른바 양생은 결코 수명의 길고 짧음에 있는 것이 아니고, 욕망에 내어맡기는 것을 실현할 수 있는지 없는지의 여부에 달려 있는 것이다. 이것은 신선가들이 말하는 양생의 도와 정반대되는 것이다. 심지어 『열자』「양주」편은 또 수명을 기르는 문제를 사람들이 쉴 수 없게 만드는 네 가지 큰 화근(禍根) 중의 하나로 보았다. "사람들이 쉴 수 없는 것은 네 가지 일이 있기 때문이다. 첫째는 수명(壽命)이며, 둘째는 명성이며, 셋째는 지위이며, 넷째는 재물이다. 이 네 가지는 귀신을 두려워하고, 사람을 두려워하며, 위세를 두려워하고, 형벌을 두려워한 것이니, 이것을 저절로 그러함을 회피하는 사람이라고 말한다."[23] 수명을 늘리고자 양생하는 것은 명성·지위·재물 세 가지를 추구하는 것과 나란히 네 가지 해로움의 하나가 되며, 아울러 수명을 네 가지 해로움의 으뜸으로 놓았다. 혜강은 삶을 기르고 수명을 늘리는 것을 주장하였지만, 『열자』는 삶을 기르고 수명을 늘리는 것에 반대하였으니, 위진 현학 중에서 도교 신

---

19 『列子』「楊朱」. "恣耳之所欲聽, 恣目之所欲視, 恣鼻之所欲向, 恣口之所欲言, 恣體之所欲安, 恣意之所欲行."

20 『列子』「楊朱」. "肆之而已."

21 『列子』「楊朱」. "一日一月, 一年十年, 吾所謂養."

22 『列子』「楊朱」. "久生, 百年, 千年, 萬年, 非吾所謂養."

23 『列子』「楊朱」. "生民之不得休息, 爲四事故: 一爲壽, 二爲名, 三爲位, 四爲貨. 有此四者, 畏鬼畏人畏威畏刑, 此謂之遁人也." 저자 주 둔인(遁人)은 장담(張湛)의 주에서 "그 저절로 그러함을 어기는 것이다(違其自然者也)."라고 하였는데, 자연법칙을 위배하는 사람을 의미한다.

선가의 양생설에 대해 말할 때 두 가지 근본적 대립의 시각이 있는 것이다.

도교 신선학에 대한 현학의 영향은 주로 도교의 무리에 속한 갈홍(葛洪)의 신선 학설 속에서 표현된다. 갈홍의 신선학은 한 측면으로 현학가의 일부 사상을 흡수하여 취하고, 다른 한 측면으로는 당시에 성행하던 이른바 현학의 풍도에 대하여 비판적 태도를 지닌다.

갈홍은 자가 치천(稚川)이며 단양(丹陽: 지금의 강소성 남경 지역) 구용(句容) 사람이다. 대략 서진 무제(武帝) 태강(太康) 연간에 태어나서 대략 동진 강제(康帝)와 목제(穆帝) 사이에 죽었다. 갈홍이 저술한 『포박자(抱朴子)』「자서(自敍)」편에 다음과 같이 말했다. "나[갈홍]는 20여 세에 비로소 작은 편의 글을 짓고자 생각하고 공연히 시간만 낭비하였으니, 일가의 학설을 수립하는 것만 못하다고 여겨서 이에 일가를 이룬 책을 쓰기 시작하였다. 마침 전란을 만나서 이리저리 유랑을 하다가 원고를 잃어버린 것이 있고, 계속 유랑하는 길 위에서 다시 붓을 잡고 집필하지 못한 지 10여 년 지났는데, 건무(巾舞) 연간에 이르러 원고를 완성하여 『내편』 20권을 지었고, 『외편』 50권을 썼다."[24] 이를 근거로 알 수 있는 것은 갈홍은 20여 세에 일가를 이룬 책(주로 『포박자 내편』과 『포박자 외편』을 의미한다)을 처음 쓰기 시작하였고, 전란을 만나서 완성을 하지 못하다가 다시 10여 년이 지나서 건무 연간에 이르러서야 비로소 완성했다는 것이다. 진(晉)나라 시대의 건무 연호는 두 개가 있다. 하나는 진 혜제(惠帝)의 건무 즉 서기 304년이며, 다른 하나는 동진 원제(元帝)의 건무 즉 서기 317년에서 318년에 이르는 시기이다. 여기에서 갈홍이 가리키는 건무는 마땅히 후자인데, 당시에 갈홍은 이미 30여 세였고, 바로 「자서」편에서 말하는 것과 부합한다[그는 "진나라 시절의 세상에서 태어났기"("生

---

24 『抱朴子』「自敍篇」. "洪年二十餘, 乃計作細碎小文, 妨棄功日, 未若立一家之言, 乃草創子書. 會遇兵亂, 流離播越, 有所亡失, 連在道路, 不復投筆十余年, 至建武中, 乃定凡著內篇二十卷, 外篇五十卷."

於晉世."『吳失』) 때문에 오나라 시절의 세상에 태어나지 않았으며, 오나라는 서기 280년에 진나라에게 멸망하는 것이다. 280년에서 304년(혜제 건무 연간)은 겨우 24년일 뿐이지 30여 년이 되지 못한다]. 만약 당시에 갈홍이 32세 또는 33세로 계산한다면 갈홍은 마땅히 서진 무제 태강 5년 또는 6년 사이, 즉 서기 284년 또는 285년에 태어난 것이다. 갈홍이 죽은 해는 두 가지 학설이 있다. 『진서』「갈홍전」의 말에 의거하면, 갈홍은 81세에 죽었는데, 즉 대략 364년 또는 365년에 죽은 것이 된다. 『태평환우기(太平寰宇記)』의 말을 살펴보면, 갈홍은 61세에 죽었는데, 대략 서기 344년 또는 345년에 죽은 것이 되며, 바로 동진 강제 건무 2년 또는 동진 목제 영화 1년이다. 그러나 『진서』「갈홍전」에서는 "갈홍은 마침내 자식과 조카들을 함께 데리고 다니다 광주(廣州)에 이르렀는데, 자사인 등악(鄧嶽)이 머물러 살기를 권했으나 그 말을 듣지 않고 떠났는데, 갈홍은 이에 나부산에 머물면서 단약을 제련하였다."[25]라고 하였다. 또 말하길, "등악이 멀리하여(갈홍과 등악이 소원해짐) 처지가 매우 난처해져 가서 이별을 하였다. 갈홍이 앉아 있을 때 해가 중천에 이르자 단정히 앉아 조는 듯이 죽었는데, 등악이 이르렀을 때 끝내 종적을 보지 못했다."[26]라고 하였다. 이것은 갈홍이 광주자사인 등악보다 먼저 죽었다는 것을 설명한다. 『진서』「등악전」에서는 등악이 교주(交州)와 광주(廣州) 두 주(州)의 군사를 감독하였고, 광주자사를 역임하였으며 아울러 "함강(咸康) 3년(서기 337)에 군사를 보내어 야랑 지역을 정벌하여 격파하였고",[27] 그 뒤에 "영주(寧州) 도독을 더하고, 정로장군으로 진급하였으며, 평남장군으로 자리를 옮겼다가 죽었다."[28] 또 『진서』「성제기(成帝紀)」의 기록에는

---

25 『晉書』「葛洪傳」. "洪遂將子姪俱行, 至廣州, 刺史鄧嶽留, 不聽, 去, 洪乃止羅浮山, 煉丹."

26 『晉書』「葛洪傳」. "嶽得疏(洪與嶽疏), 狼狽往別. 而洪坐至日中, 兀然若睡而卒, 嶽至, 遂不及見."

27 『晉書』「鄧嶽傳」. "咸康三年(公元337年)嶽遣軍伐夜郎, 破之."

28 『晉書』「鄧嶽傳」. "加督寧州, 進征虜將軍, 遷平南將軍, 卒."

함강 5년(서기 339) 3월에 광주자사 등악이 촉(蜀)을 정벌하였다고 하였다. 이 뒤로부터 역사서에는 다시 등악의 사적에 대한 기록이 없다. 이로써 보면, 등악은 촉 땅을 정벌한 뒤에 오랜 시간이 지나지 않아서 죽었을 가능성이 매우 높다. 이런 사례로 미루어 알 수 있듯이, 갈홍은 서기 344년 또는 345년에 죽었다는 것이 또한 가능하다.[29] 갈홍은 관료 가정 출신이다. 조부 갈계(葛系)는 "오나라에서 벼슬을 하였고(仕吳)", "어사중승, 여능태수, 이부상서, 태자소부, 중서, 대홍려, 시중, 광녹훈, 보오장군, 봉오수현후."[30] 등을 역임하였다. 아버지 갈제(葛悌)는 "부모에게 효도하고 형제간에 우애가 있고 좋은 평판을 얻어 선비의 표상이 되었으며",[31] 오나라를 섬겨서 오관낭중정(五官郎中正), 건성(建城)과 남창(南昌) 두 곳의 현령을 역임하였고, 회계태수(會稽太守)에 제수되었으며, 뒤에 "대중대부(大中大夫)"로 옮겼다가, 진나라로 병합된 뒤에 또 "소릉태수(수릉태수)"가 되었다(『진서』「갈홍전」). 갈홍은 갈제의 셋째 아들이다.

갈홍은 어려서 학문을 좋아하였는데, 13세에 아버지 갈제가 세상을 떠나자 가계가 무너져서 "굶주림과 추위에 떨면서 피곤하고 초췌하게 살게 되어, 몸소 밭을 갈며 농사를 지었고",[32] 늘 "스스로 땔나무를 해다가 종이와 붓으로 바꾸어 썼으며",[33] "밤에는 번번이 책을 베껴 쓰고 외우면서 익혔다."[34] "일찍이 책을 열어 두루 읽은 것이 오경(五經)의 정전, 여러 가지 역사, 제자백가의 학설로부터 아래로는 짧은 글들에 이르기까지 거

---

29 저자 주 갈홍의 죽은 해에 관한 고증은 호우와이루(侯外廬)가 주편(主編)한 『中國思想通史』제3권 283쪽을 참고하여 볼 수 있다.
30 『抱朴子』「自敍」. "御史中丞, 廬陵太守, 吏部尙書, 太子少傅, 中書, 大鴻臚, 侍中, 光祿勛, 輔吳將軍, 封吳壽縣侯."
31 『晉書』「葛洪傳」. "以孝友聞行爲士表."
32 『晉書』「葛洪傳」. "飢寒困瘁, 躬執耕穡."
33 『晉書』「葛洪傳」. "自伐薪以貿紙筆."
34 『晉書』「葛洪傳」. "夜輒寫書誦習."

의 만여 권이 되었다."³⁵ (『포박자』「자서」이하의 글은 모두 『포박자』 본문에서 인용하는 것이며, 단지 편명만 주석을 단다.) 또 "어렸을 때 방술(方術)을 좋아하여 등에다 바랑을 메고 다니며 가르침을 구하여, 험난한 곳을 꺼려하지 않았는데, 매번 기이한 소식을 들으면 바로 기뻐하였으며, 비록 남들이 비난하고 비웃어도 두려워하지 않았다."³⁶ 뒤에 또 "풍각(風角)·망기(望氣)·삼원(三元)·둔갑(遁甲), 육임(六壬)·태일(太一)의 방법을 배웠다."³⁷ 즉 갈홍은 이른 나이부터 여러 가지 책을 널리 익은 학자였으며, 그는 단지 유가의 경전·역사서적·제자백가의 말만 학습한 것이 아니라 또한 방술에 대해서도 애호심이 있었음을 볼 수 있다. 갈홍은

---

35 『抱朴子』「自敍」. "曾所披涉, 自正經·諸史·百家之言, 下至短雜文章, 近萬卷."

36 「金丹」. "少好方術, 負步請問, 不憚險遠, 每有異聞, 則以爲喜, 雖見毀笑, 不以爲戚焉."

37 「自敍」. "學風角·望氣·三元·遁甲, 六壬·太一之法." 【역주】 풍각(風角)은 고대의 점법(占法)이며, 오음(五音)을 가지고 사방(四方)의 바람을 헤아려 길흉(吉凶)을 정하는 것이다. 『후한서(後漢書)』「낭의전(郎顗傳)」의 이현(李賢) 주석에 "풍각은 사방 온 세상의 바람을 살펴서 길흉을 점치는 것을 말한다(風角謂候四方四隅之風, 以占吉凶也)."라고 하였다. 망기(望氣)는 역시 고대의 방사들이 기후를 점치는 방법인데, 구름의 기상을 관찰하여 길흉을 예측하는 것이다. 『묵자(墨子)』「영적사(迎敵祠)」에서 "무릇 망기에는 대장기, 소장기, 가는 기, 오는 기, 패기가 있는데, 이것을 밝힐 수 있는 자는 성공과 실패 그리고 길흉을 알 수 있다(凡望氣, 有大將氣, 有小將氣, 有往氣, 有來氣, 有敗氣, 能得明此者, 可知成敗吉凶)."고 하였다. 삼원(三元)은 본래 농사 월력(月曆)의 정월 초하루 인데, 이날은 연·월·일의 시작이 되므로 삼원이라고 말한다. 여기서는 술수가(術數家)들이 육십갑자(六十甲子)를 구궁(九宮)에 배당하여, 180년을 일주시(一周始)로 삼고, 그 첫째 갑자를 "상원(上元)"이라하고, 둘째 갑자를 중원(中元)이라 하며, 셋째 갑자를 하원(下元)이라고 한다. 둔갑(遁甲)은 역시 고대 방사들의 술수 중 하나이다. 『역위(易緯)』「건착도(乾鑿度)」의 태을행구궁법(太乙行九宮法)에서 비롯되었으며, 남북조 시기에 성행하였다. 육임(六壬)은 음양오행의 진행을 가지고 길흉을 점치는 방법의 하나이다. 둔갑과 태을(太乙)을 합쳐서 삼식(三式)이라고 칭한다. 태일(太一)은 본래 도가에서 말하는 "도(道)" 또는 도교의 천신(天神) 이름인데, 여기서 말하는 태일은 순수가의 유파 중의 하나이다. 『역위』「건착도」의 태을행구궁법에 근본을 두고 내외의 화복과 고금의 치란(治亂)을 점친다. 『漢語大詞典』, 漢語大詞典出版社, 1995, 각 항목 참조.

나이 20세를 전후하여 오흥태수(吳興太守) 고비(顧秘)의 군사(軍事)에 참여하여 석빙(石氷)이 이끄는 농민반란군을 격파하였는데, 이에 갈홍은 복파장군(伏波將軍)이 더해지면서 벼슬길에 나아간다. 이때가 바로 서진이 전란("팔왕의 난")을 당하는 시기이며, 갈홍은 단지 광주를 이리저리 떠돌며 아무런 소득이 없었다. 이로부터 갈홍은 벼슬길로 나아가고자 하는 마음을 버리고 생명을 보존하여 기르고 단약을 제련하여 먹으면서 "장수를 기원하였다[以祈遐壽]." 바로 그가 「자서」 속에서 말하는 것과 딱 맞다.

> "이제 나이가 거의 불혹(즉 거의 40세에 이름)이니, 평소의 뜻은 쇠퇴하고 오직 뜻을 낮추고 낮추어 무위로 살고자 하여, 밭을 갈고 씨를 뿌리면서 그저 생명이나 보존하고자 할 뿐이다."[38]

이 때문에 갈홍은 세상의 일을 버리고 산림 속으로 들어가며, 최후에는 나부산에서 단약을 제련하다가 일생을 마친다. 갈홍은 도교 신선학 외단파의 중요한 대표적 인물이다. 그의 저작은 주로 『포박자』 하나로서 『내편』·『외편』으로 나뉘는데, 『내편』은 "신선의 방술과 단약, 귀신의 변화, 수명을 연장하는 양생, 사악한 재앙을 물리치는 일들을 말하고 있고, 도가에 속하며",[39] 『외편』은 "인간사의 득실(得失)과 세상의 선악을 판단하는 것을 말하고 있고, 유가에 속한다."[40] 갈홍의 사상은 유(儒: 유가)와 도(道: 도가)를 아울러 중시하였지만, 도가를 위주로 삼았다. 갈홍은 중국 역사상 저명한 한 명의 도교 이론가이다.

---

38 『抱朴子』外篇 「自敍」. 今齒近不惑(卽近40歲), 素志衰頹, 但念損之又損, 爲乎無爲, 偶耕藪澤, 苟存性命耳.

39 『抱朴子』外篇 「自敍」. "言神仙方藥·鬼怪變化·養生延年·禳邪卻禍之事, 屬道家."

40 『抱朴子』外篇 「自敍」. "言人間得失, 世事臧否, 屬儒家."

유(儒: 유가의 명교)와 도(道: 도가)를 아울러 종합하였지만, 도가를 위주로 사는데, 이것은 본래 위진현학의 중요한 사상적 특징이다. 하안과 왕필의 귀무파 현학은 도가와 유가의 관계를 본말(本末)·체용(體用)의 관계로 보며, 도가를 근본으로 삼고 유가를 말단으로 삼아서 양자는 불가분리의 관계이다. 바로 왕필이 다음과 같이 말한 것과 같다. "무릇 무명(無名)을 쓰기 때문에 명(名)이 그로써 두터워진다. 무릇 무형(無形)을 쓰기 때문에 형체가 그로써 이루어진다. 어미를 지켜서 그 자식을 보존하고 근본을 높여 그 말단을 들면 형체(形)와 개념(名)이 함께 있어도 사악함이 생기지 아니하고 큰 아름다움이 하늘[자연성]과 짝을 이루어 화려함이 발생하지 않는다. 그러므로 어미는 멀리할 수 없는 것이고 근본은 잃어버릴 수 없는 것이다."[41] 여기에서 무명(無名)·무형(無形)은 도를 가리키는 것이며, 명(名)과 형(形)은 유가의 명교를 내재하고 있는 구체적 일들을 포괄하여 가리키는 것이다. 오직 근본인 어미를 지키고 있어야만 비로소 말단인 자식을 보존할 수 있는 것이며, 근본을 숭상해야만 비로소 말단을 들어 펴게 할 수 있는 것이니, "무릇 무명(無名)을 쓰기 때문에 명(名)이 그로써 두터워지며", "무릇 무형(無形)을 쓰기 때문에 형체가 그로써 이루어지는 것이다." 이 때문에 유가 명교의 다스림과 도가 무위의 다스림은 말단과 근본의 관계이다. 갈홍이 숭상하여 받든 도교는 중국 토양에서 자생한 종교이며, 그는 유가의 삼강오륜이라는 명교의 다스림을 깊이 이해하였고, 이는 중국 전체 봉건사회 통치 질서를 유지하는 근본적 필수 요건이었다. 이 때문에 자기의 도교를 발전시켜서 통치계급의 지지를 받아내는 데에 바로 유가사상을 도교 속에 끌어들였던 것이다. 그러나 초기 도교, 즉 황로도[태평도]와 오두미도 같은 것들은 오히려 이와 상반되었는데, 그것들은 오직 사람에게 "무릎을 꿇고 엎드려 절하면서 자기의 과오를 인정하게[跪拜首過]"하고, "물을 뿌리

___
41 『老子注』 38장. "用夫無名, 故名以篤焉, 用夫無形, 故形以成焉. 守母以存其子, 崇本以擧其末. 則形名俱有而邪不生, 大美配天而華不作. 故母不可遠, 本不可失."

며 주문을 외워서 병을 치료한다[符水呪說以療病]."라고 하는 등의 짓을 이용하였는데, 그들의 진정한 목적은 농민을 동원하고 조직하여 반란을 일으켜서 지배계급의 반대세력에 이용한 것이었다. 이런 종교는 분명하게 봉건 사회의 수요에 부합하지 않는 것이다. 이에 대하여 갈홍은 봉건질서를 옹호하는 입장에 서서 장각 등의 사람들이 "백성들을 속여서 어리석은 군중들을 모아가지고, … 마침내 간악한 무리들을 소집하여 역모의 반란에 해당하는 것"⁴²임을 질책하였으니, 바로 우매한 백성들이 뭉친 반란의 무리들이라고 질책한 것이다. 이 때문에 반드시 초기 도교를 개혁하여 그것으로 하여금 봉건사회의 수요에 적응하도록 한 것이다. 이것은 바로 먼저 도교와 유가 명교의 관계문제를 해결해야만 비로소 도교를 봉건사회에 필요한 종교로 만들 수 있다는 것이다. 도대체 어떻게 도교와 유가 명교의 관계를 하나로 아우를 수 있는 것인가? 도교는 우화등선(羽化登仙)하여 신선이 되는 것을 주장하고, 유가는 세상의 인간사를 다스릴 것을 주장하는데, 이렇게 본래 주장하는 것이 서로 다른 두 가지 문제이므로, 또한 어떻게 하나로 연계시킬 수 있는가? 여기에서 갈홍은 위진 현학의 사상적 계발을 받아들이면서 하안과 왕필 현학의 본말(本末) 논변을 원용하고, "도가는 유가의 근본이고, 유가는 도가의 말단이다."라는 사상을 제기하여, 그것들이 한 사물의 두 측면 같은 것이라서 양자는 불가분리의 관계라고 하였다. 갈홍은『포박자』「명본」속에서 다음과 같이 말했다.

"어떤 이가 유가와 도가의 선후(先後) 관계를 물었다. 포박자가 대답하였다. '도가는 유가의 근본이고, 유가는 도가의 말단이다. … 오늘날은 그저 유가의 학술을 숭상할 줄만 알고 유가를 완성시켜 주는 것이 도가임을 알지 못하고 있다. 도라는 것은 백가(百家)를 바르게 훈육하고,

---

42 『抱朴子』內篇「道意」. "誑眩黎庶, 紲合群愚, … 遂以招集姦黨, 稱合逆亂."

천지음양을 형성하고, 만물을 생육하며, 인류의 법칙을 확립하는 것이다."[43]

여기에서 갈홍은 마치 유가와 도가 양자의 시간적 선후관계를 전혀 강조하지 않은 것 같고, 다만 도가는 유가의 근본이 되고 유가는 도가의 말단이 된다는 것만 강조하며, 유가는 도가를 떠나서는 존재할 수 없고, 도(道)가 천지자연의 만물을 짓고 인류·예교의 총체적 근원이 된다고 강조한 것이다. 그러므로 도가는 근본이 되고 유가는 말단이 된다고 말하는 것이며, 양자가 본말 관계가 되는 것은 결코 모순되지 않으며, 이로 인해 유가와 도가 양자는 조화를 이룬다고 말하는 것이다. 이렇게 유가와 도가 양자를 결합하고 아울러 도가가 유가를 이루는 존재근거("그것을 이루어 주는 것이 도가이다")라고 보는 사상은 하안과 왕필 현학 사상의 영향이라고 말하지 않을 수 없다.

도교의 역사에 있어서 갈홍의 위대한 공헌은 그가 도교를 종교철학의 체계로 건립했다는 것이다. 그리고 갈홍의 도교철학사상은 노자와 위진 현학의 영향을 깊이 받은 것이다. 위진 현학은 노자의 도가사상을 계승하여 유무(有無)의 문제를 중심으로 논의하였다. 갈홍의 도교철학도 유무의 문제를 논의하였다. 그는 노자의 학설을 답습하여 세계의 본원을 "도(道)"와 "화(和)"라고 불렀다. "현도(玄道)는 자연의 시조(始祖)이며 온갖 사물의 근간이다."[44] "현(玄)"(또는 "도"라고 칭함)은 세계 만물의 총체적 근원이다. 그러나 이와 같은 "현"(도)는 궁극적으로 유(有)인가, 또는 무(無)인가? 갈홍은 그것이 이미 무이면서 역시 유라고 여겼다. "그것을 없는 것[무]라고 말한다면, 그림자와 메아리도 오히려 실제로 있는 것이

---

43 『抱朴子』內篇「明本」. "或問儒道之先後. 抱朴子答曰: "道者, 儒之本也; 儒者, 道之末也. … 今苟知推崇儒術, 而不知成之者由道. 道也者, 所以陶冶百氏, 範鑄二儀, 胞胎萬類, 醞釀彝倫者也."
44 『抱朴子』內篇「暢玄」. "玄者, 自然之始祖, 而萬殊之大宗也."

다. 그것을 있는 것[유]라고 말한다면, 만물도 오히려 실제로 없는 측면이 있다."[45] 이것을 달리 말하자면, 그것을 없는 것이라고 논의하면 그것은 그림자와 메아리에 비교하여 볼 때 더 허무한 것이다. 그것을 있는 것이라고 논의하면 그것은 또한 만물에 비하여 더 실재(實在)적이다. 이 때문에 그것은 이미 유이면서 역시 무인 것이다. "온갖 사물에 말미암아 유(有)가 되고, 고요함에 기대어 무(無)가 된다."[46] 그것은 만물을 생성하기 때문에 유가 되는 것이며, 또한 그것은 절대적인 허무이기 때문에 무가 되는 것이다. 그러나 유와 무는 결국 또한 어떤 관계를 지니는 것인가? "유는 무로 인하여 생겨나는 것이고",[47] "유라는 것은 무의 집이다."[48] "유"는 "무"에 근거를 두고 생성하는 것이며, "유"는 또한 "무"가 존재하기 위한 장소이다. 이로써 볼 수 있듯이, 무는 유에 비하여 더 근본이 되는 것이며, 세계 최후의 근원이 바로 "무"이다. 이것은 분명하게 노자에서 하안·왕필의 현학에 이르는 귀무론 사상의 영향을 받은 산물이다.

갈홍은 또한 "현(玄)" 또는 "도(道)"를 "일(一)"이라고 지칭하였다. 그는 다음과 같이 말했다.

"도는 일(一)에서 시작되며, 그것의 고귀함은 비할 것이 없고, 각자 한 곳에 거처하여 천·지·인 각각의 형상을 이루므로 '삼일(三一)'이라고 한다. 하늘이 일(一)을 얻어서 청명하고, 땅이 일을 얻어서 안녕하며, 사람이 일을 얻어서 생존하고, 신명이 일을 얻어서 신령하다. … 태상노군(太上老君: 노자)이 말하길 '황홀(恍惚)하도다, 그 속에 형상이 있다. 황홀하도다, 그 속에 사물이 있다.'[49]라고 하였다. 이것이 말하는 것은 바

---

45 『抱朴子』內篇「道意」. "論其無, 則影響猶爲有焉; 論其有, 則萬物尙爲無焉."
46 『抱朴子』內篇「暢玄」. "因兆類而爲有, 托潛寂而爲無."
47 『抱朴子』內篇「至理」. "有因無而生焉."
48 『抱朴子』內篇「至理」. "有者, 無之宮也."
49 역주 『노자』21장.

로 일(一)이다."⁵⁰

"도는 일(一)에서 시작된다."는 것은 바로 도가 독립적으로 둘이 아닌 ("그것의 고귀함은 비할 것이 없다.") 것이지, 결코 일(一)이 도(道)를 생성한다는 의미가 아니며, 도(道)가 바로 일(一)이고 일(一) 또한 만물 속에 보편적으로 존재하며, "하늘이 일(一)을 얻어서 청명하고, 땅이 일을 얻어서 안녕하며, 사람이 일을 얻어서 생존하고, 신명이 일을 얻어서 신령하고", 하늘·땅·사람·신명은 모두 도(道: 一)에 뿌리를 두어야만 비로소 청명하고 안녕하며 생존하고 신령할 수 있다는 말이다. 그렇지 않으면 하늘은 청명함이 없고, 땅은 안녕함이 없으며, 사람은 생존할 수 없고, 신명은 신령할 수 없다. 도를 일(一)로 보는 사상은 분명히 갈홍이 노자와 현학가 왕필로부터 계승한 것이다. 노자는 "하늘이 일(一)을 얻어서 청명하고, 땅이 일을 얻어서 안녕하며, 사람이 일을 얻어서 생존하고, 신명이 일을 얻어서 신령하며, 골짜기는 일을 얻어서 가득차고, 만물은 일을 얻어서 생성하며, 왕들이 일을 얻어서 천하가 바르게 된다."⁵¹라고 말했다. 여기에서 일을 얻는 것[得一]은 바로 도를 얻는 것[得道]을 의미하며, 하늘과 땅과 신명 그리고 만물은 모두 다 "일(一)"에 의존해서 존재하는 것이다. 현학가 왕필은 도(道)가 어찌하여 일(一)인가 하는 문제에 대하여 비교적 상세한 논증을 하였다. 그는 "일(一)은 수의 시작이며 사물의 궁극이다. 각각 한 사물의 생성에서 주를 삼는 것이다."⁵²라고 하였다. 일(一)이 중요한 것은 바로 일(一)이 수(數)의 시작이며 만물의 근원이고, 만물은 모두 하나(즉 도)로부터 생성하기 때문이다. 이 때문에

---

50 『抱朴子』內篇「地眞」. "道起於一, 其貴無偶, 各居一處, 以象天地人, 故曰: '三一也.' 天得一以淸, 地得一以寧, 人得一以生, 神得一以靈. … 老君子: '忽兮恍兮, 其中有象. 恍兮忽兮, 其中有物.' 一之謂也."

51 『老子』39장. "天得一以淸, 地得一以寧, 神得一以靈, 谷得一以盈, 萬物得一以生, 侯王得一以爲天下貞."

52 『老子注』39장. "一, 數之始而物之極也. 各是一物之生, 所以爲主."

왕필은 "도가 일을 생성한다[道生一]."는 구절을 해석할 때, "만물의 온갖 형체들은 일(一)로 돌아간다. 어떤 까닭으로 일(一)로 이르는가? 무(無)에 말미암기 때문이다. 무로 말미암으니 바로 일(一)이며, 일은 무라고 말할 수 있다."[53]라고 말했다. 이것을 달리 말하자면, 만물은 최종적으로 모두 일(一)로 귀결하는데, "어떤 까닭으로 일(一)로 이르는가? 무(無)에 말미암기 때문이다." 무(無)에 말미암아서 일(一)에 귀결하게 되는데, 그렇다면 무는 바로 일(즉 도)이 되는 것이다. 그러므로 일(一)과 도(道)와 무(無) 세 가지는 하나이며, 하나가 셋이며[一而三], 셋이 하나이다[三而一]. 갈홍은 이런 학설을 답습하였고, 더 나아가 "일(一)"을 종교적으로 신비화하여 "일(一)은 북극·대연의 단전혈 속에 있다. 앞면에 명당 앞 단전이 있고, 뒷면에 강궁 속의 단전이 있다. 그 속에 당당한 화개 폐장(肺臟: 허파)이 있으며, 금루궁륭의 목구멍이 있다."[54]는 등의 말을 하면서, 일(一)을 최고의 신(神)으로 삼았는데, 이 때문에 그의 도교 신학을 증거로 삼고 있는 것이다.

갈홍의 도교 이론 중에서 양생의 도에 대해서도 매우 중시하고 있는데, 일련의 양생술(養生術)을 제시하고 있다. 이것은 거의 현학학 혜강의 『양생론』 사상과 관계가 없지 않다. 우선 갈홍은 사람의 생명 본질 문제를 고찰하면서, 왕충에서 혜강에 이르는 원기론 학설을 답습하고, 사람의 신체가 기로부터 구성되는 것이라고 여겼으니, "사람은 기(氣) 속에 있으며, 기는 사람 속에 있는데, 천지자연에서 만물에 이르기까지 기로써 생성하지 않는 것이 없다."[55] 이것은 바로 혜강이 말했던 "무릇 원기

---

53 『老子注』42장. "萬物萬形, 其歸一也. 何由致一? 由於無也. 由無乃一, 一可謂無."
54 『抱朴子』「地眞」. "一在北極大淵之中. 前有明堂, 後在絳宮. 巍巍華蓋, 金樓穹隆." 역주 북극(北極)·대연(大淵)·명당(明堂)·강궁(絳宮)·화개(華蓋)·금루(金樓) 등은 모두 도교 내단술(內丹術)의 용어이며, 인체의 각각 부위를 지칭한다. 『황정내경경(黃庭內景經)』참조.
55 『抱朴子』內篇「至理」. "人在氣中, 氣在人中, 自天地至於萬物, 無不須氣以生者也."

가 생성작용을 하면 뭇 생명들이 그것을 부여받아 생겨난다."[56]는 것과 "크고 넓은 태소(태초의 우주 상태)에서 양기가 빛나고 음기가 맺히니, 하늘과 땅이 빚어지며 변화가 일어나, 인류의 도리가 비로소 생겨났다."[57]라고 하는 사상과 매우 일치하는 것이다. 갈홍은 사람의 생명이란 "기가 보존되면 몸이 보존되고",[58] "기가 고갈되면 몸이 죽는 것"[59]이라고 여겼으며, 그러므로 양생(養生)의 문제도 바로 양기(養氣)의 문제라고 여겼다. 그러나 도대체 생명을 기르고 기(氣)를 기른다는 것이 어떤 것인가? 혜강의『양생론』원칙에 비추어 보면 사람들로 하여금 "몸과 정신이 서로 친하게 융화하고, 겉과 속이 모두 고르게 도움이 되게 한다."[60]는 것인데, 이 때문에 정신을 기르는 것과 형체인 몸을 기르는 것의 두 측면에서 하는 것이다. 정신을 기르는 것은 "아끼고 미워하는 것이 감정에 깃들지 않게 하고, 걱정하고 기뻐하는 것이 의지에 머물지 않게 하며, 욕심 없이 담백하여 감정의 쏠림이 없게 하여, 몸과 정신이 조화롭고 편안함"[61]에 이르는 것에 있다. 형체인 몸을 기르는 것은 "숨을 들이쉬고 내쉬는 호흡을 조절하며, 약을 복용하여 몸을 보양하는 것"[62]을 더하는 것이다. 혜강의 입장에서 본다면, 정신을 기르고 형체인 몸을 기르는 것의 두 가지 속에서 정신을 기르는 것을 더 주로 삼는다. 갈홍은 역시 생명을 기르는 것(즉 기를 기르는 것)에서 "바른 기가 쇠약해지지 않고, 형체와 정신이 서로 보위하도록 하면 손상될 수 없다."[63]고 여겼는데, 이 때문에 갈홍은 몸을 다스리는 것과 본성을 기르는 것의 두 측면을 매우

56『嵇中散集』「明膽」. "夫元氣陶鑠, 衆生稟焉."
57『嵇中散集』「太師箴」. "浩浩太素, 陽曜陰凝, 二儀陶化, 人倫肇興."
58『抱朴子』內篇「地眞」. "氣存則身存."
59『抱朴子』內篇「地眞」. "氣竭則身死."
60『嵇中散集』卷三「養生論」. "形神相親, 表裏俱濟."
61『嵇中散集』「養生論」. "愛憎不棲於情, 憂喜不留於意, 泊然無感, 而體氣和平."
62『嵇中散集』「養生論」. "吐納服食養身."
63『抱朴子』內篇「極言」. "正氣不衰, 形神相衛, 莫能傷."

중시하였고, 또 "몸을 다스리고 본성을 기를 때에는 세밀한 것에 주의하여 힘써야 하니, 작은 이익 때문에 불평하거나 수양을 게을리해서는 안 되며, 작은 손해 때문에 상해(傷害)를 막지 못해서는 안 된다."[64]는 것을 특별히 강조한 것이다. 이 때문에 갈홍은 몸을 손상시키는 여러 가지 상황을 예로 들면서 다음과 같이 말하고 있다.

"재주가 미치지 못하는데도 그것을 수고롭게 생각하는 것이 손상(損傷)을 입는 것이며, 힘이 부치는데도 그것을 억지로 드는 것이 손상을 입는 것이며, 깊은 근심과 무거운 원망의 감정으로 초췌해지는 것이 손상을 입는 것이며, 즐거워하는 감정이 정도를 넘는 것이 손상을 입는 것이며, 사사로운 욕망을 지나치게 추구하는 것이 손상을 입는 것이며, 오랫동안 담소하며 웃어대는 것이 손상을 입는 것이며, 잠자리에 들 시간을 잃는 것이 손상을 입는 것이며, 억지로 활을 당기는 것이 손상을 입는 것이며, 심하게 술에 취하여 구토를 하는 것이 손상을 입는 것이며, 배불리 먹고 잠드는 것이 손상을 입는 것이며, 너무 세차게 달려 숨이 차는 것이 손상을 입는 것이며, 환호성을 지르거나 슬피 우는 것이 손상을 입는 것이며, 남녀가 잠자리를 같이하지 못하는 것이 손상을 입는 것이다."[65]

위에서 예로 든 여러 가지 손상(損傷)들은 기본적으로 크게 두 종류로 나눌 수 있다. 한 가지 종류는 정신을 손상시키는 것이고, 다른 한 종류는 형체인 몸을 손상시키는 것이다. 예를 들어 깊은 근심과 무거운 원망

---

64 『抱朴子』內篇「極言」. "治身養性, 務謹其細, 不可以小益爲不平而不修; 不可以小損爲無傷而不防." 역주 이 문단은 원문의 오탈자가 많아서 여러 가지 『포박자』 판본들을 비교하여 바로잡았다.

65 『抱朴子』內篇「極言」. "才所不逮, 而困思之, 傷也, 力所不勝, 而强擧之, 傷也, 深憂重怨, 傷也, 悲衰憔悴, 傷也, 喜樂過差, 傷也, 汲汲所欲, 傷也, 久談言笑, 傷也, 寢息失時, 傷也, 挽弓引弩, 傷也, 沈醉嘔吐, 傷也, 飽食卽臥, 傷也, 跳走喘乏, 傷也, 歡呼哭泣, 傷也, 陰陽不交, 傷也."

의 감정으로 초췌해지는 것, 즐거워하는 감정이 정도를 넘는 것, 환호성을 지르거나 슬피 우는 것 등은 바로 전자에 속하는 것이다. 후자에 속하는 것은 바로 힘이 부치는데도 그것을 억지로 드는 것, 심하게 술에 취하여 구토를 하는 것, 배불리 먹고 잠드는 것, 잠자리에 들 시간을 잃는 것 등이 있다. 이와 같은 손상을 입게 되면 바로 개인의 "바른 기[正氣]"를 쇠약하게 만들어서, "몸과 정신[形神]"이 서로 보위(保衛)하지 못하고 신체를 손상시키게 된다. 이 때문에 갈홍은 이렇게 신체의 건강을 손상시키는 여러 가지 상황을 정확하게 겨냥하여 자기의 "양생의 방법"을 제시하였다.

"섭생(攝生)을 잘하는 사람은 눕고 일어나는 일상생활에 사계절의 변화에 따라 빠르고 늦음이 있으며, 일상의 삶에 지극한 조화를 이루는 일정한 법도가 있다. 근골(筋骨)의 신체를 조화롭게 이루는 데에 오르고 내리며 나아가고 물러나는 방도가 있으며, 질병을 막고 사악한 기를 멀리하는 데에 호흡을 들이쉬고 내쉬는 방법이 있고, 혈액과 기의 순환유행에는 보충하는 것과 덜어내는 것의 방법이 있으며, 절제하고 드러내며 수고롭고 편안함에는 허가함과 금지함의 요결이 있어서, 분노의 기를 참으면서 음기를 보전하고, 기쁨의 감정을 억제하면서 양기를 배양한다. 그렇게 한 뒤에 먼저 초목에서 구한 약재를 먹어서 손상된 부분을 보충하여 구제하고, 나중에 금액(金液)과 환단(還丹)을 복용하여 무궁한 장생불사의 이치를 이루는 것이니, 장생불사의 이치가 여기에서 극진히 발휘되는 것이다."[66]

────────────

66 『抱朴子』 內篇 「極言」. "善攝生者, 臥起有四時之早晚, 興居有至和之常制. 調利筋骨有偃仰之方, 杜疾閑邪有吞吐之術, 流行榮衛有補瀉之法, 節宣勞逸有興奪之要, 忍怒以全陰氣, 抑喜以養陽氣. 然後先將服草木以救虧缺, 後服金丹以定無窮長生之理, 盡於此矣."

자기의 신체를 손상시키지 않으려면 반드시 일상생활에 일정한 법도가 있고, 근골의 몸을 조화롭게 유지하는 데에 일정한 방법(오르고 내리며 나아가고 물러나는 방도 또는 일종의 건강 체조)이 있으며, 수고롭고 편안함에 절제가 있는 것과 기뻐하고 분노하는 것에 알맞은 중도가 있어야만 하며, 그런 뒤에 초목에서 구한 약재 등을 복용해야 한다. 이런 것들은 당연히 모두 양생의 일정한 법칙이며, 양생의 담론이라고 간주할 수 있다. "나중에 금액과 환단을 복용하여 무궁한 장생불사의 이치를 이루는 것"의 경우에 이르게 되는데, 이것은 분명하게 도교의 신비주의 학설이다. 이것은 바로 혜강의 『양생론』 사상과 달리 제 각각 자기의 길을 가는 것이다.

이상에서 이야기한 것은 갈홍의 도교 사상이 현학 사상과 서로 관계가 있으면서 일치한다는 측면이며, 동시에 그의 사상 속에는 역시 위진 현학에 대한 비판의 측면도 있다는 것이다.

위진 시기는 사회가 혼란으로 들끓어 안정되지 않았고 통치자 계급 내부의 투쟁과 알력이 심하였으며 전란이 빈번하게 발생하고 또 노장의 학풍이 유행하였기 때문에, 사대부들 속에서 현허(玄虛)함을 숭상하고 하루 종일 청담을 일삼으며, 실제의 일에 복무하지 않고, 예법을 준수하지 않으며, 자신을 신중하게 단속하지 않고, 멋대로 편안하게 행동하는 기풍을 출현하게 만들었다. 이런 기풍을 일반적으로 "위진풍도(魏晉風度)"라고 지칭한다. 갈홍의 도교는 유가와 도가를 아울러 종합하여, 도교를 유가의 정통사상에 부합(符合)하는 길로 끌어들였다. 이 때문에 갈홍은 유가의 명교를 옹호하는 입장에 서서 이른바 풍속의 교화에 해가 되는 이런 종류의 위진풍도에 대하여 맹렬한 비판적 공격을 진행한다. 그는 이런 사인(士人)들을 질책하면서 다음과 같이 말했다.

"조심성이 없고 가벼운 사람은 수양이 높고 깊은 사람 옆에 있어도, 재물이 많은 사람과 교제를 맺고 명성과 지위만 급급하게 좇아서 예교를 저버리고 교화를 떠나면서, 본성대로 내맡긴다고 입으로 구실을 삼지만, 재능은 무리보다 나은 것이 없으면서도 억지로 방달(放達)한 모습을 하는 것이다. 오만하게 스스로 신중함이 없는 것을 도량이 크다고 하고, 절조(節操)를 절절히 지키는 것을 서툴고 어리석다고 한다."[67]

이 말의 뜻을 달리 말하자면, 이렇게 조심성이 없고 가벼운 무리들은 일단 명성과 재물을 이루고 있다면 바로 본성대로 내맡기는 것과 방달함으로써 명성을 삼고 예법과 교화를 저버리거나, 도리어 "오만(傲慢: 傲兀)하게 스스로 신중함이 없는 것"을 "도량이 큰 것"이라 여기고, "절조(節操)를 절절히 지키는 것"을 "서툴고 어리석은 것"이라고 여긴다. 이 때문에 그들은 제멋대로 방종하게 재미를 즐기며 예법과 교화를 짓밟는다. 이런 사람들 중에 어떤 사람은 "다른 사람의 방에 들어가서 남의 부녀자를 보면서 장점과 단점을 지적하고 아름다움과 추함을 평가"[68]하고, 어떤 사람은 "주인에게 통보하지 않고 한꺼번에 앞으로 달려가 부딪치고, 옷매무새를 단정하게 하지 않으며, 다시 더 훔쳐보고 훔쳐듣지 않고 강제로 문을 부수고 들어가거나, 담장을 넘고 구멍을 뚫는 짓을 하여, 마치 약탈 노략질하는 강도가 든 것 같다. 또 어떤 때는 남의 시중을 드는 첩이 미처 피할 틈도 없는데, 숨어 있는 곳을 수색하여 앞으로 끌어내기도 하였는데, 또한 괴이한 일"[69]을 한다. 또 어떤 사람은 다음과 같았다. "쑥대강이와 같이 마구 흐트러진 머리털 꼴을 하고, 옷을 벗어 옆에 끼고 허리띠는 풀어버리며, 어떤 사람은 옷을 찢어 입은 채 손님을 접대하고, 어떤 사람은 옷을 다 벗어던지고 걸터앉아 있기도 하였다. 벗

---

67 『抱朴子』外篇「疾謬」. "輕薄之人, 迹廁高深, 交成財贍, 名位粗會, 便背禮判敎, 托云率任, 才不逸倫, 强爲放達. 以傲兀無檢者爲大度, 以惜護節操者爲澀少."

68 『抱朴子』外篇「疾謬」. "入他堂室, 觀人婦女, 指玷修短, 評論美醜."

69 『抱朴子』外篇「疾謬」. "不通主人, 便共突前, 嚴飾未辦, 不復窺聽, 犯門折關, 逾土塊穿隙, 有似抄劫之至也. 其或妾媵藏避不及, 至搜索隱僻, 就而引曳, 亦怪事也."

들의 모임에서 같은 부류끼리 교유하면서 절실하게 덕을 닦지 않았으며, 화기애애하게 학업을 닦으면서, 서로 공적과 과오를 비평하며 바로잡고, 도를 강론하고 의리를 깊게 연구하였다. 그들이 서로 만나 볼 때에는 다시 활달하게 이야기를 펴지 않았고, 안부(安否)나 물었다. 손님이 문으로 들어오면 종놈이라고 부르고, 주인이 손님을 볼 때는 개라고 불렀다. … 하루 종일 의리에 관한 말을 하는 것이 없었고, 밤이 새도록 유익한 훈계의 말이 없었다."[70] 이런 사람들은 갈홍의 입장에서 볼 때, 실제로 감정이 가는 대로 내맡겨서 제멋대로 행동하여 윤리와 풍속을 어지럽히기 때문에 명교(名敎)에 손상을 입히는 자이다. 그러나 그들은 오히려 자기가 "도에 통달하고 도를 체득한 사람[通達體道之士]"이며 노장(老莊)의 학문에서 유래한 것이라고 표방하는데, 이 때문에 그들은 "노장의 학설을 함부로 끌어들여서 제멋대로 방종하게 행동하는 것을 중시하였고, 대범한 행동만 일삼으면서 세밀한 예절을 돌보지 않았으며, 도의 수양이 지극한 사람은 예법의 속박을 받지 않는다고 하면서 방자한 노래를 부르며 멋대로 편하게 행동하였고",[71] 자기 스스로를 이름지어 "도에 통달하고 도를 체득한 자[通達體道]"라고 하였다. 이와 같은 모든 사람들은 유가의 입장에서 볼 때, 모두 경전(經典)의 도리를 떠나고 배반하는 자들이며, 그들은 모두 명교의 죄인이 된다. 갈홍은 이른바 "통달(通達)"한 사람들은 결코 예법 교화를 배반하면서 "제멋대로 행동하고 사악하고 편벽된"자들을 의미하는 것이 아니라고 여겼으며, 마땅히 "도와 덕에 통달하고, 또 인의(仁義)에 통달할 뿐이다. 어찌 얄보고 깔보는 것에 통달하고 음란하고 사악한 것에 통달할 것인가?"[72]라고 하

---

70 『抱朴子』外篇「疾謬」. "蓬發亂鬢, 橫挾不帶. 或褻衣以接, 或裸袒而箕踞. 朋友之集, 類味之游, 莫切切進德, 闇闇修業, 攻過弼違, 講道精義. 其相見也, 不復敍離闊, 問安否. 賓則入門而呼奴, 主則望客而喚狗. … 終日無及義之言, 徹夜無箴規之益."

71 『抱朴子』外篇「疾謬」. "誣引老莊, , 貴於率任, 大行不顧細禮, 至人不拘檢括, 嘯傲縱逸."

72 『抱朴子』外篇「刺驕」. "通於道德, 達於仁義耳. 豈謂通乎褻黷而達於淫邪哉?"

였다.

완적 등과 같은 사람들이 세속을 깔보고 제멋대로 행동하는 것에 대하여, 갈홍은 그들과 그 후에 등장하는 일부의 사람들(주로 원강 연간 이래의 방달파를 의미함) 사이에는 또한 차이가 있다고 여겼다. 전자는 재주와 학문이 있는 사류들이지만, 후자는 재주와 학식이 없는 사람들로서 "그들을 모방하고 배운 자"의 모습이었다. 이 때문에 갈홍은 다음과 같이 말했다.

> "세상 사람들은 대량(戴良)[73]과 완적이 세속을 깔보며 제멋대로 행동하는 것을 두고 도량이 크다고 칭송하면서, 자기의 자질과 역량을 헤아리지 못한 채 세상을 깔볼 만한 사람과 비교할 수준이 못되면서도, 오히려 그들은 따라 배우고자 하였다. 어떤 사람은 모자를 쓰지 않고 산발한 채 다니고, 어떤 사람은 웃통을 벗은 채 걸터앉으며, 어떤 사람은 많은 사람들 앞에서 발을 씻고, 어떤 사람은 다른 사람 앞에서 오줌을 싸며, 어떤 사람은 손님을 자기 옆에 세워두고 밥을 먹고, 어떤 사람은 술을 마시면서 자기 아버지에게 권하기도 하였는데, 이런 것들은 대개가 미개한 오랑캐의 행위이지, 결코 중국민족의 유쾌한 일이 아니다."[74]

갈홍은 대량과 완적의 무리들이 모두 참된 재주를 지닌 진실한 학인이기 때문에 그들은 세속을 깔보고 제멋대로 행동한 것이라고 여겼지만, 이 후에 대량과 완적을 모방하여 배우는 사람들은 모두 재주가 없는 무리들이며 그들은 대량과 완적의 재주·학문을 배우지 못하고 단지 그

---

73 역주 대량(戴良)은 자가 숙난(叔鸞)이며, 여남(汝南)의 신양(愼陽) 사람이다. 『後漢書』「逸民列傳」<戴良> 참조.

74 『抱朴子』外篇「刺驕」. "世人聞戴叔鸞·阮嗣宗傲俗自放, 見謂大度, 而不量其材力非傲生之匹, 而慕學之. 或亂項科頭, 或裸袒蹲夷, 或濯脚於稠衆, 或溲便於人前, 或停客而獨食, 或行酒而止所親, 此蓋左衽之所爲, 非諸夏之快事也."

들의 겉모습만 취하고 단지 그 방달한 형식만 추구하여, 풍속을 희롱하고 무너뜨려서 수습하지 못하면서 예법과 교화를 완전히 배반하고 중국 민족의 전통을 상실하였으므로 절대로 받아들일 수 없는 사람들이라고 보았다. 여기에서 갈홍은 완적 같은 사람들의 재주와 학문을 긍정하였지만, 그 후의 학자들이 그 방달한 형식만을 모방한 것에 대하여 비판을 가한 것이다. 완적 같은 사람이 세속을 깔보면서 제멋대로 행동한 것에 대해서도 갈홍은 역시 찬성하지 않았다. 그는 다음과 같이 말했다.

> "무릇 대량과 완적의 재주·학문은 오히려 제 잘난 멋으로 행동하여 스스로 병폐가 있으니 좋은 점과 나쁜 점이 서로 보완되지 못한다. 이 두 사람이 경건하게 행동하고 신중하게 행동하며, 조심스럽게 대상을 대하고, 삼가하는 태도로 자기 행위를 단속하였다면 어찌 그들의 조예(造詣)가 오늘의 이 지경에 이르렀겠는가?"[75]

이것을 달리 말하자면, 대량과 완적이 비록 재주와 학문을 지니고 있었지만, 오만하고 방달(放達)하여 "오히려 제 잘난 멋으로 행동하여(나아가고 물러남이 일정한 법도가 없다는 뜻)" 스스로 병폐가 있었는데, 만약 그들이 예법을 준수하고 성실하고 부지런하게 세상의 일에 힘썼다면 바로 이와 같은 짓이 만연되는 지경에 이르지는 않았다. 이 때문에 갈홍은 완적 같은 사람들의 재주와 학문에 대해서 심하게 애석히 여기고 있는 것이다. 그러나 그는 완적의 재주와 학문이 발휘되지 못한 까닭과 완적 같은 사람들의 사상 기풍이 형성되는 원인이 주로 당시 사회의 억압의 산물이며 "감정의 격분이 있어서 하는 행위[有激而爲]"였다는 것을 이해하지 못한 것이다.

갈홍이 숭상한 것은 도교의 신선학과 유교의 명교 사상이며, 비록 그

---

75 『抱朴子』 外篇 「刺驕」. "夫以戴阮之才學, 猶以耽蹋自病, 得失財不相補. 向使二生敬蹋檢括, 恂恂以接物, 競競以御用, 其至到何適但爾哉?"

가 노자를 도교의 교주로 높여서 받들었지만 결코 노장의 도가 무리였던 것은 아니다. 도교는 종교이며, 도가는 학술 유파이므로 양자 사이에는 사상적 구별이 있다. 이 점에 관해서는 갈홍의 사상 속에 더욱 명확하게 표현되어 있다. 갈홍은 한 측면으로 도교의 철학체계를 수립할 때 노자의 일부 사상을 흡수하여 취했지만, 동시에 갈홍은 또한 신선학과 유가를 존숭하는 입장에서 출발하여 노자와 장자에 대한 비판을 제기한다. 갈홍은 『포박자』 외편 「숭교(崇敎)」편 속에서 다음과 같이 말했다.

> "영명한 성인이 위에 있어서 옛일을 살피고 사람과 사물을 구제하며, 제방을 견고하게 쌓아서 넘치는 물을 막고, 상벌을 엄격히 하여 좋은 일을 격려하고 나쁜 일을 막으며, 종실(宗室)과 제후의 일족 그리고 지체가 높거나 부유한 집안이나 문중과 한창 나이 때의 사람을 생각하는 데는 반드시 유가의 학술을 다투어 숭상하고 학술과 법도를 알맞게 절제하며, 노장의 절박하지 않은 일을 떼어 내고, 유가의 육경(六經)에서 말하는 바른 도를 정밀하게 밝혀야 한다."[76]

이것을 달리 말하자면, 봉건 질서의 "제방(堤防)"을 견고하게 하여 넘치는 물을 막으려면, 통치자가 반드시 유가의 학술을 숭상해야 한다는 것이다. 그러므로 외편의 「숭교」편에서 숭상(崇尙)하는 것은 바로 유가의 교화이다. 여기에서 노장의 학문은 도리어 절박하지 않은 일이 되는 것이다. 이것은 "도(道)의 의미는 고원(高遠)하여 인식하기 어렵기 때문에 그것을 통달한 사람이 적은 것"[77]이니, 당시의 통치자가 긴급하게 필요로 하는 것에는 적당하지 않은 것이다. 이 때문에 갈홍은 노장의 도가

---

76 『抱朴子』 外篇 「崇敎」. "今聖明在上, 稽古濟物, 堅堤防以杜決溢, 明褒貶以彰勸沮, 想宗室公族, 及貴門富年, 必當競尙儒術, 撙節藝文, 釋老莊之不急, 精六經之正道也."
77 『抱朴子』 外篇 「崇敎」. "道意遠而難識, 故達之者寡."

를 비판하면서 다음과 같이 말했다.

> "도가의 학설은 높은 것이 참으로 높지만, 그것을 사용하면 폐단이 생겨
> 서 요원(遼遠)하고 우활(迂闊)한 것이 마치 간장(干將) 같은 명검이 옷
> 을 재단할 수 없고, 큰 코끼리가 쥐를 잡을 수 없으며, 철제로 된 배가 파
> 도 위를 떠다닐 수 없고, 옥으로 만든 말이 천 리를 갈 수 없는 것과 같
> 다."[78]

도가의 학설은 비록 고원(高遠)하고 심오하지만 눈앞의 일에 절실하
게 부합하지 못하여, 먼 곳의 물이 가까운 당장의 목마름을 풀어주지 못
하는 것과 같으니, 그의 최후의 결론은 "더불어 논의할 수는 있지만, 함
께 실행할 수는 없는 것이다."[79] 심지어 그는 『노자』를 비판하면서 다음
과 같이 말했다.

> "『노자』 오천 자의 글은 노자에게서 나왔지만, 모두 붕 떠 있는 논의이며
> 비교적 책략에 관한 것이며, 그 속에는 처음부터 끝까지 구체적 일을 완
> 전하게 거론하여 따를 만한 방법을 기꺼이 제시한 것이 없다. 다만 이 경
> 문을 외우고도 핵심의 도를 터득하지 못하니, 그저 헛수고일 뿐인데, 하
> 물며 이 『노자』에 미치지도 못하는 책들은 무엇을 하랴?"[80]

오천 자에 이르는 『노자』 한 권의 책은 모두 "붕 떠 있는 논의이며 비
교적 책략에 관한 것"이며, 또한 처음부터 끝까지 일관되어 있지도 않아

---

78 『抱朴子』 「用刑」. "道家之言, 高則高矣, 用之則弊, 遼落迂闊, 譬猶干將不可以縫
　　綫, 巨象不可使捕鼠, 金舟不能凌陽侯之波, 玉馬不任騁千里之迹也."
79 『抱朴子』 外篇 「用刑」. "可得而論, 難得而行也."
80 『抱朴子』 內篇 「釋滯」. "又五千文雖出老子, 然皆泛論較略耳, 其中了不肯首尾全
　　擧其事, 有可承按者也. 但暗誦此經而不得要道, 直爲徒勞耳, 又況不及者乎?"

서, 이 경서를 암송하면서 핵심의 도를 깨닫지 못하면 단지 헛수고일 뿐이다. 이미 『노자』라는 책이 오히려 이와 같은 것이라면, 그 밖의 도가 서적들은 역시 더 이상 일독을 할 만한 것이 못된다. 갈홍은 그 밖의 도가 서적이 "대다수가 후세의 호사가들[率多後世好事者]"이 지은 것으로서 황로(黃老)의 범위를 벗어나지 못한다고 여겼다.

장주(莊周) 등과 같은 사람들이 지은 도가의 저작에 대해서 갈홍은 더욱 더 맹렬한 비판을 가한다.

> "문자(文子)·장자 그리고 함곡관의 수령인 윤희(尹喜) 등의 무리들의 경우에는 그들에 속한 문장이 비록 황제(黃帝)와 노자를 따라서 서술하여 현허(玄虛)함을 본받고 있지만, 그 주된 종지를 펼쳐내는 것에서는 지극한 이치의 말이 전혀 없다. 혹은 삶과 죽음이 다르지 않다는 것을 말하고, 살아 있는 것이 힘겨운 노역이며 죽음이 휴식이라고 말하지만, 그들은 신선학과 이미 천억(千億) 리에 걸쳐 떨어져 있는 것이다. 어찌 깊은 탐구와 음미(吟味)를 바라겠는가? 그 우언(寓言)과 비유(譬喩)는 오히려 채용할 것이 있어서 자질구레한 일에 쓰고 갑작스레 빈 곳을 채우는 데 쓸 수 있다. 그러나 세상의 도가 쇠락한 시대에 아첨하는 교활한 무리들과 품행이 없는 못된 자들이 그저 노자와 장자를 의탁하는 것을 일삼으니, 또한 애석하지 않은가?"[81]

갈홍은 장자가 생사(生死)를 같은 것으로 보는 소극적 인생철학을 선양하고, "살아 있는 것이 힘겨운 노역이며", "죽음이 휴식이라고" 하는 것은 도교의 장생불사(長生不死) 신선 학설에 위배되는 것이라고 보아

---

81 『抱朴子』內篇 「釋滯」. "至於文子·莊子·關令尹喜之徒, 其屬文筆, 雖祖述黃老, 憲章玄虛, 但演其大旨, 永無至言. 或齊死生謂無異, 以存活爲徭役, 以殂歿爲休息, 其去神仙已千億里矣. 豈足耽玩哉! 其寓言譬喩, 猶有可采, 以供給碎用, 充御卒乏. 至使末世利口之姦佞, 無行之弊子, 得以老莊爲窟藪, 不亦惜乎?"

서, "그들은 신선학과 이미 천억(千億) 리에 걸쳐 떨어져 있는 것"이라고 하였다. 비록 『장자』의 우언과 비유가 채용할 것이 있지만, 실용의 가치를 지니는 것이 아니고 단지 "도가 쇠락한 시대에 아첨하는 교활한 무리들과 품행이 없는 못된 자들"에게 이용될 수 있다는 것이다. 확실히 노자는 비록 도교의 교주로 신봉되고, 장자는 후세의 사람들에게 신선으로 받아들여지지만, 선진 시기의 도가 사상은 분명히 도교의 종교 신선 학설과 다르며, 이 때문에 노장의 사상은 갈홍의 공격을 받게 되는 것인데, 이것도 역시 매우 자연스러운 일이다.

위진 시기에 철학·윤리학·종교·미학·문학·시가(詩歌)·음악·조소(彫塑)·건축·서법(書法)·회화 등은 모두 약속한 듯이 서로 일치하게 이 획기적인 전환시대에 출현한다. 이 전환기는 어떻게 발생하였는가? 그것과 위진 현학은 어떤 관계가 있는가?

탕용통(湯用彤) 선생은 다음과 같이 말했다. "지나간 철학 사상을 고찰하여 그것을 귀납(歸納)해 보면 그것을 어떤 시대에 귀속하여 부를 수 있는데, 진실로 그 시대에는 특수한 방법·태도가 있기 때문에 앞 시대와 비교하여 새롭고 특이한 이론이 있다. 그러므로 문화사 속에서 분명한 분야가 있는 것이며, 이 한 시대의 철학가[사상가]들도 역시 그 시대의 정해진 양식을 벗어나기는 드물다." "이 시대의 각종 문화 활동은 이 새로운 방법과 새로운 이론의 연마(鍊磨)를 받아서 이 시대의 새로운 형태를 발휘하지 않을 수 없으며, 새로운 시대의 형성 즉 그 철학·도덕·정치·문학예술의 각 방면에는 고르게 같은 방향의 새로운 표현을 지니게되고, 아울러 이 때문에 여러 방면에서 새로운 표현이 차별적인 한 시대를 가르게 된다."[1] 탕용통 선생의 말은 깊은 이치를 제시하고 있다. 즉하나의 민족 문화는 하나의 민족정신 활동의 결정체이며, 각종의 문화형식은 나눌 수 없는 전체성이다. 이 때문에 한 시대의 문화는 반드시한 시대가 특별히 지니고 있는 일정한 양식과 공통의 지향이 있고, 이특별한 양식과 공통의 지향은 종종 이 시대의 철학이론과 방법에 따라결정된다는 것이다. 현학은 위진 시대의 철학이며 한대의 철학과 근본적으로 다른 이론·방법과 태도를 지니고 있는데, 이런 새로운 이론과새로운 방법 및 새로운 태도는 위진 문화의 각종 영역에 영향을 끼쳤고, 이런 영역에서 공동으로 발생한 근본적 변화가 어떤 의미에서 말하자면위진 현학이라는 새로운 철학에서 연유하여 발생되어 나온 것이다.

위진 현학의 기본 이론은 철학적 본체론이다. 현학가들은 일체의 구

---

1 「魏晉玄學和文學理論」『中國哲學史研究』第1期, 1980.

체적 사물 존재가 모두 현상적인 존재이며, 그것의 배후에는 필연적으로 그것을 존재하도록 하는 근거가 있는데, 이 근거가 바로 어떤 규정성을 지니고 있지 않은 "무(無)"(또는 "道")이며 바로 세계의 본체라고 하였다. 이런 "본체의 학설"과 서로 알맞게 상응하는 것으로 위진 현학의 인식방법인 "뜻을 얻으면 상을 잊고[得意忘象]", "뜻을 얻으면 말을 잊는다[得意忘言]."는 이론이 있다. 현학가들은 세계의 본체가 언어와 상(象)을 떠나 있으며, 언어와 형상에 의존하여 파악할 수 없으므로 반드시 "뜻을 얻으면 상을 잊고", "뜻을 얻으면 말을 잊는다."는 방법을 통해서만 비로소 이 추상적인 본체를 이해할 수 있다고 여겼다. 인생의 태도 측면에서 위진 현학은 "명교를 초월하여 저절로 그러함에 내맡기는 것[越名教而任自然]"과 "명리를 넘어서 마음에 맡기는 것[越名任心]"의 구호를 제시하여(혜강), 자연주의를 숭상하였다.

위진 현학은 중국 문학예술에 대하여 광범위하고 심원한 영향을 발생시켰다. 위진남북조의 문학예술 입장에서 말하자면, 당시에 출현한 아래의 몇 가지 경향은 모두 현학의 이론·방법과 태도에 밀접한 관계가 있다.

(1) 문학의 자각

루쉰(魯迅)은 "조비(曹丕)의 시대는 문학의 자각 시대라고 말할 수 있으며, 또 근대적으로 말하자면, 예술을 위한 예술의 일파이다."[2]라고 하였다. 이것이 위진남북조 문학예술의 중대한 특징이다. 위진 이전에 중국은 결코 문학예술이 없었는데, 선진(先秦)에서 양한(兩漢)에 이르는 시기에 중국의 시(詩)와 사부(辭賦)·가부(歌賦)·서법·회화·음악·조소(彫塑)가 각양각색으로 있었지만, 당시의 중국에는 오히려 "순수한" 예술이 없었다. 선진 시기의 제자백가와 한 대의 가의(賈誼)·사마천(司馬

---

2 저자주 「魏晉風度及文章與藥及酒之關係」.

遷) 등, 이런 사람들은 모두 "예술을 위한 예술의 일파"가 아니었고, 그들의 작품도 결코 "순수한" 예술이 아니었다. 더욱이 한대에는 많은 부(賦)의 작품들이 통치자를 위해 노래한 송덕(頌德)의 작품이었으며, 음악·가무(歌舞)는 궁중의 권력 귀족들에게 제공되는 유흥거리였다. 종합적으로 말하자면, 위진 시기 이전의 문학예술은 자기의 독립된 지위를 지니고 있지 않았고, 그것들은 정치적 선전과 도덕적 교화의 수단이 아니면 통치자가 즐기는 유흥의 도구였다.

위(魏)나라가 시작된 이래로 문학예술은 명교의 정치적 노예 지위 속에서 해방되어 나와 점점 독립된 부문(部門)을 이루게 되었다. 위진 시대의 사람들 마음속에서 문학예술의 지위는 매우 높았고, 심지어 도덕과 정치를 초월하였다. 조비는 "사람의 수명은 때가 되면 다하며, 삶의 영화롭고 즐거움은 제 몸에서 그치나니, 이 두 가지는 반드시 일정한 기한이 있어서, 문장의 무궁함만 못하다."[3]라고 하였으며, 문장은 "훌륭한 사관의 말을 빌리지 않고, 나는 듯이 달리는 형세에 의탁하지 않아도, 명성이 저절로 후세에 전해진다."[4]라고 하였다. 다시 말하자면, 정치적 지위, 도덕적 지조, 공명(功名)과 재물과 벼슬, 부귀영화 등 이런 것들은 사람의 입장에서 말할 때 상대적이면서 유한한 가치를 지니고 있는 것이며 모두 생명의 종결에 따라서 끝나는 것이다. 오직 문장(文章)만이 사람의 생명을 유한한 것에서 무한한 것으로 변화시키며, 오직 문장이 있어야만 비로소 사람의 궁극적 가치를 체현할 수 있는 것이다. 문장은 작자(作者)의 사상·정감·풍격·재능과 지혜에 의탁하는 것이니, 문장이 소멸되지 않는다면 생명도 소멸되지 않을 수 있는 것이다.

문장은 어떻게 장구한 생명력을 지니게 되는가? 유협(劉勰: 자는 彦和)은 다음과 같이 말했다.

---

3 『典論』「論文」. "年壽有時而盡, 榮樂止乎其身, 二者必至之常期, 未若文章之無窮."

4 『典論』「論文」. "不假良史之詞, 不托飛馳之勢, 而聲名自傳於後."

"문장(文)의 덕스러움이 커서, 천지와 함께 생겨났으니 어찌 그런가? 무릇 하늘과 땅이 생겨나자 이어서 검은 색과 누른색의 구별이 생겨났고 둥근 것과 네모난 것의 구별이 생겨났다. 해와 달은 백옥을 겹쳐 놓은 것과 같이 하늘의 형상을 드리워 나타내고, 산과 하천은 비단에 새겨 놓은 자수와 같이 땅의 형상을 펼쳐 놓았다. 이 모든 것들이 아마도 도(道)의 문장(文)일 것이다. 위를 보면 해와 달이 빛을 발하고, 아래를 내려 보면 산과 하천이 아름답게 펼쳐져 있으니, 이는 높고 낮은 것의 위계가 확정되었으니, 이 때문에 천지음양이 생겨났다. 오로지 인간만이 여기에 참여하며, 본성의 신령함이 호응하므로, 이를 일러 삼재라 하며, 오행의 정화이며, 천지의 마음을 진실하게 한다. 마음이 생겨나면서 언어가 확립되고, 언어가 확립되면서 문장이 밝게 드러났으니, 저절로 그러한 도이다. 이 이치를 이 세상 만물에 미루어 보면, 동물과 식물이 모두 문양을 가지고 있으며, 용과 봉황은 문양과 색채를 통하여 상서로움을 나타내고, 호랑이와 표범은 그 얼룩덜룩한 무늬와 색채를 통해 위엄스런 자태를 드러낸다. 구름과 노을에 새겨진 색채는 화가의 교묘한 채색보다 더 뛰어나고, 초목에 핀 꽃들은 자수 기술자의 신비한 솜씨에 의존하지 않고도 아름답다. 어찌 외부의 꾸밈이 있겠는가? 대개 저절로 그러한 것일 뿐이다. 숲 속에서 나는 바람소리와 메아리는 젓대와 거문고 소리와 같이 조화를 이룬다. 샘물이 흐르다 돌에 부딪혀 내는 소리는 석경과 종소리 같이 화합을 이룬다. 그러므로 자연의 형체가 확립되면 문장이 이루어지는 것이며, 자연의 소리가 나면 문장이 생겨나는 것이다. 무릇 의식이 없는 사물은 울창한 채색을 지니는데, 어찌 마음을 지닌 존재인 사람이 문장이 없겠는가?"[5]

---

5 『文心雕龍』「原道」. "文之爲德也大矣, 與天地並生者何哉? 夫玄黃色雜, 方圓體分. 日月疊璧, 以垂麗天之象; 山川煥綺, 以鋪理地之形. 此蓋道之文也. 仰觀吐曜, 俯察含章, 高卑定位, 故兩儀旣生矣. 惟人參之, 性靈所鍾, 是謂三才, 爲五行之秀, 實天地之心. 心生而言立, 言立而文明, 自然之道也. 傍及萬品, 動植皆文, 龍鳳以藻

도는 천지자연의 본체이며, 사람은 천지자연의 마음이다. 사람의 의식은 바로 천지자연의 의식이며, 사람의 정신은 역시 바로 "도(道)"의 정신이다. 문장은 사람의 문채이며, 스스로 사람의 마음을 발현하는 것이다. 스스로 사람의 바름을 발현하는 것은 바로 스스로 "도"를 발현하는 것이며, 문장과 일월(日月) 산천(山川)은 똑같이 "도"를 체현하는 것이고, "도"는 절대적이며 궁극적인 것이며, 문장도 당연히 영원하며 항구적인 것이다. 문장의 영원성은 그것이 "도"를 체현하는 것에 있는데, 만약 도를 체현할 수 없으면 바로 그것은 가치를 상실한다.

문학예술의 지위를 제고하는 것에 따라서 위진과 남조(南朝)는 문치(文治)·군사적 공적과 도덕적 지조(志操)가 아니라 문장의 시부(詩賦)와 회화 서법으로 저명한 사람들이 출현하였다. 위나라 시기에 조씨(曹氏) 부자(父子)·건안칠자(建安七子: 공융, 진림, 왕찬, 서간, 완우, 응양, 유정)가 있었고, 진나라 시기에는 삼장(三張: 장화, 장재, 장협)·이육(二陸: 육기, 육운)·양반(兩潘: 반악, 반니)·일좌(一左: 左思) 등이 있었다. 시가(詩歌)에는 도잠(陶潛)·사령운(謝靈運)이 있었고, 회화(繪畫)에는 고개지(顧愷之)·사혁(謝赫)·종병(宗炳)이 있었고, 서법(書法)에는 이왕(二王: 왕희지, 왕헌지)·종요(鍾繇)가 있었고, 문장에는 혜강·완적이 있었으며, 종영(鐘嶸)은 심지어 조식을 칭송하여 "비유컨대 사람들의 무리에 주공·공자가 있는 것과 같다."라고 하였다. 이런 사람들은 세상을 뒤덮을 만한 공덕과 끝없는 신통력을 지닌 것이 아니라 단지 그들의 문학예술에서 취득한 성취에 의존하고 있는 것인데, 주공·공자와 비견하여 거론되고 성현·신선과 나란히 논의되고 있는 것으로서, 이것은 위진 시대 이전에는 절대로 불가능한 것이다.

위진과 남조의 시기는 문예작품과 문예이론이 양날개를 펴고 함께 날

繪呈瑞, 虎豹以炳蔚凝姿; 雲霞雕色, 有逾畫工之妙; 草木賁華, 無待錦匠之奇. 夫豈外飾, 蓋自然耳. 至於林籟結響, 調如竽瑟; 泉石激韻, 和若球鍠. 故形立則章成矣, 聲發則文生矣. 夫以無識之物, 鬱然有采, 有心之器, 其無文歟?"

아오르던 시대였는데, 도잠의 전원시(田園詩), 사령운의 산수시(山水詩), 고개지의 인물화(人物畵), 종병의 산수화(山水畵)가 있었다. 조비의 『전론(典論)』「논문(論文)」, 육기의 『문부(文賦)』, 혜강의 『성무애락론』, 위부인(衛夫人)의 『필진도(筆陣圖)』, 종영의 『시품(詩品)』, 사혁(謝赫)의 『화품(畵品)』, 유협의 『문심조룡』 … 각종의 시집(詩集)·문집이 수없이 많이 출현하였으며, 각종의 시 작품과 회화 작품이 서로 잇달아 생산되었다. 문학예술의 각 영역에서 모두 매우 볼만한 아름다운 작품이 있었으며, 문학예술의 각 부문에서도 심각한 사유와 비평이 있었다. 위진과 남조의 명사들은 문학예술을 정치와 도덕적 선전물로 삼지 않았고, 문학예술을 공적과 이익을 도모하는 수단으로 삼지도 않았으며, 마땅히 엄숙한 일로 삼았는데, 여기에서 마음을 다하여 작업하고 연구하였다. 위진과 남조의 문예가들은 "예술을 위한 예술의 일파"였으며, 그들의 작품은 어떤 의미에서 말하자면, 순수한 예술품이었다.

(2) "도를 싣는 것[載道]"에서 "감흥에 의탁함[寄興]"으로 가는 것

한(漢)대의 사람들은 공리(功利)적 시각에서 모든 사물을 대하였고 공리적 시각으로 문학예술을 대하였기 때문에 문학예술의 공능을 "문예로써 도를 싣는다[文以載道]."고 규정하였다. "문예로써 도를 싣는다."는 것은 바로 문장으로 유가가 선양하는 도덕규범·차별적 신분질서의 합리성을 설명하였다. 문학예술은 반드시 도덕교화에 힘을 써야 하며, 반드시 통치자의 문치(文治)와 군사적 업적을 찬양하여야 하는데, 만약 문예(文藝)가 인륜을 보조(補助)하고 교화를 이루며 공덕을 찬양하고 태평한 세상을 숙고하지 못한다면 바로 존재의 의미를 상실하는 것이다. 위진 시기의 사람들은 외재적인 공리(功利)를 폄하하고, "명리를 넘어서 마음에 맡기는 것"을 주장하여, 내재적 감성을 존숭(尊崇)하였는데, 그들은 심미적 시각으로써 문예를 대하였고, 문예의 중요한 공능이 "감정에 따르는 것[緣情]"이며 "감흥에 의탁하는 것[寄興]"이라고 여겼다. "감정에 따

르는 것[緣情]"은 바로 속에 있는 마음의 진정한 실제의 감정을 표현해
내는 것이며, "감흥에 의탁하는 것[寄興]"은 자기의 생각과 정서에 내맡
기는 것으로서 자기의 정신을 기쁘고 유쾌하게 하는 것이다. 사람은 문
예활동을 통하여 자기의 생명, 자기의 정신과 대자연, 무한한 본체를 융
합하여 속마음의 즐겁고 유쾌함과 정신적 만족에 이르는 것인데, 이런
즐겁고 유쾌함과 만족이 마침 가장 근본적인 것이 된다.

종영(鐘嶸)은 다음과 같이 말했다.

"사계절의 기운이 사물을 동요시키고 사물은 사람을 감동시킨다. 그러
므로 흔들린 사상과 감정은 춤이나 낭송으로 나타난다. 천지인(天地人)
삼재(三才)를 비추고 천지만물을 밝게 드러내준다. 신령이 그것을 의지
하여 제물을 흠향하고, 귀신은 그것을 의존하여 고백한다. 이렇게 천지
자연을 감동시키고 귀신을 감동시키는 것은 시보다 나은 것이 없다. 봄
바람에 우는 새, 가을 달 아래의 매미, 여름날의 구름과 비, 겨울 달빛과
추위와 같이 이런 사계절의 변화는 시에 감흥(感興)한다. 아름다운 연회
는 시에 의탁하여 친밀해지고, 무리와 이별하는 것은 시에 의탁하여 아
쉬움을 토로한다. 초나라 신하 굴원이 쫓겨날 때와 왕소군이 한나라 왕
궁을 떠날 때도, 뼈가 변방의 들녘에 누울 때와 혼백이 흩어져 쑥대밭을
날을 때도, 창을 쥐고 변방을 지킬 때와 전쟁의 흉험한 기운이 변방을 떨
칠 때도, 변방을 떠도는 방랑자가 홑옷을 입을 때와 규방의 처자가 눈물
을 흘릴 때도, 선비가 관직을 포기하고 조정을 나서면서 한 번도 되돌아
보지 않을 때도, 아름다운 여인이 총애를 받아 궁에 들어갈 때도, 아름다
운 눈썹으로 경국의 미로를 지녔을 때와 같이, 이 모든 경우에 기쁘고 슬
픈 마음의 회포를 시가 아니면 그 뜻을 어찌 펼치겠는가? 긴 노래가 아
니면 그 감정을 어찌 드러내겠는가?"[6]

---

6 「詩品序」. "氣之動物, 物之感人, 故搖蕩情性, 形諸舞咏. 照燭三才, 輝麗萬有; 靈祇
待之以致饗, 幽微藉之以昭告; 動天地, 感鬼神, 莫近於詩. 若乃春風春鳥, 秋月秋

위진 시기의 사람들은 냉담한 태도로 방관하는 이성이 아니라 사람의 마음을 격탕시키는 감정으로 문예의 창작을 하였으며, 그들은 냉정한 이성의 지혜에 의존하여 이치를 말하는 것이 아니고, 끓어오르는 격정에 의지하여 사람들은 감동시켰다. 위진 시기 사람들의 입장에서 보면, 문예 창작의 착안점은 정치와 도덕이 아니고 사람들의 감정을 격발시키는 것들이었다. 봄바람과 봄날의 새, 가을 달과 가을날의 매미, 친애하는 사람들의 모임, 벗들의 이별, 고향을 떠남, 나라를 위해 변방으로 나가 번을 서는 것, … 이런 모든 것들은 사람의 감정을 동요시키지 않음이 없으며, 사람들을 기쁘게 하거나 슬프게 하며, 즐겁게 하거나 근심에 빠지게 하고, 비분강개(悲憤慷慨)하거나 처연하고 절절한 감정에 들게 하는 것이다. 인간들의 희노애락(喜怒哀樂)과 슬픔과 기쁨의 교차뿐만 아니라 산천과 냇물과 바다 그리고 풀과 나무와 꽃과 벌레도 위진 시대 사람들의 눈에서는 감정이 있는 대상이 아닌 것이 없었다. "왕호지(王胡之)[7]가 오흥 지역의 인저(印渚)에 이르러 주변 경관을 돌아보며 감탄하여 말하길, '단지 사람의 가슴 속을 시원하게 씻어줄 뿐 아니라, 또한 해와 달의 청랑함을 느끼게 하도다.'라고 하였다."[8] "왕헌지(王獻之)가 말하길, '산음의 길을 따라 걸어 오르니, 산과 냇물이 서로 비추어 반짝이는데, 사람으로 하여금 감응하여 함께할 겨를을 주지 않는구나. 가을이 가고 겨울이 오는 즈음에는 더욱 가슴 속을 달래기 어렵지.'라고 하였다."[9]

蟬, 夏雲夏雨, 冬月祁寒, 斯四候之感諸詩者也. 嘉會寄詩以親, 離群托詩以怨, 至於楚臣去境, 漢妾辭宮; 或骨橫朔也, 魂逐飛蓬; 或負戈外戍, 殺氣雄邊; 塞客衣單, 孀閨淚盡, 或士有解佩出朝, 一去忘返; 女有揚蛾入寵; 再盻傾國; 凡斯種種, 感蕩心靈, 非陳詩何以展其義? 非長歌何以騁其情?"

7 **역주** 왕호지(王胡之)는 자가 수령(脩齡)이며, 낭야(琅邪)의 임기(臨沂) 지역 사람이며, 아버지는 왕이(王廙)이다. 오흥(吳興)의 태수를 지낸 적이 있다.
8 『世說新語』「言語」. "王司州至吳興印渚中看, 歎曰: '非唯使人情開滌, 亦覺日月淸朗.'"
9 『世說新語』「言語」. "王子敬云: '從山陰道上行, 山川自相映發, 使人應接不暇. 若

"왕희지가 이미 관직을 버리고 동진의 인사들과 산수에서 노닐면서 낚시를 하며 놀았다. 또 도사인 허매(許邁)와 함께 수행을 하면서 단약을 먹으면서 약을 캐러 다니면서 천리길을 멀다 하지 않았고, 동진의 땅에 있는 여러 군(郡)을 두루 돌아다니고 유명한 산을 다 가보았으며, 푸른 바다를 배타고 다니면서 탄식하길, '내가 조만간 마땅히 즐거이 죽으리라.'라고 하였다."[10] 이렇게 예술가들의 눈 속에서는 참으로 산을 관망하는 것은 산에 감정을 가득 채우는 것이고, 바다를 관망하는 것은 바다에 감정을 가득 채우는 것이라고 말할 수 있다. 유협은 "무릇 문장을 짓는 사람은 감정이 움직이면 글로 표현하고, 문장을 감상하는 사람은 문장을 들추어 보면서 감정을 이입(移入)한다."[11]라고 하였다. 바로 이와 같은 감정이야말로 진정 위진 시기 사람들의 창작 동기이며, 바로 이런 종류의 감정이라야 비로소 위진 시기 문예 작품의 진실한 의의(意義)이다. "감정에 따르는 것[緣情]"은 문예 창작의 근본 원칙을 이루며, "감흥에 의탁하는 것[寄興]"은 문예 활동의 최고 목적이다. "도를 싣는 것[載道]"에서 "감흥에 의탁함[寄興]"으로 가는 것, 이것은 위진과 남조의 문학 예술이 한나라 시대의 예술과 구별되는 또 하나의 중요한 특징이다.

(3) 아름답게 다듬는 것[彫琢]을 버리고, 저절로 그러함[自然]을 숭상함

위진의 명사들은 허위(虛僞)와 조작(造作)을 가장 싫어했으며, 자연(自然)스러움과 진솔(眞率)함을 가장 숭상하였다. 조작을 반대하기 위하여 왕필은 "근본을 숭상하고 말단을 살린다[崇本息末]."는 것에 호소하였

秋冬之際, 尤難爲懷.'"

10 『晉書』「王羲之傳」. "羲之旣去官, 與東土人士盡山水之游, 弋釣爲娛. 又與道士許邁共修服食, 採藥石不遠千里, 遍游東中諸郡, 窮諸名山, 泛滄海, 歎曰: '我卒當以樂死.'"

11 『文心雕龍』「知音」. "夫綴文者情動而辭發, 觀文者披文以入情."

다. 진솔함을 제창하기 위하여 혜강은 "명리를 넘어서 마음에 맡기는 것[越名任心]"을 주장하였다. 이런 사상의 조류는 문학예술에 스며들어서 바로 아름답게 다듬는 것[彫琢]을 버리고, 저절로 그러함[自然]을 숭상하는 기풍을 형성하였다.

> "안연지가 포조(鮑照: 415-470)에게 '나와 사령운은 누가 더 뛰어난가?'라고 물었다. 포조가 대답하길, '사령운의 시는 처음에 피는 부용꽃 같아서 저절로 자연스레 사랑할만하다. 그대의 시는 수를 놓은 비단을 벌여놓은 것 같아서 또한 수식된 문장의 아름다움이 눈에 가득 찬다.'라고 하였다. 안연지는 끝내 몸소 그것을 안타까워하였다."[12]

사람들이 그의 시를 "수식된 문장의 아름다움이 눈에 가득 찬다."라고 하였지만, 안연지는 바로 "끝내 몸소 그것을 안타까워하였으니", 당시 사람들의 안목에서 아름답게 다듬는 것이 좋지 않게 여겨졌음을 볼 수 있다.

아름답게 다듬는 것은 바로 조작하는 것이다. 모든 예술 작품은 고르게 사람의 손에서 나오는 것이므로 당연히 꼭 "조작"되는 것이지만, 조작은 흔적을 남겨서는 안 되는 것이며, 만약 사람들이 칼이나 도끼로 깍은 흔적을 볼 수 있다면 그것은 바로 허위적인 것이 된다. "저절로 그러한 것[自然]"은 바로 진실한 것이다. 예술은 진실한 것을 귀하게 여기며, 감정을 펴는 것은 마땅히 감정이 저절로 흘러나와 드러나는 것이라야 하며, 사물을 형상화하는 것은 풍경 대상을 저절로 그렇게 천연적으로 이루어진 것과 같게 해야 하는 것이다. 유협은 "흰 분과 눈썹먹은 얼굴을 꾸미는 것이며, 아름다운 눈매와 입모양은 아름다운 자태에서 생기고, 아름다운 문채는 말을 꾸미는 것이며, 화려한 말은 성품에 근본을

---

12 『南史』「顔延之傳」. "延之問鮑照, 己與謝靈運優劣. 照曰: '謝公詩如初發芙蓉, 自然可愛. 君詩如鋪錦列繡, 亦雕繪滿眼.' 延年終身病之."

둔다."[13]라고 하였다. 문학적 재능은 감정을 표현해 내기 위한 것이며, 이 때문에 창작은 "감정을 위해서 문장을 짓는 것이지"[14] "문장을 위해서 감정을 짓는 것이 아니다."[15] "감정을 위하는 사람은 간략하고 세련되게 하여 진실을 그려내고, 문장을 위하는 사람은 지나치게 화려하여 혼잡에 빠지고 합당함을 잃는다."[16] "간략하고 세련되게 하여 진실을 그려내는 것"은 바로 "저절로 자연스레 사랑할만한 것"이며, "지나치게 화려하여 혼잡에 빠지고 합당함을 잃은 것"은 바로 "수식된 문장의 아름다움이 눈에 가득 찬 것"이다. 한 편의 시문(詩文)이 만약 진정한 실제의 감정이 없이 단지 거짓으로 조작하거나 군더더기 미사여구(美辭麗句)만 늘어놓는다면 그것을 바로 부자연스러운 것이며, 부자연스러운 작품은 취할만한 것이 아니다. 단지 감정을 펼쳐내는 것이 자연스러워야 할 뿐만 아니라 사물을 형상화하는 것도 마찬가지로 자연스러워야 한다. "섬세한 솜씨와 아름다운 소리가 평안한 태도에 완연함이 마치 먼 산이 아지랑이 속에 떠있는 것 같고, 아름다운 여인이 꽃 같은 얼굴을 꾸미는 것 같다. 그러나 아지랑이는 저절로 그렇게 이루어지는 것이라서 꾸미는 것에 수고롭지 않고, 꽃 같은 얼굴은 품격에서 정해지는 것이라서 꾸미는 것을 의존하지 않는 것이다."[17] 풍경 대상에는 저절로 그러한 자연적 아름다움이 있어서 반드시 아름답게 깎아 다듬을 필요가 없으며, 아름답게 깎아서 만든 풍경 대상은 바로 자연스럽지 못한 것이다.

　　그렇다면 위진 시기의 사람들은 아름다운 문장을 중시하지 않은 것인가? 그렇지 않다. 유협은 사령운이 지은 시를 평하여 "백자의 짝으로서

---

13 『文心雕龍』「情采」. "夫鉛黛所以飾容, 而盼倩生於淑姿, 文采所以飾言, 而辯麗本於情性."
14 『文心雕龍』「情采」. "爲情而造文."
15 『文心雕龍』「情采」. "爲文而造情."
16 『文心雕龍』「情采」. "爲情者要約而寫眞, 爲文者淫麗而煩濫."
17 『文心雕龍』「隱秀」. "纖手麗音, 宛乎逸態, 若遠山之浮煙靄, 變女之靚容華. 然煙靄天成, 不勞於妝點, 容華格定, 無待於裁熔."

맞추어 수식하였고, 한 구절의 기발한 의미를 얻기 위해 성가를 다투었으며, 내용은 반드시 사물의 모습을 다 묘사하고자 하였고, 글은 반드시 힘을 다하여 새로움을 추구하였다."[18]라고 하였다. 위진 시기의 사람들은 문장의 아름다움을 가장 잘 궁구하였고, 그들은 늘 한마디 말과 하나의 문장을 위하여 심혈을 기울이고 오랜 세월을 고심했다. 그러나 그들은 문장의 아름다움에 대한 평에서는 역시 그것이 저절로 그러한 자연에 부합하는지의 여부를 보았는데, 만약 전고를 지나치게 남용하여 문채만 있고 감정이 없거나, 또는 시문의 성조(聲調)와 격률(格率)에 구애되어 그 아름다움을 상실하면 그것을 바로 하등의 평범한 수준으로 넣었다. 만약 아름답게 다듬지 않고 첨삭하지 않고도 저절로 그러한 자연성의 청신(淸新)함이 있어서 "구름과 노을을 만드는 것에서는 결코 하늘의 솜씨에 양보하지 않고, 풀과 꽃을 베는 것에서는 신들린 기술자와 같은 수준이 있다."[19]는 것이라야 비로소 최상의 작품으로 칭송하였다.

쉽게 알 수 있듯이, 위진과 남조의 문학예술에 있어서 위에 서술한 세 가지 특징은 모두 현학의 기본태도와 밀접한 상관성이 있다. 만약 현학가들이 제창한 "명교를 초월하여 저절로 그러함에 내맡기는 것[越名敎而任自然]"이 없었다면 문학예술은 바로 명교의 억압을 벗어날 수 없었을 것이다. 만약 현학가들이 공리(功利)를 가벼이 여기고 정신을 중시하는 생활 태도를 고취시키지 않았다면, 문학예술의 종지(宗旨)도 "도를 싣는 것[載道]"에서부터 "감흥에 의탁함[寄興]"으로 변화하여 전이되지 못했을 것이다. 현학은 허위를 반대하고, 문학은 아름답게 다듬는 것을 반대한다. 현학은 진솔함을 제창하고, 문학은 저절로 그러한 자연성을 숭상한다. 종합적으로 말하자면, 위진 현학과 문학예술에 관통하는 것은 동일한 정신이며, 채택한 것은 동일한 태도이니, 양자의 사이에는 상호 영

---

18 『文心雕龍』「明詩」. "儷采百字之偶, 爭價一句之奇, 情必極貌以寫物, 辭必窮力而追新."
19 『文心雕龍』「明詩」. "裁雲制霞, 不讓乎天工, 斲卉刻葩, 有同乎神匠."

향, 상호 삼투(滲透), 상호 관통의 관계가 있다.

"명교를 초월하여 저절로 그러함에 내어 맡기는 것"을 제외하고도 "말에 의탁하여 뜻을 펼치는 것[奇言出意]"・"뜻을 얻으면 말을 잊는 것[得意忘言]"의 방법은 문학예술에 대하여 아주 큰 영향을 미치고 있으며, 위진과 남조의 문학예술의 수많은 특징은 모두 위진 현학의 이런 방법 속에서 이끌어져 나온 것이다.

(1) 의경을 중시하는 것[重意境]

앞에서 우리가 이야기해 온 것은, 위진 현학이 사용한 "말에 의탁하여 뜻을 펼치는 것"・"뜻을 얻으면 말을 잊는 것"의 방법이 유한한 언어와 형상을 통하여 무한한 세계의 본체를 파악하기 위한 것이라는 점이었다. 왕필은 다음과 같이 말했다. "상(象)으로 드러나는 것은 대상(大象)이 아니고, 음(音)으로 소리 나는 것은 대음(大音)이 아니다. 그러므로 사상(四象)이 나타나지 않으면 대상이 펼쳐질 수 없고 오음(五音)이 소리가 나지 않으면 대음이 이를 수 없다. 사상이 모양을 지니며 드러나되 사물이 종주로 삼는 바가 없으면 대상이 펼쳐지게 된다. 오음이 소리가 나되 마음이 따라서 가는 바가 없으면 대음이 이르게 된다."[20] "대상(大象)"・"대음(大音)"은 언어와 형상을 넘어서 있는 세계의 본체이다. 세계의 본체에는 구체적 형상과 소리가 없지만, 그것은 또한 각각의 구체적 형상과 소리 속에서 체현되며, 사람들은 구체적 형상과 소리를 통하여 그것을 체득(體得)할 수 있다. 이것은 바로 사람들이 이미 언어와 형상을 이용하면서 또한 언어와 형상에 얽매이지 않아야 하며, 언어와 형상을 넘어서 그 밖에 있는 것을 상상하고 연상하는 것을 통해서 본체를 파악해야 한다는 것이다.

---

20 『老子指略』. "故象而形者非大象也, 音而聲者非大音也. 然則四形不象則大象無以暢, 五音不聲則大音無已至. 四象形而物無所主焉, 則大象暢矣. 五音聲而心無所適焉, 則大音至矣."

이런 방법의 영향을 받아서 위진과 남조의 문학예술은 의경(意境)을 깊이 연구하였다. 이른바 의경은 바로 작자가 예술의 언어와 형상을 통하여 표현해 내는 "뜻[意]"과 감상자가 예술의 언어와 형상 속에서 깨달아 이르는 "뜻"이다. 작자의 "뜻"은 언어와 형상 속에 깊이 감추어져 있으며 은미하여 드러나지 않는다. 감상자의 "뜻"은 언어와 형상의 겉모습과 소리와 그림의 겉모습에서 얻어지는 것이다. 위진 시기 사람들의 이해에 의거하면, 문예창작은 "언어[言: 경물]"을 통하여 "뜻[意]"에 도달하고, "뜻"을 통하여 "언어[言: 작품]"에 도달하는 과정이다. 전자는 경물이 변화하여 감정이 되는 것을 말하고, 후자는 감정이 변화하여 경물이 되는 것을 말한다. 육기(陸機)는 말하길, 창작을 하기 전에는 "오랫동안 천지의 사이에 서서 그윽하고 고요하게 만물을 바라보며, 옛 전적을 가지고 감정과 의취(志趣)를 닦고, 사계절의 변화를 좇아서 세월 감을 감탄하며, 만물의 변천을 보고 생각을 잇달아 드러내며, 깊은 가을날 떨어지는 잎을 슬퍼하고, 아름다운 봄날 부드럽게 돋는 초목의 싹을 기뻐해야 한다."[21] 그런 다음에 "맑은 생각을 다 발휘하여 생각을 고요히 하고, 여러 가지 생각을 넘어서 문장의 말을 지으며, 천지자연을 문장의 형태 속으로 갈무리하고, 만물을 붓끝으로 녹여내는 것이다."[22] 문예가는 먼저 경물을 관찰하고, 경물로 말미암아 풍부한 연상(聯想)을 이끌어내야 하며, 그 속에서 "뜻(意)"을 얻고 난 뒤에 다시 이 "뜻"을 자기의 작품 속에 응취(凝聚)시키고, 작품 속의 경물로 하여금 일종의 "뜻"을 함축하는 경물이 되게 하며, 마음속의 "뜻"을 외화(外化)시켜서 일종의 경물의 "뜻"이 되게 해야 한다. 이렇게 경물을 변화시켜 감정으로 삼고 감정을 변화시켜 경물을 삼는 과정을 통하여 창작되어 나온 작품이라야 비로소 의경(意境)을 지닐 수 있는 것이다.

---

21 『文賦』. "佇中區以玄覽, 頤情志於典墳. 遵四時以嘆逝, 瞻萬物而思紛, 悲落葉於勁秋, 喜柔條於芳春."
22 『文賦』. "罄澄心以凝思, 眇衆慮而爲言, 籠天地於形內, 挫萬物於筆端."

하나의 좋은 예술품은 작자가 "말에 의탁하여 뜻을 펼치는 것[寄言出意]"의 결과인데, 이 때문에 반드시 감상자로 하여금 "뜻을 얻으면 말을 잊게[得意忘言]"하는 것이다.

"간문제 사마욱(司馬昱)이 화림원(華林園)[23]에 들어가서 주변의 신하들에게 말하길, '마음에 꼭 드는 곳은 꼭 멀리 있는 것은 아니로다. 손 타지 않은 우거진 숲 속에서 저절로 호(濠)와 복(濮)의 강물에서 놀던 일을 생각하노라. 모르는 사이에 새와 짐승과 물고기 들이 스스로 다가와 사람과 무람없이 어울리도다.'라고 하였다."[24]

"곽박(郭璞)이 시에서 말하길, '숲 속에는 고요한 나무가 없고, 내에는 멈추어 있는 물이 없구나.'라고 하였다. 완부(阮孚)가 이에 말하길, '깊은 물과 가파른 산세의 소슬함이야 참으로 말로 하기 어렵다. 이 글을 읽을 때마다 문득 정신과 몸이 세속을 넘어선 느낌이 든다.'라고 하였다."[25]

하나의 원림(園林)은 감상자를 "호(濠)와 복(濮)의 강물에서 놀던 일을 생각하게 하며", 한 편의 시문(詩文)은 읽는 사람을 "정신과 몸이 세속을 넘어선 느낌이 들게 하는데", 이것이 어찌 "뜻을 얻으면 말을 잊는 것"이 아니겠는가! 육기는 문예창작에는 반드시 "허무(虛無)의 세계를 살펴서 유(有)를 이끌어내고, 적막함을 두드려 소리를 찾아서, 한 자의 흰 형겊에 아득하고 심원한 뜻을 담으며, 마음속에서 광활한 심경을 토해 내야

---

23 **역주** 화림원(華林園)은 과거 삼국시대 오나라의 옛 동산이었으나, 오나라가 망하고 서진(西晉)을 거쳐 동진(東晉)으로 와서 과거 낙양(洛陽)의 옛 동산 이름을 본떠 지었다. 현재 강소성(江蘇省) 강영현(江寧縣) 대성(臺城)에 있다.

24 『世說新語』「言語」. "簡文入華林園, 顧謂左右曰: '會心處不必在遠. 翳然林水, 便自有濠濮間想也, 不覺鳥獸禽魚, 自來親人.'"

25 『世說新語』「文學」. "郭景純詩云: '林無靜樹, 川無停流.' 阮孚云: '泓峥蕭瑟, 實不可言. 每讀此文, 輒覺神超形越.'"

한다."²⁶ 하나의 예술품이 단지 "만물의 존재"로만 묘사되고 "허무"를 체현해 내지 못하고, 단지 구체적 음향(音響)만 지니면서 "적막함"의 "대음(大音)"을 표현해 내지 못한다면, 감상할 가치가 없는 것이니, 오직 사람들이 지척(咫尺)의 짧은 거리 속에서 천리 밖을 볼 수 있게 하고, 방촌(方寸)의 짧은 시간 속에서 언어와 형상의 밖을 얻을 수 있어야만 비로소 좋은 작품이다.

"언어와 형상[言象]"은 "뜻[意]"의 상징이지 "뜻"이 아니며, "뜻"은 작품 속에서 숨어 있는 채 드러나지 않는다. 이 때문에 의경(意境)이 있는 작품은 반드시 함축(含蓄)이 있다. 함축은 바로 "문장 밖의 곡진한 이치[文外曲致]"(육기)이며, "분별하고자 하여도 이미 말을 잊는 것[欲辨以忘言]"(도잠)이다. 유협은 다음과 같이 말했다.

> "무릇 마음의 작용이 움직이는 것은 고원(高遠)하고, 문장의 감정이 변화하는 것은 심원(深遠)하며, 근원이 깊은 물은 지류를 형성하고, 뿌리가 홍성하면 이삭이 많이 패는데, 이 때문에 문장이 아름답게 피어남은 밝게 피는 것이 있고 은미한 것도 있다. 은미한 것이란 문장 밖으로 드러난 것이 말은 간략하나 의미는 풍부한 것이다. 밝게 피는 것이란 작품 속에서 홀로 빼어난 것이다. 은미한 것은 함축된 뜻으로 정교해지는 것이고, 밝게 피는 것은 탁월한 표현으로 세밀해지는 것인데, 이는 바로 예전의 문물 속에서 아름다운 업적을 이룬 것이며, 재능과 감정이 아름답게 만난 것이다. 무릇 함축된 뜻이 문장의 형체가 되는 것은, 의미가 문장 밖에서 유추되고, 감추어진 울림이 곁에서 통하며, 잠겨 있던 문채가 은연중에 드러나는 것이니, 비유컨대 효상(爻象)이 변하여 호체(好體)를 이루고, 강물이 옥구슬을 감추고 있는 것과 같다."²⁷

---

26 『文賦』. "課虛無以責有, 叩寂寞而求音, 函綿邈於尺素, 吐滂沛乎寸心."
27 『文心雕龍』「隱秀」. "夫心術之動遠矣, 文情之變深矣, 源奧而派生, 根盛而穎峻, 是以文之英蕤, 有秀有隱. 隱也者, 文外之重旨者也; 秀也者, 篇中之獨拔者也; 隱

유협이 말하는 "은(隱)"은 바로 현대인이 말하는 함축이다. "은"과 함축은 모두 작자의 참뜻이 작품 속에서 "옥구슬이 물속에 잠기고[珠玉潛水]" 깊이 감추어 드러나지 않는[深藏不露] 뜻과 같다. 옛날의 말에 이르길, "말은 다함이 있으나 뜻은 다함이 없다[言有盡而意無窮]."[28] 작자가 어찌해야 비로소 다함이 있는 언어를 가지고 다함이 없는 뜻을 감추어 지니게 하고 또 감상자가 다함이 있는 언어를 통하여 다함이 없는 뜻에 도달하도록 할 수 있는가? 이것은 바로 작품의 줄거리가 복잡하게 얽혀서 사람들이 현실에서 허무로 들어가고 점점 깊고 좋은 경지로 들어가게 해야 하는 것이다.

"선무 환온(桓溫)이 진(鎭)을 남쪽으로 옮긴 뒤에 길을 평탄하고 곧게 닦았다. 어떤 사람이 왕순(王珣)에게 말하길, '승상 왕도(王導)가 처음 건강에 도읍을 정해 경영할 때 옛 문물의 형식을 따르지 않아서 길을 구불구불하게 닦았는데, 지금의 길과 비교하면 더욱 못합니다.'라고 하였다. 이에 왕순이 말하길, '이것은 승상 왕도가 뛰어난 것이다. 강남은 땅이 좁아서 중원의 땅만 못하니, 만약 길을 사방팔방 위 아래로 통하게 닦아 놓으면 한 번에 보아 상황을 다 파악할 수 있기 때문에 구불구불하게 길을 내어 쉽게 알아보지 못하게 한 것이다.'라고 하였다."[29]

예술작품은 마치 하나의 도시와 마을 같은데, 도시와 마을이 아주 크더라도 만약 도로가 평탄하고 곧으면 또한 "한 번에 보아 상황을 다 파악할 수 있고", 도시와 마을이 아주 작더라도 만약 도로가 굽어 있으면

以複意爲工, 秀以卓絶爲巧, 斯乃舊章之懿績, 才情之嘉會也. 夫隱之爲體, 義生文外, 秘響旁通, 伏采潛發, 譬爻象之變互體, 川瀆之韞珠玉也."

28 嚴羽, 『滄浪詩話』.

29 『世說新語』「言語」. "宣武移鎭南州, 制街衢平直. 人謂王東亭曰: '丞相初營建康, 無所因承, 而制置紆曲, 方此爲劣.' 東亭曰: '此丞相乃所以爲巧. 江左地促, 不如中國, 若使阡陌條暢, 則一覽而盡, 故紆餘委曲, 若不可測.'"

사람들이 "쉽게 알아보지 못한다." 예술창작은 함축의 수법을 이용하여 사람들이 "쉽게 알아보지 못하는" 심리를 발생시키는데, 이런 심리가 있어야만 사람들이 비로소 실제의 경지(實境)를 떠나 허무의 경지(虛境)로 들어가서, 갖가지 생각이 끊임없이 떠오르고 심미(審美)가 무궁해진다.

(2) 정신을 전하는 것을 중시함重傳神

"말에 의탁하여 뜻을 펼치는 것", "뜻을 얻으면 말을 잊는 것"의 방법은 회화·조소 등 조형예술에서 바로 정신을 전하고자 인물의 형상을 그리면서, 형상으로써 정신을 그려내는 것이다. 위진 시기의 사람들은 인물을 품평할 때 그 겉모습을 보지 않고 그 정신을 보았다.

> "배해(裴楷)가 하후현(夏候玄)을 평가하여 말하길, '그의 공경스럽고 단정함이 묘당 안에 들어간 것 같으니, 조신하고 공경함을 차리지 않아도 사람들이 저절로 공경하였다.'라고 말하였다. 일설에 말하길, '하우현은 마치 종묘에 들어간 것처럼 그 낭낭(琅琅)함이 예악(禮樂)의 기물(器物)을 보는 것 같았고, 종회(鍾會)를 보면 무기 창고를 관람하는 것 같이 창칼의 날을 보는 것 같았다. 부하(傅嘏)를 보면 큰 강처럼 넓은 품이 갖추지 않음이 없다. 산도(山濤)를 보면 산에 올라 아래를 굽어보는 것처럼 그윽하여 품이 심원하였다.'라고 하였다."[30]

"묘당 안에 들어간 것 같음", "무기 창고를 관람하는 것 같음", "산에 올라 아래를 굽어보는 것 같음"은 모두 사람의 정신 기질을 의미하며, 이런 사람들의 겉 용모가 어떠한지에 대해서는 거의 사람들에게 잊혀졌다. 화가가 사람을 그리는 것도 일종의 인물 품평인데, 당시의 사상 분

---

30 『世說新語』「賞譽」. "裴令公目夏候太初, '肅肅如入廊廟中, 不脩敬而人自敬.' 一曰 '如入宗廟, 琅琅但見禮樂器. 見鍾士季如觀武庫, 但覩矛戟. 見傅蘭碩, 江廧靡所不有. 見山巨源, 如登山臨下, 幽然深遠.'"

위기 속에서 인물을 품평하는 것은 정신을 전하는 것을 중시하였으며, 인물을 그릴 때에도 당연히 정신을 전하는 것을 중시하였다.

"고개지(顧愷之)는 배해(俳諧)의 초상화를 그릴 때 볼 위에 털 세 가닥을 더 그려 넣었다. 사람들이 그 까닭을 묻자, 고개지가 말하길, '배해는 준수하고 밝아서 식견을 갖추고 있는데, 바로 이것이 그 식견을 갖춤에 해당한다.'라고 하였다. 그림을 감상하는 사람이 그것을 잘 살펴보니, 더 그려 넣은 세 가닥 터럭에 신명(神明)이 깃들어 있어서 그려 넣지 않았을 때보다 더 낫다는 것을 확연히 깨달았다."[31]

배해의 볼 위에 털이 없었지만, 오히려 까닭 없이 세 가닥의 털을 그려 넣은 것인데, 그 목적은 정신을 전하기 위해서이다. 세 가닥의 털을 더 그려 넣은 것은 그것으로 신명이 있도록 한 것이니, 이것이 바로 사람의 내면세계를 그려내는 것이다. 고개지는 다음과 같이 말했다. "무릇 그림은 사람이 가장 그리기 어렵고, 다음은 산수를 그리기 어려우며, 다음은 개와 말을 그리기 어렵다. 누각과 정자는 일정한 기물(器物)일 뿐이라서 그리기는 어렵지만 보고 좋아하기는 쉬워서 생각을 굴려 신묘한 요령을 터득할 것이 없다."[32] 사람을 그리는 것이 가장 어려운 까닭은 사람에게 정신이 있기 때문이다. 정신은 형상이 없어서 그려낼 수 없는데, 이것은 바로 "생각을 굴려 신묘한 요령을 터득하여" 인물의 정신이 지닌 외형(外形)의 특징을 표현해 낼 수 있어야 한다. 그는 사람을 그리면서 "몇 년이 지나도 눈을 그리지 않았다. 사람들이 그 까닭을 물어보니, 고개지가 대답하여 말하길, '온몸의 아름다움이나 못남은 대상의 진

---

31 『世說新語』「巧藝」. "顧長康畵裴叔則, 頰上益三毛. 人問其故. 顧曰: '裴楷儁朗有識具, 正此是其識具.' 看畵者尋之, 定覺益三毛如有神明, 殊勝未安時."

32 『魏晉勝流畵贊』. "凡畵, 人最難, 次山水, 次狗馬; 臺榭一定器耳, 難成而易好, 不待遷想妙得也."

실을 표현하는 것과 무관하며, 그림을 그릴 때 대상의 진실한 느낌을 전
달하는 것은 바로 눈동자에 있다.'라고 하였다."[33] 온몸은 외형(外形)이
며 눈동자도 외형이지만, 팔다리와 머리 몸뚱이는 정신을 전달할 수 없
기 때문에 중요하지 않은 것이며, 눈동자는 마음의 창이기 때문에 진지
하게 대해야 하는 것이며, 눈동자를 잘 그리면 인물의 정신도 바로 전달
되는 것이다.

인물의 어떤 부분에 특징이 있는 외형을 가지고 내면의 정신을 표현
하는 것은 "정신을 전하고자 인물의 형상을 그리는 것[傳神寫照]"이며, 일
정한 환경과 기물을 가지고 인물의 정신을 상징하는 것은 "정신을 전하
고자 인물의 형상을 그리는 것" 또는 "형상으로써 정신을 그려내는 것
[以形寫神]"이라고 한다. 고개지는 다음과 같이 말했다. "무릇 살아 있는
사람은 손을 공손히 모으고 눈으로 바라볼 때 앞에 그 대상으로 있지 않
음이 없다. 형체로써 그 대상의 정신(또는 眞髓)을 그려내되 마주한 대상
의 실재를 헛되이 하면, 생기를 포착하는 작용이 어그러지고, 진수를 전
하는 뜻을 잃는다."[34] 인물의 정신은 종종 그의 몸이 처해 있는 환경 속
에 집중하거나 또는 그가 기뻐하고 아끼는 물건에 집중한다.

> "왕휘지(王徽之)가 일찍이 다른 사람의 빈 집에 잠시 머물러 지낸 적이
> 있는데, 바로 대나무를 심게 하였다. 어떤 이가 물어 말하길, '잠시 머무
> 는 것인데 어찌 번거롭게 그리 하는가?'라고 하였다. 왕휘지는 휘파람을
> 한참 불더니 대나무를 바로 가리키며 말하길, '어찌 하루라도 이분이 없
> 을 수 있겠는가?'라고 하였다."[35]

---

33 『魏晉勝流畫贊』. "或數年不点目睛. 人問其故, 顧曰: 四體姸蚩本無關於妙處, 傳
神寫照正在阿堵中."
34 『歷代名畫記』권5. "凡生人, 亡有手揖眼視而前亡所對者. 以形寫神而空其實對,
荃生之用乖, 傳神之趣失矣."
35 『世說新語』「任誕」. "王子猷嘗暫寄人空宅住, 便令種竹. 或問: '暫住何煩爾?' 王
嘯詠良久, 直指竹曰: '何可一日無此君?'"

"지둔(支遁)이 항상 몇 마리 말을 기르고 있었다. 어떤 이가 말하길, '도인(道人)이 말을 기르는 것은 운치에 맞지 않는 것 같다.'라고 하였다. 그러자 지둔이 말하길, '나는 그 말의 신령하고 준수함을 귀하게 여긴다.'라고 하였다."[36]

속이 텅 비고 곧은 대나무와 신령하고 준수한 준마는 사람의 정신을 의탁할 수 있으며, 사람의 정신을 포착하는 도구와 언어·형상이 될 수 있는데, 전형적인 환경과 기물을 가지고 잘 그려서 사람의 정신을 표현할 수 있다. "고개지가 바위 사이에 있는 사곤(謝鯤)의 모습을 그렸는데, 사람들이 그 까닭을 묻자, 고개지가 말하길, '사곤은 한 언덕에 은거하고 한 골짜기에서 낚시하는 것은 그 사람 유량(庾亮)보다 스스로 낫다고 말했으니, 이 사람을 언덕과 골짜기 사이에 놓는 것이 마땅하다.'라고 하였다."[37] 모양이 닮는 것을 경시하고 정신을 전하는 것을 중시하였는데, 이것은 위진과 남조의 각종 예술이 공동으로 따른 원칙이다. 사혁(謝赫)은 "기운이 생동하는 것[氣韻生動]"을 회화의 육법[繪畫六法]의 첫째 자리에 놓았고,[38] 왕증건(王曾虔)은 "신령한 광채를 첫째로 삼고, 몸체를 다

---

36 『世說新語』「言語」. "支道林常養數匹馬. 或言 '道人畜馬不韻.' 支曰: '貧道重其神駿.'"

37 『世說新語』「工藝」. "顧長康畵謝幼輿在巖石裏. 人問其所以? 顧曰: '謝云, 一丘一壑, 自謂過之. 此子宜置丘壑中.'" **역주** 이 부분은 『世說新語』「品藻」. "明帝問謝鯤: '君自謂何如庾亮?' 答曰: '端委廟堂, 使百像準則, 臣不如亮;一丘一壑, 自謂過之'(명제 사마소가 사곤에게 묻기를 '그대는 스스로 유량과 비교해서 어떠한가?'라고 하자, 대답하여 말하길, '조정에서 단정하게 예복을 입고 모든 관리에게 모범을 삼는 것은 내가 유량보다 못하지만, 한 언덕에 은거하고 한 골짜기에서 낚시하는 것은 그 유량보다 낫다고 스스로 행각한다.'라고 하였다)."는 일화와 관련이 있다.

38 **역주** 회화육법(繪畫六法)은 사혁(謝赫)이 자신의 『고화품록(古畫品錄)』에서 종래 여러 가지 말로 떠도는 화법의 요체를 정리한 것으로서, 이후 중국 화법(畫法)의 중심 원칙이 되었다. 첫째, 기운생동(氣韻生動)은 천지만물이 지니는 생동(生動)의 기풍이 화면(畫面)에 생생하게 표현되는 것이다. 둘째, 골법용필(骨法用筆)은 옛 사람의 필격(筆格), 골법(骨法), 운필(運筆)에 관한 기법이다. 셋째, 응물

음으로 놓는 것[神彩爲上, 形質次之]"을 "서화의 신묘한 도[書之妙道]"라고
보았다. "정신을 전하고자 인물의 형상을 그리는 것", "형상으로써 정신
을 그려내는 것", "기운이 생동하는 것", "신령한 광채를 첫째로 삼는 것"
등 이런 방법과 원칙은 모두 위진 현학의 "말에 의탁하여 뜻을 펼치는
것", "뜻을 얻으면 말을 잊는 것"을 체현하는 것과 동일한 정신이다.

위진과 남조의 문학예술 속에는 또 하나의 주목할 만한 문제—산수시
와 산수화의 출현이 있다. 산수시·산수화는 어째서 이 시기에 출현하
는가? 그것들의 출현과 위진 현학은 무슨 관계가 있는가? 이 문제에 대
하여 유협은 몇 마디 말을 하였다. "송(宋) 초기의 시문(詩文)은, 변천하
여 내려온 내력이 있어서, 노장의 기풍은 물러남을 고하고, 산수의 시가
바야흐로 융성하기 시작했다."[39] 그래서 어떤 사람은 유협의 이 몇 구절
에서 출발하여 산수시·산수화와 위진 현학의 내재적 관계를 부정한다.
그들은 "노장의 기풍은 물러남을 고한 것"도 바로 현학이 물러남을 고한
것이며, 현학의 영향하에서는 오직 현허한 말로 된 시만 생산될 수 있었
고, 산수화와 산수시는 생산될 수 없었다고 여긴다. 이런 시각은 옳은
것인가, 그른 것인가? 우리는 그른 것이라고 여긴다. 진실로 현허한 말
로 된 시는 현학의 영향을 받아서 출현한 것이지만, 그 현언시(玄言詩)에
는 결코 위진 현학의 참된 정신이 없는데, 이것은 바로 동진과 서진의
명사들에게 혜강·완적의 참된 정신이 없는 것과 같다. 현언시는 단지
현원한 정신경지를 지니고 있지 않을 뿐만 아니라 현학이 제창하는 "뜻
을 얻으면 말을 잊는다."는 이치도 이해하지 못하고 있다. 현언시는 현
학의 기본정신을 위배하였으며, 또한 문예창작의 기본원칙도 위배하고

상형(應物象形)은 대상사물 자체를 잘 알고 그 형상(形象)을 표현하는 것이다. 넷
째, 수류부채(隨類賦彩)는 유(類)에 따라 그 질(質)과 뜻을 잘 알고 색채를 묘사하
는 것이다. 다섯째, 경영위치(經營位置)는 구도법(構圖法)을 바르게 고려하는 것
이다. 여섯째, 전이모사(傳移模寫)는 앞 시대의 명화(名畫)를 모사(模寫)하는 동
안에 기법을 체득하는 것이다.

39 『文心雕龍』「明詩」. "宋初文詠, 體有因革, 莊老告退, 而山水方滋."

있는데, 이런 시는 이미 의경(意境)이 없고 함축도 없으며, 오직 "이치가 문사(文辭)를 넘어섰고 담담하여 맛이 부족하여"[40] 감상할 만한 어떤 가치도 없다. 현언시와 상반되게 산수시·산수화는 비록 내용상 "칠원(漆園: 장자)"·"주하(柱下: 노자)"를 더 이상 강론하지 않았지만, 그 기본 정신은 현학과 일치한다.

첫째, 산수시·산수화는 현학이 숭상한 자연정신이 진일보 발전한 것이다. 위진 현학은 자연을 숭상하는데, 이것은 사람들이 모두 인식하고 있는 것이다. 그들의 시각 속에서는 무엇이 가장 자연다운 것인가? 명교의 속박을 받은 사람들은 자연다운 것이 아니며, 명교로 뒤덮인 사회도 자연다운 것은 아니고, 가장 자연다운 것은 대자연 그 자체에 지나지 않는다. 동진과 서진의 명사들은 행위가 방종하여 세속 예법의 속박을 받지 않는 것, 술 취한 듯 살다가 꿈꾸는 듯 죽는 것의 방법으로 사회와 인간사를 잊었으며 또한 희망도 없었다. 다만 진나라 말기에서 송나라 초기에 이르러서 사람들은 "전란이 일어나도 습관처럼 보았고, 찬탈이 일어나도 익숙하게 보았으며[亂也看慣了, 篡也看慣了]", 사회의 혼란과 인사의 갈등이 그들에게서 잊혀진 것이니, 마음도 진정 평온하고 고요하였다. 일부의 시인·화가는 평화로운 심경(心境)을 품고 사회의 뒤엉킴을 자각적으로 벗어났으며, 산수(山水)로 피신하여 자연의 산수와 자연적 감성이 이로부터 소통되게 되었다. 도잠(陶潛)은 산수시의 진정한 대표자인데, 그는 시 속에서 다음과 같이 읊었다.

> 少無適俗韻　어려서부터 세속에 맞추는 운치가 없고,
> 性本愛邱山　타고난 본성이 본래 산언덕을 좋아한다.
> 誤落塵網中　잘못하여 티끌 그물 속에 얽혀 들어서
> 一去三十年　어느새 삼십년이 지나갔도다.

---

40 鍾嶸, 『詩品序』. "理過其辭, 淡乎寡味."

羈鳥戀舊林　나는 새는 옛 숲을 그리워하고,

池魚思故淵　연못의 고기는 본래 살던 물을 그리워하네.

開荒南野際　남쪽 들녘 황무지를 개간하며,

守拙歸園田　조촐하게 살고자 전원으로 돌아왔네.

方宅十餘畝　네모진 텃밭 십여 이랑에

草屋八九間　초가집은 여덟아홉 칸.

楡柳蔭後簷　느릅나무 벚나무는 뒤뜰에 그늘을 드리우고,

桃李羅堂前　봉숭아 오얏나무는 뜰 앞에 늘어서 있네.

曖曖遠人邨　저 멀리 먼 마을에

依依墟里煙　부드러운 시골의 연기 피어나네.

狗吠深巷中　개짓는 소리는 마을 속에서 나고,

雞鳴桑樹巓　닭소리는 뽕나무 꼭대기서 나네.

戶庭無塵雜　뜰 앞에 티끌이 섞이지 않고,

虛室有餘閒　빈 방안에 한가로움 넉넉하네.

久在樊籠裏　오랫동안 장롱 속에 갇혀 있다가,

復得返自然　다시 자연으로 돌아왔노라.[41]

結廬在人境　사람 사는 저자에 움막을 짓고 사는데,

而無車馬喧　수레와 말의 시끄러움이 없노라.

問君何能爾　묻노니, 그대는 어찌 그러할 수 있는가?

心遠地自偏　마음이 심원하니 내 사는 곳이 저절로 자유로우이.

採菊東籬下　동쪽 울 밑에 국화를 꺾어 들고,

悠然見南山　유연히 남녘을 바라보노라.

山氣日夕佳　산색은 해질녘에 아름다운데,

飛鳥相與還　날던 새는 사이좋게 집으로 돌아가네.

---

41 『陶淵明集』「歸田園居」.

此中有眞意 이런 속에 참된 뜻이 있나니,

欲辨已忘言 분별해 말하고자 하여도 말을 잊도다.[42]

　시인의 눈 속에서 이런 산과 물, 나무와 풀들 같은 자연은 얼마나 아름다운가! 그러나 이 산과 물의 아름다움은 오히려 개개인이 모두 깨달을 수 있는 것이 아니다. 완적도 "어려서부터 세속에 맞추는 운치가 없고, 타고난 본성이 본래 산언덕을 좋아하는" 사람이었다. 그러나 그는 산에 오르고 물가에 이르렀을 때는 오히려 도잠과 같은 이런 감수성이 없었고,

　"높이 올라 사방의 들녘을 굽어보다가, 북쪽에 푸른 산을 바라보노라. 소나무와 잣나무 무성하여 언덕을 가리고, 나는 새소리 어우러져 퍼진다. 마음에 사무친 심정이 쓰리나니, 비통한 삶이야 늘 괴롭지."[43]고 읊었다. "한 몸 다하도록 살얼음 밟듯 조심하면서"[44] "가슴 속에 끓는 열정을 품고 있는"[45] 사람들이 어느 겨를의 마음으로 대자연의 아름다움을 감상할 수 있겠는가! 정치적 원인 때문에 혜강 · 완적은 단지 "자연을 숭상[崇自然]"할 수 있었지만, "자연에 부합[得自然]"할 수는 없었다. 진정으로 "자연을 숭상하고" 또 "자연에 부합"할 수 있었던 사람은 도잠이었다. 오직 도잠처럼 "다시 자연으로 돌아와서", "마음이 심원하니 내 사는 곳이 저절로 자유로운" 사람이라야 비로소 산수(山水)에 마음을 기탁할 수 있는 것이며, 마음과 산수가 융합하여 하나가 되는 상태에 이르러야 비로소 산수가 저절로 사랑스러운 것임을 깨달을 수 있으며 저절로 사랑스러운 산수시를 쓸 수 있게 되는 것이다. 송(宋)나라 초기의 산수시는

---

42 『陶淵明集』「飲酒」.
43 『詠懷詩』八十二. "登高臨四野, 北望靑山阿, 松柏翳岡岑. 飛鳥鳴相過. 感慨懷辛酸, 怨毒常苦多."
44 『詠懷詩』八十二. "終身履薄氷."
45 『詠懷詩』八十二. "胸中懷湯火."

현학의 영향을 벗어나지 않았으며 진정으로 현학의 정신을 체현하였다.

둘째, 산수시·산수화는 형상으로 정신을 그려내는 유효한 수단이다. 앞에서 우리가 말했듯이, 위진 시기의 사람들의 인물품평은 정신의 전달을 중시하였고, 위진 시기 사람들의 인물화도 정신의 전달을 중시하였다. 그렇다면 어떤 것이 인물의 정신을 가장 잘 상징하고, 인물의 정신을 가장 잘 전달하는 것인가? 산수(山水)이다. 위진 시기의 사람들은 자연을 숭상하였으며, 산천(山川)과 하류(河流)가 가장 대표적 자연이므로 자연의 산수를 가지고 인물의 정신을 그려 내는 것이 어찌 이치에 맞으면 문장이 이루어지는 것[順理成章]이 아니겠는가?

> "곽태(郭泰)가 여남에 가서 원굉(袁閎)을 방문할 때, 수레는 바퀴가 멈추지 않으며 워낭소리는 멍에에서 그치지 않을 만큼 잠시 들렀다. 황헌(黃憲)을 방문해서는 하루를 지냈을 뿐이다. 사람들이 그 까닭을 물으니, 곽태는 '황헌의 깊고 넓음은 마치 억만의 파도가 치는 바다 같아서, 맑게 하고자 해도 깨끗해지지 않으며, 흔들어도 흐려지지 않으니, 그의 국량은 깊고 넓어 헤아리기 어렵다.'라고 대답하였다."[46]

> "어떤 손님이 진심(陳諶)에게 물어 말하길, '그대의 아버지인 태구 진식(陳寔)은 어떤 공덕이 있어서 세상의 명성을 한 몸에 받고 있는가?'라고 하였다. 진심이 말하길, '우리 아버지는 비유컨대 계수나무가 태산의 언덕에서 자라는 것 같으니, 위로는 만 길이나 되는 높이가 있고 아래로는 헤아릴 수 없는 깊이가 있다. 그러므로 위로는 감로가 적시어 주고 아래로는 깊은 연못이 윤택하게 해주니, 이런 경지에 있게 되면 계수나무가 어떻게 태산의 높음과 연못의 깊음을 알겠는가? 아버지는 자신에게 공

---

46 『世說新語』「德行」. "郭林宗至汝南造袁奉高, 車不停軌, 鸞不輟軛. 詣黃叔度, 乃彌日信宿. 人間其故, 林宗曰: '叔度汪汪, 如萬頃之陂. 澄之不清, 擾之不濁, 其器深廣, 難測量也.'"

덕이 있는지조차 모른다.'라고 하였다.”[47]

“세상 사람들이 이응(李膺)을 평가하여 말하길, ‘굳건하고 준엄함이 마치 곧은 소나무 아래를 지나는 바람 같다.'라고 하였다.”[48]

“공손도(公孫度)가 병원(邴原)을 평가하며 말하길, ‘이른바 구름 속의 흰 학과 같으니, 제비와 참새의 그물로 잡을 수 있는 것이 아니다.'라고 하였다.”[49]

『세설신어』 속에서 산수를 가지고 인물의 정신을 형상화한 것은 매우 많은데, 예를 들어 말하자면, 왕연(王衍)은 “험준한 바위가 수려하게 우뚝 솟아 천 길 벽으로 서 있는 것 같으며”,[50] 화교(和嶠)는 “무성함이 천 길이나 되는 소나무 같고”,[51] 주개(周凱)는 “깎아지른 산처럼 우뚝하다.”[52]는 등등이다. 이미 인물 품평이 늘 산수를 가지고 인물의 정신을 상징하였다면, 회화도 당연히 산수를 가지고 인물의 정신을 그려 낸다. 위진과 남조의 회화는 먼저 인물의 특징을 그리고, 그 후에 인물을 특정한 환경 속에 놓으며, 마지막으로 아예 인물의 형체를 화면(畵面)의 밖으로 빼어 놓고, 오직 인물의 정신을 상징하는 산수만 그리는데, 그래서 산수화가 이로 말미암아 발생하는 것이다.

셋째, 산수시 · 산수화는 작자가 “정신을 밝게 드러내고[暢神]”, “감흥

---

47 『世說新語』「德行」. “客有問陳季方: ‘足家君太丘, 有何功德, 而荷天下重名?’ 季方曰: ‘吾家君譬如桂樹生泰山之阿, 上有萬仞之高, 下有不測之深; 上爲甘露所霑, 下爲淵泉所潤. 當斯之時, 桂樹焉知泰山之高, 淵泉之深, 不知有功德與無也!’”
48 『世說新語』「賞譽」. “世目李元禮: ‘謖謖如勁松下風.’”
49 『世說新語』「賞譽」. “公孫度目邴原: ‘所謂雲中白鶴, 非燕雀之網所能羅也.’”
50 『世說新語』「賞譽」. “巖巖淸峙壁立千仞.”
51 『世說新語』「賞譽」. “森森如千丈松.”
52 『世說新語』「賞譽」. “嶷如斷山.”

에 의탁하는 것[寄興]"이 가장 좋은 길이다. 산수시 · 산수화는 단지 개인의 정신을 전달할 수 있을 뿐만 아니라 작자 자신의 정신을 기쁘게 할 수 있다. 송나라 초기의 유명한 화가인 종병(宗炳)은 다음과 같이 말했다.

"성인은 도(道)를 품고 사물을 비추어 보며, 현인은 마음을 깨끗이 하여 형상을 음미한다. 산수의 경우에 바탕은 있지만 의취(意趣)는 신령하며, 이 때문에 헌원(軒轅)과 요임금 · 공자 · 광성자(廣成子) · 대외씨(大隗氏) · 허유 · 백이와 숙제 등의 성현들은 반드시 공동산(崆峒山) · 구자산(具茨山) · 막고산(藐姑山) · 기산(箕山) · 수양산(首陽山) · 대몽산(大蒙山) 등을 유람하였다. 또한 어진 사람과 지혜로운 사람은 산과 물을 즐겼다. 무릇 성인은 정신으로 도를 본받고 현인은 그것을 세상에 통하게 하며, 산수는 형상으로써 도를 아름답게 그려내고 어진 사람은 그것을 좋아하니, 또한 거의 사실이 이렇지 않은가? 나는 여산(廬山)과 형산(衡山)을 사모하고, 멀리 떨어진 형산(荊山)과 무산(巫山)을 그리워하면서 늙어가는 줄 몰랐다. 부끄럽게도 기를 모아서 몸을 화락(和樂)하게 하지 못하였고, 몸이 병약하여 걷기에도 불편하였으나 석문(石門) 등의 지역을 돌아다녔는데, 이에 그림으로 그려서 이 운령(雲岭)의 작품을 창작하였다. 무릇 성인의 이치는 중고(中古)시대의 위에서 끊어졌으나 천년의 거리가 있는 지금 그 뜻을 구할 수 있다. 성인의 은미한 뜻은 언어와 형상의 밖에 있지만 마음을 다해 남아 있는 책 속에서 이해할 수 있다. 하물며 몸 가까이에 있고, 눈으로 조밀하게 볼 수 있어서, 산수의 본래 형상으로 산수의 형상을 그려내며, 산수의 본래 색깔로 산수의 색을 그려내는 것쯤이랴! ⋯ 그래서 한가로이 기식(氣息)을 고르게 하고, 술잔을 치고 거문고를 타며, 그림첩을 열어 놓고 그윽하게 바라보며, 앉아서 사방의 아득한 곳을 자세히 바라보고, 하늘이 권면하는 길을 어기지 않고 따르며, 홀로 사람 없는 아득한 들녘을 응시한다. 깎아지른 듯한 절벽에 구름이 가득하고 빽빽한 숲이 아득하니, 성인과 현인의 이치가 먼 시대부터 비추었지만, 온갖 경치가 그 성현의 신묘한 생각을 녹여서 담아내고 있다. 내가 다시 무엇을 하겠는가? 정신을 유쾌하게 할 뿐이로다. 정신이 유쾌하게 피어나니, 무엇이 산수화보다 나은 것이겠는가!"[53]

"무릇 성인은 정신으로 도를 본받고", "산수는 형상으로써 도를 아름답게 그려내니", 산수와 성인의 "뜻[意]"은 위로는 옛 성인의 뜻에 도달하고, 아래로는 자신의 정신을 창달하는 것이며, 이것이 인생의 최대 쾌락과 만족이다. 그러나 사람은 산수 속에 오래 머물 수는 없는 것이므로 "그림으로 그려서 이 운령(雲嶺)의 작품을 창작하는 것"이며, 산수를 종이 위에 그려서 신변 가까이 머물게 하는 것이다. 많은 시간 "그림첩을 열어 놓고 그윽하게 바라보며, 앉아서 사방의 아득한 곳을 자세히 바라보니", 어찌 정신을 밝게 드러내고 감흥에 의탁하며, 언어로 뜻을 얻는 좋은 방법이 아니겠는가!

이상의 세 가지 점이 산수시 · 산수화를 발생시킨 주요 원인이며, 산수시 · 산수화는 위진 현학이 발흥한 뒤에 출현하는 것인데, 이는 인류 정신 발전의 필연이다. 중국의 산수화는 의경(意境)의 심원함, 정신을 전달하고자 형상을 그려냄, 마음속의 심원한 경지를 다 그려냄, 담백하면서 우아하되 변화무상함을 중시하는데, 이런 특징의 형성은 위진 현학에서 뜻을 얻은 것이다.

---

53 『畫山水序』. "聖人含道暎物, 賢者澄懷味象. 至於山水質有而趣靈, 是以軒轅堯孔廣成大隗許由孤竹之流, 必有崆峒具茨藐姑箕首大蒙之游焉. 又稱仁智之樂焉. 夫聖人以神法道, 而賢者通, 山水以形媚道, 而仁者樂, 不亦幾乎? 余眷戀廬衡, 契闊荊巫, 不知老之將至. 愧不能凝氣怡身, 傷跕石門之流, 於是畫象布色, 构兹雲岭. 夫理絶於中古之上者, 可意求於千載之下; 旨微於言象之外者, 可心取於書策之內. 況乎身所盤桓, 目所綢繆, 以形寫形, 以色貌色也 … 於是閑居理氣, 拂觴鳴琴, 披圖幽對, 坐究四荒, 不違天勵之從, 獨應無人之野. 峰岫嶢嶷, 雲林森眇, 聖賢映於絶代, 萬趣融其神思. 余復何爲哉? 暢神而已. 神之所暢, 孰有先焉!"

참고문헌

1. 역사 자료

(前漢)司馬遷,『史記』.

(後漢)班固,『漢書』.

(晉)陳壽,『三國志』.

(宋)范曄,『後漢書』.

(宋)劉義慶,『世說新語』.

(梁)劉勰,『文心雕龍』.

(梁)僧祐,『弘明集』.

(梁)沈約,『宋書』.

(梁)蕭子顯,『南齊書』.

(梁)慧皎,『高僧傳』.

(梁)僧祐,『出三藏記集』.

(北齊)魏收,『魏書』.

(唐)姚思廉,『梁書』.

(唐)姚思廉,『陳書』.

(唐)道宣,『廣弘明集』.

(唐)道宣,『續高僧傳』.

(唐)房玄齡·褚遂良 等,『晉書』.

(唐)李延壽,『南史』.

(唐)令孤德,『周書』.

(唐)李延壽,『北史』.

(唐)李百藥,『北齊書』.

(淸)嚴可均 編,『全上古三代秦漢三國六朝文』.

2. 사상 자료

(先秦)『老子』.

(先秦)『莊子』.

(先秦)『周易』.

(先秦)『詩經』.

(先秦)『書經』.

(先秦)『禮記』.

(先秦)『春秋』.

(先秦)『論語』.

(先秦)『孟子』.

(西漢)王充,『論衡』.

(西漢)王充,『養性書』.

(西漢)揚雄,『太玄』.

(西漢)揚雄,『法言』.

(東漢 末)徐幹,『中論』.

(三國 魏)曹操,『曹操集』.

(三國 魏)曹植,『辯道論』.

(三國 魏)劉劭,『人物志』.

(三國 魏)李康,『運命論』.

(三國 魏)何晏,『論語集解』.

(三國 魏)何晏,『道德論』.

(三國 魏)王弼,『老子注』.

(三國 魏)王弼,『老子指略』.

(三國 魏)王弼,『周易注』.

(三國 魏)王弼,『周易略例』.

(三國 魏)王弼,『論語釋義』.

(三國 魏)嵇康,『嵇康集』(『嵇中散集』).

(三國 魏)阮籍,『阮籍集』(『阮步兵集』).

(晉)傅玄,『傅子』.

(晉)楊泉,『物理論』.

(晉)魯褒,『傳神論』.

(晉)裴頠,『崇有論』.

(晉)魯勝,『墨辯注』.

(晉)歐陽建,『言盡義論』.

(晉)張韓,『不用舌論』.

(晉)向秀,『莊子注』.

(晉)郭象,『莊子注』.

(晉)楊羲,『眞誥』.

(東晉)張湛,『列子注』.

(東晉)『黃庭經』.

(東晉)『西昇經』.

(東晉)『度人經』.

(東晉)葛洪,『抱朴子』.

(東晉)葛洪,『神仙傳』.

(東晉)孫盛,『老子疑問反訊』.

(東晉)孫盛,『老聃非大賢論』.

(東晉)戴逵,『釋疑論』.

(東晉)戴逵,『放達爲非道論』.

(東晉)陶潛,『陶淵明集』.

(東晉)王浮,『老子化胡經』.

(東晉)僧肇,『肇論』.

(東晉)僧肇,『維摩經注』.

(東晉)慧遠,『沙門不敬王者論』.

(東晉)慧遠,『三報論』.

(東晉)郄超,『奉法要』.

(東晉)孫綽,『喩道論』.

(晉宋)鄭鮮之,『神不滅論』.

(晉宋)宗炳,『明佛論』.

(晉宋)道生,『妙法蓮華經疏』.

(晉宋)道生,『注維摩詰經』.

(晉宋)顔延之,『釋達性論』.

(宋)慧琳,『白黑論』.

(宋)何承天,『達性論』.

(梁)範縝,『神滅論』.

(梁)陶弘景,『眞靈位業圖』.

(梁)劉勰,『滅惑論』.

(梁)劉峻,『辨命論』.

(梁)沈約,『均聖論』.

(梁)蕭衍,『入神明成佛義記』.

(梁)蕭琛,『難神滅論』.

(梁)黃侃,『論語義疏』.

(宋)謝靈運,『辯宗論』.

(齊)明僧紹,『正二敎論』.

(齊)僧順,『釋三破論』.

(北周)道安,『二敎論』.

(陳)慧思,『諸法無諍三昧法門』.

(陳)慧思,『大乘止觀法門』.

(北魏)寇謙之,『老君音誦誡經』.

(北魏)賈思勰, 『齊民要求』.

(北齊)顔之推, 『顔氏家訓』.

(北齊)劉晝, 『劉子』(『劉子新論』).

(南宋)『十三經注疏』.

3. 연구서 자료

湯用彤, 『漢魏兩晉南北朝佛敎史』, 中華書局, 1981.

任繼愈 主編, 『中國佛敎史』 1-2卷, 中國社會科學出版社, 2009.

方立天, 『魏晉南北朝佛敎論叢』, 中華書局, 1982.

陳國符, 『道藏原流考』, 中華書局, 1985.

卿希泰, 『中國道敎思想史綱』 1卷, 四川人民出版社, 1983.

湯一介, 『魏晉南北朝時期的道敎』, 陝西師範大學出版社, 1988.

呂澂, 『中國佛學原流略講』, 中華書局, 1979.

石峻 等, 『中國佛敎思想資料選編』 1卷, 中華書局, 1981.

湯用彤, 『魏晉玄學論考』, 中華書局, 1983.

湯一介, 『郭象與魏晉玄學』, 湖北人民出版社, 1988.

侯外廬 等, 『中國思想通史』 3卷—魏晉南北朝, 中國社會科學出版社, 1990.

任繼愈 主編, 『中國哲學發展史』 3卷—魏晉南北朝, 人民出版社, 1984.

孔繁, 『魏晉玄學和文學』, 中國社會科學出版社, 1987.

王葆玹, 『正始玄學』, 齊魯書社, 1987.

賀昌群, 『魏晉淸談思想初論』, 上海商務印書館, 1947.

余敦康, 『魏晉玄學史』, 北京大學出版社, 2004.

韓格平 外, 『魏晉全書』 1-2, 長春: 吉林文史出版社, 2006.

韓格平 注譯, 『竹林七賢詩文全集譯注』 長春: 吉林文史出版社, 1997.

編輯部, 『漢語大詞典』, 漢語大詞典出版社, 1995.

中國社會科學院 哲學硏究所 編, 『中國哲學史資料選輯-魏晉隋唐之部』,
　　中華書局, 1990.

許抗生,『魏晉南北朝哲學思想研究槪論』, 天津敎育出版社, 1988.

임종욱 편,『중국역대인명사전』, 이회문화사, 2010.

金靜,『科擧制度與中國文化』, 上海人民出版社, 1990.

勞幹,『魏晉南北朝史』, 臺北: 中國文化大學出版部, 1980.

楊明照,『文心雕龍校注拾遺』上海：上海古籍出版社, 1982.

樓宇烈,『王弼集校釋』臺灣：華正書局, 1991.

北京愛如生數字化技術硏究中心 硏製,『中國基本古籍庫』(電子版).

색 인

가남풍(賈南風)   14
가모(賈模)   17
가의(賈誼)   458
가충(賈充)   12
가탁(假託)   343
간문제(簡文帝)   369
간보(干寶)   5
갈제(葛悌)   433
갈홍(葛洪)   431
감로(甘露)   350
강승회(康僧會)   343
격의지학(格義之學)   344
경상(經常)   246
경전석문(經典釋文)   75
고개지(顧愷之)   461
고비(顧秘)   435
고사손(高似孫)   86
고승전(高僧傳)   344
고양지   8
고염무(顧炎武)   81
고환(顧歡)   91
공관(空觀)   291, 355
공손무지(公孫無知)   330
공종(空宗)   344
곽괴(郭槐)   15
곽박(郭璞)   471

곽상   9
광일(光逸)   246
구양건(歐陽建)   9, 57
구품관인법(九品官人法)   4
극초(郗超)   369
금욕주의(禁慾主義)   278
기백(岐伯)   22
기신(紀信)   96
기화(氣化)   144
길장(吉藏)   355

내성외왕(內聖外王)   328
논돈오점오의(論頓悟漸悟義)   415
논어집해의소(論語集解義疏)   75
논형(論衡)   113

다케우치 요시오(武內義雄)   87
담영(曇影)   391
담제(曇濟)   355
대규(戴逵)   249
대명도무극경(大明度無極經)   351
대유(大猷)   418
대지도론(大智度論)   390
도량형(度量衡)   22

도생(道生)	391
도안(道安)	346
도융(道融)	391
도잠(陶潛)	461
도행경(道行經)	350, 357
도행지귀(道行旨歸)	351
독화(獨化)	115
독화론(獨化論)	174
돈오성불설(頓悟成佛說)	415
동중서(董仲舒)	226
두광정(杜光庭)	93
둔갑(遁甲)	434

렌지유(任繼愈)	87
루사이광(盧思光)	87
류지안귀(劉建國)	87
류판수이(劉盼遂)	87

만물자생설(萬物自生說)	115
망기(望氣)	434
명교(名敎)	226
명내(冥內)	217
명덕사문론(明德沙門論)	357
명리학(名理學)	56
명합(冥合)	317
모용씨(慕容氏)	357
모우종산(牟宗三)	87
목적론	115
몽문통(蒙文通)	91
무대(無待)	203
무심(無心)	180
무용(無用)	218
무위(無爲)	209

무위론(無爲論)	319
무인론(無因論)	309
문정식(文正式)	91
밀적경(密跡經)	357

반고(班固)	252
반야(般若)	390
반야경(般若經)	357
반야공학(般若空學)	344
반야학(般若學)	348
방내(方內)	225
방술화(方術化)	343
방외(方外)	225
배수(裴秀)	11, 23
배외	9
배잠(裴潛)	11
배준(裴浚)	11
배해(裴楷)	474
배휘(裴徽)	60
백론(百論)	390
백이와 숙제	330
범계(范啓)	293
범녕(範寧)	290
범진(範縝)	98
법성(法性)	360
변종론(辯宗論)	415
본무(本無)	365
부견(符堅)	357
부준(不準)	254
부함(傅鹹)	5
분봉제(分封制)	4
불가지론	9
불교현학(佛敎玄學)	344
불도징(佛圖澄)	356

불여단(弗如檀)	350	상도(常道)	358
		생경(生經)	254
		생사기화(生死氣化)	259
사곤(謝鯤)	246	생행사귀(生行死歸)	264
사령운(謝靈運)	461	석가모니(釋迦牟尼)	349
사마경(司馬冏)	77	석륵(石勒)	26
사마동(司馬肜)	16	석숭(石崇)	65
사마량(司馬亮)	16	선산(仙山)	312
사마륜(司馬倫)	16	선학(禪學)	358
사마몽(司馬濛)	353	성공론(性空論)	360
사마순(司馬珣)	353	성현영(成玄英)	144
사마연(司馬衍)	83	소요(逍遙)	203
사마염(司馬炎)	3	손수(孫秀)	65
사마영(司馬穎)	77	손작(孫綽)	347, 357
사마예(司馬乂)	77	순성론(順性論)	319
사마예(司馬睿)	82	순욱(荀勖)	22
사마옹(司馬顒)	78	순욱(荀彧)	58
사마요(司馬曜)	83	순자	47
사마요(司馬繇)	15	순찬(筍粲)	58
사마욱(司馬昱)	293	숭유론(崇有論)	9
사마위(司馬瑋)	15	승랑(僧朗)	421
사마천(司馬遷)	458	승예(僧睿)	391
사마충(司馬衷)	3	승조(僧肇)	345, 391
사마휼(司馬譎)	16	시자(尸子)	252
사상(謝尙)	293	신명(神明)	177
사안(謝安)	353	신선학	431
사조연(謝肇淵)	86	신자(愼子)	214
사혁(謝赫)	461	신정(新亭)	286
산수시	478	실상(實相)	360
산수화	478	심무(心無)	384
삼강오륜(三綱五倫)	226	십이문론(十二門論)	390
삼론(三論)	390		
삼론학(三論學)	348		
삼원(三元)	434	**악**광	29
삼장(三張)	461	안관품점전법(按官品占田法)	3

안명론(安命論)	276	왕몽(王濛)	293, 347
안반경(安般經)	357	왕부(王符)	114
안세고(安世高)	343	왕부(王裒)	79
안심입명(安心立命)	328	왕선겸(王先謙)	86
안징(安澄)	360	왕수민(王叔岷)	87
애제(哀帝)	343	왕술(王述)	293
양만(羊曼)	246	왕연(王衍)	25, 483
양밍짜오(楊明照)	87	왕응린(王應麟)	86
양반(兩潘)	461	왕의(王儀)	80
양생(養生)	255	왕증건(王曾虔)	477
양웅(揚雄)	158	왕창춘(王昶春)	86
양준(楊駿)	15	왕충(王充)	47
언부진의론(言不盡意論)	57	왕탄지(王坦之)	293
언진의론(言盡意論)	9, 57	왕헌지(王獻之)	464
엄가균(嚴可均)	185	왕호지(王胡之)	464
여광(呂光)	391	왕휘지(王徽之)	476
여사잠(女士箴)	16	요흥(姚興)	348
여씨춘추	252	용수(龍樹)	390
열자	252	우록(佑錄)	350
염세적(厭世的)	264	우전국(于闐國)	350
영강(永康)	11	운명론(運命論)	329
영제(靈帝)	350	원강(元康)	3
영평(永平)	3	원강방달파	246
영희(永熙)	3	원굉(袁宏)	75
예기(禮記)	229	원기설(元氣說)	255
오두미	436	원산송(袁山松)	294
오두미도(五斗米道)	425	원수(元壽)	343
오승사(吳承仕)	86	원수정(袁守定)	86
완방(阮放)	246	위서(僞書)	252
완부(阮孚)	246, 471	위열자(僞列子)	246
완유(阮裕)	293	유개(庾凱)	347
완첨(阮瞻)	347	유대(有待)	203
왕개(王玠)	370	유송(劉頌)	5
왕도(王導)	287	유승간(劉承干)	92
왕돈(王敦)	248	유영(劉英)	343

유외(游外)	217	장노(張魯)	425
유위(有爲)	209	장담(張湛)	253
유의륭(劉義隆)	409	장따니엔(張岱年)	87
유인회(劉仁會)	91	장릉(張陵)	425
유정여(劉正輿)	256	장생불사(長生不死)	261
유향(劉向)	252	장의(張嶷)	256
유흠(劉歆)	252	장자	252
육가칠종론	355	장자주	9
육기(陸機)	29	장즐(張騭)	75
육덕명(陸德明)	75	장태염(章太炎)	81
육이첨(陸以湉)	86	장한(張翰)	287
육임(六壬)	434	장한(張韓)	60
은융(殷融)	370	장형(張衡)	425
음직(蔭職)	4	장화(張華)	14
음친제(蔭親制)	3	전국책	252
의소(義疏)	369	전례(典禮)	161
이강(李康)	96	전증(錢曾)	86
이림(李霖)	94	전진문(全晉文)	185
이소(離騷)	9	전횡(田橫)	294
이왕(二王)	461	절욕주의(節欲主義)	278
이육(二陸)	461	정명론(定命論)	276
이치의 추리[理推]	309, 317	제갈회(諸葛恢)	293
일좌(一左)	461	제파(提婆)	390
일지록(日知錄)	82	조계자(趙季子)	256
일천제(一闡提)	410	조론소	359
임심론(任心論)	319	조물주(造物主)	99
		종병(宗炳)	461
		종영(鐘嶸)	461
자생(自生)	309	종요(鍾繇)	461
자생설(自生說)	306	종욕론(縱欲論)	329
자연독화설(自然獨化說)	98	종욕주의(縱欲主義)	278
자화(自化)	309	좌망(坐忘)	375
잠부론(潛夫論)	114	주개(周凱)	483
장각(張角)	425	주사행(朱士行)	350
장군상(張君相)	91	주의(周顗)	287

주필(周弼)	12
주홍정(周弘正)	418
죽서(竹書)	254
중론(中論)	390
중론소(中論疏)	355
중론소기(中論疏記)	360
지겸(支謙)	343, 351
지둔(支遁)	292, 347
지루가참(支婁迦讖)	343
지린시앤(季羨林)	254
지민도(支愍度)	388
지역도(地域圖)	23
지효룡(支孝龍)	347
직관(職官)	4
진계유(陳繼儒)	86
진기총론(晉紀總論)	5
진인(眞人)	211

창세설(創世說)	115
천뢰(天籟)	108
천인감응론(天人感應論)	258
첸무(錢穆)	87
첸웬뽀(陳文波)	253
초횡(焦竑)	86
축법아(竺法雅)	344
축법태(竺法汰)	369
축법호(竺法護)	254
축삭불(竺朔佛)	350

탕용통(湯用彤)	87
탕이지에(湯一介)	88
태강(太康)	11
태시(泰始)	11

태염문록(太炎文錄)	81
태일(太一)	434
태평도(太平道)	425
태평어람	79
태평환우기(太平寰宇記)	432
태현(太玄)	158
태희(太熙)	3

팔달(八達)	246
팔왕의 난[八王之亂]	6, 16
팔준십철(八俊十哲)	391
펑요우란(馮友蘭)	87
포박자(抱朴子)	431
풍각(風角)	434
필경공관(畢竟空觀)	391

함강(咸康)	432
현명(玄冥)	119
현묘한 관조[玄照]	309
현언시(玄言詩)	478
혜관(慧觀)	391, 415
혜달(慧達)	359
혜소(嵇紹)	79
혜엄(慧嚴)	391
혜원(慧遠)	345
혜제(惠帝)	3
혜한(嵇翰)	83
혜해(慧解)	410
호무보지(胡無輔之)	246
호응린(胡應麟)	86
홍려경(鴻臚卿)	287
홍시(弘始)	348
화교(和嶠)	483

화림원(華林園)　　　　471　　　　환화(幻化)　　　　265

화탁(華卓)　　　　246　　　　황간(黃侃)　　　　75

환온(桓溫)　　　　293　　　　황로(黃老)　　　　47

환이(桓彝)　　　　246　　　　황로도　　　　436

환제(桓帝)　　　　343　　　　황로학(黃老學)　　　　425

환충(桓沖)　　　　294　　　　후꾸나가 미쯔지(福永光司)　　　　87

원저자

수캉셩許抗生_ 베이징대학 철학과 교수

베이징대학(北京大學) 철학과에서 중국 철학사를 전공했다. 이후 줄곧 베이징대 철학과에 몸담으며 연구와 후학 양성에 애쓰고 있다. 특히 현재 중국에서 노자 연구에 관한 한 최고의 권위를 인정받는 석학으로, 학술 논문 100여 편을 발표하였다. 『위진현학사』의 공저 이외에, 『中國佛敎思想資料選編』을 출간하는 등 여러 연구 작업에 참가하였다. 주요 논저로는 『帛書老子註譯與硏究』, 『先秦名家硏究』, 『三國兩晉之玄 · 佛 · 道思想簡論』, 『魏晉南北朝哲學思想硏究槪論』, 「當代新道家之我見」, 「當代新道家的倫理價値觀」, 「構建當代新道家學說之初步設想」 등 다수가 있다.

리쫑화李中華_ 베이징대학 철학과 교수

1960년대 초 베이징대학 철학과에서 펑요우란(馮友蘭), 장따니엔(張岱年) 등의 철학 대가로부터 교육을 받았다. 이후 수많은 인재를 배출하여 제자들이 현재 중국철학계의 근간이 되고 있다. 베이징대학 중국철학 및 문화연구소장. 중국문화서원 부원장 등을 역임하였다. 그가 주도하여 편찬한 『中國哲學史』는 베이징대학뿐만 아니라 중국의 여러 대학 교과서로 쓰이고 있다. 주된 연구영역은 중국철학사, 도가와 도교, 불교 등이다. 주요 논저로 『道德經 應用智慧-老子的人生智慧』, 『道德經 智慧-道篇』, 『道德經 智慧-德篇』, 「葛洪《抱樸子外篇》儒學思想辨微」, 「郭象的"有無之辯"及其"造物者無主"思想淺析」, 「"天人合德"與"繼善成性"-對《周易》發展觀的生態學詮釋」, 「老子人學論綱」, 「論郭象與莊子人生哲學之異同」 등 다수가 있다.

첸 쩐 궈 陳戰國_ 베이징시사회과학원 철학연구소 연구원

중국 고대철학을 주요 연구 분야로 하면서, 유가와 도가의 정신을 현대적으로 재해석하는 주제에 연구 관심을 집중하였다. 베이징시사회과학원(北京市社會科學院)에서 연구에 종사하였다. 주요 논저로 『境界與生死』, 『心態・氣象・意義 ─ 馮友蘭先生人生境界論分析』, 『思議與覺解』, 「魏晉人的道德觀」, 「儒家精神及其現代進路」 등이 있다.

나 웨이 那薇_ 베이징시사회과학원 철학연구소 연구원

쿤밍사범학원(昆明師範學院)을 졸업하고, 중국인민대학(中國人民大學) 철학과에서 중국철학사를 전공하였다. 1997년 독일 TU Braunschweig의 철학사회과학계열 철학박사학위를 취득하였다. 2001년 교류학자로 독일 프라이부르크(Freiburg) 대학에서 연구하였다. 중국의 철학 연구자로서 서양철학에 조예가 깊으며, 하이데거 연구에 집중하여 중국의 전통철학과 서양철학의 비교에도 연구 관심을 두고 있다. 특히 도가철학과 하이데거 철학의 비교연구 결과를 많이 발표하였다. 주요 논저로 『道家與海德格爾相互詮釋』, 「道家的道與海德格爾的開闢道路」, 「道家的"藏天下於天下"和海德格爾的"在世界之中"」, 「海德格爾與道家的生死觀之比較分析」, 「道家的人生若夢與海德格爾的迷誤」, 「道家的忘己之人與海德格爾人的本質」, 「道家與海德格爾對自然的詮釋」, 「道家的返樸歸眞和海德格爾的本眞存在」, 「海德格爾的恩惠之樹和莊子的吾有大樹」 등 다수가 있다.

역 자

김백희 金白熙

충북대학교 인문대학 철학과 졸업(학사).

한국학중앙연구원 한국학대학원 한국학과 철학·종교 전공(석사, 박사).

현재, 한국학중앙연구원 장서각 국학자료연구실 선임연구원.

_ 저역서

저서,『노자의 사유방식』, 한국학술정보, 2006.

공저,『고봉의 철학사상 연구』, 이회, 2011.

공저,『지역문화와 디지털콘텐츠』, 북코리아, 2008.

역서,『왕필의 철학』, 林麗眞 著, 청계, 1999.

역서,『중국철학대강–중국철학문제사』, 張岱年 著, 까치글방, 1998.